U0675569

中華古籍保護計劃

ZHONG HUA GU JI BAO HU JI HUA CHENG GUO

·成果·

金華市博物館等九家收藏單位古籍普查登記目録

全國古籍普查登記目録・浙江金華

國家圖書館出版社
National Library of China Publishing House

圖書在版編目(CIP)數據

金華市博物館等九家收藏單位古籍普查登記目録/《金華市博物館等九家收藏單位古籍普查登記目録》編委會編. --北京:國家圖書館出版社,2019.4
(全國古籍普查登記目録)
ISBN 978-7-5013-6673-6

Ⅰ.①金… Ⅱ.①金… Ⅲ.①博物館—古籍—圖書目録—浙江 Ⅳ.①Z838

中國版本圖書館CIP數據核字(2019)第043425號

書　名　金華市博物館等九家收藏單位古籍普查登記目録
著　者　《金華市博物館等九家收藏單位古籍普查登記目録》編委會　編
責任編輯　黄　鑫

出　版　國家圖書館出版社(100034　北京市西城區文津街7號)
(原書目文獻出版社　北京圖書館出版社)
發　行　010-66114536　66126153　66151313　66175620
66121706(傳真)　66126156(門市部)
E-mail　nlcpress@nlc.cn(郵購)
Website　www.nlcpress.com→投稿中心
經　銷　新華書店
印　裝　河北三河弘翰印務有限公司
版　次　2019年4月第1版　2019年4月第1次印刷

開　本　787×1092(毫米)　1/16
印　張　39.25
字　數　750千字

書　號　ISBN 978-7-5013-6673-6
定　價　380.00圓

#《全國古籍普查登記目録》

工作委員會

主　任： 周和平

副主任： 張永新　詹福瑞　劉小琴　李致忠　張志清

委　員（按姓氏筆畫排序）：

于立仁　王水喬　王　沛　王紅蕾　王筱雯

方自今　尹壽松　包菊香　任　競　全　勤

李西寧　李　彤　李忠昊　李春來　李　培

李曉秋　吴建中　宋志英　努　木　林世田

易向軍　周建文　洪　琰　倪曉建　徐欣禄

徐　蜀　高文華　郭向東　陳荔京　陳紅彦

張　勇　湯旭岩　楊　揚　賈貴榮　趙　嫄

鄭智明　劉洪輝　歷　力　鮑盛華　韓　彬

魏存慶　鍾海珍　謝冬榮　謝　林　應長興

《全國古籍普查登記目録》

序　言

全國古籍普查登記工作是“中華古籍保護計劃”的首要任務，是全面開展古籍搶救、保護和利用工作的基礎，也是有史以來第一次由政府組織、參加收藏單位最多的全國性古籍普查登記工作。

2007年國務院辦公廳發布《關於進一步加强古籍保護工作的意見》（國辦發［2007］6號），明確了古籍保護工作的首要任務是對全國公共圖書館、博物館和教育、宗教、民族、文物等系統的古籍收藏和保護狀况進行全面普查，建立中華古籍聯合目録和古籍數字資源庫。2011年12月，文化部下發《文化部辦公廳關於加快推進全國古籍普查登記工作的通知》（文辦發［2011］518號），進一步落實了全國古籍普查登記工作。根據文化部2011年518號文件精神，國家古籍保護中心擬訂了《全國古籍普查登記工作方案》，進一步規範了古籍普查登記工作的範圍、内容、原則、步驟、辦法、成果和經費。目前進行的全國古籍普查登記工作的中心任務是通過每部古籍的身份證——“古籍普查登記編號”和相關信息，建立古籍總臺賬，全面瞭解全國古籍存藏情况，開展全國古籍保護的基礎性工作，加强各級政府對古籍的管理、保護和利用。

《全國古籍普查登記工作方案》規定了全國古籍普查登記工作的三個主要步驟：一、開展古籍普查登記工作；二、在古籍普查登記基礎上，編纂出版館藏古籍普查登記目録，形成《全國古籍普查登記目録》；三、在古籍普查登記工作基本完成的前提下，由省級古籍保護中心負責編纂出版本省古籍分類聯合目録《中華古籍總目》分省卷，由國家古籍保護中心負責編纂出版《中華古籍總目》統編卷。

在黨和政府領導下，在各地區、各有關部門和全社會共同努力下，古籍普查登記工作得以扎實推進。古籍普查已在除臺、港、澳之外的全國各省級行政區域開展，普查内容除漢文古籍外，還包括各少數民族文字古籍，特别是於2010年分别啓動了新疆古籍保護和西藏古籍保護專項，因地制宜，開展古籍普查登記工作；國家古籍保護中心研製的“全國古籍普查登記平臺”已覆蓋到全國各省級古籍保護中心，并進一步研發了“中華古籍索引庫”，爲及時展現古籍普查成果提供有力支持；截至目前，已有11375部古籍進入《國家珍貴古籍名録》，浙江、江蘇、山東、河北等省公布了省級《珍貴古籍名録》，古籍分級保護機制初步形成。

《全國古籍普查登記目録》是古籍普查工作的階段性成果，旨在摸清家底，揭示館藏，反映古籍的基本信息。原則上每申報單位獨立成册，館藏量少不能獨立成册者，則在本省範圍内幾個館目合并成册。無論獨立成册還是合并成册，均編製獨立的書名筆畫索引附於書後。著録的必填基本項目有：古籍普查登記編號、索書號、題名卷數、著者（含著作方式）、版本、册數及存缺卷數。其他擴展項目有：分類、批校題跋、版式、裝幀形式、叢書子目、書影、破損狀况等。有條件的收藏單位多著録的一些擴展項目，也反映在《全國古籍普查登記目録》上。目録編排按古籍普查登記編號排序，内在順序給予各古籍收藏單位較大自由度，可按分類排列古籍普查登記編號，也可按排架號、按同書名等排列古籍普查登記編號，以反映各館特色。

此次全國古籍普查登記工作，克服了古籍數量多、普查人員少、普查難度大等各種困難，也得到了全國古籍保護工作者的極大支持。在古籍普查登記過程中，國家古籍保護中心、各省古籍保護中心爲此舉辦了多期古籍普查、古籍鑒定、古籍普查目録審校等培訓班，全國共1600餘家單位參加了培訓，爲古籍普查登記工作培養了大量人才。同時在古籍普查登記工作中，也鍛煉了普查員的實踐能力，爲將來古籍保護事業發展奠定了良好的基礎。

《全國古籍普查登記目録》的出版，將摸清我國古籍家底，爲古籍保護和利用工作提供依據，也將是古籍保護長期工作的一個里程碑。

國家古籍保護中心

2013年10月

《全國古籍普查登記目録》

編纂凡例

一、收録範圍爲我國境内各收藏機構或個人所藏，産生於 1912 年以前，具有文物價值、學術價值和藝術價值的文獻典籍，包括漢文古籍和少數民族文字古籍以及甲骨、簡帛、敦煌遺書、碑帖拓本、古地圖等文獻。其中，部分文獻的收録年限適當延伸。

二、以各收藏機構爲分册依據，篇幅較小者，適當合并出版。

三、一部古籍一條款目，複本亦單獨著録。

四、著録基本要求爲客觀登記、規範描述。

五、著録款目包括古籍普查登記編號、索書號、題名卷數、著者、版本、册數、存缺卷等。古籍普查登記編號的組成方式是：省級行政區劃代碼—單位代碼—古籍普查登記順序號。

六、以古籍普查登記編號順序排序。

《浙江省古籍普查登記目録》

工作委員會

主　任： 金興盛

副主任： 葉　菁

委　員： 倪　巍　徐曉軍　賈曉東　雷祥雄　劉曉清
徐　潔　李儉英　孫雍容　張愛琴　張純芳
樓　婷　金琴龍　陳泉標　鍾世杰　應　雄
陸深海　吕振興　徐兼明

《浙江省古籍普查登記目録》

編纂委員會

主　編： 徐曉軍

副主編： 童聖江　曹海花　褚樹青　莊立臻　徐益波

胡海燊　劉　偉　沈紅梅　王以儉　孫旭霞

占　劍　孫國茂　毛　旭　季彤曦

統校和編纂工作小組組長： 曹海花（浙江圖書館）

統校和編纂工作小組成員： 秦華英（浙江圖書館）

吕　芳（浙江圖書館）

干亦鈴（寧波市圖書館）

劉　雲（寧波市天一閣博物館）

周慧惠（寧波市天一閣博物館）

馬曉紅（餘姚市文物保護管理所）

陳瑾淵（温州市圖書館）

王　昉（温州市圖書館）

沈秋燕（嘉興市圖書館）

丁嫻明（嘉興市圖書館）

唐　微（紹興圖書館）

丁　瑛（紹興圖書館）

毛　慧（衢州市博物館）

《浙江省古籍普查登記目録》

序　言

浙江文化底藴深厚，書籍刻印歷史悠久，前賢留下的著述浩如烟海，藏書雅閣及私人藏書爲數衆多，古籍資源十分豐富，幾乎縣縣有古籍，是全國古籍藏量較多的省份之一，是中華文化中具有獨特地域特色的重要一脉。保護好這些珍貴的古籍，對促進文化傳承、弘揚民族精神、維護國家統一及社會穩定具有重要作用。同時，加强古籍保護工作，也是加快建設文化大省、文化强省，努力推動文化浙江建設和社會主義文化大發展大繁榮的必然要求。

（一）

爲搶救、保護我國的珍貴古籍，繼承和弘揚優秀傳統文化，國務院辦公廳印發了《關於進一步加强古籍保護工作的意見》（國辦發［2007］6號），全國古籍普查登記工作是瞭解全國古籍存藏情况、建立古籍總臺賬、開展全國古籍保護的基礎性工作。爲認真貫徹落實“國辦發［2007］6號”文件精神，切實加强全省古籍的搶救、保護，浙江省人民政府辦公廳印發《關於進一步加强古籍保護工作的意見》（浙政辦發［2009］54號），提出2009年起要在全省範圍内開展古籍普查登記工作。2012年，浙江省古籍保護工作聯席會議下發《關於印發〈浙江省“中華古籍保護計劃”實施方案〉的通知》（浙文社［2012］30號），提出在“十二五”末基本完成全省古籍普查工作的目標。

試點先行、摸底調查、制定方案，建立制度、統籌指揮，引進人員、有效培訓、壯大隊伍，配置設備、補助經費、保障到位，編製手册、明確款目、統一規則，著録完整、審核到位、保證質量，設立項目、表揚先進，在省委省政府的高度重視及其各部門的大力支持下，在國家古籍保護中心的積極指導和省文化廳的正確領導下，通過以上種種措施，“秉持浙江精神，幹在實處、走在前列、勇立潮頭”，全省公共圖書館、文物、教育、檔案、衛生五大系統共計95家公藏單位通力合作，到2017年4月底基本完成了全省的古籍普查登記工作。

通過普查，摸清了全省古籍文化遺産家底，揭示了全省各地區文化脉絡，形成了統一的古籍信息數據庫，建立了一支遍布全省的古籍保護隊伍，爲下一步有針對性地開展古籍保護工作奠定堅實的基礎。鑒於全省在古籍普查和其他古籍保護工作中的突出表現，2014年，浙江圖書館、嘉興市圖書館、雲和縣圖書館獲得“全國古籍保護工作先進單位”稱號，浙江圖書館徐曉軍和曹海花、温州市圖書館王妍、紹興圖書館唐微、平湖市圖書館馬慧、衢州市博物館程勤等6人獲得“全國古籍保護工作先進個人”稱號。

(二)

全國古籍普查登記範圍爲1912年以前産生的文獻典籍。由於近代以來浙江私人藏書相當發達,民國期間也刻印了大量典籍,民國文獻在各藏書單位(尤其是基層單位)所藏歷史文獻中占據了相當大的比重。這些文獻形成了浙江文獻典藏的重要特色,是浙江傳統文化的重要組成部分。爲更加全面地掌握本省歷史文獻文化遺産現狀,浙江省將民國時期傳統裝幀書籍也納入普查範圍。

按照《全國古籍普查登記手册》要求,登記每部古籍的基本項目,必登項目有索書號、題名卷數、著者、版本、册數、存缺卷數,選登項目有分類、批校題跋、版式、裝幀形式、叢書子目、書影、破損狀况等内容。浙江省的古籍普查工作一直高標準、嚴要求,自始至終堅持全國古籍普查登記平臺(以下簡稱“古籍普查平臺”)項目全著録,堅持文字信息和書影信息雙著録,登記每部書的索書號、分類、題名卷數、著者、卷數統計、版本、版式、裝幀、裝具、序跋、刻工、批校題跋、鈐印、叢書子目、定級及書影、定損及書影等16大項74小項的信息。

普查統計顯示,截至2017年4月30日,全省95家單位共藏有傳統裝幀書籍337405部2506633册,其中不分卷者計31737部96822册,分卷者計305668部2409811册11433371卷(實存8223803卷):古籍(含域外本)219862部1754943册,不分卷者15777部54901册,分卷者204085部1700042册7934703卷;民國時期傳統裝幀書籍117543部751690册,不分卷者15960部41921册,分卷者101583部709769册3498668卷。

從版本定級來看,全省四級文獻最多,部數、册數數量占比分别爲84.75%、78.69%。三級次之,部數、册數數量占比13.12%、15.96%。一級、二級文獻共計5689部111722册,量雖不多,極爲珍貴,其破損程度較輕,基本都配置了裝具且裝具狀况良好,這是古籍分級保護體系的有力體現。

從文獻類型來看,古籍普查平臺采用六部分類,在傳統的經、史、子、集四部外加上類叢部、新學。從册數來看,全省文獻類叢部數量最多,占比29.40%,這其中很大一部分原因在於民國時期刊印了不少大型叢書。史部、集部、子部、經部分居第二至五位,數量占比分别爲28.98%、18.00%、13.49%、9.24%。新學數量最少,還不到1%。

從版本類型來看,全省古籍版本類型豐富,數量最多的是刻本,部數占比51.01%、册數占比55.03%。部數排在第二至四位的是鉛印本、石印本、抄本,分别占比17.71%、16.58%、5.19%。册數排在第二至四位的是鉛印本、石印本、影印本,分别占比14.27%、12.40%、11.38%,這與將民國時期傳統裝幀書籍納入古籍普查範圍有極大關係。稿、抄本部數占比6.9%、册數占比4.04%,總體占比不是很高,但在一、二級文獻中稿、抄本的比例比較高,一級中部數占比20.49%、册數占比

70.25%,二級中部數占比13.16%、册數占比6.57%。

從版本年代來看,全省藏書從南北朝以迄民國,并有部分日本、朝鮮、越南本。其中,元及元以前共計244部3357册。明、清、民國共計2486788册,數量占比99.21%:明代占比5.95%、清代占比63.27%、民國占比29.99%。日本、朝鮮、越南三國本共計1877部14522册,部數、册數占比分别爲0.56%、0.58%。

從批校題跋來看,337405部文獻中有姓名可考的批校題跋共計15374部,其中集部批校題跋最多,占全部批校題跋的38.73%、占集部文獻的6.16%。稿本的批校題跋在相對應的版本類型中比例最高,爲16.18%。且稿本中有多人批校題跋的量最多,多者一部稿本中的批校題跋者達25人,如浙江圖書館藏沈蕉青稿本《燈青茶嫩草》三卷中有孫麟趾等25人的批校題跋。從各館藏書的批校題跋者來看,有鮮明的館域特色,從一個側面體現了各館的文獻來源。

從鈐印來看,337405部文獻中有51509部有收藏鈐印,各級文獻鈐印比例隨級别的增高而加大,一至四級文獻的鈐印占比分别爲50.67%、49.38%、26.00%、12.90%。收藏鈐印從一個方面體現了某書的遞藏源流,鈐印多於1方者有24840部,鈐印多者達54方,如寧波市天一閣博物館藏清初毛氏汲古閣影宋抄本《集韻》十卷上鈐毛晋、毛扆、段玉裁、朱鼎煦四人共計54方印。

在普查的過程中,我們還利用普查成果積極申報《國家珍貴古籍名録》、評選《浙江省珍貴古籍名録》,建立珍貴古籍分級保護體系。截至目前,全省共有871部珍貴古籍入選第一至五批《國家珍貴古籍名録》,有609部古籍入選第一至三批《浙江省珍貴古籍名録》。

(三)

普查登記著録工作結束後,省古籍保護中心於2016年6月成立由浙江圖書館、寧波市圖書館、寧波市天一閣博物館、餘姚市文物保護管理所、温州市圖書館、嘉興市圖書館、紹興圖書館、衢州市博物館8家單位的14名普查業務骨幹組成的浙江省古籍普查登記目録統校和編纂工作小組,開始全省普查數據的統校和古籍普查登記目録的編纂工作。

浙江省的普查登記目録是將古籍和民國書籍分開的,全省統一規劃,分别出版《浙江省古籍普查登記目録》和《浙江省民國時期傳統裝幀書籍普查登記目録》。根據《全國古籍普查登記目録審校要求》《古籍普查登記表格整理規範》的要求,省古籍保護中心制定《浙江省古籍普查登記目録編纂工作方案》《浙江省古籍普查數據統校細則》,用於指導全省的數據統校和登記目録的編纂。統校和編纂工作程序如下:導出古籍普查平臺上的數據,切分爲古籍、民國兩張表,按照設定的普查編號、索書號、分類、題名卷數、著者、版本、批校題跋、册數、存缺卷這幾項登記目録的出版款目對表格進行整理,整理後按照題名進行排列分給各統校員進行統校,統校結束後的數據按行政區域進行彙總交由分區負責人進行覆核，覆核結束後由省古籍保護中心一一寄給各館進行修改確認，經各館確認後由分區負責人進行最後審定。

在統校的過程中，爲了保證全省數據著録的一致，我們積極利用我國古籍整理研究的重大成果《中國古籍總目》（以下簡稱《總目》），每條書目一一對核《總目》，《總目》收者即標注《總目》頁碼，《總目》未收某版本者標注“無此版本”，《總目》未收者標注“無”，《總目》所收即浙江某館所藏者特殊標注，《總目》著録與普查信息有差异或一時無法判斷者標注“存疑”。拿浙江圖書館的近 7 萬條古籍數據來看，據不完全統計，除去複本，《總目》所收即浙江圖書館所藏者有 1100 多種，《總目》未收某一明確版本者有 3200 多種，《總目》未收者有 8300 多種。

全省 95 家單位中有 93 家單位有古籍數據，總條數計 22 萬條左右。根據分區域出版和達到一定條數可以單獨成書的原則，全省的古籍普查登記目録大致分爲以下 26 種：浙江圖書館，浙江大學圖書館，浙江省博物館，浙江省中醫藥研究院等四家收藏單位，杭州圖書館，西泠印社社務委員會等十家收藏單位、浙江省瑞安中學等八家收藏單位，寧波市圖書館，寧波市天一閣博物館，寧波市奉化區文物保護管理所等六家收藏單位、舟山市圖書館等二家收藏單位，温州市圖書館，瑞安市博物館（玉海樓），嘉興市圖書館，平湖市圖書館，嘉善縣圖書館，海寧市圖書館等六家收藏單位，湖州市圖書館等七家收藏單位、常山縣圖書館等二家收藏單位，紹興圖書館，嵊州市圖書館，紹興市上虞區圖書館等八家收藏單位，東陽市博物館，金華市博物館等九家收藏單位，衢州市博物館，台州市黄岩區圖書館，臨海市圖書館，臨海市博物館等六家收藏單位，麗水市圖書館等八家收藏單位。目前全省的古籍普查登記目録有多種已進入出版流程（爲保障普查編號的唯一性、終身有效性，各館數據以原普查編號從低到高的順序進行排列，由於浙江省古籍普查範圍包括古籍、民國時期傳統裝幀書籍、域外漢文古籍，著録時幾種文獻交替進行，而出版時是分開的，加之古籍普查平臺系統出現的跳號情況，所以會出現普查編號不連貫的情況，特此説明），民國時期傳統裝幀書籍普查登記目録的編纂亦接近尾聲。普查登記工作和普查登記目録的編纂爲接下來《中華古籍總目・浙江卷》的編纂打下了良好的基礎。

浙江省古籍普查工作得到了各方的關心和支持。感謝各兄弟省份古籍同行的熱情幫助，感謝李致忠、張志清、吴格、陳先行、陳紅彦、陳荔京、羅琳、王清原、唱春蓮、李德生、石洪運、賈秀麗、范邦瑾等專家學者的悉心指導，藉力於此，普查工作纔得以順利完成。

條數多，分布廣，又出於衆手，儘管工作中我們一直争取做到最好，但無論是已經著録的古籍普查平臺數據還是即將付梓的登記目録，都難免存在紕漏，希望業界同仁不吝賜教，俾臻完善。

浙江省古籍保護中心

2018 年 4 月

目　録

金華市博物館古籍普查登記目録

全國古籍普查登記目録・浙江金華

國家圖書館出版社
National Library of China Publishing House

《金華市博物館古籍普查登記目録》

編委會

主　　任：汪希燕

副 主 任：聶新華　梁成華　吴志明

編　　委：徐勇土　盧　萍　謝　鋭

主　　編：徐　衛

副 主 編：朱佩麗　徐　進

執行主編：朱　穎

編　　校（排名不分先後）：

祝碧蓮　酈　琰　吕沅澤　陳小雪　李　贇　杜響玲
周　凱　沈剛健　許　倩　趙　婧　何　巍　芮空空
滕仲元　徐峥晨　付燕翠

《金華市博物館古籍普查登記目録》

前　言

金華是文化資源大市，歷史文化源遠流長，自東漢初平二年（191）在金華設置長山縣以來，留下了歷史悠久、内容豐富、卷帙浩繁的漢文古籍。作爲金華文明的重要見證，保護好這些典籍文獻，對促進八婺文化傳承、弘揚民族精神、推動文化大發展大繁榮具有十分重要的意義。

2014 年 3 月，根據國務院統一部署，金華市成立了可移動文物普查領導小組，由市文物局局長擔任普查辦主任，具體負責全市文物普查組織領導和協調工作，還專門出臺了《金華市古籍普查專項經費管理辦法》等一系列工作制度，以保障普查工作高效有序地進行。經過近兩年的辛勤付出，古籍普查工作順利完成，金華市博物館共登録古籍 4034 部 34789 册。

金華市博物館古籍普查工作較爲特殊，因普查之前古籍全部存放在太平天國侍王府紀念館書房内，存放條件簡陋，除濕防潮防蟲功能弱，保管空間受限，古籍受到不同程度的黴蛀損害。爲便於普查工作順利開展，需先對原存侍王府庫房内的古籍進行清點、裝箱，再搬至市博物館進行普查、清理。普查工作人員不辭辛勞，不怕髒不怕累，加班加點，最終在規定時間内不僅完成了全部古籍普查工作，還將已普查完成的古籍按經、史、子、集幾大類重新整理上架，并登記造册。

2016 年 3 月，金華市博物館古籍普查工作基本完成，平臺共録入數據 4084 條（包括民國時期傳統裝幀書籍）。從版本類型來看，館藏古籍主要爲刻本、石印本、鉛印本、影印本，其中刻本居多，并以清代爲多。另外還有部分木活字印本、稿本、朱墨套印本，其中木活字印本均爲家譜。本書收録 1912 年以前古籍 2583 部 21058 册。

普查的同時，還對館藏古籍進行了初步考證，發現部分館藏古籍爲明刻本、清稿本。其中《金華文統》爲明正德六年（1511）金華知府趙鶴所編，是官刻二十種之一，録有金華耆舊之文一百二十五篇，盡集八婺群賢宏論，爲婺學之精要。這些珍貴古籍爲金華歷史研究提供了重要的參考依據。

金華市博物館借古籍普查的契機，還對調撥至博物館的所有紙質圖書進行了全面的清點整理，同時對館藏古籍進行了一定程度的保護修復和開發利用。近年來，我們從館藏古籍中分類挑選出較爲完整的、能够代表地方歷史文化或者具有一定學術價值的古籍進行分批影印出版，現已影印出版的有《赤松山志》《金華文統》等。隨着數字化博物館的初步建成，館藏家譜查閲功能通過網絡平臺正式對外開放。同時，古籍善本數字化項目也已提上日程，這將使古籍查閲更爲方便簡捷，從而更好地發揮其研究和應用價值。

金華市博物館全體編目人員，在兼顧案頭工作的同時，細心、認真、耐心地進行古籍編目工作，保證了館藏古籍編目工作的順利完成。特此感謝！

由於時間緊迫，館藏古籍衆多，編目人員水準有限，編目可能出現紕漏甚至錯誤，請方家予以指正。

金華市博物館
2017 年 8 月

330000－4793－0000002　JW01724　集部/總集類/郡邑之屬

武川文鈔十七卷詩鈔三卷　（清）何德潤輯　清光緒十五年（1889）稿本　六冊

330000－4793－0000003　ZC02046　類叢部/叢書類/彙編之屬

翠微山房叢書□□種　（清）張作楠編　稿本　十九冊　存四十六種

330000－4793－0000004　SJ00779　史部/地理類/方志之屬/郡縣志

［康熙］金華府志三十卷　（清）張藎修　（清）沈麟趾等纂　清康熙二十二年（1683）刻本　十六冊

330000－4793－0000005　SW00759　史部/地理類

武川備考十二卷　（清）何德潤輯　清光緒二十六年（1900）稿本　二十冊

330000－4793－0000006　SS00778/1　類叢部/叢書類/自著之屬

宋金仁山先生遺書八種附六種　（宋）金履祥撰　清雍正至乾隆金華金氏刻光緒十三年（1887）鎮海謝駿德補刻本　一冊　存一種

330000－4793－0000007　SH00003、ZJ00282、S00283、JW00098、NY00112、JC00744、NS00017、ZY01591、ZY00205、NC01589、ZH00057、SS00081、SJ00765、ZZ01603、NZ00176　類叢部/叢書類/彙編之屬

崇文書局彙刻書三十一種　（清）崇文書局編　清光緒元年至三年（1875－1877）湖北崇文書局刻本　三十九冊　存十六種

330000－4793－0000008　SC00001　史部/目録類/通論之屬/掌故瑣記

藏書紀事詩七卷　葉昌熾撰　清宣統二年（1910）刻朱印本　六冊

330000－4793－0000009　JW00652　類叢部/叢書類/自著之屬

文章練要三種　（清）王源撰輯　清康熙至雍正刻本　五冊　存一種

330000－4793－0000010　NC00005　類叢部/叢書類/郡邑之屬

金華叢書六十八種　（清）胡鳳丹編　清同治七年至光緒八年（1868－1882）永康胡氏退補齋刻民國補刻本　十二冊　存一種

330000－4793－0000011　NH00009　經部/叢編

皇清經解一百九十卷首一卷正訛記一卷　（清）阮元輯　清光緒十七年（1891）上洋鴻寶齋石印本　二十三冊　缺十九卷（六十六至八十四）

330000－4793－0000012　NW00011　經部/群經總義類/傳說之屬

增訂五經體註大全　（清）嚴氏家塾主人編　清光緒五年（1879）慈水古草堂刻本　十九冊　存四種

330000－4793－0000013　NC00006　經部/春秋左傳類/傳說之屬

春秋左傳杜注三十卷首一卷　（清）姚培謙撰　清光緒十九年（1893）浙江書局刻本　十冊

330000－4793－0000014　NH00008　經部/群經總義類/傳說之屬

皇朝五經彙解二百七十卷　（清）朱鏡清輯　清光緒十九年（1893）上海積山書局石印本　三十三冊

330000－4793－0000017　NY00012　經部/儀禮類/傳說之屬

儀禮章句十七卷　（清）吳廷華撰　清乾隆二十二年（1757）刻本　六冊

330000－4793－0000018　NS00013　經部/書類/傳說之屬

書經體註大全合參六卷　（宋）蔡沈集傳　（清）錢希祥輯注　清大文堂刻本　二冊

330000－4793－0000020　NZ00016　經部/易類/傳說之屬

周易本義四卷首一卷　（宋）朱熹撰　清慎怡堂刻本　二冊

330000－4793－0000021　NG01661　經部/

易類/古易之屬

古周易訂詁十六卷 （明）何楷撰 明崇禎刻本 七册 缺一卷（五）

330000－4793－0000022 NS00018 經部/四書類/總義之屬/傳說

四書反身錄八卷首一卷 （清）李顒撰 清道光十一年（1831）浙江書局刻本 四册

330000－4793－0000024 NZ00020 經部/叢編

遵阮本重校印十三經注疏并校勘記 （清）阮元撰校勘記 （清）盧宣旬摘錄校勘記 清光緒十三年（1887）上海點石齋石印本 一册 存一種

330000－4793－0000025 NL00019 經部/四書類/論語之屬/傳說

論語集註十卷 （宋）朱熹撰 清刻本 二册

330000－4793－0000026 ZZ00066、SH00088、NS00094、NS00100 類叢部/類書類/通類之屬

玉海二百卷辭學指南四卷詩攷一卷詩地理攷六卷漢蓺文志攷證十卷通鑑地理通釋十四卷周書王會補注一卷漢制攷四卷踐阼篇集解一卷急就篇補注四卷姓氏急就篇二卷小學紺珠十卷六經天文編二卷周易鄭康成注一卷通鑑答問五卷 （宋）王應麟撰 **校補玉海瑣記二卷王深寧先生年譜一卷** （清）張大昌撰 清光緒九年至十六年（1883－1890）浙江書局刻本 五册 存十八卷（詩攷、詩地理攷一至六、漢蓺文志攷證一至十、周易鄭康成注）

330000－4793－0000027 NX00023 經部/大戴禮記類/分篇之屬

夏小正通釋一卷 （清）梁章鉅撰 清光緒十三年（1887）浙江書局刻本 一册

330000－4793－0000028 NQ00044 經部/叢編

御纂七經五種 （清）李光地等撰 清同治六年至九年（1867－1870）浙江書局刻本 十四册 存一種

330000－4793－0000029 NS00029 經部/書類/傳說之屬

書經集傳六卷 （宋）蔡沈撰 清同治七年（1868）粵東芸香堂刻本 六册

330000－4793－0000032 NS00030 經部/四書類/總義之屬/傳說

新訂四書補註備旨十卷 （明）鄧林撰 （清）杜定基增訂 清光緒二十三年（1897）兩儀堂刻本 姜碩廬題記 六册

330000－4793－0000033 NY01662 經部/小學類/音韻之屬/韻書

元韻譜五十四卷首一卷 （明）喬中和撰 清康熙三十年（1691）石渠閣刻本 十二册

330000－4793－0000035 NL00032、NM00042、NM00088、NF00075、NJ00304 經部/叢編

重刊宋本十三經注疏四百十六卷 附十三經注疏校勘記四百十六卷 （清）阮元撰 （清）盧宣旬摘錄 **校勘記識語四卷** （清）汪文臺撰 清光緒十八年（1892）湖南寶慶務本書局刻本 四十八册 存五種

330000－4793－0000037 NL00038 經部/禮記類/傳說之屬

禮記集說十卷 （元）陳澔撰 清同治三年（1864）浙江撫署刻本 九册 存九卷（一至四、六至十）

330000－4793－0000038 NZ00039 經部/周禮類/傳說之屬

周官精義十二卷 （清）連斗山輯 清道光十四年（1834）裕元堂刻本 六册

330000－4793－0000039 NC00041、NL01594、SW00039、ZS00266、NX01605 類叢部/叢書類/自著之屬

汪雙池先生叢書二十種附浙刻雙池遺書十二種 （清）汪紱撰 清道光至光緒刻光緒二十三年（1897）長安趙舒翹等彙印本 十五册 存五種

330000－4793－0000040 NS01660 經部/小

學類/文字之屬/說文
說文解字十五卷標目一卷　(漢)許慎撰　(宋)徐鉉等校定　清初海虞毛氏汲古閣刻本　八冊

330000－4793－0000041　SL00780　史部/史評類/史論之屬
歷代史論十二卷宋史論三卷元史論一卷　(明)張溥撰　**明史論四卷**　(清)谷應泰撰　**左傳史論二卷**　(清)高士奇撰　清光緒五年(1879)西江裴氏刻本　六冊　存十五卷(歷代史論一至七、十至十二,明史論二至四,左傳史論一至二)

330000－4793－0000044　NS00046　經部/群經總義類/傳說之屬
七經經義七種　(清)黃淦撰　清光緒九年(1883)掃葉山房刻本　二冊　存一種

330000－4793－0000046　NH00025　經部/群經總義類/傳說之屬
皇朝五經彙解二百七十卷　(清)朱鏡清輯　清光緒十四年(1888)上海鴻文書局石印本　三十一冊

330000－4793－0000048　NQ00035　經部/叢編
御纂七經五種　(清)李光地等撰　清光緒江南書局刻本　十六冊　存一種

330000－4793－0000051　JZ00003　集部/別集類/明別集
張忠敏公遺集十卷首一卷附錄六卷　(明)張國維撰　(清)張振珂輯　清光緒五年(1879)江蘇書局刻本　六冊　存十卷(遺集一至十)

330000－4793－0000052　JS00008　集部/別集類/宋別集
宋大家蘇文忠公文集二十八卷　(宋)蘇軾撰　(明)茅坤批評　清宣統三年(1911)上海彪蒙書室石印本　六冊

330000－4793－0000054　JZ00010　類叢部/叢書類/自著之屬
曾文正公四種　(清)曾國藩撰　清光緒三十一年(1905)上海商務印書館鉛印本　六冊　存一種

330000－4793－0000055　JW00020　集部/別集類/清別集
五色瓜廬尺牘叢殘四卷　(清)邵慶辰撰　清光緒刻本　四冊

330000－4793－0000056　JG00014　集部/別集類/清別集
固哉草亭文集二卷詩集四卷　(清)高斌撰　清刻本　四冊

330000－4793－0000059　NQ00114　經部/叢編
御纂七經五種　(清)李光地等撰　清同治刻本　十五冊　存一種

330000－4793－0000060　JT00011　集部/別集類/清別集
亭林文集六卷餘集一卷　(清)顧炎武撰　清光緒掃葉山房石印本　二冊

330000－4793－0000062　JY00013　集部/別集類/清別集
漁洋山人精華錄箋註十卷附年譜注補二卷　(清)王士禛撰　(清)惠棟注補　清乾隆二十四年(1759)刻本　十二冊

330000－4793－0000063　ZQ01342　史部/金石類/錢幣之屬/文字
欽定錢錄十六卷　(清)梁詩正等撰　清光緒五年(1879)茹古堂刻本　四冊

330000－4793－0000065　P0003　史部/傳記類/總傳之屬/家乘
[浙江金華]潭溪朱氏宗譜□□卷　清光緒五年(1879)木活字印本　一冊　存一卷(二十二)

330000－4793－0000069　P0002　史部/傳記類/總傳之屬/家乘
[浙江金華]潭溪朱氏宗譜□□卷　清宣統元年(1909)木活字印本　一冊　存一卷(十六)

330000－4793－0000071　P0001　史部/傳記

類/總傳之屬/家乘

[浙江金華]北溪陳氏宗譜□□卷 清光緒時思堂木活字印本 八冊 存六卷(七至九、十一至十二、十四)

330000－4793－0000072 JY00029 集部/別集類/清別集

養一齋文集二十卷 (清)李兆洛撰 清光緒四年(1878)刻本 八冊

330000－4793－0000075 NK00333 經部/小學類/文字之屬/字書/字典

康熙字典十二集三十六卷總目一卷檢字一卷辨似一卷等韻一卷補遺一卷備考一卷 (清)張玉書等纂修 清道光七年(1827)刻本 二冊 存二卷(辰集上、未集上)

330000－4793－0000076 NQ00034 經部/禮記類/傳說之屬

欽定禮記義疏八十二卷首一卷 (清)允祿等撰 清光緒三十年(1904)上海育文書局石印本 六冊

330000－4793－0000077 NQ00036 經部/叢編

御纂七經五種 (清)李光地等撰 清同治六年至九年(1867－1870)浙江書局刻本 二十三冊 存一種

330000－4793－0000078 JJ00040 集部/別集類/清別集

劍懷堂詩草不分卷 (清)宋謙撰 清宣統鉛印本 一冊

330000－4793－0000080 SQ00002 史部/史評類/史論之屬

欽定古今儲貳金鑑六卷 (清)高宗弘曆等撰 清刻本 四冊

330000－4793－0000084 JL00044 集部/別集類/唐五代別集

駱賓王文集十卷 (唐)駱賓王撰 **考異一卷** (清)顧廣圻撰 清宣統三年(1911)上海文瑞樓石印本 二冊

330000－4793－0000087 JY00030、ZD01842、JJ00405、JS00437、SP00170、JL00732、JX00850、ZS01860、JH01573、JL01574、JL01576、JH01578、類叢部/叢書類/郡邑之屬

金華叢書六十八種 (清)胡鳳丹編 清同治七年至光緒八年(1868－1882)永康胡氏退補齋刻本 一百六冊 存十五種

330000－4793－0000088 SE00034、SN01179 史部/傳記類/總傳之屬/仕宦

貳臣傳十二卷逆臣傳四卷 (清)國史館撰 清都城琉璃廠半松居士刻本 七冊

330000－4793－0000089 JY00032 集部/別集類/清別集

楊園先生全集五十四卷 (清)張履祥撰 **張楊園先生年譜一卷** (清)蘇惇元編 清同治十年(1871)江蘇書局刻本 十六冊

330000－4793－0000092 JC00043 集部/別集類/清別集

超然抒情集四卷 (清)于先之撰 清光緒二十七年(1901)木活字印本 二冊

330000－4793－0000093 JL00022 集部/別集類/唐五代別集

李太白文集三十六卷 (唐)李白撰 (清)王琦輯注 清乾隆聚錦堂刻本 十六冊

330000－4793－0000094 JJ00041 集部/別集類/清別集

劍門詩集四卷 (清)吳放撰 清末鉛印本 一冊

330000－4793－0000101 NF00050 經部/叢編

重刊宋本十三經注疏四百十六卷 附十三經注疏校勘記四百十六卷 (清)阮元撰 (清)盧宣旬摘錄 **校勘記識語四卷** (清)汪文臺撰 清光緒十八年(1892)湖南寶慶務本書局刻本 二十八冊 存一種

330000－4793－0000102 NH00058 類叢部/叢書類/彙編之屬

崇文書局彙刻書三十一種 (清)崇文書局編 清光緒元年至三年(1875－1877)湖北崇文

書局刻本　二册　存一種

330000－4793－0000103　NZ00056　經部/叢編

鄭氏佚書二十三種　(漢)鄭玄撰　(清)袁鈞輯　清光緒十四年(1888)浙江書局刻本　十册

330000－4793－0000104　NS00053　類叢部/叢書類/彙編之屬

新斠平津館叢書十集三十四種　(清)孫星衍編　清光緒十年至十五年(1884－1889)吳縣朱氏槐廬家塾刻本　三册　存一種

330000－4793－0000105　NF00057　經部/叢編

遵阮本重校印十三經注疏并校勘記　(清)阮元撰校勘記　(清)盧宣旬摘錄校勘記　清光緒十三年(1887)點石齋石印本　四册　存一種

330000－4793－0000106　NY00061　經部/叢編

重刊宋本十三經注疏四百十六卷　附十三經注疏校勘記四百十六卷　(清)阮元撰　(清)盧宣旬摘錄　**校勘記識語四卷**　(清)汪文臺撰　清光緒十八年(1892)湖南寶慶務本書局刻本　十六册　存一種

330000－4793－0000107　NL00054　經部/叢編

重訂七經精義　(清)黄淦撰　清光緒九年(1883)掃葉山房刻本　二册　存一種

330000－4793－0000108　NS00060　經部/叢編

五經體注大全　(清)嚴氏家塾主人輯　清道光刻本　四册　存一種

330000－4793－0000109　NQ00059　經部/叢編

御纂七經五種　(清)李光地等撰　清同治六年至九年(1867－1870)浙江書局刻本　十五册　存一種

330000－4793－0000110　NQ00051　經部/叢編

御纂七經五種　(清)李光地等撰　清光緒刻本　三十二册　存一種

330000－4793－0000111　NS00063　經部/詩類/傳說之屬

詩經體注說約大全合參八卷　(明)黄文焕纂輯　清刻本　四册

330000－4793－0000112　NZ00109　經部/春秋左傳類/傳說之屬

左傳翼三十八卷　(清)周大璋評　清刻本　十六册

330000－4793－0000114　NL00064　經部/禮記類/傳說之屬

禮記集說十卷　(元)陳澔撰　清光緒十九年(1893)浙江書局刻本　十册

330000－4793－0000116　NQ00072　經部/書類/傳說之屬

欽定書經傳說彙纂二十一卷　(清)王頊齡等撰　清末刻本　十二册

330000－4793－0000117　NG00071　類叢部/叢書類/自著之屬

高梅亭讀書叢鈔十一種　(清)高嵣集評　清乾隆五十三年(1788)廣郡永邑培元堂楊氏刻本　一册　存一種

330000－4793－0000118　NS00070　經部/詩類/傳說之屬

詩經增訂旁訓四卷　(清)徐立綱撰　(清)□□增訂　清刻本　三册

330000－4793－0000119　NY00069　經部/詩類/傳說之屬

詩經增訂旁訓四卷　(清)徐立綱撰　(清)□□增訂　清浙衢聚秀堂刻本　一册

330000－4793－0000120　NS00068　經部/叢編

五經體注大全　(清)嚴氏家塾主人輯　清大文堂刻本　四册　存一種

330000－4793－0000121　NS00067　經部/四

書類/總義之屬/傳說

四書集註十九卷 （宋）朱熹撰　清光緒三十二年（1906）上海商務印書館鉛印本　六冊

330000－4793－0000122　NS00066　經部/四書類/總義之屬/傳說

四書類典賦二十四卷 （清）甘紱撰　清刻本　十二冊

330000－4793－0000123　NS00073　經部/小學類/文字之屬/說文

說文通訓定聲十八卷分部柬韻一卷說雅一卷古今韻準一卷 （清）朱駿聲撰　清刻本　二十四冊

330000－4793－0000124　NQ00074、NQ01269　經部/叢編

御纂七經五種 （清）李光地等撰　清光緒刻本　五十七冊　存二種

330000－4793－0000126　JT01594　類叢部/叢書類/彙編之屬

融經館叢書十一種 （清）徐友蘭編　清光緒六年至十一年（1880－1885）會稽徐氏八杉齋刻本　四冊　存一種

330000－4793－0000128　NY00082　經部/易類/文字音義之屬

易學源流二卷 （清）鄒師謙撰　清末石印本　一冊

330000－4793－0000129　NS00078　經部/四書類/總義之屬/傳說

四書古人典林十二卷 （清）江永輯　清金閶寶仁堂刻本　四冊

330000－4793－0000130　NZ00083　經部/易類/傳說之屬

周易象義辨例二十卷 （清）鄒師謙撰　清光緒二十五年（1899）石印本　十一冊

330000－4793－0000131　NQ00076　經部/叢編

御纂七經五種 （清）李光地等撰　清同治刻本　三冊　存一種

330000－4793－0000132　NQ00081　經部/三禮總義類

欽定三禮義疏 （清）允祿等撰　清同治七年（1868）李瀚章刻本　二十四冊　存一種

330000－4793－0000133　NQ00077　經部/春秋總義類/傳說之屬

欽定春秋傳說彙纂三十八卷首二卷 （清）王掞等撰　清同治九年（1870）浙江撫署刻本　二十冊

330000－4793－0000137　NS00080　經部/詩類/傳說之屬

詩經集傳八卷 （宋）朱熹撰　清同治三年（1864）浙江撫署刻本　四冊

330000－4793－0000138　NH00096　子部/藝術類/書畫之屬/法帖

漢碑範八卷 張祖翼選臨　清宣統三年（1911）上海文明書局石印本　二冊

330000－4793－0000140　NS00090　經部/詩類/傳說之屬

詩經集傳八卷 （宋）朱熹撰　清光緒十一年（1885）融經館刻本　四冊

330000－4793－0000141　NS00103　經部/詩類/傳說之屬

初刻黃維章先生詩經嫏嬛體註八卷 （明）黃文煥輯撰　（清）范翔重訂　清刻本　四冊

330000－4793－0000142　NM00101　經部/詩類/傳說之屬

毛詩名物畧四卷 （清）朱桓撰　清嘉慶七年（1802）蔚齋刻本　二冊　存二卷（一至二）

330000－4793－0000143　NS00102　經部/詩類/傳說之屬

詩經旁訓辨體合訂四卷 （清）徐立綱輯　清刻本　三冊

330000－4793－0000144　NS00106　經部/小學類/文字之屬/說文

說文通訓定聲十八卷分部柬韻一卷說雅一卷古今韻準一卷 （清）朱駿聲撰　清刻本　二十四冊

330000－4793－0000146　NS00095　經部/小學類/文字之屬/説文

説文解字十五卷　（漢）許慎撰　**説文通檢十四卷首一卷末一卷**　（清）黎永椿編　**説文校字記一卷**　（清）陳昌治撰　清同治十二年(1873)番禺陳昌治刻光緒十四年(1888)席氏掃葉山房印本　九册

330000－4793－0000147　NH00104　經部/叢編

皇清經解一千四百八卷首一卷　（清）阮元輯　清道光九年(1829)廣東學海堂刻咸豐十一年(1861)補刻本　十六册　存六卷(六百四十一至六百四十六)

330000－4793－0000151　NZ00097　經部/詩類/傳説之屬

遵註義釋詩經離句襯解八卷　（清）朱榛編訂　清咸豐七年(1857)文光閣刻本　四册

330000－4793－0000152　NS00098　經部/禮記類/傳説之屬

漱芳軒合纂禮記體註四卷　（清）范翔撰　清蘇州小西山房刻本　四册

330000－4793－0000154　NM00105　經部/四書類/總義之屬/傳説

四書章句集註十九卷　（宋）朱熹撰　清浙蘭慎言堂刻本　三册　存四卷(孟子一至四)

330000－4793－0000155　NS00120　類叢部/叢書類/自著之屬

汪雙池先生叢書二十種附浙刻雙池遺書十二種　（清）汪紱撰　清道光至光緒刻光緒二十三年(1897)長安趙舒翹等彙印本　十五册　存一種

330000－4793－0000156　NC00108、NY00274、NF00271、NF00353　經部/叢編

重刊宋本十三經注疏四百十六卷　附十三經注疏校勘記四百十六卷　（清）阮元撰　（清）盧宣旬摘録　**校勘記識語四卷**　（清）汪文臺撰　清嘉慶二十年(1815)江西南昌府學刻本　六十八册　存四種

330000－4793－0000157　NS00110　經部/四書類/總義之屬/傳説

四書義經正篇二卷　（清）三魚書屋輯　清光緒二十七年(1901)掃葉山房石印本　四册

330000－4793－0000158　NY00112　類叢部/叢書類/彙編之屬

崇文書局彙刻書三十一種　（清）崇文書局編　清光緒元年至三年(1875－1877)湖北崇文書局刻本　四册　存一種

330000－4793－0000160　NZ00107　經部/周禮類/傳説之屬

周禮精義六卷首一卷末一卷　（清）黄淦撰　清埽葉山房刻本　二册

330000－4793－0000161　NZ00116、NY00115、NS00091、NC00045、NC01513、NC01529　經部/叢編

十一經音訓　（清）楊國楨等編　清道光十年(1830)刻本　十册　存五種

330000－4793－0000162　NZ00117　經部/春秋左傳類/傳説之屬

左繡三十卷首一卷　（清）馮李驊　（清）陸浩評輯　清刻本　十六册

330000－4793－0000163　NY00118　經部/儀禮類/傳説之屬

儀禮十七卷　（漢）鄭玄注　清同治九年(1870)楚北崇文書局刻本　二册

330000－4793－0000164　NS00113　經部/詩類/傳説之屬

詩緝三十六卷　（宋）嚴粲撰　清嘉慶十五年(1810)谿上聽彝堂刻本　十册

330000－4793－0000165　JT00045　集部/别集類/清别集

退一步齋詩集十六卷文集四卷蕉軒續録二卷　（清）方濬師撰　（清）呂景端編校　清光緒十八年(1892)鉛印本　十册　缺二卷(蕉軒續録一至二)

330000－4793－0000166　JJ00046　集部/别集類/明别集

金忠節公文集八卷　（明）金聲撰　清道光七

年(1827)嘉魚官署刻本　四册

330000－4793－0000170　JX00071　集部/別集類/清別集
遜敏齋文存二卷　(清)張經鉏撰　清光緒二十六年(1900)刻本　一册

330000－4793－0000171　JX00068　集部/別集類/清別集
徐烈婦詩鈔二卷　(清)吳宗愛撰　(清)楊晉藩　(清)許楣評　**同心梔子圖續編一卷**　(清)應瑩撰　清光緒元年(1875)影印本　一册

330000－4793－0000172　JS00091　集部/別集類/宋別集
蘇文忠公詩集五十卷目錄二卷　(宋)蘇軾撰　(清)紀昀評點　清同治八年(1869)韞玉山房粤東省城刻翰墨園朱墨套印本　八册

330000－4793－0000174　JN00061　集部/別集類/清別集
松桂堂全集三十七卷南涯集三卷延露詞三卷　(清)彭孫遹撰　清宣統三年(1911)掃葉山房石印本　二册

330000－4793－0000175　JC00082　集部/別集類/清別集
存悔齋集二十八卷外集四卷　(清)劉鳳誥撰　清道光十年(1830)刻本　八册

330000－4793－0000178　JS00058　集部/別集類/宋別集
蘇文忠公詩集五十卷目錄二卷　(宋)蘇軾撰　(清)紀昀評點　清道光十四年(1834)兩廣節署刻朱墨套印本　十二册

330000－4793－0000179　JT00073　集部/別集類/唐五代別集
唐陸宣公集二十二卷　(唐)陸贄撰　清同治五年(1866)楊氏問竹軒家塾刻本　六册

330000－4793－0000182　JB00070　集部/別集類/唐五代別集
白香山詩長慶集二十卷後集十七卷別集一卷補遺二卷　(唐)白居易撰　(清)汪立名編訂　清康熙四十一年至四十二年(1702－1703)汪立名一隅草堂刻本　十二册

330000－4793－0000183　JX00074　集部/別集類/清別集
小謨觴館詩集八卷文集四卷　(清)彭兆蓀撰　清光緒刻本　六册　存四卷(詩集一至四)

330000－4793－0000186　JY00088　集部/別集類/唐五代別集
元英集八卷　(唐)方干撰　(清)方國鈞注　清宣統三年(1911)清芬軒刻本　三册

330000－4793－0000187　JM00089　集部/別集類/清別集
墨香閣文集十三卷首一卷末一卷　(清)彭維新撰　清道光二年(1822)彭氏刻本　四册

330000－4793－0000189　JF00051　集部/別集類/清別集
方靈皋全稿不分卷　(清)方苞撰　清刻本　四册

330000－4793－0000191　JS00078　集部/別集類/清別集
水明廔集一卷　(清)袁昶撰　清宣統元年(1909)湛然精舍鉛印本　一册

330000－4793－0000192　JT00079　類叢部/叢書類/自著之屬
高陶堂遺集四種　(清)高心夔撰　清光緒八年(1882)平湖朱氏經注經齋刻本　四册　存二種

330000－4793－0000195　JZ00090　集部/別集類/明別集
紫栢老人集二十九卷首一卷　(明)釋真可撰　清刻本　十册

330000－4793－0000197　JS00084　集部/別集類/清別集
尚絅堂試帖二卷　(清)劉嗣綰撰　清道光十八年(1838)藩庫署刻本　二册

330000－4793－0000198　JJ00057　類叢部/叢書類/自著之屬

紀慎齋先生全集十二種續集七種　(清)紀大奎撰　清嘉慶十三年至咸豐二年(1808－1852)刻本　二十九册　存十種

330000－4793－0000200　JD00085　集部/别集類/清别集

定盦文集三卷續集四卷文集補編四卷續録一卷古今體詩二卷己亥雜詩一卷詞選一卷詞録一卷附孝珙手抄詞一卷文拾遺一卷　(清)龔自珍撰　**定盦先生年譜一卷**　吳昌綬編　清宣統二年(1910)上海國學扶輪社鉛印本　七册　存十四卷(定盦文集一至三、續集一至四、文集補編一至四、詞選、文拾遺、定盦先生年譜)

330000－4793－0000201　JZ00049　集部/别集類/宋别集

趙清獻公集十卷目録二卷　(宋)趙抃撰　清光緒趙氏刻本　四册

330000－4793－0000204　JJ00149　集部/總集類/選集之屬/通代

經史百家雜鈔二十六卷　(清)曾國藩輯　清光緒三十二年(1906)上海商務印書館鉛印本　十二册

330000－4793－0000205　JX00133　集部/總集類/選集之屬/通代

續古文辭類纂二十八卷　(清)黎庶昌輯　清光緒十五年(1889)上海商務印書館鉛印本　十二册

330000－4793－0000206　JX00145　集部/總集類/課藝之屬

小題正鵠初集不分卷二集不分卷三集不分卷四集不分卷　(清)李元度輯　清光緒六年(1880)浙紹墨潤堂刻本　八册

330000－4793－0000211　JS00143　集部/别集類/清别集

塾課文約鈔不分卷　(清)毛猷撰　清同治十年(1871)小西山房刻本　一册

330000－4793－0000212　JZ00150　集部/總集類/選集之屬/斷代

增註七家詩彙鈔　(清)張熙宇輯評　(清)王植桂輯註　清光緒十八年(1892)上海圖書集成印書局鉛印本　四册

330000－4793－0000213　JW00148　集部/别集類/明别集

王文成公全書三十八卷　(明)王守仁撰　清光緒浙江書局刻本　二十四册

330000－4793－0000214　JY00135　集部/别集類/清别集

孫淵如先生全集二十二卷　(清)孫星衍撰　(清)朱記榮編　清光緒十一年(1885)朱氏槐廬家塾校刻本　一册　存二卷(冶城絜養集一至二)

330000－4793－0000215　JZ00134　集部/詩文評類/詩評之屬

昭昧詹言十卷續八卷續録二卷坿録一卷坿攷一卷　(清)方東樹撰　清宣統元年(1909)安徽官紙印刷局鉛印本　四册

330000－4793－0000216　JX00142　集部/别集類/清别集

紫竹山房塾刻文稿不分卷　(清)陳兆崙撰　清光緒五年(1879)刻本　一册

330000－4793－0000219　JZ00130　集部/總集類/課藝之屬

制藝崑玉不分卷　(清)曾之撰等撰　清光緒二年(1876)刻本　四册

330000－4793－0000221　JL01730　史部/傳記類

列朝詩小傳鈔不分卷　(清)錢謙益撰　清抄本　四册

330000－4793－0000222　JZ00146　子部/雜著類/雜説之屬

簷曝雜記六卷附録一卷　(清)趙翼撰　清刻本　二册

330000－4793－0000223　JS00124　集部/總集類/氏族之屬

三蘇策論十二卷　(宋)蘇洵　(宋)蘇軾　(宋)蘇轍撰　(清)張紹齡編　清光緒二十四

年(1898)越郡會文堂石印本　八冊

330000－4793－0000224　JJ00147　集部/別集類/清別集
集虛齋學古文十二卷附離騷經解畧一卷　(清)方桑如撰　清光緒十年(1884)李詩、竺士彥淳安縣署刻本　四冊

330000－4793－0000226　JT00112　集部/總集類/選集之屬/斷代
唐詩三百首註疏六卷　(清)孫洙編　(清)章燮注　清道光十五年(1835)浙蘭文華樓刻本　六冊

330000－4793－0000227　JT00116　集部/總集類/彙編之屬
唐人三家集　(清)秦恩復編　清宣統三年(1911)藏古圖書館據嘉慶至道光秦氏石研齋影宋刻本影印本　五冊　存二種

330000－4793－0000228　JW00098　類叢部/叢書類/彙編之屬
崇文書局彙刻書三十一種　(清)崇文書局編　清光緒元年至三年(1875－1877)湖北崇文書局刻本　二冊　存一種

330000－4793－0000229　JZ00092　集部/別集類/清別集
忠信齋時藝不分卷　(清)戴翼宸撰　清乾隆二十八年(1763)戴翼宸刻本　一冊

330000－4793－0000230　JJ00094　集部/詩文評類/詩評之屬
緝雅堂詩話二卷　(清)潘衍桐撰　清光緒十七年(1891)杭州刻本　一冊

330000－4793－0000231　JS00121　類叢部/叢書類/自著之屬
隨園三十種　(清)袁枚撰　清刻本　二冊　存一種

330000－4793－0000233　JY00100　類叢部/叢書類/自著之屬
隨園三十種　(清)袁枚撰　清刻本　一冊　存一種

330000－4793－0000238　JS00097　集部/詩文評類/詩評之屬
隨園詩話十六卷補遺十卷　(清)袁枚撰　清刻本　四冊　存十卷(補遺一至十)

330000－4793－0000239　JS00118　集部/詩文評類/詩評之屬
隨園詩話十六卷補遺十卷　(清)袁枚撰　清光緒三年(1877)三益堂刻本　六冊

330000－4793－0000241　JM00095　集部/詞類/總集之屬
明詞綜十二卷　(清)王昶輯　清同治四年(1865)亦西齋刻本　二冊

330000－4793－0000242　JW00115　類叢部/叢書類/家集之屬
吳氏一家稿十種　(清)吳清鵬輯　清咸豐五年(1855)錢塘吳氏刻本　四冊　存一種

330000－4793－0000245　JC00110　類叢部/叢書類/彙編之屬
新斠平津館叢書十集三十四種　(清)孫星衍編　清光緒十年至十五年(1884－1889)吳縣朱氏槐廬家塾刻本　一冊　存一種

330000－4793－0000246　JW00153　集部/別集類/明別集
王文成公全書三十八卷　(明)王守仁撰　清光緒浙江書局刻本　二十四冊

330000－4793－0000250　ZJ00002　子部/雜著類/雜纂之屬
經餘必讀八卷二編八卷　(清)雷琳　(清)錢樹棠　(清)錢樹立輯　**經餘必讀三編四卷**　(清)趙在翰輯　清光緒二年(1876)退補齋刻本　九冊　缺三卷(三編二至四)

330000－4793－0000251　JG00136　集部/別集類/漢魏六朝別集
庾子山集十六卷總釋一卷　(北周)庾信撰　(清)倪璠注　**庾子山年譜一卷**　(清)倪璠撰　清光緒二十年(1894)粵東儒雅堂刻本　十二冊

330000－4793－0000252　JS00105　集部/總

集類/彙編之屬
三宋人集 (清)方功惠編 清光緒六年(1880)巴陵方氏碧琳琅館刻本 六册

330000－4793－0000255 JD00102 類叢部/叢書類/自著之屬
隨園三十種 (清)袁枚撰 清刻本 一册 存一種

330000－4793－0000257 JQ00107 集部/別集類/明別集
青蘿文集二十卷 (明)王漸逵撰 清刻本 一册 存一卷(一)

330000－4793－0000258 JR00137 集部/總集類/課藝之屬
仁在堂全集十一集續刻三集 (清)路德輯 清刻本 四册 存四集

330000－4793－0000262 JX00155 集部/總集類/選集之屬/通代
謝疊山先生文章軌範七卷 (宋)謝疊山輯 清光緒元年(1875)湖北崇文書局刻朱墨套印本 二册

330000－4793－0000263 JL00165 集部/別集類/唐五代別集
駱賓王文集十卷 (唐)駱賓王撰 **考異一卷** (清)顧廣圻撰 清宣統三年(1911)上海文瑞樓石印本 二册

330000－4793－0000264 JW00166 子部/儒家類/儒學之屬
婺學治事文編二卷 (清)繼良輯 清刻本 一册 存一卷(一)

330000－4793－0000267 JD00172 集部/別集類/清別集
大雲山房文稾初集四卷二集四卷 (清)惲敬撰 清光緒十四年(1888)官書處刻本 八册

330000－4793－0000268 ST00007 史部/政書類/通制之屬
九通 (清)□□輯 清光緒八年至二十二年(1882－1896)浙江書局刻本 十册 存一種

330000－4793－0000269 JL00168、JS00950 集部/總集類/彙編之屬
宋詩鈔初集八十四種 (清)吕留良 (清)吴之振 (清)吴爾堯編 清康熙十年(1671)洲錢吴氏鑑古堂刻本 五册 存五種

330000－4793－0000273 JH00185、JL00785、ZY00348 類叢部/叢書類/郡邑之屬
永嘉叢書十三種 (清)孫衣言編 清同治至光緒瑞安孫氏詒善祠塾刻本 五册 存三種

330000－4793－0000278 JC00307 集部/別集類/宋別集
重刊文信國公全集十七卷 (宋)文天祥撰 清道光二十五年(1845)刻本 十二册

330000－4793－0000280 JL00176 集部/別集類/清別集
濂亭文集八卷 (清)張裕釗撰 查燕緒編 清宣統三年(1911)上海掃葉山房石印本 二册

330000－4793－0000281 JY00181 集部/總集類/選集之屬/通代
御選唐宋詩醇四十七卷目錄二卷 (清)高宗弘曆輯 清光緒七年(1881)浙江書局刻本 十四册 存三十一卷(目錄一至二,一至十八、二十四至二十六、三十四至三十九、四十二至四十三)

330000－4793－0000283 NS00003 經部/四書類/總義之屬/傳說
四書朱子本義匯參四十三卷首四卷 (清)王步青輯 清乾隆敦復堂刻本 十三册 存二十四卷(中庸五至六,論語一至二、五至八、十七至二十,孟子一至四、七至十四)

330000－4793－0000284 JW00216 集部/別集類/清別集
望溪先生文集十八卷集外文十卷集外文補遺二卷 (清)方苞撰 **方望溪先生年譜一卷附錄一卷** (清)蘇惇元輯 清咸豐元年(1851)戴鈞衡刻二年(1852)增刻本 十二册

330000－4793－0000285 JT00197 集部/總

集類/選集之屬/斷代

唐詩三百首註疏六卷 (清)孫洙編 (清)章燮注 清刻本 六册

330000－4793－0000286 JY00221 集部/總集類/選集之屬/通代

御選唐宋詩醇四十七卷目錄二卷 (清)高宗弘曆輯 清光緒七年(1881)浙江書局刻本 二十册

330000－4793－0000287 JF00196 集部/總集類/課藝之屬

敷文書院課藝七集不分卷 清光緒二十年(1894)刻本 四册

330000－4793－0000289 SZ00009 史部/傳記類/别傳之屬/事狀

曾文正公榮哀錄一卷 清同治十一年(1872)刻本 一册

330000－4793－0000290 JX00198 集部/總集類/選集之屬/斷代

新選秋詩又新集二卷 (清)葉乃喜輯 清光緒元年(1875)杭州運署刻本 一册

330000－4793－0000291 JL00192 集部/别集類/清别集

綠香山館小題二集不分卷 (清)來鴻瑨撰 清光緒元年(1875)刻本 二册

330000－4793－0000292 JX00212 集部/總集類/選集之屬/通代

續古文苑二十卷 (清)孫星衍輯 清光緒十一年(1885)朱氏槐廬家塾刻本 六册

330000－4793－0000297 JY00200 集部/總集類/選集之屬/通代

御選唐宋文醇五十八卷 (清)高宗弘曆輯 清光緒三年(1877)浙江書局刻本 二十册 存二卷(三十四至三十五)

330000－4793－0000298 JN00208 集部/總集類/選集之屬/斷代

南宋文範七十卷外編四卷作者考二卷 (清)莊仲方輯 清光緒十四年(1888)江蘇書局刻本 十五册 存六十八卷(南宋文範一至四十五、五十二至七十,外編一至二,作者考一至二)

330000－4793－0000301 JH00190 集部/别集類/清别集

洪北江文集四卷 (清)洪亮吉撰 清宣統二年(1910)上海國學扶輪社鉛印本 二册

330000－4793－0000302 JY00211 集部/總集類/選集之屬/通代

御選唐宋文醇五十八卷 (清)高宗弘曆輯 清光緒三年(1877)浙江書局刻本 二十册

330000－4793－0000303 JY00218 類叢部/叢書類/自著之屬

金華唐氏遺書五種附一種 (宋)唐仲友撰 (清)張作楠編 清宣統三年(1911)金華教育會石印本 四册

330000－4793－0000304 JF00189 集部/總集類/選集之屬/通代

賦學正鵠集釋四卷 (清)李元度輯 清光緒二十年(1894)上海文瑞樓石印本 四册

330000－4793－0000305 JX00217 集部/别集類/清别集

小謨觴館詩集注八卷續注二卷文集注四卷續注二卷 (清)孫元培 (清)孫長熙纂輯 清光緒十九年(1893)苕溪佟氏年刻本 四册

330000－4793－0000307 SZ00010 史部/編年類/通代之屬

資治通鑑二百九十四卷 (宋)司馬光撰 (元)胡三省音注 清刻本 三十二册 存七十七卷(八十一至一百二十九、二百三十二至二百三十六、二百五十五至二百七十七)

330000－4793－0000308 JC00214 類叢部/類書類/專類之屬

重編留青新集二十四卷 (清)馮善長輯 清光緒十六年(1890)上海鉛印本 十六册

330000－4793－0000310 JT00215 集部/總集類/選集之屬/斷代

唐詩别裁集引典備註二十卷 (清)沈德潛輯

(清)俞汝昌注　清道光十七年(1837)白鹿山房刻本　十册　存十七卷(二、五至二十)

330000－4793－0000311　JJ00219　集部/總集類/郡邑之屬
句東律賦四卷　清嘉慶二十五年(1820)三益齋刻本　四册

330000－4793－0000312　JY00227　集部/別集類/宋別集
岳忠武王集九卷　(清)黃邦寧纂修　清光緒十二年(1886)上海簡玉山房刻本　四册

330000－4793－0000315　JL00236　集部/楚辭類
離騷集傳一卷　(宋)錢杲之撰　清光緒元年至三年(1875－1877)湖北崇文書局刻本　一册

330000－4793－0000317　JH00230、NM01579、JH00490　類叢部/叢書類/自著之屬
戚鶴泉所著書十一種　(清)戚學標撰　清乾隆至嘉慶刻本　七册　存三種

330000－4793－0000318　JB00238　集部/別集類/唐五代別集
白香山詩長慶集二十卷後集十七卷別集一卷補遺二卷　(唐)白居易撰　(清)汪立名編訂　**白香山年譜一卷**　(清)汪立名撰　**白香山年譜舊本一卷**　(宋)陳振孫撰　清會文堂石印本　十二册

330000－4793－0000319　JS00248　集部/別集類/宋別集
蘇文忠公詩編註集成四十六卷集成總案四十五卷諸家雜綴酌存一卷蘇海識餘四卷牋詩圖一卷　(宋)蘇軾撰　(清)王文誥輯注　清光緒十四年(1888)浙江書局刻本　二十四册

330000－4793－0000321　JF00249　類叢部/類書類/專類之屬
分類詩腋八卷　(清)李楨編　清刻本　四册

330000－4793－0000322　JX00240　集部/別集類/清別集
西漚全集十卷外集八卷　(清)李惺撰　清同治七年(1868)刻本　十六册

330000－4793－0000325　JC01493、JX01593、JW01596　集部/總集類/彙編之屬
漢魏六朝一百三家集(漢魏六朝百三名家集)　(明)張溥編　清光緒十八年(1892)善化章經濟堂刻本　二十六册　存二十四種

330000－4793－0000328　JW00246　類叢部/叢書類/彙編之屬
增訂漢魏叢書八十六種　(清)王謨編　清光緒刻本　三册

330000－4793－0000329　JY00239　集部/總集類/選集之屬/通代
御選唐宋文醇五十八卷　(清)高宗弘曆輯　清光緒三年(1877)浙江書局刻本　二十册

330000－4793－0000330　JJ00260　集部/總集類/選集之屬/斷代
九家詩讀本一卷　(清)孫理輯並評注　清道光元年(1821)掃葉山房刻本　一册

330000－4793－0000332　JQ00270　集部/別集類/清別集
潛菴先生遺稿五卷　(清)湯斌撰　清乾隆十七年(1752)貽安堂刻本　五册

330000－4793－0000333　JS00269　集部/別集類/清別集
三魚堂文集十二卷外集六卷附錄一卷　(清)陸隴其撰　清刻本　八册

330000－4793－0000334　JS00258　類叢部/叢書類/郡邑之屬
永嘉叢書十三種　(清)孫衣言編　清同治至光緒瑞安孫氏詒善祠塾刻本　一册　存一種

330000－4793－0000335　JD00255　集部/總集類/郡邑之屬
東甌先正文錄十二卷栝蒼先正文錄三卷補遺一卷　(清)陳遇春輯　清道光十四年(1834)梧竹山房刻本　一册　存一卷(東甌先正文錄一)

330000－4793－0000336　JY00256　集部/總集類/彙編之屬

漢魏六朝一百三家集(漢魏六朝百三名家集)　(明)張溥編　清光緒十八年(1892)善化章經濟堂刻本　一冊　存一種

330000－4793－0000337　JL00284　類叢部/叢書類/彙編之屬

崇文書局彙刻書三十一種　(清)崇文書局編　清光緒元年至三年(1875－1877)湖北崇文書局刻本　一冊　存一種

330000－4793－0000338　JL000283　類叢部/叢書類/彙編之屬

崇文書局彙刻書三十一種　(清)崇文書局編　清光緒元年至三年(1875－1877)湖北崇文書局刻本　一冊　存一種

330000－4793－0000339　JB00254　集部/別集類/清別集

寶研堂文鈔二卷　(清)李實撰　清道光二十年(1840)刻本　二冊

330000－4793－0000340　JJ00279　類叢部/叢書類/郡邑之屬

金華叢書六十八種　(清)胡鳳丹編　清同治七年至光緒八年(1868－1882)永康胡氏退補齋刻民國補刻本　二冊　存一種

330000－4793－0000342　JX00263　集部/別集類/清別集

小倉山房往還書札全集十八卷　(清)袁枚撰　清光緒十三年(1887)鉛印本　四冊

330000－4793－0000343　JG00285　史部/傳記類/總傳之屬/文苑

廣陵詩事十卷　(清)阮元撰　清光緒十六年(1890)京師揚州老館刻本　二冊

330000－4793－0000344　JS00264　集部/總集類/氏族之屬

三蘇策論十二卷　(宋)蘇洵　(宋)蘇軾(宋)蘇轍撰　(清)張紹齡編　清光緒二十四年(1898)越郡會文堂石印本　八冊

330000－4793－0000345　JY00314　集部/別集類/清別集

有正味齋試帖詳註四卷　(清)吳錫麒撰(清)吳掄　(清)吳敬恒注　清刻本　四冊

330000－4793－0000346　JW00298　類叢部/叢書類/彙編之屬

刻鵠齋叢書十六種　(清)胡念修編　清光緒二十三年至二十七年(1897－1901)刻本　二冊　存一種

330000－4793－0000347　JW00302　集部/別集類/唐五代別集

王貞白詩一卷補遺一卷　(唐)王有道撰　**附錄一卷**　(清)邵啓賢輯　清宣統元年(1909)餘姚邵氏刻本　一冊

330000－4793－0000348　JS00313　集部/別集類/宋別集

宋孫仲益內簡尺牘十卷首一卷目錄一卷(宋)孫覿撰　(宋)李祖堯編注　(清)蔡焯(清)蔡龍孫增訂　清刻本　四冊

330000－4793－0000353　JW00294　集部/別集類/清別集

吳越游草不分卷　(清)王文治撰　清宣統三年(1911)古吳藏書樓石印本　一冊

330000－4793－0000355　JP00291、JP00637　類叢部/叢書類/自著之屬

拙盦叢稿五種　(清)朱一新撰　清光緒二十二年(1896)順德龍氏葆真堂刻本　二冊　存二種

330000－4793－0000356　JZ00282　類叢部/叢書類/自著之屬

曾惠敏公遺集四種　(清)曾紀澤撰　清光緒十九年(1893)江南製造總局鉛印本　四冊　存二種

330000－4793－0000358　JL00299　集部/總集類/課藝之屬

理題文精選不分卷　(清)史祐編　清刻本　一冊

330000－4793－0000360　JS00310　集部/別集類/清別集

少邑賦草四卷續一卷　(清)夏思沺撰　清光緒十三年(1887)松盛堂刻本　二冊

330000－4793－0000361　JB00286　類叢部/叢書類/自著之屬
率祖堂叢書(金仁山先生遺書)八種附六種　(宋)金履祥撰　清雍正至乾隆金華金氏刻光緒十三年(1887)鎮海謝駿德補刻本　二冊　存一種

330000－4793－0000362　JD00311　集部/別集類/唐五代別集
讀書堂杜工部文集註解二卷　(唐)杜甫撰　(清)張溍評註　清刻本　一冊

330000－4793－0000364　JZ00290　類叢部/叢書類/自著之屬
諸葛忠武侯全集五種　(三國蜀)諸葛亮撰　(清)張澍編　清刻本　十二冊

330000－4793－0000365　JM00305　集部/別集類/清別集
墨花吟館詩鈔十六卷　(清)嚴辰撰　清光緒八年(1882)刻本　三冊　存十二卷(五至十六)

330000－4793－0000367　JS00464、JS00858、JX00326、ZS00395　類叢部/叢書類/彙編之屬
三長物齋叢書二十五種　(清)黄本驥編　清道光二十二年至二十八年(1842－1848)湘陰蔣環刻本　六十四冊　存二十一種

330000－4793－0000370　JD00367　集部/別集類/清別集
櫝山文稿不分卷　(清)周鎬撰　清同治四年(1865)貫經樓刻本　二冊

330000－4793－0000372　JF00334　集部/別集類/唐五代別集
樊南文集詳註八卷　(唐)李商隱撰　(清)馮浩編訂　清刻本　四冊

330000－4793－0000373　JY00332　集部/別集類/金別集
元遺山詩集箋注十四卷　(金)元好問撰　(元)張德輝類次　(清)施國祁箋注　**元遺山全集附録一卷**　(明)儲瓘輯　(清)華希閔增　**元遺山全集補載一卷**　(清)施國祁輯　清道光七年(1827)苕溪吳氏醉六堂刻本　四冊

330000－4793－0000375　JX00357　集部/別集類/漢魏六朝別集
徐孝穆全集六卷　(南朝陳)徐陵撰　(清)吳兆宜箋注　**備考一卷**　(清)徐文炳撰　清善化經濟書堂刻本　六冊

330000－4793－0000376　JJ00346　類叢部/叢書類/家集之屬
觀古閣叢刻十五種　(清)鮑康編　清嘉慶十一年至光緒二十一年(1806－1895)歙縣鮑氏刻本　六冊　存四種

330000－4793－0000377　JL00319　集部/別集類/清別集
綠香山館小題不分卷　(清)來鴻瑨撰　清同治十二年(1873)刻本　一冊

330000－4793－0000378　JG00318　集部/別集類/清別集
韞山堂時文三集不分卷　(清)管世銘撰　清刻本　一冊

330000－4793－0000379　JJ00352　集部/別集類/清別集
卷施閣文乙集八卷續編一卷更生齋文乙集四卷　(清)洪亮吉撰　清光緒二十一年(1895)善化章經濟堂刻本　一冊　存八卷(卷施閣文乙集一至八)

330000－4793－0000381　JS00354　集部/別集類/清別集
四憶堂詩集六卷　(清)侯方域撰　(清)賈開宗等評點　清宣統元年(1909)鉛印本　一冊

330000－4793－0000382　JD00323　集部/別集類/清別集
定盦續集四卷　(清)龔自珍撰　清刻本　二冊

330000－4793－0000385　JJ00349　集部/別集類/清別集
僅存詩鈔三卷　(清)鄭兆龍撰　清龍山鄭氏

譜局木活字印本　一冊

330000－4793－0000386　JC00370　集部/別集類/清别集
賜綺堂集二十四卷　（清）詹應甲撰　清刻本　八冊

330000－4793－0000388　JC00316　集部/別集類/唐五代别集
重刊五百家註音辯昌黎先生文集四十卷　（唐）韓愈撰　（宋）魏仲舉輯注　清乾隆四十九年（1784）刻本　十六冊

330000－4793－0000389　NL00026　經部/禮記類/傳説之屬
禮記全文備旨十一卷　（清）鄒聖脈纂輯　清刻本　二冊　存八卷（四至十一）

330000－4793－0000392　JW00315　集部/別集類/唐五代别集
溫飛卿詩集七卷别集一卷集外詩一卷附録諸家詩評一卷　（唐）溫庭筠撰　（明）曾益注　（清）顧予咸補注　（清）顧嗣立續注　清光緒十三年（1887）鴻文書局刻本　二冊　缺一卷（諸家詩評）

330000－4793－0000395　JL00365　集部/別集類/明别集
龍谿王先生全集二十二卷　（明）王畿撰　（明）丁賓編　清光緒八年（1882）刻本　十二冊

330000－4793－0000396　JW00345　集部/別集類/宋别集
文信國公集二十卷首一卷　（宋）文天祥撰　清同治七年（1868）楚醴景萊書室刻本　八冊　存九卷（首，一至二、四、十四、十六至十七、十九至二十）

330000－4793－0000397　JO00364　類叢部/叢書類/自著之屬
甌北全集八種　（清）趙翼撰　清乾隆至嘉慶湛貽堂刻本　二十冊　存三種

330000－4793－0000399　SL00767　史部/史評類/史論之屬
論史同異全集二十卷　（清）王仕雲撰　清康熙錢漢樓刻本　六冊

330000－4793－0000400　JY00328　集部/別集類/清别集
硯鄰居士遺稿二卷　（清）任國任撰　清道光十八年（1838）碧山草堂刻本　一冊

330000－4793－0000401　JH00331、JJ00845　類叢部/叢書類/自著之屬
戚鶴泉所著書十一種　（清）戚學標撰　清乾隆至嘉慶刻本　三冊　存二種

330000－4793－0000402　JW01356、JW00361、JS01600、JX01606　集部/總集類/彙編之屬
漢魏六朝百三名家集　（明）張溥編　明婁東張氏刻本　五冊　存五種

330000－4793－0000403　JM00327　集部/別集類/清别集
名將標記百詠二卷　（清）程履坦撰　清道光四年（1824）貢綦軒木活字印本　一冊

330000－4793－0000405　ZH00042　類叢部/叢書類/彙編之屬
廣漢魏叢書八十種　（明）何允中編　清嘉慶刻本　六冊　存一種

330000－4793－0000408　NC00037、ZL00027、ZS00307、ZW00304、ZX01721、ZW01710、ZZ00409、ZH00393、ZL00310　子部/叢編
二十二子（二十二子彙函）　（清）浙江書局編　清光緒元年至三年（1875－1877）浙江書局刻本　三十一冊　存九種

330000－4793－0000409　ZL00030、ZM00049、ZS00306、ZY01705、ZZ00320、ZL00319、ZL00341　子部/叢編
二十二子（二十二子彙函）　（清）浙江書局編　清光緒元年至三年（1875－1877）浙江書局刻本　十九冊　存七種

330000－4793－0000412　ZK00084、ZW00083、ZL00018、ZL0055、ZM00005、

ZS00007、ZY00008、ZY00016、ZS00006、ZL00060、ZS00118　子部/叢編

子書百家　(清)崇文書局編　清光緒元年(1875)湖北崇文書局刻本　四十七册　存四十種

330000－4793－0000413　ZM00023、ZH00028、ZL00065、ZZ00045、ZS00305、ZB00353、ZY00183、ZG00430、ZX00431、ZS00449、ZY00115、SZ00278、ZS00447、ZH00455、ZH01682、ZL00322、ZW00424、NM01559、ZX01969　子部/叢編

二十二子(二十二子彙函)　(清)浙江書局編　清光緒元年至三年(1875－1877)浙江書局刻本　七十六册　存二十種

330000－4793－0000415　ZX00017　類叢部/叢書類/彙編之屬

留垞叢刻八種　楊鍾羲編　清光緒十六年至宣統二年(1890－1910)刻本　一册　存一種

330000－4793－0000417　ZW00039　集部/曲類/曲藝之屬

王氏女全本不分卷　清光緒三十四年(1908)文富堂刻本　一册

330000－4793－0000421　SJ00013　新學/學校

京師大學堂講義初編七種二編七種　(清)京師大學堂輯　清末鉛印本　五册　存七種

330000－4793－0000423　ZS00041　類叢部/叢書類/彙編之屬

式訓堂叢書四十一種　(清)章壽康編　清光緒會稽章氏刻本　十五册　存十二種

330000－4793－0000426　ZC00022　類叢部/叢書類/彙編之屬

刻鵠齋叢書十六種　(清)胡念修編　清光緒二十三年至二十七年(1897－1901)刻本　四册　存一種

330000－4793－0000427　ZS00029、JQ00144　類叢部/叢書類/彙編之屬

邵武徐氏叢書二十三種　(清)徐榦編　清光緒邵武徐氏刻本　二十二册　存十九種

330000－4793－0000428　ZX00044　子部/宗教類/道教之屬/雜著

新鋟葛稚川内篇四卷外篇四卷　(晉)葛洪撰　(明)盧舜治評　清刻本　八册

330000－4793－0000430　ZX00063　新學/雜著/叢編

西學大成五十六種　(清)王西清　(清)盧梯青編　清光緒二十一年(1895)上海醉六堂書坊石印本　十二册

330000－4793－0000431　ZD00041　子部/雜著類/雜考之屬

東塾讀書記二十五卷　(清)陳澧撰　清光緒刻本(卷十三至十四、十七至二十、二十二至二十五原缺)　五册　存十五卷(一至十二、十五至十六、二十一)

330000－4793－0000432　ZH00003　子部/宗教類/道教之屬

彙纂功過格十二卷首一卷末一卷　清同治十一年(1872)鐵華山館刻本　九册

330000－4793－0000433　ZY00020　子部/藝術類/遊藝之屬/雜藝

益智圖二卷　(清)童叶庚撰　清光緒四年(1878)童叶庚睫巢刻本　二册

330000－4793－0000435　ZY00059　子部/藝術類/遊藝之屬/雜藝

益智圖二卷益智燕几圖一卷副本一卷　(清)童叶庚撰　**益智續圖一卷**　(清)童昂等撰　**益智字圖一卷附一卷**　(清)祝梅君撰　清光緒四年至十六年(1878－1890)童氏睫巢刻本　二册　存二卷(益智燕几圖、副本)

330000－4793－0000440　ZD00025　子部/雜著類/雜考之屬

讀書雜釋十四卷　(清)徐鼒撰　清咸豐十一年(1861)富寧郡齋刻本　四册

330000－4793－0000441　SJ00014　新學/學校

京師大學堂講義初編七種二編七種　(清)京

師大學堂輯　清末鉛印本　一册　存一種

330000－4793－0000442　ZZ00011　子部/宗教類/佛教之屬
最樂篇一卷　(清)興同會輯　清嘉慶十三年(1808)刻本　一册

330000－4793－0000444　ZN00005　子部/宗教類/佛教之屬/諸宗
念佛四大要訣一卷　(清)釋古崑撰　清光緒七年(1881)杭州昭慶慧空經房刻本　一册

330000－4793－0000447　ZL000381　集部/總集類/選集之屬/通代
歷代經濟文編三十二卷　(清)顧炎武纂輯　清光緒二十四年(1898)浙紹會文堂石印本　十六册

330000－4793－0000448　ZH00068　子部/宗教類/道教之屬
道書二十三種　(清)劉一明撰　清光緒三年至六年(1877－1880)上海翼化堂刻本　二册　存二種

330000－4793－0000449　ZJ00067　集部/別集類/清別集
覺顛冥齋內言四卷　(清)唐才常撰　清光緒二十八年(1902)吳門鉛印本　四册

330000－4793－0000451　ZH00033　子部/雜著類/雜纂之屬
好生救劫編五卷　(清)常存敬畏齋主人輯　清光緒二十二年(1896)刻本　一册

330000－4793－0000452　JG00387、JG00691　集部/別集類/清別集
古微堂文集十卷　(清)魏源撰　(清)黄象離輯　清宣統二年(1910)上海國學扶輪社鉛印本　六册

330000－4793－0000453　JD000386　集部/別集類/清別集
犢山文稿不分卷　(清)周鎬撰　清光緒十八年(1892)學庫山房刻本　三册

330000－4793－0000454　JG000385　集部/別集類/明別集
歸震川書牘不分卷　(明)歸有光撰　清宣統三年(1911)商務印書館鉛印本　二册

330000－4793－0000456　JG00388　集部/總集類/郡邑之屬
國朝金陵詩徵四十八卷　(清)朱緒曾編　清光緒十三年(1887)德清俞樾刻本　六册

330000－4793－0000458　JM00396　集部/別集類/清別集
晦香詩鈔八卷　(清)諸聯撰　清末上海掃葉山房石印本　四册

330000－4793－0000462　JL00392　集部/總集類/郡邑之屬
嶺南三大家詩選二十四卷　(清)王隼編　清同治七年(1868)南海陳氏刻本　四册

330000－4793－0000463　JZ00394、JJ01423　類叢部/叢書類/自著之屬
曾文正公全集十五種　(清)曾國藩撰　清光緒二十九年(1903)鴻寶書局石印本　七册　存十一種

330000－4793－0000466　JT00399　集部/別集類/清別集
太乙舟文集八卷　(清)陳用光撰　清道光二十三年(1843)陳大煥孝友堂武昌刻本　二册　存三卷(一至三)

330000－4793－0000467　JL00401　類叢部/叢書類/彙編之屬
正誼堂全書六十三種續刻五種　(清)張伯行編　(清)楊浚重編　清同治五年(1866)福州正誼書院刻同治八年至光緒十三年(1869－1887)續刻本　一册　存一種

330000－4793－0000468　JG00402　集部/總集類/選集之屬/通代
籍古齋古文觀止十二卷　(清)吳乘權　(清)吳大職輯　清光緒七年(1881)浙蘭籍古齋刻本　六册

330000－4793－0000470　JB00407　集部/別集類/清別集

板橋集五種　(清)鄭燮撰　清文富堂刻本　三册　存三種

330000－4793－0000471　JZ00408　集部/别集類/元别集
趙文敏公松雪齋全集十卷外集一卷續集一卷　(元)趙孟頫撰　清刻本　六册

330000－4793－0000477　JD00413　集部/别集類/唐五代别集
杜詩鏡銓二十卷　(清)楊倫撰　清刻本　十一册

330000－4793－0000479　JY000416　集部/别集類
飲冰室文集十六卷補遺二卷　梁啓超撰　清光緒二十九年(1903)上海廣智書局鉛印本　十八册

330000－4793－0000480　SS000016　史部/史抄類
史記菁華録六卷　(清)姚祖恩輯　清道光四年(1824)吴興姚氏扶荔山房刻朱墨套印本　六册

330000－4793－0000482　JC000417、JW00420、JX00834　集部/總集類/彙編之屬
漢魏六朝一百三家集(漢魏六朝百三名家集)　(明)張溥編　清光緒十八年(1892)善化章經濟堂刻本　四册　存三種

330000－4793－0000484　ZX00107、ZX01912、JC01292、ZC01725、ZZ01906、JS00419、ZE01750、NX01518、ZW01977　類叢部/叢書類/彙編之屬
正誼堂全書六十三種續刻五種　(清)張伯行編　(清)楊浚重編　清同治五年(1866)福州正誼書院刻同治八年至光緒十三年(1869－1887)續刻本　三十三册　存二十五種

330000－4793－0000485　JH00422　集部/曲類/寶卷之屬
韓湘寶卷二卷十八回　(清)煙波釣徒風月主人撰　清末刻本　一册　存一卷(上)

330000－4793－0000486　ZY00070、ZY00359　類叢部/類書類/通類之屬
淵鑑類函四百五十卷目録四卷　(清)張英　(清)王士禛等輯　清康熙四十九年(1710)刻本　四十四册　存二百五十三卷(三至十五、十九至五十七、一百七十七至二百七十九、三百三至四百)

330000－4793－0000488　JB00423　集部/别集類/清别集
柏梘山房文集十六卷文續集一卷詩集十卷詩續集二卷駢體文二卷　(清)梅曾亮撰　清刻本　二册　存八卷(詩集一至八)

330000－4793－0000489　JR00424、JS00351　集部/别集類/宋别集
仁山先生金文安公文集五卷宋金仁山先生選輯濂洛風雅六卷　(宋)金履祥撰　(清)董遵輯　清刻本　三册　缺三卷(濂洛風雅一至三)

330000－4793－0000490　JQ00431　集部/别集類/清别集
錢牧齋尺牘三卷補遺一卷　(清)錢謙益撰　清宣統二年(1910)上海商務印書館鉛印本　三册

330000－4793－0000491　JJ00425　類叢部/叢書類/自著之屬
率祖堂叢書(金仁山先生遺書)八種附六種　(宋)金履祥撰　清雍正至乾隆金華金氏刻光緒十三年(1887)鎮海謝駿德補刻本　二册　存附一種

330000－4793－0000492　JM00433　集部/别集類/清别集
憶雲集試帖一卷籥雲集試帖一卷墨花吟館文鈔一卷　(清)嚴辰撰　清光緒刻本　一册　存一卷(墨花吟館文鈔)

330000－4793－0000494　JJ00436、ZH01696　類叢部/叢書類/自著之屬
紀慎齋先生全集十二種續集七種　(清)紀大奎撰　清嘉慶十三年至咸豐二年(1808－1852)刻本　十六册　存續集七種

330000－4793－0000499　JQ00445　集部/别集類/清别集

秦狀元稿一卷　(清)礀泉撰　清刻本　一册

330000－4793－0000500　JM00448　集部/别集類

莫宦文草一卷詩草一卷　黄壽衮撰　清光緒三十四年(1908)山陰黄璟石印本　二册

330000－4793－0000503　JQ00450　集部/别集類/清别集

切問齋集十二卷首一卷　(清)陸燿撰　清光緒十八年(1892)江蘇書局刻本　四册

330000－4793－0000506　JF00466　集部/别集類

樊山集二十八卷公牘三卷時文一卷批判十五卷續集二十八卷　樊增祥撰　**二家詠古詩一卷二家試帖二卷二家詞鈔五卷**　樊增祥編　清光緒十九年至二十三年(1893－1897)渭南縣署、二十八年(1902)西安臬署樊增祥刻本　十三册　缺十一卷(樊山集八至十二、十七至二十二)

330000－4793－0000507　JG00457　集部/總集類/尺牘之屬

國朝名人書札二卷　吴曾祺輯　清宣統上海商務印書館鉛印本　四册

330000－4793－0000512　JS00470　集部/别集類/清别集

水竹居賦註釋不分卷　(清)盛觀潮撰　清刻本　二册

330000－4793－0000515　JB00478　集部/别集類/清别集

柏梘山房文集十六卷文續集一卷詩集十卷詩續集二卷駢體文二卷　(清)梅曾亮撰　清咸豐六年(1856)楊以增、楊紹穀等慎修書屋刻同治三年(1864)補刻本　五册　缺十四卷(詩集一至十、詩續集一至二、駢體文一至二)

330000－4793－0000516　JM00473　集部/總集類/郡邑之屬

梅水詩傳十卷　(清)張煜南　張鴻南輯　清光緒二十七年(1901)刻本　二册　存四卷(五至八)

330000－4793－0000518　JY00475　集部/總集類/彙編之屬

四家賦鈔　(清)景其濬輯　清刻本　一册　存一種

330000－4793－0000519　JY00476　集部/總集類/課藝之屬

延經堂塾課不分卷　(清)朱鴻儒撰　清道光二十八年(1848)文星堂刻本　二册

330000－4793－0000521　JZ00479、JZ00547、ZZ00287、NZ00163　類叢部/叢書類/彙編之屬

昭代叢書合刻十集五百六十種附一種　(清)張潮　(清)張漸編　(清)楊復吉　(清)沈楙悳續編　清道光吴江沈氏世楷堂刻本　六十一册　存一百八十八種

330000－4793－0000522　ZB00072　集部/總集類/課藝之屬

八銘堂塾鈔初集不分卷二集不分卷　(清)吴懋政編　清刻本　二册　存初集

330000－4793－0000525　ZQ00073　類叢部/叢書類/彙編之屬

邵武徐氏叢書二十三種　(清)徐榦編　清光緒邵武徐氏刻本　一册　存二種

330000－4793－0000530　JJ00483　集部/總集類/課藝之屬

九峰書院課藝不分卷　(清)顧鴻烈編　清光緒二十三年(1897)刻本　二册

330000－4793－0000532　JS00488　類叢部/叢書類/彙編之屬

廣雅書局叢書一百五十九種　徐紹棨編　清光緒廣雅書局刻民國九年(1920)番禺徐紹棨彙編重印本　四册　存一種

330000－4793－0000533　SG00769　史部/地理類/山川之屬/山志

廣雁蕩山誌二十八卷首一卷末一卷　(清)曾唯輯　清乾隆五十五年(1790)曾唯依綠園刻

本　四冊

330000－4793－0000535　JG00491　集部/總集類/尺牘之屬

國朝名人小簡二卷　吴曾祺輯　清宣統元年(1909)上海商務印書局鉛印本　二冊

330000－4793－0000537　JB00494　集部/總集類/選集之屬/斷代

八家四六文註八卷首一卷　(清)吴鼒輯　(清)許貞幹注　**補註一卷**　陳衍撰　清光緒十八年(1892)上海圖書集成印書局鉛印本　八冊

330000－4793－0000539　JC00496　集部/總集類/選集之屬/通代

重訂文選集評十五卷首一卷末一卷　(清)于光華輯　清刻本　五冊　存五卷(一、三至六)

330000－4793－0000540　JZ00498　集部/總集類/課藝之屬

紫陽書院課藝八集不分卷　(清)朱文炳　(清)許郊編　清光緒十八年(1892)刻本　四冊

330000－4793－0000541　JQ00497　集部/總集類/郡邑之屬

青浦詩傳三十四卷　(清)王昶輯　清乾隆五十九年(1794)經訓堂刻本　五冊　缺十四卷(十五至二十八)

330000－4793－0000543　JH00501　集部/總集類/選集之屬/斷代

皇朝經世文新編二十一卷　麥仲華輯　清光緒上海書局石印本　十六冊

330000－4793－0000549　JT00504　集部/總集類/選集之屬/通代

天下才子必讀書十二卷　(清)金人瑞選評　清敦化堂刻本　六冊

330000－4793－0000552　JS00507、NH00179　類叢部/叢書類/自著之屬

洪北江全集二十一種　(清)洪亮吉撰　清光緒三年至五年(1877－1879)洪用懃授經堂刻本　十一冊　存六種

330000－4793－0000554　JS00511　類叢部/叢書類/自著之屬

宋金仁山先生遺書八種附六種　(宋)金履祥撰　清雍正至乾隆金華金氏刻光緒十三年(1887)鎮海謝駿德補刻本　二冊　存一種

330000－4793－0000555　JJ00513　集部/總集類/課藝之屬

近科試卷遵路集不分卷　(清)康辰　(清)顧寧綸編　清乾隆十七年(1752)刻本　二冊

330000－4793－0000556　JP00515　集部/總集類/選集之屬/斷代

普天忠憤全集十四卷首一卷　(清)孔廣德編　清光緒二十一年(1895)石印本　十二冊

330000－4793－0000558　JD000517　集部/別集類/清別集

道生堂制藝不分卷　(清)鍾聲撰　清光緒五年(1879)墨潤堂刻本　一冊

330000－4793－0000559　JP00516　集部/總集類/選集之屬/斷代

普天忠憤全集十四卷首一卷　(清)孔廣德編　清光緒二十一年(1895)石印本　十二冊

330000－4793－0000560　JC00517　集部/總集類/課藝之屬

鋤經堂搭題文二卷　(清)李緗選定　(清)石方洛等撰　清同治十年(1871)鋤經堂刻本　一冊

330000－4793－0000561　JH00518　集部/總集類/選集之屬/斷代

皇朝經世文新增時務續編四十卷洋務續編八卷　(清)甘韓輯　清光緒二十三年(1897)掃葉山房鉛印本　一冊　存五卷(時務一至五)

330000－4793－0000562　JY00519　集部/詩文評類/詩評之屬

藝苑名言六卷　(清)蔣瀾輯　清刻本　三冊

330000－4793－0000564　NF01643　類叢部/類書類/專類之屬

分韻詩賦題解統編一百六卷　（清）鴻文主人輯　清寶善書局石印本　六冊

330000－4793－0000568　JH00526　集部/總集類/選集之屬/斷代
皇朝經世文編一百二十卷姓名總目二卷　（清）賀長齡輯　清光緒二十四年（1898）上海宏文閣鉛印本　二十四冊　缺十卷（一百十一至一百二十）

330000－4793－0000569　JZ00527　集部/總集類/課藝之屬
增廣群策匯源五十卷首一卷　（清）張甦卿撰　清光緒十四年（1888）上海大同書局石印本　四冊

330000－4793－0000571　JF00531　集部/總集類/選集之屬/斷代
本朝時文隅初集不分卷　（清）呂光進編　清乾隆六年（1741）刻本　一冊

330000－4793－0000572　JL00532、JL01090　類叢部/叢書類/自著之屬
宋金仁山先生遺書八種附六種　（宋）金履祥撰　清雍正至乾隆金華金氏刻光緒十三年（1887）鎮海謝駿德補刻本　二冊　存一種

330000－4793－0000573　JH00530　子部/小說家類/異聞之屬
繪圖諧譯十二卷　（清）沈起鳳撰　清宣統元年（1909）鉛印本　二冊

330000－4793－0000575　JS00532　集部/總集類/選集之屬/通代
文選五卷首一卷　（南朝梁）蕭統輯　（唐）李善注　**文選考異一卷**　（清）胡克家撰　清光緒二十五年（1899）煥文書局石印本　六冊

330000－4793－0000576　JG000525　集部/總集類/課藝之屬
明文才調集不分卷國朝文才調集不分卷　（清）許振禕輯　清光緒二十四年（1898）上海書局石印本　二冊

330000－4793－0000577　JK00533　集部/總集類/選集之屬/通代
可儀堂古文選不分卷　（清）俞長城輯　清含暉堂刻本　五冊

330000－4793－0000578　JL00534　集部/別集類/清別集
蘭脩館賦稿一卷　（清）顧元熙撰　清刻本　一冊

330000－4793－0000581　JD00536　集部/總集類/郡邑之屬
東甌先正文錄十二卷栝蒼先正文錄三卷補遺一卷　（清）陳遇春輯　清刻本　九冊　存九卷（三至六、八至十二）

330000－4793－0000583　JG00535　類叢部/叢書類/彙編之屬
國朝名人著述叢編十三種　（清）□□編　清光緒五年（1879）上海淞隱閣鉛印本　六冊

330000－4793－0000584　JQ00541　集部/總集類/選集之屬
欽定隆萬四書文一卷國朝制藝所見集一卷　清刻本　一冊

330000－4793－0000585　JL00538　集部/別集類/清別集
綠香山館小題二集不分卷　（清）來鴻瑨撰　清光緒元年（1875）刻本　二冊

330000－4793－0000588　SS00022　史部/地理類/外紀之屬
世界地理志七卷　（日本）中村五六撰　（日本）頓野廣太郎修訂　（日本）樋田保熙譯　清光緒二十八年（1902）金粟齋鉛印本　二冊　缺四卷（三至六）

330000－4793－0000589　SS00023、SR00239　史部/傳記類/總傳之屬/儒林
儒林宗派十六卷　（清）萬斯同撰　清宣統三年（1911）浙江圖書館刻本　二冊

330000－4793－0000590　SW00021　史部/地理類/方志之屬/郡縣志
［光緒］蔚州志二十卷首一卷　（清）慶之金修　（清）楊篤纂　清光緒三年（1877）刻本　八冊

330000－4793－0000591　SY00024　史部/地理類/方志之屬/郡縣志

[光緒]永嘉縣志三十八卷首一卷　(清)張寶琳修　(清)王棻　(清)孫詒讓纂　清光緒八年(1882)溫州維新書局刻本　一冊　存二卷(一至二)

330000－4793－0000594　SN00027　史部/紀傳類/正史之屬

十七史　(明)毛晉編　明崇禎元年至十七年(1628－1644)毛氏汲古閣刻本　十冊　存一種

330000－4793－0000596　SJ00029　史部/史抄類

史畧八十七卷　(清)朱坤輯　清光緒二十八年(1902)上海書局石印本　六冊

330000－4793－0000597　SN00032　史部/地理類/山川之屬/水志

南湖考一卷　(明)陳紱學撰　**節錄餘杭縣南湖事略一卷南湖誌考一卷**　(清)陳善撰　清光緒五年(1879)浙江官書局刻本　一冊

330000－4793－0000600　SL00033　史部/傳記類/總傳之屬/仕宦

重刻朱文端公三傳　(清)朱軾　(清)蔡世遠輯　清刻本　六冊　存一種

330000－4793－0000603　SD00035　史部/史評類/史論之屬

重刊讀史論畧一卷　(清)杜詔撰　清同治五年(1866)永康胡氏退補齋刻本　一冊

330000－4793－0000604　SJ00036、ST00026　史部/史評類/史論之屬

唐宋名賢史論八卷　(清)楊壽潛輯　清石印本　二冊

330000－4793－0000605　NC00123、NC00178、NY01484　經部/叢編

十一經音訓　(清)楊國楨等編　清光緒三年(1877)刻本　六冊　存二種

330000－4793－0000607　ZY00075　新學類/雜著/叢編

新民叢書六十二種　(清)新民叢報編　清光緒二十九年(1903)味新學社刻本　一冊　存二種

330000－4793－0000609　SL00041　史部/傳記類/總傳之屬/儒林

理學宗傳二十六卷　(清)孫奇逢撰　(清)魏一鼇等編　清光緒六年(1880)浙江書局刻本　十二冊

330000－4793－0000611　SL00042　史部/紀傳類/正史之屬

二十四史　清同治至光緒五省官書局據汲古閣本等合刻光緒五年(1879)湖北書局彙印本　十一冊　存一種

330000－4793－0000613　SX00044、SX01238　史部/地理類/山川之屬/水志

西湖志四十八卷　(清)李衛　(清)程元章修　(清)傅王露纂　清光緒四年(1878)浙江書局刻本　二十三冊　存四十五卷(一至四、七至十二、十四至四十八)

330000－4793－0000623　SX00060、　類叢部/叢書類/郡邑之屬

湖北叢書三十種　(清)趙尚輔編　清光緒十七年(1891)三餘草堂刻本　一冊　存一種

330000－4793－0000624　SS00771/1　史部/傳記類/總傳之屬

聖賢像贊三卷　(明)呂維祺輯　明崇禎刻本　四冊

330000－4793－0000625　SM00059　史部/地理類/山川之屬/山志

茅山志十四卷道秩考一卷　(清)笪蟾光編　清光緒三年(1877)懶雲草堂刻本　二冊　存四卷(一至四)

330000－4793－0000626　SQ00057　史部/政書類/律令之屬

秋審實緩比較條款二十四卷　清同治十二年(1873)刻本　二十四冊

330000－4793－0000628　SZ00777　史部/編年類/通代之屬

資治通鑑大全四百二十八卷　(明)陳仁錫輯　明崇禎二年(1629)刻本　十四册　存二十九卷(資治通鑑目錄一至九、十一至三十)

330000－4793－0000629　SS00054、ZS00122、ZD01559、ZY00173、ZY00175、ZY00177　類叢部/叢書類/彙編之屬
十萬卷樓叢書五十一種　(清)陸心源編　清光緒歸安陸氏刻本　六十八册　存二十八種

330000－4793－0000630　SZ00053、ST00122　史部/編年類/通代之屬
資治通鑑彙刻八種　清同治至光緒江蘇書局刻本　二十三册　存二種

330000－4793－0000632　JL00542　史部/詔令奏議類/奏議之屬
註陸宣公奏議十六卷首一卷　(唐)陸贄撰　(宋)郎曄注　(清)馬傳庚評　清刻本　一册　存三卷(十四至十六)

330000－4793－0000635　SX00062　史部/地理類/方志之屬
[乾隆]西域總志四卷　(清)七十一撰　(清)周宅仁編輯　清嘉慶刻本　三册　存三卷(二至四)

330000－4793－0000636　SW00067　史部/紀傳類/正史之屬
二十四史　清同治至光緒五省官書局據汲古閣本等合刻光緒五年(1879)湖北書局彙印本　二十册　存一種

330000－4793－0000638　SJ00063、SJ00065　史部/地理類/山川之屬/山志
京口三山志　(清)□□輯　清同治至光緒刻本　十册　存二種

330000－4793－0000639　SW00068　史部/政書類/通制之屬
文獻通考詳節二十四卷　(元)馬端臨撰　(清)嚴虞惇輯　清光緒二十四年(1898)紹興墨潤堂書莊石印本　六册

330000－4793－0000640　ST00066　史部/政書類
通商條約章程成案彙編三十卷　(清)李鴻章編　清光緒十二年(1886)鉛印本　十二册

330000－4793－0000649　SL00078　史部/地理類/專志之屬
靈山遺愛錄六卷首一卷　(清)徐謙輯　清宣統二年(1910)慶豐行祠刻本　四册

330000－4793－0000650　JS000543、JS00757　集部/别集類/宋别集
蘇文忠詩合註五十卷首一卷　(宋)蘇軾撰　(清)馮應榴輯　清乾隆五十八年(1793)桐鄉馮氏踵息齋刻同治九年(1870)補修本　二十册

330000－4793－0000655　SZ00083　類叢部/叢書類/彙編之屬
士禮居叢書二十種　(清)黄丕烈編　清光緒十三年(1887)上海蜚英館石印本　五册　存一種

330000－4793－0000656　ZL00076　子部/兵家類
歷代史事論海三十二卷　(清)知新子編　清光緒二十八年(1902)石印本　十九册　存十九卷(九至十、十三至十六、十八至二十四、二十六、二十八至三十二)

330000－4793－0000657　SJ00087　史部/地理類/方志之屬/郡縣志
[光緒]吉水縣志六十六卷首一卷　(清)彭際盛等修　(清)胡宗元等纂　清光緒元年(1875)刻本　十五册　存四十三卷(二十至六十二)

330000－4793－0000658　SS00086　史部/紀傳類/正史之屬
二十四史　清同治至光緒五省官書局據汲古閣本等合刻光緒五年(1879)湖北書局彙印本　十六册　存一種

330000－4793－0000659　ST00094　史部/地理類/方志之屬/郡縣志
[乾隆]湯陰縣志十卷　(清)楊世達纂修　清乾隆三年(1738)刻本　四册

330000－4793－0000660　ST00773　史部/地理類/方志之屬/郡縣志

[乾隆]湯溪縣志十卷首一卷　(清)陳鍾炅修　(清)馮宗城等纂　清乾隆四十八年(1783)刻本　六册

330000－4793－0000661　SH00090、SL00392、SM00396　史部/紀傳類/正史之屬

二十四史　清同治至光緒五省官書局據汲古閣本等合刻光緒五年(1879)湖北書局彙印本　二十八册　存四種

330000－4793－0000663　SZ00091、SZ00782、JZ01207、JZ01209、JZ01210、JJ01421　類叢部/叢書類/自著之屬

曾文正公全集十五種　(清)曾國藩撰　清同治至光緒傳忠書局刻本　七十二册　存九種

330000－4793－0000664　SC00092　史部/地理類/方志之屬/通志

[雍正]敕修浙江通志二百八十卷首三卷　(清)李衛　(清)嵇曾筠等修　(清)沈翼機　(清)傅王露等纂　清光緒二十五年(1899)浙江書局刻本　十七册　存三十卷(一百七十至一百七十七、一百八十三至一百八十九、一百九十四至一百九十七、二百八至二百十八)

330000－4793－0000665　SH00093　類叢部/叢書類/彙編之屬

式訓堂叢書四十一種　(清)章壽康編　清光緒會稽章氏刻本　一册　存一種

330000－4793－0000670　SH00101　史部/紀傳類/正史之屬

二十四史附考證　清光緒三十一年(1905)武林竹簡齋石印本　八册　存一種

330000－4793－0000671　ZL00077　子部/兵家類

歷代史事論海三十二卷　(清)知新子編　清光緒二十八年(1902)石印本　七册　存七卷(八、十六、二十五至二十六、二十九至三十一)

330000－4793－0000672　SD00100　史部/地理類/方志之屬/郡縣志

[乾隆]獻縣志二十卷圖一卷表一卷　(清)萬廷蘭修　(清)戈濤纂　清乾隆二十六年(1761)刻本　十一册

330000－4793－0000673　NK00125　經部/小學類/文字之屬/字書/字典

康熙字典十二集三十六卷總目一卷檢字一卷辨似一卷等韻一卷補遺一卷備考一卷　(清)張玉書等纂修　清道光七年(1827)刻本　十二册　存十二卷(寅集上中下、卯集上中下、申集上中下、酉集上中下)

330000－4793－0000679　ST00106　史部/政書類/通制之屬

九通　(清)□□輯　清光緒八年至二十二年(1882－1896)浙江書局刻本　二十册　存一種

330000－4793－0000682　SD00109　史部/地理類/山川之屬/水志

洞庭湖志十四卷　(清)綦世基撰　(清)夏大觀補輯　(清)萬年淳再訂　清道光刻本　八册

330000－4793－0000683　JT01546　集部/別集類/唐五代別集

唐柳先生集四十五卷外集二卷龍城錄二卷附錄二卷傳一卷　(唐)柳宗元撰　(宋)童宗說音注　(宋)張敦頤音辯　(宋)潘緯音義　明萬曆二十九年(1601)刻本　十册

330000－4793－0000684　ST00116　史部/政書類/通制之屬

九通　(清)□□輯　清光緒八年至二十二年(1882－1896)浙江書局刻本　二十二册　存一種

330000－4793－0000685　SQ00112、SQ00873、SQ00906、SQ00490、SQ01072　史部/政書類/通制之屬

九通　(清)□□輯　清光緒八年至二十二年(1882－1896)浙江書局刻本　八十九册　存一種

330000－4793－0000686　ZX00078　新學/地學/地志學

新撰亞細亞洲大地誌七卷　(日本)山上萬次郎編　葉瀚譯　清光緒二十七年(1901)上海正記書局石印本　四冊

330000－4793－0000690　SC00116　史部/地理類/方志之屬/通志

[雍正]敕修浙江通志二百八十卷首三卷　(清)李衛　(清)嵇曾筠等修　(清)沈翼機　(清)傅王露等纂　清光緒二十五年(1899)浙江書局刻本　三十一冊　存一百九卷(二至八、二十三至二十四、三十至四十七、六十二至六十六、八十至九十八、一百八至一百十二、一百七十至二百十八、二百二十九至二百三十二)

330000－4793－0000693　SZ00118　史部/編年類/通代之屬

資治通鑑外紀十卷目録五卷　(宋)劉恕撰　(清)胡克家注補　清同治十年(1871)江蘇書局刻本　十冊

330000－4793－0000698　SH00128　史部/地理類

皇朝藩屬輿地叢書　(清)浦□編　清光緒二十九年(1903)金匱浦氏靜寄東軒石印本　三十二冊　存二十一種

330000－4793－0000699　SS00127　史部/紀事本末類/斷代之屬

三藩紀事本末四卷　(清)楊陸榮撰　清康熙五十六年(1717)刻本　二冊

330000－4793－0000702　SZ00129　史部/地理類/外紀之屬

中外輿地通考不分卷　(清)龔柴　(清)許彬撰　清光緒二十四年(1898)石印本　六冊

330000－4793－0000703　SL00131　史部/地理類/專志之屬/祠墓

兩浙防護陵寢祠墓録不分卷　(清)阮元輯　清光緒十五年(1889)浙江書局刻本　二冊

330000－4793－0000704　SB00133　史部/紀傳類/正史之屬

二十四史　清同治至光緒五省官書局據汲古閣本等合刻光緒五年(1879)湖北書局彙印本　四冊　存一種

330000－4793－0000705　SH00130　集部/總集類/選集之屬/斷代

皇朝經世文新增時務續編四十卷洋務續編八卷　(清)甘韓輯　清光緒二十四年(1898)上海掃葉山房鉛印本　六冊

330000－4793－0000706　SX00132　新學/地學/地志學

新撰亞細亞洲大地誌七卷　(日本)山上萬次郎編　葉瀚譯　清光緒二十七年(1901)上海正記書局石印本　四冊

330000－4793－0000707　ST00136　新學/史志/諸國史

天下五洲各大國志要一卷　(英國)李提摩太撰　(清)鑄鐵生述　清光緒二十三年(1897)上海廣學會鉛印本　一冊

330000－4793－0000708　JG00545　集部/總集類/郡邑之屬

國朝金陵詩徵四十八卷　(清)朱緒曾編　清光緒十三年(1887)德清俞樾刻本　六冊　存十五卷(三至四、十二至十七、三十六至三十九、四十三至四十五)

330000－4793－0000710　SY00138　史部/地理類/方志之屬/郡縣志

[道光]英德縣志十六卷　(清)黄培爃　(清)劉濟寬修　(清)陸殿邦纂　清道光二十三年(1843)近聖書齋刻本　十冊

330000－4793－0000711　SQ00138　類叢部/叢書類/自著之屬

北江全集七種　(清)洪亮吉撰　清乾隆至嘉慶刻彙印本　十四冊　存一種

330000－4793－0000713　ZL00080　類叢部/類書類/通類之屬

類林新詠三十六卷　(清)姚之駰撰　清刻本　四冊　存十二卷(二十五至三十六)

330000－4793－0000716　SL00774　史部/傳記類/總傳之屬/通代

洛學編四卷　(清)湯斌輯　**續編一卷**　(清)尹會一輯　清乾隆三年(1738)懷潤堂刻本　一冊

330000－4793－0000718　SM00149　史部/政書類/通制之屬

九通全書　(清)□□輯　清光緒二十七年(1901)上海圖書集成局鉛印本　四十四冊　存一種

330000－4793－0000719　ZH00096　集部/曲類/寶卷之屬

何仙姑寶卷二卷　(清)□□撰　清刻本　一冊　存一卷(一)

330000－4793－0000722　SH00142　史部/地理類/外紀之屬

海國圖志一百卷首一卷　(清)魏源撰　清刻本　二十二冊　存九十六卷(五至一百)

330000－4793－0000723　SS00147、SS00157、SS00718　史部/紀傳類/正史之屬

二十四史　清同治至光緒五省官書局據汲古閣本等合刻光緒五年(1879)湖北書局彙印本　七十三冊　存一種

330000－4793－0000724　ZJ00088　類叢部/類書類/專類之屬

巾經纂二十卷　(清)宋宗元撰　清咸豐五年(1855)嘉孚堂刻本　五冊

330000－4793－0000725　SL00150　史部/紀傳類/正史之屬

二十四史　清同治至光緒五省官書局據汲古閣本等合刻光緒五年(1879)湖北書局彙印本　六冊　存一種

330000－4793－0000727　SN00146　史部/地理類/方志之屬/郡縣志

[光緒]南皮縣志十五卷首一卷末一卷　(清)殷樹森修　(清)汪寶樹　(清)傅金鑠纂　清光緒十四年(1888)刻本　八冊

330000－4793－0000729　ZJ02040　子部/雜著類/雜纂之屬

經世奇謀八卷　(明)俞琳輯　明萬曆四十四年(1616)孟楠、柴寅賓刻本　四冊

330000－4793－0000730　ZL00090、ZR00234　新學/格致總

格致須知二十八種　(英國)傅蘭雅編　清光緒八年至二十四年(1882－1898)刻本　三冊　存四種

330000－4793－0000731　ZM00085　子部/儒家類/儒學之屬/蒙學

蒙養必讀二卷　(清)何士循輯　清光緒二十四年(1898)湯溪縣署刻本　一冊

330000－4793－0000732　ZS00098　子部/儒家類/儒學之屬/經濟

說苑二十卷　(漢)劉向撰　清刻本　四冊

330000－4793－0000734　ZQ00087　子部/叢編

子書百家　(清)崇文書局編　清光緒元年(1875)湖北崇文書局刻本　二冊　存一種

330000－4793－0000735　ZY00082、ZY00475　子部/醫家類/綜合之屬/通論

御纂醫宗金鑑九十卷首一卷　(清)吳謙等撰　清光緒三十一年(1905)上海錦章書局石印本　二冊　存二十二卷(外科一至十六、婦科心法要訣一至六)

330000－4793－0000741　ZG00095　子部/雜著類/雜說之屬

菰中隨筆一卷　(清)顧炎武撰　清宣統三年(1911)上海文瑞樓石印本　二冊

330000－4793－0000749　SZ00151　史部/編年類/通代之屬

資治通鑑二百九十四卷目錄三十卷　(宋)司馬光撰　(元)胡三省音注　清光緒二十六年(1900)上海圖書集成印書局鉛印本　二冊　存七卷(一至三、二百二至二百五)

330000－4793－0000750　ZZ00109　史部/政書類

政藝叢書壬寅全書二十一種　鄧實編　清光

緒二十八年(1902)政藝通報館鉛印本　二十冊　存十九種

330000－4793－0000751　ZX00107　類叢部/叢書類/彙編之屬

正誼堂全書六十三種續刻五種　(清)張伯行編　(清)楊浚重編　清同治五年(1866)福州正誼書院刻同治八年至光緒十三年(1869－1887)續刻本　一冊　存一種

330000－4793－0000752　ZY00108　子部/藝術類/遊藝之屬/雜藝

益智續圖一卷　(清)童昂等撰　**益智字圖一卷**　(清)祝梅君撰　清光緒十一年(1885)童氏睫巢武林刻本　二冊

330000－4793－0000754　ZM00111　子部/雜著類/雜說之屬

墨子閒詁十五卷目錄一卷附錄一卷後語二卷　(清)孫詒讓撰　清末掃葉山房石印本　八冊

330000－4793－0000755　ZW00119　子部/術數類/命書相書之屬

五星集腋四卷　(清)廖冀亨輯　清刻本　四冊

330000－4793－0000757　JL00114　集部/曲類/寶卷之屬

河南開封府花枷良愿龍圖寶卷全集二卷　清光緒刻本　一冊　存一卷(上)

330000－4793－0000758　ZS00112　類叢部/類書類/通類之屬

三才畧三卷　(清)蔣德鈞輯　**讀史論畧一卷**　(清)杜詔撰　清光緒二十四年(1898)上海書局石印本　一冊

330000－4793－0000759　ZZ00117　類叢部/叢書類/彙編之屬

正覺樓叢刻(正覺樓叢書)二十九種　(清)崇文書局編　清光緒崇文書局刻本　八冊　存九種

330000－4793－0000761　ZS00116　類叢部/叢書類/自著之屬

隨園三十種　(清)袁枚撰　清咸豐八年(1858)刻本　十五冊　存十五種

330000－4793－0000763　ZH00121、JH01131、ZY01305　類叢部/叢書類/郡邑之屬

湖北叢書三十種　(清)趙尚輔編　清光緒十七年(1891)三餘草堂刻本　三十五冊　存十二種

330000－4793－0000764　ZS00122　類叢部/類書類/通類之屬

事類賦三十卷　(宋)吳淑撰並注　清刻本　十四冊

330000－4793－0000765　JH00546　集部/曲類/寶卷之屬

回郎寶卷一卷　(清)□□撰　清光緒四年(1878)蔡榮錦抄本　一冊

330000－4793－0000766　SQ00152、ST01051、ST00799、SQ00800、SQ00801　史部/政書類/通制之屬

九通　(清)□□輯　清光緒八年至二十二年(1882－1896)浙江書局刻本　一百六十九冊　存五種

330000－4793－0000767　NX01567、NZ01558　經部/叢編

重刊宋本十三經注疏四百十六卷　附十三經注疏校勘記四百十六卷　(清)阮元撰　(清)盧宣旬摘錄　清光緒十八年(1892)寶慶務本書局刻本　十七冊　存二種

330000－4793－0000770　ZH00120　新學/工藝

工藝叢書第一集　(日本)伊達道太郎等編　沈紘譯　清石印本　一冊　存二種

330000－4793－0000771　ZY00119　類叢部/類書類/通類之屬

淵鑑類函四百五十卷目錄四卷　(清)張英　(清)王士禛等輯　清光緒二十三年(1897)上海點石齋石印本　五冊　存二十二卷(一至二十二)

330000－4793－0000772　ZL00121　類叢部/叢書類/彙編之屬

龍威秘書一百六十九種　(清)馬俊良編　清世德堂刻本　二十五冊

330000－4793－0000775　ZX00127　新學/雜著/叢編

西學二十種萃菁二十卷　(清)張之品撰　清光緒二十三年(1897)上海鴻文書局石印本　八冊

330000－4793－0000776　JL00126/1　集部/小說類/短篇之屬

聊齋志異新評十六卷　(清)蒲松齡撰　(清)王士禛評　(清)呂湛恩注　(清)但明論批　清光緒七年(1881)禪山近文堂刻朱墨套印本　十六冊

330000－4793－0000778　SS00129　類叢部/類書類/專類之屬

詩學含英十四卷　(清)劉文蔚輯　清寶文堂刻本　四冊

330000－4793－0000781　ZY00133　子部/雜著類/雜纂之屬

藝學統纂九十五卷　(清)馬建忠編　清光緒二十八年(1902)上海文林石印本　二十四冊　存八十八卷(一至八十八)

330000－4793－0000786　SG00154　史部/政書類/通制之屬

廣治平略正集三十六卷續集八卷　(清)蔡方炳撰　清光緒十六年(1890)上海廣百宋齋鉛印本　八冊

330000－4793－0000787　ZZ00135　子部/醫家類/類編之屬

中西醫粹四種　(清)羅定昌撰　清石印本　四冊

330000－4793－0000788　ZW00137、ZT00140　類叢部/叢書類/彙編之屬

融經館叢書十一種　(清)徐友蘭編　清光緒六年至十一年(1880－1885)會稽徐氏八杉齋刻本　十冊　存二種

330000－4793－0000789　ZT00138　新學/理學/理學

天演論二卷　(英國)赫胥黎撰　嚴復譯　清光緒二十四年(1898)鉛印本　二冊

330000－4793－0000790　ZH00141　子部/醫家類/方書之屬/單方驗方

洪氏集驗方五卷　(宋)洪遵輯　清學海圖書局影印本　二冊

330000－4793－0000791　SC00155　史部/政書類/律令之屬/法驗

重刊補註洗冤錄集證六卷　(清)王又槐輯　(清)李觀瀾補輯　(清)阮其新補註　(清)張錫蕃重訂　(清)文晟續輯　清光緒三十三年(1907)上海書局石印本　一冊　存五卷(一至五)

330000－4793－0000793　ZC00142　類叢部/類書類/通類之屬

策府統宗六十五卷目錄一卷　(清)劉昌齡輯　清光緒二十五年(1899)上海點石齋石印本　二十冊

330000－4793－0000795　ZD00147　類叢部/類書類/專類之屬

典林博覽十二卷　(清)鍾運堯輯　清同治十二年(1873)存養山房刻本　十一冊　缺一卷(一)

330000－4793－0000796　ZM00150　子部/雜著類/雜說之屬

墨子閒詁十五卷目錄一卷附錄一卷後語二卷　(清)孫詒讓撰　清光緒三十三年(1907)上海涵芬樓石印本　八冊

330000－4793－0000797　ZS00145　新學/格致總

時務通考三十一卷　(清)王奇英等編　清光緒二十三年(1897)點石齋石印本　四冊

330000－4793－0000799　ZL00151　集部/曲類/寶卷之屬

藍關寶卷(韓湘寶卷)二卷　(清)煙波釣徒風月主人撰　清光緒二十年(1894)上海翼化堂

善書局刻本　二冊

330000－4793－0000800　ZS00152　子部/叢編

二十二子(二十二子彙函)　(清)浙江書局編　清光緒元年至三年(1875－1877)浙江書局刻本　三冊　存一種

330000－4793－0000802　ZH00155　新學/雜著/叢編

新學類纂十四卷　(清)廣益書屋主人編　清光緒二十七年(1901)上海廣益書室石印本　六冊

330000－4793－0000803　ZZ00154　子部/雜著類/雜纂之屬

增廣智囊補二十八卷　(明)馮夢龍輯　清光緒二十一年(1895)上海文海書局石印本　六冊

330000－4793－0000805　ZH00159　子部/儒家類/儒學之屬

皇朝蓄艾文編八十卷　(清)于寶軒輯　清光緒二十九年(1903)上海官書局鉛印本　十二冊　存二十五卷(五至六、十一至十七、二十至二十三、四十至四十三、四十九至五十、五十三至五十八)

330000－4793－0000806　ZF00162　新學/雜著/叢編

富強叢書正集七十七種續集一百二十一種　(清)袁俊德編　清光緒二十五年(1899)、二十七年(1901)石印本　三十二冊　存正集三十九種

330000－4793－0000810　SS00156　新學/格致總

時務通考三十一卷　(清)王奇英等編　清光緒二十三年(1897)點石齋石印本　十五冊　存二十二卷(五、九至二十二、二十四至三十)

330000－4793－0000811　ZF00174　新學/雜著/叢編

富強叢書正集七十七種續集一百二十一種　(清)袁俊德編　清光緒二十五年(1899)、二十七年(1901)石印本　三十一冊　存七十四種

330000－4793－0000812　ZX00165　類叢部/叢書類/彙編之屬

新斠平津館叢書十集三十四種　(清)孫星衍編　清光緒十年至十五年(1884－1889)吳縣朱氏槐廬家塾刻本　五冊　存十一種

330000－4793－0000813　ZZ00166　類叢部/類書類/專類之屬

子史精華一百六十卷　(清)吳士玉　(清)吳襄等輯　清宣統元年(1909)上海集成圖書公司影印本　八冊

330000－4793－0000818　ZQ00171　子部/雜著類/雜說之屬

七修類藁五十一卷續藁七卷　(明)郎瑛撰　清光緒六年(1880)廣州翰墨園刻本　十六冊

330000－4793－0000819　ZW00176、ZM00344、ZK01476、SH00465　類叢部/叢書類/彙編之屬

新斠平津館叢書十集三十四種　(清)孫星衍編　清光緒十年至十五年(1884－1889)吳縣朱氏槐廬家塾刻本　十九冊　存二十四種

330000－4793－0000820　ZP00179　類叢部/類書類/專類之屬

佩文韻府一百六卷　(清)張玉書　(清)蔡升元等輯　**韻府拾遺一百六卷**　(清)汪灝　(清)何焯等輯　清光緒二十二年(1896)上海點石齋石印本　五十冊　存五十二卷(佩文韻府一至五十二)

330000－4793－0000822　ZL00178　類叢部/類書類/通類之屬

類腋五十五卷　(清)姚培謙　(清)張卿雲輯　清乾隆二十八年(1763)刻本　六冊　存十四卷(物部一至七、十至十六)

330000－4793－0000823　ZS00149　類叢部/叢書類/彙編之屬

增訂漢魏叢書八十六種　(清)王謨編　清乾隆五十六年(1791)金谿王氏刻本　二冊　存

一種

330000－4793－0000824　ZF00187　子部/雜著類/雜説之屬

風俗通義十卷　（漢）應劭撰　清刻本　二册

330000－4793－0000825　ZZ00180　新學/化學/化學

中等有機化學教科書十卷　（日本）高松丰吉編　王啓機譯　清光緒二十八年(1902)慈谿萬彙學社石印本　二册

330000－4793－0000826　ZY00183　子部/叢編

二十二子(二十二子彙函)　（清）浙江書局編　清光緒元年至三年(1875－1877)浙江書局刻本　一册　存一種

330000－4793－0000827　ZZ00182　類叢部/叢書類/彙編之屬

增訂漢魏叢書九十六種　（清）王謨編　清宣統三年(1911)上海大通書局石印本　三十二册

330000－4793－0000828　ZB00388、ZZ00411、ZF00186、ZJ02004、JX01125、JX01126、ZY01846、ZS01911、ZM00185、ZF01732、ZS01734、子部/叢編

子書百家　（清）崇文書局編　清光緒元年(1875)湖北崇文書局刻本　二十一册　存十一種

330000－4793－0000830　ZX00210　類叢部/類書類/通類之屬

小嫏嬛山館彙刊類書十二種　（清）小嫏嬛山館編　清連元閣刻本　八册

330000－4793－0000831　ZS00194　子部/叢編

釋氏十三經　清同治八年至十年(1869－1871)金陵刻經處刻本　十二册　存八種

330000－4793－0000834　ZY00195　子部/天文曆算類/算書之屬

御製數理精蘊上編五卷下編四十卷表八卷　（清）聖祖玄燁撰　清末石印本　二十册　缺五卷(上編一至五)

330000－4793－0000835　ZL00199　類叢部/叢書類/彙編之屬

龍威秘書一百六十九種　（清）馬俊良編　清乾隆五十九年至嘉慶元年(1794－1796)浙江石門馬氏大酉山房刻本　三十册　存一百六十七種

330000－4793－0000837　ZF00198　史部/傳記類/總傳之屬/釋道

佛祖歷代通載三十六卷　（元）釋念常撰　清宣統元年(1909)江北刻經處刻本　七册　缺一卷(一)

330000－4793－0000839　ZZ00196　類叢部/類書類/通類之屬

鑄史駢言十二卷　（清）孫玉田編　清光緒石印本　二册

330000－4793－0000843　ZW00204　類叢部/類書類/專類之屬

文選類雋十四卷　（清）何松編　清光緒十六年(1890)珍藝書局鉛印本　二册

330000－4793－0000844　ZF00207　子部/宗教類/佛教之屬

佛教初學課本一卷註一卷　（清）楊文會撰　清光緒三十二年(1906)金陵刻經處刻本　一册

330000－4793－0000846　ZG00212　史部/政書類/通制之屬

廣治平略三十六卷續集八卷　（清）蔡方炳撰　清光緒十四年(1888)上海點石齋石印本　六册

330000－4793－0000847　ZW00214　新學/兵制/海軍

外國師船圖表八卷雜説三卷圖一卷　（清）許景澄等編　清光緒二十二年(1896)浙江官書局石印本　四册

330000－4793－0000851　ZG00216　子部/農家農學類/園藝之屬/總志

佩文齋廣羣芳譜一百卷目録二卷　（清）汪灝

等撰　清刻本　三十册　存九十四卷(目錄一至二,一至二十三、二十六至二十九、三十二至五十七、六十至九十八)

330000－4793－0000854　JT00548　類叢部/叢書類/彙編之屬
正誼堂全書六十三種續刻五種　(清)張伯行編　(清)楊浚重編　清同治五年(1866)福州正誼書院刻同治八年至光緒十三年(1869－1887)續刻本　一册　存一種

330000－4793－0000856　ZW00220　子部/宗教類/佛教之屬
維摩詰所說經三卷　(後秦)釋鳩摩羅什譯　清同治九年(1870)金陵刻經處刻本　一册

330000－4793－0000857　ZX00222　集部/小說類/短篇之屬
詳註聊齋志異新評十六卷　(清)蒲松齡撰　(清)王士禛評　(清)呂湛恩注　(清)但明倫批　清光緒三十三年(1907)上海文新局石印本　八册

330000－4793－0000859　ZL00230　子部/宗教類/佛教之屬
蓮池大師戒殺放生彙錄一卷　(明)釋袾宏撰　清刻本　一册

330000－4793－0000860　ZT00226　類叢部/叢書類/彙編之屬
唐代叢書一百六十四種　(清)王文誥編　清刻本　六册　存九十六種

330000－4793－0000861　ZY00225　子部/小說家類/異聞之屬
燕山外史註釋八卷　(清)陳球撰　(清)傅聲谷注　清上海廣益書局石印本　一册

330000－4793－0000862　ZC00228　子部/天文曆算類/算書之屬
翠微山房數學十四種　(清)張作楠撰　清嘉慶至道光金華張氏翠微山房刻本　十四册　存十三種

330000－4793－0000864　SG00776　史部/金石類/總志之屬/文字
觀妙齋藏金石文攷略十六卷　(清)李光暎撰　清雍正七年(1729)刻本　八册

330000－4793－0000867　ZC00236　類叢部/類書類/通類之屬
策府統宗六十五卷目錄一卷　(清)劉昌齡輯　清光緒十九年(1893)上海積山書局石印本　二十册

330000－4793－0000868　ZB00233　子部/小說家類
博物志十卷　(晉)張華撰　**古今注三卷**　(晉)崔豹撰　清刻本　一册

330000－4793－0000870　ZB00240　子部/小說家類
博物志十卷　(晉)張華撰　**古今注三卷**　(晉)崔豹撰　清刻本　一册　缺三卷(古今注一至三)

330000－4793－0000872　ZS00242　類叢部/類書類/專類之屬
詩學含英十四卷　(清)劉文蔚輯　清末緯文堂刻本　四册

330000－4793－0000874　ZS00246　類叢部/叢書類/彙編之屬
增訂漢魏叢書八十六種　(清)王謨編　清乾隆五十六年(1791)金谿王氏刻本　一册　存六十一種

330000－4793－0000875　ZB00245、ZZ00309、ZS00372、ZS00326　子部/醫家類/類編之屬
張氏醫書七種　(清)張璐等撰　清光緒三十三年(1907)上海書局石印本　十五册　存四種

330000－4793－0000877　ZZ00248　新學/格致總
格致須知二十八種　(英國)傅蘭雅編　清光緒八年至二十四年(1882－1898)刻本　一册　存一種

330000－4793－0000878　ZF00252　新學/史志/別國史
繙譯米利堅志四卷　(日本)岡千仞　(日本)

河野通之撰　清同治十三年(1874)刻本　一册

330000－4793－0000880　ZT00253　子部/小説家類/異聞之屬
太平廣記五百卷目録十卷　(宋)李昉等輯　清道光二十六年(1846)刻本　五十二册　存四百十一卷(一至一百五、一百十三至一百二十一、一百三十至一百五十二、一百七十八至一百九十四、二百二至二百五、二百十三至二百六十三、二百七十一至二百八十五、二百九十四至三百二十四、三百三十二至三百九十一、四百五至五百)

330000－4793－0000881　ZY00256　類叢部/叢書類/彙編之屬
崇文書局彙刻書三十一種　(清)崇文書局編　清光緒元年至三年(1875－1877)湖北崇文書局刻本　二册　存一種

330000－4793－0000882　ZS00254　子部/小説家類/異聞之屬
山海經箋疏十八卷圖讚一卷訂譌一卷敘録一卷　(清)郝懿行撰　清光緒十九年(1893)仿古齋石印本　六册

330000－4793－0000883　ZZ00257　類叢部/類書類/通類之屬
增補事類統編九十三卷首一卷　(清)黄葆真輯　清光緒二十二年(1896)文海書局石印本　十二册

330000－4793－0000885　NS01645　經部/四書類/總義之屬/傳説
四書人物類典串珠四十卷　(清)臧志仁輯　清嘉慶六年(1801)刻本　十二册

330000－4793－0000887　ZJ00260　類叢部/類書類/通類之屬
記事珠十卷　(清)張以謙輯　清嘉慶二十一年(1816)雲間王剛知不足軒刻本　五册　存五卷(一至五)

330000－4793－0000889　ZY00262　類叢部/類書類/專類之屬
韻府拾遺一百六卷　(清)汪灝撰　清光緒八年(1882)上海點石齋石印本　十册

330000－4793－0000890　ZG00264　類叢部/類書類/專類之屬
廣博物志五十卷　(明)董斯張　(明)楊鶴輯　清光緒五年(1879)學海堂刻本　二十四册

330000－4793－0000894　ZX00270　子部/小説家類
繡像西漢演義八卷一百回　(明)甄偉撰　清光緒二十九年(1903)上海書局石印本　二册

330000－4793－0000895　ZS02016　子部/道家類
三子合刊　明刻本　四册

330000－4793－0000897　ZJ00272　子部/小説家類/雜事之屬
剪燈餘話三卷　(明)李禎撰　清刻本　一册　存一卷(三)

330000－4793－0000898　ZS00285、ZX00352、ZX00354、JY00100、JD00102、JX01610、JY00120　類叢部/叢書類/自著之屬
隨園三十種　(清)袁枚撰　清刻本　四十六册　存十四種

330000－4793－0000899　ZM00281　子部/小説家類/異聞之屬
覓燈因話二卷　(明)邵景瞻輯　清刻本　一册　存一卷(二)

330000－4793－0000900　ZL00273　子部/儒家類/儒學之屬/蒙學
龍文鞭影二卷　(明)蕭良有撰　(明)楊臣諍增訂　(清)來集之音注　清文奎堂刻本　一册

330000－4793－0000901　ZJ00284　子部/小説家類/雜事之屬
剪燈新話二卷　(明)瞿祐撰　清刻本　一册　存一卷(二)

330000－4793－0000902　JT00551　集部/曲類/彈詞之屬

天雨花三十回　(清)陶貞懷撰　清三餘堂刻本　二十四册

330000－4793－0000903　ZZ00286、JZ00586、JG00595、JE01021、JC01026、ZL01484、ZL01485、ZX01629、ZD01430、ZH01441、JZ01023、ZZ00288、ZZ00289、ZT00290、ZF00291、ZY00292、JY01042、ZZ00357、JZ01036　類叢部/叢書類/彙編之屬
正誼堂全書六十三種續刻五種　(清)張伯行編　(清)楊浚重編　清同治五年(1866)福州正誼書院刻同治八年至光緒十三年(1869－1887)續刻本　七十四册　存三十七種

330000－4793－0000906　JP00554　集部/總集類/選集之屬/通代
駢體文鈔三十一卷　(清)李兆洛輯　清道光元年(1821)合河康氏家塾刻本　四册　存十六卷(十三至二十、二十四至三十一)

330000－4793－0000908　JC00556　集部/別集類/清別集
重訂少嵒賦草四卷　(清)夏思沺撰　清道光十六年(1836)英德堂刻本　一册

330000－4793－0000909　JS00562　集部/總集類/選集之屬/斷代
宋文鑑一百五十卷目錄三卷　(宋)呂祖謙輯　清光緒十二年(1886)江蘇書局刻本　二十四册

330000－4793－0000910　JS00560　集部/別集類/清別集
壯悔堂文集十卷遺稿一卷　(清)侯方域撰　(清)賈開宗等評點　**四憶堂詩集六卷遺稿一卷**　(清)賈開宗等選註　清宣統元年(1909)掃葉山房石印本　二册

330000－4793－0000911　JY00563　集部/別集類/清別集
松桂堂全集三十七卷南浤集三卷延露詞三卷　(清)彭孫遹撰　清宣統三年(1911)掃葉山房石印本　一册　存三卷(延露詞一至三)

330000－4793－0000913　ZL02041　子部/醫家類/兒科
類證註釋錢氏小兒方訣十卷　(宋)錢乙撰　(明)閻孝忠輯　(明)熊宗立注　明翼聖堂刻本　一册

330000－4793－0000915　ZZ00295　子部/雜著類/雜纂之屬
經餘必讀八卷二編八卷　(清)雷琳　(清)錢樹棠　(清)錢樹立輯　**經餘必讀三編四卷**　(清)趙在翰輯　清光緒二年(1876)退補齋刻本　八册　缺四卷(三編一至四)

330000－4793－0000916　JG00567　集部/總集類/選集之屬/通代
古詩源十四卷　(清)沈德潛輯　清刻本　三册　存十一卷(四至十四)

330000－4793－0000918　JJ00570　集部/總集類/選集之屬/斷代
金文雅十六卷作者考一卷　(清)莊仲方輯　清光緒十七年(1891)江蘇書局刻本　四册

330000－4793－0000919　JD00569、JD00573、JS00572、JX00582、JL00583、JJ00584、JB00598、JY00639　集部/總集類/彙編之屬
漢魏六朝一百三家集(漢魏六朝百三名家集)　(明)張溥編　清光緒十八年(1892)善化章經濟堂刻本　七十册　存七十七種

330000－4793－0000920　JG00571　集部/總集類/選集之屬/通代
古文辭類纂七十四卷　(清)姚鼐輯　**續古文辭類纂三十四卷**　王先謙輯　清光緒十八年(1892)吳縣朱記榮上海刻席氏掃葉山房印本　十二册　存七十四卷(古文辭類纂一至七十四)

330000－4793－0000921　JQ00574　集部/別集類/清別集
巧搭穿揚不分卷　(清)張心蕊撰　清道光二十九年(1849)刻本　一册

330000－4793－0000922　JW00576　集部/別集類/清別集
味青館續集不分卷　(清)束允泰撰　清光緒

二十二年(1896)上海書局石印本　一冊

330000－4793－0000923　JY00578　集部/總集類/課藝之屬
藝林珠玉三編　(清)玉玲瓏山館主人輯　清道光二十四年(1844)刻本　七冊

330000－4793－0000924　JW00579　類叢部/叢書類/自著之屬
倭文端公遺書八種　(清)倭仁撰　清刻本　一冊　存一種

330000－4793－0000925　JR00580　集部/別集類/宋別集
仁山先生金文安公文集五卷　(宋)金履祥撰　(清)董遵輯　清雍正九年(1731)刻本　二冊

330000－4793－0000926　JB00588　集部/總集類/選集之屬/斷代
本朝館閣詩二十卷附錄一卷　(清)阮學浩　(清)阮學濬輯　**續附錄一卷**　(清)阮芝生　(清)阮葵生　(清)曹文植輯　清乾隆二十三年(1758)困學書屋刻本　十一冊　缺一卷(十一)

330000－4793－0000927　JC00585　集部/別集類/清別集
鋤月軒詩鈔八卷　(清)李實撰　清道光十九年(1839)效文堂刻本　三冊

330000－4793－0000931　JG00593　集部/總集類/尺牘之屬
國朝名人書札二卷　吳曾祺輯　清宣統元年(1909)上海商務印書館鉛印本　四冊

330000－4793－0000932　JM00592　集部/別集類/清別集
閩游草二卷　(清)章敬修撰　(清)羅道源編　清光緒十八年(1892)仙居章氏三餘草堂刻本　一冊

330000－4793－0000933　SZ00158、SZ00121、SZ00117、ST00666　史部/編年類/通代之屬
資治通鑑二百九十四卷　(宋)司馬光撰　(元)胡三省音注　清刻本　五十冊　存一百三十卷(五十三至八十、一百三十七至一百五十六、一百六十至一百六十四、一百七十至一百七十九、一百八十五至二百三十一、二百四十七至二百四十九、二百七十八至二百九十四)

330000－4793－0000937　JC00601　集部/總集類/課藝之屬
崇文書院課藝十集不分卷　(清)許承綬　(清)姚巳元編　清光緒二十年(1894)刻本　二冊

330000－4793－0000938　JP00603　類叢部/叢書類/自著之屬
拙盦叢稿五種　(清)朱一新撰　清光緒二十二年(1896)順德龍氏葆真堂刻本　四冊　存二種

330000－4793－0000939　JQ00602　集部/別集類/清別集
巧搭分品一卷　(清)史鑑撰　清刻本　一冊

330000－4793－0000940　JT00604　集部/總集類/選集之屬/斷代
唐賢三昧集三卷　(清)王士禛輯　清乾隆五十二年(1787)聽雨齋刻本　三冊

330000－4793－0000942　ZG00297　子部/雜著類/雜記之屬
古夫于亭雜錄六卷　(清)王士禛撰　清康熙刻本　三冊　存三卷(三至五)

330000－4793－0000943　ZH00296　子部/宗教類/佛教之屬/諸宗
憨山老人夢遊集五十五卷　(明)釋德清撰　(明)釋福善錄　(明)釋通炯輯　清光緒五年(1879)江北刻經處刻本　十冊　存二十五卷(三十一至五十五)

330000－4793－0000944　JT00612　集部/總集類/選集之屬/斷代
同人集十二卷　(清)冒襄輯　清康熙冒氏水繪庵刻本　五冊　存五卷(二、五至六、十至十一)

330000－4793－0000945　JC00608　集部/總

集類/選集之屬/通代

重訂文選集評十五卷首一卷末一卷 （清）于光華輯　清刻本　八冊　存八卷（一至四、六至七、九至十）

330000－4793－0000948　JL00613　集部/總集類/選集之屬/通代

六朝文絜四卷 （清）許槤評選　清光緒三年（1877）刻朱墨套印本　四冊

330000－4793－0000949　JY00617　集部/別集類/清別集

有正味齋駢體文二十四卷首一卷 （清）吳錫麟撰　（清）王廣業箋　（清）葉聯芬注　清光緒十五年（1889）上海蜚英館石印本　四冊

330000－4793－0000951　JZ00616　集部/總集類/選集之屬/斷代

註釋唐詩三百首六卷 （清）孫洙編　清光緒十三年（1887）退補齋刻本　二冊

330000－4793－0000952　JY00623、JY01133　集部/總集類/選集之屬/通代

御選唐宋詩醇四十七卷目錄二卷 （清）高宗弘曆輯　清光緒二十一年（1895）上海鴻文書局石印本　十冊

330000－4793－0000953　JY00631　集部/別集類/清別集

韞山堂時文初集不分卷二集不分卷三集不分卷 （清）管世銘撰　清光緒六年（1880）湖南書局刻本　四冊

330000－4793－0000954　JY00636　類叢部/叢書類/自著之屬

陽明先生集要四種 （明）王守仁撰　（明）施邦曜編　清刻本　三冊　存一種

330000－4793－0000956　SR00158　史部/地理類/外紀之屬

日本國志四十卷首一卷 （清）黃遵憲輯　清光緒二十七年（1901）上海書局石印本　十冊

330000－4793－0000957　ZS00298　子部/雜著類/雜說之屬

隨園隨筆二十八卷 （清）袁枚撰　清刻本　一冊　存三卷（十七至十九）

330000－4793－0000959　JZ00641　集部/別集類/清別集

張曉樓先生文稿不分卷 （清）王步青評選　清乾隆五十八年（1793）水香書屋刻本　四冊

330000－4793－0000960　ZS00299　子部/藝術類/書畫之屬/法帖

雙清堂石刻後編不分卷 （清）劉樹堂書　清光緒二十年（1894）石印本　一冊

330000－4793－0000961　JL00644　集部/總集類/尺牘之屬

歷代名人書札二卷 吳曾祺輯　清宣統元年（1909）上海商務印書館鉛印本　二冊

330000－4793－0000963　JQ00648　類叢部/叢書類/郡邑之屬

湖州叢書十二種 （清）陸心源編　清光緒湖城義塾刻本　二冊　存一種

330000－4793－0000964　JS00649　集部/別集類/宋別集

水流雲在館集蘇詩存不分卷 （宋）蘇軾撰　（清）周天麟輯　**亨帚齋試帖一卷** （清）周恩綬撰　清光緒十七年（1891）石印本　一冊

330000－4793－0000967　JW01049、JW01351　類叢部/叢書類/自著之屬

文章練要三種 （清）王源撰輯　清康熙至雍正刻本　二冊　存一種

330000－4793－0000968　JW00653　集部/別集類/宋別集

王臨川全集一百卷目錄二卷 （宋）王安石撰　清刻本　十六冊

330000－4793－0000970　JM00662、JM01089　集部/總集類/選集之屬/斷代

閩南唐賦六卷 （清）楊浚輯　**閩南唐賦考異一卷** （清）胡鳳丹輯　清光緒二年（1876）永康胡鳳丹刻本　二冊

330000－4793－0000971　JB00660　集部/別集類/清別集

板橋集五種　（清）鄭燮撰　清刻本　四冊

330000－4793－0000972　JZ00656　類叢部/叢書類/彙編之屬
正誼堂全書六十三種續刻五種　（清）張伯行編　（清）楊浚重編　清同治五年（1866）福州正誼書院刻同治八年至光緒十三年（1869－1887）續刻本　二冊　存一種

330000－4793－0000973　JM00664　史部/雜史類/斷代之屬
明季南略十八卷　（清）計六奇撰　清刻本　三冊　存七卷（七至十三）

330000－4793－0000974　JP00666　類叢部/叢書類/家集之屬
洪氏晦木齋叢書二十一種　（清）洪汝奎編　清同治八年至宣統元年（1869－1909）刻本　二冊　存一種

330000－4793－0000975　SJ00159、SJ00017　史部/紀傳類/正史之屬
十七史　（明）毛晉編　明崇禎元年至十七年（1628－1644）毛氏汲古閣刻本　二十六冊　存一種

330000－4793－0000976　JY00667　集部/總集類/彙編之屬
孔巽軒洪北江兩先生駢體文合刻　（清）孔廣森　（清）洪亮吉撰　清光緒二十一年至二十二年（1895－1896）善化章氏經濟堂刻本　二冊　存三卷（儀鄭堂駢體文一至三）

330000－4793－0000978　JW00669　集部/別集類/清別集
萬山草堂詩集六卷　（清）李登雲撰　清光緒三十三年（1907）武林刻本　二冊

330000－4793－0000980　JL00670、JL00665　集部/別集類/宋別集
龍川文集三十卷補遺一卷　（宋）陳亮撰　**附錄二卷**　（清）應寶時補編　**札記一卷**　（明）宋廷輔撰　清同治八年（1869）永康應寶時刻本　二冊　存七卷（一至七）

330000－4793－0000981　JM00671　集部/別集類/清別集
閩游草二卷　（清）章敬修撰　（清）羅道源編　清光緒十八年（1892）仙居章氏三餘草堂刻本　一冊

330000－4793－0000982　SZ00160　史部/地理類/輿圖之屬/郡縣
浙江全省輿圖並水陸道里記不分卷　（清）宗源瀚等纂　清光緒二十年（1894）石印本　一冊　存建德縣

330000－4793－0000983　JD00672　集部/別集類/唐五代別集
讀杜心解六卷首二卷　（清）浦起龍撰　清雍正二年至三年（1724－1725）前澗浦氏寧我齋刻本　四冊

330000－4793－0000984　JS00673　集部/別集類/清別集
尚絅堂制藝不分卷　（清）劉嗣綰撰　清道光十八年（1838）刻本　三冊

330000－4793－0000987　JM00680　集部/別集類/宋別集
竹軒雜著六卷補遺一卷　（宋）林季仲撰　清光緒二年（1876）刻本　一冊

330000－4793－0000994　JB00687　集部/別集類/清別集
柏梘山房文集十六卷文續集一卷詩集十卷詩續集二卷駢體文二卷　（清）梅曾亮撰　清刻本　一冊

330000－4793－0000996　JW00676　集部/總集類/選集之屬/通代
文選六十卷　（南朝梁）蕭統輯　（唐）李善注　（清）何焯評　清乾隆三十七年（1772）長洲葉樹藩海錄軒刻朱墨套印本　十二冊

330000－4793－0001002　JJ00692　集部/總集類/課藝之屬
集虛齋塾課（拆字新編）二卷　（清）方朴山撰　（清）葉夢蘭注釋　清嘉慶六年（1801）刻本　一冊

330000－4793－0001005　ZY02042　子部/醫

家類/醫案之屬
寓意草不分卷 (清)喻昌撰 明崇禎十六年(1643)刻本 一冊

330000－4793－0001006 JJ00695 集部/總集類/郡邑之屬
金華詩錄六十卷別集四卷外集六卷書後一卷 (清)黃彬 (清)朱琰輯 清光緒九年至十一年(1883－1885)永康胡氏退補齋刻本 二十四冊

330000－4793－0001007 SJ00161 史部/地理類/方志之屬/郡縣志
[康熙]金華府志三十卷 (清)張藎修 (清)沈麟趾等纂 清宣統元年(1909)嵩連石印本 十二冊

330000－4793－0001008 ZR00300 子部/雜著類/雜說之屬
仁學不分卷 (清)譚嗣同撰 清光緒國民報社鉛印本 一冊

330000－4793－0001009 ZL00301 子部/儒家類/儒學之屬/性理
理學鉤玄三卷 (日本)中江篤介撰 (清)陳鵬譯 清光緒二十八年(1902)上海廣智書局鉛印本 二冊 缺一卷(三)

330000－4793－0001017 ZS00312 子部/醫家類/類編之屬
張氏醫書七種 (清)張璐等撰 清光緒三十三年(1907)上海書局石印本 一冊 存一種

330000－4793－0001020 ZG00331 子部/天文曆算類/天文之屬
高厚蒙求九種 (清)徐朝俊撰 清同治五年(1866)雲間徐氏刻本 六冊 存六種

330000－4793－0001021 ZQ00325 經部/叢編
十三經札記二十二卷附十六卷 (清)朱亦棟撰 清光緒四年(1878)武林竹簡齋刻本 六冊 存十六卷(羣書札記一至十六)

330000－4793－0001022 ZX00104、ZL00339、ZW00327、ZL00364、JS01074、ZY00451、ZS00457、ZW01821、ZY01400、ZG00454 子部/叢編
二十二子(二十二子彙函) (清)浙江書局編 清光緒元年至三年(1875－1877)浙江書局刻本 二十八冊 存九種

330000－4793－0001025 SB00160 子部/叢編
徐氏三種(重刻徐氏三種) (清)徐士業編 清末上海錦章圖書局石印本 一冊

330000－4793－0001027 ZJ00330 子部/宗教類/道教之屬
覺世經圖說四卷 (清)省心氏撰 (清)李淦繪圖 清光緒九年(1883)刻本 一冊 存一卷(元)

330000－4793－0001030 ZX00333 集部/別集類/清別集
璇璣碎錦二卷 (清)萬樹撰 清光緒十三年(1887)詞源閣刻本 二冊

330000－4793－0001033 ZB00335 子部/醫家類/類編之屬
本草醫方合編 (清)汪昂編 清刻本 六冊

330000－4793－0001035 ZW00338 子部/醫家類/溫病之屬/其他溫疫病證
溫病條辨六卷首一卷 (清)吳瑭撰 清寧波羣玉山房刻本 五冊

330000－4793－0001036 ZY00343 新學/商務/商學
原富八卷 (英國)斯密亞丹撰 嚴復譯 清光緒二十八年(1902)上海南洋公學譯書院鉛印本 八冊

330000－4793－0001038 ZY00345 子部/術數類/相宅相墓之屬
陽宅大全圖說十卷 (明)西陵一壑居士集撰 清宣統三年(1911)石印本 一冊

330000－4793－0001039 ZY00348 子部/天文曆算類/天文之屬
御製曆象考成後編十卷 (清)顧琮等輯 清光緒二十二年(1896)勵志書屋刻本 十三冊

330000－4793－0001041　ZQ00349　新學/議論/通論
羣學肄言十六卷　(英國)斯賓塞爾撰　嚴復譯　清光緒二十九年(1903)上海文明書局鉛印本　四册

330000－4793－0001042　ZS02043　子部/儒家類/儒學之屬/性理
呻吟語六卷　(明)呂坤撰　明萬曆二十一年(1593)刻本　十二册

330000－4793－0001043　JZ00351　集部/小說類/長篇之屬
增像全圖三國演義第一才子書八卷一百二十回首一卷　(明)羅本撰　(清)毛宗崗評　清光緒三十三年(1907)上海文新局石印本　六册

330000－4793－0001044　ZG00350　子部/天文曆算類/天文之屬
管窺輯要八十卷　(清)黃鼎撰　清順治九年(1652)黃氏刻本　三十二册

330000－4793－0001045　ZS00336　子部/醫家類/本草之屬/神農本草經
神農本草經百種錄一卷　(清)徐大椿撰　清乾隆元年(1736)刻本　一册

330000－4793－0001046　ZY00355　類叢部/叢書類/彙編之屬
藝苑捃華四十八種　(清)顧之逵編　清同治刻本　二十册

330000－4793－0001047　ZQ00356　子部/雜著類
勸善節要一卷　清光緒十一年(1885)吉善堂刻本　一册

330000－4793－0001048　ZB00360　子部/天文曆算類/算書之屬/合編
白芙堂算學叢書　(清)丁取忠輯　清同治至光緒長沙古荷花池精舍刻本　二十九册　存四十六種

330000－4793－0001052　ZT00365　子部/雜著類/雜說之屬
天祿閣外史八卷　題(漢)黃憲撰　清刻本　二册

330000－4793－0001056　ZY00371/1　子部/天文曆算類/天文之屬
御製曆象考成後編十卷　(清)顧琮等輯　清光緒二十二年(1896)勵志書屋刻本　八册

330000－4793－0001057　ZL00367　子部/叢編
子書二十三種　(清)浙江書局編　清光緒二十三年(1897)上海圖書集成局鉛印本　一册　存六種

330000－4793－0001066　ZY00379　子部/醫家類/綜合之屬/雜著
醫學三字經四卷　(清)陳念祖撰　清光緒三十年(1904)上海順成書局石印本　一册

330000－4793－0001068　ZG00382　類叢部/類書類/通類之屬
廣事類賦四十卷　(清)華希閔撰　清刻本　六册

330000－4793－0001072　ZC00390　子部/醫家類/類編之屬
陳修園醫書五十種　(清)陳念祖等撰　清光緒十八年(1892)上海圖書集成印書局鉛印本　二十一册　存三十五種

330000－4793－0001073　ZW00378、ZB00386、ZJ01948、ZY01946　子部/叢編
子書二十三種　(清)浙江書局編　清光緒二十三年(1897)上海圖書集成局鉛印本　十一册　存六種

330000－4793－0001076　ZZ00394　子部/醫家類/兒科之屬/通論
增補幼幼集成六卷　(清)陳復正輯　清光緒三十三年(1907)上海文海閣石印本　五册　存五卷(一至三、五至六)

330000－4793－0001078　ZX00399　子部/小說家類/異聞之屬
新齊諧二十四卷　(清)袁枚撰　清刻本　九册　存二十二卷(一至二十二)

330000－4793－0001080　ZH00402　子部/醫家類/方書之屬/單方驗方

洪氏集驗方五卷　（宋）洪遵輯　清嘉慶二十四年（1819）刻本　二册

330000－4793－0001081　ZG00403　子部/術數類/數學之屬

割圓術輯要一卷附三角法公式一覽表　（清）盧靖輯　清末石印本　一册

330000－4793－0001085　ZS00407、ZS01508　類叢部/類書類/專類之屬

事物原會四十卷　（清）汪汲編　清刻本　七册　存二十六卷（一至三、十八至四十）

330000－4793－0001086　ZB00410　新學/動植物學/動物學

百獸集說圖考一卷　（美國）范約翰撰　（清）吳子翔述　清光緒二十五年（1899）上海美華書館鉛印本　一册

330000－4793－0001090　ZJ00413　子部/雜著類/雜纂之屬

經餘必讀八卷二編八卷　（清）雷琳　（清）錢樹棠　（清）錢樹立輯　**經餘必讀三編四卷**　（清）趙在翰輯　清光緒十一年（1885）刻本　九册　缺二卷（二編五至六）

330000－4793－0001091　JD00696　集部/別集類/清別集

大雲山房文稾初集四卷二集四卷言事二卷　（清）惲敬撰　清嘉慶二十年（1815）刻本　八册

330000－4793－0001093　ZN00416　子部/農家農學類

農學叢刻二十三種　（清）農學會輯　清光緒二十三年（1897）農學會鉛印本　四册

330000－4793－0001096　ZT00419　新學/理學/理學

天演論二卷　（英國）赫胥黎撰　嚴復譯　清末鉛印本　二册

330000－4793－0001099　ZL02044　子部/藝術類/書畫之屬/書法書品

論畫朥説一卷梅隱草堂題畫詩一卷　（清）葉以照撰　清嘉慶五年（1800）刻本　二册

330000－4793－0001100　ZW00424　子部/叢編

二十二子（二十二子彙函）　（清）浙江書局編　清光緒元年至三年（1875－1877）浙江書局刻本　二册　存一種

330000－4793－0001103　ZP00426　子部/藝術類/書畫之屬/總論

佩文齋書畫譜一百卷　（清）孫岳頒等輯　清光緒九年（1883）上海同文書局石印本　十六册

330000－4793－0001105　ND00127　經部/春秋左傳類/傳說之屬

讀左補義五十卷首二卷　（清）姜炳璋輯　清乾隆三十八年（1773）三多堂刻本　十五册

330000－4793－0001107　SM00165　史部/詔令奏議類/奏議之屬

明胡端敏公奏議十卷　（明）胡世寧撰　**胡端敏公奏議校勘記十卷**　（清）孫樹禮　孫峻撰　清光緒十九年（1893）浙江書局刻本　四册

330000－4793－0001108　JM00697　集部/別集類/清別集

閩游草二卷　（清）章敬修撰　（清）羅道源編　清光緒十八年（1892）仙居章氏三餘草堂刻本　一册

330000－4793－0001109　JX00698　集部/詞類/別集之屬

香銷酒醒詞一卷附曲一卷　（清）趙慶熺撰　清同治七年（1868）西泠王氏刻本　一册

330000－4793－0001110　ZX02045　子部/儒家類/儒學之屬/性理

新刻九我李太史校正大方性理全書七十卷　（明）胡廣等纂修　明萬曆三十一年（1603）吳勉學刻本　十六册

330000－4793－0001112　JD00700　集部/別集類/清別集

定溪詩稿一卷攄懷編一卷　（清）盧標撰　清

道光十九年(1839)映台樓刻本　一冊

330000－4793－0001115　ZQ00428　子部/藝術類/書畫之屬/法帖

屈原賦二十五篇不分卷　(清)王仁堪書　清宣統元年(1909)上海商務印書館影印本　一冊

330000－4793－0001117　SG00168　類叢部/叢書類/彙編之屬

觀自得齋叢書二十三種别集六種　(清)徐士愷編　清光緒十三年至二十年(1887－1894)石埭徐氏刻本　一冊　存一種

330000－4793－0001121　SY00172　史部/傳記類/别傳之屬/年譜

楊忠愍公年譜一卷家訓一卷　(明)楊繼盛自訂　清光緒十八年(1892)球川同善局刻本　一冊

330000－4793－0001122　SL00171　史部/地理類/山川之屬/山志

爛柯山志十三卷　(清)鄭永禧輯　清光緒三十三年(1907)不其山館刻本　一冊　存四卷(一至四)

330000－4793－0001123　SL00173　史部/地理類/山川之屬/山志

爛柯山志十三卷　(清)鄭永禧輯　清光緒三十三年(1907)不其山館刻本　四冊

330000－4793－0001125　SM00174、ZR01694　類叢部/叢書類/家集之屬

長洲彭氏家集九種　(清)彭祖賢編　清同治至光緒刻本　二冊　存二種

330000－4793－0001127　NS01624　經部/詩類/傳說之屬

詩經體註大全八卷　(清)范翔纂　(清)高朝瓔定　(清)沈世楷輯　清同治元年(1862)寧城三益齋泉記刻本　四冊

330000－4793－0001128　JL00707　集部/别集類/元别集

蘭雪集二卷補遺一卷　(元)張玉娘撰　(清)皮樹棠修訂　清光緒八年(1882)松陽縣署刻本　一冊

330000－4793－0001129　JC00708　集部/别集類/清别集

陳檢討集二十卷　(清)陳維崧撰　(清)程師恭注　清康熙三十二年(1693)有美堂刻本　六冊

330000－4793－0001131　SZ00175　史部/傳記類/科舉録之屬/歷科鄉試録

[光緒丁酉科]浙江鄉試硃卷不分卷　(清)董鴻勳撰　清光緒刻本　一冊

330000－4793－0001133　JY00710　集部/别集類/明别集

楊椒山先生遺集一卷　(明)楊繼盛撰　清光緒十六年(1890)存心堂刻本　一冊

330000－4793－0001135　SJ00176　史部/地理類/方志之屬/郡縣志

[同治]江山縣志十二卷首一卷末一卷　(清)王彬　(清)孫晉梓修　(清)朱寶慈等纂　清同治十二年(1873)文溪書院刻本　八冊

330000－4793－0001138　SZ00177　史部/傳記類/科舉録之屬/歷科鄉試録

[光緒丁酉科]浙江鄉試同年齒錄不分卷　清末刻本　一冊

330000－4793－0001142　JT00716、JT01433　集部/别集類/清别集

退補齋詩存十六卷文存十二卷首二卷　(清)胡鳳丹撰　(清)王柏心等刪定　清同治十二年(1873)永康胡氏退補齋刻朱印本　四冊　存十七卷(首一、詩存一至十六)

330000－4793－0001143　ZD00431　子部/儒家類/儒學之屬

讀書錄全集十七卷　(清)范彪西箋　清五經堂刻本　六冊

330000－4793－0001145　ST00714　史部/目録類/總録之屬/私撰

天一閣書目四卷　(清)阮元　(清)范邦甸等編　**附碑目一卷續增一卷**　(清)錢大昕編　(清)范懋敏續編　清嘉慶十三年(1808)揚州

阮元文選樓刻本　四冊　存二卷(書目三至四)

330000－4793－0001146　SH00715　史部/雜史類/斷代之屬

皇朝掌故二卷　(清)張一鵬撰　(清)陳蔚文注　清光緒二十八年(1902)浙省貢院西橋杞廬刻本　二冊

330000－4793－0001147　SZ00716　史部/政書類/儀制之屬/專志/科舉校規

奏定學堂章程不分卷　(清)張百熙　(清)榮慶　(清)張之洞編　清光緒浙江學務處刻本　二冊

330000－4793－0001150　JH00717　類叢部/叢書類/彙編之屬

正誼堂全書六十三種續刻五種　(清)張伯行編　(清)楊浚重編　清同治五年(1866)福州正誼書院刻同治八年至光緒十三年(1869－1887)續刻本　三冊　存一種

330000－4793－0001151　ZY00432　子部/醫家類/綜合之屬/雜著

醫家四要四卷　(清)程曦　(清)江誠　(清)雷大震撰　清光緒十二年(1886)養鶴山房刻本　三冊　存三卷(一至三)

330000－4793－0001152　NC01648　經部/叢編

五經旁訓　(明)王安舜編　明刻本　一冊　存一種

330000－4793－0001153　ZS00433　類叢部/叢書類/彙編之屬

式訓堂叢書四十一種　(清)章壽康編　清光緒會稽章氏刻本　十七冊　存十四種

330000－4793－0001154　ND00128　經部/春秋左傳類/傳說之屬

讀左補義五十卷首二卷　(清)姜炳璋輯　清乾隆三十八年(1773)三多堂刻本　十二冊　存三十九卷(首一至二,四至十三、十七至四十三)

330000－4793－0001155　JC00718　集部/別集類/明別集

程文恭公遺稿三十二卷　(明)程文德撰　**松谿程先生年譜一卷**　(明)姜寶編　明萬曆十二年(1584)永康程光裕刻清咸豐至光緒補刻本　五冊　存二十卷(一至十九、年譜)

330000－4793－0001156　NZ01649　類叢部/叢書類/彙編之屬

合諸名家真評先秦十五種附一種　(明)黃汝亨編　明刻本　三冊　存一種

330000－4793－0001158　SL00723　類叢部/叢書類/彙編之屬

融經館叢書十一種　(清)徐友蘭編　清光緒六年至十一年(1880－1885)會稽徐氏八杉齋刻本　二冊　存一種

330000－4793－0001159　NM01650　經部/春秋左傳類/傳說之屬

春秋左傳十五卷　(明)孫鑛批點　明萬曆四十四年(1616)吳興閔齊伋刻朱墨套印本　十五冊

330000－4793－0001160　SS00727　史部/紀傳類/正史之屬

二十四史附考證　清光緒二十一年(1895)上海畊餘主人石印本　四冊　存一種

330000－4793－0001162　SE00747　史部/政書類/通制之屬

二十四史九通政典類要合編三百二十卷　(清)黃書霖輯　清光緒二十八年(1902)約雅堂石印本　六十冊

330000－4793－0001163　SW00725　史部/地理類/方志之屬/郡縣志

[乾隆]武清縣志十二卷　(清)吳翀修　(清)曹涵　(清)趙晃纂　清乾隆七年(1742)刻本　八冊

330000－4793－0001165　SJ00730　史部/地理類/方志之屬/郡縣志

[同治]江山縣志十二卷首一卷末一卷　(清)王彬　(清)孫晉梓修　(清)朱寶慈等纂　清同治十二年(1873)文溪書院刻本　二冊　存

二卷(四、十一)

330000－4793－0001166　SW00731、SQ00439、SH00440　史部/政書類/通制之屬
三通考輯要　湯壽潛輯　清光緒二十五年(1899)圖書集成局鉛印本　二十九冊

330000－4793－0001167　ST00733　史部/史抄類
廿一史約編八卷首一卷　(清)鄭元慶撰　清刻本　一冊　存一卷(匏)

330000－4793－0001168　SQ00732　史部/紀傳類/正史之屬
二十四史附考證　清光緒十八年(1892)武林竹簡齋石印本　五冊　存一種

330000－4793－0001170　SD00735　史部/編年類/斷代之屬
十朝東華錄五百二十五卷同治朝東華續錄一百卷　王先謙　(清)潘頤福撰　清光緒二十五年(1899)石印本　九冊　存八十二卷(康熙朝五十六至七十一、九十一至一百十,乾隆朝三十一至四十六、八十二至九十,道光朝十一至二十三,咸豐朝九十八至一百,同治朝五十八至六十二)

330000－4793－0001172　NZ00719、NZ01357、NS01619、NZ01628　經部/易類/傳說之屬
周易指三十八卷易例一卷易圖五卷易斷辭一卷附錄一卷　(清)端木國瑚撰　清道光刻本　六冊　存十七卷(二十二至三十八)

330000－4793－0001174　SY00739、SY01109　史部/地理類/方志之屬/郡縣志
[乾隆]陽城縣志十六卷　(清)楊善慶修　(清)清田懋纂　清乾隆二十年(1755)刻本　八冊　存十卷(一至四、七、十、十二、十四至十六)

330000－4793－0001175　SS00740　史部/紀傳類/正史之屬
十七史　(明)毛晉編　明崇禎元年至十七年(1628－1644)琴川毛氏汲古閣刻清順治五年至十三年(1648－1656)重修本　十五冊　存一種

330000－4793－0001176　SD00741、SD00644　史部/地理類/方志之屬/郡縣志
[嘉慶]東臺縣志四十卷　(清)周右修　(清)蔡復午等纂　清嘉慶二十二年(1817)刻本　十冊

330000－4793－0001179　SM00744　史部/地理類/方志之屬/郡縣志
[乾隆]孟縣志十卷　(清)仇汝瑚修　(清)馮敏昌纂　清乾隆五十五年(1790)刻本　十冊

330000－4793－0001180　SS00745/1　史部/地理類/方志之屬/郡縣志
[光緒]遂昌縣志十二卷首一卷外編四卷　(清)胡壽海　(清)史恩緯修　(清)褚成允纂　清光緒二十二年(1896)尊經閣刻本　五冊　存七卷(首、一至三,外編二至四)

330000－4793－0001181　SE00746、SL00150、SS00771、SS00768、SM00788、SB00748、SB00747、SZ00747、SS00161、SW00715、ST00736、SM00791、SS00284、SN00465、SC00743　史部/紀傳類/正史之屬
二十四史　清同治至光緒五省官書局據汲古閣本等合刻光緒五年(1879)湖北書局彙印本　一百四十一冊　存十五種

330000－4793－0001186　JS00720　經部/四書類/總義之屬/傳說
四書合講十九卷　(清)浦泰輯　清同治四年(1865)歲月樓刻本　四冊

330000－4793－0001189　JC00721　經部/春秋左傳類/傳說之屬
春秋左傳(春秋左傳杜林合注)五十卷　(晉)杜預　(宋)林堯叟註釋　(唐)陸德明音義　清三讓堂刻本　一冊　存四卷(十二至十五)

330000－4793－0001190　SQ00754/1　史部/紀傳類/正史之屬
前漢書一百卷　(漢)班固撰　(唐)顏師古注

清刻本　二十九册　存九十四卷(七至一百)

330000－4793－0001193　SN00758　史部/地理類/方志之屬/郡縣志
[康熙]寧化縣志七卷　(清)祝文郁修　(清)李世熊纂　清同治八年(1869)蔣澤沅刻本　八册

330000－4793－0001197　SH00762、SW00763、ST00766、SS00703、SS00763　史部/紀傳類/正史之屬
十七史　(明)毛晉編　明崇禎元年至十七年(1628－1644)毛氏汲古閣刻本　四十七册　存五種

330000－4793－0001198　ST01121　史部/地理類/方志之屬/郡縣志
[乾隆]湯溪縣志十卷首一卷　(清)陳鍾炅修　(清)馮宗城等纂　清乾隆四十八年(1783)刻本　三册　存六卷(一至六)

330000－4793－0001199　SY00765　史部/地理類/方志之屬/郡縣志
[乾隆]直隸易州志十八卷首一卷　(清)楊芊纂修　(清)張登高續纂修　清乾隆十二年(1747)刻本　八册

330000－4793－0001200　SY00767、SY00262　史部/編年類/通代之屬
御批歷代通鑑輯覽一百二十卷　(清)傅恒等撰　清光緒二十五年(1899)美華賓記石印本　二十册

330000－4793－0001201　SG00768　史部/編年類/通代之屬
綱鑑補注三十九卷首一卷附御撰資治通鑑綱目三編六卷　(明)王世貞編　(明)袁黄輯　清宣統元年(1909)夏上海久敬齋石印本　十二册

330000－4793－0001203　JJ00722　集部/別集類/清別集
集虚齋學古文十二卷附離騷經解畧一卷　(清)方楘如撰　清光緒十年(1884)李詩、竺士彦淳安縣署刻本　四册

330000－4793－0001204　SH00491　史部/政書類/通制之屬
九通　(清)□□輯　清光緒八年至二十二年(1882－1896)浙江書局刻本　三十四册　存一種

330000－4793－0001205　JQ00723　集部/別集類/清別集
曲園課孫草一卷續刻一卷　(清)俞樾撰　清光緒八年(1882)金陵刻本　二册

330000－4793－0001206　NW01651　經部/小學類/訓詁之屬
五雅四十一卷　(明)郎奎金編　明天啓六年(1626)武林郎氏堂策檻刻本　八册

330000－4793－0001207　JT00744　集部/別集類/清別集
藤薇室四書文不分卷　(清)徐瀛撰　清刻本　二册

330000－4793－0001215　JS00285　集部/別集類/清別集
袁太史時文不分卷　(清)袁枚撰　(清)秦大士編　清末隨園刻本　一册

330000－4793－0001217　JM00729　集部/別集類/清別集
墨花吟館文鈔二卷　(清)嚴辰撰　清光緒十六年(1890)刻本　二册

330000－4793－0001218　JS00727　集部/別集類/明別集
史忠正公集四卷首一卷末一卷　(明)史可法撰　(清)史山清輯　清同治七年(1868)楚醴景萊書室刻本　二册

330000－4793－0001219　JG00728　類叢部/叢書類/彙編之屬
古香齋袖珍十種　清同治至光緒南海孔氏刻本　一册　存一種

330000－4793－0001220　JY00726　集部/別集類/清別集

袁太史時文不分卷　(清)袁枚撰　(清)秦大士編　清末隨園刻本　一册

330000－4793－0001221　ZD00731　子部/儒家類

導路編一卷　(清)余養士撰　清光緒二十二年(1896)石印本　一册

330000－4793－0001223　JW00734、JW00545　集部/詩文評類/文評之屬

文心雕龍十卷　(南朝梁)劉勰撰　(清)黄叔琳輯注　(清)紀昀評　清道光十三年(1833)盧坤兩廣節署刻朱墨套印本　四册

330000－4793－0001224　JH00733　集部/總集類/選集之屬/通代

涵芬樓古今文鈔一百卷　吳曾祺輯　清宣統二年(1910)上海商務印書館鉛印本　八十五册　缺十五卷(八十六至一百)

330000－4793－0001225　JC00735　集部/别集類/清别集

笠翁一家言全集十六卷　(清)李漁撰　清刻本　六册　存七卷(文集二至四、詩集二、餘集、偶集四至五)

330000－4793－0001228　JH00739、JH01615　集部/總集類/選集之屬/通代

涵芬樓古今文鈔一百卷　吳曾祺輯　清宣統二年(1910)上海商務印書館鉛印本　一百册

330000－4793－0001229　JC00738　集部/别集類/唐五代别集

昌黎先生集四十卷外集十卷遺文一卷　(唐)韓愈撰　(宋)廖瑩中校正　**朱子校昌黎先生集傳一卷**　(宋)朱熹撰　明東吳徐氏東雅堂刻本　九册

330000－4793－0001230　JS00737　集部/别集類/清别集

三魚堂文集十二卷外集六卷附錄一卷　(清)陸隴其撰　清康熙四十年(1701)琴川書屋刻本　六册

330000－4793－0001232　JL00740　集部/總集類/選集之屬/通代

六朝文絜四卷　(清)許槤評選　清光緒三年(1877)刻朱墨套印本　一册

330000－4793－0001234　JL00740/1　集部/總集類/選集之屬/通代

六朝文絜四卷　(清)許槤評選　清末李光明莊刻本　一册

330000－4793－0001236　SF00770　史部/地理類/輿圖之屬

方輿紀要簡覽圖不分卷　(清)潘鐸撰　清光緒十七年至二十三年(1891－1897)上海著易堂石印本　一册

330000－4793－0001241　SC00956　史部/編年類/通代之屬

尺木堂綱鑑易知錄九十二卷明鑑易知錄十五卷　(清)吳乘權　(清)周之炯　(清)周之燦輯　清光緒上海錦章書局石印本　一册　存三卷(綱鑑易知錄五至七)

330000－4793－0001242　JL00751　集部/别集類/清别集

蘭雪堂詩藁七卷　(清)王廣心撰　清道光二十七年(1847)刻本　二册

330000－4793－0001243　JZ00750　集部/别集類/清别集

壯悔堂文集十卷遺稿一卷　(清)侯方域撰　(清)賈開宗等評點　**四憶堂詩集六卷遺稿一卷**　(清)賈開宗等選註　清光緒上海彪蒙書室石印本　四册　缺七卷(四憶堂詩集一至六、遺稿)

330000－4793－0001244　JX00753　集部/别集類/清别集

璇璣碎錦二卷　(清)萬樹撰　清光緒九年(1883)刻本　一册　存一卷(上)

330000－4793－0001245　JT01469　集部/總集類/選集之屬/斷代

唐詩快十六卷選詩前後諸詠一卷　(清)黄周星輯　清康熙刻本　四册　存十六卷(唐詩快一至十六)

330000－4793－0001251　JY00759　集部/别

集類/唐五代别集

玉谿生詩詳註三卷首一卷樊南文集詳註八卷首一卷 （唐）李商隱撰 （清）馮浩箋注 清醉六堂刻本 四册 存四卷（玉谿生詩詳註首、一至三）

330000－4793－0001252 NS01653 經部/詩類/傳說之屬

詩批釋四卷 （宋）安世鳳撰 明萬曆二十九年（1601）刻本 三册

330000－4793－0001253 JC00760 集部/楚辭類

楚辭評林八卷總評一卷 （宋）朱熹撰 （明）沈雲翔輯評 明崇禎十年（1637）吴郡八詠樓刻本 六册

330000－4793－0001255 JY00762 集部/别集類/清别集

有正味齋駢體文二十四卷首一卷 （清）吴錫麟撰 （清）王廣業箋 （清）葉聯芬注 清光緒十五年（1889）上海蜚英館石印本 一册 存五卷（一至五）

330000－4793－0001256 JY00761 集部/别集類/清别集

遠邨唫藁一卷 （清）陳鑑撰 清同治十三年（1874）陳行端刻本 一册

330000－4793－0001257 NY01654 經部/叢編

御纂七經五種 （清）李光地等撰 清康熙至乾隆内府刻本 十册 存一種

330000－4793－0001258 JH00765 類叢部/叢書類/彙編之屬

增訂漢魏叢書九十六種 （清）王謨編 清宣統三年（1911）上海大通書局石印本 二十册

330000－4793－0001259 JY00763 集部/别集類

開通中國第一哲學大家嚴侯官先生全集十四卷 嚴復撰並譯 清光緒二十九年（1903）石印本 十二册 存十二卷（一至十二）

330000－4793－0001261 JB00764 集部/詞類/别集之屬

曝書亭集詞註七卷 （清）朱彝尊撰 （清）李富孫注 清刻本 四册

330000－4793－0001263 JT00767 集部/詩文評類/詩評之屬

唐人試律說一卷 （清）紀昀撰 清刻本 一册

330000－4793－0001264 NQ00129/1 經部/叢編

御纂七經五種 （清）李光地等撰 清同治六年至九年（1867－1870）浙江書局刻本 十四册 存一種

330000－4793－0001266 JJ00769 集部/别集類/宋别集

劍南詩鈔六卷 （宋）陸游撰 （清）楊大鶴選 清光緒八年（1882）文苑山房刻本 八册

330000－4793－0001267 NH00130 經部/群經總義類/傳說之屬

皇朝五經彙解二百七十卷 （清）朱鏡清輯 **經解入門一卷** （清）江藩纂 清光緒十九年（1893）上海蜚英館石印本 十六册 存一百二十三卷（一百四十九至二百七十、經解入門）

330000－4793－0001268 JW00774 集部/曲類/寶卷之屬

白氏寶卷二卷十二回 清光緒三十四年（1908）刻本 一册 存一卷（一）

330000－4793－0001270 JJ00236 集部/别集類/清别集

鮚埼亭集三十八卷經史問答十卷鮚埼亭集外編五十卷 （清）全祖望撰 **全氏世譜一卷年譜一卷** （清）董秉純撰 清嘉慶九年（1804）餘姚史夢蛟借樹山房刻同治十一年（1872）印本（經史問答十卷爲清乾隆三十年董秉純刻本） 三十二册

330000－4793－0001271 JZ00238 類叢部/叢書類/彙編之屬

增訂漢魏叢書八十六種 （清）王謨編 清光

緒二十年(1894)湖南藝文書局刻本　二十冊　存二十四種

330000－4793－0001272　SS00925　史部/紀傳類/正史之屬

三國志六十五卷　(晉)陳壽撰　(南朝宋)裴松之注　清刻本　八冊　存二十卷(十二至十四、十一至二十七)

330000－4793－0001274　ZC00355　子部/農家農學類/蠶桑之屬

蠶桑萃編十五卷首一卷　(清)衛杰撰　清光緒二十六年(1900)浙江書局刻本　一冊　存二卷(首、一)

330000－4793－0001275　SY00771　史部/傳記類/别傳之屬

宜堂類編二十五卷　(清)丁中立編　清光緒二十六年(1900)錢塘丁氏嘉惠堂刻本　三冊　存十一卷(一至五、九至十四)

330000－4793－0001277　JL00242　集部/别集類/宋别集

臨川先生文集一百卷目録二卷　(宋)王安石撰　清刻本　九冊　存四十五卷(一至十、二十九至三十四、五十六至六十一、六十七至七十六、八十三至八十八、九十四至一百)

330000－4793－0001278　JD00786　集部/别集類/清别集

定盦文集三卷續集四卷文集補編四卷續録一卷古今體詩二卷詞選一卷詞録一卷附孝珙手抄詞一卷文拾遺一卷　(清)龔自珍撰　**定盦先生年譜一卷**　吳昌綬編　清宣統元年(1909)上海國學扶輪社鉛印本　二冊　存二卷(詞選、年譜)

330000－4793－0001280　JT00787　集部/總集類/選集之屬/斷代

唐詩别裁集十卷　(清)沈德潛輯　清康熙五十六年(1717)碧梧書屋刻本　六冊

330000－4793－0001282　JW01467、JW00775　集部/總集類/選集之屬/通代

文苑英華選六十卷　(清)宫夢仁輯　清康熙四十一年至四十三年(1702－1704)刻本　三十一冊　存五十八卷(一至三十八、四十一至六十)

330000－4793－0001284　JG00794、JG00951　集部/總集類/選集之屬/通代

古文淵鑒六十四卷　(清)徐乾學等輯注　清刻五色套印本　二十冊　缺十八卷(四十七至六十四)

330000－4793－0001285　JW00796　集部/總集類/選集之屬/通代

文選六十卷　(南朝梁)蕭統輯　(唐)李善注　(清)何焯評　清雙桂堂刻朱墨套印本　十六冊

330000－4793－0001286　JW00798　集部/總集類/選集之屬/通代

文選六十卷　(南朝梁)蕭統輯　(唐)李善注　(清)何焯評　清乾隆三十七年(1772)長洲葉樹藩海録軒刻朱墨套印本　十二冊

330000－4793－0001287　SY00772　史部/地理類/雜志之屬

欽定日下舊聞考一百六十卷附譯語總目一卷　(清)于敏中　(清)竇光鼐等纂修　清抄本　六冊

330000－4793－0001290　SX00773　史部/政書類/律令之屬/刑制

刑訴二章　清宣統元年(1909)石印本　一冊　存一章(二)

330000－4793－0001291　JM00802　集部/别集類/清别集

蒙香草堂時文全集不分卷　(清)周景藝撰　清同治十二年(1873)寧波陳氏刻管周合稿二種本　一冊

330000－4793－0001292　JX00807　集部/總集類/課藝之屬

小題求是一卷　(清)王金銛編　清同治五年(1866)刻本　二冊

330000－4793－0001294　JX00804　集部/總集類/郡邑之屬

續金陵詩徵六卷首一卷　（清）朱紹亭等輯　清光緒二十年（1894）刻本　四册　存四卷（首、一至三）

330000－4793－0001295　JL08903　集部/別集類/清別集

嶺南集七卷續集一卷山左集一卷山左續集一卷中州集一卷　（清）程含章撰　清末刻本　一册　存一卷（七）

330000－4793－0001297　JJ00805　集部/別集類/清別集

嘉懿集續鈔四卷　（清）高㟲撰　清乾隆五十四年（1789）刻本　六册

330000－4793－0001299　ZZ00357　子部/藝術類/書畫之屬

鐵網珊瑚初集不分卷二集不分卷三集不分卷　（清）沈鏡堂輯　清光緒二十五年（1899）上海順成書局石印本　一册　存初集

330000－4793－0001302　JQ00851　集部/別集類/清別集

切問齋集十二卷首一卷　（清）陸燿撰　清刻本　三册　存十一卷（二至十二）

330000－4793－0001307　JJ00815　集部/別集類/清別集

自怡齋文存六卷　（清）溫汝超撰　清光緒十年（1884）刻本　六册

330000－4793－0001313　JY00821　集部/別集類/清別集

有正味齋駢體文二十四卷首一卷　（清）吳錫麟撰　（清）王廣業箋　（清）葉聯芬注　清光緒石印本　二册　存十九卷（六至二十四）

330000－4793－0001315　JS00823　集部/別集類/清別集

少嵒賦草四卷續一卷　（清）夏思沺撰　清同治十三年（1874）奎照樓刻本　一册

330000－4793－0001316　JZ00824　集部/別集類/清別集

壯悔堂文集十卷遺稿一卷　（清）侯方域撰　（清）賈開宗等評點　**四憶堂詩集六卷遺稿一卷**　（清）賈開宗等選註　清宣統元年（1909）掃葉山房石印本　四册　存十卷（壯悔堂文集一至十）

330000－4793－0001318　JD00822　集部/別集類/清別集

定盦文集四卷　（清）龔自珍撰　清光緒二十八年（1902）上海鴻文書局石印本　二册

330000－4793－0001319　JD00829　集部/別集類/清別集

篤素堂集鈔三卷　（清）張英撰　清光緒十七年（1891）江蘇書局刻本　一册

330000－4793－0001324　JG00835　集部/詞類/總集之屬

國朝詞綜四十八卷二集八卷　（清）王昶輯　清同治四年（1865）亦西齋刻本　十二册

330000－4793－0001325　JL00836　集部/別集類/宋別集

林和靖先生詩集四卷　（宋）林逋撰　**省心録一卷**　（宋）李邦獻撰　清道光四年（1824）廣州葉夢龍友石齋刻本　二册

330000－4793－0001327　JY00838　集部/別集類

漪香山館文集一卷　吳曾祺撰　清宣統二年（1910）上海商務印書館鉛印本　一册

330000－4793－0001329　JG00837　集部/別集類/清別集

定盦全集八卷　（清）龔自珍撰　清宣統元年（1909）上海國學扶輪社鉛印本　五册

330000－4793－0001330　SH00774　史部/雜史類/斷代之屬

皇朝掌故二卷　（清）張一鵬撰　（清）陳蔚文注　清光緒二十九年（1903）浙省貢院西橋杞廬刻本　一册

330000－4793－0001333　SD00775、SD00251　史部/政書類/律令之屬/律例

大清法規大全一百六十八卷　清光緒二十七年至宣統元年（1901－1909）北京政學社石印本　十八册　存七十四卷（外交部首、一至十

三,教育部一至三十一,民政部一至十五,財政部一至十四)

330000－4793－0001334　JW00842　集部/總集類/選集之屬/通代
文選六十卷　(南朝梁)蕭統輯　(唐)李善注　(清)何焯評　清乾隆三十七年(1772)長洲葉樹藩海錄軒刻朱墨套印本　四册　存二十卷(一至二十)

330000－4793－0001335　JX00844　類叢部/叢書類/自著之屬
惜抱軒全集十種　(清)姚鼐撰　清同治五年(1866)李瀚章省心閣刻本　十三册　存五種

330000－4793－0001336　JL00843　集部/別集類/唐五代別集
李太白文集三十六卷　(唐)李白撰　(清)王琦輯注　清乾隆寶笏樓刻二十五年(1760)增刻本　八册　存十七卷(一、二十一至三十六)

330000－4793－0001337　JD00847　集部/別集類/唐五代別集
杜詩詳註二十五卷首一卷附編二卷　(唐)杜甫撰　(清)仇兆鰲輯注　清康熙大文堂刻本　二十二册　缺三卷(十至十一、附編上)

330000－4793－0001339　NC01655　經部/春秋左傳類/傳說之屬
春秋左傳杜林合註五十卷　(晉)杜預　(宋)林堯叟註釋　(唐)陸德明音義　(明)鍾惺　(明)孫鑛　(明)韓范評點　明刻本　十二册

330000－4793－0001342　JJ00854　集部/別集類/清別集
卷施閣詩集二十卷文甲集十卷文乙集十卷附鮚軒詩八卷　(清)洪亮吉撰　清乾隆六十年(1795)至嘉慶初貴陽節署刻本　十册　存三十二卷(一至十六、文甲集一至八、鮚軒詩一至八)

330000－4793－0001343　SH00776　史部/雜史類/斷代之屬
經署洪承疇奏對筆記二卷　(清)洪承疇撰　清光緒十六年(1890)上海廣百宋齋鉛印本　一册

330000－4793－0001345　SW00777　類叢部/叢書類/自著之屬
章氏遺書二種　(清)章學誠撰　清道光十二年至十三年(1832－1833)章華紱刻本　八册　存一種

330000－4793－0001346　ZD01572、ND01542、NS01485、NJ00183、NS01459、JL00856、ZF01560、ZQ00406、SX00795、JQ01268、SM00218、SH00219、JT01331、ZY01575、ZQ01592、ZY01593、ZY01886、ZJ01594、ZS01596　類叢部/叢書類/郡邑之屬
金華叢書六十八種　(清)胡鳳丹編　清同治七年至光緒八年(1868－1882)永康胡氏退補齋刻民國補刻本　四十六册　存十七種

330000－4793－0001348　JX00859　集部/別集類/清別集
小峴山人詩集二十八卷文集六卷文續集二卷文補編一卷　(清)秦瀛撰　清嘉慶二十二年(1817)城西草堂刻本　八册　存十六卷(詩集一至十、文集一至六)

330000－4793－0001349　JT00860　集部/別集類/清別集
天章閣詩鈔五卷附行狀一卷　(清)龍應時撰　清嘉慶十一年(1806)刻本　一册　存三卷(一至三)

330000－4793－0001350　JY01470　類叢部/叢書類/彙編之屬
海山仙館叢書五十六種　(清)潘仕成編　清道光二十五年至咸豐元年(1845－1851)番禺潘氏刻光緒十一年(1885)增刻彙印本　一册　存一種

330000－4793－0001351　NT01656　經部/禮記類/分篇之屬
檀弓通二卷考工記通二卷　(明)徐昭慶輯注　明萬曆刻本　六册

330000－4793－0001352　ZD02008　集部/小

說類/長篇之屬

東周列國全志二十三卷一百八回 （清）蔡奡評點　清聚錦堂刻本　十二册

330000－4793－0001354　ZD01657　子部/儒家類/儒學之屬/經濟

大學衍義補一百六十卷目錄三卷補前書一卷 （明）丘濬撰　明弘治元年（1488）建寧刻本　七册　存三十三卷（五十五至五十九、六十五至八十、九十四至一百、一百二十五至一百二十八，補前書）

330000－4793－0001355　SX00778、SW00936　類叢部/叢書類/自著之屬

章氏遺書二種 （清）章學誠撰　清道光十二年至十三年（1832－1833）章華紱刻本　六册　存十卷（校讎通義一至二、文史通義一至八）

330000－4793－0001357　ZX00358　子部/叢編

子書百家 （清）崇文書局編　清光緒元年（1875）湖北崇文書局刻本　二册　存一種

330000－4793－0001358　NF01658　經部/小學類/文字之屬/字書/字典

復古編二卷 （宋）張有撰　**復古編校正一卷** （清）葛鳴陽撰　**復古編附錄一卷** （清）葛鳴陽輯　清乾隆四十六年（1781）刻朱印本　六册

330000－4793－0001362　ZT00359　子部/儒家類/儒學之屬/蒙學

童子問路四卷 （清）鄭之琮輯　清光緒五年（1879）刻本　二册

330000－4793－0001363　JS00869　集部/別集類/清別集

少嵒賦草四卷 （清）夏思沺撰　清道光十年（1830）華林書屋刻本　二册

330000－4793－0001371　JL00900　集部/總集類/尺牘之屬

歷代名人書札二卷 吳曾祺輯　清宣統三年（1911）上海商務印書館鉛印本　二册

330000－4793－0001372　JC00909、JY01471、ZS00407、ZS01508　類叢部/叢書類/自著之屬

古愚老人消夏錄十七種 （清）汪汲撰輯　清乾隆至嘉慶古愚山房刻本　九册　存四種

330000－4793－0001374　JS00905　集部/別集類/宋別集

宋邵康節先生伊川擊壤集十卷三世名賢一卷 （宋）邵雍撰　（明）吳泰注　清刻本　六册

330000－4793－0001376　JQ00907　集部/別集類/清別集

切問齋集十二卷首一卷 （清）陸燿撰　清光緒十八年（1892）江蘇書局刻本　一册　存二卷（首、一）

330000－4793－0001377　JJ00908　集部/總集類/選集之屬/通代

經史百家雜鈔二十六卷 （清）曾國藩輯　清刻本　三册　存三卷（二十四至二十六）

330000－4793－0001380　JS00916　集部/小說類/長篇之屬

四大奇書第一種六十卷首一卷一百二十回 （明）羅本撰　（清）毛宗崗評　清刻本　二十一册　缺五卷（一、四十一至四十二、四十六至四十七）

330000－4793－0001381　SS00919　史部/傳記類/別傳之屬

宜堂類編二十五卷 （清）丁中立編　清光緒二十六年（1900）錢塘丁氏嘉惠堂刻本　一册　存一卷（松存先生遺事詩）

330000－4793－0001384　NC01659　經部/春秋左傳類/傳說之屬

春秋經傳集解三十卷 （晉）杜預撰　（唐）陸德明音義　明刻本　七册　缺十六卷（一至二、五至十、十九至二十四、二十九至三十）

330000－4793－0001385　JL00921　集部/別集類/清別集

笠翁一家言全集十六卷 （清）李漁撰　清刻本　十六册

330000－4793－0001387　ZD02000、ZD02009

子部/宗教類/道教之屬/道藏

道藏輯要 (清)蔣予蒲輯 清嘉慶刻本 十三册 存十八種

330000－4793－0001388 JJ00932、JJ01070、JJ01360、JJ00756 集部/總集類/酬唱之屬

擊鉢吟偶存二卷二集二卷三集二卷四集二卷五集二卷六集二卷七集二卷 (清)曾元海等輯 清道光二十五年至同治九年(1845－1870)刻本 十三册

330000－4793－0001390 JY00935 集部/别集類/清别集

漁洋山人精華録十卷 (清)王士禛撰 清石印本 四册

330000－4793－0001391 JT00934 集部/總集類/彙編之屬

七家試帖輯註彙鈔九卷 (清)張熙宇輯評 (清)王植桂輯註 清同治九年(1870)京師琉璃廠刻本 二册 存一種

330000－4793－0001392 JW00937 集部/别集類/宋别集

王臨川全集二十四卷 (宋)王安石撰 清宣統三年(1911)掃葉山房石印本 十二册

330000－4793－0001393 JT00938 集部/别集類/唐五代别集

唐陸宣公集二十二卷 (唐)陸贄撰 清刻本 六册

330000－4793－0001395 JZ00940 集部/别集類/明别集

張忠敏公遺集十卷首一卷附録六卷 (明)張國維撰 (清)張振珂輯 清咸豐七年(1857)張振珂刻本 一册 存三卷(遺集四至六)

330000－4793－0001396 JF00943 集部/别集類/明别集

甫田集三十六卷 (明)文徵明撰 清宣統三年(1911)鉛印本 六册

330000－4793－0001398 NP00133 經部/春秋左傳類/傳説之屬

評點春秋綱目左傳句解彙雋六卷 (清)韓菼重訂 清步月樓刻本 一册 存一卷(六)

330000－4793－0001399 NS00136、ND00140 經部/四書類/總義之屬/傳説

四書朱子本義匯參四十三卷首四卷 (清)王步青輯 清敦復堂刻本 二册 存四卷(首、大學一至三)

330000－4793－0001401 NC00135 類叢部/叢書類/自著之屬

船山遺書五十八種 (清)王夫之撰 清同治四年(1865)湘鄉曾國荃金陵刻本 一册 存一種

330000－4793－0001403 NL00138 經部/小學類/音韻之屬/等韻

李氏音鑑六卷首一卷 (清)李汝珍撰 清嘉慶十五年(1810)寶善堂刻本 三册 缺一卷(一)

330000－4793－0001407 ZZ00360 子部/術數類/占卜之屬

增删卜易六卷 (清)野鶴老人撰 (清)李文輝增删 清刻本 一册 存一卷(二)

330000－4793－0001409 NQ00145 經部/叢編

御纂七經五種 (清)李光地等撰 清光緒十四年(1888)上海鴻文書局石印本 二册 存一種

330000－4793－0001410 NZ00141 經部/春秋左傳類/傳説之屬

左傳舊疏考正八卷 (清)劉文淇撰 清刻本 一册 存二卷(三至四)

330000－4793－0001411 NS00146、JZ01704 類叢部/叢書類/彙編之屬

平津館叢書八集三十八種 (清)孫星衍編 清嘉慶蘭陵孫氏刻本 八册 存二種

330000－4793－0001412 NL00149 經部/小學類/音韻之屬/等韻

李氏音鑑六卷首一卷 (清)李汝珍撰 清光緒十四年(1888)埽葉山房刻本 一册

330000－4793－0001413　NX00147　經部/孝經類/傳說之屬

孝經章句一卷或問一卷　(清)汪紱撰　清光緒二十一年(1895)刻本　一冊

330000－4793－0001415　NS00150　經部/詩類/傳說之屬

詩經集傳八卷　(宋)朱熹撰　清同治七年(1868)刻本　二冊

330000－4793－0001418　NS00154　經部/書類/傳說之屬

書經精義四卷首一卷末一卷　(清)黄淦纂　清刻本　二冊　存二卷(三至四)

330000－4793－0001420　NQ00155、NQ01495　經部/禮記類/傳說之屬

欽定禮記義疏八十二卷首一卷　(清)允祿等撰　清刻本　十一冊　存二十八卷(五十五至八十二)

330000－4793－0001421　ZS02013、ZS02014、ZS02017、ZS02018、ZB02020、ZB02033、ZH00384、ZG02032、ZP02024、ZF02025、ZS02026、ZG02021、ZJ02030、ZB02029、ZW02031　類叢部/叢書類/彙編之屬

增訂漢魏叢書九十六種　(清)王謨編　清宣統三年(1911)上海大通書局石印本　十三冊　存二十六種

330000－4793－0001422　ZC02012　子部/藝術類/書畫之屬/法帖

初拓趙松雪道教碑不分卷　(元)趙孟頫書　清上海有正書局石印本　三冊

330000－4793－0001423　NB00157　子部/雜家類

白虎通疏證十二卷　(清)陳立撰　清光緒元年(1875)淮南書局刻本　四冊

330000－4793－0001424　NS00159　經部/書類/傳說之屬

書經批六卷　(清)董懋極撰　清刻本　一冊　存三卷(一至三)

330000－4793－0001425　NJ00165　經部/易類/傳說之屬

寄傲山房塾課纂輯御案易經備旨七卷易經圖案一卷　(清)鄒聖脈纂輯　(清)鄒廷猷編次　清光緒二十三年(1897)慎記書莊石印本　二冊

330000－4793－0001426　NS00166　經部/書類/傳說之屬

書經旁訓辨體合訂四卷　(清)徐立綱輯　清刻本　一冊　缺二卷(一至二)

330000－4793－0001427　ZH00161　子部/儒家類/儒學之屬/蒙學

繪圖蒙學三字經不分卷　清光緒三十二年(1906)石印本　一冊

330000－4793－0001428　NY00158　類叢部/叢書類/彙編之屬

邵武徐氏叢書二十三種　(清)徐榦編　清光緒邵武徐氏刻本　一冊　存二種

330000－4793－0001429　NM00162　經部/叢編

十三經古注　(明)葛鼒　(明)金蟠校　明崇禎十二年(1639)永懷堂刻清同治八年(1869)浙江書局重修本　二冊　存一種

330000－4793－0001430　NK00161　類叢部/叢書類/彙編之屬

崇文書局彙刻書三十一種　(清)崇文書局編　清光緒湖北崇文書局刻民國元年(1912)鄂官書處重印本　一冊　存一種

330000－4793－0001431　NY00164　經部/叢編

御纂七經五種　(清)李光地等撰　清同治六年至九年(1867－1870)浙江書局刻本　一冊　存一種

330000－4793－0001432　NL00167　經部/小學類/文字之屬/說文

說文解字注十五卷附六書音均表五卷汲古閣說文訂一卷　(清)段玉裁撰　**說文部目分韻一卷**　(清)陳煥編　清同治十一年(1872)湖北崇文書局刻本　二冊　存五卷(附六書音

均表一至五)

330000－4793－0001433　ZX00362　子部/儒家類/儒學之屬/蒙學

小學集注六卷　(明)陳選撰　**小學總論一卷**　(清)趙鳳翔　(清)趙慎徽編輯　清同治元年至二年(1862－1863)刻本　三册

330000－4793－0001434　NJ00168　經部/四書類/總義之屬/傳說

較正監韻分章分節四書正文(較正華英四書、中西四書)六卷　(清)陳豸　(清)顔茂猷撰　清光緒三十年(1904)點石齋石印本　三册　存三卷(孟子一至二、論語二)

330000－4793－0001435　ZY02010　子部/醫家類/兒科之屬/通論

嬰童百問十卷　(明)魯伯嗣撰　明嘉靖刻本　二册

330000－4793－0001436　NK00169　經部/小學類/文字之屬/字書/字典

康熙字典十二集三十六卷總目一卷檢字一卷辨似一卷等韻一卷補遺一卷備考一卷　(清)張玉書等纂修　清光緒二十年(1894)上海寶善書局石印本　六册　存三十四卷(子上中下、寅上中下、辰上中下、巳上中下、午上中下、未上中下、申上中下、酉上中下、戌上中下、亥上中下,總目,檢字,辨似,等韻)

330000－4793－0001437　NW00170　類叢部/類書類/專類之屬

五經類編二十八卷　(清)周世樟撰　清刻本　六册　存十四卷(二至四、八至十、二十一至二十八)

330000－4793－0001439　NC00172　經部/春秋左傳類/傳說之屬

春秋左傳(春秋左傳杜林合注)五十卷　(晉)杜預　(宋)林堯叟註釋　(唐)陸德明音義　(明)鍾惺　(明)孫鑛　(明)韓范評點　清咸豐六年(1856)埽葉山房刻本　十一册　存四十六卷(一至二十九、三十四至五十)

330000－4793－0001440　NS00175　經部/小學類/文字之屬/說文

說文通訓定聲十八卷分部柬韻一卷說雅一卷古今韻準一卷　(清)朱駿聲撰　**行述一卷**　朱孔彰撰　清光緒十三年(1887)上海積山書局石印本　八册

330000－4793－0001442　NC00173　類叢部/叢書類/自著之屬

洪北江全集二十一種　(清)洪亮吉撰　清光緒三年至五年(1877－1879)洪用懃授經堂刻本　七册　存一種

330000－4793－0001443　ZC00363、ZZ01677、ZJ01348　子部/儒家類/儒學之屬/禮教

五種遺規　(清)陳弘謀輯並撰　清光緒二十一年(1895)浙江書局刻本　四册　存三種

330000－4793－0001444　NS00174　經部/四書類/總義之屬/傳說

四書體註合講十九卷圖說一卷　(清)翁復編　清雍正八年(1730)刻本　四册　存三卷(大學、中庸,圖說)

330000－4793－0001451　NX00185、NX01462、NX01478　經部/四書類/總義之屬/傳說

新增四書備旨靈捷解八卷　(清)張素存撰　(清)鄒蒼崖補　清刻本　三册　存三卷(五、七至八)

330000－4793－0001452　ZS00383　子部/藝術類/書畫之屬

詩畫舫六卷　(清)點石齋輯　清光緒三十年(1904)上海點石齋石印本　六册

330000－4793－0001453　NH00186　經部/群經總義類/傳說之屬

皇朝五經彙解二百七十卷　(清)朱鏡清輯　**經解入門一卷**　(清)江藩纂　清光緒十九年(1893)上海蜚英館石印本　十六册　存二百四十八卷(一至二百四十八)

330000－4793－0001454　SX00779　史部/目録類/專録之屬

小學考五十卷　(清)謝啟昆撰　清光緒十四

年(1888)浙江書局刻本　二十册

330000－4793－0001455　ZS00364　子部/儒家類/儒學之屬/蒙學

詩旨周官彙序二卷　(清)應鹿芩撰　清光緒二年(1876)退補齋刻本　一册

330000－4793－0001458　NS00173、NS01264、NS00188　經部/四書類/總義之屬/傳說

四書集註十九卷　(宋)朱熹撰　清光緒十八年(1892)浙江書局刻本　五册

330000－4793－0001460　NM00187　經部/四書類/孟子之屬/傳說

孟子集註七卷　(宋)朱熹撰　清刻本　一册　存三卷(一至三)

330000－4793－0001461　NY00951　集部/別集類/清別集

一鐙精舍甲部藁五卷　(清)何秋濤撰　清光緒五年(1879)淮南書局刻本　一册

330000－4793－0001463　ZZ02023　子部/雜著類/雜纂之屬

智囊補二十八卷　(明)馮夢龍輯　清乾隆四十九年(1784)斐齋刻本　十册

330000－4793－0001467　NL00175　經部/禮記類/傳說之屬

禮記揭要六卷　(清)周蕙田輯　清刻本　一册　存一卷(四)

330000－4793－0001469　ZQ00366　子部/藝術類/音樂之屬/樂譜

琴譜新聲六卷　(清)曹尚絅　(清)蘇璟　(清)戴源等撰　清光緒三十年(1904)刻本　四册

330000－4793－0001473　SL00780、SG00516、SH00696　類叢部/叢書類/郡邑之屬

武林掌故叢編一百九十種　(清)丁丙編　清光緒三年至二十六年(1877－1900)錢塘丁氏嘉惠堂刻本　六册　存五種

330000－4793－0001475　ZXO0370　子部/藝術類/篆刻之屬/印譜

小石山房印譜四卷歸去來辭一卷集名刻一卷　(清)顧湘　(清)顧浩輯　清道光八年(1828)海虞顧氏小石山房刻鈐印本　一册　存一卷(集名刻)

330000－4793－0001481　ZY00372　子部/叢編

二十二子(二十二子彙函)　(清)浙江書局編　清光緒元年至三年(1875－1877)浙江書局刻本　四册　存一種

330000－4793－0001487　ZZ00378　子部/醫家類/綜合之屬

增補醫材狀元壽世保元十卷　(明)龔延賢編　清末上海普通書局石印本　二册

330000－4793－0001488　JQ00954　集部/別集類/清別集

曲園課孫草一卷續刻一卷　(清)俞樾撰　清光緒八年(1882)金陵刻本　二册

330000－4793－0001490　ZD00384　子部/叢編

子書百家　(清)崇文書局編　清光緒元年(1875)湖北崇文書局刻本　一册　存一種

330000－4793－0001491　SQ00781　類叢部/叢書類/家集之屬

洪氏晦木齋叢書二十一種　(清)洪汝奎編　清同治八年至宣統元年(1869－1909)刻本　二册　存一種

330000－4793－0001492　ZD00387　子部/醫家類/方書之屬

葉種德堂丸散膏丹全錄一卷　(清)葉種德堂主人輯　清光緒十三年(1887)葉種德堂刻本　一册

330000－4793－0001494　ZX00391　子部/雜著類

解人語四卷　清光緒三年(1877)文馨堂刻本　一册

330000－4793－0001495　ZD00389　類叢部/叢書類/彙編之屬

留垞叢刻八種　楊鍾羲編　清光緒十六年至

宣統二年(1890－1910)刻本　一冊　存一種

330000－4793－0001497　ZZ02028　類叢部/叢書類/彙編之屬

咫進齋叢書三十五種　(清)姚覲元編　清光緒九年(1883)歸安姚氏刻本　十七冊　存二十三種

330000－4793－0001498　ZP00955　集部/別集類/清別集

潘少白先生文集八卷詩集五卷常語二卷　(清)潘諮撰　清道光二十四年(1844)陳繼昌瞻園刻本　六冊

330000－4793－0001502　ZD00340　子部/雜著類/雜考之屬

東塾讀書記二十五卷　(清)陳澧撰　清光緒刻本(卷十三至十四、十七至二十、二十二至二十五原缺)　四冊　存二十一卷(一至二十一)

330000－4793－0001503　SB00783　史部/政書類/律令之屬/法驗

補註洗冤錄集證四卷附刊檢骨圖格一卷　(清)王又槐輯　(清)李觀瀾補輯　(清)阮其新補注　(清)童濂刪　**作吏要言一卷**　(清)葉鎮撰　(清)朱椿增　清道光二十三年(1843)江都鍾淮刻三色套印本　四冊　缺一卷(附刊檢骨圖格)

330000－4793－0001506　ZZ00342　子部/醫家類/類編之屬

中西醫學羣書第一集國粹部十種　(清)陳俠君編　清光緒三十三年(1907)上海六藝書局石印本　十冊　存八種

330000－4793－0001507　ZM00343　類叢部/叢書類/彙編之屬

平津館叢書八集三十八種　(清)孫星衍編　清嘉慶蘭陵孫氏刻本　八冊　存一種

330000－4793－0001509　ZY00345/1　類叢部/類書類/通類之屬

淵鑑類函四百五十卷目錄四卷　(清)張英　(清)王士禛等輯　清康熙四十九年(1710)刻本　八十五冊　存二百六十四卷(目錄一至四,一至二、五十七至九十二、九十九至一百三十七、一百九十八至三百十六、三百七十九至四百四十二)

330000－4793－0001517　ZG00354　子部/雜著類/雜纂之屬

格言聯璧不分卷　(清)金纓輯　清咸豐四年(1854)刻本　一冊

330000－4793－0001519　ZG00359　子部/雜著類/雜說之屬

桂宮梯六卷附錄一卷續附錄一卷　(清)徐謙輯　清道光十八年(1838)同善會刻本　三冊　存六卷(桂宮梯一至六)

330000－4793－0001520　ZD00360　子部/醫家類/兒科之屬/通論

鼎鍥幼幼集成六卷　(清)陳復正輯　清宣統三年(1911)上海會文堂石印本　一冊

330000－4793－0001521　NS00178　經部/四書類/總義之屬/傳說

四書味根題鏡合編三十七卷　(清)金澂　(清)汪鯉翔撰　清光緒十五年(1889)上海鴻寶齋石印本　七冊

330000－4793－0001523　ZM00361　子部/天文曆算類/算書之屬

梅氏叢書輯要三十種六十二卷首一卷　(清)梅文鼎撰　(清)梅穀成重編　清光緒十四年(1888)上海龍文書局石印本　五冊　存二十一種

330000－4793－0001525　ZB00363　類叢部/叢書類/彙編之屬

抱經堂叢書十六種　(清)盧文弨編　清乾隆至嘉慶刻彙印本　四冊　存一種

330000－4793－0001530　ZB00368　子部/醫家類/本草之屬/歷代綜合本草

本草備要不分卷　(清)汪昂撰　清刻本　四冊

330000－4793－0001534　JZ00371　集部/小說類/長篇之屬

增像全圖三國演義第一才子書八卷一百二十回首一卷 (明)羅本撰 (清)毛宗崗評 清光緒三十三年(1907)上海文新局石印本 八冊

330000－4793－0001539 ZL00376 子部/雜著類/雜說之屬
浪跡叢談十一卷續談八卷 (清)梁章鉅撰 清道光二十七年至二十八年(1847－1848)亦東園刻本 四冊 存十一卷(叢談一至十一)

330000－4793－0001540 ZJ00377 子部/宗教類/佛教之屬/諸宗
靈峰蕅益大師選定淨土十要十卷 (清)釋智旭輯 (清)釋成時評點節略 清同治六年(1867)刻本 四冊 存四種

330000－4793－0001542 ZY00380/1 子部/醫家類/綜合之屬/通論
醫宗必讀五卷首一卷 (明)李中梓撰 清尚友堂刻本 二冊

330000－4793－0001543 ZS00379 子部/天文曆算類/算書之屬
四元玉鑑細草三卷四象細草假令之圖一卷附補增一卷 (清)羅士琳撰 **四元釋例一卷** (清)易之瀚撰 清光緒十七年(1891)成都志古堂刻本 十冊 缺一卷(四元釋例)

330000－4793－0001545 ZL00383 類叢部/類書類/專類之屬
類聯集古揭要一卷 柳維甸撰 清碧梧齋刻本 一冊

330000－4793－0001547 ZD02034 類叢部/叢書類/彙編之屬
津逮祕書十五集一百四十種 (明)毛晉編 明崇禎虞山毛氏汲古閣刻本 六冊 存一種

330000－4793－0001550 ZH00384 類叢部/叢書類/彙編之屬
增訂漢魏叢書九十六種 (清)王謨編 清宣統三年(1911)上海大通書局石印本 十二冊 存三十一種

330000－4793－0001552 SX00784 史部/政書類/律令之屬/刑制
刑案匯覽六十卷首一卷末一卷拾遺備考一卷續增十六卷 (清)祝慶祺輯 **新增刑案匯覽十六卷首一卷** (清)潘文舫輯 清光緒十九年(1893)上海鴻文書局石印本 十四冊 存六十三卷(刑案匯覽首、一至六十、末,拾遺備考)

330000－4793－0001553 ZS00389 子部/叢編
子書二十三種 (清)浙江書局編 清光緒二十三年(1897)上海圖書集成局鉛印本 一冊 存二種

330000－4793－0001554 NS00179 經部/書類/傳說之屬
書經體註大全合參六卷 (宋)蔡沈集傳 (清)錢希祥輯注 清刻本 三冊 存四卷(二至五)

330000－4793－0001558 ZX00391/1 類叢部/類書類/專類之屬
新增說文韻府羣玉二十卷 (元)陰時夫輯 (元)陰中夫注 明萬曆十八年(1590)刻本 五冊 缺十卷(三至十、十九至二十)

330000－4793－0001559 ZS00393、ZS01383 子部/術數類/命書相書之屬
三命通會十二卷 (明)萬民英撰 清刻本 二十四冊

330000－4793－0001560 ZJ00394 類叢部/叢書類/自著之屬
焦氏遺書十種附二種 (清)焦循撰 清嘉慶至道光江都焦氏雕菰樓刻光緒二年(1876)衡陽魏氏補刻本 二十二冊

330000－4793－0001562 JS00957 類叢部/叢書類/自著之屬
曾文正公全集十五種 (清)曾國藩撰 清同治至光緒傳忠書局刻本 二十七冊 存一種

330000－4793－0001563 NW00180 經部/叢編
五經備旨四十五卷 (清)鄒聖脈纂輯 清光

緒十三年(1887)上海鴻文書局石印本　十二冊

330000－4793－0001565　SS00470　史部/職官類/官箴之屬
實政録七卷　(明)呂坤撰　清同治十一年(1872)江蘇書局刻本　六冊

330000－4793－0001567　JY00958　集部/別集類/清別集
越縵堂駢體文四卷散體文一卷　(清)李慈銘撰　清光緒二十三年(1897)刻本　二冊　存二卷(一、三)

330000－4793－0001568　JQ00962　集部/別集類/元別集
清容居士集五十卷　(元)袁桷撰　清刻本　九冊　存二十九卷(一至三、八至十一、十八至二十、二十五至二十七、三十二至四十、四十四至五十)

330000－4793－0001569　JH00963　集部/別集類/唐五代別集
河東先生文集六卷　(唐)柳宗元撰　清宣統二年(1910)上海會文堂粹記石印本　六冊

330000－4793－0001571　JW00976　集部/別集類/明別集
王文成公全書三十八卷　(明)王守仁撰　清光緒浙江書局刻本　二十四冊

330000－4793－0001572　JW00978　集部/別集類/清別集
萬山草堂詩集六卷　(清)李登雲撰　清光緒三十三年(1907)武林刻本　二冊

330000－4793－0001573　JB00980　類叢部/叢書類/彙編之屬
半厂叢書初編十種　(清)譚獻編　清同治至光緒仁和譚氏刻本　一冊　存一種

330000－4793－0001577　JY00983　集部/總集類/彙編之屬
漢魏六朝一百三家集(漢魏六朝百三名家集)　(明)張溥編　清光緒十八年(1892)善化章經濟堂刻本　三冊　存一種

330000－4793－0001578　JF00987　集部/曲類/傳奇之屬
風箏誤傳奇二卷　(清)李漁編次　(清)樸齋主人批評　清刻本　二冊

330000－4793－0001580　JG00991　集部/總集類/選集之屬/通代
古文析義十六卷二編十六卷　(清)林雲銘輯並注　清經元堂刻本　八冊

330000－4793－0001581　JN00993　集部/總集類/選集之屬/斷代
南宋文録録二十四卷　(清)董兆熊輯　清光緒十七年(1891)蘇州書局刻本　六冊

330000－4793－0001582　JG00997　集部/總集類/選集之屬/斷代
國朝駢體正宗評本十二卷補編一卷　(清)曾燠輯　(清)姚燮評　(清)張壽榮參　清光緒十年(1884)鎮海張氏花雨樓刻朱墨套印本　八冊　存一種

330000－4793－0001585　JW01001　集部/別集類/清別集
望溪先生文集十八卷集外文十卷集外文補遺二卷　(清)方苞撰　**方望溪先生年譜一卷附録一卷**　(清)蘇惇元輯　清咸豐元年(1851)戴鈞衡刻二年(1852)增刻本　十二冊

330000－4793－0001586　JZ01000　類叢部/叢書類/彙編之屬
西京清麓叢書正編三十二種續編二十七種外編二十四種　(清)賀瑞麟編　清同治至民國刻本　三冊　存一種

330000－4793－0001587　JW01002　集部/別集類/宋別集
文山別集十四卷　(宋)文天祥撰　清宣統二年(1910)東雅社鉛印本　四冊

330000－4793－0001588　JT01003　類叢部/叢書類/自著之屬
顧亭林先生遺書十種補遺十一種　(清)顧炎武撰　(清)席威　(清)朱記榮編　清蓬瀛閣刻吳縣朱記榮增刻光緒三十二年(1906)彙印

本　八册　存十一種

330000－4793－0001590　SQ00790、SQ00055、SQ00759　史部/政書類/律令之屬

秋審實緩比較彙案二十四卷　（清）林恩綬輯　清抄本　十二册

330000－4793－0001591　JY01005　集部/總集類/選集之屬/通代

御選唐宋文醇五十八卷　（清）高宗弘曆輯　清刻四色套印本　二十一册　缺三十一卷（一至二十七、二十九至三十、四十九、五十八）

330000－4793－0001592　ZW00399　子部/宗教類/佛教之屬

雲棲法彙二十九種　（明）釋袾宏撰　（明）王宇春等輯　清光緒二十三年至二十五年（1897－1899）金陵刻經處刻本　一册　存一種

330000－4793－0001593　ZH00398　子部/醫家類/醫經之屬/内經

黄帝内經素問集注九卷　（清）張志聰撰　清光緒十六年（1890）浙江書局刻本　六册

330000－4793－0001594　ZC00400　子部/術數類/陰陽五行之屬

參星秘要諏吉便覽不分卷　（清）俞榮寬輯　清同治九年（1870）刻本　一册

330000－4793－0001595　ZB00403　子部/醫家類/本草之屬/神農本草經

本草三家合註六卷　（清）郭汝驄撰　**神農本草經百種録一卷**　（清）徐大椿撰　清青雲閣刻本　六册

330000－4793－0001597　SZ00791　史部/傳記類/科舉録之屬/歷科鄉試録

［光緒丁酉科］浙江鄉試硃卷不分卷　（清）陳光樞撰　清光緒刻本　二十一册

330000－4793－0001603　ZY00410、ZY01639　子部/醫家類/綜合之屬/通論

醫學集成四卷　（清）劉仕廉撰　清刻本　二册　存二卷（二、四）

330000－4793－0001604　ZF00422　子部/宗教類/佛教之屬/經疏

佛説觀無量壽佛經附圖頌一卷　（南朝宋）釋畺良耶舍譯　（明）釋傳燈圖並頌　清刻本　一册

330000－4793－0001605　ZZ00424　子部/醫家類/本草之屬/歷代綜合本草

增訂本草備要六卷　（清）汪昂撰　清乾隆五年（1740）藼生堂刻本　二册

330000－4793－0001606　NZ00182　經部/小學類/文字之屬/字書

字學舉隅不分卷　（清）黄本驥　（清）龍啓瑞撰　清同治十三年（1874）湖北崇文書局刻本　一册

330000－4793－0001607　ZD00409　子部/雜著類/雜纂之屬

東軒晚語不分卷　（清）吴震方輯　清康熙三十九年（1700）刻本　一册

330000－4793－0001610　ZS00412　史部/地理類/山川之屬/水志

水經注四十卷首一卷　（北魏）酈道元撰　清刻本　八册　存二十二卷（十至十二、十六至三十四）

330000－4793－0001611　ZQ01679　類叢部/叢書類/彙編之屬

昭代叢書合刻十集五百六十種附一種　（清）張潮　（清）張漸編　（清）楊復吉　（清）沈楙悳續編　清道光吴江沈氏世楷堂刻本　二册　存一種

330000－4793－0001612　SF00793、SF00794　新學/政治法律

法學通論二卷　清石印本　二册

330000－4793－0001613　ZT00416、ZT02005、ZT01833　子部/術數類/數學之屬

太玄經集註十卷　（宋）司馬光撰　清嘉慶三年（1798）吴門陶氏五柳居刻道光二十四年（1844）印本　四册

330000－4793－0001614　ZJ00415　史部/地

理類/總志之屬

京師譯學館輿地學講義不分卷　韓樸存編　清光緒三十一年至三十三年(1905－1907)京師譯學館鉛印本　一冊

330000－4793－0001615　JM01006　集部/曲類/寶卷之屬

目連卷全集不分卷　清光緒三年(1877)杭州瑪瑙寺經房刻本　一冊

330000－4793－0001616　ZS00417　類叢部/叢書類/彙編之屬

十萬卷樓叢書五十一種　(清)陸心源編　清光緒歸安陸氏刻本　五冊　存三種

330000－4793－0001619　ZR00420　子部/雜著類/雜考之屬

日知錄三十二卷日知錄之餘四卷　(清)顧炎武撰　清乾隆六十年(1795)刻本　一冊　存一卷(日知錄一)

330000－4793－0001620　ZJ00425　子部/醫家類

京師法律學堂法醫學講義不分卷　(清)京師法律學堂撰　清京師法律學堂影印本　一冊

330000－4793－0001621　ZM00421　新學/學校

蒙學動物教科書不分卷　(清)華循撰　清光緒三十年(1904)上海文明書局鉛印本　一冊

330000－4793－0001622　ZC00433、ZC01891　子部/醫家類/傷寒金匱之屬/傷寒論

長沙方歌括六卷　(清)陳念祖撰　清刻本　三冊

330000－4793－0001623　ZY00423、SZ00979　類叢部/叢書類/彙編之屬

文林綺繡五種　(明)淩迪知編　清光緒十一年(1885)融經館刻本　三冊　存二種

330000－4793－0001625　ZH00452　子部/醫家類

寒疫合編歌括四卷　(清)王光甸輯　清刻本　一冊　存一卷(二)

330000－4793－0001629　ZY00429　子部/藝術類/書畫之屬/畫譜

冶梅槑譜不分卷　(清)王寅繪　清光緒十八年(1892)上海石印本　一冊

330000－4793－0001631　SE00796　史部/傳記類/總傳之屬/仕宦

貳臣傳十二卷逆臣傳四卷　(清)國史館撰　清刻本　一冊　存二卷(貳臣傳一至二)

330000－4793－0001635　ZY00440　子部/藝術類/遊藝之屬/雜藝

益智圖二卷　(清)童叶庚撰　清光緒四年(1878)童叶庚睫巢刻本　一冊　存一卷(一)

330000－4793－0001646　ZD00444/1　集部/小說類/長篇之屬

東周列國全志二十三卷一百八回　(清)蔡奡評點　清刻本　二冊　存二卷(二、四)

330000－4793－0001647　ZT00451　新學/天學

談天十八卷首一卷附表一卷　(英國)侯失勒撰　(英國)偉烈亞力口譯　(清)李善蘭筆述　清光緒二十二年(1896)上海著易堂石印本　四冊

330000－4793－0001650　ZB00448　子部/醫家類/本草之屬/歷代綜合本草

本草從新十八卷　(清)吳儀洛輯　清末石印本　三冊　存十五卷(四至十八)

330000－4793－0001656　ZZ00458　類叢部/類書類/通類之屬

增補萬寶全書二十卷續編五卷　(明)陳繼儒撰　(清)毛煥文增補　清刻本　一冊　存七卷(九至十五)

330000－4793－0001658　ZJ00460　子部/宗教類/道教之屬

覺世經文不分卷　清光緒二十一年(1895)石印本　一冊

330000－4793－0001659　ZS00463　子部/儒家類/儒學之屬/禮教

聖諭廣訓一卷　(清)世宗胤禛撰　清雍正二

年(1724)刻本　一冊

330000－4793－0001660　ZS00466　子部/天文曆算類/算書之屬
算法大成上編十卷下編十卷首一卷末一卷　(清)陳杰撰　清光緒二十四年(1898)浙江官書局刻本　一冊　存二卷(首、上編一)

330000－4793－0001661　ZY00465　子部/天文曆算類/算書之屬
翼梅八卷續一卷　(清)江永撰　清光緒七年(1881)羣玉山房刻本　四冊　存八卷(翼梅一至八)

330000－4793－0001663　ZF00467　子部/醫家類/眼科之屬
傅氏眼科審視瑤函六卷首一卷　(明)傅仁宇撰　(明)林長生校補　清宣統元年(1909)上海會文書局石印本　一冊

330000－4793－0001664　ZQ00468　子部/藝術類/書畫之屬/畫譜
芥子園畫傳二集八卷　(清)王槩　(清)王蓍　(清)王臬輯　清金陵文光堂刻彩色套印本　一冊　存二卷(一至二)

330000－4793－0001665　ZD00469　子部/道家類
老子道德經二卷　(三國魏)王弼注　清光緒三年(1877)杭省瑪瑙經房刻本　一冊

330000－4793－0001666　ZL00470　子部/宗教類/佛教之屬/經
大佛頂如來密因修證了義諸菩薩萬行首楞嚴經十卷　(唐)釋般剌密帝譯　(唐)釋彌伽釋迦譯語　(唐)房融筆受　清光緒二十五年(1899)刻本　一冊　存三卷(四至六)

330000－4793－0001669　SY00801　史部/金石類/總志之屬/圖像
三古圖三種　(清)黄晟輯　明萬曆二十八年至三十年(1600－1602)吳萬化刻清乾隆十七年(1752)天都黄氏亦政堂重印本　一冊　存一種

330000－4793－0001670　ZJ00473、ZJ01543、ZJ00414、ZJ01535　子部/醫家類/綜合之屬
景岳全書六十四卷　(明)張介賓撰　清光緒大文堂刻本　二十冊　存五十八卷(一至四十二、四十八至六十三)

330000－4793－0001671　ZT00474　子部/藝術類/音樂之屬/樂譜
天聞閣琴譜十六卷首三卷　(清)唐彝銘輯　清光緒二年(1876)成都葉氏刻本　二十三冊

330000－4793－0001673　JJ01010　集部/別集類/宋別集
劍南詩鈔六卷　(宋)陸游撰　清刻本　一冊

330000－4793－0001676　NS00183、NM01588　經部/四書類/總義之屬/文字音義
四書五經解字不分卷　清刻本　四冊

330000－4793－0001685　JQ01019　集部/別集類/清別集
錢南園先生遺集五卷　(清)錢灃撰　清光緒十九年(1893)保山劉樹堂浙江書局刻本　二冊

330000－4793－0001686　JQ01020　集部/總集類/選集之屬/斷代
欽定本朝四書文　(清)方苞輯　清乾隆十九年(1754)刻本　四冊　存三種

330000－4793－0001689　ZX00397/2　子部/天文曆算類/曆法之屬
新鐫曆法便覽象吉備要通書二十九卷　(清)魏鑑撰　清刻本　一冊　存一卷(十一)

330000－4793－0001692　JL01027　集部/戲劇類/雜劇之屬
紅雪樓九種曲(清容外集、藏園九種曲)　(清)蔣士銓撰　清刻本　一冊　存一種

330000－4793－0001693　JZ01030　集部/別集類/宋別集
宗忠簡公集八卷首一卷　(宋)宗澤撰　**忠簡公年譜一卷**　(宋)喬行簡編　清光緒二十四年(1898)義烏黄卿夔刻本　五冊

330000－4793－0001696　JF01033　集部/別

集類/清別集

浮玉山房賦鈔不分卷試帖不分卷 （清）丁紹周撰　清刻本　一冊

330000－4793－0001698　JS01034、JY01037、JB01047　集部/戲劇類/傳奇之屬

笠翁傳奇十種 （清）李漁撰　清刻本　六冊　存三種

330000－4793－0001699　NZ00262/1　類叢部/叢書類/郡邑之屬

金華叢書六十八種 （清）胡鳳丹編　清同治七年至光緒八年(1868－1882)永康胡氏退補齋刻民國補刻本　八冊　存一種

330000－4793－0001700　SH00479、JD01035　類叢部/叢書類/彙編之屬

觀自得齋叢書二十三種別集六種 （清）徐士愷編　清光緒十三年至二十年(1887－1894)石埭徐氏刻本　二冊　存二種

330000－4793－0001702　JX01038　集部/別集類/清別集

璇璣碎錦二卷 （清）萬樹撰　清乾隆五年(1740)揚州江氏柏香堂刻本　一冊　存一卷(下)

330000－4793－0001703　SW00802　史部/傳記類/別傳之屬

祭朱一新文及輓聯集一卷 （清）朱懷新編　清光緒刻本　一冊

330000－4793－0001710　JE00952、JE01044　集部/別集類/清別集

恩餘堂經進初藁十二卷續藁二十二卷三藁十一卷策問存課二卷知聖道齋讀書跋尾二卷 （清）彭元瑞撰　清嘉慶刻本　二冊　存六卷(三藁三至五、九至十一)

330000－4793－0001711　JT01045　集部/總集類/選集之屬/斷代

唐詩近體四卷 （清）胡本淵評選　清光緒十七年(1891)嘉蔭堂刻本　一冊　存二卷(一至二)

330000－4793－0001712　NY00184　經部/群經總義類/傳說之屬

易堂問目四卷 （清）吳鼎撰　清乾隆三十七年(1772)鄒容成刻本　二冊

330000－4793－0001715　JY01048　集部/別集類/清別集

有不為齋詩鈔四卷 （清）楊道生撰　清同治四年(1865)刻本　一冊

330000－4793－0001716　JT01050　集部/總集類/選集之屬/通代

唐宋八大家公暇錄六卷 （清）王霖蒼選評　清嘉慶六年(1801)刻本　四冊

330000－4793－0001717　JB01051、JB01566　類叢部/叢書類/自著之屬

率祖堂叢書(金仁山先生遺書)八種附六種 （宋）金履祥撰　清雍正至乾隆金華金氏刻光緒十三年(1887)鎮海謝駿德補刻本　二冊　存一種

330000－4793－0001718　JG01052　集部/總集類/選集之屬/通代

古文觀止十二卷 （清）吳乘權　（清）吳大職輯　清經文堂刻本　六冊

330000－4793－0001719　SZ00804　史部/詔令奏議類/奏議之屬

註陸宣公奏議十六卷首一卷 （唐）陸贄撰　（宋）郎曄注　（清）馬傳庚評　清光緒刻本　一冊　存二卷(六至七)

330000－4793－0001720　JC01053　集部/詞類/總集之屬

詞綜三十八卷 （清）朱彝尊輯　（清）汪森增定　（清）柯崇樸編次　（清）周篔辨譌　（清）王昶補纂　清同治四年(1865)刻本　十冊

330000－4793－0001722　JG01055　集部/總集類/課藝之屬

庚辰集五卷附唐人試律說一卷 （清）紀昀輯　清山淵堂刻本　五冊

330000－4793－0001723　JX01056　類叢部/叢書類/自著之屬

惜抱軒全集十種　（清）姚鼐撰　清同治五年（1866）李瀚章省心閣刻本　六册　存一種

330000－4793－0001727　ZM02035　類叢部/叢書類/彙編之屬

五朝小説五百二十三種　（明）□□編　明末刻本　十二册　存一百六種

330000－4793－0001729　JZ01059　類叢部/叢書類/自著之屬

曾文正公全集十五種　（清）曾國藩撰　清同治至光緒傳忠書局刻本　十四册　存十種

330000－4793－0001730　JQ01068　集部/曲類/曲韻曲譜曲律之屬

曲譜不分卷　清文藻齋抄本　二册

330000－4793－0001732　JF01061　集部/別集類/清別集

望溪先生文集十八卷集外文十卷集外文補遺二卷　（清）方苞撰　**方望溪先生年譜一卷附録一卷**　（清）蘇惇元輯　清咸豐元年（1851）戴鈞衡刻二年（1852）增刻本　一册　存二卷（年譜、附録）

330000－4793－0001738　JS01066　集部/別集類/清別集

仙屏書屋初集詩録十六卷後録二卷　（清）黄爵滋撰　清道光二十六年（1846）刻本　五册

330000－4793－0001739　SY00805　史部/編年類/通代之屬

御批歷代通鑑輯覽一百二十卷　（清）傅恒等撰　清刻本　一册　存二卷（八十八至八十九）

330000－4793－0001742　JG01072　集部/總集類/課藝之屬

谷艾園文稿四卷　（清）谷誠撰　清光緒三年（1877）刻本　二册

330000－4793－0001743　JS01071　集部/總集類/彙編之屬

唐四家詩集　（清）胡鳳丹輯　清同治九年（1870）永康胡氏退補齋刻本　一册　存一種

330000－4793－0001744　JZ01073　集部/總集類/氏族之屬

清芬集　（清）馮詢輯　清同治元年（1862）南海馮氏刻緑墨套印本　一册　存一種

330000－4793－0001745　JM01075　集部/總集類/尺牘之屬

名賢手札八種　（清）郭慶藩輯　清光緒十年（1884）湘陰郭氏岵瞻堂刻本　四册　存七種

330000－4793－0001747　JW01076　集部/別集類/唐五代別集

温飛卿詩集七卷別集一卷集外詩一卷附録諸家詩評一卷　（唐）温庭筠撰　（明）曾益注　（清）顧予咸補注　（清）顧嗣立續注　清康熙三十六年（1697）長洲顧氏秀野草堂刻本　一册　存二卷（別集、集外詩）

330000－4793－0001748　JH01077、JH01545　集部/詞類/總集之屬

花間集十卷　（五代）趙崇祚輯　清光緒十四年（1888）邵武徐幹刻本　二册

330000－4793－0001749　JM01079　集部/總集類/選集之屬/斷代

明詩綜一百卷　（清）朱彝尊輯　（清）汪森等評　清康熙刻乾隆西泠吴氏清來堂印本　三十二册

330000－4793－0001750　JE01078　集部/別集類/清別集

恩餘堂經進初藳十二卷續藳二十二卷三藳十一卷策問存課二卷知聖道齋讀書跋尾二卷（清）彭元瑞撰　清嘉慶刻本　二册　存七卷（續藳十六至二十二）

330000－4793－0001751　SS00806　史部/史抄類

史記菁華録六卷　（清）姚祖恩輯　清刻本　一册　存一卷（二）

330000－4793－0001753　SL00808、SL00807　史部/地理類

李氏五種　（清）李兆洛撰　清光緒二十四年（1898）上海掃葉山房石印本　六册　存二種

330000－4793－0001754 SD00809 史部/地理類/總志之屬/通代

讀史方輿紀要序錄一卷 (清)顧祖禹撰 清光緒三十年(1904)上海書局石印本 一冊

330000－4793－0001756 SH00813 史部/編年類/斷代之屬

紀元編三卷末一卷 (清)李兆洛撰 (清)六承如輯 **皇朝輿地圖一卷** 清末石印本 一冊

330000－4793－0001757 SP00810 史部/地理類/方志之屬/郡縣志

[光緒]平湖縣志二十五卷首一卷末一卷 (清)彭潤章等修 (清)葉廉鍔等纂 **平湖殉難錄一卷** (清)彭潤章修 清光緒十二年(1886)刻本 八冊 缺七卷(首、一至六)

330000－4793－0001758 ST00812 史部/地理類/總志之屬/通代

天下郡國利病書一百二十卷 (清)顧炎武撰 清光緒二十七年(1901)上海圖書集成局鉛印本 二十八冊

330000－4793－0001759 SG00811 史部/地理類/方志之屬/郡縣志

光緒蘭谿縣志八卷首一卷附補遺一卷 (清)秦簧 (清)朱鑑章 (清)邵秉經修 (清)唐壬森纂 清光緒十三年至十五年(1887－1889)刻本 十冊

330000－4793－0001760 NX00182 子部/儒家類/儒學之屬/蒙學

小學六卷附文公朱夫子年譜一卷 (清)高愈纂注 清同治十一年(1872)浙江書局刻本 一冊 存二卷(五至六)

330000－4793－0001762 SJ00815 史部/紀傳類/正史之屬

二十四史附考證 清石印本 十二冊 存一種

330000－4793－0001763 SH00817 史部/編年類/斷代之屬

紀元編三卷末一卷 (清)李兆洛撰 (清)六承如輯 **皇朝輿地圖一卷** 清石印本 一冊

330000－4793－0001765 SJ00819 新學/學校

京師大學堂講義初編七種二編七種 (清)京師大學堂輯 清末鉛印本 二冊 存二種

330000－4793－0001766 JY00818 集部/總集類/選集之屬/通代

御選唐宋詩醇四十七卷目錄二卷 (清)高宗弘曆輯 清刻本 一冊 存二卷(七至八)

330000－4793－0001767 SL00820 史部/地理類

李氏五種 (清)李兆洛撰 清光緒二十四年(1898)上海掃葉山房石印本 一冊 存一種

330000－4793－0001768 SZ00821 史部/傳記類/別傳之屬/年譜

朱子年譜四卷考異四卷附錄朱子論學切要語二卷附校勘記三卷 (清)王懋竑撰並輯 (清)王炳校勘 清同治九年(1870)永康應氏刻本 五冊

330000－4793－0001771 JC01082 子部/藝術類/書畫之屬/書法書品

詞林墨妙不分卷詞林二妙不分卷詞林三妙不分卷 (清)馮文蔚等書 清石印本 二冊

330000－4793－0001772 SL00825 史部/地理類/總志之屬/通代

讀史方輿紀要一百三十卷輿圖要覽四卷 (清)顧祖禹撰 清道光三年(1823)敷文閣刻本 二十五冊 存五十九卷(五十九至一百十七)

330000－4793－0001773 SL00824 史部/地理類/方志之屬/郡縣志

[光緒]淶水縣志八卷首一卷末一卷 (清)陳杰等纂修 清光緒二十一年(1895)敬業堂刻本 八冊

330000－4793－0001774 SS00827 史部/紀傳類/正史之屬

二十四史附考證 清光緒三十四年(1908)上海集成圖書公司鉛印本 四十冊 存一種

330000－4793－0001776　SS00828　史部/紀傳類/正史之屬

二十四史　清同治至光緒五省官書局據汲古閣本等合刻光緒五年(1879)湖北書局彙印本　五十册　存一種

330000－4793－0001779　SY00832　史部/地理類/方志之屬/郡縣志

[紹熙]雲間志三卷附續一卷　(宋)楊潛修　(宋)朱端常等纂　(清)顧廣圻續纂　清光緒十年(1884)刻本　二册

330000－4793－0001780　SJ00834　史部/金石類/總志之屬

金石索十二卷首一卷　(清)馮雲鵬　(清)馮雲鵷輯　清石印本　二十册

330000－4793－0001783　SF00837　史部/地理類/方志之屬/郡縣志

[光緒]鳳陽縣志十六卷首一卷　(清)于萬培纂修　(清)謝永泰續修　(清)王汝琛等續纂　清光緒十三年(1887)刻本　十二册　缺一卷(首)

330000－4793－0001786　SH00836　史部/政書類/通制之屬

九通　(清)□□輯　清光緒二十七年(1901)上海圖書集成局鉛印本　十二册　存一種

330000－4793－0001791　SJ00844　史部/地理類/方志之屬/郡縣志

[光緒]嘉定縣志三十二卷首一卷補遺一卷附刊誤一卷　(清)程其珏修　(清)楊震福等纂　清光緒七年至八年(1881－1882)刻民國十六年(1927)重印本　十六册

330000－4793－0001792　SH00845　史部/地理類/方志之屬/郡縣志

[光緒]惠州府志四十五卷首一卷　(清)劉溎年　(清)張聯桂修　(清)鄧掄斌　(清)陳新銓纂　清光緒七年(1881)刻本　二十册

330000－4793－0001793　SJ00846　史部/地理類/方志之屬/通志

[光緒]江西通志一百八十卷首五卷　(清)劉坤一等修　(清)劉繹等纂　清光緒六年至七年(1880－1881)刻本　十六册

330000－4793－0001794　ST00847　史部/政書類/通制之屬

九通　(清)□□輯　清光緒八年至二十二年(1882－1896)浙江書局刻本　四十八册　存一種

330000－4793－0001795　SH00848、SH00852、SH00870、SS01064、SH00401　史部/政書類/通制之屬

九通　(清)□□輯　清光緒八年至二十二年(1882－1896)浙江書局刻本　一百十八册　存一種

330000－4793－0001796　SH00849　史部/地理類/總志之屬/斷代

皇朝輿地通考二十三卷圖表一卷　(清)通文書局主人輯　清光緒二十九年(1903)上海通文書局石印本　四十册　缺三卷(二十一至二十三)

330000－4793－0001797　SD00851　史部/地理類/總志之屬/通代

讀史方輿紀要一百三十卷方輿全圖總説四卷　(清)顧祖禹撰　清光緒二十九年(1903)上海益吾齋石印本　二十四册

330000－4793－0001798　SL00850　類叢部/叢書類/自著之屬

蘇齋叢書十八種　(清)翁方綱撰　清乾隆至嘉慶刻彙印本　八册　存一種

330000－4793－0001799　SD00854　史部/地理類/方志之屬/郡縣志

[同治]德興縣志十卷首一卷末一卷　(清)孟慶雲修　(清)楊重雅等纂　清同治十一年(1872)興賢書院刻光緒二十二年(1896)補刻本　十一册

330000－4793－0001802　SS00861　史部/紀事本末類/斷代之屬

聖武記十四卷　(清)魏源撰　清刻本　十二册

330000－4793－0001803　SD00853　史部/地理類/總志之屬/通代

讀史方輿紀要一百三十卷輿圖要覽四卷（清）顧祖禹撰　清嘉慶十七年(1812)成都龍氏敷文閣刻本　十七册　存三十七卷(三十六至五十八、七十六、一百十八至一百三十)

330000－4793－0001804　SX00856　史部/地理類/方志之屬/郡縣志

［嘉慶］西安縣志四十八卷首一卷（清）姚寶煃修　(清)范崇楷等纂　清嘉慶十六年(1811)鹿鳴書院刻本　十二册

330000－4793－0001806　SE00858　史部/傳記類/别傳之屬/事狀

鄂國金陀稡編二十八卷續編三十卷（宋）岳珂編　清光緒九年(1883)浙江書局刻本　六册　存三十卷(續編一至三十)

330000－4793－0001807　SS00755　類叢部/叢書類/彙編之屬

十萬卷樓叢書五十一種（清）陸心源編　清光緒歸安陸氏刻本　四册　存一種

330000－4793－0001809　SY00863　史部/紀事本末類/通代之屬

繹史一百六十卷世系圖一卷年表一卷（清）馬驌撰　清康熙刻本　二十三册　存四十二卷(九至十二、十四至二十四、一百四至一百五、一百二十九、一百三十二至一百三十四、一百三十九至一百五十九)

330000－4793－0001810　SC01241、SS00864　史部/紀傳類/正史之屬

二十四史　清同治至光緒五省官書局據汲古閣本等合刻光緒五年(1879)湖北書局彙印本　六十册　存一種

330000－4793－0001811　SS00865、SS01143　史部/紀傳類/正史之屬

二十四史附考證　清光緒三十四年(1908)上海集成圖書公司鉛印本　二十四册　存一種

330000－4793－0001813　JZ01083　類叢部/叢書類/自著之屬

曾文正公全集十五種（清）曾國藩撰　清同治至光緒傳忠書局刻本　十二册　存二種

330000－4793－0001815　SJ00868　史部/地理類/方志之屬/郡縣志

［光緒］荆州府志八十卷首一卷（清）倪文蔚　(清)蔣銘勳修　(清)顧嘉蘅　(清)李廷釴纂　清光緒六年(1880)刻本　十册　存二十七卷(一至二十七)

330000－4793－0001816　SP00869　史部/地理類/方志之屬/郡縣志

［乾隆］平陽縣志二十卷首一卷（清）徐恕修　(清)張南英　(清)孫謙纂　清乾隆二十五年(1760)刻民國七年(1918)修補本　六册　缺五卷(六至八、十七至十八)

330000－4793－0001817　SQ00871　史部/政書類/通制之屬

九通（清）□□輯　清光緒二十七年(1901)上海圖書集成局鉛印本　六十册　存一種

330000－4793－0001819　SF00874　史部/地理類/方志之屬/郡縣志

［同治］番禺縣志五十四卷首一卷附錄一卷（清）李福泰修　(清)史澄　(清)何若瑤纂　清同治十年(1871)光霽堂刻本　十六册

330000－4793－0001820　SC00875、SC00400、SC00859　史部/地理類/方志之屬/通志

［光緒］重修安徽通志三百五十卷補遺十卷（清）吳坤修等修　(清)何紹基等纂　清光緒四年(1878)刻本　一百十九册

330000－4793－0001822　SS00881　史部/史評類/考訂之屬

十七史商榷一百卷（清）王鳴盛撰　清光緒二十三年(1897)點石齋石印本　四册

330000－4793－0001823　SF00883、SL00885　史部/政書類/邦計之屬

財政叢書二十一種（清）昌言報館輯　清光緒二十九年(1903)上海會文學社石印本　二册　存二種

330000－4793－0001824　SY00884　史部/金

石類/郡邑之屬/文字
粵東金石略九卷首一卷附二卷　(清)翁方綱撰　清光緒十七年(1891)廣州石經堂書局影印本　一册　存三卷(首、一至二)

330000－4793－0001827　SX00888　史部/史評類/考訂之屬
校史偶得不分卷　(清)陳寶熯撰　清末鉛印本　一册

330000－4793－0001828　SS00894　史部/紀事本末類/斷代之屬
聖武記十四卷　(清)魏源撰　清光緒二十七年(1901)夢坡室石印本　八册

330000－4793－0001829　SD00886　史部/史評類/史論之屬
讀史全論七卷附讀諸子新論一卷　(清)方濬頤撰　清光緒二十七年(1901)文星山房石印本　五册

330000－4793－0001830　SS00890　史部/史評類
史論正鵠二集四卷　(清)侯方域撰　清光緒二十七年(1901)上海久敬齋石印本　四册

330000－4793－0001831　SG00891　史部/傳記類/總傳之屬/斷代
國朝先正事略續編三十卷　朱孔彰撰　清光緒二十六年(1900)石印本　二册　存四卷(一至四)

330000－4793－0001832　SF00892　史部/地理類/總志之屬/通代
讀史方輿紀要一百三十卷方輿全圖總説五卷　(清)顧祖禹撰　清光緒二十五年(1899)二林齋石印本　五册　存五卷(方輿全圖總説一至五)

330000－4793－0001833　SS00893　史部/史評類/史論之屬
史通通釋二十卷附録一卷　(清)浦起龍撰　清乾隆十七年(1752)浦氏求放心齋刻本　八册

330000－4793－0001834　SC00895　史部/政書類/邦計之屬
財政叢書二十一種　(清)昌言報館輯　清光緒石印本　一册　存四種

330000－4793－0001835　SQ00896　史部/政書類/邦計之屬/錢幣
錢穀備要十卷　(清)王又槐輯　清光緒十九年(1893)上海古香閣石印本　二册

330000－4793－0001836　SZ00897　史部/傳記類/總傳之屬/通代
增廣古今人物論三十六卷　(明)鄭賢輯　**續編十二卷**　(清)願學齋同人輯　清光緒二十五年(1899)杭州衢尊書局石印本　十二册

330000－4793－0001837　SW00898　史部/政書類/儀制之屬/典禮
文廟丁祭譜一卷　(清)藍鍾瑞等撰　清同治七年(1868)江蘇書局刻本　一册

330000－4793－0001838　SZ00899　史部/政書類/邦計之屬
增修籌餉事例條款不分卷籌餉事例一卷增修現行常例一卷　清刻本　四册　存增修籌餉事例條款

330000－4793－0001839　SH00904　史部/地理類/輿圖之屬/全國
大清中外壹統輿圖(皇朝中外壹統輿圖)三十一卷首一卷　(清)鄒世詒　(清)晏啟鎮編　(清)李廷簫　(清)汪士鐸增訂　清同治二年(1863)湖北撫署刻本　十册　缺二卷(北十九至二十)

330000－4793－0001841　SS00900、SJ01038、SJ01047　類叢部/叢書類/彙編之屬
三長物齋叢書二十五種　(清)黄本驥編　清道光二十二年至二十八年(1842－1848)湘陰蔣環刻本　十三册　存五種

330000－4793－0001842　SH00902　史部/金石類/總志之屬/文字
海東金石苑四卷　(清)劉喜海撰　清光緒七年(1881)衢郡聚秀堂刻本　三册　存三卷(一至三)

330000－4793－0001844　ZK02036　子部/雜著類/雜考之屬

困學紀聞二十卷　(宋)王應麟撰　(清)閻若璩箋　清乾隆三年(1738)馬氏叢書樓刻本　六冊

330000－4793－0001845　JT01547　集部/總集類/選集之屬/斷代

唐詩貫珠六十卷　(清)胡以梅輯並箋釋　清康熙五十四年(1715)蘇州胡氏素心堂刻本　二十四冊

330000－4793－0001846　SZ00905　新學/史志/戰記

中東戰紀本末八卷首一卷末一卷續編四卷首一卷末一卷三編四卷　(美國)林樂知撰並譯　蔡爾康輯　**文學興國策二卷**　(美國)林樂知譯　清光緒二十二年至二十三年(1896－1897)、二十六年(1900)上海廣學會鉛印本　十三冊　缺二卷(三編一至二)

330000－4793－0001847　SQ00908　史部/政書類/儀制之屬/專志/科舉校規

欽定學政全書八十六卷首一卷　(清)童璜等撰　清嘉慶刻本　二十二冊　存八十一卷(首,一至三十九、四十三至四十七、五十一至八十六)

330000－4793－0001848　SL00909　史部/傳記類/總傳之屬/仕宦

歷代名臣言行錄二十四卷　(清)朱桓輯　清光緒二十九年(1903)上海錦章書局石印本　八冊

330000－4793－0001849　SD00910　史部/地理類/總志之屬/通代

讀史方輿紀要一百三十卷　(清)顧祖禹撰　清光緒二十七年(1901)上海圖書集成局鉛印本　二十八冊

330000－4793－0001850　SY00911　史部/紀事本末類/通代之屬

繹史一百六十卷世系圖一卷年表一卷　(清)馬驌撰　清光緒十五年(1889)金匱浦氏刻本　十九冊　存九十七卷(一至九十五、世系圖、年表)

330000－4793－0001851　SD00912　史部/地理類/總志之屬/斷代

大清一統志四百二十四卷　(清)和珅等纂修　清光緒二十三年(1897)杭州竹簡齋石印本　五十七冊　存三百三十四卷(一至一百十六、一百七十七至二百二、二百三十三至四百二十四)

330000－4793－0001852　SW00913　類叢部/叢書類/自著之屬

王船山經史論十二種　(清)王夫之撰　清光緒二十九年(1903)通文書局石印本　二十三冊　存十一種

330000－4793－0001854　NC00201　經部/春秋總義類/專著之屬

春秋繁露十七卷附錄一卷　(漢)董仲舒撰　清光緒二年(1876)浙江書局刻本　二冊

330000－4793－0001855　NC00202　經部/春秋總義類/傳說之屬

春秋精義四卷首一卷　(清)黃淦輯　清埽葉山房刻本　二冊

330000－4793－0001856　NS00204　經部/詩類/傳說之屬

詩經增訂旁訓四卷　(清)徐立綱撰　(清)□□增訂　清文星堂刻本　四冊

330000－4793－0001857　NT00205　經部/小學類/文字之屬/說文/專著

唐寫本說文解字木部箋異一卷　(清)莫友芝撰　**仿唐寫本說文解字木部一卷**　(漢)許慎撰　清同治三年(1864)湘鄉曾國藩安慶行營刻本　一冊

330000－4793－0001859　NS00206　經部/四書類/總義之屬/傳說

重刻內府原板張閣老經筵四書直解指南二十七卷　(明)張居正撰　(明)焦竑增補　(明)湯賓尹訂正　明萬曆閩建書林易齋詹諒刻本　五冊　存七卷(論語一至五、中庸二至三)

330000－4793－0001860　NS00207　經部/書類/傳說之屬

尚書離句六卷　(清)錢在培輯解　清光緒九年(1883)立言堂刻本　二冊

330000－4793－0001865　NS00213、NB01475、SH00887　類叢部/叢書類/彙編之屬

別下齋叢書二十七種　(清)蔣光煦編　清道光海昌蔣氏別下齋刻咸豐六年(1856)續刻本　四冊　存九種

330000－4793－0001866　NK00214　經部/小學類/文字之屬/字書/字典

康熙字典十二集三十六卷總目一卷檢字一卷辨似一卷等韻一卷補遺一卷備考一卷　(清)張玉書等纂修　清光緒十六年(1890)上洋鴻寶齋石印本　六冊

330000－4793－0001867　NS00217　經部/詩類/傳說之屬

詩經增訂旁訓四卷　(清)徐立綱撰　(清)□□增訂　清浙衢聚秀堂刻本　四冊

330000－4793－0001871　NS00221　經部/小學類/文字之屬/說文

說文部首歌括不分卷　(清)徐道政編　清光緒三十四年(1908)上海會文學社石印本　一冊

330000－4793－0001875　NYOO226　經部/叢編

郝氏九經解九種　(明)郝敬撰　明萬曆刻本　六冊　存一種

330000－4793－0001876　NH00227　經部/群經總義類/傳說之屬

皇朝五經彙解二百七十卷　(清)朱鏡清輯　清光緒十四年(1888)上海鴻文書局石印本　三十冊

330000－4793－0001877　NJ00229　經部/群經總義類/文字音義之屬

經籍籑詁一百六卷補遺一百六卷首一卷　(清)阮元撰　清光緒十四年(1888)上海鴻寶齋石印本　十二冊

330000－4793－0001880　NS00234　經部/書類/傳說之屬

書經精義四卷首一卷末一卷　(清)黃淦纂　清埽葉山房刻本　二冊

330000－4793－0001882　NS00232　經部/叢編

十一經音訓　(清)楊國楨等編　清道光十一年(1831)刻本　一冊　存一種

330000－4793－0001883　NQ00237　經部/叢編

御纂七經五種　(清)李光地等撰　清光緒三十年(1904)上海育文書局石印本　二冊　存一種

330000－4793－0001884　ND00239　經部/小學類/文字之屬/說文/傳說

段氏說文注訂八卷　(清)鈕樹玉撰　清道光三年(1823)吳縣鈕樹玉非石居刻同治五年(1866)碧螺山館補刻本　二冊

330000－4793－0001885　NE00240　經部/小學類/訓詁之屬/爾雅

爾雅疏十卷　(宋)邢昺等撰　清光緒四年(1878)吳興陸氏十萬卷樓刻本　三冊　存五卷(三至七)

330000－4793－0001887　NM00243　集部/總集類/課藝之屬

目耕齋初集不分卷二集不分卷　(清)徐楷評註　(清)沈叔眉選刊　清光緒十八年(1892)灣鎮水龍會刻本　四冊

330000－4793－0001888　ND00244　經部/小學類/文字之屬/說文/傳說

段氏說文注訂八卷　(清)鈕樹玉撰　清同治十三年(1874)湖北崇文書局刻本　二冊

330000－4793－0001889　NQ00278　經部/詩類/傳說之屬

欽定詩經傳說彙纂二十一卷首二卷詩序二卷　(清)聖祖玄燁定　(清)王鴻緒　(清)揆敘總裁　(清)張廷玉等校　清刻本　二十冊

存二十三卷(首一至二,一至十八、二十至二十一,詩序二)

330000－4793－0001890　NK00245　經部/小學類/文字之屬/字書/字典

康熙字典十二集三十六卷總目一卷檢字一卷辨似一卷等韻一卷補遺一卷備考一卷　(清)張玉書等纂修　清末石印本　一册　存十一卷(酉集上中下、戌集上中下、亥集上中下,補遺,備考)

330000－4793－0001892　NS00247　經部/書類/傳説之屬

書經集傳六卷　(宋)蔡沈撰　清慎怡堂刻本　四册

330000－4793－0001894　NQ00250　經部/書類/傳説之屬

欽定書經傳説彙纂二十一卷首二卷書序一卷　(清)王頊齡等撰　清雍正刻本　八册　存十三卷(首一至二、一至十,書序)

330000－4793－0001895　NS00252　經部/叢編

十三經讀本一百五十二卷　(清)□□編　清同治金陵書局刻本　一册　存一種

330000－4793－0001896　NC00254　經部/叢編

重刊宋本十三經注疏四百十六卷　附十三經注疏校勘記四百十六卷　(清)阮元撰　(清)盧宣旬摘録　**校勘記識語四卷**　(清)汪文臺撰　清嘉慶二十年(1815)江西南昌府學刻本　八册　存一種

330000－4793－0001897　NY00253　經部/詩類/傳説之屬

御纂詩義折中二十卷　(清)傅恒　(清)陳兆崙等纂　清乾隆二十年(1755)刻本　六册

330000－4793－0001898　NQ00255　經部/儀禮類/傳説之屬

欽定儀禮義疏四十八卷首二卷　(清)朱軾等撰　清同治江南書局刻本　二十七册　存四十八卷(首一至二,一至二十、二十三至四十八)

330000－4793－0001899　NH00275、NH00288　經部/叢編

皇清經解續編一千四百三十卷　王先謙輯　清光緒十四年(1888)江陰南菁書院刻本(卷三十原缺)　二百二十二册　存九百七十三卷(一至三十三、三十七至四十一、四十七至七十二、七十五至八十三、一百三十四至一百三十六、一百三十八至一百四十六、一百五十五至一百五十九、一百六十八至一百八十七、二百七十至三百一、三百五十四至三百五十五、三百五十七至三百五十八、三百六十一至三百七十、三百八十四至三百八十八、四百十一至四百四十二、四百四十四至五百九十三、六百八至六百九十七、七百六至七百十六、七百四十一至九百八十三、一千五十一至一千二百五十七、一千二百六十五至一千二百七十六、一千三百四十五至一千三百四十七、一千三百六十二至一千四百十、一千四百十六至一千四百三十)

330000－4793－0001900　NS00258　經部/四書類/總義之屬/傳説

四書集註十九卷　(宋)朱熹撰　清光緒二年(1876)一鑑齋刻本　二册

330000－4793－0001901　NS00259　經部/四書類/總義之屬/傳説

四書集註十九卷　(宋)朱熹撰　清光緒二年(1876)一鑑齋刻本　二册

330000－4793－0001902　NS00260　經部/小學類/文字之屬/説文

説文解字十五卷標目一卷　(漢)許慎撰　(宋)徐鉉等校定　清光緒十一年(1885)蕉心室刻本　八册

330000－4793－0001905　SS00915　史部/紀傳類/正史之屬

二十四史附考證　清光緒二十五年(1899)慎記書莊石印本　八册　存一種

330000－4793－0001908　SC00918　史部/紀傳類/正史之屬

二十四史　清同治至光緒五省官書局據汲古閣本等合刻光緒五年(1879)湖北書局彙印本　四册　存一種

330000－4793－0001911　SS00921　類叢部/叢書類/自著之屬
郝氏遺書三十三種　(清)郝懿行撰　清嘉慶至光緒刻彙印本　三册　存一種

330000－4793－0001912　SN00923　史部/紀傳類/正史之屬
二十四史　清同治至光緒五省官書局據汲古閣本等合刻光緒五年(1879)湖北書局彙印本　十二册　存一種

330000－4793－0001920　SC00928　史部/地理類/遊記之屬/紀行
出使英法義比四國日記六卷(清光緒十六年正月十一日至十七年二月三十日)　(清)薛福成撰　清光緒二十二年(1896)上海圖書集成印書局鉛印本　四册

330000－4793－0001921　SG00931　史部/地理類/外紀之屬
高等地理學講義不分卷　(日本)永田健助講　清光緒二十九年(1903)上海書局石印本　四册

330000－4793－0001923　ZG00933　子部/天文曆算類/天文之屬
高厚蒙求九種　(清)徐朝俊撰　清嘉慶至道光雲間徐氏刻本　四册　存四種

330000－4793－0001925　SL00935、SB01155　類叢部/叢書類/自著之屬
龍莊遺書(汪龍莊先生遺書)四種　(清)汪輝祖撰　清光緒江蘇書局刻本　五册　存三種

330000－4793－0001928　SB00938、SB00782　史部/政書類/律令之屬/治獄
駁案彙編四十一卷　(清)朱梅臣輯　清光緒上海圖書集成局鉛印本　十一册　存三十九卷(新編一至三十二、續編一至七)

330000－4793－0001929　SZ00941、SZ00930　史部/編年類/通代之屬
資治通鑑前編十八卷舉要三卷　(宋)金履祥撰　**首一卷外紀一卷**　(明)陳桱撰　清乾隆十年(1745)金郡率祖堂刻本　二册　存二卷(首、外紀)

330000－4793－0001930　SY00940　新學/雜著/叢編
帝國叢書　(清)出洋學生編輯所編　清上海商務印書館影印本　一册　存一種

330000－4793－0001931　SL00942　史部/雜史類/通代之屬
重訂路史全本四十七卷　(宋)羅泌撰　(宋)羅苹注　(明)吳弘基等重編　清嘉慶六年(1801)酉山堂刻本　十七册　存三十三卷(前紀一至九、後紀五至十、國名紀一至八、發揮一至六、餘論一至四)

330000－4793－0001932　SH00943　史部/職官類/官箴之屬
宦鄉要則七卷首一卷　(清)張鑒瀛輯　清光緒三十一年(1905)上海詠記書局石印本　四册

330000－4793－0001933　SS00945　史部/紀傳類/別史之屬
尚史一百七卷　(清)李鍇撰　清刻本　三十册

330000－4793－0001935　SD00947　史部/傳記類/職官録之屬/總録
大清最新百官錄四卷附大清直省同寅錄一卷(清光緒三十四年)　(清)彭汝疇編　清光緒三十四年(1908)京都槐蔭山房刻本　五册

330000－4793－0001937　SL00948　史部/傳記類/總傳之屬/儒林
理學宗傳二十六卷　(清)孫奇逢撰　(清)魏一鼇等編　清光緒六年(1880)浙江書局刻本　十二册

330000－4793－0001938　SW00950　新學/兵制/海軍
外國地理講義三卷附錄一卷　(日本)崛田璋左右述　曹典球譯　清光緒三十三年(1907)

思賢書局刻本　五冊

330000－4793－0001940　SH00952　史部/政書類/通制之屬

九通　（清）□□輯　清末鉛印本　十八冊　存一種

330000－4793－0001941　SE00949　史部/傳記類/總傳之屬/仕宦

貳臣傳十二卷逆臣傳四卷　（清）國史館撰　清都城琉璃廠半松居士刻本　八冊

330000－4793－0001942　SH00953　史部/雜史類/斷代之屬

皇朝掌故彙編內編六十卷首一卷外編四十卷首一卷　張壽鏞等輯　清光緒二十八年(1902)求實書社鉛印本　六十冊

330000－4793－0001943　SH00954　史部/政書類/通制之屬

九通　（清）□□輯　清光緒八年至二十二年(1882－1896)浙江書局刻本　三十九冊　存一種

330000－4793－0001944　ZQ00399　子部/宗教類/佛教之屬

千手千眼大悲懺法不分卷　（唐）释迦梵达摩譯　（宋）釋知禮輯　清光緒金陵刻經處刻本　一冊

330000－4793－0001950　SQ00966　史部/紀傳類/正史之屬

前漢書一百卷　（漢）班固撰　（唐）顏師古注　清光緒十三年(1887)金陵書局刻本　四冊　存十九卷(一至十九)

330000－4793－0001951　SH00967　史部/紀傳類/正史之屬

四史　清光緒十三年(1887)金陵書局刻本　十五冊　存一種

330000－4793－0001955　SH00970　史部/雜史類/斷代之屬

華陽國志十二卷　（晉）常璩撰　清刻本　四冊

330000－4793－0001956　SS00971　史部/紀傳類/正史之屬

欽定二十四史　清光緒二十八年(1902)上海文瀾書局石印本　十冊　存一種

330000－4793－0001957　SZ00972　史部/史評類/史論之屬

中國歷史教科書七卷　商務印書館編　清光緒三十二年(1906)鉛印本　二冊

330000－4793－0001958　SM00973　新學/學校

蒙學東洋歷史教科書四篇　（清）秦瑞玠編　清光緒三十一年(1905)鉛印本　一冊

330000－4793－0001959　SX00974　新學/史志/政記

新譯萬國近世大事表不分卷　（清）董瑞椿譯　清光緒二十八年(1902)石印本　一冊

330000－4793－0001960　SZ00976　史部/政書類/軍政之屬/邊政

中俄界約斠注七卷首一卷　錢恂撰　清光緒二十年(1894)上海醉六堂刻本　二冊

330000－4793－0001961　SD00975　史部/地理類/外紀之屬

增註東洋詩史三卷　（日本）濯足扶桑客撰　清光緒二十九年(1903)江陰中西實學書館木活字印本　三冊

330000－4793－0001962　SW00977　新學/史志/諸國史

萬國史記二十卷　（日本）岡本監輔撰　清光緒二十四年(1898)上海書局石印本　十冊

330000－4793－0001963　SW00978　新學/史志/諸國史

萬國史記二十卷　（日本）岡本監輔撰　清光緒二十七年(1901)上海書局石印本　六冊

330000－4793－0001964　SH00980　史部/地理類/方志之屬/郡縣志

[同治]湖州府志九十六卷首一卷　（清）宗源瀚　（清）楊榮緒　（清）郭式昌修　（清）周學濬　（清）陸心源　（清）汪曰楨纂　清同治

十一年至十三年(1872－1874)愛山書院刻本 六十冊

330000－4793－0001966 ST00981 史部/史抄類
同庵史彙十卷 (清)蔣善輯並評 清康熙三十一年(1692)思永堂刻本 九冊 缺一卷(六)

330000－4793－0001967 SS00982 史部/史抄類
史記菁華錄六卷 (清)姚祖恩輯 清光緒二十八年(1902)上海書局石印本 六冊

330000－4793－0001968 SC00984 史部/地理類/外紀之屬
重訂普法戰紀四卷 (清)張宗良譯 (清)王韜撰 (清)李光廷輯 清光緒二十四年(1898)中華印務局鉛印本 八冊

330000－4793－0001970 SD00986 史部/地理類/方志之屬/郡縣志
[光緒]丹徒縣志六十卷首四卷 (清)何紹章 (清)馮壽鏡修 (清)呂耀斗等纂 清光緒五年(1879)刻本 十六冊 缺二十七卷(三十四至六十)

330000－4793－0001973 SX00988 史部/地理類/方志之屬/通志
[乾隆]續河南通志八十卷首四卷 (清)阿思哈 (清)嵩貴纂修 清乾隆三十二年(1767)刻道光六年(1826)補刻同治八年(1869)再補刻光緒二十八年(1902)續補刻民國三年(1914)河南教育司印本 二十四冊

330000－4793－0001974 SE00989 新學/史志/别國史
俄國新志八卷 (英國)陔勒低撰 (英國)傅蘭雅 (清)潘松譯 清光緒二十七年(1901)上海書局石印本 四冊

330000－4793－0001975 ST00990 史部/地理類/方志之屬/郡縣志
[乾隆]天津縣志二十四卷 (清)張志奇 (清)朱奎揚修 (清)吳廷華等纂 清乾隆四年(1739)刻本 八冊

330000－4793－0001977 SX00992 史部/地理類/方志之屬/郡縣志
[同治]續天津縣志二十卷首一卷 (清)吳惠元修 (清)蔣玉虹 (清)俞樾纂 清同治九年(1870)刻本 八冊

330000－4793－0001978 SX00993 史部/傳記類/總傳之屬
續選高士傳四卷附征東實紀一卷 (清)高兆撰 清光緒十九年(1893)觀自得齋刻本 一冊

330000－4793－0001979 SK00994 史部/傳記類/别傳之屬/年譜
孔孟編年三種 (清)狄子奇輯 清光緒十三年(1887)浙江書局刻本 一冊 存一種

330000－4793－0001980 SM00995 史部/傳記類/别傳之屬/年譜
孔孟編年三種 (清)狄子奇輯 清光緒十三年(1887)浙江書局刻本 一冊 存一種

330000－4793－0001981 SS00997 史部/紀傳類/正史之屬
二十四史附考證 清光緒二十八年(1902)上海文瀾書局石印本 四冊 存一種

330000－4793－0001982 SK00996 史部/傳記類/别傳之屬/年譜
孔孟編年三種 (清)狄子奇輯 清光緒十三年(1887)浙江書局刻本 一冊 存一種

330000－4793－0001983 SG00998 類叢部/叢書類/彙編之屬
崇文書局彙刻書三十一種 (清)崇文書局編 清光緒元年至三年(1875－1877)湖北崇文書局刻本 一冊 存一種

330000－4793－0001984 SZ00999 史部/傳記類/總傳之屬/姓名
自號錄一卷 (宋)徐光溥輯 清刻本 一冊

330000－4793－0001986 SG01001 類叢部/叢書類/彙編之屬

崇文書局彙刻書三十一種　（清）崇文書局編　清光緒元年至三年（1875－1877）湖北崇文書局刻本　四册　存一種

330000－4793－0001987　SJ01002　史部/政書類/公牘檔册之屬
交還奉天省南邊地方條約一卷　清光緒刻本　一册

330000－4793－0001988　SB01003　類叢部/叢書類/自著之屬
龍莊遺書（汪龍莊先生遺書）四種　（清）汪輝祖撰　清光緒刻本　三册　存一種

330000－4793－0001990　SD01005　新學/史志/臣民傳記
大日本中興先覺志二卷　（日本）岡本監輔撰　清光緒二十七年（1901）開導社刻本　二册

330000－4793－0001991　SG01006　史部/傳記類/别傳之屬/年譜
顧亭林先生[炎武]年譜一卷附一卷　（清）吴映奎輯　清光緒六年（1880）刻歸顧朱三先生年譜合刻本　范成玉題記　一册

330000－4793－0001992　SD01007、SD00734　新學/史志/别國史
東洋史要二卷　（日本）桑元隲藏撰　樊炳清譯　清光緒二十五年（1899）東文學社石印本　四册

330000－4793－0001993　SQ01008　新學/史志/諸國史
泰西新史攬要二十四卷　（英國）馬懇西撰　（英國）李提摩太譯　清光緒二十八年（1902）上海美華書館鉛印本　五册

330000－4793－0001996　SY01012　史部/地理類/外紀之屬
瀛環志略十卷　（清）徐繼畬撰　清光緒二十一年（1895）上海寶文局石印本　四册

330000－4793－0001997　SM01013　史部/傳記類/日記之屬
夢痕錄餘一卷　（清）汪輝祖撰　清刻本　一册

330000－4793－0001998　SW01015　史部/政書類/通制之屬
文獻通考詳節二十四卷　（元）馬端臨撰　（清）嚴虞惇輯　清光緒二十四年（1898）紹興墨潤堂書莊石印本　六册

330000－4793－0001999　SY01016　史部/地理類/外紀之屬
瀛環志略十卷　（清）徐繼畬撰　**續集四卷末一卷**　（英國）慕維廉纂　**補遺一卷**　（清）陳俠君校正　清光緒二十三年（1897）新學會堂石印本　三册　存四卷（續集一至二、末、補遺）

330000－4793－0002001　SS01017　史部/史抄類
史記菁華錄六卷　（清）姚祖恩輯　清道光四年（1824）吴興姚氏扶荔山房刻朱墨套印本　六册

330000－4793－0002002　SY01018　史部/地理類/外紀之屬
瀛環志略十卷　（清）徐繼畬撰　**續集四卷末一卷**　（英國）慕維廉纂　**補遺一卷**　（清）陳俠君校正　清光緒二十三年（1897）新學會堂石印本　四册　缺十卷（瀛環志略一至十）

330000－4793－0002003　SZ01019　類叢部/叢書類/自著之屬
曾文正公四種　（清）曾國藩撰　清光緒三十一年（1905）上海商務印書館鉛印本　一册　存一種

330000－4793－0002005　SL01021　新學/理學/理學
歷史哲學二卷　（美國）威爾遜撰　羅伯雅譯　清光緒二十九年（1903）上海廣智書局鉛印本　二册

330000－4793－0002006　SR01022　史部/地理類/方志之屬/郡縣志
[道光]如皋縣續志十二卷　（清）范仕義修　（清）吴鎧纂　清道光十七年（1837）刻本　二册

330000－4793－0002007　SY01023　史部/地理類/外紀之屬

瀛環志略十卷　（清）徐繼畬撰　清光緒二十一年（1895）上海寶文局石印本　四冊

330000－4793－0002008　SJ01024　史部/史抄類

鑑撮四卷　（清）曠敏本撰　**使奉紀勝一卷**（清）陳階平撰　**讀史論略一卷**　（清）杜詔撰　清道光十九年（1839）陳階平四宜堂刻本　四冊　存四卷（鑑撮一至四）

330000－4793－0002009　SY01025　史部/地理類/外紀之屬

瀛環志略十卷　（清）徐繼畬撰　清光緒二十三年（1897）石印本　四冊

330000－4793－0002010　SR01026　史部/地理類/方志之屬/郡縣志

［同治］如皋縣續志十六卷　（清）周際霖（清）胡維藩修　（清）周項　（清）吳開陽纂　清同治十二年（1873）刻本　六冊

330000－4793－0002012　NZ00262　類叢部/叢書類/郡邑之屬

金華叢書六十八種　（清）胡鳳丹編　清同治七年至光緒八年（1868－1882）永康胡氏退補齋刻本　八冊　存一種

330000－4793－0002013　SG01028　史部/地理類/方志之屬/郡縣志

光緒邢臺縣志八卷　（清）戚朝卿修　（清）周祐纂　清光緒三十一年（1905）刻本　六冊

330000－4793－0002014　SB01029　類叢部/叢書類/自著之屬

金華唐氏遺書五種附一種　（宋）唐仲友撰（清）張作楠編　清道光十一年（1831）翠薇山房刻本　一冊　存附一種

330000－4793－0002016　SX01031　新學/雜著/叢編

西政叢書三十二種　梁啓超編　清光緒二十三年（1897）上海慎記書莊石印本　十四冊

330000－4793－0002018　SJ01033　史部/地理類/方志之屬/郡縣志

［光緒］靖江縣志十六卷首一卷　（清）葉滋森修　（清）褚翔等纂　清光緒五年（1879）刻本　八冊

330000－4793－0002020　SC01034　史部/傳記類/總傳之屬

崇祀賢鄉錄一卷　（清）盧正珩　（清）徐鳳章等編　清同治十年（1871）木活字印本　一冊

330000－4793－0002022　SZ01036　史部/編年類/通代之屬

資治通鑑二百九十四卷　（宋）司馬光撰（元）胡三省音注　**通鑑釋文辯誤十二卷**（元）胡三省撰　清嘉慶二十一年（1816）鄱陽胡克家影元刻同治八年（1869）江蘇書局重修本　十四冊　存三十二卷（一百三十至一百三十六、一百六十八至一百六十九、一百八十一至一百八十四、二百三十九至二百五十七）

330000－4793－0002023　SS01037　史部/紀事本末類/斷代之屬

聖武記十四卷　（清）魏源撰　清光緒二十四年（1898）上海書局石印本　四冊

330000－4793－0002024　SM01040　史部/政書類/儀制之屬/典禮

明宮史八卷　（明）劉若愚編　清宣統二年（1910）上海國學扶輪社鉛印本　二冊

330000－4793－0002025　SK01039　史部/地理類/方志之屬/郡縣志

［道光］昆新兩縣志四十卷首一卷末一卷（清）張鴻　（清）來汝緣修　（清）王學浩等纂　清道光六年（1826）刻本　十六冊

330000－4793－0002026　SZ01041　史部/政書類/邦計之屬

增修籌餉事例條款不分卷籌餉事例一卷增修現行常例一卷鄭工新例一卷海防事例一卷　清光緒刻本　一冊　存一卷（鄭工新例）

330000－4793－0002027　SH01042　史部/政書類/軍政之屬/邊政

海防事例不分卷　清刻本　一冊

330000－4793－0002028　SJ01043　史部/地理類/方志之屬/郡縣志

［同治］稷山縣志十卷　（清）沈鳳翔修　（清）鄧嘉紳等纂　清刻本　八冊

330000－4793－0002029　SK01044　史部/地理類/方志之屬/郡縣志

［康熙］龍游縣誌十二卷首一卷　（清）盧燦修　（清）余恂等纂　清光緒八年（1882）刻本　二冊　存四卷（九至十二）

330000－4793－0002030　SJ01045　史部/地理類/方志之屬/郡縣志

［同治］江山縣志十二卷首一卷末一卷　（清）王彬　（清）孫晉梓修　（清）朱寶慈等纂　清同治十二年（1873）文溪書院刻本　六冊　缺二卷（八至九）

330000－4793－0002031　SH01046　史部/政書類/儀制之屬/專志/謚法

皇朝謚法考五卷續編一卷補編一卷　（清）鮑康輯　清光緒三年（1877）永康胡氏退補齋刻本　二冊

330000－4793－0002033　SQ01049　類叢部/叢書類/彙編之屬

觀自得齋叢書二十三種別集六種　（清）徐士愷編　清光緒十三年至二十年（1887－1894）石埭徐氏刻本　三冊　存一種

330000－4793－0002034　SH01050　史部/地理類/方志之屬/郡縣志

［宣統］黃州府志拾遺六卷　沈致堅纂　清宣統二年（1910）鉛印本　二冊

330000－4793－0002035　SP01052　史部/史評類/史論之屬

評選船山史論二卷　（清）王夫之撰　林紓評選　清宣統二年（1910）上海商務印書館鉛印本　二冊

330000－4793－0002036　SD01053　類叢部/叢書類/彙編之屬

函海一百五十二種　（清）李調元編　清乾隆綿州李氏萬卷樓刻嘉慶十四年（1809）李鼎元重校印本　四冊　存一種

330000－4793－0002037　SG01054　史部/編年類/通代之屬

綱鑑總論二卷　（清）周道卿輯　清光緒三十年（1904）上海書局石印本　二冊

330000－4793－0002040　SL01058　類叢部/叢書類/彙編之屬

三長物齋叢書二十五種　（清）黃本驥編　清道光二十二年至二十八年（1842－1848）湘陰蔣環刻本　一冊　存一種

330000－4793－0002042　SX01060　史部/史抄類

續支那通史二卷　（日本）山峯畯藏撰　（清）中國漢陽青年編譯　清光緒石印本　八冊

330000－4793－0002044　SD01062　史部/史評類/史論之屬

讀通鑑論十卷末一卷　（清）王夫之撰　清光緒二十四年（1898）上海公興書局鉛印本　十冊

330000－4793－0002045　SS01063　史部/紀事本末類/斷代之屬

聖武記十四卷　（清）魏源撰　清光緒二十四年（1898）上海書局石印本　四冊

330000－4793－0002046　SL01065　史部/史評類/史論之屬

歷代史論十二卷宋史論三卷元史論一卷　（明）張溥撰　**明史論四卷**　（清）谷應泰撰　**左傳史論二卷**　（清）高士奇撰　清光緒文餘堂刻本　十冊

330000－4793－0002047　SG01066　史部/傳記類/總傳之屬/斷代

國朝先正事略六十卷　（清）李元度撰　清同治五年至八年（1866－1869）循陔草堂刻本　十冊　存二十一卷（十四至十七、二十至二十二、二十四至三十二、三十五至三十六、四十二至四十四）

330000－4793－0002048　SD01067　史部/政書類/律令之屬/律例

大清律例通纂四十卷附洗冤錄檢尸圖格一卷督捕條例附纂二卷 清嘉慶十九年(1814)刻本 二十四册

330000－4793－0002049 SL01068 史部/史評類/史論之屬
歷代史論十二卷宋史論三卷元史論一卷 (明)張溥撰 **明史論四卷** (清)谷應泰撰 **左傳史論二卷** (清)高士奇撰 清光緒二十四年(1898)上海博文書局石印本 六册

330000－4793－0002050 SL01069 史部/史評類/史論之屬
歷代史論十二卷宋史論三卷元史論一卷歷代史論正編四卷 (明)張溥撰 **明史論四卷** (清)谷應泰撰 **左傳史論二卷** (清)高士奇撰 清光緒二十四年(1898)煥文書局石印本 八册 缺五卷(元史論、歷代史論正編一至四)

330000－4793－0002051 SS01070 史部/傳記類/總傳之屬/通代
尚友錄二十二卷補遺一卷 (明)廖用賢輯 (清)張伯琮補輯 清刻本 二十二册

330000－4793－0002052 SS01071 史部/政書類/通制之屬
三通考輯要 湯壽潛輯 清光緒二十五年(1899)圖書集成局鉛印本 三十册

330000－4793－0002053 ST01073 史部/史評類
通鑑論三卷附稽古論一卷 (宋)司馬光撰 (清)伍耀光輯 清光緒二十八年(1902)上海書局石印本 四册

330000－4793－0002054 SR01074 史部/地理類/方志之屬/郡縣志
[嘉慶]如皋縣志二十四卷 (清)楊受廷 (清)左元鎮修 (清)馬汝舟 (清)江大鍵纂 清嘉慶十三年(1808)刻本 十册

330000－4793－0002056 SJ01075 史部/地理類/方志之屬/郡縣志
嘉慶海州直隸州志三十二卷首一卷 (清)唐仲冕修 (清)汪梅鼎等纂 清嘉慶十年(1805)刻十六年(1811)補修本 六册 存十八卷(一至十五、二十六至二十八)

330000－4793－0002057 NQ00263 經部/書類/傳說之屬
欽定書經傳說彙纂二十一卷首二卷 (清)王頊齡等撰 清刻本 十一册 缺二卷(首一至二)

330000－4793－0002058 NK00264 經部/小學類/文字之屬/字書/字典
康熙字典十二集三十六卷總目一卷檢字一卷辨似一卷等韻一卷補遺一卷備考一卷 (清)張玉書等纂修 清末上海商務印書館石印本 一册 存五卷(亥集上中下、補遺、備考)

330000－4793－0002059 NY00265 經部/易類/傳說之屬
御纂周易折中二十二卷首一卷 (清)李光地等撰 清康熙五十四年(1715)刻本 十二册

330000－4793－0002060 NQ00266 經部/詩類/傳說之屬
欽定詩經傳說彙纂二十一卷首二卷詩序二卷 (清)聖祖玄燁定 (清)王鴻緒 (清)揆叙總裁 (清)張廷玉等校 清刻本 一册 存一卷(首一)

330000－4793－0002061 SS01076 經部/三禮總義類/通禮雜禮之屬
四禮翼四卷 (明)呂坤撰 清同治二年(1863)王禹疇刻本 一册

330000－4793－0002062 NL00267、NC01585 經部/群經總義類/傳說之屬
七經經義七種 (清)黄淦撰 清刻本 四册 存二種

330000－4793－0002063 NZ00268 經部/四書類/總義之屬/傳說
四書朱子本義匯參四十三卷首四卷 (清)王步青輯 清敦復堂刻本 二册 存四卷(中庸一至四)

330000－4793－0002065 NS00270、NS00283

經部/四書類/總義之屬/傳說
四書或問語類大全合訂四十一卷 (清)黄越撰 清康熙光裕堂刻本 十四册 存三十四卷(論語一至二十,孟子三至六、九至十四,大學二至三,中庸三至四)

330000－4793－0002066 NW00272 類叢部/叢書類/自著之屬
文章練要三種 (清)王源撰輯 清康熙至雍正刻本 一册 存一種

330000－4793－0002067 JT01086 集部/別集類/清別集
太乙舟文集八卷 (清)陳用光撰 清刻本 六册 存五卷(四至八)

330000－4793－0002068 ZW00400 類叢部/類書類/通類之屬
文料大成四卷 清光緒十九年(1893)上海書局石印本 一册 存二卷(三至四)

330000－4793－0002069 NS00273 經部/詩類/傳說之屬
詩經體註大全合參八卷 (清)高朝瓔定 (清)沈世楷輯 清刻本 一册 存二卷(四至五)

330000－4793－0002070 NC00276 經部/叢編
十三經讀本一百五十二卷 (清)□□編 清同治金陵書局刻本 十册 存一種

330000－4793－0002072 NS00277 經部/四書類/總義之屬/傳說
四書體註合講十九卷圖說一卷 (清)翁復編 清雍正奎星閣刻本 一册 存二卷(大學、中庸)

330000－4793－0002073 NS00279 經部/小學類/文字之屬/說文
說文解字注十五卷附六書音均表五卷 (清)段玉裁撰 **說文部目分韻一卷** (清)陳煥編 清同治六年(1867)刻本 十六册

330000－4793－0002075 JJ01087 集部/詩文評類/詩評之屬
緝雅堂詩話二卷 (清)潘衍桐撰 清光緒十七年(1891)杭州刻本 一册

330000－4793－0002076 NZ00281 經部/小學類/文字之屬/字書
字學舉隅不分卷 (清)黄本驥 (清)龍啓瑞撰 清光緒八年(1882)刻本 一册

330000－4793－0002078 NZ00284 經部/叢編
增廣典匯集成十二卷 (清)求是齋主人撰 清光緒十三年(1887)石印本 一册 存二卷(一至二)

330000－4793－0002082 NL00285 類叢部/叢書類/自著之屬
船山遺書五十八種 (清)王夫之撰 清同治四年(1865)湘鄉曾國荃金陵刻本 二十四册 存一種

330000－4793－0002085 NS00287 經部/詩類/傳說之屬
詩經精華十卷 (清)薛嘉穎輯 清光緒九年(1883)掃葉山房刻本 五册

330000－4793－0002087 NS00291、NZ00290 經部/叢編
五經揭要 (清)許寶善編 清光緒二年(1876)慈谿醉經軒刻本 二册 存二種

330000－4793－0002088 SJ01077 史部/紀傳類/正史之屬
二十四史附考證 清光緒二十八年(1902)上海文瀾書局石印本 四册 存一種

330000－4793－0002089 SZ01076 史部/編年類/通代之屬
資治通鑑外紀十卷 (宋)劉恕撰 (清)胡克家注補 清光緒十六年(1890)上海積山書局石印本 一册

330000－4793－0002090 SL01079 史部/紀傳類/正史之屬
二十四史附考證 清光緒二十八年(1902)上海文瀾書局石印本 一册 存一種

330000－4793－0002091　SJ01078　史部/紀傳類/正史之屬

二十四史附考證　清光緒三十四年(1908)上海集成圖書公司鉛印本　八册　存一種

330000－4793－0002092　JX01129　類叢部/叢書類/郡邑之屬

金華叢書六十八種　(清)胡鳳丹編　清同治七年至光緒八年(1868－1882)永康胡氏退補齋刻民國補刻本　二册　存二種

330000－4793－0002094　SZ01082　史部/編年類/通代之屬

資治通鑑綱目發明五十九卷　(宋)尹起莘撰　清雍正八年至十一年(1730－1733)刻嘉慶重修同治十三年(1874)補刻光緒續補刻本　六册

330000－4793－0002095　SQ01084　史部/紀傳類/正史之屬

二十四史附考證　清光緒三十三年(1907)上海華商集成圖書公司鉛印本　八册　存一種

330000－4793－0002096　SY01085　史部/編年類/通代之屬

御批歷代通鑑輯覽一百二十卷　(清)傅恒等撰　清同治十年(1871)浙江書局刻本　二十八册　存七十二卷(一至十七、二十一至五十六、七十七至九十五)

330000－4793－0002097　SX01086　史部/編年類/通代之屬

續資治通鑑二百二十卷　(清)畢沅撰　清光緒十六年(1890)上海積山書局石印本　十一册　存一百十卷(一至一百十)

330000－4793－0002098　SX01080、SJ01087　史部/紀傳類/正史之屬

二十四史附考證　清光緒二十八年(1902)上海文瀾書局石印本　十二册　存二種

330000－4793－0002099　SN01089　史部/紀傳類/正史之屬

二十四史附考證　清光緒二十八年(1902)上海文瀾書局石印本　四册　存一種

330000－4793－0002102　SH01091　史部/紀傳類/正史之屬

二十四史附考證　清光緒二十八年(1902)上海文瀾書局石印本　四册　存一種

330000－4793－0002103　SD01093　史部/編年類/斷代之屬

東華續錄六十九卷(咸豐朝)　(清)潘頤福編　清刻本　十六册　存六十五卷(一至十八、二十三至六十九)

330000－4793－0002104　SD01092、SD00581　史部/編年類/斷代之屬

東華全錄九朝四百二十五卷　王先謙編　清光緒十三年(1887)京都欽文書局刻本　三十二册　存八十四卷(康熙朝一至四,乾隆朝一至二、五至六十八、七十一至八十四)

330000－4793－0002105　SZ01094　史部/編年類/通代之屬

資治通鑑二百九十四卷　(宋)司馬光撰　(元)胡三省音注　**通鑑釋文辯誤十二卷**　(元)胡三省撰　清光緒二十四年(1898)上海積山書局石印本　三十一册

330000－4793－0002106　SX01095　史部/編年類/通代之屬

續資治通鑑二百二十卷　(清)畢沅撰　清光緒二十八年(1902)上海積山書局石印本　二十二册

330000－4793－0002107　SM01096　史部/編年類/斷代之屬

明紀六十卷　(清)陳鶴輯　(清)陳克家補　清光緒十六年(1890)上海積山書局石印本　六册

330000－4793－0002109　JM00521　集部/總集類/選集之屬/通代

妙絶古今不分卷　(宋)湯漢輯　明刻本　六册

330000－4793－0002110　SY01099　史部/紀傳類/正史之屬

元史譯文證補三十卷　(清)洪鈞撰　清光緒

二十九年(1903)史學齋編譯石印書局鉛印本(卷七至八、十三、十六至十七、十九至二十一、二十五、二十八原缺) 四冊

330000－4793－0002111 SX01098 史部/編年類/通代之屬
續資治通鑑二百二十卷 (清)畢沅撰 清光緒二十八年(1902)上海積山書局石印本 十一冊 存一百十卷(一百十一至二百二十)

330000－4793－0002112 SJ01100 史部/紀傳類/正史之屬
二十四史附考證 清光緒三十四年(1908)上海集成圖書公司鉛印本 十六冊 存一種

330000－4793－0002113 SX01101 類叢部/叢書類/郡邑之屬
武林掌故叢編一百九十種 (清)丁丙編 清光緒三年至二十六年(1877－1900)錢塘丁氏嘉惠堂刻本 四冊 存一種

330000－4793－0002114 SS01103 史部/紀傳類/正史之屬
三國志六十五卷 (晉)陳壽撰 (南朝宋)裴松之注 清石印本 二冊

330000－4793－0002116 SS01292、SY01169、SQ01105、SB01113、SN01111、SJ01110、SW00708、SS00381、SH00254、SW00214 史部/紀傳類/正史之屬
欽定二十四史 清光緒二十八年(1902)上海文瀾書局石印本 六十一冊 存十種

330000－4793－0002118 SB01107 史部/地理類/方志之屬/郡縣志
[光緒]畢節縣志十卷首一卷 (清)陳昌言修 (清)徐廷燮纂 清光緒五年(1879)刻本 八冊

330000－4793－0002119 JD01088 集部/別集類/清別集
定盦文集補編四卷 (清)龔自珍撰 (清)朱之榛輯 清光緒十二年(1886)平湖朱氏刻本 二冊

330000－4793－0002120 SQ01114 史部/編年類/斷代之屬
清史攬要六卷 (日本)增田貢撰 清石印本 一冊 存一卷(六)

330000－4793－0002121 SQ01115 史部/目録類/總録之屬/官修
欽定四庫全書簡明目錄二十卷首一卷 (清)紀昀等撰 清光緒五年(1879)會稽徐友蘭墨潤堂鉛印本 十二冊

330000－4793－0002123 SG01117 史部/雜史類/斷代之屬
國語二十一卷 (三國吳)韋昭注 (宋)宋庠補音 清乾隆遺經堂刻本 一冊 存二卷(一至二)

330000－4793－0002126 SZ01120 史部/編年類/通代之屬
竹書紀年統箋十二卷 (南朝梁)沈約附注 (清)徐文靖統箋 清石印本 一冊 存六卷(七至十二)

330000－4793－0002127 SS01124 史部/編年類/斷代之屬
十朝東華錄五百二十五卷同治朝東華續錄一百卷 王先謙 (清)潘頤福撰 清光緒二十五年(1899)石印本 五十一冊 存五百二十五卷(順治朝一至三十六、康熙朝一至一百十、雍正朝一至二十六、乾隆朝一至一百二十、嘉慶朝一至五十、道光朝一至六十、同治朝一至一百,天命朝一至四、天聰朝一至十一、崇德朝一至八)

330000－4793－0002128 SL01122 史部/地理類/方志之屬/郡縣志
[同治]欒城縣志十四卷首一卷末一卷 (清)陳詠修 (清)張惇德纂 清同治十一年至十二年(1872－1873)刻本 六冊

330000－4793－0002129 SG01123 史部/雜史類/斷代之屬
國語二十一卷 (三國吳)韋昭注 **校刊明道本韋氏解國語札記一卷** (清)黄丕烈撰 **明道本考異四卷** (清)汪遠孫撰 清同治八年(1869)湖北崇文書局刻本 五冊

330000－4793－0002130　SM01027　史部/編年類/斷代之屬
明紀六十卷　（清）陳鶴輯　（清）陳克家補　清光緒二十八年（1902）上海積山書局石印本　六冊

330000－4793－0002131　SJ01126　史部/紀傳類/正史之屬
金史一百三十五卷　（元）脱脱等撰　清刻本　十九冊　存一百二十九卷（一至四、十一至一百三十五）

330000－4793－0002132　NQ00292　經部/叢編
御纂七經五種　（清）李光地等撰　清光緒江南書局刻本　二十冊　存一種

330000－4793－0002134　NS00294　經部/小學類/文字之屬/說文/專著
說文辨字正俗八卷　（清）李富孫撰　清嘉慶二十一年（1816）校經廎刻本　三冊　存六卷（一至六）

330000－4793－0002135　NS00295　經部/叢編
十三經札記二十二卷　（清）朱亦棟撰　清光緒四年（1878）武林竹簡齋刻本　八冊

330000－4793－0002138　NS00297　經部/四書類/總義之屬/傳說
四書襯十九卷　（清）駱培撰　清刻本　二冊　存十卷（論語一至十）

330000－4793－0002139　NS00299　經部/小學類/文字之屬/說文/傳說
說文繫傳校錄三十卷　（清）王筠撰　清咸豐七年（1857）王彥侗刻本　二冊

330000－4793－0002141　NS00301　經部/四書類/總義之屬/傳說
四書體註合講十九卷　（清）翁復編　清光緒二十六年（1900）浙蘭慎言堂刻本　八冊

330000－4793－0002142　NS00302　經部/四書類/總義之屬/傳說
四書體註合講十九卷圖說一卷　（清）翁復編　清雍正奎星閣刻本　六冊

330000－4793－0002144　NS00305　經部/禮記類/傳說之屬
漱芳軒合纂禮記體註四卷　（清）范翔撰　清康熙五十二年（1713）刻本　四冊

330000－4793－0002145　NC00303　史部/紀傳類/別史之屬
春秋紀傳五十一卷　（清）李鳳雛撰　清光緒二十一年（1895）東陽古大化里刻本　十二冊

330000－4793－0002146　NS00306　經部/四書類/總義之屬/傳說
四書翊註四十二卷首一卷　（清）刁包輯　清道光二十七年（1847）刁懷瑾惇德堂刻本　十六冊

330000－4793－0002147　NY00308　經部/詩類/傳說之屬
御纂詩義折中二十卷　（清）傅恒　（清）陳兆崙等纂　清道光長蘆鹽運使如山刻本　六冊

330000－4793－0002148　NJ00309　經部/叢編
重刊宋本十三經注疏四百十六卷　附十三經注疏校勘記四百十六卷　（清）阮元撰　（清）盧宣旬摘錄　**校勘記識語四卷**　（清）汪文臺撰　清嘉慶二十年（1815）江西南昌府學刻本　四冊　存一種

330000－4793－0002149　NS00307　經部/四書類/總義之屬/傳說
四書反身錄八卷首一卷　（清）李顒撰　清道光十一年（1831）浙江書局刻本　四冊

330000－4793－0002150　NS00311　類叢部/叢書類/自著之屬
邃雅堂全集九種　（清）姚文田撰　清嘉慶至光緒歸安姚氏刻本　四冊　存一種

330000－4793－0002151　NF00310　經部/叢編
重刊宋本十三經注疏四百十六卷　附十三經注疏校勘記四百十六卷　（清）阮元撰　（清）盧宣旬摘錄　**校勘記識語四卷**　（清）汪文臺

撰　清嘉慶二十年(1815)江西南昌府學刻道光六年(1826)盱江朱華臨重校印本　二十册　存一種

330000－4793－0002152　NZ00312　經部/四書類/總義之屬/傳說

四書遵註合講十九卷圖說一卷　(清)翁復編　清光緒二十二年(1896)聚奎文社刻本　四册　存十五卷(論語一至十、孟子一至五)

330000－4793－0002153　NC00313　經部/叢編

四書五經九種　(清)鮑氏輯　清同治三年(1864)浙江撫署刻本　十二册　存一種

330000－4793－0002154　NL00314　經部/小學類/文字之屬/字書/字體

隸辨八卷　(清)顧藹吉撰　清同治十二年(1873)聚賢齋刻本　八册

330000－4793－0002155　NL00315　經部/小學類/文字之屬/字書

臨文便覽彙編不分卷　(清)張啓泰輯　清光緒十二年(1886)上海同文書局石印本　二册

330000－4793－0002157　NC00316　經部/叢編

十一經音訓　(清)楊國楨等編　清道光十一年(1831)刻本　八册　存一種

330000－4793－0002159　NS00318　經部/小學類/文字之屬/說文/傳說

說文解字句讀三十卷　(清)王筠撰　清道光三十年(1850)王筠刻咸豐九年(1859)王彥侗增刻本　十三册

330000－4793－0002162　NQ00319　經部/叢編

御纂七經五種　(清)李光地等撰　清光緒三十年(1904)上海育文書局石印本　二册　存一種

330000－4793－0002163　NS00321　經部/四書類/總義之屬/傳說

四書體註合講十九卷　(清)翁復編　清末四明茹古書局鉛印本　六册

330000－4793－0002164　NP00323　經部/春秋左傳類/傳說之屬

評點春秋綱目左傳句解彙雋六卷　(清)韓菼重訂　清光緒狀元閣李光明莊刻本　六册

330000－4793－0002166　NZ00325　類叢部/叢書類/彙編之屬

崇文書局彙刻書三十一種　(清)崇文書局編　清光緒元年至三年(1875－1877)湖北崇文書局刻本　六册　存一種

330000－4793－0002168　SJ01130　類叢部/叢書類/自著之屬

率祖堂叢書(金仁山先生遺書)八種附六種　(宋)金履祥撰　清雍正至乾隆金華金氏刻光緒十三年(1887)鎮海謝駿德補刻本　八册　存附一種

330000－4793－0002169　NY00326　經部/叢編

御纂七經五種　(清)李光地等撰　清康熙至乾隆刻本　十二册　存一種

330000－4793－0002170　ST01131　史部/地理類/專志之屬/古跡

桃花源志二十四卷首一卷　(清)胡鳳丹輯　清光緒三年(1877)永康胡氏退補齋刻本　三册　存八卷(三至十)

330000－4793－0002171　SJ01132　史部/政書類/律令之屬/判牘

近年秋審比較實緩條款十六卷(清道光至咸豐)　清末抄本　八册　存八卷(一至八)

330000－4793－0002173　NQ00332　經部/禮記類/傳說之屬

欽定禮記義疏八十二卷首一卷　(清)允祿等撰　清刻本　三十二册　存八十卷(首,一至二十九、三十三至八十二)

330000－4793－0002174　NX00328　經部/易類/傳說之屬

新刻來瞿唐先生易註十五卷首一卷末一卷圖一卷　(明)來知德撰　清同治十年(1871)刻本　十二册

330000－4793－0002175　NY00331、NQ01554　經部/叢編

御纂七經五種　(清)李光地等撰　清光緒江南書局刻本　三十四冊　存二種

330000－4793－0002176　NZ00329　經部/書類/傳說之屬

周易四卷圖說一卷　(宋)朱熹撰　清乾隆五十一年(1786)友益齋刻本　二冊

330000－4793－0002178　NK00334　經部/小學類/文字之屬/字書/字典

康熙字典十二集三十六卷總目一卷檢字一卷辨似一卷等韻一卷補遺一卷備考一卷　(清)張玉書等纂修　清道光七年(1827)刻本　十冊　存十四卷(丑集上、卯集中下、辰集下、未集上中下、戌集上中下,總目,檢字,辨似,等韻)

330000－4793－0002179　JJ01418　集部/總集類/郡邑之屬

金華文統十三卷　(明)趙鶴輯　明正德七年(1512)刻本　四冊

330000－4793－0002181　NZ00337　經部/易類/傳說之屬

周易本義四卷首一卷　(宋)朱熹撰　清同治三年(1864)浙江撫署刻本　二冊

330000－4793－0002183　ZJ00404　類叢部/叢書類/自著之屬

率祖堂叢書(金仁山先生遺書)八種附六種　(宋)金履祥撰　清雍正至乾隆金華金氏刻光緒十三年(1887)鎮海謝駿德補刻本　四冊　存二種附一種

330000－4793－0002185　NY00339　經部/易類/傳說之屬

易經大全會解不分卷　(清)來爾繩纂輯　(清)朱采治　(清)朱之澄編訂　(清)來學謙重訂　清乾隆五十二年(1787)修文堂刻本　二冊

330000－4793－0002189　NZ00344、NR01472、NE01502、NZ01573、NL01514　經部/叢編

重刊宋本十三經注疏四百十六卷　附十三經注疏校勘記四百十六卷　(清)阮元撰　(清)盧宣旬摘錄　**校勘記識語四卷**　(清)汪文臺撰　清嘉慶二十年(1815)南昌府學刻道光六年(1826)盱江朱華臨重校印本　十七冊　存三種

330000－4793－0002191　JG01092　集部/總集類/選集之屬/通代

古唐詩合解十二卷古詩四卷　(清)王堯衢注　清光緒二十一年(1895)慎言堂刻本　六冊

330000－4793－0002192　NY00346　經部/易類/傳說之屬

御纂周易折中二十二卷　(清)李光地等撰　清光緒二十八年(1902)上海點石齋石印本　四冊

330000－4793－0002193　JX01093　類叢部/叢書類/郡邑之屬

金華叢書六十八種　(清)胡鳳丹編　清同治七年至光緒八年(1868－1882)永康胡氏退補齋刻民國補刻本　一冊　存一種

330000－4793－0002194　JS01094、NL01540、NL01456、JB01324、JS01328、ZJ01482、ZJ01304　類叢部/叢書類/自著之屬

宋金仁山先生遺書八種附六種　(宋)金履祥撰　清雍正至乾隆金華金氏刻光緒十三年(1887)鎮海謝駿德補刻本　九冊　存五種

330000－4793－0002196　JL01096　集部/別集類/宋別集

龍川文集三十卷附錄二卷　(宋)陳亮撰　**辨僞考異二卷**　(清)胡鳳丹撰　清光緒元年(1875)湖北崇文書局刻民國元年(1912)鄂官書處重印本　十冊

330000－4793－0002204　SX01136　史部/地理類/水利之屬

襄隄成案四卷　(清)陳廣文編　(清)胡子修續編　清光緒二十年(1894)竟陵閤邑木活字印本　八冊

330000－4793－0002205　NZ00350　經部/易類/傳說之屬

周易本義四卷卦歌一卷　(宋)朱熹撰　清光緒十一年(1885)會稽徐氏八杉齋融經館刻本　二冊

330000－4793－0002206　ST01137　史部/目録類/總録之屬/私撰

鐵琴銅劍樓藏書目錄二十四卷　(清)瞿鏞撰　清光緒二十三年(1897)武進董氏誦芬室刻本　十冊

330000－4793－0002208　SG01139、SG00303　史部/傳記類/總傳之屬/斷代

國朝先正事略六十卷　(清)李元度撰　清刻本　二十三冊　缺一卷(一)

330000－4793－0002209　SN01140　史部/傳記類/總傳之屬/仕宦

貳臣傳十二卷逆臣傳四卷　(清)國史館撰　清都城琉璃廠半松居士刻本　二冊　存四卷(逆臣傳一至四)

330000－4793－0002210　SZ01145　史部/雜史類/斷代之屬

戰國策三十三卷　(漢)高誘注　**重刻剡川姚氏本戰國策札記三卷**　(清)黃丕烈撰　清光緒二十七年(1901)上海煥文書局石印本　五冊

330000－4793－0002212　ZX01629　類叢部/叢書類/彙編之屬

正誼堂叢書五十五種　(清)張伯行編　清康熙至雍正正誼堂刻本　二冊　存一種

330000－4793－0002213　SX01150　史部/地理類/外紀之屬

西史綱目二十卷　(清)周維翰撰　清光緒二十七年(1901)石印本　十冊

330000－4793－0002215　SZ01149　新學/史志/别國史

支那通史七卷　(日本)那珂通世編　清光緒二十五年(1899)上海東文學社石印本　五冊　存四卷(一至四)

330000－4793－0002217　SH01154　史部/地理類/外紀之屬

海國圖志一百卷首一卷　(清)魏源撰　**續集二十五卷首一卷**　(英國)麥高爾撰　(美國)林樂知　(清)瞿昂來譯　清光緒二十一年(1895)上海積山書局石印本　十五冊　存一百一卷(首,一至四、三十至一百;續集一至二十五)

330000－4793－0002218　SS01153　史部/目録類/總録之屬/地方

山陽藝文志八卷　(清)枚乘等撰　清刻本　八冊

330000－4793－0002220　SJ01156　新學/學校

京師大學堂講義初編七種二編七種　(清)京師大學堂輯　清末鉛印本　一冊　存一種

330000－4793－0002221　SJ01158　新學/學校

京師大學堂講義初編七種二編七種　(清)京師大學堂輯　清末鉛印本　一冊　存一種

330000－4793－0002224　SM01157　史部/紀事本末類/斷代之屬

明末紀事補遺十卷　(清)南沙三餘氏撰　清刻本　六冊

330000－4793－0002229　JX01108、SD00542、NX00139、NC01577、NC01562、ZH01840　類叢部/叢書類/彙編之屬

邵武徐氏叢書二十三種　(清)徐榦編　清光緒邵武徐氏刻本　八冊　存四種

330000－4793－0002231　SZ01166　史部/詔令奏議類/奏議之屬

奏議初編十二卷　(清)張之洞撰　(清)仰止廬主輯　清光緒二十七年(1901)上海圖書集成印書局鉛印本　六冊

330000－4793－0002233　SX01170　史部/編年類/斷代之屬

續資治通鑑長編五百二十卷目錄二卷　(宋)李燾撰　清光緒七年(1881)浙江書局刻本

一冊　存四卷(一百七十九至一百八十二)

330000－4793－0002234　SG01168　史部/傳記類/總傳之屬/斷代

國朝先正事略六十卷　(清)李元度撰　清光緒二十四年(1898)上海書局石印本　八冊

330000－4793－0002235　SJ01172　史部/詔令奏議類/奏議之屬

教案奏議彙編八卷首一卷　(清)程宗裕編　清光緒二十七年(1901)上海書局石印本　三冊

330000－4793－0002236　SS00240、SS00772、SS00766、SC00775　史部/紀傳類/正史之屬

十七史　(明)毛晉編　明崇禎元年至十七年(1628－1644)琴川毛氏汲古閣刻清順治五年至十三年(1648－1656)重修本　五十一冊　存四種

330000－4793－0002237　SD01181　新學/地學/地理學

地理學講義一卷　(日本)志賀重昂述　(清)薩端譯　清光緒二十九年(1903)金粟齋鉛印本　一冊

330000－4793－0002238　SL01173　史部/地理類

李氏五種　(清)李兆洛撰　清光緒二十四年(1898)上海掃葉山房石印本　六冊　存二種

330000－4793－0002239　JF01109　集部/總集類/選集之屬/通代

分類賦學雞跖集三十卷附錄一卷　(清)張維城輯　清刻本　一冊　存五卷(十一至十五)

330000－4793－0002240　JY01110　類叢部/叢書類/彙編之屬

紀載彙編十種　清都城琉璃廠刻本　四冊

330000－4793－0002241　SL01174　史部/傳記類/總傳之屬/仕宦

歷代名臣言行錄二十四卷　(清)朱桓輯　清光緒二十四年(1898)掃葉山房石印本　八冊

330000－4793－0002243　ST01176　類叢部/叢書類/彙編之屬

金粟齋羣書　(清)金粟齋譯書社編　清光緒二十七年至二十八年(1901－1902)金粟齋譯書社刻本　一冊　存一種

330000－4793－0002244　SY01177　史部/雜史類

豫立軒管窺一卷雜錄一卷題陳南山先生所著讀史管窺一卷　(清)陳杞撰　清嘉慶二十二年(1817)木活字印本　一冊

330000－4793－0002246　SN01180　史部/雜史類/斷代之屬

南疆繹史勘本三十卷首二卷　(清)溫睿臨撰　(清)李瑤勘定　**繹史摭遺十八卷卹謚考八卷**　(清)李瑤撰　清刻本　一冊　存四卷(二十三至二十六)

330000－4793－0002248　SB01184　類叢部/叢書類/自著之屬

潛園總集十七種　(清)陸心源撰　清同治至光緒刻本　一冊　存一種

330000－4793－0002249　SM01183　史部/詔令奏議類/奏議之屬

明胡端敏公奏議十卷　(明)胡世寧撰　**胡端敏公奏議校勘記十卷**　(清)孫樹禮　孫峻撰　清光緒十九年(1893)浙江書局刻本　四冊

330000－4793－0002250　SL01186　史部/傳記類

歷代名人年譜十卷附存疑及生卒年月無攷一卷　(清)吳榮光撰　清咸豐二年(1852)刻本　十冊

330000－4793－0002251　SS01185　史部/雜史類/通代之屬

四朝大政錄二卷　(明)劉心學撰　清道光十一年(1831)劉台垣世德堂刻本　二冊

330000－4793－0002252　SL01187　史部/詔令奏議類/奏議之屬

唐陸宣公奏議讀本四卷首一卷　(唐)陸贄撰　(清)汪銘謙輯　(清)馬傳庚評點　清光緒二十六年(1900)會稽馬氏石印本　二冊

330000－4793－0002253　SL01188　史部/詔令奏議類/奏議之屬
陸宣公奏議四卷　(唐)陸贄撰　清刻本　四冊

330000－4793－0002255　SH01190　史部/地理類/方志之屬/郡縣志
[道光]河内縣志三十六卷　(清)袁通修　(清)方履籛　(清)吳育纂　清道光五年(1825)刻本　一冊　存二卷(十九至二十)

330000－4793－0002256　SS01192　子部/宗教類/其他宗教之屬/基督教
使徒保羅達哥林多人前書釋義十六章　(美國)翟雅各注　清宣統元年(1909)鉛印本　一冊

330000－4793－0002257　SJ01193、SJ00265、SJ00675、SJ00515　史部/地理類/方志之屬/郡縣志
[康熙]金華府志三十卷　(清)張藎修　(清)沈麟趾等纂　清康熙二十二年(1683)刻本　七冊　存十九卷(四至七、十一至十七、十九至二十三、二十七至二十九)

330000－4793－0002258　SZ01191　類叢部/叢書類/自著之屬
汪龍莊先生遺書四種　(清)汪輝祖撰　清同治十一年(1872)刻本　一冊　存一種

330000－4793－0002260　SW01194　史部/政書類/通制之屬
五洲各國政治考八卷　錢恂輯　清光緒二十七年(1901)石印本　六冊

330000－4793－0002261　SC01195　史部/職官類/官箴之屬
從政遺規二卷　(清)陳弘謀撰　清味和堂刻本　二冊

330000－4793－0002262　SQ01197　史部/政書類/通制之屬
欽定大清會典一百卷　(清)崑岡等撰　清光緒二十五年(1899)上海書局石印本　六冊

330000－4793－0002265　SQ01200　史部/政書類/通制之屬
欽定大清會典一百卷　(清)張廷玉等纂修　清光緒十九年(1893)上海圖書集成印書局鉛印本　八冊

330000－4793－0002268　SY01204　子部/儒家類/儒學之屬
袁易齋先生圖民錄四卷　(清)袁守定撰　清同治十二年(1873)湘鄉楊昌濬刻本　二冊

330000－4793－0002269　SX01203　史部/政書類/律令之屬/治獄
新增刑案匯覽十六卷首一卷　(清)潘文舫輯　清光緒十九年(1893)上海宏文書局鉛印本　二冊　缺一卷(首)

330000－4793－0002270　SZ01208　史部/政書類/律令之屬
治浙成規八卷　清道光刻本　六冊　存六卷(一、三至六、八)

330000－4793－0002271　SH01205、SH00255　史部/政書類/通制之屬
九通　(清)□□輯　清光緒二十七年(1901)上海圖書集成局鉛印本　十三冊　存二種

330000－4793－0002272　SH01206　史部/金石類/郡邑之屬/目録
寰宇訪碑錄十二卷　(清)孫星衍　(清)邢澍撰　清光緒九年(1883)江蘇書局刻本　四冊

330000－4793－0002274　SD01210　史部/政書類/律令之屬/律例
讀法圖存四卷　(清)邵繩清編　清光緒七年(1881)刻本　三冊　存三卷(一至三)

330000－4793－0002275　SX01212　史部/地理類/方志之屬/郡縣志
[嘉慶]西安縣志四十八卷首一卷　(清)姚寶煃修　(清)范崇楷等纂　清嘉慶十六年(1811)刻民國六年(1917)桂鑄西補刻本　十一冊　存四十七卷(首,一至二十四、二十七至四十八)

330000－4793－0002276　SW01211　類叢部/叢書類/自著之屬

汪龍莊先生遺書四種　(清)汪輝祖撰　清同治十一年(1872)刻本　一册　存一種

330000－4793－0002277　SQ01213　史部/職官類/官箴之屬
求牧芻言八卷　(清)阮本焱撰　清光緒十三年(1887)刻本　一册　存四卷(一至四)

330000－4793－0002278　SG01214　史部/地理類/方志之屬/郡縣志
光緒蘭谿縣志八卷首一卷附補遺一卷　(清)秦簧　(清)朱鑑章　(清)邵秉經修　(清)唐壬森纂　清光緒十三年至十五年(1887－1889)刻本　十册

330000－4793－0002280　SL01217　史部/地理類/方志之屬/郡縣志
[光緒]潞城縣志四卷　(清)崔曉然　(清)曾雲章修　(清)楊篤纂　清光緒十一年(1885)刻本　八册

330000－4793－0002283　SH01219　類叢部/叢書類/自著之屬
善思齋集四種　(清)徐宗亮撰　清光緒桐城徐氏刻本　二册　存一種

330000－4793－0002284　SQ01222　史部/政書類/通制之屬
九通　(清)□□輯　清光緒八年至二十二年(1882－1896)浙江書局刻本　三十八册　存一種

330000－4793－0002286　SZ01224　史部/政書類/律令之屬/法驗
補註洗冤錄集證四卷附刊檢骨圖格一卷　(清)王又槐輯　(清)李觀瀾補輯　(清)阮其新補注　(清)童濂刪　**作吏要言一卷**　(清)葉鎮撰　(清)朱椿增　清刻朱墨套印本　一册　存一卷(作吏要言)

330000－4793－0002287　SG01223　新學/交涉/公法
公法便覽四卷總論一卷續一卷　(美國)丁韙良譯　清光緒三年(1877)刻本　六册　缺一卷(總論)

330000－4793－0002288　SJ01225　史部/地理類/方志之屬/郡縣志
嘉慶上海縣志二十卷首一卷修例一卷　(清)王大同修　(清)李林松纂　**滬城歲事衢歌一卷**　(清)張春華撰　清嘉慶十九年至二十一年(1814－1816)刻本　十三册　缺三卷(十、修例、滬城歲事衢歌)

330000－4793－0002290　SQ01227　史部/政書類/通制之屬
欽定續文獻通考二百五十卷　(清)嵇璜　(清)曹仁虎纂修　清刻本　二十册　存三十六卷(三十二至三十七、三十九至四十、四十五至六十八、七十二至七十三、八十至八十一)

330000－4793－0002291　ZH00408　子部/兵家類/操練之屬
湖北武學十八種四十二卷　(德國)福克斯　(清)何福滿等選　清光緒二十八年(1902)上海掃葉山房石印本　二十一册　缺三卷(地勢學一至三)

330000－4793－0002292　ZC00407　子部/縱橫家類
重刊吉人遺鐸十卷　(清)朱醒菴輯　清道光十四年(1834)長白廣石如刻本　四册

330000－4793－0002296　ZL00412　子部/兵家類/操練之屬
練兵實紀九卷雜集六卷　(明)戚繼光撰　清光緒二十一年(1895)上海醉經樓石印本　四册　缺六卷(雜集一至六)

330000－4793－0002297　ZL00415　新學/兵制/陸軍
陸操新義四卷附錄一卷　(德國)康貝撰　(清)李鳳苞譯　清光緒十年(1884)刻本　二册

330000－4793－0002301　ZS00421　子部/叢編
二十二子(二十二子彙函)　(清)浙江書局編　清光緒元年至三年(1875－1877)浙江書局刻本　一册　存一種

330000－4793－0002302　JJ01390、JJ01115、ZJ01566　類叢部/叢書類/自著之屬

率祖堂叢書（金仁山先生遺書）八種附六種　（宋）金履祥撰　清雍正至乾隆金華金氏刻光緒十三年（1887）鎮海謝駿德補刻本　四冊　存附四種

330000－4793－0002304　ZZ00423　子部/儒家類/儒學之屬/性理

湖喥存愚二卷　（清）李清植撰　清光緒十八年（1892）浙江書局刻本　一冊

330000－4793－0002305　ZR00422　類叢部/叢書類/家集之屬

長洲彭氏家集九種　（清）彭祖賢編　清同治至光緒刻本　一冊　存一種

330000－4793－0002308　ZG00428　子部/法家類

管子二十四卷　（唐）房玄齡注　（明）劉績補注　清光緒二十九年（1903）六藝書局石印本　四冊

330000－4793－0002309　ZH00427　子部/法家類

韓非子集解二十卷首一卷　（清）王先慎撰　王先謙注　清上海掃葉山房石印本　六冊

330000－4793－0002310　ZJ00429　子部/兵家類/兵法之屬

紀效新書十八卷首一卷　（明）戚繼光撰　清道光二十一年（1841）虎林西宗氏刻本　八冊

330000－4793－0002311　SC01228　史部/政書類/律令之屬/法驗

重刊補註洗冤錄集證六卷　（清）王又槐輯　（清）李觀瀾補輯　（清）阮其新補註　（清）張錫蕃重訂　（清）文晟續輯　清光緒十八年（1892）上海圖書集成印書局鉛印本　四冊

330000－4793－0002312　ZH00434　類叢部/叢書類/彙編之屬

崇文書局彙刻書三十一種　（清）崇文書局編　清光緒元年至三年（1875－1877）湖北崇文書局刻本　一冊　存一種

330000－4793－0002314　JD00550　集部/別集類/唐五代別集

杜律通解四卷　（唐）杜甫撰　（清）李文煒箋釋　清刻本　四冊

330000－4793－0002316　ZY00435　子部/儒家類/儒學之屬/性理

淵鑒齋御纂朱子全書六十六卷　（宋）朱熹撰　（清）李光地等輯　清康熙刻本　四十冊　存五十三卷（一至四十三、四十八至五十、五十二、五十六至五十七、六十至六十二、六十五）

330000－4793－0002317　ZQ00436　子部/儒家類/儒學之屬/勸學

勸學篇二卷　（清）張之洞撰　清光緒二十四年（1898）石印本　二冊

330000－4793－0002318　ZX00437　類叢部/類書類/專類之屬

西例便覽五卷　（清）胡禮垣譯撰　（清）馮鈞葆編　清光緒二十二年（1896）上海管可壽齋石印本　四冊

330000－4793－0002319　ZL00438　子部/兵家類/操練之屬

練兵實紀九卷雜集六卷　（明）戚繼光撰　清光緒二十一年（1895）上海醉經樓石印本　四冊　存九卷（練兵實紀一至九）

330000－4793－0002320　SL01230　史部/金石類/郡邑之屬/文字

兩浙金石志十八卷補遺一卷　（清）阮元撰　清光緒十六年（1890）浙江書局刻本　六冊　存九卷（六至七、九至十一、十四至十六、十八）

330000－4793－0002321　ZT00439　子部/雜著類/雜説之屬

退庵隨筆二十二卷附退庵自訂年譜一卷　（清）梁章鉅撰　清道光十七年（1837）刻同治十一年（1872）梁恭辰重修本　八冊

330000－4793－0002322　JX01122　子部/儒家類/儒學之屬/蒙學

小學千家詩人生必讀二卷　(清)余晦齋輯　清咸豐七年(1857)刻本　一册

330000-4793-0002323　ZQ00440　子部/儒家類/儒學之屬/經濟

潛夫論十卷　(漢)王符撰　清刻本　二册

330000-4793-0002324　ZZ00441　子部/儒家類/儒學之屬/禮教/家訓

治家畧八卷　(清)胡煒輯　清乾隆二十六年(1761)青陽彝敘堂刻嘉慶印本　二册

330000-4793-0002325　ZD00442　子部/儒家類/儒學之屬/經濟

大學衍義四十三卷　(宋)真德秀撰　清同治十一年(1872)浙江書局刻本　十册

330000-4793-0002326　ZG00443　子部/叢編

二十二子(二十二子彙函)　(清)浙江書局編　清光緒元年至三年(1875-1877)浙江書局刻本　六册　存一種

330000-4793-0002327　ZD00444　子部/儒家類/儒學之屬/經濟

大學衍義四十三卷　(宋)真德秀撰　清同治十一年(1872)浙江書局刻本　十册

330000-4793-0002328　ZK00445　子部/叢編

二十二子(二十二子彙函)　(清)浙江書局編　清光緒元年至三年(1875-1877)浙江書局刻本　四册　存一種

330000-4793-0002329　ZX00446　子部/儒家類/儒學之屬/俗訓

訓俗遺規四卷　(清)陳弘謀撰　清道光九年(1829)刻本　四册

330000-4793-0002332　SW01231　新學/交涉/公法

萬國公法會通十卷　(瑞典)步倫撰　(美國)丁韙良譯　清光緒二十四年(1898)上海書局石印本　四册

330000-4793-0002333　SX01232　史部/政書類

校邠廬抗議二卷　(清)馮桂芬撰　清光緒二十四年(1898)上海書局石印本　一册

330000-4793-0002334　ZX00450　類叢部/類書類/專類之屬

西例便覽五卷　(清)胡禮垣譯撰　(清)馮鈞葆編　清光緒二十二年(1896)上海管可壽齋石印本　四册

330000-4793-0002336　ZL00456　子部/兵家類/兵法之屬

水陸戰守攻畧方術祕書七種　(清)澼絖道人編　清抄本　二册　存一種

330000-4793-0002337　ZW00458　子部/醫家類/外科之屬

王洪緒先生外科證治全生不分卷　(清)王維德撰　**金瘡鐵扇散藥方一卷**　(清)盧福堯　(清)沈大潤撰　清咸豐十一年(1861)武昌節署刻本　一册

330000-4793-0002338　SB01233　史部/政書類/律令之屬/法驗

補註洗冤錄集證四卷附刊檢骨圖格一卷　(清)王又槐輯　(清)李觀瀾補輯　(清)阮其新補注　(清)童濂刪　**作吏要言一卷**　(清)葉鎮撰　(清)朱椿增　清道光二十三年(1843)江都鍾淮刻三色套印本　三册　存四卷(補註洗冤錄集證一至四)

330000-4793-0002339　SC01234　史部/政書類/律令之屬/法驗

重刊補註洗冤錄集證六卷　(清)王又槐輯　(清)李觀瀾補輯　(清)阮其新補註　(清)張錫蕃重訂　(清)文晟續輯　清光緒三年至五年(1877-1879)浙江書局刻四色套印本　五册

330000-4793-0002340　ZY00459　子部/叢編

子書百家　(清)崇文書局編　清光緒元年(1875)湖北崇文書局刻本　一册　存一種

330000-4793-0002341　ZZ00462　子部/醫

家類/本草之屬/歷代綜合本草
本草備要醫方集解合編十二卷 (清)汪昂撰 清光緒十四年(1888)湖北秉憲堂刻本 五冊 存十卷(一至十)

330000－4793－0002343 ZL00461 類叢部/叢書類/自著之屬
汪雙池先生叢書二十種附浙刻雙池遺書十二種 (清)汪紱撰 清道光至光緒刻光緒二十三年(1897)長安趙舒翹等彙印本 十二冊 存一種

330000－4793－0002345 SZ01236、SZ01239、SZ00114 史部/編年類/通代之屬
資治通鑑二百九十四卷 (宋)司馬光撰 (元)胡三省音注 清光緒十七年(1891)刻本 五十一冊 存一百九十九卷(四至九、四十三至一百一、一百六十一至二百九十四)

330000－4793－0002347 JM01128 集部/總集類/選集之屬/斷代
閩南唐賦六卷 (清)楊浚輯 **閩南唐賦考異一卷** (清)胡鳳丹輯 清光緒二年(1876)永康胡鳳丹刻本 二冊

330000－4793－0002348 NS00352 經部/書類/傳說之屬
尚書表註二卷 (宋)金履祥撰 清乾隆二年(1737)刻本 二冊

330000－4793－0002349 NL00354 類叢部/叢書類/郡邑之屬
金華叢書六十八種 (清)胡鳳丹編 清同治七年至光緒八年(1868－1882)永康胡氏退補齋刻民國補刻本 一冊 存一種

330000－4793－0002350 SD01237 史部/地理類/山川之屬/水志
水道提綱二十八卷 (清)齊召南撰 清光緒十七年(1891)刻本 八冊

330000－4793－0002353 NS00355 經部/小學類/文字之屬/說文
說文新附攷六卷續攷一卷 (清)鈕樹玉撰 清同治十三年(1874)湖北崇文書局刻本 二冊

330000－4793－0002354 ST01237 類叢部/叢書類/自著之屬
率祖堂叢書(金仁山先生遺書)八種附六種 (宋)金履祥撰 清雍正至乾隆金華金氏刻光緒十三年(1887)鎮海謝駿德補刻本 一冊 存一種

330000－4793－0002355 NC00356 經部/春秋總義類/傳說之屬
春秋集古傳注二十六卷首一卷 (清)郜坦撰 清光緒二年(1876)淮南書局刻本 四冊

330000－4793－0002357 ZS00751 子部/儒家類/儒學之屬/禮教
聖諭廣訓一卷 (清)世宗胤禛撰 清光緒二十四年(1898)刻本 四冊

330000－4793－0002359 NC00357 經部/春秋公羊傳類/傳說之屬
春秋公羊經傳解詁十二卷 (漢)何休撰 (唐)陸德明音義 **重刊宋紹熙公羊傳注附音本校記一卷** (清)魏彥撰 清光緒二十一年(1895)金陵書局刻本 二冊

330000－4793－0002360 JW01256/1 類叢部/叢書類/彙編之屬
續文選四種 (清)洪文瀚輯 清光緒二十二年(1896)上海書局石印本 一冊 存一種

330000－4793－0002361 ZD00464 子部/雜著類/雜考之屬
讀書雜志八十二卷餘編二卷 (清)王念孫撰 清同治九年(1870)金陵書局刻本 二十四冊

330000－4793－0002363 JJ01134 子部/藝術類/書畫之屬/法帖
草字彙十二卷 (清)石梁輯 清刻本 六冊

330000－4793－0002365 SS00922 史部/紀傳類/正史之屬
三國志六十五卷 (晉)陳壽撰 (南朝宋)裴松之注 清刻本 八冊 存三十卷(一至三十)

330000－4793－0002369　JT01138　集部/總集類/選集之屬/斷代

唐文粹一百卷　(宋)姚鉉輯　清刻本　十六冊

330000－4793－0002371　SQ01242　史部/紀傳類/斷代之屬

遼金元三史語解　(清)高宗弘曆撰　(清)錢大昕撰　清光緒四年(1878)江蘇書局刻本　十三冊　存一種

330000－4793－0002372　ZY00466　類叢部/叢書類/郡邑之屬

金華文萃(金華叢書)六十八種　(清)胡鳳丹編　清同治七年至光緒八年(1868－1882)永康胡氏退補齋刻民國補刻本　一冊　存一種

330000－4793－0002373　NQ00127　經部/叢編

御纂七經五種　(清)李光地等撰　清同治六年至九年(1867－1870)浙江書局刻本　十二冊　存一種

330000－4793－0002374　NZ01488、NZ01490、ST00359、ZB01564、ZY00466、JL01296、JL01309、JC01330、JC01350、JJ01048、ZS01577、NS01504　類叢部/叢書類/郡邑之屬

金華叢書六十八種　(清)胡鳳丹編　清同治七年至光緒八年(1868－1882)永康胡氏退補齋刻民國補刻本　四十三冊　存十一種

330000－4793－0002375　NS00128　經部/詩類/傳說之屬

詩序廣義二十四卷　(清)姜炳璋撰　清嘉慶二十年(1815)刻本　十六冊

330000－4793－0002376　NQ00129　經部/叢編

御纂七經五種　(清)李光地等撰　清光緒二十年(1894)上海點石齋石印本　四冊　存一種

330000－4793－0002377　ND00130　經部/小學類/文字之屬/字書/字典

大廣益會玉篇三十卷　(南朝梁)顧野王撰　(唐)孫強增字　(宋)陳彭年等重修　清刻本　三冊

330000－4793－0002378　NQ00131　經部/叢編

御纂七經五種　(清)李光地等撰　清光緒二十八年(1902)上海點石齋石印本　一冊　存一種

330000－4793－0002379　NZ00131　經部/春秋左傳類/傳說之屬

評點春秋綱目左傳句解彙雋六卷　(清)韓菼重訂　清刻本　六冊

330000－4793－0002380　NX00132　史部/目録類/專録之屬

小學考五十卷　(清)謝啟昆撰　清光緒十四年(1888)浙江書局刻本　三十冊

330000－4793－0002382　ZT01708　子部/術數類/數學之屬

集注太玄經十卷　(宋)司馬光撰　清宣統二年(1910)衍星社鉛印本　一冊

330000－4793－0002383　ZY01692　子部/雜著類/雜考之屬

義門讀書記五十八卷　(清)何焯撰　(清)蔣維鈞輯　清刻本　九冊　存五十三卷(元豐類稿一至五,文選一至五,陶靖節詩一,杜工部集一至六,李義山詩集上、下,三國志二至三,五代史一,昌黎集一至五,河東集一至三,歐文上、下,左氏春秋上、下,穀梁春秋一,公羊春秋一,史記上、下,前漢書一至六,後漢書一至五,四書第六,詩經上、下,三國志一)

330000－4793－0002385　SB00478　史部/紀傳類/正史之屬

二十四史附考證　清光緒上海圖書集成印書局鉛印本　六冊　存一種

330000－4793－0002386　NH00133　經部/叢編

皇清經解一千四百八卷　(清)阮元輯　清刻本　二十一冊　存一百三十七卷(四百三十

九至四百九十、八百六十四至九百四十八)

330000－4793－0002387　SB00478/1　史部/紀傳類/正史之屬
二十四史附考證　清光緒上海圖書集成印書局鉛印本　十六册　存一種

330000－4793－0002389　ND00135　經部/小學類/文字之屬/説文/傳説
段式説文注訂八卷　(清)鈕樹玉撰　清道光四年(1824)刻本　二册

330000－4793－0002391　NS00136　經部/群經總義類/文字音義之屬
十三經集字摹本不分卷分畫便查一卷韻有經無各字摘録一卷　(清)彭玉雯撰　清道光二十九年(1849)刻本　八册

330000－4793－0002392　SR00747　新學/史志/别國史
日本新史攬要六卷附圖一卷　(日本)石村貞一編輯　(清)游瀛主人譯　清光緒二十五年(1899)石印本　六册　存六卷(日本新史攬要一至六)

330000－4793－0002393　NQ00137、NQ00126　經部/叢編
御纂七經五種　(清)李光地等撰　清同治六年至九年(1867－1870)浙江書局刻本　十二册　存一種

330000－4793－0002395　ZZ01489　子部/儒家類/儒學之屬/性理
朱子原訂近思録集注十四卷　(清)江永撰　清光緒二十五年(1899)浙江官書局刻本　四册

330000－4793－0002396　SJ00748　史部/地理類/方志之屬/郡縣志
[道光]濟南府志七十二卷首一卷　(清)王贈芳　(清)王鎮修　(清)成瓘　(清)冷烜纂　清道光二十年(1840)刻本　四十册

330000－4793－0002397　NC00139　經部/春秋穀梁傳類/傳説之屬
春秋穀梁傳十二卷　(晉)范甯集解　(唐)陸德明音義　清光緒二十二年(1896)新化三味堂刻本　三册

330000－4793－0002399　SM00747　史部/傳記類/别傳之屬/年譜
孔孟編年三種　(清)狄子奇輯　清光緒十三年(1887)浙江書局刻本　一册　存一種

330000－4793－0002400　NH01244　史部/紀傳類/正史之屬
二十四史附考證　清光緒上海圖書集成印書局鉛印本　十二册　存一種

330000－4793－0002401　SS01244　史部/紀傳類/正史之屬
三國志六十五卷　(晉)陳壽撰　(南朝宋)裴松之注　清光緒十八年(1892)石印本　五册　存四十九卷(魏書一至十七、二十五至三十,蜀書一至十五,吴書十至二十)

330000－4793－0002402　SQ01243　史部/紀傳類/正史之屬
二十四史附考證　清光緒二十五年(1899)慎記書莊石印本　十二册　存一種

330000－4793－0002405　NM01534　類叢部/叢書類/郡邑之屬
金華叢書六十八種　(清)胡鳳丹編　清同治七年至光緒八年(1868－1882)永康胡氏退補齋刻民國補刻本　一册　存一種

330000－4793－0002409　JL00747　集部/别集類/唐五代别集
李太白文集三十二卷　(唐)李白撰　(清)王琦輯注　清刻本　二册　存十卷(四至八、十六至二十)

330000－4793－0002410　SL00575　史部/編年類/通代之屬
御批歷代通鑑輯覽一百二十卷　(清)傅恒等撰　清光緒二十七年(1901)慎記書莊石印本　五册　存六十二卷(一至六十二)

330000－4793－0002411　ZJ00747/1　類叢部/類書類/通類之屬
精選黄眉故事十卷　(明)鄧志謨輯　清刻本

五冊

330000－4793－0002412　SC00750　史部/地理類/方志之屬/郡縣志

[嘉慶]常德府志四十八卷首一卷附文徵九卷首一卷叢談三卷　(清)應先烈修　(清)陳楷禮纂　清嘉慶十八年(1813)刻本　十九冊　存四十九卷(常德府志首、一至四十八)

330000－4793－0002413　JY01142　集部/總集類/選集之屬/通代

咏物詩選註釋八卷　(清)俞琰輯　(清)易開繙　(清)孫洊鳴注　清嘉慶十五年(1810)經國堂刻本　四冊

330000－4793－0002415　ZJ00747　子部/儒家類/儒學之屬/性理

廣近思錄十四卷　(清)張伯行輯　清康熙五十年(1711)正誼堂刻本　三冊

330000－4793－0002417　JC01143　集部/別集類/明別集

程文恭公遺稿三十二卷　(明)程文德撰　明萬曆十二年(1584)刻清咸豐至光緒補刻本　四冊　存四卷(一、二十一、二十五、二十八)

330000－4793－0002419　SC00751　史部/地理類/雜志之屬

常德叢談三卷　(清)应先烈纂　清嘉慶十八年(1813)刻本　一冊

330000－4793－0002420　NY00747　集部/別集類/清別集

一簾花影樓試律詩一卷律賦一卷　(清)朱鳳毛撰　清刻本　一冊　存一卷(詩)

330000－4793－0002421　JX01144　集部/總集類/彙編之屬

七家試帖輯註彙鈔九卷　(清)張熙宇輯評　(清)王植桂輯註　清刻本　一冊　存一種

330000－4793－0002422　JJ00748　集部/別集類/清別集

簡學齋試帖輯注一卷　(清)陳沆撰　(清)張熙宇輯評　(清)王植桂輯注　清刻本　一冊

330000－4793－0002423　NH01245　經部/小學類/音韻之屬/韻書

憑山閣纂輯詩林初玉八卷　(清)陳枚選　(清)李漁輯　清刻本　一冊　存一卷(八)

330000－4793－0002424　ZX00748　類叢部/叢書類/自著之屬

槐軒全集二十一種附九種　(清)劉沅撰　清咸豐至民國刻彙印本　一冊　存一種

330000－4793－0002425　JS00747　子部/儒家類/儒學之屬/俗訓

俗言一卷　(清)劉沅撰　清同治元年(1862)平遙李氏刻本　一冊

330000－4793－0002426　JJ01145　集部/總集類/彙編之屬

七家試帖輯註彙鈔九卷　(清)張熙宇輯評　(清)王植桂輯註　清同治九年(1870)京師琉璃廠刻本　一冊　存一種

330000－4793－0002427　ZG00747　子部/雜著類/雜考之屬

癸巳存稿十五卷　(清)俞正燮撰　清光緒十年(1884)刻本　六冊　存十一卷(三至八、十一至十五)

330000－4793－0002428　JQ00747　集部/別集類/清別集

求真是齋詩草二卷　(清)恩華撰　清咸豐十一年(1861)刻本　二冊

330000－4793－0002429　JD01146　集部/總集類/彙編之屬

七家試帖輯註彙鈔九卷　(清)張熙宇輯評　(清)王植桂輯註　清光緒十七年(1891)潛研山房刻本　一冊　存一種

330000－4793－0002430　SW00752　類叢部/叢書類/彙編之屬

祕書廿一種　(清)汪士漢編　清康熙七年(1668)汪士漢據明刻古今逸史板重編印本　一冊　存一種

330000－4793－0002431　JS00753　集部/總集類/彙編之屬

七家試帖輯註彙鈔九卷 (清)張熙宇輯評 (清)王植桂輯註 清刻本 一册 存一種

330000－4793－0002432 SS00752 類叢部/叢書類/自著之屬
宋金仁山先生遺書八種附六種 (宋)金履祥撰 清雍正至乾隆金華金氏刻光緒十三年(1887)鎮海謝駿德補刻本 一册 存一種

330000－4793－0002434 SX00753 史部/地理類/山川之屬/水志
西湖志四十八卷 (清)李衛 (清)程元章修 (清)傅王露纂 清光緒四年(1878)浙江書局刻本 六册 存十卷(一至三、十三至十五、二十九至三十、四十七至四十八)

330000－4793－0002435 JX01148 集部/別集類/清別集
修竹齋試帖輯註一卷 (清)那清安撰 (清)張熙輯評 (清)王植桂輯注 清同治九年(1870)刻本 一册

330000－4793－0002439 SS00755/1 史部/職官類/官箴之屬
實政錄七卷 (明)呂坤撰 清同治十一年(1872)浙江書局刻本 六册

330000－4793－0002440 SR00757、SR00759 類叢部/叢書類/彙編之屬
增廣入幕須知十種 (清)張廷驤輯 清光緒二十二年(1896)刻本 十二册 存七種

330000－4793－0002441 SZ00756 史部/政書類/邦計之屬
增修籌餉事例條款不分卷籌餉事例一卷增修現行常例一卷鄭工新例一卷海防事例一卷 清光緒刻本 五册 存一卷(增修現行常例)

330000－4793－0002442 JW01256/2 類叢部/叢書類/彙編之屬
文選四種 (清)徐叔蓓輯 清光緒二十三年(1897)鴻寶齋書局石印本 三册 存一種

330000 － 4793 － 0002443 NH00256、NH00275、NH00288、NH00289 經部/叢編
皇清經解一千四百八卷首一卷 (清)阮元輯 清刻本 六十二册 存二百五十一卷(一百九十五至二百七十一、一千一百十七至一千一百七十九、一千二百二十九至一千二百三十三、一千二百五十七至一千二百七十九、一千三百十八至一千四百)

330000－4793－0002444 SZ00760、SZ01167 史部/地理類/水利之屬
浙西水利備考不分卷 (清)王鳳生撰 清光緒四年(1878)浙江書局刻本 六册

330000－4793－0002445 SZ00761 史部/地理類/輿圖之屬/郡縣
浙江全省輿圖並水陸道里記不分卷 (清)宗源瀚等纂 清光緒二十年(1894)石印本 二册 存杭州、溫州

330000－4793－0002447 SN00762/1 史部/職官類/官制之屬
南省公餘錄八卷 (清)梁章鉅撰 清嘉慶十年(1805)刻本 二册

330000－4793－0002449 ST00764 史部/地理類/防務之屬
談邊要删十二卷 黄壽衮撰 清光緒二十七年(1901)石印本 二册

330000－4793－0002450 SJ00765 類叢部/叢書類/彙編之屬
崇文書局彙刻書三十一種 (清)崇文書局編 清光緒元年至三年(1875－1877)湖北崇文書局刻本 一册 存一種

330000－4793－0002453 SS00767 史部/政書類/軍政之屬/邊政
朔方備乘六十八卷首十二卷 (清)何秋濤撰 清光緒七年(1881)刻本 八册

330000－4793－0002454 SS00770 史部/地理類/山川之屬/水志
水道提綱二十八卷 (清)齊召南撰 清光緒二十三年(1897)上海古香閣書局石印本 四册

330000－4793－0002458 SS00773 史部/政書類/軍政之屬/邊政

朔方備乘六十八卷首十二卷　（清）何秋濤撰　清光緒寶善書局石印本　八冊

330000－4793－0002459　SX00774　史部/地理類/山川之屬/水志

西域水道記五卷　（清）徐松撰　清道光九年（1829）刻本　三冊　缺二卷（四至五）

330000－4793－0002460　SG00842　史部/地理類/方志之屬/郡縣志

光緒丙子清河縣志二十六卷　（清）胡裕燕（清）萬清選修　（清）吳昆田　（清）魯蕡纂　清光緒五年（1879）刻本　五冊

330000－4793－0002462　SS00778　史部/地理類/山川之屬/水志

水經注釋四十卷首一卷附錄二卷水經注箋刊誤十二卷　（清）趙一清撰　清光緒六年（1880）蛟川張氏華雨樓刻本　二十冊

330000－4793－0002463　SS00779　史部/地理類/山川之屬/水志

水道提綱二十八卷　（清）齊召南撰　清光緒四年（1878）津門徐士鑾霞城精舍刻本　八冊

330000－4793－0002467　JH01150　集部/總集類/選集之屬/斷代

皇朝經世文新增續編一百二十卷　（清）葛士濬輯　**皇朝經世文新增時務續編四十卷洋務續編八卷**　（清）甘韓輯　清光緒二十三年（1897）上海掃葉山房鉛印本　五冊　存二十九卷（時務二十至四十、洋務一至八）

330000－4793－0002472　SH00787　史部/紀傳類/正史之屬

欽定二十四史　清光緒二十五年（1899）慎記書莊石印本　八冊　存一種

330000－4793－0002473　SS00788　史部/紀傳類/正史之屬

欽定二十四史　清光緒二十五年（1899）慎記書莊石印本　四冊　存一種

330000－4793－0002474　JW01151　集部/總集類/郡邑之屬

婺詩補三卷　（清）盧標輯　清道光十九年（1839）東陽李氏映台樓刻本　二冊

330000－4793－0002475　NS01600　經部/四書類/總義之屬/傳說

四書古註羣義彙解九種　清石印本　十六冊　存五種

330000－4793－0002476　SJ00789　史部/傳記類/總傳之屬/郡邑

金華耆舊補二十八卷　（清）樓上層輯　（清）徐啓豐編　清道光十一年（1831）刻本　四冊　存二十五卷（一至二十五）

330000－4793－0002477　ST00790　類叢部/叢書類/郡邑之屬

金華叢書六十八種　（清）胡鳳丹編　清同治七年至光緒八年（1868－1882）永康胡氏退補齋刻民國補刻本　四冊　存一種

330000－4793－0002478　JX01130　類叢部/叢書類/郡邑之屬

金華叢書六十八種　（清）胡鳳丹編　清同治七年至光緒八年（1868－1882）永康胡氏退補齋刻民國補刻本　一冊　存一種

330000－4793－0002481　SZ00794　史部/雜史類/斷代之屬

戰國策三十三卷　（漢）高誘注　**重刻剡川姚氏本戰國策札記三卷**　（清）黄丕烈撰　清光緒三年（1877）永康胡氏退補齋刻本　六冊

330000－4793－0002483　SJ00796　史部/地理類/方志之屬/郡縣志

［康熙］金華府志三十卷　（清）張藎修　（清）沈麟趾等纂　清宣統元年（1909）嵩連石印本　十一冊　存二十七卷（四至三十）

330000－4793－0002486　SL00798　史部/金石類/郡邑之屬/文字

兩浙金石志十八卷補遺一卷　（清）阮元撰　清光緒十六年（1890）浙江書局刻本　十一冊

330000－4793－0002491　SW00803　史部/政書類/儀制之屬/典禮

文廟祀典考五十卷首一卷　（清）龐鍾璐輯　清光緒四年（1878）刻本　十冊

330000－4793－0002492　SX00780　史部/地理類

小方壺齋輿地叢鈔十二帙補編十二帙再補編十二帙　(清)王錫祺輯　清光緒十七年至二十三年(1891－1897)上海著易堂鉛印本　六十三冊　存三百九十一種

330000－4793－0002493　ZH00752　子部/叢編

桐城吳先生點勘諸子七種　(清)吳汝綸評點　清宣統二年(1910)衍星社鉛印本　二冊　存一種

330000－4793－0002494　ZS00753　子部/儒家類/儒學之屬/性理

思辨錄輯要前集二十二卷後集十三卷附先儒陸子從祀一卷　(清)陸世儀撰　清宣統三年(1911)刻本　四冊　存十三卷(後集一至十三)

330000－4793－0002495　ZS00754　子部/儒家類/儒學之屬/性理

呻吟語約鈔二卷　(明)吕坤撰　清光緒三十年(1904)刻本　二冊

330000－4793－0002496　ZL00755　子部/兵家類/兵法之屬

李盤金湯十二籌十二卷圖式一卷　(明)李盤撰　清抄本　一冊　存六卷(五至十)

330000－4793－0002498　SS00805　史部/政書類/通制之屬

三通考輯要　湯壽潛輯　清光緒二十五年(1899)圖書集成局鉛印本　三十冊

330000－4793－0002499　ND01247　子部/叢編

二十二子(二十二子彙函)　(清)浙江書局編　清光緒元年至三年(1875－1877)浙江書局刻本　二冊　存一種

330000－4793－0002500　NL01246　經部/四書類/論語之屬/傳說

論語古訓十卷附一卷　(清)陳鱣撰　清光緒九年(1883)浙江書局刻本　二冊

330000－4793－0002502　NS01248　經部/群經總義類/文字音義之屬

十三經集字音釋四卷照畫檢字一卷　(清)黄蕙田撰　清同治九年(1870)蔣存誠刻本　四冊

330000－4793－0002503　NS01249　經部/四書類/總義之屬/傳說

四書撮言大全集註六十六卷　(宋)朱熹章句　清光緒十五年(1889)點石齋石印本　十冊

330000－4793－0002505　NS01252　經部/四書類/總義之屬/傳說

四書反身錄八卷首一卷　(清)李顒撰　清光緒十一年(1885)四川鹽務官舍刻本　一冊

330000－4793－0002506　NJ01253　經部/小學類/文字之屬/字書/字典

經韻集字析解二卷全韻字數一卷　(清)熊守謙撰　(清)彭良敞集注　清道光十三年(1833)河南撫署刻本　四冊

330000－4793－0002510　NS01258、NS01260、ND01315　經部/四書類/總義之屬/傳說

四書集註十九卷　(宋)朱熹撰　清光緒三十二年(1906)上海商務印書館鉛印本　三冊　缺四卷(孟子四至七)

330000－4793－0002513　NS01261　經部/四書類/總義之屬/傳說

四書集註十九卷　(宋)朱熹撰　清光緒三十二年(1906)上海商務印書館鉛印本　四冊　存十三卷(論語一至十、孟子一至三)

330000－4793－0002515　NL01263　類叢部/類書類/通類之屬

玉海二百卷辭學指南四卷詩攷一卷詩地理攷六卷漢藝文志攷證十卷通鑑地理通釋十四卷周書王會補注一卷漢制攷四卷踐阼篇集解一卷急就篇補注四卷姓氏急就篇二卷小學紺珠十卷六經天文編二卷周易鄭康成注一卷通鑑答問五卷　(宋)王應麟撰　**校補玉海瑣記二卷王深寧先生年譜一卷**　(清)張大昌撰　清光緒九年至十六年(1883－1890)浙江書局刻本　二冊　存二卷(六經天文編一至二)

330000－4793－0002516　NF01265　經部/叢編

遵阮本重校印十三經注疏并校勘記　（清）阮元撰校勘記　（清）盧宣旬摘錄校勘記　清光緒十三年（1887）點石齋石印本　五冊　存一種

330000－4793－0002517　NC10267　經部/春秋左傳類/傳說之屬

春秋左傳（春秋左傳杜林合注）五十卷　（晉）杜預　（宋）林堯叟註釋　（明）韓范評　清光緒十一年（1885）融經館刻本　十四冊

330000－4793－0002518　ND01278　經部/春秋左傳類/傳說之屬

讀左補義五十卷首一卷　（清）姜炳璋輯　清三多堂刻本　十六冊

330000－4793－0002519　NX01268　經部/叢編

詳校五經精義三十二卷　（清）黃淦纂　清光緒二十七年（1901）上海鴻寶書局石印本　十冊

330000－4793－0002520　NS01270　經部/小學類/文字之屬/說文

說文通檢十四卷首一卷末一卷　（清）黎永椿撰　清光緒十四年（1888）上海蜚英館石印本　一冊

330000－4793－0002521　NP01271　經部/春秋左傳類/傳說之屬

評點春秋綱目左傳句解彙雋六卷　（清）韓菼重訂　清光緒狀元閣李光明莊刻本　五冊　存五卷（一至五）

330000－4793－0002522　NC01273　經部/叢編

十三經古注　（明）葛鼒　（明）金蟠校　清刻本　九冊　存一種

330000－4793－0002524　NS01274　經部/小學類/文字之屬/說文

說文釋例二十卷　（清）王筠撰　清刻本　八冊

330000－4793－0002525　NZ01276　經部/春秋左傳類/傳說之屬

左傳事緯十二卷　（清）馬驌撰　清光緒四年（1878）吳縣潘氏敏德堂刻本　十二冊

330000－4793－0002526　NL01279　類叢部/叢書類/自著之屬

儆居遺書十一種　（清）黃式三撰　清同治至光緒刻本　十冊　存一種

330000－4793－0002527　NL01277　經部/小學類/文字之屬/字書/字體

六書通十卷　（明）閔齊伋撰　（清）畢弘述篆訂　清康熙五十九年（1720）基聞堂刻本　五冊

330000－4793－0002528　NZ01280　經部/春秋左傳類/傳說之屬

左繡三十卷首一卷　（清）馮李驊　（清）陸浩評輯　清刻本　十六冊

330000－4793－0002529　NS01281　經部/四書類/總義之屬/傳說

四書約旨二十卷　（清）任啓運撰　清光緒二十年（1894）浙江官書局刻本　十二冊

330000－4793－0002530　NX01282　經部/群經總義類/傳說之屬

雪樵經解三十卷附錄三卷　（清）馮世瀛輯　清光緒十一年（1885）馮氏辨齋錫活字印本　八冊

330000－4793－0002533　NS01285　經部/群經總義類/文字音義之屬

十三經集字摹本不分卷分畫便查一卷韻有經無各字摘錄一卷　（清）彭玉雯撰　清道光二十九年（1849）刻本　八冊

330000－4793－0002534　NS01286　經部/小學類/文字之屬/說文

說文外編十五卷補遺一卷　（清）雷浚撰　**說文辨疑一卷**　（清）顧廣圻撰　**劉氏碎金一卷**　（清）劉禧延撰　清光緒二年（1876）刻本　五冊　缺二卷（說文辨疑、劉氏碎金）

330000－4793－0002535　NL01287　經部/

叢編
十三經古注　(明)葛鼒　(明)金蟠校　清刻本　一冊　存一種

330000－4793－0002536　NW01288　經部/四書類/總義之屬/傳説
文淵堂四書體註合講十九卷　(清)翁復編　清文淵堂刻本　六冊

330000－4793－0002537　NR01289　經部/叢編
遵阮本重校印十三經注疏并校勘記　(清)阮元撰校勘記　(清)盧宣旬摘錄校勘記　清光緒二十四年(1898)上海點石齋石印本　十六冊　存七種

330000－4793－0002538　SQ01291　史部/政書類/邦計之屬/荒政
欽定康濟錄四卷　(清)陸曾禹撰　(清)倪國璉釐正　清乾隆五十八年(1793)刻本　六冊

330000－4793－0002540　JY00791　集部/別集類/清別集
漁洋山人精華錄箋注十二卷補一卷附年譜一卷　(清)王士禛撰　(清)金榮箋注　(清)徐淮纂輯　清康熙五十一年(1712)刻本　四冊　存九卷(一至六、十一至十二,補)

330000－4793－0002541　NE01294　經部/小學類/訓詁之屬/爾雅
爾雅註疏十一卷　(晉)郭璞註　(宋)邢昺疏　清綠蔭堂刻本　六冊

330000－4793－0002542　NH01293　經部/群經總義類/傳説之屬
皇朝五經彙解二百七十卷　(清)朱鏡清輯　清光緒十九年(1893)寶文書局石印本　三十三冊

330000－4793－0002543　NC01295　經部/春秋總義類/傳説之屬
春秋集傳辨異十二卷　(清)趙培桂集辨　清同治五年(1866)明德堂刻本　六冊

330000－4793－0002544　NX01296　類叢部/叢書類/彙編之屬
邵武徐氏叢書二十三種　(清)徐榦編　清光緒邵武徐氏刻本　二冊　存一種

330000－4793－0002545　ND01298　經部/春秋左傳類/傳説之屬
讀左補義五十卷首一卷　(清)姜炳璋輯　清三多堂刻本　十六冊

330000－4793－0002546　NZ01297　經部/小學類/文字之屬/字書/字典
字林考逸八卷附錄一卷　(晉)呂忱撰　(清)任大椿輯　**字林考逸補本一卷**　(清)陶方琦撰　**補附錄一卷**　(清)諸可寶撰　清光緒十六年(1890)江蘇書局刻本　四冊　存十卷(字林考逸一至八、補本、補附錄)

330000－4793－0002547　NS01300　經部/小學類/文字之屬/説文/專著
説文分韻易知錄五卷部首重文五卷説文分畫易知錄一卷　(清)許巽行撰　清光緒五年(1879)華亭許嘉德刻松江葆素堂許氏印本　十冊

330000－4793－0002548　NL01299　經部/四書類/論語之屬/傳説
論語集註十卷　(宋)朱熹撰　清刻本　二冊

330000－4793－0002549　NC01301　經部/春秋穀梁傳類/傳説之屬
春秋穀梁傳十二卷　(晉)范甯集解　(唐)陸德明音義　清光緒三年(1877)永康胡氏退補齋刻本　四冊

330000－4793－0002550　NS01302　經部/小學類/文字之屬/説文/專著
説文字原韻表二卷　(清)胡重撰　清嘉慶十六年(1811)秀水金氏月香書屋刻本　一冊

330000－4793－0002553　NQ01305　經部/春秋總義類/傳説之屬
欽定春秋傳説彙纂三十八卷首二卷　(清)王掞等撰　清刻本　二十冊

330000－4793－0002555　NZ01308　經部/四書類/總義之屬/傳説
酌雅齋四書遵註合講十九卷圖考一卷　(清)

翁復編　清立言堂刻本　六册

330000－4793－0002556　NS01309　經部/四書類/總義之屬/傳說

四書類典賦二十四卷　(清)甘紱撰　**四書年譜二卷**　(明)包大爟撰　清乾隆三十五年(1770)廣益堂刻本　八册　缺三卷(二十二至二十四)

330000－4793－0002557　NS01310　經部/小學類/文字之屬/說文

說文解字韻譜十卷　(宋)徐鍇撰　(清)馮桂芬校訂　清同治三年(1864)吴縣馮桂芬縮摹篆文刻同治六年(1867)補刻本　四册

330000－4793－0002560　NS01313　經部/小學類/文字之屬/說文

說文提要一卷　(清)陳建侯撰　清同治十二年(1873)刻本　一册

330000－4793－0002561　NZ01314　經部/小學類/文字之屬/字書

字學舉隅不分卷　(清)黄本驥　(清)龍啓瑞撰　清同治十二年(1873)刻本　一册

330000－4793－0002562　NS01316　經部/小學類/文字之屬/說文

說文解字五百四十部目一卷　(清)胡荄甫撰　清同治五年(1866)刻本　一册

330000－4793－0002563　NS01317　經部/小學類/文字之屬/說文

說文通檢十四卷首一卷末一卷　(清)黎永椿撰　清光緒十四年(1888)掃葉山房刻本　一册

330000－4793－0002564　NS01320　經部/小學類/文字之屬/說文

說文解字篆韻譜五卷　(宋)徐鍇撰　清刻本　二册

330000－4793－0002565　NH01319　經部/叢編

皇清經解一百九十卷　(清)阮元輯　清光緒十三年(1887)上海書局石印本　十九册　存四十六種

330000－4793－0002566　JF01154　集部/總集類/尺牘之屬

分類尺牘備覽三十卷　(清)王虎榜輯　清光緒十六年(1890)上洋珍藝書局鉛印本　六册

330000－4793－0002569　JG01157　集部/總集類/選集之屬/通代

古文辭類纂七十四卷　(清)姚鼐輯　**續古文辭類纂三十四卷**　王先謙輯　清光緒三十三年(1907)上海商務印書館鉛印本　八册

330000－4793－0002570　JG01158　集部/總集類/課藝之屬

館律分韻初編六卷　(清)春暉閣主人輯　清光緒十三年(1887)上海鴻寶齋石印本　六册

330000－4793－0002571　JS01159　集部/别集類/清别集

四六新策一卷　(清)知足老人撰　清光緒十九年(1893)上海文海書局石印本　一册

330000－4793－0002572　SZ01160/1　史部/地理類/遊記之屬

增廣浙江形勝詩不分卷　(清)莫夢華撰　清光緒十四年(1888)上海書局石印本　二册

330000－4793－0002573　JC01161　類叢部/叢書類/彙編之屬

榆園叢刻十五種附一種　(清)許增編　清同治至光緒刻本　一册　存一種

330000－4793－0002574　JS01162　集部/總集類/課藝之屬

時藝核二卷　(清)路德等輯　清刻本　一册

330000－4793－0002578　JP01166　集部/總集類/選集之屬/斷代

排律初津四卷　(清)金鳳沼編並註　清光緒七年(1881)古越求是齋刻本　一册

330000－4793－0002580　JX01169　集部/總集類/課藝之屬

心香閣墨商不分卷　(清)郁鼎鍾編　清刻本　一册

330000－4793－0002581　JX01167　集部/總

集類/選集之屬/通代
五七言今體詩鈔十八卷 (清)姚鼐輯 清同治七年(1868)湘鄉曾氏刻本 四册 存十七卷(一至十七)

330000－4793－0002582 JD01170 集部/總集類/課藝之屬
大題文精選不分卷 清刻本 二册

330000－4793－0002584 ZQ00359 新學/全體學
全體須知一卷 (英國)傅蘭雅撰 清光緒二十年(1894)刻本 一册

330000－4793－0002585 JD01173 集部/總集類/彙編之屬
漢魏六朝一百三家集(漢魏六朝百三名家集) (明)張溥編 清光緒十八年(1892)善化章經濟堂刻本 一册 存二種

330000－4793－0002590 JG01179 集部/總集類/課藝之屬
庚辰集五卷 (清)紀昀輯 清乾隆二十七年(1762)刻本 五册

330000－4793－0002592 JJ01181 集部/總集類/課藝之屬
近科芸館試帖金鍼四卷 (清)朱仰山輯 清光緒八年(1882)刻本 一册

330000－4793－0002593 JX01183、JG01054、JK01016、JD01018、JS01046 集部/戲劇類/雜劇之屬
紅雪樓九種曲(清容外集、藏園九種曲) (清)蔣士銓撰 清乾隆蔣氏紅雪樓刻本 六册 存五種

330000－4793－0002594 JH01184 史部/傳記類/科舉録之屬/歷科登科録
[光緒辛丑壬寅恩正併科]會試闈墨不分卷 (清)周蘊良等撰 清光緒二十九年(1903)上海書局石印本 二册

330000－4793－0002596 JH01187 集部/總集類/選集之屬/斷代
皇朝經世文續編一百二十卷 (清)葛士濬輯 清光緒二十七年(1901)上海久敬齋鉛印本 二十四册

330000－4793－0002597 JM01185 集部/總集類/課藝之屬
目耕齋二集不分卷 (清)徐楷評註 (清)沈叔眉選刊 清光緒十二年(1886)上海積山書局石印本 一册

330000－4793－0002598 JZ01188 集部/總集類/選集之屬/斷代
增註七家詩彙鈔 (清)張熙宇輯評 (清)王植桂輯註 清光緒十八年(1892)上海圖書集成印書局鉛印本 四册

330000－4793－0002600 JY01189 集部/總集類/選集之屬
藝林類擷十六卷 (清)謝輔玷選 清咸豐五年(1855)循陔書屋刻本 八册

330000－4793－0002601 ZZ01293 子部/術數類/占卜之屬
增刪卜易六卷 (清)野鶴老人撰 (清)李文輝增删 清光緒三十三年(1907)石印本 三册 存三卷(一、三至四)

330000－4793－0002602 JY01191 集部/總集類/選集之屬/通代
御選唐宋文醇五十八卷 (清)高宗弘曆輯 清光緒三年(1877)浙江書局刻本 二十四册

330000－4793－0002603 JQ01192 集部/總集類/課藝之屬
巧搭最新不分卷 (清)雷堃 (清)周麟書等撰 清光緒九年(1883)刻本 四册

330000－4793－0002607 JZ01194 集部/總集類/尺牘之屬
增批分類尺牘備覽正集八卷續集八卷 (清)王虎榜輯 清光緒三十年(1904)上海廣益書局石印本 十六册

330000－4793－0002608 JQ01196 集部/總集類/彙編之屬
七家詩選(批點增注七家詩選)七卷 (清)張

熙宇輯評　清道光十二年(1832)金陵敬書堂刻本　四册

330000－4793－0002609　JZ01197　集部/總集類/彙編之屬

漢魏六朝一百三家集(漢魏六朝百三名家集)　(明)張溥編　清光緒十八年(1892)善化章經濟堂刻本　一册　存一種

330000－4793－0002610　JW01198　集部/總集類/選集之屬/通代

文選六十卷　(南朝梁)蕭統輯　(唐)李善注　**文選考異十卷**　(清)胡克家撰　清光緒二十一年(1895)成都同文書局刻本　二十三册　存六十七卷(文選一至六十、考異一至七)

330000－4793－0002611　JK01199　集部/總集類/郡邑之屬

東甌先正文錄十二卷栝蒼先正文錄三卷補遺一卷　(清)陳遇春輯　清道光十四年(1834)梧竹山房刻本　二册　存二卷(栝蒼先正文錄一至二)

330000－4793－0002612　JZ01200　集部/總集類/課藝之屬

制藝偶鈔不分卷　清刻本　一册

330000－4793－0002614　JX01203　集部/總集類/課藝之屬

小題文精選不分卷　(清)史祐編　清刻本　二册

330000－4793－0002615　JH01205　集部/總集類/選集之屬/斷代

皇朝經世文續編一百二十卷　(清)葛士濬輯　清光緒二十四年(1898)上海書局石印本　二十册

330000－4793－0002616　JY01206　集部/曲類/曲韻曲譜曲律之屬

一笠菴北詞廣正譜十八卷附南戲北詞正譌一卷　(明)徐廣卿撰　(清)鈕少雅樂句　(清)李玉更定　清康熙青蓮書屋刻文靖書院印本(卷十二至十三、十五原缺)　五册　存十三卷(一至七、八至十一、十四、十七)

330000－4793－0002617　JD01208　集部/總集類/選集之屬/斷代

律賦雕龍不分卷　(清)蔡霞舉輯　(清)陳翊霄注　清乾隆二十三年(1758)刻本　一册

330000－4793－0002618　JX01211　集部/總集類/選集之屬/斷代

新選春秋明景詩二卷　(清)聞妙香室主人輯　清光緒二年(1876)崇蘭草堂刻本　一册

330000－4793－0002619　JW01212　集部/總集類/課藝之屬

五大書院課藝四卷　(清)張之洞輯　清光緒二十四年(1898)石印本　四册

330000－4793－0002620　JB01213　集部/總集類/課藝之屬

八銘堂塾鈔初集不分卷二集不分卷　(清)吳懋政編　清刻本　一册　存二集

330000－4793－0002624　JX01217　集部/總集類/課藝之屬

小題文孶新集一卷　(清)高敏選　清道光十七年(1837)刻本　一册

330000－4793－0002625　JB01216　集部/總集類/選集之屬/斷代

本朝館閣詩二十卷附錄一卷　(清)阮學浩　(清)阮學濬輯　**續附錄一卷**　(清)阮芝生　(清)阮葵生　(清)曹文植輯　清乾隆二十三年(1758)困學書屋刻本　一册　存一卷(續附錄)

330000－4793－0002626　JX01218　集部/總集類/課藝之屬

虛截題文精選不分卷　(清)史祐編　清刻本　一册

330000－4793－0002628　ZC01296　子部/雜著類/雜說之屬

春在堂論編一卷　(清)俞樾撰　清刻本　一册

330000－4793－0002629　JS01220、JS01608　集部/小說類/長篇之屬

四大奇書第一種六十卷首一卷一百二十回

（明）羅本撰　（清）毛宗崗評　清刻本　二册　存六卷（二十一至二十六）

330000－4793－0002630　JT01221　集部/戲劇類/傳奇之屬
桃谿雪二卷　（清）黄燮清撰　（清）李光溥評文　清咸豐二年（1852）刻本　一册

330000－4793－0002632　JA01222　集部/小説類/短篇之屬
哀情小説情天決死者一卷　清石印本　二册

330000－4793－0002633　JZ01223　類叢部/類書類/通類之屬
增補事類統編九十三卷首一卷　（清）黄葆真輯　清光緒二十二年（1896）上海書局石印本　二册　存九卷（天文部一至四、歲時部五至七、地理部八、地輿部四）

330000－4793－0002634　JG01221　集部/總集類/選集之屬/通代
古文析義六卷二編八卷　（清）林雲銘輯注　清康熙二十一年（1682）經元堂刻本　五册　存五卷（古文析義二至六）

330000－4793－0002637　ND01322、NM00180、NM01457　經部/四書類/總義之屬/傳説
四書集註十九卷　（宋）朱熹撰　清光緒十八年（1892）浙江書局刻本　四册　存二卷（大學、中庸）

330000－4793－0002639　NE01323　經部/小學類/訓詁之屬/爾雅
爾雅三卷　（晉）郭璞注　（唐）陸德明音釋　清嘉慶二十二年（1817）順德張青選清芬閣刻本　三册

330000－4793－0002640　ZT01298　新學/天學
天文圖説四卷　（英國）柯雅各撰　（美國）摩嘉立　（清）薛承恩譯　清光緒九年（1883）上海益智書會刻本　一册　存二卷（一至二）

330000－4793－0002641　ZH01299　新學/化學/化學
化學初階四卷　（美國）嘉約翰口譯　（清）何瞭然筆述　清同治九年（1870）羊城博濟醫局刻本　三册　存三卷（一、三至四）

330000－4793－0002642　JD01222　集部/總集類/選集之屬/斷代
道咸同光四朝詩史甲集八卷首一卷　孫雄輯　清宣統二年至三年（1910－1911）刻本　十册

330000－4793－0002643　NS01324　經部/書類/傳説之屬
書經集傳六卷　（宋）蔡沈撰　清光緒三年（1877）刻本　三册　存五卷（二至六）

330000－4793－0002644　SD00151　史部/史評類/史論之屬
讀史論畧二卷　（清）杜詔撰　清光緒二十七年（1901）武林載記刻本　一册　存一卷（上）

330000－4793－0002645　SW01223　集部/別集類/清別集
望溪先生文集十八卷集外文十卷集外文補遺二卷　（清）方苞撰　**方望溪先生年譜一卷附錄一卷**　（清）蘇惇元輯　清咸豐元年（1851）戴鈞衡刻二年（1852）增刻本　五册　存十二卷（集外文一至十、補遺一至二）

330000－4793－0002646　ST00152　史部/地理類/總志之屬/斷代
太平寰宇記二百卷目錄二卷　（宋）樂史撰　清乾隆刻本　二册　存十一卷（五十七至六十七）

330000－4793－0002647　JP01224　類叢部/叢書類/自著之屬
拙盦叢稿五種　（清）朱一新撰　清光緒二十二年（1896）順德龍氏葆真堂刻本　一册　存一種

330000－4793－0002648　JJ01225　類叢部/叢書類/郡邑之屬
金華叢書六十八種　（清）胡鳳丹編　清同治七年至光緒八年（1868－1882）永康胡氏退補齋刻民國補刻本　二册　存一種

330000－4793－0002649　JP01226　集部/别集類/清别集

佩弦齋文存二卷首一卷駢文存一卷詩存一卷試帖存一卷律賦存一卷雜存二卷　（清）朱一新撰　清光緒刻本　一册　存一卷（雜存一）

330000－4793－0002650　ZH01300　新學/化學/化學

化學辨質不分卷　（美國）聶會東口譯　（清）尚寶臣筆述　清光緒二十四年（1898）上海美華書館鉛印本　一册

330000－4793－0002651　NZ01325　經部/春秋左傳類/傳説之屬

如西所刻諸名家評點春秋綱目左傳句解彙雋六卷　（清）韓菼重訂　清咸豐二年（1852）刻本　二册

330000－4793－0002652　SD00153　史部/政書類/律令之屬/律例

大清法規大全一百六十八卷　清光緒二十七年至宣統元年（1901－1909）北京政學社石印本　二十四册　存一百四十四卷（憲政部首，一至二、四至七；吏政部首、一至二十三；民政部首、一至十五；教育部首，一至四、十至三十一；禮制部首、一至九；軍政部首、一至十二；法律部首、一至十三；實業部首、一至十五；交通部首、一至五；旗藩部首、一至二；外交部首，一、二下、九至十三）

330000－4793－0002653　NC01326　經部/叢編

十三經讀本一百五十二卷　（清）□□編　清同治金陵書局刻本　十一册　存一種

330000－4793－0002656　SM00154　史部/雜史類/斷代之屬

明季南略十八卷　（清）計六奇撰　清刻本　三册　存七卷（三至四、十四至十八）

330000－4793－0002658　ZT01302　子部/醫家類/婦科之屬/産科

胎産心法三卷　（清）閻純璽撰　清刻本　四册

330000－4793－0002659　JJ01229　集部/總集類/酬唱之屬

橘中人語一卷　（清）賴蘊山輯　清咸豐十年（1860）賴家園刻本　一册

330000－4793－0002660　SJ00155　史部/史表類

舊唐書二百卷　（晉）劉昫等撰　清刻本　十八册　存九十九卷（一百二至二百）

330000－4793－0002663　ZJ01304　類叢部/叢書類/自著之屬

宋金仁山先生遺書八種附六種　（宋）金履祥撰　清雍正至乾隆金華金氏刻光緒十三年（1887）鎮海謝駿德補刻本　一册　存一種

330000－4793－0002665　SY00156　史部/地理類/外紀之屬

瀛環志略十卷　（清）徐繼畬撰　**續集四卷末一卷**　（英國）慕維廉纂　**補遺一卷**　（清）陳俠君校正　清光緒二十三年（1897）新學會堂石印本　五册　缺十卷（瀛環志略一至十）

330000－4793－0002666　JD01231　集部/總集類/彙編之屬

漢魏六朝一百三家集（漢魏六朝百三名家集）　（明）張溥編　清光緒十八年（1892）善化章經濟堂刻本　一册　存一種

330000－4793－0002667　JC01232　集部/總集類/彙編之屬

漢魏六朝一百三家集（漢魏六朝百三名家集）　（明）張溥編　清光緒十八年（1892）善化章經濟堂刻本　一册　存一種

330000－4793－0002668　ZZ01306　子部/儒家類/儒學之屬/性理

朱子原訂近思録集注十四卷附考訂朱子世家一卷　（清）江永撰　清同治七年（1868）楚北崇文書局刻本　一册　存一卷（一）

330000－4793－0002669　JS01233　集部/别集類/清别集

十杉亭帖體詩鈔五卷續編二卷　（清）吴楷撰　清道光九年（1829）左竹山房刻本　二册

存五卷(三至五、續編一至二)

330000－4793－0002671　JT01234　集部/別集類/清別集

藤薇室詩鈔二卷　(清)徐瀛撰　清同治四年(1865)刻本　一册

330000－4793－0002672　ZD01307　類叢部/叢書類/郡邑之屬

湖北叢書三十種　(清)趙尚輔編　清光緒十七年(1891)三餘草堂刻本　一册　存一種

330000－4793－0002673　SH00157　史部/雜史類/斷代之屬

皇朝掌故二卷　(清)張一鵬撰　(清)陳蔚文注　清光緒二十八年(1902)浙省貢院西橋杞廬刻本　二册

330000－4793－0002674　ZT01308、ZT01538　子部/醫家類/婦科之屬/產科

胎產心法三卷　(清)閻純璽撰　清刻本　二册　存一卷(三)

330000－4793－0002679　NS01327　經部/書類/傳說之屬

尚書離句六卷　(清)錢在培輯解　清光緒四年(1878)越城聚奎堂刻本　二册

330000－4793－0002680　ZX01313　集部/小說類/長篇之屬

第一才子書繡像三國志演義六十卷首一卷一百二十回　(明)羅本撰　(清)毛宗崗評　清光緒三十一年(1905)上海商務印書館鉛印本　十二册

330000－4793－0002684　NX01328　子部/儒家類/儒學之屬/蒙學

小學集注六卷　(明)陳選撰　**小學校語一卷**　(清)孫崇晉等撰　清刻本　一册

330000－4793－0002686　ZJ01316　子部/儒家類/儒學之屬/蒙學

寄傲山房塾課新增幼學故事瓊林四卷首一卷　(清)程登吉撰　(清)鄒聖脈增補　清刻本　二册　缺一卷(四)

330000－4793－0002687　NZ01328　經部/孝經類/正文之屬

至聖孝經一卷　清刻本　一册

330000－4793－0002688　SM00158　史部/雜史類/斷代之屬

明季南略十八卷　(清)計六奇撰　清都城琉璃廠半松居士木活字印本　一册　存二卷(一至二)

330000－4793－0002689　SD00159　史部/史評類/史論之屬

讀史論畧二卷　(清)杜詔撰　清光緒二十七年(1901)武林載記刻本　一册

330000－4793－0002690　SM00160　子部/術數類/相宅相墓之屬

菊逸山房地理正書三種　(清)寇宗編　清刻本　一册　存一種

330000－4793－0002691　JF01247　集部/別集類/清別集

樊榭山房集外詩三卷　(清)厲鶚撰　清同治十三年(1874)當歸草堂刻本　一册　存一卷(一)

330000－4793－0002693　JT01248　集部/別集類/清別集

退補齋詩存十六卷文存十二卷首二卷　(清)胡鳳丹撰　(清)王柏心等刪定　清同治十二年(1873)永康胡氏退補齋刻本　一册　存五卷(退補齋詩存一至五)

330000－4793－0002695　ZY01319　子部/雜著類/雜纂之屬

玉芝堂談薈三十六卷　(明)徐應秋輯　清光緒元年(1875)刻本　一册　存一卷(二十九)

330000－4793－0002696　JT01249　集部/總集類/選集之屬/斷代

唐詩解五十卷　(明)唐汝詢輯　清順治十六年(1659)趙孟龍萬笈堂刻本　一册　存二卷(二十二至二十三)

330000－4793－0002697　ZB01320、ZB01518　子部/醫家類/綜合之屬/通論

醫學入門七卷首一卷　(明)李梴撰　清同治九年(1870)紅杏山房刻本　二册　存三卷(三、六至七)

330000－4793－0002700　NX01330　經部/四書類/論語之屬/專著

鄉黨圖考十卷　(清)江永撰　**鄉黨圖考訂訛一卷**　(清)王煥雲等撰　清乾隆三十八年(1773)潛德堂刻本　五册

330000－4793－0002701　NS01331　經部/叢編

五經合纂大成　(清)同文書局主人輯　清光緒十一年(1885)上海同文書局石印本　十五册　存一種

330000－4793－0002702　NC01329　經部/春秋左傳類/傳説之屬

春秋左傳(春秋左傳杜林合注)五十卷　(晉)杜預　(宋)林堯叟註釋　(唐)陸德明音義　(明)鍾惺　(明)孫鑛　(明)韓范評點　清刻本　四册

330000－4793－0002703　JT01251　集部/别集類/清别集

退補齋詩存二編十卷文存二編五卷　(清)胡鳳丹撰　(清)林壽圖删定　清光緒七年(1881)永康胡氏退補齋刻本　一册　存五卷(六至十)

330000－4793－0002704　JE01252　集部/别集類/清别集

恩餘堂經進初藁十二卷續藁二十二卷三藁十一卷策問存課二卷知聖道齋讀書跋尾二卷　(清)彭元瑞撰　清嘉慶刻本　十册　缺二十卷(續藁四至五、九至十一,三藁一至十一,策問存課一至二,知聖道齋讀書跋尾一至二)

330000－4793－0002705　SM00162　史部/雜史類/斷代之屬

明季南略十八卷　(清)計六奇撰　清刻本　一册　存二卷(四至五)

330000－4793－0002709　ZK01325　子部/儒家類/儒家之屬

孔氏家語十卷　(三國魏)王肅注　清光緒十八年(1892)上海埽葉山房影印本　一册　存二卷(一至二)

330000－4793－0002710　SD00164　史部/史評類/史論之屬

史記總評一卷三皇本紀一卷禮書一卷樂書一卷　清刻本　一册

330000－4793－0002713　ZH01331　子部/醫家類/内科之屬

紅爐點雪四卷　(明)龔居中撰　清光緒二十五年(1899)杭州衢樽書局石印本　三册　缺一卷(一)

330000－4793－0002716　ZB01332　子部/醫家類/本草之屬/歷代綜合本草

本草問答二卷　唐宗海撰　清光緒三十四年(1908)上海千頃堂書局石印本　一册

330000－4793－0002718　JS01255　類叢部/類書類/專類之屬

詩學含英十四卷　(清)劉文蔚輯　清永言堂刻本　四册

330000－4793－0002720　ZY01333　子部/醫家類/類編之屬

喻氏醫書三種　(清)喻昌撰　清光緒二十六年(1900)上海校經山房石印本　五册

330000－4793－0002721　NX01332　經部/小學類/音韻之屬/古今韻説

蕭選韻系二卷　(清)李麟閣輯　清光緒十年(1884)上海同文書局石印本　二册

330000－4793－0002722　JG01257、JG01367　集部/總集類/選集之屬/通代

古文辭類纂七十四卷　(清)姚鼐輯　**續古文辭類纂三十四卷**　王先謙輯　清光緒三十三年(1907)上海商務印書館鉛印本　九册　存八十二卷(一至三十、四十至五十、六十一至七十四,續八至三十四)

330000－4793－0002723　ZM01335、ZX01490　子部/術數類/命書相書之屬

新刊校正增釋合併麻衣先生神相編五卷

(明)陸位崇輯　清末石印本　四册　存四卷(一至二、四至五)

330000－4793－0002725　ND01333　子部/叢編

二十二子(二十二子彙函)　(清)浙江書局編　清光緒元年至三年(1875－1877)浙江書局刻本　二册　存一種

330000－4793－0002726　ZZ01338　子部/醫家類/本草之屬/歷代綜合本草

增訂本草備要四卷附經絡歌訣一卷醫方湯頭歌訣一卷　(清)汪昂撰　清味經堂刻本　一册　缺二卷(經絡歌訣、醫方湯頭歌訣)

330000－4793－0002729　JW01256　類叢部/叢書類/彙編之屬

續文選四種　(清)洪文瀚輯　清光緒二十三年(1897)石印本　四册　存二種

330000－4793－0002733　NY01334　經部/春秋左傳類/傳說之屬

御案春秋左傳經解備旨十二卷　(清)鄒聖脈纂輯　清刻本　二册　存七卷(四至七、十至十二)

330000－4793－0002734　JZ01263　集部/小說類/長篇之屬

增像全圖東周列國志八卷一百八回首一卷　(清)蔡奡評點　清宣統元年(1909)上海錦章書局石印本　二册　存三卷(首,一、四)

330000－4793－0002736　ZJ01343　子部/儒家類/儒學之屬/性理

金華理學粹編十卷　(清)戴殿江輯　清光緒十五年(1889)永康應寶時越中刻本　四册

330000－4793－0002737　ZJ01344　子部/藝術類/書畫之屬/畫譜

芥子園畫傳四集四卷　(清)丁臯等撰輯　**芥子園圖章會纂一卷**　(清)李漁撰　清光緒十三年(1887)石印本　四册　存四卷(芥子園畫傳四集一至四)

330000－4793－0002739　ZK01345、ZX01950　類叢部/叢書類/彙編之屬

玉海堂景宋元本叢書二十種別行二種　劉世珩編　清光緒至民國貴池劉氏玉海堂影刻本　五册　存二種

330000－4793－0002743　JW01277　集部/別集類/宋別集

王臨川文集四卷　(宋)王安石撰　清宣統二年(1910)上海會文堂書局石印本　四册

330000－4793－0002744　NS01335　經部/書類/傳說之屬

書經體註大全合參六卷　(宋)蔡沈集傳　(清)錢希祥輯注　清刻本　二册　存三卷(四至六)

330000－4793－0002745　ZY01350、ZY02022　子部/藝術類/遊藝之屬/雜藝

益智圖二卷　(清)童叶庚撰　清光緒四年(1878)童叶庚睫巢刻本　二册

330000－4793－0002748　JZ01269　集部/別集類/清別集

曾文正公家書十卷大事記三卷家訓二卷榮哀錄一卷　(清)曾國藩撰　(清)王定安編　清鑄記書局石印本　一册　存四卷(大事記一至三、榮哀錄)

330000－4793－0002750　NS01337　經部/四書類/孟子之屬/傳說

孟子十四卷　清刻本　一册　存二卷(四至五)

330000－4793－0002755　SJ00170　史部/地理類/方志之屬/郡縣志

[道光]縉雲縣志十八卷首一卷　(清)湯成烈修　(清)尹希伊　(清)余偉纂　清道光二十九年(1849)刻本　一册　存二卷(一至二)

330000－4793－0002756　JX01275　類叢部/叢書類/自著之屬

西堂全集四種附一種　(清)尤侗撰　清刻本　二十一册　存三種

330000－4793－0002757　SW00171、SW00183　史部/政書類/儀制之屬/典禮

文廟通考六卷首一卷　(清)牛樹梅撰　清同

治十一年(1872)浙江書局刻本　二册

330000－4793－0002759　SZ00172　史部/政書類/律令之屬/治獄

大清週流年例便覽一卷　(清)程夢元編　**折獄便覽一卷**　(明)善熙仲編　**讀律要略一卷**　清刻本　一册

330000－4793－0002760　SH00173　史部/地理類/輿圖之屬/全國

皇朝一統輿地全圖一卷　(清)六承如輯　(清)馮焌光增補　(清)欸乃軒主人續增　清光緒二十年(1894)上海鴻寶齋石印本　一册

330000－4793－0002761　NZ01336、NS01505、ND01338、NZ01451、NS01505、NS01548、NZ01574、NS01537、ND01590　類叢部/叢書類/自著之屬

船山遺書五十八種　(清)王夫之撰　清同治四年(1865)湘鄉曾國荃金陵刻光緒十三年(1887)船山書院補刻本　四十二册　存十種

330000－4793－0002762　JT01279　集部/總集類/選集之屬/斷代

唐詩三百首六卷　(清)孫洙編　清刻本　一册　缺二卷(一至二)

330000－4793－0002766　JS01280　集部/總集類/彙編之屬

新刻諸葛宗岳史四公文集　(清)劉質慧輯　清同治十二年(1873)三原劉氏述荊堂刻本　二册　存一種

330000－4793－0002769　ST00330　史部/地理類/方志之屬/通志

[雍正]江西通志一百六十二卷首三卷　(清)謝旻等修　(清)陶成　(清)惲鶴生纂　清刻本　十三册　存四十二卷(七至十三、二十至三十、四十三至四十五、一百六至一百二十六)

330000－4793－0002771　JA01282　集部/總集類/尺牘之屬

安徽試牘立誠編不分卷　清刻本　一册

330000－4793－0002772　SZ00173　史部/編年類/通代之屬

綱鑑補註二十四卷首一卷　(明)袁黃編纂　清石印本　一册　存四卷(十六至十九)

330000－4793－0002773　JP01286　集部/別集類/清別集

培遠堂手札節存三卷　(清)陳弘謀撰　清光緒二十五年(1899)浙江官書局刻朱墨套印本　一册

330000－4793－0002775　SQ00174、SW00651、SH01119　史部/政書類/通制之屬

三通考輯要　湯壽潛輯　清光緒二十五年(1899)圖書集成局鉛印本　十九册　缺二十八卷(文獻通考輯要一至四,皇朝文獻通考輯要一至七、十至二十六)

330000－4793－0002780　SZ00176　史部/政書類/律令之屬/法驗

重刊補註洗冤錄集證五卷　(清)王又槐輯　(清)李觀瀾補輯　(清)阮其新補註　(清)張錫蕃重訂　清道光十七年(1837)張錫蕃刻本　一册　存一卷(二)

330000－4793－0002781　ST00178　史部/金石類/金之屬/圖像

陶齋吉金續錄二卷　(清)端方撰　清宣統元年(1909)石印本　二册

330000－4793－0002783　SX00176　史部/編年類/通代之屬

新鐫通鑑集要十卷　(明)諸燮輯　(明)董其昌補訂　(明)宋鳳翔增參　清刻本　七册　缺一卷(六)

330000－4793－0002790　SD00180　史部/地理類/方志之屬/郡縣志

[乾隆]登封縣志三十二卷　(清)陸繼萼修　(清)洪亮吉纂　清咸豐五年(1855)刻本　八册

330000－4793－0002793　ZY01370　子部/宗教類/道教之屬/經文

玉皇心印妙經真解一卷　(清)覺真子注　清弘一堂刻本　一册

330000－4793－0002796　SH00182　史部/地理類/輿圖之屬/全國
皇朝一統輿地全圖一卷　(清)六承如輯　(清)馮焌光增補　(清)欽乃軒主人續增　清光緒二十年(1894)上海鴻寶齋石印本　二冊

330000－4793－0002797　JG01288　集部/總集類/選集之屬/通代
古唐詩合解十二卷古詩四卷　(清)王堯衢注　清刻本　二冊　存四卷(古詩一至四)

330000－4793－0002798　ZN01372　子部/道家類
南華發覆八卷　(明)釋性通撰　清文奎堂刻本　三冊　存三卷(一、七至八)

330000－4793－0002799　ZD01373　子部/醫家類/兒科之屬/通論
鼎鍥幼幼集成六卷　(清)陳復正輯　清刻本　一冊　存一卷(六)

330000－4793－0002800　NS01339　經部/四書類/總義之屬/傳說
四書左國輯要四卷　(清)周龍官輯　清乾隆二十三年(1758)山陽周龍官刻本　一冊　存二卷(一至二)

330000－4793－0002801　ZY01374　子部/醫家類/兒科之屬/通論
幼幼集成六卷　(清)陳復正輯　清刻本　五冊

330000－4793－0002803　ZB01375　子部/醫家類/本草之屬/歷代綜合本草
本草備要圖說一卷　(清)汪昂編　清刻本　一冊

330000－4793－0002810　SY00184　史部/目録類
英文分類不分卷　清刻本　一冊

330000－4793－0002812　SQ00184　史部/史表類
秦楚之際月表一卷漢典年表一卷高祖功臣侯年表一卷　清刻本　一冊

330000－4793－0002822　ZZ01388　子部/醫家類/醫理之屬/綜合
中藏經八卷附華佗內照法一卷　(漢)華佗撰　清上海鴻章書局石印本　一冊　存三卷(一至三)

330000－4793－0002823　ZN01391　子部/農家農學類/總論之屬
農政全書六十卷　(明)徐光啓撰　清光緒二十六年(1900)上海文海書局石印本　八冊

330000－4793－0002824　ZH01390　子部/法家類
韓非子二十卷　識誤三卷　(清)顧廣圻撰　清掃葉山房石印本　一冊　存三卷(識誤一至三)

330000－4793－0002826　ZZ01394　子部/術數類/占候之屬
張果星宗八卷　(明)陸位輯　清刻本　八冊

330000－4793－0002828　ZC01402　子部/醫家類/外科之屬
瘡瘍經驗全書六卷　(宋)竇默撰　(明)竇夢麟增輯　清大文堂刻本　三冊　存三卷(一至三)

330000－4793－0002829　ZN01397　子部/農家農學類/獸醫之屬
元亨療馬集四卷　(明)喻仁　(明)喻傑撰　清刻本　四冊

330000－4793－0002830　ZL01393　子部/醫家類/醫案之屬
臨證指南醫案十卷　(清)葉桂撰　清光緒九年(1883)杭省娜嬛僊館刻本　十冊

330000－4793－0002834　ZX01401　史部/政書類/律令之屬/法驗
洗冤錄集證彙纂五卷增一卷附一卷　(清)王又槐增輯　(清)李觀瀾補輯　清嘉慶元年(1796)刻本　四冊　缺一卷(附)

330000－4793－0002835　ZY01400　子部/叢編
子書二十八種　(清)育文書局編　清宣統元

年(1909)上海育文書局石印本　一冊　存一種

330000－4793－0002838　SR00187　史部/傳記類/總傳之屬/儒林

儒林宗派十六卷　(清)萬斯同撰　清宣統三年(1911)浙江圖書館刻本　二冊

330000－4793－0002839　SE00189　史部/傳記類/總傳之屬/仕宦

貳臣傳十二卷逆臣傳四卷　(清)國史館撰　清都城琉璃廠半松居士刻本　四冊　存十二卷(貳臣傳一至十二)

330000－4793－0002840　ZN01404　子部/農家農學類/獸醫之屬

圖像水黄牛經合併大全二卷　(明)喻仁　(明)喻傑撰　明末刻本　一冊　存一卷(一)

330000－4793－0002841　ZQ01405　子部/儒家類/儒學之屬/勸學

勸學篇二卷　(清)張之洞撰　清光緒二十四年(1898)兩湖書院刻本　一冊

330000－4793－0002842　ZK01406　子部/儒家類/儒家之屬

孔氏家語十卷　(三國魏)王肅注　清光緒十八年(1892)上海埽葉山房影印本　五冊

330000－4793－0002845　ZX01410　子部/叢編

二十二子(二十二子彙函)　(清)浙江書局編　清光緒元年至三年(1875－1877)浙江書局刻本　六冊　存一種

330000－4793－0002846　ZG01415　子部/醫家類/醫案之屬

古今醫案按十卷　(清)俞震輯　清宣統元年(1909)上海會文堂新記書局石印本　十冊

330000－4793－0002847　ZB01417　子部/叢編

二十二子(二十二子彙函)　(清)浙江書局編　清光緒元年至三年(1875－1877)浙江書局刻本　七冊　存一種

330000－4793－0002852　ZJ01427　子部/醫家類/傷寒金匱之屬/金匱要略

金匱要略淺註十卷　(漢)張仲景原文　(清)陳念祖集註　清刻本　八冊

330000－4793－0002856　ZB01432　子部/醫家類/綜合之屬/通論

辨證奇聞十卷　(清)陳士鐸撰　(清)錢松删定　清宣統元年(1909)上海廣益書局石印本　二冊

330000－4793－0002860　ZX01444　子部/儒家類/儒學之屬/蒙學

小學六卷附文公朱夫子年譜一卷　(清)高愈纂注　清同治十一年(1872)浙江書局刻本　一冊　存四卷(一至四)

330000－4793－0002861　SY00190　子部/叢編

子書百家　(清)崇文書局編　清光緒元年(1875)湖北崇文書局刻本　二冊　存一種

330000－4793－0002865　NL01554、ND00134　經部/四書類/總義之屬/傳説

四書古註羣義彙解九種　清石印本　三冊　存二種

330000－4793－0002868　ZX01446　子部/叢編

二十二子(二十二子彙函)　(清)浙江書局編　清光緒元年至三年(1875－1877)浙江書局刻本　六冊　存一種

330000－4793－0002869　SG00192　史部/傳記類/總傳之屬/斷代

國朝先正事略六十卷　(清)李元度撰　**中興名臣事略八卷**　朱孔彰撰　清光緒二十五年(1899)上海圖書集成印書局鉛印本　十二冊

330000－4793－0002871　ZY01448　子部/儒家類/儒學之屬/性理

御纂性理精義十二卷　(清)李光地等纂修　清康熙五十六年(1717)刻本　六冊

330000－4793－0002873　SY00194　史部/紀事本末類/通代之屬

繹史一百六十卷世系圖一卷年表一卷　(清)馬驌撰　清康熙刻本　二十五册　存七十五卷(二十四至三十七、四十四至一百三,世系圖)

330000－4793－0002874　SH00195、SH00720、SH00737、SH00141　史部/地理類/方志之屬/通志

[嘉慶]湖北通志一百卷首五卷　(清)吳熊光等修　(清)陳詩等纂　清嘉慶九年(1804)刻本　六十二册　存九十七卷(首一至三,一至三十八、四十四至四十六、四十八至一百)

330000－4793－0002876　JG01293　集部/別集類/宋別集

艮齋先生薛常州浪語集三十五卷　(宋)薛季宣撰　清同治十年(1871)金陵書局刻本　三册　存三卷(六、十五、三十二)

330000－4793－0002878　JZ01294　集部/別集類/明別集

張忠敏公遺集十卷首一卷附錄六卷　(明)張國維撰　(清)張振珂輯　清刻本　四册　缺六卷(附錄一至六)

330000－4793－0002879　JJ01295　集部/別集類/漢魏六朝別集

靖節先生集十卷　(晉)陶潛撰　(清)陶澍注　**靖節先生集諸本序錄一卷**　(清)陶澍編輯　**靖節先生年譜攷異二卷**　(清)陶澍撰　清光緒九年(1883)江蘇書局刻本　四册

330000－4793－0002880　SL00198　史部/金石類/郡邑之屬/文字

兩浙金石志十八卷補遺一卷　(清)阮元撰　清光緒十六年(1890)浙江書局刻本　十一册　缺二卷(一至二)

330000－4793－0002881　ZZ01450　子部/兵家類/操練之屬

湖北武學十八種四十二卷　(德國)福克斯　(清)何福滿等選　清光緒二十六年(1900)湖北武備學堂刻本　一册　存一種

330000－4793－0002882　NW01441　經部/群經總義類/傳說之屬

五經贊一卷　(清)陸榮秬撰　(清)徐堂注　清退補齋刻本　一册

330000－4793－0002883　SH00201　史部/政書類/通制之屬

三通考輯要　湯壽潛輯　清光緒二十五年(1899)圖書集成局鉛印本　八册　存一種

330000－4793－0002886　SH00202、SH00339　史部/地理類/山川之屬/山志

黃鵠山志十二卷首一卷　(清)胡鳳丹撰　清同治十三年(1874)胡氏退補齋刻本　六册

330000－4793－0002887　JS01297　集部/詩文評類

試帖纂注五卷　(清)黃達輯　清刻本　二册

330000－4793－0002888　ZX01457　類叢部/類書類/專類之屬

新增幼學故事瓊林四卷　(清)程登吉撰　(清)鄒聖脈增補　清光緒二十年(1894)文華樓刻本　四册

330000－4793－0002889　NX01442　類叢部/類書類/專類之屬

新增說文韻府羣玉二十卷　(元)陰時夫輯　(元)陰中夫注　清大酉山坊刻本　十八册　缺二卷(二、十六)

330000－4793－0002891　SN00204　史部/史評類

二十四史策案十二卷　(清)王鍌輯　清光緒十三年(1887)上海大同書局石印本　二册

330000－4793－0002900　NZ01443　經部/春秋左傳類/傳說之屬

太史張天如詳節春秋綱目句解左傳彙雋六卷　(明)張溥重訂　(清)韓菼重編　清刻本　三册　存三卷(三至四、六)

330000－4793－0002902　JZ01460　集部/小說類/長篇之屬

增評補像全圖金玉緣一百二十回首一卷　(清)曹霑　(清)高鶚撰　(清)王希廉　(清)張新之　(清)姚燮評　清光緒三十四年

(1908)求不負齋石印本　七册

330000－4793－0002904　SZ00206　新學/史志/戰記

中國六十年戰史十三章　(英國)艾特華斯撰　史悠明　(清)程履祥譯校　清光緒二十九年(1903)上海美華書館鉛印本　三册　存九章(一至八、十)

330000－4793－0002905　SG00205　類叢部/叢書類/彙編之屬

士禮居叢書二十種　(清)黄丕烈編　清嘉慶至道光黄氏士禮居刻本　二册　存一種

330000－4793－0002907　ZJ01463、ZJ01571、ZJ01573　類叢部/叢書類/自著之屬

率祖堂叢書(金仁山先生遺書)八種附六種　(宋)金履祥撰　清雍正至乾隆金華金氏刻光緒十三年(1887)鎮海謝駿德補刻本　四册　存附四種

330000－4793－0002908　NC01445　經部/春秋左傳類/傳説之屬

春秋左氏傳旁訓三十卷　(清)席世安撰　清嘉慶元年(1796)席氏掃葉山房刻本　二册　存六卷(二十一至二十六)

330000－4793－0002909　NG01446　經部/小學類/音韻之屬/韻書

古音類表九卷　(清)傅壽彤撰　清同治三年(1864)宛南郡署刻本　四册

330000－4793－0002910　JZ01310　集部/總集類/郡邑之屬

金華詩録六十卷別集四卷外集六卷書後一卷　(清)黄彬　(清)朱琰輯　清乾隆三十八年(1773)金華府學刻五十一年(1786)重印本　十二册　缺十二卷(二十七至二十八、五十六至六十,外集一至五)

330000－4793－0002913　JJ01311　類叢部/叢書類/自著之屬

金華唐氏遺書五種附一種　(宋)唐仲友撰　(清)張作楠編　清刻本　一册　存一種

330000－4793－0002915　ZJ01470　子部/藝術類/書畫之屬/書法書品

級齋書賸四卷　(清)陈四明撰　清光緒二年(1876)石印本　一册　存二卷(三至四)

330000－4793－0002916　NS01636　經部/詩類/傳説之屬

詩經體註大全八卷　(清)范翔纂　(清)高朝瓔定　(清)沈世楷輯　清文奎堂刻本　四册

330000－4793－0002917　NS01447　經部/小學類/文字之屬/説文

説文外編十五卷補遺一卷　(清)雷浚撰　**説文辨疑一卷**　(清)顧廣圻撰　**劉氏碎金一卷**　(清)劉禧延撰　清光緒二年(1876)刻本　一册　存一卷(七)

330000－4793－0002919　NC01448　經部/春秋左傳類/傳説之屬

春秋左傳(春秋左傳杜林合注)五十卷　(晉)杜預　(宋)林堯叟註釋　(唐)陸德明音義　(明)鍾惺　(明)孫鑛　(明)韓范評點　清刻本　十二册

330000－4793－0002920　NS01449　經部/四書類/總義之屬/傳説

四書左國輯要四卷　(清)周龍官輯　清刻本　四册

330000－4793－0002921　ZD01464　集部/小説類/長篇之屬

東周列國全志二十三卷一百八回　(清)蔡奡評點　清石印本　五册　存五卷(一、三、五、七至八)

330000－4793－0002922　NE01450　經部/小學類/訓詁之屬/爾雅

爾雅直音二卷　(清)孫偘輯　清光緒十七年(1891)常郡千秋坊宛委山莊刻本　二册

330000－4793－0002923　JJ01312　集部/總集類/郡邑之屬

金華詩録六十卷別集四卷外集六卷書後一卷　(清)黄彬　(清)朱琰輯　清刻本　四册　存十四卷(一、十四至十七、二十二至二十六、四十八至五十一)

330000－4793－0002924　JM01313、JM01713　集部/別集類/明別集

明張文忠公全集四十六卷附錄二卷　(明)張居正撰　清光緒二十七年(1901)紅藤碧樹山館刻本　十三冊　存三十三卷(奏疏一至二、六至十三,書讀一至四、十一至十五,文集一至八,詩一至五,女誡直解)

330000－4793－0002925　JB01314　類叢部/叢書類/自著之屬

率祖堂叢書(金仁山先生遺書)八種附六種　(宋)金履祥撰　清雍正至乾隆金華金氏刻光緒十三年(1887)鎮海謝駿德補刻本　二冊　存附一種

330000－4793－0002927　ZS01467　類叢部/叢書類/彙編之屬

微波榭叢書十一種　(清)孔繼涵編　清孔氏刻彙印本　三冊　存一種

330000－4793－0002932　JC01298　集部/別集類/明別集

太師誠意伯劉文成公集二十卷首一卷　(明)劉基撰　清刻本　一冊　存一卷(首)

330000－4793－0002933　JW01316　集部/曲類/寶卷之屬

三世修道黃氏寶卷二卷　清刻本　一冊　存一卷(上)

330000－4793－0002934　ZJ01469　子部/藝術類/書畫之屬/畫譜

芥子園畫傳初集六卷二集九卷三集六卷　(清)王槩　(清)王蓍　(清)王臬輯　清光緒十六年(1890)上海鴻寶齋石印本　一冊　存一卷(初集三)

330000－4793－0002935　ZS01472　子部/儒家類/儒學之屬/經濟

繹志十九卷　(清)胡承諾撰　清同治十一年(1872)浙江書局刻本　八冊

330000－4793－0002937　JW01319　類叢部/叢書類/自著之屬

率祖堂叢書(金仁山先生遺書)八種附六種　(宋)金履祥撰　清雍正至乾隆金華金氏刻光緒十三年(1887)鎮海謝駿德補刻本　二冊　存附一種

330000－4793－0002938　NM01452　類叢部/叢書類/郡邑之屬

金華叢書六十八種　(清)胡鳳丹編　清同治七年至光緒八年(1868－1882)永康胡氏退補齋刻民國補刻本　一冊　存二種

330000－4793－0002939　JY01318　集部/詩文評類/詩評之屬

漁隱叢話前集六十卷後集四十卷　(宋)胡仔撰　清乾隆五年至六年(1740－1741)楊佑啓耘經樓刻本　三冊　存三十五卷(十三至四十七)

330000－4793－0002941　JW01320　集部/總集類/選集之屬/通代

文選六十卷　(南朝梁)蕭統輯　(唐)李善注　**文選考異十卷**　(清)胡克家撰　清光緒上海鴻文書局石印本　十冊

330000－4793－0002942　ZY01473　子部/醫家類/外科之屬/通論

瘍醫大全四十卷　(清)顧世澄撰　清刻本　九冊　存二十三卷(二至十四、十八至二十一、二十六至三十一)

330000－4793－0002943　ND01453　經部/春秋左傳類/傳說之屬

春秋經傳集解三十卷　(晉)杜預撰　(唐)陸德明音義　**春秋名號歸一圖二卷**　(五代)馮繼先撰　**春秋年表一卷**　(宋)岳珂刊補　清光緒三年(1877)永康胡氏退補齋刻本　十二冊

330000－4793－0002946　ZL01475　子部/醫家類/傷寒金匱之屬/傷寒論

劉河間傷寒三書二十卷　(金)劉完素撰　清末上海千頃堂書局石印本　三冊

330000－4793－0002949　ZY01477　子部/儒家類/儒學之屬/蒙學

大成齋幼學須知句解四卷　(清)程登吉撰

(清)錢元龍校　清嘉慶二十五年(1820)刻本　三冊　缺一卷(三)

330000－4793－0002950　SY00216、SY00347　史部/紀傳類/正史之屬

二十四史　清同治至光緒五省官書局據汲古閣本等合刻光緒五年(1879)湖北書局彙印本　四十冊　存一種

330000－4793－0002951　NL01454、NM00349　類叢部/叢書類/自著之屬

率祖堂叢書(金仁山先生遺書)八種附六種　(宋)金履祥撰　清雍正至乾隆金華金氏刻光緒十三年(1887)鎮海謝駿德補刻本　三冊　存二種

330000－4793－0002952　JJ01725　類叢部/叢書類/自著之屬

陸放翁全集六種　(宋)陸游撰　明末海虞毛氏汲古閣刻清初毛扆增刻彙印本　十一冊　存一種

330000－4793－0002953　ZG01478　子部/儒家類/儒學之屬

關中道脈四種書　(清)李元春輯　清道光十年(1830)刻本　六冊

330000－4793－0002954　ZF01479、ZF01659　子部/醫家類/眼科之屬

傅氏眼科審視瑤函六卷首一卷　(明)傅仁宇撰　(明)林長生校補　清小酉堂刻本　六冊

330000－4793－0002955　ZL01480　子部/醫家類/類編之屬

六科證治準繩(六科準繩)七種　(明)王肯堂撰　清光緒十八年(1892)上海圖書集成印書局鉛印本　二十冊　存三種

330000－4793－0002958　SS00217　類叢部/叢書類/郡邑之屬

金華叢書六十八種　(清)胡鳳丹編　清同治七年至光緒八年(1868－1882)永康胡氏退補齋刻民國補刻本　一冊　存一種

330000－4793－0002960　SW00216　史部/地理類/方志之屬/郡縣志

[道光]婺志粹十四卷　(清)盧標纂　清道光十九年(1839)東陽李氏映台樓刻本　八冊　存十卷(一至三、五至十一)

330000－4793－0002961　JB01327　類叢部/叢書類/自著之屬

率祖堂叢書(金仁山先生遺書)八種附六種　(宋)金履祥撰　清雍正至乾隆金華金氏刻光緒十三年(1887)鎮海謝駿德補刻本　二冊　存附一種

330000－4793－0002962　JY01329　類叢部/叢書類/自著之屬

王漁洋遺書三十八種　(清)王士禛撰　清刻本　五冊　存一種

330000－4793－0002964　SN00221　史部/紀傳類/正史之屬

二十四史　清同治至光緒五省官書局據汲古閣本等合刻光緒五年(1879)湖北書局彙印本　六冊　存一種

330000－4793－0002965　NP01458　經部/春秋左傳類/傳說之屬

評點春秋綱目左傳句解彙雋六卷　(清)韓菼重訂　清刻本　一冊　存一卷(六)

330000－4793－0002968　ZY01488、ZY01579、ZY01670、ZY01672　類叢部/類書類/通類之屬

淵鑑類函四百五十卷目錄四卷　(清)張英　(清)王士禛等輯　清康熙刻本　七十四冊　存二百九十一卷(目錄一至四,一至五十六、六十至一百二十八、一百五十至一百六十一、二百一至二百十六、二百八十至三百二、三百十七至三百七十八、三百九十一至三百九十三、四百一至四百四十二、四百四十七至四百五十)

330000－4793－0002969　SC00223　史部/政書類/律令之屬/法驗

重刊補註洗冤錄集證四卷作吏要言一卷　(清)王又槐輯　(清)李觀瀾補輯　(清)阮其新補註　(清)張錫蕃重訂　(清)文晟續輯　清刻四色套印本　五冊

330000－4793－0002973　JZ01333　集部/總集類/課藝之屬
直省考卷詩賦皃藻集不分卷　(清)顧宗泰評選　清乾隆二十六年(1761)刻本　一册

330000－4793－0002974　ZY01492　子部/雜著類/雜說之屬
欲海回狂集三卷首一卷　(清)周思仁撰　清刻本　一册

330000－4793－0002983　JK01336　子部/雜著類/雜考之屬
癸巳類稿十五卷　(清)俞正燮撰　清刻本　一册　存二卷(十至十一)

330000－4793－0002984　ZJ01497、ZJ01512　子部/醫家類/類編之屬
中西匯通醫書五種　唐宗海撰　清光緒三十四年(1908)上海千頃堂書局石印本　二册　存一種

330000－4793－0002985　NS01463　經部/叢編
五經備旨四十五卷　(清)鄒聖脈纂輯　清石印本　二册　存七卷(書經備旨一至七)

330000－4793－0002986　ZG01498　子部/雜著類
桂宫孝經廣義一卷徵言録一卷因果實録一卷　清鉛印本　一册

330000－4793－0002987　JR01337　集部/總集類/課藝之屬
仁在堂大題彙編不分卷　(清)路德輯　清光緒十三年(1887)抄本　二册

330000－4793－0002988　JT01338、JT01325、JT01385、JT00780　集部/總集類/選集之屬/斷代
唐詩貫珠六十卷　(清)胡以梅輯並箋釋　清康熙五十四年(1715)蘇州胡氏素心堂刻本　四册　存十八卷(五至九、十四至十七、二十二至二十六、三十八至四十一)

330000－4793－0002989　SG00227　史部/傳記類/總傳之屬/技藝
廣印人傳十六卷補遺一卷　葉銘輯　清宣統二年(1910)西泠印社刻本　四册

330000－4793－0002990　NH01468　類叢部/叢書類/彙編之屬
崇文書局彙刻書三十一種　(清)崇文書局編　清光緒元年至三年(1875－1877)湖北崇文書局刻本　一册　存一種

330000－4793－0002991　NC01464　經部/春秋公羊傳類/傳說之屬
春秋公羊註疏二十八卷　(漢)何休注　(唐)陸德明音義　(唐)徐彦疏　清刻本　十册

330000－4793－0002992　SK00228　史部/政書類/通制之屬
康熙政要二十四卷　章梫撰　清宣統二年(1910)鉛印本　一册　存二卷(二十三至二十四)

330000－4793－0002993　ZX01500　子部/藝術類/遊藝之屬/聯語
西湖楹聯四卷　清光緒十五年(1889)暨陽周慶祺知止軒刻本　一册　存一卷(一)

330000－4793－0002996　ZT01503　集部/總集類/課藝之屬
鐵網珊瑚二集不分卷　(清)沈鏡堂輯　清光緒元年(1875)上海順成書局石印本　一册

330000－4793－0002997　SB00230　類叢部/叢書類/自著之屬
郝氏遺書三十三種　(清)郝懿行撰　清嘉慶至光緒刻彙印本　一册　存二種

330000－4793－0002999　ZH01504　子部/術數類/相宅相墓之屬
撼龍經批注校補不分卷疑龍經批注校補三卷　(唐)楊益撰　(清)高其倬批點　(清)寇宗集注　(清)榮錫勳校補　清光緒十八年(1892)巴蜀善成堂刻本　一册　存撼龍經批注校補

330000－4793－0003001　JL01341　類叢部/叢書類/彙編之屬
融經館叢書十一種　(清)徐友蘭編　清光緒

六年至十一年(1880－1885)會稽徐氏八杉齋刻本　一册　存一種

330000－4793－0003002　ZX01509　子部/農家農學類/蠶桑之屬
續蠶桑說一卷　(清)黄秉鈞訂　清光緒二十五年(1899)刻本　一册

330000－4793－0003006　NS01465　經部/四書類/總義之屬/傳說
四書合講十九卷　(清)東壁山房王氏編校　清光緒八年(1882)刻本　四册　存十二卷(論語六至十、孟子一至七)

330000－4793－0003007　JM01343　集部/戲劇類/傳奇之屬
暖紅室彙刻傳奇　劉世珩輯　清宣統二年(1910)貴池劉氏暖紅室刻本　二册　存二種

330000－4793－0003008　JF01344　集部/别集類/宋别集
范石湖詩集二十卷　(宋)范成大撰　清康熙二十七年(1688)黄昌衢藜照樓刻本　一册　存四卷(十七至二十)

330000－4793－0003009　SZ00233/1　史部/雜史類/斷代之屬
戰國策三十三卷　(漢)高誘注　**重刻剡川姚氏本戰國策札記三卷**　(清)黄丕烈撰　清同治八年(1869)湖北崇文書局刻本　一册　存九卷(一至九)

330000－4793－0003011　SZ00233　新學/史志/諸國史
上古史三卷　(清)作新社譯　清鉛印本　一册　存二卷(二至三)

330000－4793－0003013　SY00234　史部/編年類/通代之屬
御批歷代通鑑輯覽一百二十卷　(清)傅恒等撰　清光緒石印本　一册　存三卷(九十七至九十九)

330000－4793－0003015　SQ00235、SJ01221　類叢部/叢書類/自著之屬
存齋雜纂　(清)陸心源撰　清光緒吴興陸氏十萬卷樓刻本　二册　存二種

330000－4793－0003017　ZY01510、ZY01771、ZY00408　子部/醫家類/綜合之屬/通論
醫宗必讀十卷首一卷　(明)李中梓撰　清刻本　三册　存三卷(一、四至五)

330000－4793－0003018　NY01467　經部/易類/傳說之屬
易經精華六卷首一卷末一卷　(清)薛嘉穎撰　清道光元年(1821)光韙堂刻本(卷首原缺)　一册　存一卷(一)

330000－4793－0003019　JC01349　類叢部/叢書類/自著之屬
唱經堂才子書彙稿十種　(清)金人瑞撰　清刻本　一册　存一種

330000－4793－0003020　NZ01469　經部/周禮類/傳說之屬
周禮節訓六卷　(清)黄叔琳輯　(清)姚培謙重訂　清光緒十二年(1886)蘇州埽葉山房刻本　二册

330000－4793－0003021　NQ01470、NQ00124　經部/叢編
御纂七經五種　(清)李光地等撰　清光緒上海鴻文書局石印本　二册　存一種

330000－4793－0003022　ZS01513　子部/醫家類/外科之屬/通論
瘍醫大全四十卷　(清)顧世澄撰　清顧氏刻本　一册　存一卷(三十五)

330000－4793－0003023　JY01352　集部/總集類/彙編之屬
永明石屋幻居詩三卷　(清)□□編　清道光二十一年(1841)刻本　一册

330000－4793－0003025　ZW01511、ZW01873、ZW01517　子部/醫家類/外科之屬/通論
新刊外科正宗十二卷附錄一卷　(明)陳實功撰　清刻本　四册　存四卷(一至四)

330000－4793－0003026　SL00238　史部/政書類/邦交之屬

辛丑各國和約一卷　(清)總理各國事務衙門編　清光緒刻本　一册

330000－4793－0003027　JN01353　集部/別集類/清別集

南洋勸業會紀事絶句一卷　王葆楨撰　清宣統三年(1911)上海龍文閣石印本　一册

330000－4793－0003028　ZJ01514　新學/全體學

進化論不分卷　(英國)泰勒撰　(清)任保羅譯　清光緒二十九年(1903)上海美華書館鉛印本　一册

330000－4793－0003029　NQ01471　經部/書類/傳說之屬

欽定書經傳説彙纂二十一卷首二卷書序一卷　(清)王頊齡等撰　清刻本　二册　存四卷(十八至十九、二十一,書序)

330000－4793－0003030　JS01354　集部/別集類/清別集

嶺南集七卷續集一卷山左集一卷山左續集一卷中州集一卷　(清)程含章撰　清道光刻本　一册　存二卷(山左集、山左續集)

330000－4793－0003032　ZH01515　子部/醫家類/類編之屬

黄氏醫書八種　(清)黄元御撰　清上海中原書局石印本　二册　存二種

330000－4793－0003033　SS00264　史部/史抄類

史記菁華錄六卷　(清)姚祖恩輯　清刻本　一册　存一卷(三)

330000－4793－0003034　NS01473　經部/書類/傳説之屬

書經恒解六卷書凡例一卷辯證一卷　(清)劉沅輯註　清道光十八年(1838)豫诚堂刻本　四册　缺二卷(五至六)

330000－4793－0003038　JB01358　類叢部/叢書類/彙編之屬

拜經樓叢書(愚谷叢書)二十三種　(清)吳騫編　清乾隆至嘉慶海昌吳氏刻彙印本　一册　存一種

330000－4793－0003040　JX01361　集部/總集類/課藝之屬

小題文府不分卷　清石印本　一册

330000－4793－0003041　SX00244、SX00268　史部/目録類/專録之屬

小學考五十卷　(清)謝啟昆撰　清光緒十四年(1888)浙江書局刻本　二册　存三卷(四、六至七)

330000－4793－0003042　SH00245　史部/雜史類/斷代之屬

皇朝掌故二卷　(清)張一鵬撰　(清)陳蔚文注　清光緒二十八年(1902)浙省貢院西橋杞廬刻本　一册　存一卷(上)

330000－4793－0003043　JW01363、JW01370　集部/總集類/選集之屬/通代

文選六十卷　(南朝梁)蕭統輯　(唐)李善注　清乾隆二十四年(1759)懷德堂刻本　二册　存八卷(二十三至二十六、四十六至四十九)

330000－4793－0003045　ZN01519　子部/道家類

南華簡鈔(南華經)四卷　(清)徐廷槐輯注　清刻本　四册

330000－4793－0003047　SB00246　類叢部/叢書類/彙編之屬

藝苑捃華四十八種　(清)顧之逵編　清刻本　一册　存一種

330000－4793－0003048　SL00247　史部/編年類/斷代之屬

御撰資治通鑑綱目三編四卷　(清)張廷玉等撰　**鼎鍥趙田了凡袁先生編纂古本歷史大方綱鑑補三十九卷首一卷**　(明)袁黄編纂　清末石印本　一册　存二卷(御撰資治通鑑綱目三編一至二)

330000－4793－0003049　NZ01474　經部/周

禮類/傳說之屬
周禮節訓六卷　(清)黃叔琳輯　(清)姚培謙重訂　清光緒十二年(1886)蘇州埽葉山房刻本　一册　存四卷(三至六)

330000－4793－0003051　JS01364　集部/總集類/課藝之屬
小題正鵠初集不分卷二集不分卷三集不分卷四集不分卷　(清)李元度輯　清漁古山房刻本　一册　存初集

330000－4793－0003052　ZJ01524　子部/天文曆算類/算書之屬
九章算術細草圖説九卷海島算經細草圖説一卷　(三國魏)劉徽注　(唐)李淳風等注釋　(清)李潢細草　(清)沈欽裴補草　清嘉慶二十五年(1820)語鴻堂刻本　一册　缺八卷(一至八)

330000－4793－0003053　NS01476　經部/叢編
五經備旨四十五卷　(清)鄒聖脈纂輯　清上海大同書局石印本　一册　存四卷(詩經備旨一至四)

330000－4793－0003055　SQ00249　史部/政書類/通制之屬
欽定大清會典一百卷　(清)崑岡等撰　清光緒二十五年(1899)上海書局石印本　一册　存十一卷(一至十一)

330000－4793－0003056　ZS01527　子部/小説家類/異聞之屬
山海經十八卷　(晋)郭璞傳　(清)畢沅校正　清光緒二十三年(1897)文瑞樓鉛印本　一册

330000－4793－0003057　ZX01526　史部/傳記類
項羽本紀一卷高祖本紀一卷吕後本紀一卷孝文本紀一卷孝景本紀一卷孝武本紀一卷　清刻本　一册

330000－4793－0003061　ZM00250　子部/儒家類/儒學之屬/蒙學
蒙學外國歷史教科書一卷附表一卷　文明書局編譯　清光緒三十一年(1905)上海文明書局鉛印本　一册

330000－4793－0003063　ZW01528　類叢部/類書類/通類之屬
文料大成四卷　清光緒十五年(1889)石印本　一册　存三卷(一至三)

330000－4793－0003064　JT01368　集部/總集類/選集之屬/斷代
唐詩三百首六卷　(清)孫洙編　清刻本　一册　存二卷(一至二)

330000－4793－0003066　JN01726　集部/别集類/清别集
南華山人詩鈔十六卷　(清)張鵬翀撰　清乾隆刻本　一册　存二卷(一至二)

330000－4793－0003067　ZS01530　子部/叢編
子書二十八種　(清)育文書局編　清宣統元年(1909)上海育文書局石印本　一册　存一種

330000－4793－0003072　JL01373　史部/紀傳類/正史之屬
律書不分卷　清刻本　一册　存律書三

330000－4793－0003075　SZ00256　史部/編年類/通代之屬
資治通鑑綱目五十九卷　(宋)朱熹撰　清刻本　一册　存一卷(五十三)

330000－4793－0003076　NZ01480　類叢部/類書類/通類之屬
增補事類統編九十三卷首一卷　(清)黃葆真輯　清末石印本　四册　存三十五卷(九至十七、五十九至六十六、七十六至九十三)

330000－4793－0003079　JS01727　集部/别集類/明别集
孫石臺先生遺集二卷附錄二卷　(明)孫揚撰　(清)盧衍仁輯　清乾隆刻本　一册

330000－4793－0003080　JL01376、JL01501

類叢部/叢書類/郡邑之屬
金華叢書六十八種 (清)胡鳳丹編 清同治七年至光緒八年(1868－1882)永康胡氏退補齋刻民國補刻本 三册 存一種

330000－4793－0003081 NW01479 類叢部/類書類/專類之屬
五經文料大成八卷 (清)朱迺紱編 清光緒十八年(1892)石印本 一册

330000－4793－0003083 SS00259 史部/政書類/通制之屬
三通序不分卷 (清)康綸鈞輯 清光緒十九年(1893)雙門底文英閣刻本 一册

330000－4793－0003085 NK01482 經部/小學類/文字之屬/字書/字典
康熙字典十二集三十六卷總目一卷檢字一卷辨似一卷等韻一卷補遺一卷備考一卷 (清)張玉書等纂修 清光緒十三年(1887)上海點石齋石印本 四册

330000－4793－0003086 SJ00258 史部/紀傳類/正史之屬
史記一百三十卷 (漢)司馬遷撰 (漢)褚少孫 (唐)司馬貞補 清刻本 一册 存三卷(二十至二十二)

330000－4793－0003087 JY01378 集部/別集類
飲冰室自由書不分卷 梁啓超撰 清末鉛印本 一册

330000－4793－0003090 SZ00260 史部/編年類/通代之屬
綱鑑補注三十九卷首一卷附御撰資治通鑑綱目三編六卷 (明)王世貞編 (明)袁黄輯 清宣統元年(1909)美華書局石印本 一册 存四卷(首、一至三)

330000－4793－0003092 JY01379 集部/總集類/郡邑之屬
粤十三家集 (清)伍元薇輯 清道光二十年(1840)南海伍氏詩雪軒刻本 一册 存一種

330000－4793－0003093 ZS01547 類叢部/類書類/通類之屬
事類賦三十卷 (宋)吳淑撰並注 清刻本 一册 存十卷(二十一至三十)

330000－4793－0003097 ZG01554 子部/雜著類/雜纂之屬
古諷籀齋目耕脞録三十二卷 (清)鄭霞逸輯 清青雲書屋木活字印本 一册 存十卷(十至十九)

330000－4793－0003100 NY01481 經部/叢編
五經全文訓解 (元)熊禾撰 明刻本 一册 存一種

330000－4793－0003101 SH00263 史部/地理類/山川之屬/水志
湖山便覽十二卷 (清)翟灝等撰 清光緒元年(1875)杭州王維翰槐蔭堂刻本 三册 存六卷(一至六)

330000－4793－0003102 JC01382 集部/別集類/唐五代別集
昌黎先生集四十卷外集十卷遺文一卷 (唐)韓愈撰 (宋)廖瑩中校正 **朱子校昌黎先生集傳一卷** (宋)朱熹撰 **韓集點勘四卷** (清)陳景雲撰 清宣統三年(1911)上海鴻文書局、千頃堂書局石印本 二册 存十四卷(二十七至四十)

330000－4793－0003105 JG01386 集部/總集類/選集之屬/通代
古文觀止十二卷 (清)吳乘權 (清)吳大職輯 清光緒十八年(1892)刻本 三册 存六卷(三至六、九至十)

330000－4793－0003106 SG00267 史部/編年類/通代之屬
尺木堂綱鑑易知録九十二卷 (清)吳乘權 (清)周之炯 (清)周之燦輯 清光緒三十年(1904)上海商務印書館鉛印本 一册 存七卷(六至十二)

330000－4793－0003111 ZT01550、ZT01551 集部/總集類/課藝之屬

鐵網珊瑚初集不分卷二集不分卷三集不分卷　(清)沈鏡堂輯　清同治三年(1864)京都琉璃廠刻本　四册　存初集、二集

330000－4793－0003112　NQ01483　經部/小學類/文字之屬/字書/訓蒙

千字文一卷　(南朝梁)周興嗣撰　清大文堂刻本　一册

330000－4793－0003114　ZD01552　集部/小說類/長篇之屬

第五才子書水滸全傳七十回　(元)施耐庵撰　(清)金人瑞評　清光緒十四年(1888)上海大同書局石印本　一册　存十六回(三十五至五十)

330000－4793－0003116　ZB01553　類叢部/類書類/通類之屬

增補事類統編九十三卷首一卷　(清)黃葆真輯　清末石印本　一册　存七卷(二十八至三十四)

330000－4793－0003118　SS00291　史部/紀傳類/正史之屬

二十四史　清同治至光緒五省官書局據汲古閣本等合刻光緒五年(1879)湖北書局彙印本　十二册　存一種

330000－4793－0003119　NY01484　經部/叢編

十一經音訓　(清)楊國楨等編　清刻本　二册　存一種

330000－4793－0003122　SD00277　史部/編年類/通代之屬

東華錄三十二卷(乾隆朝)　(清)蔣良騏撰　清刻本　十册

330000－4793－0003123　SY00282　史部/編年類/斷代之屬

御撰資治通鑑綱目三編二十卷　(清)張廷玉等撰　**鼎鍥趙田了凡袁先生編纂古本歷史大方綱鑑補三十九卷首一卷**　(明)袁黄編纂　清光緒二十五年(1899)益記書局石印本　十册　存十二卷(綱目三編一至二,鼎鍥趙田了凡袁先生編纂古本歷史大方綱鑑補首、一至九)

330000－4793－0003124　SH00280　史部/紀傳類/正史之屬

四史　清光緒二十四年(1898)上海點石齋石印本　六册　存一種

330000－4793－0003125　SM00281　史部/紀傳類/正史之屬

欽定二十四史　清光緒二十八年(1902)上海文瀾書局石印本　十四册　存一種

330000－4793－0003126　SJ00964、SL00924、SE00286、SY00784、SN00491、SX00792　史部/紀傳類/正史之屬

二十四史附考證　清光緒三十四年(1908)上海集成圖書公司鉛印本　一百二十四册　存九種

330000－4793－0003127　JM01729　集部/總集類/選集之屬/通代

名世文宗三十卷談藪一卷　(明)胡時化輯　(明)陳仁錫訂　明崇禎元年(1628)刻本　十一册　存十一卷(三、六至七、九至十、十四、十八、二十一至二十二、二十七)

330000－4793－0003128　ZH01557、ZH01504　子部/術數類/相宅相墓之屬

撼龍經批注校補不分卷疑龍經批注校補三卷　(唐)楊益撰　(清)高其倬批點　(清)寇宗集注　(清)榮錫勳校補　清光緒十八年(1892)巴蜀善成堂刻本　二册　缺一卷(疑龍經批注校補中)

330000－4793－0003129　SS00288　史部/編年類/斷代之屬

十一朝東華約錄二百三十二卷　(清)王祖顯輯　清光緒二十七年(1901)石印本　五册　存五十二卷(一百六十八至二百十九)

330000－4793－0003130　ST00289　史部/紀傳類/正史之屬

二十四史　清同治至光緒五省官書局據汲古閣本等合刻光緒五年(1879)湖北書局彙印本

四十冊　存一種

330000－4793－0003131　SS00295　類叢部/叢書類/自著之屬

率祖堂叢書(金仁山先生遺書)八種附六種　(宋)金履祥撰　清雍正至乾隆金華金氏刻光緒十三年(1887)鎮海謝駿德補刻本　一冊　存一種

330000－4793－0003132　SS00290　史部/紀傳類/正史之屬

二十四史附考證　清光緒十八年(1892)武林竹簡齋石印本　五冊　存一種

330000－4793－0003133　ST00758　史部/紀傳類/正史之屬

二十四史　清同治至光緒五省官書局據汲古閣本等合刻光緒五年(1879)湖北書局彙印本　四十冊　存一種

330000－4793－0003135　SW00297　史部/傳記類/總傳之屬/郡邑

婺書八卷　(明)吳之器撰　清光緒二十六年(1900)刻本　四冊

330000－4793－0003136　SX00298　史部/傳記類/總傳之屬/通代

校正尚友錄二十二卷　(明)廖用賢輯　(清)張伯琮補輯　清光緒十九年(1893)上海蜚英館石印本　四冊

330000－4793－0003138　SG00300　史部/傳記類/總傳之屬/斷代

國朝尚友錄八卷　(清)李佩芳　(清)孫鼎輯　清光緒二十八年(1902)上海南洋七日報館石印本　四冊

330000－4793－0003141　SZ00302　史部/雜史類/斷代之屬

戰國策三十三卷　(漢)高誘注　**重刻剡川姚氏本戰國策札記三卷**　(清)黃丕烈撰　清同治八年(1869)湖北崇文書局刻本　五冊

330000－4793－0003142　SY00306　史部/雜史類/斷代之屬

元朝祕史十五卷　(清)李文田注　清光緒二十九年(1903)上海文瑞樓石印本　四冊

330000－4793－0003143　SS00305　類叢部/叢書類/彙編之屬

崇文書局彙刻書三十一種　(清)崇文書局編　清光緒元年至三年(1875－1877)湖北崇文書局刻本　四冊　存一種

330000－4793－0003144　SG00304　史部/雜史類/斷代之屬

國語二十一卷　(三國吳)韋昭注　(宋)宋庠補音　**戰國策十卷**　(宋)鮑彪校注　清嘉慶十一年(1806)書業堂刻本　四冊　存二十一卷(國語一至二十一)

330000－4793－0003145　SY00307、SY00333　史部/編年類/通代之屬

御批歷代通鑑輯覽一百二十卷　(清)傅恒等撰　清光緒三十年(1904)上海商務印書館鉛印本　二十三冊

330000－4793－0003146　SG00308　史部/傳記類/總傳之屬/文苑

國朝名家詩鈔小傳四卷　(清)鄭方坤撰　清光緒十二年(1886)萬山草堂刻本　二冊

330000－4793－0003147　SG00324　類叢部/叢書類/自著之屬

高梅亭讀書叢鈔十一種　(清)高嵣集評　清乾隆五十三年(1788)廣郡永邑培元堂楊氏刻本　二冊　存一種

330000－4793－0003148　SE00327　史部/傳記類/總傳之屬/仕宦

貳臣傳八卷　(清)國史館撰　清刻本　八冊

330000－4793－0003149　SY00312　史部/傳記類/總傳之屬/斷代

漁洋感舊集小傳四卷補遺一卷　(清)盧見曾編　清宣統二年(1910)上海國學扶輪社鉛印本　一冊

330000－4793－0003150　SG00313　史部/雜史類/斷代之屬

國語二十一卷　(三國吳)韋昭注　**校刊明道本韋氏解國語札記一卷**　(清)黃丕烈撰　明

道本考異四卷 （清）汪遠孫撰 清光緒三年（1877）永康胡氏退補齋刻本 五册

330000－4793－0003151 SL00329 史部/地理類/山川之屬/山志

廬山志十五卷首一卷 （清）毛德琦撰 清康熙五十九年（1720）順德堂刻乾隆、道光、同治遞修本 十六册

330000－4793－0003152 SG00318 史部/政書類/邦交之屬

各國通商始末記二十卷 （清）王之春編 清光緒二十七年（1901）上海日新社石印本 五册

330000－4793－0003153 SG00315 史部/雜史類/斷代之屬

國語二十一卷 （三國吳）韋昭注 清光緒二十七年（1901）煥文書局石印本 三册

330000－4793－0003155 SX00316 史部/地理類/外紀之屬

西史綱目二十卷 （清）周維翰撰 清石印本 十册

330000－4793－0003156 SG00317 史部/雜史類/斷代之屬

國語二十一卷 （三國吳）韋昭注 **校刊明道本韋氏解國語札記一卷** （清）黄丕烈撰 **明道本考異四卷** （清）汪遠孫撰 清光緒三年（1877）永康胡氏退補齋刻本 四册

330000－4793－0003160 SL00320 史部/傳記類/總傳之屬/仕宦

歷代名臣傳節錄三十卷 （清）蕭培元錄訂 （清）崇厚增輯 清同治九年（1870）完顔崇厚雲蔭堂刻本 八册 存二十七卷（一至二十七）

330000－4793－0003163 SY00326 類叢部/叢書類/彙編之屬

崇文書局彙刻書三十一種 （清）崇文書局編 清光緒元年至三年（1875－1877）湖北崇文書局刻本 二册

330000－4793－0003164 SL00331 史部/雜史類/通代之屬

路史四十七卷 （宋）羅泌撰 （宋）羅苹注 清同治五年（1866）五桂堂刻光緒二年（1876）趙承恩紅杏山房補刻本 十六册 存四十五卷（前紀一至九、後紀一至十三、國名紀三至九、發揮一至六、餘論一至十）

330000－4793－0003166 SG00332 史部/傳記類/總傳之屬/儒林

國朝漢學師承記八卷國朝經師經義目錄一卷國朝宋學淵源記二卷附記一卷 （清）江藩撰 清光緒十一年（1885）掃葉山房刻本 五册

330000－4793－0003168 SM00334 史部/地理類/專志之屬/古跡

马嵬志十六卷 （清）胡鳳丹輯 清光緒三年（1877）永康胡氏退補齋刻本 六册

330000－4793－0003170 SG00337 史部/地理類/雜志之屬

緱城漫鈔三卷 （清）盧標編輯 清道光十八年（1838）刻本 一册

330000－4793－0003171 JP01388 集部/别集類/宋别集

潘默成公文集八卷 （宋）潘良貴撰 （清）曹定遠輯 清刻本 二册

330000－4793－0003172 SQ00343 史部/地理類/專志之屬/祠墓

青冢志十二卷首一卷 （清）胡鳳丹輯 清光緒三年（1877）胡氏退補齋刻本 三册

330000－4793－0003175 SD00342 史部/地理類/雜志之屬

東陽縣鄉土地理教科書四卷 吳允讓編輯 清宣統二年（1910）木活字印本 二册

330000－4793－0003176 SD00341 史部/地理類/山川之屬/山志

大别山志十卷首一卷 （清）胡鳳丹編纂 清同治十三年（1874）退補齋刻本 一册 存二卷（九至十）

330000－4793－0003177 ZW01561 子部/儒家類/儒學之屬

婺學治事文編二卷 (清)繼良輯 清光緒二十四年(1898)孝廉堂麗正書院刻本 一册 存一卷(一)

330000－4793－0003178 SW00336 史部/傳記類/總傳之屬/郡邑
婺書八卷 (明)吳之器撰 清光緒二十六年(1900)刻本 四册

330000－4793－0003179 JJ01392 子部/儒家類/儒學之屬
婺學治事文續編二卷 (清)繼良輯 清刻本 二册

330000－4793－0003180 JM01394 集部/别集類/清别集
眠綠山房詩鈔五卷首一卷 (清)朱寓撰 清道光二十六年(1846)抄本 二册

330000－4793－0003181 JJ01395、JS01450、JR01278、SS00700、JJ01618、JJ01619、ZJ01926、ST00566 類叢部/叢書類/自著之屬
率祖堂叢書(金仁山先生遺書)八種附六種 (宋)金履祥撰 清雍正至乾隆金華金氏刻光緒十三年(1887)鎮海謝駿德補刻本 二十七册 存八種

330000－4793－0003183 NS01487 經部/書類/傳說之屬
尚書表註二卷 (宋)金履祥撰 清乾隆二年(1737)刻本 一册

330000－4793－0003184 ST00344 史部/地理類/專志之屬/古跡
桃花源志二十四卷首一卷 (清)胡鳳丹輯 清光緒三年(1877)永康胡氏退補齋刻本 一册 存二卷(首、一)

330000－4793－0003185 SS00345 類叢部/叢書類/自著之屬
宋金仁山先生遺書八種附六種 (宋)金履祥撰 清雍正至乾隆金華金氏刻光緒十三年(1887)鎮海謝駿德補刻本 一册 存一種

330000－4793－0003186 JN01402 集部/詩文評類/制藝之屬
增選加註能與集不分卷 (清)李秬香改本 (清)金研香評 清刻本 一册

330000－4793－0003187 ZJ01567、ZJ01570、JJ01405 類叢部/叢書類/自著之屬
率祖堂叢書(金仁山先生遺書)八種附六種 (宋)金履祥撰 清雍正至乾隆金華金氏刻光緒十三年(1887)鎮海謝駿德補刻本 三册 存三種

330000－4793－0003191 JJ01403 集部/總集類/郡邑之屬
金華詩錄六十卷别集四卷外集六卷書後一卷 (清)黃彬 (清)朱琰輯 清乾隆三十八年(1773)金華府學刻本 十册 存四十四卷(一至三十四、五十六至六十,外集一至五)

330000－4793－0003194 SY00348 史部/編年類/通代之屬
御批歷代通鑑輯覽一百二十卷 (清)傅恒等撰 清光緒十年(1884)上海同文書局石印本 十册

330000－4793－0003195 JY01404 子部/雜著類
鋟十竹居註釋云翰搜奇八卷 清抄本 八册

330000－4793－0003196 SQ00349、SQ00008、SQ00015、SQ00153 史部/政書類/通制之屬
九通 (清)□□輯 清光緒八年至二十二年(1882－1896)浙江書局刻本 一百二十册 存一種

330000－4793－0003198 ZJ01576、ZJ01578 子部/藝術類/書畫之屬/畫譜
芥子園畫傳初集六卷二集九卷三集六卷 (清)王槩 (清)王蓍 (清)王臬輯 清光緒十四年(1888)上海天寶書局石印本 四册 存九卷(二集一至九)

330000－4793－0003200 JT01405、JT01553 集部/總集類/選集之屬/斷代
同館試律約鈔不分卷 (清)龍遊余撰 (清)子春輯 清光緒八年(1882)刻本 四册

330000－4793－0003201 JZ01406 集部/别

集類/宋別集

宗忠簡公集八卷首一卷 （宋）宗澤撰 **忠簡公年譜一卷** （宋）喬行簡編 清光緒二十四年（1898）義烏黄卿夔刻本 四册

330000－4793－0003202 JH01407 集部/總集類/酬唱之屬

鴻雪唱和集一卷 （清）徐步丹等輯 清石印本 一册

330000－4793－0003204 SJ00355 史部/紀傳類/正史之屬

二十四史 清同治至光緒五省官書局據汲古閣本等合刻光緒五年（1879）湖北書局彙印本 二十一册 存一種

330000－4793－0003205 NS01491 經部/易類/傳説之屬

壽山堂易説四卷 （唐）吕巖撰 清道光汪南金刻同治五年（1866）崇芳重修本 三册 存一卷（繫辭）

330000－4793－0003206 JZ01410 類叢部/叢書類/自著之屬

拙盦叢稿五種 （清）朱一新撰 清光緒二十二年（1896）順德龍氏葆真堂刻本 十六册

330000－4793－0003210 NS01492 經部/四書類/總義之屬/傳説

四書朱子本義匯參四十三卷首四卷 （清）王步青輯 清乾隆十年（1745）敦復堂刻本 二十四册

330000－4793－0003211 SJ00358 類叢部/叢書類/自著之屬

率祖堂叢書（金仁山先生遺書）八種附六種 （宋）金履祥撰 清雍正至乾隆金華金氏刻光緒十三年（1887）鎮海謝駿德補刻本 八册 存附一種

330000－4793－0003213 SP00362、SP00347 史部/地理類/方志之屬/郡縣志

［光緒］浦江縣志十五卷首一卷附殉難録二卷 （清）善廣修 （清）張景青纂 清光緒二十三年（1897）刻三十一年（1905）金國錫木活字增補本 十四册

330000－4793－0003214 SL00367 史部/紀傳類/正史之屬

二十四史 清同治至光緒五省官書局據汲古閣本等合刻光緒五年（1879）湖北書局彙印本 六册 存一種

330000－4793－0003215 SY00366 史部/編年類/通代之屬

御批歷代通鑑輯覽一百二十卷 （清）傅恒等撰 清光緒二十八年（1902）上海文林書局石印本 十册 存六十二卷（一至六十二）

330000－4793－0003216 SX00356/1 史部/編年類/通代之屬

資治通鑑二百九十四卷 （宋）司馬光撰 （元）胡三省音注 **通鑑釋文辯誤十二卷** （元）胡三省撰 清光緒二十八年（1902）上海積山書局石印本 二十四册 存二百三十六卷（一至一百六十、二百三十一至二百九十四，通鑑釋文辯誤一至十二）

330000－4793－0003217 SJ00368 史部/紀傳類/正史之屬

二十四史 清同治至光緒五省官書局據汲古閣本等合刻光緒五年（1879）湖北書局彙印本 十册 存一種

330000－4793－0003219 SS00371 史部/紀傳類/正史之屬

二十四史附考證 清光緒十四年（1888）上海圖書集成印書局鉛印本 十六册 存一種

330000－4793－0003221 SN00372 史部/紀傳類/正史之屬

二十四史 清同治至光緒五省官書局據汲古閣本等合刻光緒五年（1879）湖北書局彙印本 六册 存一種

330000－4793－0003223 NQ01498 經部/叢編

御纂七經五種 （清）李光地等撰 清光緒上海鴻文書局石印本 四册 存一種

330000－4793－0003224 ZT01580 新學/工

藝/雜藝

泰西藝學通攷十六卷 (清)何良棟輯 清光緒二十七年(1901)鴻寶齋書局石印本 六册 存二卷(一至二)

330000－4793－0003225 NL01499、NB00171 類叢部/叢書類/自著之屬

洪北江全集二十一種 (清)洪亮吉撰 清光緒三年至五年(1877－1879)洪用懃授經堂刻本 六册 存二種

330000－4793－0003226 SJ00437 史部/紀傳類/正史之屬

二十四史 清同治至光緒五省官書局據汲古閣本等合刻光緒五年(1879)湖北書局彙印本 二十册 存一種

330000－4793－0003227 NL01500 經部/叢編

十三經古注 (明)葛鼒 (明)金蟠校 明崇禎十二年(1639)金蟠刻清同治八年(1869)浙江書局重修本 八册 存一種

330000－4793－0003229 NS01496 經部/小學類

雷刻四種 (清)雷浚輯 清光緒二年至十年(1876－1884)吳縣雷氏刻本 五册 存三種

330000－4793－0003231 JT01413 集部/別集類/清別集

唐確慎公集十卷首一卷末一卷 (清)唐鑑撰 清光緒元年(1875)刻本 六册

330000－4793－0003232 NG01502 經部/小學類/訓詁之屬/群雅

廣雅疏證十卷附博雅音十卷 (清)王念孫撰 清光緒五年(1879)淮南書局刻本 八册

330000－4793－0003235 NE01506 經部/叢編

重刊宋本十三經注疏四百十六卷 附十三經注疏校勘記四百十六卷 (清)阮元撰 (清)盧宣旬摘錄 **校勘記識語四卷** (清)汪文臺撰 清嘉慶二十年(1815)江西南昌府學刻本 三册 存一種

330000－4793－0003236 SH00378 史部/政書類/通制之屬

九通 (清)□□輯 清光緒二十八年(1902)上海鴻寶書局石印本 十八册 存一種

330000－4793－0003238 ZH01581 子部/兵家類/操練之屬

湖北武學十八種四十二卷 (德國)福克斯 (清)何福滿等選 清光緒二十八年(1902)上海掃葉山房石印本 六册 存六種

330000－4793－0003241 ZR01584 子部/雜著類/雜考之屬

日知錄三十二卷日知錄之餘四卷 (清)顧炎武撰 清乾隆六十年(1795)刻本 十九册 存三十五卷(二至三十二、之餘一至四)

330000－4793－0003242 NK01508 經部/小學類/文字之屬/字書/字典

康熙字典十二集三十六卷總目一卷檢字一卷辨似一卷等韻一卷補遺一卷備考一卷 (清)張玉書等纂修 清刻本 二十册 存二十卷(辰集上中下、巳集上中下、午集上中下、未集上中下、戌集上中下、亥集上中下,補遺,備考)

330000－4793－0003244 ZQ01583 子部/雜著類/雜說之屬

七修類藁五十一卷續藁七卷 (明)郎瑛撰 清刻本 一册 存五卷(二十六至三十)

330000－4793－0003245 NQ01509 經部/春秋總義類/傳說之屬

欽定春秋傳說彙纂三十八卷首二卷 (清)王掞等撰 清光緒二十年(1894)上海育文書局石印本 三册

330000－4793－0003248 NK01511 類叢部/叢書類/彙編之屬

崇文書局彙刻書三十一種 (清)崇文書局編 清光緒元年至三年(1875－1877)湖北崇文書局刻本 一册 存一種

330000－4793－0003249 NS01644 經部/四書類/總義之屬/傳說

四書味根錄三十七卷 （清）金澂撰 清光緒十二年（1886）上海積山書局石印本 六冊

330000－4793－0003250 NY01513 經部/小學類/文字之屬/字書/訓蒙

養蒙針度五卷 （清）潘子聲撰 清光緒十二年（1886）浙蘭慎言堂刻本 一冊

330000－4793－0003251 NF01516 經部/叢編

重刊宋本十三經注疏四百十六卷 附十三經注疏校勘記四百十六卷 （清）阮元撰 （清）盧宣旬摘錄 **校勘記識語四卷** （清）汪文臺撰 清嘉慶二十年（1815）江西南昌府學刻本 十六冊 存一種

330000－4793－0003252 NC01515 經部/春秋穀梁傳類/傳說之屬

春秋穀梁傳十二卷 （晉）范甯集解 （唐）陸德明音義 清光緒江寧李光明莊刻本 四冊

330000－4793－0003253 NC01514 經部/春秋公羊傳類/傳說之屬

春秋公羊傳十一卷 （漢）何休注 （唐）陸德明音義 清光緒二十二年（1896）新化三味堂刻本 三冊

330000－4793－0003255 NL01518 經部/禮記類/傳說之屬

禮記旁訓辨體合訂六卷 （清）徐立綱輯 清循陔堂刻本 六冊

330000－4793－0003256 NG01524、NG01609 類叢部/叢書類/彙編之屬

古逸叢書二十六種 （清）黎庶昌編 清光緒八年至十年（1882－1884）黎庶昌日本東京使署影刻本 二十八冊 存十種

330000－4793－0003259 NK01521 經部/小學類/文字之屬/字書/字典

康熙字典十二集三十六卷總目一卷檢字一卷辨似一卷等韻一卷補遺一卷備考一卷 （清）張玉書等纂修 清光緒十三年（1887）上海點石齋石印本 五冊

330000－4793－0003261 NE01523 經部/小學類/訓詁之屬/爾雅

爾雅三卷 （晉）郭璞注 （唐）陸德明音釋 清光緒三年（1877）永康胡氏退補齋刻本 三冊

330000－4793－0003262 NK01522 經部/小學類/文字之屬/字書/字典

康熙字典十二集三十六卷總目一卷檢字一卷辨似一卷等韻一卷補遺一卷備考一卷 （清）張玉書等纂修 清光緒十年（1884）上海點石齋石印本 六冊

330000－4793－0003263 NF01525 經部/叢編

重刊宋本十三經注疏四百十六卷 附十三經注疏校勘記四百十六卷 （清）阮元撰 （清）盧宣旬摘錄 **校勘記識語四卷** （清）汪文臺撰 清嘉慶二十年（1815）江西南昌府學刻本 二十四冊 存一種

330000－4793－0003265 NE01528 經部/小學類/訓詁之屬/爾雅

爾雅三卷 （晉）郭璞注 （唐）陸德明音釋 清光緒三年（1877）永康胡氏退補齋刻本 三冊

330000－4793－0003266 NG01537 經部/春秋公羊傳類/傳說之屬

春秋公羊傳十一卷 （漢）何休注 （唐）陸德明音義 清光緒三年（1877）永康胡氏退補齋刻本 四冊

330000－4793－0003267 NK01529 經部/禮記類/傳說之屬

禮記增訂旁訓六卷 （清）徐立綱撰 清文奎堂刻本 六冊

330000－4793－0003269 NL01530/1 經部/禮記類/傳說之屬

禮記增訂旁訓六卷 （清）徐立綱撰 清文奎堂刻本 六冊

330000－4793－0003271 NY01534 經部/叢編

御纂七經五種 （清）李光地等撰 清同治六

年至九年(1867－1870)浙江書局刻本　十冊　存一種

330000－4793－0003272　NL01533　經部/禮記類/傳說之屬
漱芳軒合纂禮記體註四卷　(清)范翔撰　清刻本　四冊

330000－4793－0003273　NQ01538　經部/春秋總義類/傳說之屬
欽定春秋傳說彙纂三十八卷首二卷　(清)王掞等撰　清同治九年(1870)浙江撫署刻本　二十冊

330000－4793－0003274　SZ00382　史部/編年類/斷代之屬
御撰資治通鑑綱目三編二十卷　(清)張廷玉等撰　清刻本　六冊

330000－4793－0003275　NX01535、ZZ01819　類叢部/叢書類/彙編之屬
嘯園叢書五十七種　(清)葛元煦編　清光緒二年至七年(1876－1881)仁和葛氏刻本　十一冊　存二十三種

330000－4793－0003278　NH01531　史部/目録類/專録之屬
皇清經解縮本編目十六卷　(清)淩忠照編　(清)張紹銘分輯　清光緒十八年(1892)上海古香閣石印本　三冊　存三卷(一、三、七)

330000－4793－0003279　NF01539　經部/叢編
重刊宋本十三經注疏四百十六卷　附十三經注疏校勘記四百十六卷　(清)阮元撰　(清)盧宣旬摘錄　**校勘記識語四卷**　(清)汪文臺撰　清嘉慶二十年(1815)江西南昌府學刻本　八冊　存一種

330000－4793－0003282　SQ00384、SJ00393、SB00461、SQ00481、SS00579、SZ00720　史部/紀傳類/正史之屬
欽定二十四史　清光緒二十八年(1902)上海文瀾書局石印本　三十五冊　存六種

330000－4793－0003284　NH01540　經部/叢編
皇清經解一千四百八卷首一卷　(清)阮元輯　清道光九年(1829)廣東學海堂刻咸豐十一年(1861)補刻本　五冊　存十四卷(一千二百三十四至一千二百四十七)

330000－4793－0003286　SW00436　史部/雜史類/外紀之屬
萬國史綱目八卷　(日本)重野安繹撰　清光緒二十八年(1902)東京勸學會鉛印本　八冊

330000－4793－0003288　SD00399　史部/地理類/方志之屬/郡縣志
[咸豐]大名府志二十二卷首一卷續志六卷末一卷　(清)朱煐等纂修　(清)武蔚文續修　(清)郭程先續纂　(清)高繼珩增補　清咸豐四年(1854)刻本　二十一冊

330000－4793－0003289　SJ00759　類叢部/叢書類/彙編之屬
三長物齋叢書二十五種　(清)黃本驥編　清道光二十二年至二十八年(1842－1848)湘陰蔣瓌刻光緒四年(1878)古香書閣印本　一冊　存一種

330000－4793－0003290　SZ00395　子部/叢編
二十二子(二十二子彙函)　(清)浙江書局編　清光緒元年至三年(1875－1877)浙江書局刻本　四冊　存一種

330000－4793－0003291　SG00394　史部/編年類/通代之屬
尺木堂綱鑑易知錄九十二卷明鑑易知錄十五卷　(清)吳乘權　(清)周之炯　(清)周之燦輯　清尺木堂刻本　四十二冊

330000－4793－0003292　SX00406　史部/地理類/方志之屬/郡縣志
[咸豐]重修興化縣志十卷　(清)梁園棣修　(清)鄭之僑　(清)趙彦俞纂　清咸豐二年(1852)刻本　十冊

330000－4793－0003297　SN00403　史部/地理類/方志之屬/郡縣志

[同治]南昌府志六十六卷首一卷末一卷　(清)許應鑅　(清)王之藩修　(清)曾作舟　(清)杜防纂　清同治十二年(1873)刻本　十九册　存三十八卷(一至三十八)

330000－4793－0003298　NK00138　經部/小學類/文字之屬/字書/字典

康熙字典十二集三十六卷總目一卷檢字一卷辨似一卷等韻一卷補遺一卷備考一卷　(清)張玉書等纂修　清刻本　二十册　存十一卷(子集中,丑集中、下,寅集下,卯集上,辰集上,未集中,申集中,酉集上、中,亥集下)

330000－4793－0003299　SF00405　新學/史志/别國史

法國新志四卷　(英國)該勒低輯　(英國)傅紹蘭　(英國)秀耀春口譯　(清)潘松　(清)范熙庸筆述　清光緒二十七年(1901)上海書局石印本　四册

330000－4793－0003300　SL00414　史部/紀事本末類

歷朝紀事本末九種　(清)陳如升　(清)朱記榮輯　(清)慎記主人增輯　清光緒二十八年(1902)上海書局石印本　五十二册　缺七卷(通鑑紀事本末一百七十六至一百八十二)

330000－4793－0003301　SH00435、SH00408　史部/地理類/山川之屬/水志

湖山便覽十二卷　(清)翟灝等撰　清光緒元年(1875)杭州王維翰槐蔭堂刻本　五册　存十卷(一至四、七至十二)

330000－4793－0003304　SL00413　史部/地理類/山川之屬/山志

爛柯山志十三卷　(清)鄭永禧輯　清光緒三十三年(1907)不其山館刻本　四册

330000－4793－0003305　SW00415　新學/史志/諸國史

萬國史記二十卷　(日本)岡本監輔撰　清光緒二十三年(1897)上海六先書局鉛印本　八册

330000－4793－0003306　SZ00412　史部/紀傳類/正史之屬

二十四史　清同治至光緒五省官書局據汲古閣本等合刻光緒五年(1879)湖北書局彙印本　四册　存一種

330000－4793－0003308　ST00411　新學/史志/諸國史

泰西十八周史攬要十八卷　(英國)雅各偉德撰　(英國)季理斐譯　(清)李鼎星述稿　清光緒二十八年(1902)上海廣學會鉛印本　六册

330000－4793－0003310　ZH01586　集部/總集類/選集之屬/斷代

皇朝經世文編一百二十卷姓名總目二卷生存姓名一卷　(清)賀長齡輯　清道光七年(1827)刻本　二册　存三卷(十三至十四、二十二)

330000－4793－0003312　SW00419　史部/編年類/通代之屬

萬國綱鑑易知錄二十卷　(日本)岡本監輔撰　清光緒二十二年(1896)上海書局石印本　六册

330000－4793－0003313　SY00420、SY01027　史部/地理類/方志之屬/郡縣志

[同治]宜昌府志十六卷　(清)聶光鑾修　(清)王柏心　(清)雷春沼纂　清同治四年(1865)文昌宫刻本　二十册

330000－4793－0003314　SD00421　史部/政書類/律令之屬/律例

大明律集解附例三十卷附一卷圖一卷　清光緒三十四年(1908)修訂法律館刻本　七册　存十九卷(一至十三、二十至二十三,附,圖)

330000－4793－0003315　SZ00423　新學/雜著/叢編

江南製造局譯書　(清)江南製造局編　清光緒二十五年(1899)江南製造局刻本　四册　存一種

330000－4793－0003316　SS00422　史部/史抄類

史鑑節要六卷　(清)鮑東里撰　清光緒二十九年(1903)杭州通記編譯局石印本　二冊　存四卷(一至四)

330000－4793－0003322　SN00429　史部/地理類/方志之屬/郡縣志

[同治]南康縣志十四卷首一卷　(清)沈恩華修　(清)盧鼎峋纂　清同治十一年(1872)刻本　十冊　存十三卷(一至十、十二至十四)

330000－4793－0003323　SR00434　史部/地理類/外紀之屬

日本國志四十卷首一卷　(清)黄遵憲輯　清光緒二十七年(1901)上海書局石印本　十冊

330000－4793－0003324　SK00430　類叢部/叢書類/郡邑之屬

永嘉叢書十三種　(清)孫衣言編　清同治至光緒瑞安孫氏詒善祠塾刻本　一冊　存一種

330000－4793－0003326　ZZ01587、ZZ00092　子部/儒家類/儒學之屬/禮教/家訓

治家畧八卷　(清)胡煒輯　清乾隆二十六年(1761)青陽彝敘堂刻嘉慶印本　二冊

330000－4793－0003327　SS00431　史部/紀傳類/正史之屬

四史　清上海點石齋石印本　六冊　存一種

330000－4793－0003329　SW00433　史部/地理類/外紀之屬

五洲圖考不分卷　(清)龔柴　(清)許彬撰　清光緒二十八年(1902)上海徐家滙印書館鉛印本　四冊

330000－4793－0003331　JJ01420　集部/別集類/清別集

經史古文辨體讀本十二卷　(清)趙粲英纂輯　清石印本　六冊

330000－4793－0003337　SH00441　史部/地理類/山川之屬/山志

黃鵠山志十二卷首一卷　(清)胡鳳丹撰　清同治十三年(1874)胡氏退補齋刻本　六冊

330000－4793－0003338　NL01541　經部/小學類/文字之屬/字書/訓蒙

六言雜字一卷　清光緒七年(1881)黃承德堂刻本　一冊

330000－4793－0003344　JM01428　集部/別集類/清別集

夢綠草堂詩鈔十二卷附鳳蕭集二卷首一卷末一卷　(清)蔡壽祺撰　清咸豐七年(1857)京師刻本　一冊　存二卷(鳳簫集一至二)

330000－4793－0003346　ZR01589　子部/藝術類/書畫之屬/畫譜

茹煙吐霰不分卷　(清)陳允升繪　清光緒十二年(1886)石印本　一冊

330000－4793－0003353　SS00446　史部/地理類/方志之屬/郡縣志

[乾隆]嵩縣志三十卷首一卷　(清)康基淵纂修　清乾隆三十二年(1767)刻本　四冊

330000－4793－0003357　NS01541、SZ00578、JJ01619　類叢部/叢書類/自著之屬

宋金仁山先生遺書八種附六種　(宋)金履祥撰　清雍正至乾隆金華金氏刻光緒十三年(1887)鎮海謝駿德補刻本　十四冊　存五種

330000－4793－0003360　SZ00445　史部/雜史類/斷代之屬

戰國策十卷　(宋)鮑彪校注　(元)吳師道補正　清姑蘇書業堂刻本　五冊　存七卷(一至七)

330000－4793－0003361　JL01439、ZS00168　類叢部/叢書類/郡邑之屬

金華叢書六十八種　(清)胡鳳丹編　清同治七年至光緒八年(1868－1882)永康胡氏退補齋刻民國補刻本　二十九冊　存八種

330000－4793－0003363　ZZ01597　子部/儒家類/儒學之屬/禮教/家訓

治家畧八卷　(清)胡煒輯　清乾隆二十六年(1761)青陽彝敘堂刻嘉慶印本　二冊

330000－4793－0003364　JY01440　集部/別集類

煙月山房外集三卷　(清)何德潤撰　清刻本

三冊　缺第二冊

330000－4793－0003365　JY01441　集部/戲劇類/傳奇之屬

英德堂繪像第七才子書六卷四十二齣　(元)高明撰　(清)毛聲山評　清九如堂刻本　六冊

330000－4793－0003366　NY01543　經部/書類/分篇之屬

禹貢說斷四卷　(宋)傅寅撰　**考證四則一卷**　(清)陳熙晉撰　清咸豐二年(1852)陳坡陳秀芝堂刻本　二冊

330000－4793－0003369　JY01443　集部/別集類/清別集

瑤華僊館遺稿一卷　(清)唐紫珠撰　清末上海商務印書館鉛印本　一冊

330000－4793－0003373　JM01445　集部/總集類/選集之屬/斷代

明文在一百卷　(清)薛熙輯　清光緒十五年(1889)江蘇書局刻本　十冊

330000－4793－0003374　JF01446　集部/總集類/選集之屬/通代

分類賦學雞跖集三十卷附錄一卷　(清)張維城輯　清光緒八年(1882)四明汲綆齋刻本　八冊

330000－4793－0003375　ZJ01599　子部/藝術類/書畫之屬/畫譜

芥子園畫傳四集四卷　(清)丁臯等撰輯　**芥子園圖章會纂一卷**　(清)李漁撰　清芥子園刻本　四冊

330000－4793－0003376　NL01547　經部/禮記類/傳說之屬

禮記備旨萃精六卷首一卷　(清)吳朝贊輯　清同治十二年(1873)拜庚山房刻本　二冊

330000－4793－0003379　ZR01600　子部/術數類/陰陽五行之屬

燃犀集十卷　(清)王醇業撰　清康熙五十九年(1720)武塘王醇業白溪草廬刻本　四冊

330000－4793－0003383　NY01549　經部/易類/傳說之屬

易經本義十二卷首一卷末一卷　(宋)朱熹撰　**音訓十二卷**　(宋)呂祖謙撰　清同治四年(1865)金陵書局刻本　一冊　存五卷(易經首、一至二,音訓一至二)

330000－4793－0003384　ZL01602　子部/醫家類/醫案之屬

臨證指南醫案十卷　(清)葉桂撰　清刻本　四冊　存四卷(一、三、六至七)

330000－4793－0003385　NY01550　經部/易類/傳說之屬

易經傳八卷　(宋)程頤撰　清光緒九年(1883)江南書局刻本　三冊

330000－4793－0003386　ZZ01603　類叢部/叢書類/彙編之屬

崇文書局彙刻書三十一種　(清)崇文書局編　清光緒元年至三年(1875－1877)湖北崇文書局刻本　一冊　存二種

330000－4793－0003387　SM00453、SM00792　史部/傳記類/總傳之屬/儒林

明儒學案六十二卷師說一卷　(清)黃宗羲撰　清光緒十四年(1888)南昌縣學刻本　八冊　存十二卷(五十一至六十二)

330000－4793－0003388　JW01452　集部/總集類

望益居惠珠編雜體詩七卷　(清)鄭吉編　清光緒十一年(1885)雅園書室刻本　一冊

330000－4793－0003389　SG00452　史部/地理類/方志之屬/郡縣志

光緒蘭谿縣志八卷首一卷附補遺一卷　(清)秦簧　(清)朱鑑章　(清)邵秉經修　(清)唐壬森纂　清光緒十三年至十五年(1887－1889)刻本　九冊　缺一卷(二)

330000－4793－0003390　JC01453　集部/詞類/總集之屬

詞選二卷　(清)張惠言輯　**附錄一卷**　(清)鄭善長輯　**續詞選二卷**　(清)董毅輯　清同

治六年(1867)刻本　二册

330000－4793－0003392　ZH01606、JC01500、ZH01943　類叢部/叢書類/彙編之屬

海山仙館叢書五十六種　(清)潘仕成編　清道光二十五年至咸豐元年(1845－1851)番禺潘氏刻光緒十一年(1885)增刻彙印本　七十七册　存三十四種

330000－4793－0003399　NS01620　經部/叢編

遵阮本重校印十三經注疏并校勘記　(清)阮元撰校勘記　(清)盧宣旬摘錄校勘記　清光緒二十四年(1898)上海點石齋石印本　十六册　存一種

330000－4793－0003401　P0009　史部/傳記類/總傳之屬/家乘

[浙江金華]潛溪宋氏宗譜四卷　(清)宋元定等纂修　清光緒二十七年(1901)木活字印本　四册

330000－4793－0003402　SS00462　類叢部/類書類/通類之屬

事類賦三十卷　(宋)吳淑撰並注　清刻本　四册

330000－4793－0003403　NS01598　經部/四書類/總義之屬/傳說

四書古註羣義彙解九種　清石印本　十六册　存五種

330000－4793－0003404　JP01458　集部/小說類/長篇之屬

評論出像水滸傳二十卷七十回　(元)施耐庵撰　(清)金人瑞評　清刻本　四册　存八卷(一至四、十至十一、十九至二十)

330000－4793－0003405　SY00458　史部/編年類/通代之屬

御批歷代通鑑輯覽一百二十卷　(清)傅恒等撰　清光緒二十九年(1903)通文書局石印本　一册　存五卷(一百十六至一百二十)

330000－4793－0003406　ZQ01608　子部/藝術類/遊藝之屬/聯語

巧對錄八卷　(清)梁章鉅撰　清道光二十二年(1842)刻本　一册　存四卷(一至四)

330000－4793－0003408　JJ01461、JJ01460　史部/傳記類/科舉録之屬

江左校士錄六卷　(清)黃體芳輯　清光緒二十一年(1895)上海書局石印本　四册

330000－4793－0003409　SS00457　史部/紀傳類/正史之屬

二十四史附考證　清石印本　二册　存一種

330000－4793－0003412　NS01570　經部/四書類/總義之屬/傳說

四書或問三十九卷　(宋)朱熹撰　清刻本　十册

330000－4793－0003414　NJ01569　經部/群經總義類/文字音義之屬

經典釋文三十卷　(唐)陸德明撰　**經典釋文攷證三十卷**　(清)盧文弨撰　清同治十年(1871)粵秀山文瀾閣刻本　十二册

330000－4793－0003415　JG01463　子部/儒家類/儒學之屬/蒙學

國朝歷科發蒙小品六卷　(清)唐惟懋評選　清乾隆四十四年(1779)尺木堂刻本　二册　存四卷(上論、大學、中庸、上孟)

330000－4793－0003417　SJ00464　史部/紀傳類/正史之屬

二十四史　清同治至光緒五省官書局據汲古閣本等合刻光緒五年(1879)湖北書局彙印本　十六册　存一種

330000－4793－0003419　NZ01572　經部/周禮類/傳說之屬

周禮全備註疏十八卷　(明)郭正域　(明)王完白撰　清本立堂刻本　六册

330000－4793－0003420　SS00463/1　史部/紀傳類/正史之屬

二十四史　清同治至光緒五省官書局據汲古閣本等合刻光緒五年(1879)湖北書局彙印本　二十四册　存一種

330000 - 4793 - 0003421 NW01571、NW00327 經部/三禮總義類/通禮雜禮之屬

五禮通考二百六十二卷首四卷總目二卷 (清)秦蕙田撰 清光緒六年(1880)江蘇書局刻本 八十九冊 存二百三十一卷(一至二十六、五十五至一百三十二、一百三十六至二百六十二)

330000 - 4793 - 0003422 JM01466 集部/總集類/課藝之屬

明文才調集不分卷 (清)許振褘輯 清光緒著易堂鉛印本 四冊

330000 - 4793 - 0003423 NY01639 經部/孝經類/傳說之屬

御註孝經一卷 (清)世祖福臨撰 清光緒三十三年(1907)奎照樓石印本 一冊

330000 - 4793 - 0003424 JM01464 集部/總集類/課藝之屬

目耕齋初集不分卷二集不分卷三集不分卷 (清)徐楷評註 (清)沈叔眉選刊 清光緒十三年(1887)上海積山書局石印本 一冊

330000 - 4793 - 0003426 SJ00466 類叢部/叢書類/彙編之屬

知不足齋叢書一百九十六種 (清)鮑廷博編 (清)鮑志祖續編 清乾隆三十七年至道光三年(1772 - 1823)長塘鮑氏刻彙印本 一冊 存二種

330000 - 4793 - 0003428 JL01468 集部/別集類/清別集

綠香山館二卷 (清)來鴻瑨撰 清刻本 一冊 存一卷(二)

330000 - 4793 - 0003429 SW00469 類叢部/叢書類/自著之屬

章氏遺書二種 (清)章學誠撰 清光緒三年至四年(1877 - 1878)貴陽章氏刻十九年(1893)補刻本 六冊

330000 - 4793 - 0003430 SD00468 史部/地理類/總志之屬/通代

讀史方輿紀要詳節二十三卷 (清)顧祖禹撰 (清)蔣錫礽輯 清光緒二十八年(1902)紹文書局石印本 十一冊

330000 - 4793 - 0003431 SM00471 史部/政書類/律令之屬/刑制

名法指掌新例增訂四卷 (清)沈辛田撰 (清)鈕大煒增訂 清道光六年(1826)培蔭軒刻本 四冊

330000 - 4793 - 0003432 SK00472 類叢部/叢書類/彙編之屬

觀自得齋叢書二十三種別集六種 (清)徐士愷編 清光緒十三年至二十年(1887 - 1894)石埭徐氏刻本 一冊 存一種

330000 - 4793 - 0003433 NH01575、NH01576 經部/叢編

皇清經解一百九十卷 (清)阮元輯 清光緒十八年(1892)上海古香閣石印本 四十冊 存四十八種

330000 - 4793 - 0003435 SS00757 史部/地理類/方志之屬/通志

[雍正]山東通志三十六卷首一卷 (清)岳濬 (清)法敏修 (清)杜詔 (清)顧瀛纂 清乾隆元年(1736)刻道光十七年(1837)補刻本 四十二冊

330000 - 4793 - 0003437 SZ00475 類叢部/叢書類/彙編之屬

正誼齋叢書十種 (清)汪昌序編 清康熙至道光二十年(1840)汪氏刻彙印本 六冊 存一種

330000 - 4793 - 0003438 SJ00474 史部/地理類/方志之屬/郡縣志

[同治]江夏縣志八卷首一卷 (清)王庭楨修 (清)彭崧毓纂 清同治八年(1869)刻光緒七年(1881)增補本 八冊

330000 - 4793 - 0003440 SS00477 史部/金石類/總志之屬

金石記十卷 (清)張煦修 清光緒十五年(1889)刻本 六冊

330000 - 4793 - 0003441 SY00478 史部/地

理類/方志之屬/郡縣志
[光緒]永康縣志十六卷首一卷 (清)李汝為 (清)郭文翹修 (清)潘樹棠等纂 清光緒十八年(1892)刻本 十二冊

330000－4793－0003442 SW00479 史部/地理類/方志之屬/郡縣志
[光緒]武昌縣志二十六卷首一卷末一卷 (清)鍾桐山修 (清)柯逢時纂 清光緒十一年(1885)刻本 十冊

330000－4793－0003443 SJ00481 史部/金石類/總志之屬
金石索十二卷首一卷 (清)馮雲鵬 (清)馮雲鵷輯 清道光元年至十五年(1821－1835)紫琅馮氏邃古齋滋陽刻本 十二冊

330000－4793－0003448 NT01578 經部/三禮總義類/名物制度之屬
天子肆獻祼饋食禮三卷 (清)任啓運撰 清光緒十一年(1885)浙江書局刻本 一冊

330000－4793－0003449 NS01580 經部/小學類/音韻之屬/韻書
詩韻珠璣五卷附錄一卷 (清)余照輯 清博古堂刻本 五冊

330000－4793－0003450 NZ01581 經部/春秋左傳類/正文之屬
左傳分國摘要二十卷 (清)史宗恒輯 清嘉慶十七年(1812)刻本 四冊

330000－4793－0003451 NY01583 類叢部/叢書類/家集之屬
學壽堂叢書十二種 徐紹楨編 清咸豐至光緒番禺徐氏梧州刻本 一冊 存一種

330000－4793－0003452 NZ01582 經部/周禮類/傳說之屬
周禮精華六卷 (清)陳龍標輯 清同治八年(1869)京都善成堂刻本 六冊

330000－4793－0003453 NL01587 子部/儒家類/儒學之屬/蒙學
龍文鞭影二集二卷 (清)李暉吉 (清)徐瓚輯 清光緒三年(1877)掃葉山房刻本 二冊

330000－4793－0003455 SZ00485 史部/政書類/通制之屬
資治新書十四卷首一卷二集二十卷 (清)李漁輯 清經綸堂刻本 二十四冊

330000－4793－0003456 NL01586 子部/儒家類/儒學之屬/蒙學
龍文鞭影二卷 (明)蕭良有撰 (明)楊臣諍增訂 (清)來集之音注 清刻本 二冊

330000－4793－0003461 ZL01613 子部/醫家類/傷寒金匱之屬/傷寒論
劉河間傷寒六書附二種 (金)劉完素等撰 清宣統元年(1909)上海千頃堂書局石印本 二冊 存四種

330000－4793－0003462 NS01588、NZ01613 經部/小學類/音韻之屬/韻書
詩韻全璧五卷 (清)湯祥瑟輯 **初學檢韻袖珍一卷** (清)姚文登撰 清光緒十七年(1891)上海錦章圖書局石印本 六冊

330000－4793－0003463 NZ01589 經部/小學類/音韻之屬/韻書
增廣詩韻合璧六卷 (清)□□撰 **分韻子史題解不分卷詩腋不分卷詞林典腋不分卷** 清光緒十四年(1888)松筠書屋石印本 六冊

330000－4793－0003464 NS01593 經部/四書類/總義之屬/傳說
四書讀本十九卷 (宋)朱熹章句 清光緒十七年(1891)文奎堂石印本 六冊

330000－4793－0003465 JZ01470 經部/小學類/音韻之屬/韻書
詩韻全璧五卷 (清)湯祥瑟輯 **初學檢韻袖珍一卷** (清)姚文登撰 **虛字韻藪一卷** (清)潘維城輯 清光緒十九年(1893)上海點石齋石印本 六冊 缺二卷(初學檢韻袖珍、虛字韻藪)

330000－4793－0003467 NS01591 經部/四書類/總義之屬/傳說
四書子史集證六卷 (清)陳子驤撰 清光緒二十年(1894)上海煥文書局石印本 二冊

330000－4793－0003469　NZ01622　經部/四書類/總義之屬/傳說

酌雅齋四書遵註合講十九卷圖考一卷　(清)翁復編　清光緒二十六年(1900)浙蘭慎言堂刻本　六冊

330000－4793－0003472　NY01597　經部/叢編

九經補注　(清)姜兆錫撰　清雍正至乾隆寅清樓刻本　二冊　存一種

330000－4793－0003473　NQ01599　經部/儀禮類/傳說之屬

欽定儀禮義疏四十八卷首二卷　(清)朱軾等撰　清刻本　二十七冊　缺一卷(四十七)

330000－4793－0003474　ZW01618　子部/雜著類/雜說之屬

危言四卷　(清)湯震撰　清光緒二十二年(1896)上海圖書集成印書局鉛印本　一冊

330000－4793－0003477　ZZ01626　子部/儒家類/儒學之屬/禮教/家訓

曾文正公家訓二卷　(清)曾國藩撰　清光緒三十二年(1906)上海商務印書館鉛印本　一冊

330000－4793－0003478　ZB01620　子部/醫家類/本草之屬/歷代綜合本草

本草從新十八卷　(清)吳儀洛輯　清光緒二十九年(1903)上海同文新局石印本　一冊

330000－4793－0003479　ZJ01624　子部/宗教類/道教之屬/雜著

敬竈全書不分卷　(清)惕心憫世道人編　清同治九年(1870)刻本　一冊

330000－4793－0003481　ZX01619　新學/算學/形學

形學備旨十卷開端一卷　(美國)狄考文選譯　(清)鄒立文筆述　清光緒二十四年(1898)上海美華書館鉛印本　一冊

330000－4793－0003483　NG01601　經部/小學類

澤存堂五種　(清)張士俊輯　清康熙吳郡張士俊澤存堂刻本　三冊　存一種

330000－4793－0003484　ZY01630　子部/醫家類/綜合之屬/通論

醫門法律六卷　(清)喻昌撰　清光緒三十三年(1907)上海簡青齋書局石印本　一冊

330000－4793－0003486　ZD01627　子部/雜著類/雜考之屬

東塾讀書記二十五卷　(清)陳澧撰　清刻本(卷十三至十四、十七至二十、二十二至二十五原缺)　四冊　存十九卷(一至十二、十五至二十一)

330000－4793－0003488　ZZ01634　子部/醫家類/兒科之屬/痘疹

鄭氏瘄科保赤金丹四卷　(清)謝玉瓊撰　(清)鄭啟壽　(清)鄭行彰傳　清末鉛印本　二冊

330000－4793－0003491　ZS01638、ZS01892　類叢部/叢書類/彙編之屬

十萬卷樓叢書五十一種　(清)陸心源編　清光緒歸安陸氏刻本　二十三冊　存十六種

330000－4793－0003492　ZD01636　子部/醫家類/綜合之屬/通論

訂補明醫指掌十卷　(明)皇甫中撰　(明)王肯堂等訂補　**附刻診家樞要一卷**　(明)滑壽編纂　清宣統三年(1911)上海埽葉山房石印本　四冊

330000－4793－0003493　ZS01640、ZZ01652　類叢部/叢書類/自著之屬

古愚老人消夏錄十七種　(清)汪汲撰輯　清乾隆至嘉慶古愚山房刻本　二冊　存四種

330000－4793－0003495　ZC01644　子部/農家農學類/總論之屬

重訂增補陶朱公致富奇書八卷　(明)陳繼儒輯　(清)石巖逸叟增補　清康熙十七年(1678)文光堂刻本　二冊

330000－4793－0003496　ZB01637、SS00722、SL00719　類叢部/叢書類/彙編之屬

廣漢魏叢書八十種　(明)何允中編　清嘉慶

刻本　四册　存三種

330000－4793－0003497　JX01472、JD01419　集部/小説類/長篇之屬

第一才子書繡像三國志演義六十卷首一卷一百二十回　(明)羅本撰　(清)毛宗崗評　清光緒三十年(1904)上海商務印書館鉛印本　八册

330000－4793－0003502　ZH01654　子部/藝術類/書畫之屬/總論

畫禪室隨筆四卷　(明)董其昌撰　(清)楊補輯　清康熙刻本　二册

330000－4793－0003504　ZY01650　新學/幼學/附體操學

幼學操身一卷　(英國)慶丕　(清)翟汝舟編　清光緒二十八年(1902)杞廬刻本　一册

330000－4793－0003508　ZY01655　新學/幼學/附體操學

幼學操身一卷　(英國)慶丕　(清)翟汝舟編　清光緒二十八年(1902)杞廬刻本　一册

330000－4793－0003509　ZZ01653　子部/叢編

二十二子(二十二子彙函)　(清)浙江書局編　清光緒元年至三年(1875－1877)浙江書局刻本　四册　存一種

330000－4793－0003510　ZY01658　子部/叢編

子書百家　(清)崇文書局編　清光緒元年(1875)湖北崇文書局刻本　二册　存一種

330000－4793－0003512　ZY01667　新學/幼學/附體操學

幼學操身一卷　(英國)慶丕　(清)翟汝舟編　清光緒二十八年(1902)杞廬刻本　二册

330000－4793－0003514　SD00494、SD00043　史部/目録類/專録之屬

東西學書録總敘二卷　沈桐生撰　清光緒二十三年(1897)讀有用書齋刻本　二册

330000－4793－0003515　NS01652　經部/四書類/總義之屬/傳說

四書集註大全三十六卷　(明)胡廣等輯　明嘉靖八年(1529)余氏雙桂堂刻本　十册

330000－4793－0003516　ZC01661　史部/史評類/史論之屬

千百年眼十二卷　(明)張燧撰　清光緒二十九年(1903)上海書局石印本　六册

330000－4793－0003517　ZC01622　子部/藝術類/書畫之屬

朝鮮亂略不分卷　清光緒十一年(1885)石印本　一册

330000－4793－0003519　ZW01671　子部/雜著類/雜考之屬

無邪堂答問五卷　(清)朱一新撰　清光緒二十二年(1896)上海鴻寶齋石印本　五册

330000－4793－0003520　ZC01663　子部/藝術類/書畫之屬/書法書品

詞林墨妙不分卷　(清)馮文蔚等書　清光緒十八年(1892)石印本　一册

330000－4793－0003521　SS00495　史部/政書類/軍政之屬/邊政

朔方備乘六十八卷首十二卷　(清)何秋濤撰　清光緒石印本　八册

330000－4793－0003524　ZF01669　子部/天文曆算類/算書之屬

對數述四卷　(清)陳其晉撰　清光緒二十二年(1896)石印本　二册

330000－4793－0003525　SS00496　類叢部/叢書類/彙編之屬

崇文書局彙刻書三十一種　(清)崇文書局編　清光緒元年至三年(1875－1877)湖北崇文書局刻本　三册　存一種

330000－4793－0003532　NZ01611、NZ01602、NC01515、JX01535　經部/叢編

重刊宋本十三經注疏四百十六卷　附十三經注疏校勘記四百十六卷　(清)阮元撰　(清)盧宣旬摘録　**校勘記識語四卷**　(清)汪文臺撰　清嘉慶二十年(1815)南昌府學刻道光六

年(1826)盱江朱華臨重校同治十二年(1873)江西書局重修本　十七冊　存四種

330000－4793－0003533　JJ01474　類叢部/叢書類/自著之屬
率祖堂叢書(金仁山先生遺書)八種附六種　(宋)金履祥撰　清雍正至乾隆金華金氏刻光緒十三年(1887)鎮海謝駿德補刻本　二冊　存附一種

330000－4793－0003535　SW00497　史部/政書類/律令之屬/律例
萬國憲法志三卷　(清)周逵撰　清光緒二十九年(1903)上海廣智書局鉛印本　一冊

330000－4793－0003537　ZH01685　子部/醫家類/方書之屬/成方藥目
胡慶餘堂丸散膏丹全集十四卷續增一卷　(清)胡光墉編　清光緒三年(1877)杭州胡慶餘堂刻本　一冊　缺一卷(續增)

330000－4793－0003542　ZJ01690　子部/雜著類/雜考之屬
校訂困學紀聞集證二十卷　(宋)王應麟撰　(清)閻若璩等箋　(清)萬希槐集證　清嘉慶十八年(1813)掃葉山房刻本　十二冊

330000－4793－0003543　ZX01691　類叢部/叢書類/彙編之屬
增訂漢魏叢書八十六種　(清)王謨編　清乾隆五十六年(1791)金谿王氏刻本　一冊　存二種

330000－4793－0003547　ZX01689　子部/藝術類/篆刻之屬/印譜
小石山房印譜四卷歸去來辭一卷集名刻一卷　(清)顧湘　(清)顧浩輯　清道光八年(1828)海虞顧氏小石山房刻鈐印本　二冊　存二卷(二、歸去來辭)

330000－4793－0003550　ZT01704　新學/理學/理學
天演論二卷　(英國)赫胥黎撰　嚴復譯　清光緒石印本　一冊

330000－4793－0003552　ZG01706　子部/雜著類/雜說之屬
歸田瑣記八卷　(清)梁章鉅撰　清道光二十五年(1845)北東園刻本　四冊

330000－4793－0003555　ZM01709　子部/儒家類/儒學之屬/蒙學
蒙養必讀二卷　(清)何士循輯　清光緒二十四年(1898)湯溪縣署刻本　一冊

330000－4793－0003557　SG00451　史部/編年類/通代之屬
綱鑑總論二卷　(清)周道卿輯　清光緒三十年(1904)上海書局石印本　二冊

330000－4793－0003559　ST00450　新學/史志/諸國史
泰西民族文明史一卷　(法國)賽奴巴撰　(清)沈是中　(清)俞子彝重譯　清光緒二十九年(1903)商務印書館鉛印本　一冊

330000－4793－0003561　ZJ01714　子部/醫家類/兒科之屬/痘疹
救偏瑣言十卷備用良方一卷　(清)費啟泰撰　清惠迪堂刻本　四冊

330000－4793－0003563　SM00452　新學/政治法律/律例
明治法制史三編不分卷　(日本)清浦奎吾撰　清光緒二十九年(1903)商務印書館鉛印本　一冊

330000－4793－0003565　ZY01717　子部/叢編
二十二子(二十二子彙函)　(清)浙江書局編　清光緒元年至三年(1875－1877)浙江書局刻本　四冊　存一種

330000－4793－0003566　ZS01713　子部/醫家類/診法之屬/脈經脈訣
刪註脈訣規正二卷　(清)沈鏡刪註　清文奎堂刻本　二冊

330000－4793－0003570　ZP01719　新學/幼學
普通擊蒙課本不分卷　(清)求志小學教員編　清光緒三十年(1904)時中書局石印本

一冊

330000－4793－0003571　ZJ01723　子部/天文曆算類/算書之屬
緝古算經攷注二卷　(唐)王孝通撰并注　(清)李潢考注　清道光十二年(1832)吳蘭修刻本　二冊

330000－4793－0003572　ZJ01722　子部/天文曆算類/算書之屬
算經十書十種附刻一種　(清)孔繼涵輯　清刻本　三冊

330000－4793－0003574　ZD01726　子部/雜著類/雜考之屬
東塾讀書記十五卷　(清)陳澧撰　清光緒二十四年(1898)石印本　四冊

330000－4793－0003575　ZC01727　類叢部/叢書類/自著之屬
汪雙池先生叢書二十種附浙刻雙池遺書十二種　(清)汪紱撰　清道光至光緒刻光緒二十三年(1897)長安趙舒翹等彙印本　四冊　存一種

330000－4793－0003578　ZS01724　子部/雜著類/雜說之屬
盛世危言續編四卷　(清)鄭觀應撰　清光緒十六年(1890)上海書局石印本　四冊

330000－4793－0003579　SM00453　史部/雜史類/斷代之屬
明季北略二十四卷南略十八卷　(清)計六奇撰　清光緒十三年(1887)上海圖書集成印書局鉛印本　八冊　缺七卷(十三至十四、南略一至五)

330000－4793－0003580　ND01663　經部/春秋左傳類/傳說之屬
讀左補義五十卷首二卷　(清)姜炳璋輯　清乾隆三十八年(1773)三多堂刻本　八冊

330000－4793－0003582　ZY01733　子部/醫家類/綜合之屬/通論
御纂醫宗金鑑九十卷首一卷　(清)吳謙等撰　清宣統元年(1909)簡青齋書局石印本　十二冊　存五十三卷(首,一至三十八、四十五至五十八)

330000－4793－0003583　ZX01736　子部/藝術類/書畫之屬
王氏書畫苑四十四種　(明)王世貞輯　(明)詹景鳳補　清刻本　一冊　存三種

330000－4793－0003584　ZH01735　子部/叢編
二十二子(二十二子彙函)　(清)浙江書局編　清光緒元年至三年(1875－1877)浙江書局刻本　二冊　存一種

330000－4793－0003585　ZG01731　子部/雜著類/雜說之屬
古今四大家策論十卷　(宋)何去非等撰　(清)南浦子編　清光緒二十七年(1901)紹興會文堂石印本　四冊

330000－4793－0003587　NS01543/1、SJ00744　類叢部/叢書類/自著之屬
率祖堂叢書(金仁山先生遺書)八種附六種　(宋)金履祥撰　清雍正至乾隆金華金氏刻光緒十三年(1887)鎮海謝駿德補刻本　十冊　存二種

330000－4793－0003589　ZH01741　子部/醫家類/內科之屬
活人方彙編七卷　(清)林開燧撰　清同治八年(1869)刻本　七冊

330000－4793－0003591　ZL01739　子部/宗教類/佛教之屬/經疏
大佛頂如來密因修證了義諸菩薩萬行首楞嚴經正見十卷　(清)釋濟時撰　清光緒二十四年(1898)京都龍泉寺刻本　五冊

330000－4793－0003593　ZC01744　子部/醫家類/喉科口齒之屬/通論
重錄增補經驗喉科紫珍集二卷　(清)朱翔宇輯　清上海千頃堂書局石印本　二冊

330000－4793－0003594　ZX01746　子部/儒家類/儒學之屬/蒙學
小學六卷附文公朱夫子年譜一卷　(清)高愈

纂注　清同治十一年(1872)浙江書局刻本　二冊　缺一卷(年譜)

330000－4793－0003595　NY01605　經部/小學類/文字之屬/字書/訓蒙
養蒙針度五卷首一卷　(清)潘子聲撰　清光緒八年(1882)善成堂刻本　二冊

330000－4793－0003596　ZX01745　新學/格致總
西學通攷三十六卷　(清)胡兆鸞輯　清光緒二十四年(1898)石印本　十二冊

330000－4793－0003597　ZX01747　新學/算學/形學
形學備旨十卷開端一卷　(美國)狄考文選譯　(清)鄒立文筆述　清光緒三十二年(1906)上海美華書館鉛印本　二冊

330000－4793－0003598　SW00454　類叢部/叢書類/自著之屬
章氏遺書二種　(清)章學誠撰　清道光十二年至十三年(1832－1833)章華紱刻本　五冊　存一種

330000－4793－0003599　JG01476、JG01477　類叢部/叢書類/自著之屬
顧亭林先生遺書十種補遺十一種　(清)顧炎武撰　(清)席威　(清)朱記榮編　清蓬瀛閣刻吳縣朱記榮增刻光緒三十二年(1906)彙印本　十冊　存十種

330000－4793－0003602　ZZ01753、ZZ01675　類叢部/類書類/專類之屬
子史精華一百六十卷　(清)吳士玉　(清)吳襄等輯　清刻本　十七冊　存五十卷(九至十二、六十九至七十一、一百至一百十五、一百三十三至一百四十二、一百四十四至一百六十)

330000－4793－0003604　ZX01752　新學/雜著/叢編
西學大成五十六種　(清)王西清　(清)盧梯青編　清光緒二十一年(1895)上海醉六堂書坊石印本　十二冊

330000－4793－0003605　SD00460　新學/史志/别國史
東洋史要四卷　(日本)小川銀次郎編　(清)屠長春譯　清石印本　一冊

330000－4793－0003606　ZZ01999、ZZ02037　類叢部/叢書類/彙編之屬
昭代叢書合刻十集五百六十種附一種　(清)張潮　(清)張漸編　(清)楊復吉　(清)沈楙悳續編　清道光吳江沈氏世楷堂刻本　三十三冊　存一百種

330000－4793－0003607　SZ00455　史部/傳記類/總傳之屬/通代
增廣古今人物論三十六卷　(明)鄭賢輯　**續編十二卷**　(清)願學齋同人輯　清光緒二十八年(1902)石印本　八冊　存三十二卷(五至二十六、三十二至三十六,續編一至二、十至十二)

330000－4793－0003609　ZX01755　子部/儒家類/儒學之屬/蒙學
寄傲山房塾課新增幼學故事瓊林四卷首一卷　(清)程登吉撰　(清)鄒聖脈增補　清刻本　四冊

330000－4793－0003610　ZJ01757　子部/天文曆算類/算書之屬
緝古筭經一卷　(唐)王孝通撰並注　**主客圖一卷**　(唐)張為撰　**蘇軾演義二卷**　(唐)蘇鶚撰　清刻本　一冊

330000－4793－0003611　SD00457　史部/地理類/外紀之屬
地球韻言四卷　(清)張士瀛撰　清光緒二十四年(1898)鄂垣務急書館刻本　二冊

330000－4793－0003612　SD00458　史部/地理類/外紀之屬
地球韻言四卷　(清)張士瀛撰　清光緒二十九年(1903)杞廬杭州刻本　二冊

330000－4793－0003616　SL00456　類叢部/叢書類/自著之屬
林文忠公遺集四種　(清)林則徐撰　清光緒

二年(1876)石印本　八冊　存一種

330000－4793－0003617　ST00464　新學/史志/諸國史

泰西十八周史攬要十八卷　(英國)雅各偉德撰　(英國)季理斐譯　(清)李鼎星述稿　清光緒二十九年(1903)上海廣學會鉛印本　六冊

330000－4793－0003618　ZD01579、ZD02015　子部/術數類/占卜之屬

大六壬大全十三卷　(清)郭載騋編　清康熙懷慶楊衙刻本　十三冊

330000－4793－0003619　SW00462　史部/編年類/通代之屬

萬國綱鑑易知錄二十卷　(日本)岡本監輔撰　清光緒二十七年(1901)上海書局石印本　六冊

330000－4793－0003620　SS00466　新學/史志/諸國史

世界近世史不分卷　(日本)松平康國撰　清光緒二十八年(1902)上海商務印書館鉛印本　一冊

330000－4793－0003621　SR00471　新學/史志/別國史

日本新史攬要六卷附圖一卷　(日本)石村貞一編輯　(清)游瀛主人譯　清光緒二十七年(1901)石印本　六冊

330000－4793－0003622　SW00473　史部/政書類/儀制之屬/典禮

文廟通考六卷首一卷　(清)牛樹梅撰　清同治十一年(1872)浙江書局刻本　二冊

330000－4793－0003623　ZS01760　子部/兵家類

帷幄全書十四種　清抄本　一冊　存一種

330000－4793－0003625　SC00474　史部/職官類/官箴之屬

從政約言三卷　(清)金纓輯　**佐治藥言二卷　學治臆説二卷附續説一卷説贅一卷**　(清)汪輝祖纂　清咸豐二年(1852)山陰金瑞五堂刻本　四冊

330000－4793－0003626　SZ00475/1　史部/政書類/儀制之屬/專志/科舉校規

奏定學堂章程不分卷　(清)張百熙　(清)榮慶　(清)張之洞編　清光緒浙江學務處刻本　二冊

330000－4793－0003628　SM00478　史部/雜史類/外紀之屬

明治政黨小史一卷　(日本)日日新聞社纂　(清)陳超譯　清光緒二十八年(1902)上海廣智書局鉛印本　一冊

330000－4793－0003629　SW00477　史部/政書類/儀制之屬/典禮

文廟通考六卷首一卷　(清)牛樹梅撰　清同治十一年(1872)浙江書局刻本　二冊

330000－4793－0003630　ZD01761　子部/儒家類/儒學之屬/經濟

大學衍義輯要六卷　(宋)真德秀撰　(清)陳弘謀輯　清道光二十二年(1842)寶恕堂刻本　四冊

330000－4793－0003636　SZ00562　史部/詔令奏議類/奏議之屬

曾文正公奏議十卷首一卷末一卷補編四卷　(清)曾國藩撰　(清)薛福成編　清同治十三年(1874)上海吳氏醉六堂刻本　十一冊

330000－4793－0003639　SW00484　史部/政書類

吾學錄二十四卷　(清)吳榮光撰　清同治十三年(1874)刻本　八冊

330000－4793－0003642　ZX01763　史部/政書類/律令之屬/法驗

洗冤錄詳義四卷首一卷　(清)許梿輯　**洗冤錄摭遺二卷**　(清)葛元煦輯　清光緒四年(1878)刻本　四冊　缺二卷(摭遺一至二)

330000－4793－0003646　SZ00486　新學/史志/別國史

支那通史七卷　(日本)那珂通世編　清光緒二十五年(1899)上海東文學社石印本　五冊

存四卷(一至四)

330000－4793－0003648　SY00489　史部/編年類/通代之屬

御批歷代通鑑輯覽一百二十卷　(清)傅恒等撰　清光緒二十四年(1898)上洋圖書集成局鉛印本　二十四册

330000－4793－0003649　SR00488　史部/政書類

入幕須知五種附一種　(清)張廷驤輯　清光緒十八年(1892)浙江書局刻本　四册　存四種

330000－4793－0003652　JT01499　集部/詩文評類/文評之屬

唐宋八大家文選集評□□卷　(明)于光華編　明刻本　一册　存二卷(十四至十五)

330000－4793－0003654　SZ00494　史部/地理類/輿圖之屬/郡縣

浙江全省輿圖並水陸道里記不分卷　(清)宗源瀚等纂　清光緒二十年(1894)石印本　二十册

330000－4793－0003656　JX01489　集部/總集類/選集之屬/通代

續古文辭類纂二十八卷　(清)黎庶昌輯　清光緒十五年(1889)上海商務印書館鉛印本　十二册

330000－4793－0003657　NC01608　經部/春秋左傳類/傳說之屬

春秋左傳(狀元閣爵記印左傳杜林)五十卷　(晉)杜預　(宋)林堯叟註釋　(唐)陸德明音義　(明)鍾惺　(明)孫鑛　(明)韓范評點　清末狀元閣李光明莊刻本　十六册

330000－4793－0003658　SE00492　史部/史評類/考訂之屬

廿二史劄記三十六卷補遺一卷　(清)趙翼撰　清光緒二十七年(1901)上海文盛書局石印本　四册

330000－4793－0003660　SQ00493　史部/地理類/方志之屬/郡縣志

[乾隆]曲阜縣志一百卷　(清)潘相等纂修　清乾隆三十九年(1774)刻本　十二册

330000－4793－0003664　JH01487　集部/總集類/選集之屬/斷代

湖海文傳七十五卷　(清)王昶輯　清道光十七年(1837)經訓堂刻同治五年(1866)印本　十四册　存六十四卷(一至六十四)

330000－4793－0003666　JZ01492　集部/總集類/選集之屬/通代

古文快筆貫通解三卷　(清)杭永年輯並評　清乾隆元年(1736)文元堂刻本　十三册

330000－4793－0003667　NK01609　經部/小學類/文字之屬/字書/字典

康熙字典十二集三十六卷總目一卷檢字一卷辨似一卷等韻一卷補遺一卷備考一卷　(清)張玉書等纂修　清光緒元年(1875)湖北崇文書局刻本　一册　存六卷(酉集上中下、戌集上中下)

330000－4793－0003668　ZZ01769、ZZ02000　子部/叢編

諸子彙函二十六卷　(明)歸有光編　明天啓六年(1626)立達堂刻本　二十六册

330000－4793－0003671　NS01610　經部/四書類/總義之屬/傳說

四書典林三十卷　(清)江永輯　清乾隆元年(1736)鋤經齋刻本　十二册

330000－4793－0003673　JJ01496　集部/總集類/課藝之屬

江漢炳靈集二卷　(清)張之洞輯　清刻本　二册　存一卷(二)

330000－4793－0003675　ST00500　史部/地理類/方志之屬/郡縣志

[乾隆]通許縣志十卷　(清)阮龍光修　(清)邵自祐纂　清乾隆三十六年(1771)刻本　六册

330000－4793－0003676　JF01497　集部/總集類/選集之屬/通代

賦海大觀三十二卷　(清)沈祖燕輯　清光緒

二十年(1894)鴻寶齋石印本　二十七冊　存三十一卷(一至二十五、二十七至三十二)

330000－4793－0003677　JL01498　類叢部/類書類/通類之屬
類纂精華三十卷　(清)吳壽昌　(清)高大爵　(清)吳壽國纂　清乾隆二十三年(1758)豐玉堂刻本　五冊　存二十六卷(五至三十)

330000－4793－0003680　ZH01773　子部/術數類/數學之屬
皇極經世六十卷觀物外編二卷前編一卷皇極經世總圖一卷　(宋)邵雍撰　清咸豐元年(1851)洛陽安樂窩刻本　十二冊　存四十三卷(一至四十二、前編)

330000－4793－0003684　ZX01776　子部/藝術類/書畫之屬/題跋
習苦齋畫絮十卷　(清)戴熙撰　清光緒十九年(1893)刻本　四冊

330000－4793－0003686　JH01502　史部/傳記類/科舉録之屬/歷科登科録
[光緒癸卯舉行辛丑壬寅恩正併科]會試全墨二卷　(清)周蘊良等撰　清光緒二十九年(1903)杭州萃利公司石印本　一冊

330000－4793－0003689　ZR01775、ZE01772　子部/農家農學類/園藝之屬/總志
二如亭群芳譜三十卷首一卷　(明)王象晉撰　明末刻本　十七冊　存十八卷(天譜一至三、歲譜一至三、蔬譜一至二、果譜一至三、藥譜、木譜一至二、花譜一至二、果譜二至三)

330000－4793－0003691　JJ01503　集部/別集類/清別集
寄嶽雲齋試體詩選詳註四卷　(清)聶銑敏撰　(清)張學蘇箋　清繡谷書屋刻本　四冊

330000－4793－0003692　ST00504　史部/金石類/金之屬/圖像
陶齋吉金錄八卷　(清)端方撰　清光緒三十四年(1908)石印本　一冊　存一卷(一)

330000－4793－0003693　SZ00505　史部/傳記類/總傳之屬
中興將帥別傳三十卷續編六卷　朱孔彰撰　清光緒二十三年(1897)、三十二年(1906)江寧刻本　八冊

330000－4793－0003697　SC00507　史部/編年類/通代之屬
尺木堂綱鑑易知錄九十二卷　(清)吳乘權　(清)周之炯　(清)周之燦輯　**御撰資治通鑑綱目三編二十卷**　(清)張廷玉等撰　清尺木堂刻本　三冊　存九卷(四至六、二十六至二十七,御撰資治通鑑綱目三編十七至二十)

330000－4793－0003698　ZL02039　子部/藝術類/書畫之屬/書法書品
隸法彙纂十卷　(清)項懷述編　清乾隆五十一年(1786)小西山房刻本　四冊

330000－4793－0003701　SG00508　類叢部/叢書類/彙編之屬
後知不足齋叢書四十七種　(清)鮑廷爵編　清同治至光緒常熟鮑氏刻本　二冊　存一種

330000－4793－0003704　SQ00509　類叢部/叢書類/自著之屬
潛園總集十七種　(清)陸心源撰　清同治至光緒刻本　一冊　存一種

330000－4793－0003705　SG00510　史部/傳記類/總傳之屬/斷代
國朝先正事略續編三十卷　朱孔彰撰　清光緒二十六年(1900)石印本　二冊　存四卷(一至四)

330000－4793－0003708　SS00514　史部/雜史類/斷代之屬
舌擊編五卷　(清)沈儲撰　清咸豐九年(1859)刻本　五冊

330000－4793－0003710　SY00511　史部/金石類/總志之屬/圖像
三古圖三種　(清)黃晟輯　明萬曆二十八年至三十年(1600－1602)吳萬化刻清乾隆十七年(1752)天都黃氏亦政堂重印本　十五冊　存二種

330000－4793－0003711　NS01507　經部/四

書類/總義之屬/傳説

四書改錯二十二卷 (清)毛奇齡撰 清嘉慶十六年(1811)金孝柏學圃刻本 三册 存八卷(九至十二、十七至十九、二十二)

330000－4793－0003712 SF00768 史部/紀傳類/正史之屬

范氏後漢書批評一百卷 (明)顧起元撰 明萬曆四十七年(1619)刻本 十册 存五十卷(一至五十)

330000－4793－0003714 JG01510 集部/總集類/尺牘之屬

國朝名人書札二卷 吳曾祺輯 清宣統二年(1910)上海商務印書館鉛印本 二册 存一卷(二)

330000－4793－0003719 SZ00520 史部/詔令奏議類/奏議之屬

左恪靖伯奏稿三十八卷 (清)左宗棠撰 清同治七年(1868)刻本 二十六册 存二十六卷(三至八、十、十二至十四、十六、十八至十九、二十一、二十五至三十、三十二至三十七)

330000－4793－0003720 ZG01780 類叢部/叢書類/彙編之屬

風雨樓叢書二十三種 鄧實編 清宣統順德鄧氏鉛印本 三册 存一種

330000－4793－0003721 ZX01782 子部/工藝類/日用器物之屬/器具

宣德鼎彝譜八卷 (明)吳中 (明)呂震撰 **宣鑪博論一卷** (明)項子京撰 清光緒九年(1883)鉛印本 二册

330000－4793－0003725 SZ00523 子部/藝術類/篆刻之屬

篆學瑣著二十八種 (清)顧湘輯 清道光二十年(1840)海虞顧氏刻本 八册 存二種

330000－4793－0003727 SZ00764 史部/編年類/通代之屬

資治通鑑二百九十四卷 (宋)司馬光撰 (元)胡三省音注 (明)陳仁錫評 **通鑑釋文辯誤十二卷** (元)胡三省撰 明天啓五年(1625)長洲陳仁錫刻本 一百册 缺十二卷(通鑑釋文辯誤一至十二)

330000－4793－0003731 SJ00521 史部/金石類/總志之屬

金石萃編一百六十卷 (清)王昶撰 清刻本 三十二册 存九十卷(一至九十)

330000－4793－0003733 SZ00527 史部/傳記類/別傳之屬/年譜

左文襄公[宗棠]年譜十卷 (清)羅正鈞編 清刻本 八册 存八卷(二至九)

330000－4793－0003734 SJ00560 史部/金石類/總志之屬

金石索十二卷首一卷 (清)馮雲鵬 (清)馮雲鵷輯 清光緒十九年(1893)上海積山書局石印本 二十四册

330000－4793－0003736 SC00528 史部/詔令奏議類/奏議之屬

曾文正公奏議十卷首一卷末一卷 (清)曾國藩撰 (清)薛福成編 清同治十二年至十三年(1873－1874)蘇郡刻本 十册

330000－4793－0003738 ZQ01788 子部/藝術類/篆刻之屬/印譜

琴鶴堂印譜不分卷 (清)繼良輯 清光緒二十七年(1901)刻鈐印本 四册

330000－4793－0003749 JC01515 集部/別集類/清別集

曾文正公家書十卷大事記四卷家訓二卷榮哀錄不分卷 (清)曾國藩撰 清光緒十九年(1893)上海圖書集成印書局鉛印本 四册 存八卷(家書一至八)

330000－4793－0003750 ZM01791 類叢部/叢書類/彙編之屬

申報館叢書正集五十七種附錄三種 (清)尊聞閣主編 **續集一百四十二種** 蔡爾康編 清同治至光緒申報館鉛印本 一册 存一種

330000－4793－0003751 JK01514 集部/別集類/清別集

恪靖侯盾鼻餘瀋一卷附聯語一卷 (清)左宗

棠撰　清光緒八年(1882)刻本　一册

330000－4793－0003754　SS00532　史部/編年類/斷代之屬
十朝東華錄五百二十五卷　王先謙　(清)潘頤福撰　清光緒二十五年(1899)石印本　九册　存一百卷(咸豐朝一至一百)

330000－4793－0003755　JZ01517　類叢部/叢書類/彙編之屬
武英殿聚珍版書　清刻本　一册　存一種

330000－4793－0003757　JW01256/3　類叢部/叢書類/彙編之屬
文選四種　(清)徐叔蓓輯　清光緒二十年(1894)上海文海書局石印本　二册　存二種

330000－4793－0003760　ZW01794　子部/藝術類/篆刻之屬/印譜
完白山人篆刻偶存不分卷　(清)鄧琰篆刻　清刻鈐印本　一册

330000－4793－0003761　SS00535　史部/金石類/總志之屬/文字
隨軒金石文字九種　(清)徐渭仁輯　清道光十七年至二十四年(1837－1844)春暉堂刻本　四册　存四種

330000－4793－0003763　SL00537　史部/金石類/郡邑之屬/文字
兩浙金石志十八卷補遺一卷　(清)阮元撰　清光緒十六年(1890)浙江書局刻本　十二册

330000－4793－0003765　SX00537　史部/雜史類/斷代之屬
湘軍志十六卷　王闓運撰　清刻本　六册

330000－4793－0003767　NS01510　經部/小學類/文字之屬/說文/傳說
說文廣義校訂三卷末一卷　(清)吳善述撰　清同治十三年(1874)刻本　二册

330000－4793－0003770　ZQ01792　子部/藝術類/書畫之屬/總論
清河書畫舫十二卷鑒古百一詩一卷　(明)張丑輯　清乾隆二十八年(1763)刻本　十二册

330000－4793－0003772　JF01517　集部/別集類/明別集
甫田集三十六卷　(明)文徵明撰　清宣統三年(1911)鉛印本　十二册

330000－4793－0003774　ZY01798、ZY01811　子部/儒家類/儒學之屬/禮教
五種遺規　(清)陳弘謀輯並撰　清乾隆七年(1742)味和堂刻本　二册　存一種

330000－4793－0003775　JL01524　集部/總集類/尺牘之屬
歷代名人書札二卷　吳曾祺輯　清光緒三十四年(1908)上海商務印書館鉛印本　二册

330000－4793－0003776　JQ01542　經部/叢編
御纂七經五種　(清)李光地等撰　清刻本　二册　存一種

330000－4793－0003778　ZM00453　子部/天文曆算類/算書之屬
梅氏叢書輯要三十種六十二卷首一卷　(清)梅文鼎撰　(清)梅瑴成重編　清光緒十四年(1888)上海龍文書局石印本　一册　存八種

330000－4793－0003779　NJ00119　經部/叢編
重刊宋本十三經注疏四百十六卷　附十三經注疏校勘記四百十六卷　(清)阮元撰　(清)盧宣旬摘錄　清嘉慶二十年(1815)南昌府學刻道光六年(1826)盱江朱華臨重校印本　十册　存一種

330000－4793－0003781　NS01513、NS01568、ZH01947、ZZ01598　類叢部/叢書類/自著之屬
船山遺書五十八種　(清)王夫之撰　清同治四年(1865)湘鄉曾國荃金陵刻本　十八册　存五種

330000－4793－0003782　NS01523　經部/小學類/文字之屬/說文
說文引經攷二卷補遺一卷　(清)吳玉搢撰　清光緒八年(1882)雙峰書屋刻本　二册

330000－4793－0003785　JG01526　經部/群經總義類/傳説之屬

古經解鉤沉三十卷　（清）余蕭客撰　清刻本　八册

330000－4793－0003786　JH01525　集部/别集類/清别集

壺園試帖課存一卷附七言排律一卷壺園試帖二刻課存一卷　（清）徐寶善撰　（清）徐志導（清）徐志恭注釋　清光緒十九年（1893）浙江書局刻本　二册

330000－4793－0003787　NP01512　經部/小學類/音韻之屬/韻書

佩文詩韻釋要五卷　（清）周兆基輯　清光緒十八年（1892）浙江書局刻本　一册

330000－4793－0003788　ZX01822　子部/儒家類/儒學之屬/禮教

五種遺規　（清）陳弘謀輯並撰　清乾隆七年（1742）味和堂刻本　一册　存一種

330000－4793－0003790　NS01516、NM01596　經部/四書類/總義之屬/傳説

四書集註十九卷　（宋）朱熹撰　清光緒三十二年（1906）上海商務印書館鉛印本　五册　存十七卷（論語一至十、孟子一至七）

330000－4793－0003792　JG01527　集部/總集類/課藝之屬

國朝文才調集不分卷　（清）許振禕輯　清光緒著易堂鉛印本　六册

330000－4793－0003793　NC01517　經部/春秋總義類/專著之屬

春秋繁露十七卷　（漢）董仲舒撰　清刻本　二册

330000－4793－0003794　SY00603　史部/編年類/通代之屬

御批歷代通鑑輯覽一百二十卷　（清）傅恒等撰　清光緒三十年（1904）上海錦章書局石印本　二十八册　存一百十八卷（三至一百二十）

330000－4793－0003796　JD01529　經部/春秋左傳類/傳説之屬

東萊博議四卷　（宋）吕祖謙撰　**增補虚字註釋一卷**　（清）馮泰松點定　清光緒二十七年（1901）文奎堂刻本　四册

330000－4793－0003800　JL01531　集部/總集類/選集之屬/通代

六朝唐賦讀本不分卷　（清）馬傳庚選註　清光緒十九年（1893）上海寶善書局石印本　二册

330000－4793－0003801　NS01521　類叢部/叢書類/自著之屬

賭棋山莊所著書七種　（清）謝章鋌撰　清光緒刻本　一册　存一種

330000－4793－0003802　SG00546　史部/地理類/山川之屬/山志

廣雁蕩山誌二十八卷首一卷末一卷　（清）曾唯輯　清乾隆五十五年（1790）曾唯依緑園刻嘉慶十三年（1808）增刻同治八年（1869）重修本　六册　存十六卷（一至二、六至七、十二至十五、二十至二十七）

330000－4793－0003803　ZT01804　子部/醫家類/診法之屬/脈經脈訣

圖註脈訣辨真四卷脈訣附方一卷　題（晉）王叔和撰　（明）張世賢注　清刻本　二册

330000－4793－0003804　JG01534　集部/總集類/選集之屬/通代

古文觀止十二卷　（清）吴乘權　（清）吴大職輯　清同治十二年（1873）文盛堂刻本　六册

330000－4793－0003805　ZB01803　子部/醫家類/兒科之屬/通論

保嬰合璧一卷　（清）王晉臣輯　清道光二十八年（1848）刻本　一册

330000－4793－0003806　JX01533　集部/曲類/彈詞之屬

繡像義俠九絲縧全傳十二卷　清光緒二十三年（1897）上海受古書店、中一書局石印本　五册　存十卷（一至六、九至十二）

330000－4793－0003808　NS01525　經部/小

學類/音韻之屬/韻書

詩韻全璧五卷 （清）湯祥瑟輯　清光緒十二年(1886)上海積山書局石印本　五冊

330000－4793－0003811　ZX01808　子部/藝術類/篆刻之屬/印譜

小石山房印譜四卷歸去來辭一卷集名刻一卷 （清）顧湘　（清）顧浩輯　清道光八年(1828)海虞顧氏小石山房刻鈐印本　四冊　存四卷(印譜一至四)

330000－4793－0003812　SM00635　史部/職官類/官箴之屬

牧民寶鑑七種 （清）王文韶輯　清光緒三十四年(1908)河南官紙印刷所石印本　十二冊　存六種

330000－4793－0003813　SZ00627　史部/詔令奏議類/奏議之屬

奏議初編十二卷 （清）張之洞撰　（清）仰止廬主輯　清光緒二十七年(1901)上海圖書集成印書局鉛印本　六冊

330000－4793－0003814　NS01526　經部/書類/傳說之屬

書經體註大全合參六卷 （宋）蔡沈集傳　（清）錢希祥輯注　清刻本　二冊　缺二卷(三至四)

330000－4793－0003818　SJ00547　史部/金石類/金之屬

積古齋鐘鼎彝器款識十卷 （清）阮元　（清）朱爲弼撰　清光緒五年(1879)武昌刻本　六冊

330000－4793－0003819　SL00548　史部/傳記類/別傳之屬/事狀

李鴻章(中國四十年來大事記)十二章 梁啓超撰　清末鉛印本　一冊

330000－4793－0003823　ND01528　經部/春秋左傳類/傳說之屬

東萊博議四卷 （宋）呂祖謙撰　**增補虛字註釋一卷** （清）馮泰松點定　清光緒三十一年(1905)上海商務印書館鉛印本　二冊

330000－4793－0003825　SJ00549　類叢部/叢書類/自著之屬

率祖堂叢書(金仁山先生遺書)八種附六種 （宋）金履祥撰　清雍正至乾隆金華金氏刻光緒十三年(1887)鎮海謝駿德補刻本　八冊　存附一種

330000－4793－0003827　SH00550　史部/金石類/郡邑之屬/目録

寰宇訪碑錄十二卷 （清）孫星衍　（清）邢澍撰　清光緒九年(1883)江蘇書局刻本　四冊

330000－4793－0003828　SK00552　類叢部/叢書類/彙編之屬

曼陀羅華閣叢書十六種 （清）杜文瀾編　清咸豐至同治秀水杜氏刻光緒十八年(1892)上海掃葉山房修補印本　一冊　存一種

330000－4793－0003831　JJ01540　集部/總集類/郡邑之屬

金華文畧二十卷 （清）王崇炳輯　清康熙四十八年(1709)蘭谿唐屺菴刻乾隆七年(1742)金華夏氏補刻咸豐至同治學耨堂印本　二冊　存四卷(一至二、十九至二十)

330000－4793－0003832　ZY01827　子部/醫家類/類編之屬

醫門棒喝二種 （清）章楠撰　清宣統元年(1909)蠡城三友益齋石印本　十冊

330000－4793－0003833　NZ01553　經部/小學類/音韻之屬/韻書

增註字類標韻六卷 （清）華綱撰　（清）范多玨重訂　清光緒二年(1876)石印本　一冊

330000－4793－0003834　NK01532　經部/小學類/文字之屬/字書/字典

康熙字典十二集三十六卷總目一卷檢字一卷辨似一卷等韻一卷補遺一卷備考一卷 （清）張玉書等纂修　清光緒十六年(1890)上海鴻文書局石印本　四冊

330000－4793－0003837　ZY01814　子部/小說家類/雜事之屬

庸閒齋筆記十二卷 （清）陳其元撰　清宣統

三年(1911)掃葉山房石印本　二册

330000－4793－0003839　ZX01816　子部/藝術類/篆刻之屬/印譜
小石山房印譜四卷歸去來辭一卷集名刻一卷　(清)顧湘　(清)顧浩輯　清道光八年(1828)海虞顧氏小石山房刻鈐印本　四册　存四卷(一、三至四,歸去來辭)

330000－4793－0003840　SJ00266　史部/地理類/方志之屬/郡縣志
[康熙]金華府志三十卷　(清)張藎修　(清)沈麟趾等纂　清康熙二十二年(1683)刻本　一册　存二卷(十一至十二)

330000－4793－0003843　ZQ01815　子部/藝術類/篆刻之屬/印譜
琴鶴堂印譜不分卷　(清)繼良輯　清光緒二十七年(1901)刻鈐印本　一册

330000－4793－0003849　SD00558　史部/編年類/斷代之屬
同治東華續錄一百卷　王先謙編　清光緒二十七年(1901)煥文書局石印本　二十四册

330000－4793－0003850　SG00557　史部/傳記類/總傳之屬/技藝
國朝書人輯略十一卷首一卷　震鈞輯　清光緒三十四年(1908)金陵刻本　七册　存十卷(首、一至九)

330000－4793－0003854　NS01536、NS00269　經部/小學類/音韻之屬/韻書
詩韻集成十卷　(清)余照輯　清末南京李光明莊刻本　四册

330000－4793－0003856　ZD01828　子部/儒家類/儒學之屬/經濟
大學衍義四十三卷　(宋)真德秀撰　清光緒二十七年(1901)上海書局石印本　六册

330000－4793－0003858　NS01595　經部/四書類/總義之屬/傳說
四書反身錄八卷首一卷　(清)李顒撰　清浙江書局刻本　四册

330000－4793－0003861　NS01538　經部/小學類/訓詁之屬/群雅
釋名疏證補八卷附釋名補遺一卷續釋名一卷　(漢)劉熙撰　王先謙輯　清光緒二十二年(1896)刻本　三册

330000－4793－0003864　NS01642　經部/詩類/傳說之屬
詩經體註大全合參八卷　(清)高朝瓔定　(清)沈世楷輯　清刻本　二册　存二卷(四至五)

330000－4793－0003866　NJ01641　經部/群經總義類/文字音義之屬
經籍籑詁一百六卷補遺一百六卷首一卷　(清)阮元撰　清石印本　一册　存四卷(四十一至四十四)

330000－4793－0003867　ZX01832　經部/小學類/訓詁之屬/群雅
小演雅一卷續錄一卷别錄一卷附錄一卷　(清)楊浚編　清光緒五年(1879)誦芬堂木活字印本　一册

330000－4793－0003868　ZH01831、ZS01903、ZF01963、ZS01966、ZW01967、ZH01968、ZQ01825　子部/叢編
子書百家　(清)崇文書局編　清光緒元年(1875)湖北崇文書局刻本　十五册　存十三種

330000－4793－0003869　JY01548　集部/别集類/清别集
韞山堂文集八卷　(清)管世銘撰　清光緒十七年(1891)周光濂存厚堂刻本　二册　存四卷(一至二、七至八)

330000－4793－0003872　ZC02038　子部/雜著類/雜說之屬
晨鐘錄一卷　(清)沈榟復重校　清光緒三年(1877)錢塘項氏刻本　一册

330000－4793－0003873　ZS01835　子部/天文曆算類/算書之屬
算經十書十種附刻一種　(清)孔繼涵輯　清

光緒十六年(1890)上海刻本　八册　缺十一卷(周髀算經一至二、音義,九章算術一至八)

330000－4793－0003874　JF01687　集部/别集類/清别集

方百川時文不分卷　(清)方舟撰　**方椒塗遺文不分卷**　(清)方林撰　清刻本　二册

330000－4793－0003876　NC01646　經部/叢編

重刊宋本十三經注疏四百十六卷　附十三經注疏校勘記四百十六卷　(清)阮元撰　(清)盧宣旬摘錄　**校勘記識語四卷**　(清)汪文臺撰　清光緒十八年(1892)湖南寶慶務本書局刻本　三十册　存一種

330000－4793－0003877　SX00565　史部/政書類/邦交之屬

新纂約章大全七十三卷　(清)陸鳳石編　清宣統元年(1909)上海崇義堂石印本　三十四册　存五十四卷(一至二、四至七、十至二十一、二十五至三十六、三十八、四十七至五十五、五十八至六十二、六十四至七十、七十二至七十三)

330000－4793－0003879　SY00569、SY00805　史部/編年類/通代之屬

御批歷代通鑑輯覽一百二十卷　(清)傅恒等撰　清光緒二十年(1894)上海書局石印本　二十四册

330000－4793－0003882　JF01551　集部/别集類/清别集

樊榭山房全集四十二卷　(清)厲鶚撰　清光緒十年(1884)錢塘汪氏振綺堂刻本　九册　存三十二卷(樊榭山房集一至十、文集五至八、續集一至六、秋林琴雅一至四、游仙百詠一至三、集外曲一至二、集外詩、集外文、集外詞)

330000－4793－0003885　ZJ01839　子部/醫家類/綜合之屬

景岳全書發揮四卷　(清)葉桂撰　清光緒五年(1879)吳氏醉六堂刻本　四册

330000－4793－0003886　ZS01834　子部/雜著類/雜考之屬

十駕齋養新録二十卷餘録三卷　(清)錢大昕撰　**錢辛楣先生年譜一卷**　(清)錢大昕編　(清)錢慶曾校註　**竹汀居士年譜續編一卷**　(清)錢慶曾撰　清光緒二年(1876)浙江書局刻本　八册

330000－4793－0003890　JW01552　集部/總集類/選集之屬/斷代

重訂唐詩别裁集二十卷　(清)沈德潛輯　清經綸堂刻本　三十册

330000－4793－0003895　SZ00571、SS00573、SL00567、SH00679、SS00714、SB00719、ST00717、SC00926　史部/紀傳類/正史之屬

二十四史附考證　清光緒二十八年(1902)上海文瀾書局石印本　六十一册　存九種

330000－4793－0003896　ZB01861　類叢部/叢書類/彙編之屬

新斠平津館叢書十集三十四種　(清)孫星衍編　清光緒十年至十五年(1884－1889)吳縣朱氏槐廬家塾刻本　六册　存三種

330000－4793－0003897　SN00577　史部/紀傳類/正史之屬

二十四史附考證　清光緒十年(1884)上海同文書局石印本　二册　存一種

330000－4793－0003898　SY00576　史部/編年類/斷代之屬

御撰資治通鑑綱目三編二十卷　(清)張廷玉等撰　清刻本　六册

330000－4793－0003899　SE00574、SS00683、SH00727　史部/紀傳類/正史之屬

二十四史附考證　清光緒十八年(1892)武林竹簡齋石印本　三十二册　存四種

330000－4793－0003903　NS01543、SJ00671　類叢部/叢書類/自著之屬

率祖堂叢書(金仁山先生遺書)八種附六種　(宋)金履祥撰　清雍正至乾隆金華金氏刻光緒十三年(1887)鎮海謝駿德補刻本　九册

存二種

330000－4793－0003904　ZD01841、ZR00413　類叢部/叢書類/彙編之屬

十萬卷樓叢書五十一種　（清）陸心源編　清光緒歸安陸氏刻本　三册　存三種

330000－4793－0003905　SG00585　史部/地理類/雜志之屬

廣陵通典十卷　（清）汪中撰　清刻本　二册

330000－4793－0003906　SY00584　史部/編年類/斷代之屬

御撰資治通鑑綱目三編六卷　（清）張廷玉等撰　清光緒二十五年（1899）上海著易堂鉛印本　二册

330000－4793－0003907　SN00762　史部/紀傳類/正史之屬

二十一史　明萬曆二十三年至三十四年（1595－1606）北京國子監刻本　二十册　存一種

330000－4793－0003910　ZZ01844、JJ01434、ZJ01595　類叢部/叢書類/自著之屬

率祖堂叢書（金仁山先生遺書）八種附六種　（宋）金履祥撰　清雍正至乾隆金華金氏刻光緒十三年（1887）鎮海謝駿德補刻本　四册　存三種

330000－4793－0003911　ZB01843　子部/宗教類/佛教之屬/諸宗

寶藏論一卷　（後秦）釋僧肇撰　**心要經一卷**　（唐）釋道㲄譯　（清）李調元纂　**金華子雜編二卷**　（五代）劉崇遠撰　清光緒二十三年（1897）金陵刻經處刻本　一册

330000－4793－0003912　SS00587　史部/傳記類/别傳之屬

宋東萊呂成公外錄四卷　（明）戴應龍　（明）王宗啓輯　清刻本　一册

330000－4793－0003914　SB00589　類叢部/叢書類/自著之屬

盧菊人所著書七種　（清）盧標撰　清道光映台樓刻本　一册　存二種

330000－4793－0003915　JL01439、JS01539、ZR01893、JL01562、NS01565　類叢部/叢書類/郡邑之屬

金華叢書六十八種　（清）胡鳳丹編　清同治七年至光緒八年（1868－1882）永康胡氏退補齋刻民國補刻本　三十二册　存七種

330000－4793－0003917　JW01556　子部/儒家類/儒學之屬

婺學治事文編二卷　（清）繼良輯　清光緒二十四年（1898）金華府署刻本　二册

330000－4793－0003919　ND01547　經部/春秋左傳類/傳說之屬

東萊博議四卷　（宋）呂祖謙撰　**增補虛字註釋一卷**　（清）馮泰松點定　清光緒二十四年（1898）文奎堂刻本　四册

330000－4793－0003920　ND01548　經部/春秋左傳類/傳說之屬

東萊博議四卷　（宋）呂祖謙撰　**增補虛字註釋一卷**　（清）馮泰松點定　清光緒八年（1882）文奎堂刻本　四册

330000－4793－0003921　SZ00590　史部/政書類/通制之屬

資治新書十四卷首一卷二集二十卷　（清）李漁輯　清光緒二十年（1894）上海圖書集成印書局鉛印本　十二册

330000－4793－0003922　ZS01847　類叢部/叢書類/彙編之屬

廣雅書局叢書一百五十九種　徐紹棨編　清光緒廣雅書局刻民國九年（1920）番禺徐紹棨彙編重印本　六册　存一種

330000－4793－0003923　ZS01849　子部/儒家類/儒學之屬/蒙學

詩旨周官彙序二卷　（清）應鹿芩撰　清光緒二年（1876）退補齋刻本　一册

330000－4793－0003924　ZZ01848　子部/儒家類/儒學之屬/禮教/家訓

治家畧八卷　（清）胡煒輯　清乾隆二十六年（1761）青陽彝敘堂刻嘉慶印本　二册

330000－4793－0003926　JB01559　集部/别集類/清别集

冰壺山館詩鈔二十七卷　(清)王夢庚撰　清刻本　十二册

330000－4793－0003928　ZY01850　子部/藝術類/遊藝之屬/聯語

楹聯集錦八卷　(清)胡鳳丹輯　清同治六年(1867)退補齋刻本　二册

330000－4793－0003930　NQ01549　經部/書類/傳説之屬

欽定書經傳説彙纂二十一卷首二卷　(清)王頊齡等撰　清雍正八年(1730)刻本　十二册　存十七卷(首一至二、一至十五)

330000－4793－0003931　ZZ01852　子部/儒家類/儒學之屬/禮教/家訓

治家畧八卷　(清)胡煒輯　清乾隆二十六年(1761)青陽彝敘堂刻嘉慶印本　二册

330000－4793－0003933　ZZ01851　子部/儒家類/儒學之屬/禮教/家訓

治家畧八卷　(清)胡煒輯　清乾隆二十六年(1761)青陽彝敘堂刻嘉慶印本　二册

330000－4793－0003934　JL01560　集部/總集類/選集之屬/通代

歷朝名媛詩詞十二卷　(清)陸昶輯　清乾隆三十八年(1773)吳門陸昶紅樹樓刻本　四册

330000－4793－0003936　ZC01853　子部/天文曆算類/算書之屬

翠微山房數學十四種　(清)張作楠撰　清光緒五年(1879)息園刻本　二十四册

330000－4793－0003937　NC01551　史部/紀傳類/别史之屬

春秋紀傳五十一卷　(清)李鳳雛撰　清光緒二十一年(1895)東陽古大化里刻本　十二册

330000－4793－0003938　ND01552　經部/春秋左傳類/傳説之屬

讀左補義五十卷首二卷　(清)姜炳璋輯　清乾隆三十八年(1773)三多堂刻本　十六册

330000－4793－0003939　NY01550/1　經部/禮記類

應太常禮記纂義鈔四卷今是堂禮解鈔一卷范文肅玉藻解鈔一卷　(宋)應鏞撰　清道光十年(1830)刻本　二册

330000－4793－0003940　SB00595　史部/雜史類/斷代之屬

本朝史講義二卷　(清)伯珣錄　清抄本　一册　存一卷(下)

330000－4793－0003942　ZR01854　子部/儒家類/儒學之屬/禮教

人生必讀書十二卷　(清)唐彪撰　清三多齋刻本　四册

330000－4793－0003943　SD00596、SD00346　史部/地理類/方志之屬/郡縣志

道光金華縣志十二卷首一卷　(清)黄金聲修　(清)李林松纂　清道光四年(1824)刻本　八册

330000－4793－0003946　JS01564　集部/别集類/宋别集

山谷詩内集注二十卷外集注十七卷外集補四卷别集注二卷别集補一卷　(宋)黄庭堅撰　(宋)任淵　(宋)史容　(宋)史季溫注　**重刻山谷先生年譜十四卷**　(宋)黄䝺編　清光緒二年(1876)盧秉鈞刻本　二十四册

330000－4793－0003950　NZ01555　經部/四書類/孟子之屬/傳説

增補蘇批孟子二卷孟子年譜一卷　(宋)蘇洵撰　(清)趙大浣增補　清咸豐六年(1856)刻朱墨套印本　二册

330000－4793－0003952　SZ00602　史部/史抄類

中國歷史稿　(清)伯珣錄　清宣統元年(1909)抄本　一册　存中興史北宋紀十二章

330000－4793－0003953　NY01556　經部/叢編

重刊宋本十三經注疏四百十六卷　附十三經注疏校勘記四百十六卷　(清)阮元撰　(清)

盧宣旬摘錄　**校勘記識語四卷**　（清）汪文臺撰　清嘉慶二十年（1815）江西南昌府學刻本　十六册　存一種

330000－4793－0003954　ZG01856　子部/雜著類/雜纂之屬

格言聯璧不分卷　（清）金纓輯　清刻本　一册

330000－4793－0003957　NX01557　經部/群經總義類/傳説之屬

雪樵經解三十卷附録三卷　（清）馮世瀛輯　清光緒八年（1882）秋樹根齋刻本　二十九册　缺三卷（十一、二十、二十三）

330000－4793－0003958　NJ01561　經部/群經總義類/文字音義之屬

經籍籑詁一百六卷補遺一百六卷首一卷　（清）阮元撰　清嘉慶十七年（1812）揚州阮氏瑯環仙館刻本　四十八册

330000－4793－0003959　NS01560、NX01600　經部/叢編

十三經古注　（明）葛鼒　（明）金蟠校　明崇禎十二年（1639）永懷堂刻清同治八年（1869）浙江書局重修本　三册　存二種

330000－4793－0003960　NL01562　經部/禮記類/傳説之屬

禮記集説十卷　（元）陳澔撰　清同治十三年（1874）江西書局刻本　十册

330000－4793－0003963　SR00605　史部/地理類/外紀之屬

日本國志四十卷首一卷　（清）黃遵憲輯　清光緒二十七年（1901）上海書局石印本　十册

330000－4793－0003964　ZZ00628　子部/儒家類/儒學之屬/禮教

增訂五種遺規十六卷　（清）陳弘謀編輯　清光緒二十二年（1896）積山書局石印本　一册　存二卷（在官法戒録一至二）

330000－4793－0003967　NZ01563　經部/四書類/總義之屬/傳説

四書遵註合講十九卷圖考一卷　（清）翁復編　清刻本　六册

330000－4793－0003968　SC00631　史部/史評類/史論之屬

重刊讀史論畧一卷　（清）杜詔撰　清同治五年（1866）永康胡氏退補齋刻本　一册

330000－4793－0003970　SY00632　史部/地理類/專志之屬/祠墓

岳廟志略十卷首一卷　（清）馮培輯　清光緒五年（1879）浙江書局刻本　四册

330000－4793－0003971　NY01559　經部/叢編

重刊宋本十三經注疏四百十六卷　附十三經注疏校勘記四百十六卷　（清）阮元撰　（清）盧宣旬摘錄　**校勘記識語四卷**　（清）汪文臺撰　清嘉慶二十年（1815）江西南昌府學刻本　二十册　存三種

330000－4793－0003974　SL00636　新學/史志/諸國史

歷史叢書　清光緒上海商務印書館鉛印本　一册　存一種

330000－4793－0003975　SG00639　史部/傳記類/科舉録之屬/諸貢録

明貢舉考畧二卷國朝貢舉考畧四卷　（清）黃崇蘭輯　清刻本　三册　存四卷（國朝貢舉考畧一至四）

330000－4793－0003976　SQ00630　史部/政書類/通制之屬

欽定大清會典一百卷　（清）張廷玉等纂修　清光緒十九年（1893）上海圖書集成印書局鉛印本　八册

330000－4793－0003978　SL00642　史部/史評類/史論之屬

歷代史論十二卷宋史論三卷元史論一卷　（明）張溥撰　**明史論四卷**　（清）谷應泰撰　**左傳史論二卷**　（清）高士奇撰　清光緒雙和堂刻本　一册　存三卷（歷代史論一至三）

330000－4793－0003979　SD00638　史部/雜史類/通代之屬

典制考辨便讀八卷 (清)馬名駒撰 清嘉慶十六年(1811)石印本 三冊

330000－4793－0003980 SD00640 史部/史評類/史論之屬
讀史論畧一卷 (清)杜詔撰 清上海緯文閣石印本 一冊

330000－4793－0003982 SX00643 史部/政書類/律令之屬/治獄
新增刑案匯覽十六卷首一卷 (清)潘文舫輯 清光緒十六年(1890)紫英山房刻本 八冊

330000－4793－0003987 SH00650、SH00134 史部/地理類/外紀之屬
海國圖志一百卷首一卷 (清)魏源撰 清光緒二年(1876)平慶涇固道署刻本 二十二冊 存九十三卷(首,一至十、十五至三十二、三十七至一百)

330000－4793－0003988 SL00652 史部/史評類/史論之屬
歷代史論十二卷宋史論三卷元史論一卷 (明)張溥撰 **明史論四卷** (清)谷應泰撰 **左傳史論二卷** (清)高士奇撰 清光緒五年(1879)西江裴氏刻本 十冊

330000－4793－0003991 SH00655 史部/編年類/斷代之屬
皇朝政典挈要六卷 (日本)增田貢撰 (清)毛淦補編 清光緒三年(1877)石印本 一冊

330000－4793－0003992 SN00649 史部/地理類/方志之屬/郡縣志
[康熙]南陽縣志六卷首一卷 (清)張光祖修 (清)宋景愈 (清)徐永芝纂 清康熙三十二年(1693)刻本 六冊

330000－4793－0003993 SR00653 史部/地理類/方志之屬/郡縣志
[康熙]仁和縣志二十八卷 (清)趙世安修 (清)顧豹文 (清)邵遠平纂 清刻本 五冊 存十五卷(十四至二十八)

330000－4793－0003994 SF00654 史部/地理類/方志之屬/郡縣志
[乾隆]汾陽縣志十四卷首一卷 (清)李文起修 (清)戴震纂 清乾隆三十七年(1772)刻本 八冊

330000－4793－0003995 SQ00657 史部/政書類/通制之屬
欽定大清會典一百卷 (清)崑岡等撰 清宣統元年(1909)南洋官書局石印本 十二冊

330000－4793－0003998 SS00662 史部/政書類/邦交之屬
十九世紀外交史十七章總論一章 (日本)平田久撰 張相譯 清光緒二十八年(1902)杭州史學齋刻本 三冊

330000－4793－0003999 SY00658 史部/地理類/外紀之屬
瀛環志略十卷 (清)徐繼畬撰 **附辨正一卷** (清)何秋濤撰 清光緒二十四年(1898)新化三味書室刻本 四冊

330000－4793－0004000 SP00660、SB00761 類叢部/叢書類/彙編之屬
式訓堂叢書四十一種 (清)章壽康編 清光緒會稽章氏刻本 三冊 存二種

330000－4793－0004002 SC00656、SC00838、SC01138、SC00946、SC00335 史部/地理類/方志之屬/通志
[道光]重纂福建通志二百七十八卷首六卷補採福建全省列女附志一卷 (清)孫爾準等修 (清)陳壽祺纂 (清)程祖洛等續修 (清)魏敬中續纂 清同治七年至十年(1868－1871)正誼書院刻本 一百七十五冊 存二百七十七卷(首一至六,一至十二、十四至一百八、一百十三至一百八十、一百八十三至二百七十八)

330000－4793－0004003 SQ00661 史部/政書類/通制之屬
九通 (清)□□輯 清光緒二十七年(1901)上海圖書集成局鉛印本 三十六冊 存一種

330000－4793－0004008 Z001858 類叢部/叢書類/自著之屬
甌北全集八種 (清)趙翼撰 清乾隆至嘉慶

湛貽堂刻本　十四冊　存三種

330000－4793－0004014　ZS01859　類叢部/叢書類/自著之屬

石泉書屋全集六種　(清)李佐賢撰　清咸豐至光緒利津李氏刻本　七冊　存一種

330000－4793－0004016　SP00668　史部/紀事本末類/斷代之屬

平定粵匪紀略十八卷附記四卷　(清)杜文瀾撰　清刻本　一冊　存四卷(八至十一)

330000－4793－0004017　SQ00669　史部/金石類/金之屬

西清古鑑四十卷錢録十六卷　(清)梁詩正(清)蔣溥等纂修　清光緒十四年(1888)上海鴻文書局石印本　二十四冊

330000－4793－0004018　SX00667　史部/金石類/金之屬

西清續鑑甲編二十卷附録一卷　(清)王傑等纂修　清宣統二年(1910)上海涵芬樓據寧壽宮寫本影印本　二十一冊

330000－4793－0004021　SQ00670　史部/傳記類/總傳之屬/技藝

清朝書畫家筆録四卷附清朝畫徵録三卷續録二卷三録一卷　竇鎮輯　清宣統三年(1911)朝記書莊鉛印本　五冊　存九卷(二至四、畫徵録一至三、續録一至二、三録)

330000－4793－0004024　SG00672　史部/傳記類/總傳之屬/斷代

國朝先正事略六十卷　(清)李元度撰　清同治五年至八年(1866－1869)循陔草堂刻本　三十二冊

330000－4793－0004025　SS00673　史部/目録類/總録之屬/私撰

書目答問五卷別録一卷國朝著述諸家姓名略一卷　(清)張之洞撰　清光緒二十一年(1895)上海蜚英館石印本　二冊

330000－4793－0004026　SL00674　史部/地理類/方志之屬/郡縣志

光緒蘭谿縣志八卷首一卷附補遺一卷　(清)秦簧　(清)朱鑑章　(清)邵秉經修　(清)唐壬森纂　清光緒十三年至十五年(1887－1889)刻本　九冊　缺一卷(七)

330000－4793－0004029　P0011　史部/傳記類/總傳之屬/家乘

[浙江浦江]浦陽陳氏宗譜六卷　(清)陳際備纂修　清光緒三十二年(1906)木活字印本　四冊　缺二卷(一、五)

330000－4793－0004030　P0014　史部/傳記類/總傳之屬/家乘

[浙江金華]北溪陳氏宗譜□□卷　清光緒時思堂木活字印本　七冊　存九卷(五至六、八至十、十五、十七至十九)

330000－4793－0004032　ZY01866　子部/醫家類/兒科之屬/通論

鼎鍥幼幼集成六卷　(清)陳復正輯　清宣統三年(1911)上海會文堂石印本　一冊

330000－4793－0004035　P0035　史部/傳記類/總傳之屬/家乘

[浙江義烏]椒山吴氏宗譜二十五卷　(清)吴惠深纂修　清道光十年(1830)木活字印本　九冊　存七卷(一、四至五、七至九、十一)

330000－4793－0004037　P0020　史部/傳記類/總傳之屬/家乘

[浙江金華]金華東池黃氏宗譜□□卷　(清)黃秉鈞等纂修　清光緒十五年(1889)木活字印本　五冊　存五卷(一、三上、六、八至九)

330000－4793－0004038　P0036　史部/傳記類/總傳之屬/家乘

[浙江金華]金華白水嚴氏宗譜□□卷　清光緒十七年(1891)木活字印本　二冊　存二卷(二至三)

330000－4793－0004039　SQ00676　類叢部/叢書類/自著之屬

潛園總集十七種　(清)陸心源撰　清同治至光緒刻本　一冊　存一種

330000－4793－0004042　P0016　史部/傳記類/總傳之屬/家乘

[浙江金華]天泉高氏宗譜六卷　(清)高徐福等纂修　清光緒三十四年(1908)木活字印本　八冊

330000－4793－0004049　P0023　史部/傳記類/總傳之屬/家乘

[河北滄州]重修三衢西邑滄洲方氏宗譜四卷　(清)方奇鱗續修　(清)方痒生重修　清宣統元年(1909)木活字印本　四冊

330000－4793－0004052　P0027　史部/傳記類/總傳之屬/家乘

[浙江金華]金華章氏世譜□□卷　(清)□□纂修　清光緒二十二年(1896)崇德堂木活字印本　一冊　存一卷(十七)

330000－4793－0004055　P0031　史部/傳記類/總傳之屬/家乘

[浙江金華]桐陽金氏十一修宗譜四卷　(清)金萃華都纂修　清光緒惇裕堂木活字印本　一冊　存一卷(一)

330000－4793－0004056　P0039　史部/傳記類/總傳之屬/家乘

[浙江義烏]義烏三山何氏宗譜十三卷　(清)何慶奎等纂修　清同治十一年(1872)木活字印本　三冊　存三卷(三至五)

330000－4793－0004058　P0033、P0056　史部/傳記類/總傳之屬/家乘

[浙江義烏]霞峯項氏宗譜二卷　(清)馮沛霖纂修　清光緒十一年(1885)木活字印本　二冊

330000－4793－0004060　P0034　史部/傳記類/總傳之屬/家乘

[河北滄州]重修三衢西邑滄洲方氏宗譜四卷　(清)方奇鱗續修　(清)方痒生重修　清宣統元年(1909)木活字印本　一冊　存一卷(一)

330000－4793－0004061　P0042　史部/傳記類/總傳之屬/家乘

[浙江義烏]霞峯項氏宗譜二卷　(清)项田益纂修　清嘉慶二十五年(1820)木活字印本　二冊

330000－4793－0004062　P0037　史部/傳記類/總傳之屬/家乘

[浙江餘姚]毛氏永思堂族譜□□卷　(清)毛廷枋等纂修　清永思堂木活字印本　一冊　存二卷(十三至十四)

330000－4793－0004064　P0040　史部/傳記類/總傳之屬/家乘

[浙江義烏]椒山吴氏重修宗譜□□卷　(清)□□纂修　清咸豐五年(1855)木活字印本　二冊　存二卷(二至三)

330000－4793－0004082　P0044　史部/傳記類/總傳之屬/家乘

[浙江義烏]霞峯項氏宗譜二卷　(清)项田益纂修　清嘉慶二十五年(1820)木活字印本　一冊　存一卷(一)

330000－4793－0004095　P0051　史部/傳記類/總傳之屬/家乘

[浙江金華]金華方氏宗譜□□卷　(清)□□纂修　清光緒二十一年(1895)木活字印本　一冊　存一卷(一)

330000－4793－0004097　P0050　史部/傳記類/總傳之屬/家乘

[浙江金華]金華鳳山金氏宗譜五卷　(清)金元發主修　清光緒三年(1877)木活字印本　六冊

330000－4793－0004098　P0046　史部/傳記類/總傳之屬/家乘

[浙江金華]履湖莊氏宗譜□□卷　(清)□□纂修　清光緒三十四年(1908)木活字印本　二冊　存二卷(二至三)

330000－4793－0004099　P0052　史部/傳記類/總傳之屬/家乘

[浙江金華]金華蓮池張氏宗譜□□卷　(清)張國興纂修　清宣統三年(1911)木活字印本　三冊　存三卷(一至二、五)

330000－4793－0004100　P0055　史部/傳記類/總傳之屬/家乘

[浙江義烏]**霞峯項氏宗譜二卷** （清）馮沛霖纂修 清光緒十一年（1885）木活字印本 二册

330000－4793－0004102 P0062、P0068、P0047 史部/傳記類/總傳之屬/家乘

[浙江金華]**金華天鍾湖上葉宗譜十四卷首一卷** （清）葉其森 （清）葉新好纂修 清光緒三十四年（1908）木活字印本 十四册 存十四卷（首,一至十二、十四）

330000－4793－0004109 P0053 史部/傳記類/總傳之屬/家乘

[浙江金華]**桂峯參溪方氏宗譜十卷** （清）方發祖纂修 清道光四年（1824）發祥堂木活字印本 一册 存一卷（一）

330000－4793－0004111 P0060 史部/傳記類/總傳之屬/家乘

[浙江金華]**金華東池黄氏宗譜□□卷** （清）黄廣生主修 清乾隆五十七年（1792）木活字印本 七册 存六卷（首、一至五）

330000－4793－0004114 P0065 史部/傳記類/總傳之屬/家乘

[浙江金華]**金華鳳山金氏宗譜五卷** （清）金元發主修 清光緒三年（1877）木活字印本 二册 存二卷（三、五）

330000－4793－0004115 P0064 史部/傳記類/總傳之屬/家乘

[浙江金華]**文安錢氏宗譜三卷** （清）錢元觀等纂修 清光緒四年（1878）木活字印本 二册

330000－4793－0004123 P0075 史部/傳記類/總傳之屬/家乘

[浙江金華]**赤山黄氏宗譜□□卷** 清光緒十四年（1888）餘慶堂木活字印本 一册 存一卷（一）

330000－4793－0004128 P0079 史部/傳記類/總傳之屬/家乘

[浙江金華]**金華東池黄氏宗譜□□卷** （清）黄學霖等纂修 清光緒三十四年（1908）木活字印本 六册 存四卷（一、十一上、十三至十四）

330000－4793－0004129 P0081 史部/傳記類/總傳之屬/家乘

[浙江金華]**潛溪宋氏宗譜四卷** （清）宋有喜 （清）宋廷公等纂修 清道光二十八年（1848）木活字印本 三册 存三卷（一、三至四）

330000－4793－0004138 ZX01867 子部/術數類/相宅相墓之屬

新編楊曾地理家傳心法捷訣一貫堪輿八卷 （明）唐世友編 清光緒十六年（1890）刻本 八册

330000－4793－0004141 SY00679 史部/地理類/外紀之屬

瀛環志略十卷 （清）徐繼畬撰 清刻本 七册 存九卷（二至十）

330000－4793－0004143 JG01581 集部/總集類/選集之屬/通代

古文析義十六卷 （清）林雲銘輯並注 清文選樓刻本 十六册

330000－4793－0004144 P0082 史部/傳記類/總傳之屬/家乘

[浙江金華]**汪氏通宗世譜五十七卷首一卷** （清）汪嘉祺纂修 清乾隆四十年（1775）刻本 一册 存一卷（首）

330000－4793－0004145 JS01580 史部/傳記類/科舉録之屬

十二科鄉會墨選不分卷 （清）磨鉄山房編次 清道光十年（1830）石印本 六册

330000－4793－0004146 P0084 史部/傳記類/總傳之屬/家乘

[浙江金華]**潛溪宋氏宗譜四卷** （清）□□纂修 清道光三年（1823）木活字印本 二册 存二卷（二、四）

330000－4793－0004150 ZX01869、ZR01380 新學/政治法律/律例

日本法規大全二十五卷首一卷 （清）劉崇傑

等譯　**日本法規解字一卷**　錢恂　董鴻禕編　清宣統二年(1910)上海商務印書館鉛印本　八十一冊

330000－4793－0004153　NS01647　類叢部/叢書類/彙編之屬
說郛一百二十弓一千二百八十種　(明)陶珽編　**說郛續四十六弓五百三十八種**　(明)陶珽編　(清)李際期重訂　明末刻清初李際期宛委山堂續刻彙印本　二十二冊　存二百六十二種

330000－4793－0004154　JF01586　集部/別集類/清別集
峯抱樓詩四卷雜文一卷楹帖二卷　(清)沈鏗撰　清光緒三十二年(1906)刻本　二冊

330000－4793－0004155　JB01599　集部/總集類/選集之屬/斷代
本朝館閣賦前集十二卷　(清)葉抱崧　(清)程洵等輯　清乾隆二十九年(1764)困學齋刻本　七冊　缺一卷(七)

330000－4793－0004156　JB01589　集部/總集類
百錬精金　(清)孫詒紳編　清光緒二年(1876)刻本　四冊　存四種

330000－4793－0004159　NZ01567　經部/小學類/音韻之屬/韻書
詩韻合璧五卷　(清)湯祥瑟輯　清咸豐九年(1859)大文堂刻本　四冊　存四卷(一至二、四至五)

330000－4793－0004160　JJ01590　類叢部/類書類/專類之屬
經史鈔不分卷　(清)徐與喬撰　(清)譚尚忠增輯　清同治十一年(1872)刻本　二十二冊

330000－4793－0004162　ZT01871　子部/術數類/數學之屬
集注太玄十卷　(宋)司馬光撰　清光緒元年(1875)湖北崇文書局刻本　二冊

330000－4793－0004163　JX01598　集部/總集類/課藝之屬
小題指南初集不分卷二集不分卷三集不分卷　(清)吳次歐輯　清同治元年(1862)二希堂刻本　六冊　存三集

330000－4793－0004164　JZ01602　類叢部/叢書類/自著之屬
曾文正公四種　(清)曾國藩撰　清光緒三十一年(1905)上海商務印書館鉛印本　八冊

330000－4793－0004165　JP01603　集部/別集類/清別集
培遠堂手札節存三卷　(清)陳弘謀撰　清光緒二十五年(1899)浙江官書局刻朱墨套印本　一冊

330000－4793－0004168　JC01604　類叢部/叢書類/自著之屬
春在堂全書　(清)俞樾撰　清光緒刻本　一冊　存一種

330000－4793－0004170　NM01569　經部/四書類/孟子之屬/傳說
孟子文椒續編不分卷　清光緒七年(1881)刻本　四冊

330000－4793－0004171　JJ01605　集部/總集類/郡邑之屬
金陵詩徵四十四卷　(清)朱緒曾編　清光緒十八年(1892)刻本　七冊　存二十四卷(一至八、十八至二十、二十四至二十六、三十五至四十四)

330000－4793－0004174　ZB01872　類叢部/叢書類/彙編之屬
亦政堂鐫陳眉公家藏廣秘笈五十四種　(明)陳繼儒編　明萬曆沈氏亦政堂刻本　二冊　存一種

330000－4793－0004177　NS01572　經部/詩類/傳說之屬
詩傳大全二十卷綱領一卷圖一卷　(明)胡廣撰　**詩序辨說一卷**　(宋)朱熹撰　**詩經考異一卷**　(宋)王應麟撰　清刻本　二十二冊

330000－4793－0004178　JX01610　類叢部/叢書類/自著之屬

隨園三十種 （清）袁枚撰　清刻本　八册　存一種

330000－4793－0004182　ZX01878　子部/叢編

二十二子（二十二子彙函） （清）浙江書局編　清光緒二十三年（1897）文瑞樓石印本　二册　存一種

330000－4793－0004183　ST00682　新學/史志/諸國史

泰西新史攬要二十四卷 （英國）馬懇西撰（英國）李提摩太譯　清光緒上海美華書館鉛印本　八册

330000－4793－0004186　ZX01311　類叢部/類書類/通類之屬

玉海二百卷辭學指南四卷詩攷一卷詩地理攷六卷漢藝文志攷證十卷通鑑地理通釋十四卷周書王會補注一卷漢制攷四卷踐阼篇集解一卷急就篇補注四卷姓氏急就篇二卷小學紺珠十卷六經天文編二卷周易鄭康成注一卷通鑑答問五卷 （宋）王應麟撰　**校補玉海瑣記二卷王深寧先生年譜一卷** （清）張大昌撰　清光緒九年至十六年（1883－1890）浙江書局刻民國浙江圖書館補刻本　四册　存十卷（小學紺珠一至十）

330000－4793－0004187　ZZ01880　子部/醫家類/兒科之屬/通論

鼎鍥幼幼集成六卷 （清）陳復正輯　清末上海廣益書局石印本　一册

330000－4793－0004188　SS00684　新學/格致總

時務通考三十一卷 （清）王奇英等編　清光緒二十三年（1897）上海點石齋石印本　十七册　存二十六卷（一、五至十一、十三至二十八、三十至三十一）

330000－4793－0004190　NK01573　經部/小學類/文字之屬/字書/字典

康熙字典十二集三十六卷總目一卷檢字一卷辨似一卷等韻一卷補遺一卷備考一卷 （清）張玉書等纂修　清光緒十三年（1887）上海點石齋石印本　六册

330000－4793－0004194　SD00685　類叢部/叢書類/自著之屬

船山遺書五十八種 （清）王夫之撰　清光緒二十四年（1898）鉛印本　十册　存一種

330000－4793－0004195　NP01574　經部/四書類/總義之屬/傳說

批點四書十九卷句辨一卷字辨一卷音義一卷 （清）羅大春增訂　清光緒十三年（1887）宗德堂刻本　五册　存十七卷（論語一至十、孟子一至七）

330000－4793－0004196　JC01624　集部/別集類/清別集

超然抒情集四卷 （清）于先之撰　清光緒二十七年（1901）木活字印本　一册　存二卷（一至二）

330000－4793－0004201　ZL01882　子部/醫家類/類編之屬

六科證治準繩（六科準繩）七種 （明）王肯堂撰　清光緒十八年（1892）上海圖書集成印書局鉛印本　二十册　存四種

330000－4793－0004202　SC00687　史部/地理類/遊記之屬/紀行

出使英法義比四國日記六卷（清光緒十六年正月十一日至十七年二月三十日） （清）薛福成撰　清光緒十八年（1892）石印本　二册

330000－4793－0004203　NS01575　經部/小學類/音韻之屬/韻書

詩韻合璧五卷 （清）湯祥瑟輯　清光緒四年（1878）味香書屋刻本　五册

330000－4793－0004204　JL01625　集部/別集類/清別集

笠翁一家言全集十六卷 （清）李漁撰　清刻本　十六册

330000－4793－0004205　ZY01883　子部/醫家類/方書之屬/歷代方書

醫方集解三卷 （清）汪昂撰　清刻本　一册　存一卷（下之四至八）

330000－4793－0004208　SW00688　史部/編年類/通代之屬

尺木堂綱鑑易知錄九十二卷明鑑易知錄十五卷　(清)吳乘權　(清)周之炯　(清)周之燦輯　清康熙五十年(1711)三元堂刻本　三十一冊　存六十七卷(綱鑑易知錄一至十五、十九至二十八、三十三至三十七、五十八至六十、六十三至六十五、六十八至八十三,明鑑易知錄一至十五)

330000－4793－0004210　JS01630　類叢部/叢書類/自著之屬

隨園三十六種　(清)袁枚撰　清光緒三十四年(1908)上海集成圖書公司鉛印本　四十六冊　存三十一種

330000－4793－0004211　NL01577、ZN00390　類叢部/叢書類/自著之屬

儆居遺書十一種　(清)黃式三撰　清同治至光緒刻本　十四冊　存二種

330000－4793－0004217　SS00690　史部/紀傳類/正史之屬

四史　清光緒二十四年(1898)上海點石齋石印本　六冊　存一種

330000－4793－0004222　SM00692　史部/紀傳類/正史之屬

二十四史　清同治至光緒五省官書局據汲古閣本等合刻光緒五年(1879)湖北書局彙印本　八冊　存一種

330000－4793－0004225　NX01581　經部/四書類/總義之屬/傳說

新訂四書補註備旨十卷　(明)鄧林撰　(清)杜定基增訂　清光緒二十三年(1897)兩儀堂刻本　三冊　存六卷(大學、中庸、論語一至二、孟子一至二)

330000－4793－0004226　SR00695　史部/紀傳類/正史之屬

二十四史附考證　清光緒十四年(1888)上海圖書集成印書局鉛印本　一冊　存一種

330000－4793－0004227　ST00694　史部/地理類/方志之屬/郡縣志

[乾隆]湯溪縣志十卷首一卷　(清)陳鍾炅修　(清)馮宗城等纂　清乾隆四十八年(1783)刻本　三冊　存六卷(五至十)

330000－4793－0004228　NY01582　經部/儀禮類/傳說之屬

儀禮十七卷　(漢)鄭玄注　(唐)陸德明音義　清光緒三年(1877)永康胡氏退補齋刻本　四冊

330000－4793－0004230　SS00697　史部/紀傳類/正史之屬

二十四史附考證　清光緒二十一年(1895)上海畊餘主人石印本　三十六冊　存四種

330000－4793－0004231　ZZ01890　類叢部/類書類/通類之屬

增補註釋故事白眉十卷　(明)許以忠輯　清康熙四十一年(1702)聚錦堂刻本　四冊

330000－4793－0004235　SC00699　史部/地理類/山川之屬/水志

曹娥江志八卷首一卷　(清)胡鳳丹輯　清光緒三年(1877)永康胡氏退補齋刻本　一冊

330000－4793－0004236　SQ00698　史部/地理類/方志之屬/郡縣志

[光緒]青田縣志十八卷首一卷　(清)雷銑修　(清)王棻纂　清光緒元年至二年(1875－1876)刻本　二冊　存三卷(六至七、十四)

330000－4793－0004239　JG00235　集部/總集類/彙編之屬

漢魏六朝一百三家集(漢魏六朝百三名家集)　(明)張溥編　清光緒十八年(1892)善化章經濟堂刻本　三十五冊　存二十五種

330000－4793－0004243　SP00701、SX00107　類叢部/叢書類/自著之屬

鹿洲全集　(清)藍鼎元撰　清康熙至雍正刻彙印本　五冊　存二種

330000－4793－0004244　JY01637　集部/總集類/選集之屬/斷代

元文類七十卷目錄三卷　(元)蘇天爵編　清

光緒十五年(1889)江蘇書局刻本　十冊

330000－4793－0004249　ST00702　史部/雜史類/斷代之屬

國語二十一卷　(三國吳)韋昭注　**校刊明道本韋氏解國語札記一卷**　(清)黃丕烈撰　清末上海錦章圖書局石印本　三冊

330000－4793－0004252　NE01594　經部/小學類/訓詁之屬/爾雅

爾雅正郭三卷　(清)潘衍桐撰　清光緒十七年(1891)刻本　一冊

330000－4793－0004254　JZ01640　集部/戲劇類/雜劇之屬

增像第六才子書六卷　(元)王實甫　(元)關漢卿撰　(清)金人瑞評　清光緒二十七年(1901)上海書局石印本　一冊

330000－4793－0004255　JT01641　集部/總集類/選集之屬/斷代

唐文粹補遺二十六卷　(清)郭麐輯　清光緒十一年(1885)江蘇書局刻本　四冊

330000－4793－0004256　NC01595　經部/春秋左傳類/傳說之屬

春秋左傳杜注三十卷首一卷　(清)姚培謙撰　清光緒九年(1883)江南書局刻本　十冊

330000－4793－0004257　JT01643　集部/總集類/選集之屬/斷代

唐詩三百首註疏六卷　(清)孫洙編　(清)章燮注　清浙蘭慎言堂刻本　六冊

330000－4793－0004260　JL01647　集部/總集類/選集之屬/通代

歷朝名媛詩詞十二卷　(清)陸昶輯　清宣統三年(1911)上海掃葉山房石印本　四冊

330000－4793－0004261　JX01648　集部/總集類/郡邑之屬

梅水詩傳十卷　(清)張煜南　張鴻南輯　清宣統三年(1911)刻本　一冊　存一卷(一)

330000－4793－0004262　NX01599　經部/孝經類/傳說之屬

孝經一卷　(唐)玄宗李隆基注　(唐)陸德明音義　**孝經刊誤一卷**　(宋)朱熹撰　清光緒三年(1877)永康胡氏退補齋刻本　一冊

330000－4793－0004263　NC01598　經部/叢編

五經體註大全　(清)嚴氏家塾主人輯　清光緒三十四年(1908)商務印書館石印本　十二冊　存一種

330000－4793－0004264　NC01601　經部/小學類/文字之屬/字書/訓蒙

倉頡篇三卷　(清)孫星衍輯　**倉頡篇續本一卷**　(清)任大椿輯　**倉頡篇補本二卷**　(清)陶方琦輯　清光緒十六年(1890)江蘇書局刻本　二冊

330000－4793－0004265　SX00704　史部/地理類/方志之屬/郡縣志

[光緒]江陵縣志六十五卷首一卷　(清)蒯正昌　(清)吳耀斗修　(清)胡九皋　(清)劉長謙纂　清光緒二年(1876)刻本　二十四冊

330000－4793－0004267　NC01597　經部/春秋左傳類

陳眉公先生選註左傳龍驤四卷　(明)陳繼儒選注　明刻本　三冊　存三卷(一至二、四)

330000－4793－0004269　NY01604　經部/叢編

御案五經　(清)聖祖玄燁案　清嘉慶十六年(1811)揚州十笏堂刻本　四冊　存一種

330000－4793－0004270　NS01603　經部/小學類/文字之屬/說文

說文解字十五卷標目一卷　(漢)許慎撰　(宋)徐鉉等校定　清初海虞毛氏汲古閣刻本　六冊　存十五卷(說文解字一至十五)

330000－4793－0004271　ZS01898　經部/四書類/總義之屬/傳說

宋十家四書義一卷　(清)王世裕編　清刻本　一冊

330000－4793－0004272　JD01650　集部/小說類/長篇之屬

東周列國志二十七卷一百八回 (清)蔡奡評點 清光緒十四年(1888)上海萬選局石印本 八冊

330000－4793－0004273 ZH01897 子部/藝術類/書畫之屬/畫譜

紅樓夢圖詠□□卷 (清)改琦繪 清光緒石印本 二冊 存二卷(三至四)

330000－4793－0004274 NX01602 經部/叢編

十一經音訓 (清)楊國楨等編 清道光刻本 一冊 存二種

330000－4793－0004275 JG01651 集部/總集類/選集之屬/通代

古文淵鑒六十四卷 (清)徐乾學等輯注 清同治十二年(1873)浙江書局刻本 三十一冊

330000－4793－0004276 JY01653 集部/總集類/選集之屬/通代

御選唐宋詩醇四十七卷目録二卷 (清)高宗弘曆輯 清光緒七年(1881)浙江書局刻本 二十冊

330000－4793－0004278 ZG01899 類叢部/類書類/通類之屬

廣事類賦四十卷 (清)華希閔撰 清劍光閣刻本 七冊 存三十五卷(一至三十五)

330000－4793－0004279 JH01654 集部/總集類/選集之屬/斷代

湖海詩傳四十六卷 (清)王昶輯 清嘉慶八年(1803)松江文萃堂刻本 十六冊

330000－4793－0004281 ZQ01900 子部/雜著類

新刻啟事紀要不分卷 (清)張震森撰 清光緒十三年(1887)萬慶堂石印本 一冊

330000－4793－0004282 SX00721 史部/政書類/公牘檔冊之屬

新文牘十卷 (清)陸春霖編 清光緒三十四年(1908)石印本 二十冊

330000－4793－0004283 JT01656 集部/總集類/選集之屬/斷代

唐詩三百首註疏六卷 (清)孫洙編 (清)章燮注 **唐詩三百首續選一卷姓氏小傳一卷** (清)于慶元輯 清道光十四年(1834)立言堂刻本 七冊

330000－4793－0004284 SJ00706 史部/地理類/方志之屬/郡縣志

金華縣志稿不分卷 (清)謝駿德纂 清刻本 一冊

330000－4793－0004286 ZR01902 子部/雜著類/雜説之屬

仁學不分卷 (清)譚嗣同撰 清光緒國民報社鉛印本 一冊

330000－4793－0004287 JY01657 集部/總集類/選集之屬/通代

御選唐宋文醇五十八卷 (清)高宗弘曆輯 清刻四色套印本 二十三冊 存二十七卷(二至二十七、五十八)

330000－4793－0004290 ZC01905 子部/農家農學類/總論之屬

重訂增補陶朱公致富全書四卷 (明)陳繼儒輯 (清)石巖逸叟增補 清杭城聚文堂刻本 四冊

330000－4793－0004291 SY00709 史部/編年類/通代之屬

御批歷代通鑑輯覽一百二十卷 (清)傅恒等撰 清光緒上海商務印書館鉛印本 十一冊 存五十五卷(六十六至一百二十)

330000－4793－0004292 JT01658 集部/總集類/選集之屬/斷代

唐詩別裁集十卷 (清)沈德潛輯 清康熙五十六年(1717)碧梧書屋刻本 四冊 存八卷(一至八)

330000－4793－0004293 ZY01907 經部/易類/易占之屬

易林補遺十二卷 (明)張世寶撰 清刻本 一冊 存四卷(一至四)

330000－4793－0004295 ZP01908 子部/兵

家類/兵法之屬
洴澼百金方十四卷首一卷 (清)袁宮桂撰 清刻本 八册

330000－4793－0004296 SX00712 經部/小學類/文字之屬/字書/字體
選集漢印分韻二卷 (清)袁日省輯 (清)謝雲生臨摹 **續集漢印分韻二卷** (清)謝景卿輯並臨摹 清嘉慶二年(1797)湫藝堂刻本 四册

330000－4793－0004299 ZS01910 子部/儒家類/儒學之屬/禮教/家訓
雙節堂庸訓六卷 (清)汪輝祖撰 清刻本 一册

330000－4793－0004300 SG00716 史部/編年類/通代之屬
綱鑑正史約三十六卷 (明)顧錫疇撰 (清)陳弘謀增訂 **甲子紀元一卷** (清)陳弘謀撰 清同治八年(1869)浙江書局刻本 十九册 缺一卷(一)

330000－4793－0004301 NS01608 經部/小學類/音韻之屬/韻書
詩韻集成十卷附詞林典腋一卷 (清)余照輯 清道光刻本 二册

330000－4793－0004302 JG01483 子部/叢編
子書二十三種 (清)浙江書局編 清育文書局石印本 一册 存一種

330000－4793－0004304 JY01661 集部/詩文評類/文評之屬
幼童舉業正聲集二卷 (清)劉桂舒編 清刻本 一册 存一卷(二)

330000－4793－0004305 NF01610 類叢部/類書類/專類之屬
分韻詩賦題解統編一百六卷 (清)鴻文主人輯 清光緒十四年(1888)石印本 六册

330000－4793－0004306 JY01663 子部/小説家類/異聞之屬
燕山外史註釋二卷 (清)陳球撰 (清)傅聲谷注 清光緒三十四年(1908)藝大裕記石印本 二册

330000－4793－0004311 SJ00760 史部/地理類/方志之屬/郡縣志
[乾隆]江陰縣志二十四卷首一卷 (清)蔡澍纂修 清乾隆九年(1744)刻本 十二册

330000－4793－0004312 ZX01917 子部/農家農學類/蠶桑之屬
續蠶桑説一卷 (清)黄秉鈞訂 清光緒二十五年(1899)刻本 一册

330000－4793－0004313 JW01665 集部/總集類/選集之屬/通代
文選六十卷 (南朝梁)蕭統輯 (唐)李善注 **文選考異十卷** (清)胡克家撰 清光緒六年(1880)四明林氏刻本 二十三册 缺三卷(考異八至十)

330000－4793－0004314 NK01612 經部/小學類/文字之屬/字書/字典
康熙字典十二集三十六卷總目一卷檢字一卷辨似一卷等韻一卷補遺一卷備考一卷 (清)張玉書等纂修 清道光七年(1827)刻本 三十一册 缺七卷(卯集中下、辰集上中下、巳集上中)

330000－4793－0004316 ZX01919 子部/儒家類/儒學之屬/蒙學
小學韻語一卷 (清)羅澤南撰 清咸豐六年(1856)浙江書局刻本 一册

330000－4793－0004321 ZY01923 子部/醫家類/兒科之屬
幼科三種 清光緒三十三年(1907)上海醉經堂石印本 一册 存一種

330000－4793－0004322 SY00723 史部/紀傳類/正史之屬
元史譯文證補三十卷 (清)洪鈞撰 清末石印本(卷七至八、十三、十六至十七、十九至二十一、二十五、二十八原缺) 四册

330000－4793－0004323 NH01615 經部/四書類/總義之屬/傳説

皇朝四書彙解七十五卷　(清)淩陛卿撰　清光緒三十年(1904)上海鴻文書局石印本　十二冊

330000－4793－0004324　ZX01930　子部/農家農學類/蠶桑之屬
續蠶桑說一卷　(清)黃秉鈞訂　清光緒二十五年(1899)刻本　一冊

330000－4793－0004325　ZS01928　類叢部/叢書類/彙編之屬
增訂漢魏叢書八十六種　(清)王謨編　清乾隆五十六年(1791)金谿王氏刻本　一冊　存二種

330000－4793－0004326　SY00724　史部/紀傳類/正史之屬
二十四史　清同治至光緒五省官書局據汲古閣本等合刻光緒五年(1879)湖北書局彙印本　三十九冊　存一種

330000－4793－0004327　ZG01927　子部/藝術類/書畫之屬/總論
庚子銷夏記八卷　(清)孫承澤撰　清宣統三年(1911)掃葉山房石印本　六冊

330000－4793－0004329　JZ01666　集部/總集類/選集之屬/斷代
中晚唐詩叩彈集十二卷續集三卷　(清)杜詔　(清)杜庭珠輯　清康熙四十三年(1704)采山亭刻本　三冊　存六卷(一至四、七至八)

330000－4793－0004330　JY01667　集部/總集類/選集之屬/通代
御選唐宋文醇五十八卷　(清)高宗弘曆輯　清光緒三年(1877)浙江書局刻本　二十一冊　存五十一卷(一至十、十三至十五、十八至四十、四十四至五十八)

330000－4793－0004333　ZH01933　子部/宗教類/道教之屬/經文
黃庭經一卷　清石印本　一冊

330000－4793－0004336　ZY01935、ZY00430　子部/醫家類/綜合之屬/通論
醫學入門七卷首一卷　(明)李梴撰　清康熙三十年(1691)刻本　四冊　存四卷(首,一、四至五)

330000－4793－0004337　SY00726　史部/地理類/雜志之屬
揚州畫舫錄十八卷　(清)李斗撰　清乾隆六十年(1795)自然盦刻本　四冊

330000－4793－0004342　JJ01669　集部/別集類/漢魏六朝別集
箋註陶淵明集六卷　(晉)陶潛撰　(宋)楊漢箋注　(明)張自烈評　**總論一卷**　(明)張自烈輯　**和陶一卷**　(宋)蘇軾撰　**律陶一卷**　(明)王思任撰　**敦好齊律陶纂一卷**　(明)黄槐開輯　明末敦化堂刻本　二冊

330000－4793－0004346　JF01675　集部/總集類/尺牘之屬
分類尺牘備覽十卷附要訣一卷　(清)王虎榜輯　**續分類尺牘備覽四卷**　(清)同文社輯　清光緒三十年(1904)上海同文社鉛印本　八冊

330000－4793－0004347　JG01682　集部/總集類/選集之屬/通代
古文觀止十二卷　(清)吳乘權　(清)吳大職輯　清光緒九年(1883)掃葉山房刻本　五冊

330000－4793－0004348　JX01670　集部/總集類/選集之屬/斷代
小題清新集一卷　(清)顧聽泉　(清)王瘦石編　清光緒二年(1876)刻本　二冊

330000－4793－0004349　ZH00015　子部/叢編
子書百家　(清)崇文書局編　清光緒元年(1875)湖北崇文書局刻本　二十冊　存十二種

330000－4793－0004351　JB01679　集部/總集類/彙編之屬
漢魏六朝一百三家集(漢魏六朝百三名家集)　(明)張溥編　清光緒十八年(1892)善化章經濟堂刻本　七冊　存十一種

330000－4793－0004355　ZP01941　子部/儒

家類/儒學之屬/蒙學

蒲編堂訓蒙草不分卷　(清)路德撰　清道光十七年(1837)刻本　一冊

330000－4793－0004356　ZL01942、ZS00357　子部/叢編

子書二十八種彙函　(清)文瑞樓編　清光緒二十二年至三十四年(1896－1908)鉛印本　三冊　存二種

330000－4793－0004357　JW01680　集部/別集類/宋別集

王臨川文集四卷　(宋)王安石撰　清宣統二年(1910)上海會文堂書局石印本　四冊

330000－4793－0004359　JC01684　集部/別集類/唐五代別集

昌黎先生集四十卷外集十卷遺文一卷　(唐)韓愈撰　(宋)廖瑩中校正　**韓集點勘四卷**　(清)陳景雲撰　清掃葉山房石印本　十一冊　缺一卷(昌黎先生集一)

330000－4793－0004360　JB01683、JB00742、JB01301　集部/別集類/清別集

白田草堂存稿二十四卷　(清)王懋竑撰　**先考王公府君行狀一卷**　(清)王箴聽等撰　**崇祀鄉賢錄一卷**　清乾隆十七年(1752)刻本　六冊

330000－4793－0004361　SX00728　史部/地理類/外紀之屬

西史綱目三十五卷　(清)周維翰撰　清光緒石印本　九冊　存十七卷(一至十二、十六至二十)

330000－4793－0004362　NS01617　類叢部/類書類/專類之屬

四書典制類聯音註四卷　(清)閻其淵輯　清光緒十三年(1887)石印本　四冊

330000－4793－0004364　ZZ01944　子部/醫家類/類編之屬

中西匯通醫書五種　唐宗海撰　清光緒三十四年(1908)石印本　二冊　存一種

330000－4793－0004365　NZ01625　經部/春秋左傳類/傳說之屬

左繡三十卷首一卷　(清)馮李驊　(清)陸浩評輯　清華川書屋刻本　十三冊　存二十四卷(一至七、十至十三、十六至十九、二十二至三十)

330000－4793－0004367　SS00729　史部/紀傳類/正史之屬

史記一百三十卷　(漢)司馬遷撰　(南朝宋)裴駰集解　(唐)司馬貞索隱　(唐)張守節正義　清刻本　二十五冊　存一百五卷(本紀一至十二,年表一至三、六至七,世家一至二十四,列傳一至二十六、三十三至七十)

330000－4793－0004372　NH01626　經部/叢編

皇清經解一千四百八卷首一卷　(清)阮元輯　清道光九年(1829)廣東學海堂刻咸豐十一年(1861)補刻本　二百九冊　存九百四十三卷(一至一百九十四、二百七十二至四百三十八、四百九十一至六百四十、六百六十七至七百七十九、八百三至八百六十、九百四十九至一千一百十六、一千一百八十至一千二百十七、一千二百四十八至一千二百五十六、一千二百八十至一千三百十七、一千四百一至一千四百八)

330000－4793－0004375　ZJ01949　子部/術數類/相宅相墓之屬

菊逸山房地理正書三種　(清)寇宗編　清京都琉璃廠刻本　二冊　存一種

330000－4793－0004376　SS00732　史部/史評類/史論之屬

史鑑綱目新論十卷　(清)譚奇編　清光緒二十九年(1903)申譯書局石印本　八冊

330000－4793－0004377　JL01455　集部/總集類/選集之屬/斷代

律賦采珍八卷　(清)許奎輯注　清光緒三十四年(1908)刻本　五冊

330000－4793－0004379　JS01357　集部/詩文評類/詩評之屬

司空詩品註釋一卷　(唐)司空圖撰　清同治

九年(1870)寶文書局刻本　一冊

330000－4793－0004380　ZB001954　類叢部/叢書類/彙編之屬
洪氏唐石經館叢書十九種　(清)洪汝奎編　清光緒涇縣洪氏公善堂刻並彙印六安涂氏求我齋等刻本　四冊　存一種

330000－4793－0004383　ZZ01951　史部/政書類/律令之屬/法驗
重刊補註洗冤錄集證六卷　(清)王又槐輯　(清)李觀瀾補輯　(清)阮其新補註　(清)張錫蕃重訂　(清)文晟續輯　清光緒三十年(1904)石印本　六冊

330000－4793－0004387　ZS01959　子部/兵家類/兵法之屬
四翼附編四卷　(清)戴彭撰　清光緒二十一年(1895)皖江別墅刻本　一冊

330000－4793－0004388　JM00706　集部/總集類/課藝之屬
目耕齋初集不分卷二集不分卷三集不分卷　(清)徐楷評註　(清)沈叔眉選刊　清文苑山房刻本　四冊

330000－4793－0004392　SZ00733　史部/紀事本末類/通代之屬
左氏春秋紀事本末十四卷首一卷　(清)熊為霖撰　清乾隆心松書屋刻本　六冊

330000－4793－0004395　ZC01964　子部/術數類/相宅相墓之屬
重刊人子須知資孝地理心學統宗三十九卷　(明)徐善繼　(明)徐善述撰　明萬曆刻清初古吳文盛堂重修本　十一冊　存六卷(一至六)

330000－4793－0004396　ZW01960　子部/醫家類/外科之屬/通論
外科大成四卷　(清)祁坤撰　清石印本　一冊　存二卷(三至四)

330000－4793－0004399　JG01691　集部/總集類/彙編之屬
國朝二十四家文鈔二十四卷　(清)徐斐然輯　清乾隆六十年(1795)刻本　十冊

330000－4793－0004401　JS01692　集部/總集類/郡邑之屬
嘉定四先生集(嘉定四君集)八十七卷　(明)謝三賓輯　明崇禎刻清康熙三十三年(1694)陸廷燦重修本　六冊　存二十卷(三易集一至二十)

330000－4793－0004402　JX01693　集部/總集類/尺牘之屬
新輯尺牘合璧四卷　(清)許思湄　(清)龔萼撰　(清)婁世瑞注　(清)寄虹軒主人輯　清光緒二十年(1894)上海煥文局石印本　二冊

330000－4793－0004403　ZS01975　子部/儒家類/儒學之屬/禮教/家訓
雙節堂庸訓六卷　(清)汪輝祖撰　清刻本　一冊

330000－4793－0004406　ZW01976　類叢部/叢書類/自著之屬
汪雙池先生叢書二十種附浙刻雙池遺書十二種　(清)汪紱撰　清道光至光緒刻光緒二十三年(1897)長安趙舒翹等彙印本　一冊　存一種

330000－4793－0004408　ZN01971　子部/農家農學類/總論之屬
農候雜占四卷　(清)梁章鉅撰　清同治十二年(1873)浙江書局刻本　二冊

330000－4793－0004409　ZY01980　子部/儒家類/儒學之屬/勸學
輶軒語七卷　(清)張之洞撰　清光緒二年(1876)永康胡氏退補齋刻本　一冊

330000－4793－0004410　ZD01982　類叢部/叢書類/自著之屬
汪雙池先生叢書二十種附浙刻雙池遺書十二種　(清)汪紱撰　清道光至光緒刻光緒二十三年(1897)長安趙舒翹等彙印本　一冊　存一種

330000－4793－0004411　ZY01979　子部/醫家類/綜合之屬/通論

醫學心悟五卷附外科十法一卷 （清）程國彭撰 清刻本 六冊

330000－4793－0004412 SJ00735 新學/議論/通論
洋務經濟通考十六卷 （清）應祖錫撰 清光緒二十七年(1901)鴻寶齋石印本 十二冊

330000－4793－0004414 JC01695 集部/別集類/唐五代別集
昌黎先生集四十卷外集十卷遺文一卷 （唐）韓愈撰 （宋）廖瑩中校正 **朱子校昌黎先生集傳一卷** （宋）朱熹撰 **韓集點勘四卷** （清）陳景雲撰 清石印本 二冊 存十三卷（二十三至二十五、外集一至十）

330000－4793－0004416 ZQ01981 子部/儒家類/儒學之屬/勸學
勸學篇二卷 （清）張之洞撰 清光緒二十四年(1898)襄陽府鹿門書院刻本 一冊

330000－4793－0004417 JC01696 集部/曲類/曲選之屬
重訂綴白裘新集合編十二集四十八卷 （清）玩花主人輯 （清）錢德蒼增輯 清道光三年(1823)刻本 二十四冊

330000－4793－0004418 JD01698 類叢部/叢書類/自著之屬
滄勤室全集五種 （清）傅壽彤撰 清光緒三年(1877)武昌省垣刻本 六冊 存四種

330000－4793－0004422 JD01699 集部/別集類/唐五代別集
杜律通解四卷 （唐）杜甫撰 （清）李文煒箋釋 清刻本 四冊

330000－4793－0004423 JX01701 集部/別集類/清別集
虛白山房駢體文二卷 （清）朱鳳毛撰 清光緒十五年(1889)廣州刻本 一冊

330000－4793－0004424 JY01700 集部/別集類/金別集
元遺山詩集箋注十四卷 （金）元好問撰 （元）張德輝類次 （清）施國祁箋注 **元遺山全集附錄一卷** （明）儲瓘輯 （清）華希閔增 **元遺山全集補載一卷** （清）施國祁輯 清道光七年(1827)苕溪吳氏醉六堂刻本 六冊

330000－4793－0004427 SK00739 史部/金石類/郡邑之屬
栝蒼金石志十二卷續志四卷 （清）李遇孫輯 （清）鄒柏森校補 清同治十三年(1874)浙江處州府署刻本 六冊

330000－4793－0004432 JW01702 集部/總集類/彙編之屬
國朝三家文鈔三十二卷 （清）宋犖 （清）許汝霖編 清康熙三十三年(1694)刻本 四冊 存十二卷（汪鈍翁文鈔一至十二）

330000－4793－0004435 JL01706 集部/總集類/選集之屬/通代
六朝文絜四卷 （清）許槤評選 清道光五年(1825)海昌許氏享金寶石齋刻本 二冊

330000－4793－0004437 NP01629 經部/小學類/音韻之屬/韻書
佩文廣韻匯編五卷 （清）李元祺輯 清道光十年(1830)半墯艸堂刻本 二冊

330000－4793－0004438 JT01722 集部/總集類/彙編之屬
八大家文選 （明）歸有光編 明刻本 四冊 存一種

330000－4793－0004439 NS01630 經部/四書類/總義之屬/傳說
四書襯十九卷 （清）駱培撰 清坦吉堂刻本 五冊 存十七卷（論語一至十、孟子一至七）

330000－4793－0004440 NE01631 經部/小學類/訓詁之屬/爾雅
爾雅蒙求二卷 （清）李拔式撰 清嘉慶三年(1798)姑蘇七映堂刻本 二冊 存二卷（上）

330000－4793－0004443 NT01632 經部/儀禮類/傳說之屬
檀氏儀禮韻言塾課藏本二卷 （清）檀萃纂 清嘉慶十六年(1811)刻本 二冊

330000－4793－0004445　JS01707　史部/傳記類/別傳之屬

宋東萊呂成公外錄四卷　（明）戴應龍　（明）王宗啓輯　明崇禎五年(1632)刻本　一册

330000－4793－0004448　ZS01989　子部/儒家類/儒學之屬/蒙學

三字經註解備要一卷　（清）賀興思注解　清光緒十七年(1891)上海廣百宋齋鉛印本　一册

330000－4793－0004449　NL01633　經部/叢編

五經旁訓辨體合訂　（清）徐立綱輯　清乾隆五十四年(1789)上虞徐氏循陔堂刻本　六册　存一種

330000－4793－0004450　JT01709　集部/總集類/彙編之屬

唐宋八大家文鈔　（明）茅坤編　明崇禎元年(1628)方應祥刻本　四册　存一種

330000－4793－0004452　JX01711、JX01588　集部/總集類/課藝之屬

小題正鵠初集不分卷二集不分卷三集不分卷四集不分卷　（清）李元度輯　清同治十一年(1872)山陰姚氏刻本　五册　存初集、三集

330000－4793－0004454　JZ01712　集部/別集類/宋別集

趙清獻公集十卷目録二卷　（宋）趙抃撰　清刻本　四册

330000－4793－0004455　ZX01950　類叢部/叢書類/彙編之屬

玉海堂景宋元本叢書二十種別行二種　劉世珩編　清光緒至民國貴池劉氏玉海堂影刻本　一册　存一種

330000－4793－0004458　ZG01992　類叢部/叢書類/郡邑之屬

永嘉叢書十三種　（清）孫衣言編　清同治至光緒瑞安孫氏詒善祠塾刻本　二册　存一種

330000－4793－0004460　SJ00746　類叢部/叢書類/自著之屬

率祖堂叢書(金仁山先生遺書)八種附六種　（宋）金履祥撰　清雍正至乾隆金華金氏刻光緒十三年(1887)鎮海謝駿德補刻本　八册　存附一種

330000－4793－0004463　ZY01995　子部/醫家類/綜合之屬/通論

醫宗必讀五卷首一卷　（明）李中梓撰　清光緒十五年(1889)盛德堂刻本　五册

330000－4793－0004464　JE01716　集部/別集類/清別集

二思齋詩鈔六卷　（清）何文明撰　清光緒七年(1881)閩南節署刻本　二册

330000－4793－0004465　SJ00747/1　類叢部/叢書類/自著之屬

率祖堂叢書(金仁山先生遺書)八種附六種　（宋）金履祥撰　清雍正至乾隆金華金氏刻光緒十三年(1887)鎮海謝駿德補刻本　八册　存附一種

330000－4793－0004467　SZ00748　史部/詔令奏議類/奏議之屬

奏議初編十二卷　（清）張之洞撰　（清）仰止廬主輯　清光緒二十七年(1901)上海圖書集成印書局鉛印本　五册

330000－4793－0004468　JD01717　集部/別集類/宋別集

東坡集十六卷　（宋）蘇軾撰　明刻本　五册　缺三卷(三至四、八)

330000－4793－0004470　JL01719　集部/戲劇類/傳奇之屬

笠翁傳奇十種　（清）李漁撰　清刻本　十册

330000－4793－0004471　JD01721　集部/別集類/明別集

弇州山人讀書後八卷　（明）王世貞撰　明刻本　二册

330000－4793－0004472　ZJ01997　類叢部/類書類/專類之屬

巾經纂二十卷　（清）宋宗元撰　清咸豐五年(1855)嘉孚堂刻本　三册　存十二卷(一至

十二）

330000－4793－0004476　SJ00752　史部/政書類/通制之屬

九通分類總纂二百四十卷　（清）汪鍾霖輯　清光緒二十八年（1902）上海文瀾書局石印本　八冊　存二十五卷（五十三至六十一、一百五至一百七、一百七十七至一百八十、二百六至二百九、二百十四至二百十五、二百三十五至二百三十七）

330000－4793－0004477　JX01723　集部/總集類/選集之屬/通代

新刊名世文宗三十卷　（明）胡時化輯　明萬曆刻本　八冊　缺五卷（二十至二十二、二十九至三十）

330000－4793－0004478　SY00211　史部/編年類/通代之屬

御批歷代通鑑輯覽一百二十卷　（清）傅恒等撰　清光緒三十年（1904）育文書局石印本　二十四冊

330000－4793－0004479　SJ00753　史部/地理類/方志之屬/通志

［雍正］江西通志一百六十二卷首三卷　（清）謝旻等修　（清）陶成　（清）惲鶴生纂　清雍正十年（1732）刻本　十一冊　存二十六卷（一百二十七至一百五十二）

330000－4793－0004482　NZ01647　經部/春秋左傳類/傳說之屬

增補春秋經傳左繡滙參三十卷首一卷　（清）馮李驊　（清）陸浩評輯　清乾隆三十六年（1771）華川書屋刻本　十四冊

330000－4793－0004483　JS01544　集部/別集類/清別集

鄒荻翁集不分卷　（清）鄒枚撰　清康熙二十六年（1687）金陵書林刻本　六冊

330000－4793－0004486　JS01449　集部/總集類/彙編之屬

八大家文選　（明）歸有光編　明刻本　六冊　存一種

330000－4793－0004487　ZG02001　子部/雜著類/雜考之屬

癸巳存稿十五卷　（清）俞正燮撰　清光緒十年（1884）刻本　五冊　存十二卷（一至二、六至十五）

330000－4793－0004488　JG01465　集部/總集類/選集之屬/通代

采菽堂古詩選三十八卷補遺四卷　（清）陳祚明輯　清乾隆十三年（1748）刻本　十五冊　缺十卷（九至十、三十一至三十八）

330000－4793－0004489　ZM02002　子部/天文曆算類/算書之屬

梅氏叢書輯要三十種六十二卷首一卷　（清）梅文鼎撰　（清）梅瑴成重編　清同治十三年（1874）梅纘高頤園刻本　二十四冊

330000－4793－0004491　SM00758　史部/紀事本末類/斷代之屬

明朝紀事本末（明史紀事本末）八十卷　（清）谷應泰撰　清同治七年（1868）朝宗書室木活字印本　二十四冊

330000－4793－0004492　SS00761　史部/史表類

史記年表十卷　（漢）司馬遷撰　（唐）司馬貞　（唐）張守節　（宋）裴駰注　明刻本　三冊

蘭溪市博物館古籍普查登記目録

全國古籍普查登記目録·浙江金華

國家圖書館出版社
National Library of China Publishing House

《蘭溪市博物館古籍普查登記目録》

編委會

《蘭溪市博物館古籍普查登記目録》

前　言

蘭溪市博物館坐落於"三江匯雲横,瀔水繫中洲"的蘭江之畔,是展示蘭溪歷史文化的地方性綜合博物館,建築面積約5000平方米,其中古籍書畫庫面積約100平方米。此次古籍普查中,古籍普查登記平臺共登録書目1260多部,共計18300餘册,部分非綫裝本古籍,如《萬有文庫》,約4000餘册,因不符合古籍普查登記平臺登録要求,遂在全國第一次可移動文物普查平臺登録。據我館原始資料記載,現存古籍原屬蘭溪縣文化館,主要來源爲捐贈、徵集、購買,後於1987年移交我館保存。2009年我館對館藏古籍進行了初步的整理,編撰了館藏古籍目録,爲此次古籍普查工作奠定了一定的基礎。

蘭溪市博物館藉此次浙江省古籍普查工作,對館内所藏的紙質書籍進行了全面的清點。現古籍普查平臺登録的古籍概况如下:經部、史部、子部、集部、類叢部、新學6個類别,其中定爲善本的有31部545册,含明刻本5部17册、明手抄本1部1册。我館收藏古籍絶大部分爲四級,約占總數的86%。此次統校編目的古籍爲我館所藏1912年以前的書籍,共計684部9197册。從版本類型來看,主要爲刻本、石印本,亦有鉛印本、木活字印本以及少量抄本、朱墨套印本和影印本。

因古籍本身材質條件,以及存放條件的限制,我館古籍有一定程度的老化、殘損,多爲四、五級殘損。我館計劃着手對館藏古籍進行基礎維護,後逐步加强館藏古籍修復保護工作,現已制訂了長期的館藏古籍修復計劃,今後將緊跟省古籍保护中心的步伐,逐步加强修復人員業務的培訓,提升我館古籍修復水平;改善館藏古籍的保存條件,做好預防性保護:密切關注古籍庫的温濕度變化,做好防黴防蟲防蛀,争取逐步改善古籍庫的存儲條件,做到有效控制古籍書畫庫温濕度。在此同時,我館將整理挑選承載着地域文化和歷史的文獻古籍,將代表地方歷史文化或具有一定學術價值的古籍進行分批影印出版,發揮其價值;藉助籌建數字化博物館,進一步做好館藏古籍的數據信息化管理,方便古籍的研究和使用,以此來加强古籍的保護和利用。

蘭溪市博物館的古籍普查工作按照浙江省古籍保護中心下發《浙江省古籍普查管理辦法》(浙古保〔2012〕1號),於2013年10月正式啓動。蘭溪市委、市政府迅速組建蘭溪市第一次全國可移動文物普查領導小組及辦公室,普查領導小組組長由市政府分管副市長擔任,普查辦主任由市文廣新局局長擔任。在普查領導小組的領導下蘭溪市博物館相應成立了可移動文物普查小組和古籍普查小組,迅速承擔起普查任務。作爲第一批

"浙江省古籍重點保護單位",蘭溪市博物館的古籍普查工作任務量較爲繁重,又因基礎工作不完善,更顯古籍普查工作時間緊,任務重。我館一直將其作爲重點工作之一,在兼顧日常工作的前提下,傾全館之力投入至古籍普查工作中。期間我館派專員參加省古籍保護中心舉辦的古籍普查培訓班,大幅度提高了我館業務水平;同時,爲古籍普查小組專門配置了數碼相機、書影拍攝架、色標卡等,以及《中國古籍總目》《中國叢書綜録》等專業用書;加大對人員培訓、安全保障、專用材料、辦公設備設施的投入,確保古籍普查工作的順利進行。在古籍普查工作中,我館普查工作人員不辭辛勞,不怕髒不怕累,視加班爲常態,在保證録入信息質量的同時,儘量争取在規定時間内完成全部普查信息録入及一審工作。對於普查中被省古籍保护中心二審退回數據,普查員總是在第一時間根據省中心的修改意見仔細認真地核對修改,并及時總結經驗、討論,以提高古籍普查的質量。普查期間,省古籍保護中心的專家針對我館普查中遇到的難題,給予有力的指導、耐心的講解;市領導高度重視普查工作,多次親臨現場視察、指導和關心慰問。我館領導盡職盡責做好溝通協調工作的同時,全館人員與普查人員一同奮戰在普查一綫,全力保障普查工作,確保我館普查工作按時、按質完成。

在此我們對浙江圖書館古籍部的各級領導、專家、古籍普查人員致以崇高的敬意和誠摯的感謝! 由於專業知識水平的限制,以及古籍普查時間的緊迫,編目中難免存在疏漏,敬請專家和讀者批評指正!

蘭溪市博物館
2018 年 12 月

330000－4788－0000003　普 00003　經部/書類/傳說之屬

書經旁訓辨體合訂四卷　(清)徐立綱輯　清永言堂刻本　二冊

330000－4788－0000004　普 00004　史部/傳記類/總傳之屬/列女

彤管清芬錄不分卷海外奇談不分卷　(清)輿論時事報編繪　清宣統二年(1910)石印本　二冊

330000－4788－0000005　普 00005　經部/叢編

重刊宋本十三經注疏四百十六卷　附十三經注疏校勘記四百十六卷　(清)阮元撰　(清)盧宣旬摘錄　清嘉慶二十年(1815)江西南昌府學刻同治十二年(1873)江西書局重修本　七冊　存一種

330000－4788－0000006　普 00006　集部/別集類/清別集

梅村詩集箋注十八卷　(清)吳偉業撰　(清)吳翌鳳箋注　清嘉慶十九年(1814)嚴榮滄浪吟榭刻本　八冊

330000－4788－0000007　普 00007　集部/別集類/宋別集

歐陽文忠公全集一百五十三卷附錄五卷　(宋)歐陽修撰　(宋)周必大編　清嘉慶二十四年(1819)歐陽衡刻本　二十四冊

330000－4788－0000011　普 00013　類叢部/叢書類/彙編之屬

正誼堂全書六十三種續刻五種　(清)張伯行編　(清)楊浚重編　清同治五年(1866)福州正誼書院刻同治八年至光緒十三年(1869－1887)續刻本　一冊　存一種

330000－4788－0000012　普 00012　經部/叢編

御纂七經五種　(清)李光地等撰　清光緒十四年(1888)上海鴻文書局石印本　四冊　存一種

330000－4788－0000013　普 00014、普 00016、普 00017、普 00018　史部/紀傳類/正史之屬

二十四史附考證　清光緒二十八年(1902)竢實齋石印本　十二冊　存四種

330000－4788－0000014　普 00001　類叢部/叢書類/自著之屬

重訂汪子遺書　(清)汪烜撰　清同治十二年(1873)曲水書局木活字印本　六冊　存一種

330000－4788－0000015　普 00020　子部/儒家類/儒學之屬/蒙學

寄傲山房塾課新增幼學故事瓊林四卷首一卷　(清)程登吉撰　(清)鄒聖脈增補　清光緒十四年(1888)文奎堂刻本　一冊　存二卷(首、一)

330000－4788－0000016　普 00015　經部/叢編

重刊宋本十三經注疏四百十六卷　附十三經注疏校勘記四百十六卷　(清)阮元撰　(清)盧宣旬摘錄　清嘉慶二十年(1815)江西南昌府學刻同治十二年(1873)江西書局重修本　四冊　存一種

330000－4788－0000017　普 00021　經部/三禮總義類/通禮雜禮之屬

禮書綱目八十五卷首三卷　(清)江永編　清刻本　一冊　存四卷(五十三至五十六)

330000－4788－0000018　普 00061　經部/春秋左傳類/傳說之屬

左繡三十卷首一卷　(清)馮李驊　(清)陸浩評輯　清文淵堂刻本　十四冊

330000－4788－0000019　普 00022　經部/禮記類/傳說之屬

禮記集說十卷　(元)陳澔撰　清慎詒堂刻本　在清題簽　二冊　存二卷(三至四)

330000－4788－0000021　普 00062　經部/春秋左傳類/傳說之屬

左繡三十卷首一卷　(清)馮李驊　(清)陸浩評輯　清刻本　十三冊　缺三卷(首、一至二)

330000－4788－0000022　普00063　經部/春秋左傳類/傳說之屬

左繡三十卷首一卷　（清）馮李驊　（清）陸浩評輯　清刻本　一冊　存二卷（二十五至二十六）

330000－4788－0000023　普00064　經部/春秋左傳類/傳說之屬

左繡三十卷首一卷　（清）馮李驊　（清）陸浩評輯　清文奎堂刻本　二冊　存四卷（首，一、八至九）

330000－4788－0000024　普00068　經部/春秋左傳類/傳說之屬

曲江書屋新訂批註左傳快讀十八卷首一卷　（清）李紹崧輯　清曲江書屋刻本　五冊　存五卷（十三至十四、十六至十八）

330000－4788－0000025　普00065　經部/春秋左傳類/傳說之屬

左繡三十卷首一卷　（清）馮李驊　（清）陸浩評輯　清刻本　何錦章題簽　五冊　存十一卷（二十至三十）

330000－4788－0000026　普00066　經部/春秋左傳類/傳說之屬

左繡三十卷首一卷　（清）馮李驊　（清）陸浩評輯　清文淵堂刻本　六冊　存十三卷（首，一、十至十二、二十三至三十）

330000－4788－0000027　普00067　經部/春秋左傳類/傳說之屬

左繡三十卷首一卷　（清）馮李驊　（清）陸浩評輯　清華川書屋刻本　德玉題簽　十一冊　缺十卷（十至十一、十四至十九、二十二至二十三）

330000－4788－0000029　普00081　集部/別集類/清別集

韞山堂時文初集二卷二集四卷三集二卷　（清）管世銘撰　清光緒十九年（1893）寧郡汲綆齋刻本　八冊

330000－4788－0000030　普00069　經部/春秋左傳類/傳說之屬

曲江書屋新訂批註左傳快讀十八卷首一卷　（清）李紹崧輯　清光緒二十八年（1902）巴蜀善成堂刻本　十六冊

330000－4788－0000031　普00002　類叢部/類書類/專類之屬

五經類編二十八卷　（清）周世樟撰　清乾隆四十六年（1781）友益齋刻本　十二冊

330000－4788－0000032　普00070　子部/醫家類/綜合之屬/通論

御纂醫宗金鑑九十二卷首一卷　（清）吳謙等撰　清刻本　十八冊　存三十三卷（四至十、十六至三十二、三十五、三十八至三十九、四十五至四十八、六十八至六十九）

330000－4788－0000033　普00071　子部/醫家類/綜合之屬/通論

御纂醫宗金鑑九十二卷首一卷　（清）吳謙等撰　清宣統簡青齋石印本　二冊　存十卷（二十四至二十九、三十五至三十八）

330000－4788－0000034　普00083　經部/叢編

經苑二百五十一卷　（清）錢儀吉輯　清道光至咸豐大梁書院刻同治七年（1868）王儒行等印本　一冊　存五卷（十九至二十三）

330000－4788－0000035　普00084　集部/曲類/寶卷之屬

真修寶卷一卷　清光緒十九年（1893）龍游意誠堂刻本　一冊

330000－4788－0000036　普00072　史部/編年類/通代之屬

御批歷代通鑑輯覽一百二十卷　（清）傅恒等撰　清光緒三十年（1904）文通書局石印本　二十四冊　缺三十卷（九十一至一百二十）

330000－4788－0000037　普00085　史部/編年類/通代之屬

御批歷代通鑑輯覽一百二十卷　（清）傅恒等撰　清光緒二十八年（1902）萬寶書局石印本　四冊　存九十四卷（一至九十四）

330000－4788－0000044　普00075　子部/醫

家類/類編之屬
南雅堂醫書全集二十一種　(清)陳念祖等撰　清光緒十八年(1892)上海圖書集成印書局鉛印本　二十冊　存十八種

330000－4788－0000048　普00121　史部/紀傳類/正史之屬
史記一百三十卷　(漢)司馬遷撰　(南朝宋)裴駰集解　清光緒八年(1882)上海點石齋石印本　四冊

330000－4788－0000051　普00122　史部/紀傳類/正史之屬
四史　清光緒二十八年(1902)竢實齋石印本　四冊　存一種

330000－4788－0000052　普00131　史部/紀傳類/正史之屬
四史　清光緒二十八年(1902)竢實齋石印本　一冊　存一種

330000－4788－0000053　普00132　史部/紀傳類/正史之屬
二十四史附考證　清光緒上海圖書集成局鉛印本　一冊　存一種

330000－4788－0000054　普00133　史部/紀傳類/正史之屬
二十四史附考證　清同治至光緒五省官書局據汲古閣本等合刻光緒五年(1879)湖北書局彙印本　十六冊　存一種

330000－4788－0000061　普00125　經部/叢編
五經合纂大成　(清)同文書局主人輯　清光緒十一年(1885)上海同文書局石印本　二十冊

330000－4788－0000065　普00126　子部/叢編
二十二子(二十二子彙函)　(清)浙江書局編　清光緒元年至三年(1875－1877)浙江書局刻本　二冊　存一種

330000－4788－0000076　普00146　史部/紀傳類/正史之屬
二十四史附考證　清光緒二十八年(1902)竢實齋石印本　八冊　存一種

330000－4788－0000077　善00003　類叢部/叢書類/自著之屬
汪雙池先生叢書二十種附浙刻雙池遺書十二種　(清)汪紱撰　清道光至光緒刻光緒二十三年(1897)長安趙舒翹等彙印本　八冊　存一種

330000－4788－0000081　普00222　史部/紀事本末類/斷代之屬
聖武記十四卷　(清)魏源撰　清末和記書莊鉛印本　六冊

330000－4788－0000082　普00100　史部/地理類/總志之屬/通代
讀史方輿紀要一百三十卷輿圖要覽四卷　(清)顧祖禹撰　清光緒二十五年(1899)慎記書莊石印本　三十冊

330000－4788－0000083　普00217　史部/地理類/總志之屬/通代
讀史方輿紀要一百三十卷附方輿全圖總說五卷　(清)顧祖禹撰　清光緒二十七年(1901)上海圖書集成局鉛印本　十冊　存五十卷(一至四、十至十五、三十四至四十一、五十二至五十五、六十至六十五、七十至七十八、八十九至九十四、一百二十四至一百三十)

330000－4788－0000084　善00004　集部/詩文評類/文評之屬
文心雕龍十卷　(南朝梁)劉勰撰　(清)黄叔琳輯注　(清)紀昀評　清道光十三年(1833)盧坤兩廣節署刻朱墨套印本　四冊

330000－4788－0000085　普00252　史部/紀傳類/正史之屬
二十四史附考證　清光緒上海同文書局石印本　二十四冊　存一種

330000－4788－0000086　普00218　史部/地理類
李氏五種　(清)李兆洛撰　清光緒二十四年(1898)上海掃葉山房石印本　八冊

330000－4788－0000087　普00253、普00254　史部/紀傳類/正史之屬
二十四史附考證　清光緒二十八年(1902)竢實齋石印本　九册　存二種

330000－4788－0000088　普00219　史部/政書類/通制之屬
九通序三卷　清光緒二十八年(1902)新學書社石印本　三册

330000－4788－0000089　普00220　集部/總集類/選集之屬/通代
賦學正鵠集釋四卷　(清)李元度輯　清光緒二十年(1894)上海文瑞樓石印本　四册

330000－4788－0000093　普00005　史部/地理類/山川之屬/山志
武夷山志二十四卷首一卷　(清)董天工撰　清道光二十七年(1847)五夫尺木軒刻本　七册　缺四卷(十六至十九)

330000－4788－0000106　普00227　史部/紀事本末類
歷朝紀事本末九種　(清)陳如升　(清)朱記榮輯　(清)慎記主人增輯　清光緒二十五年(1899)上海慎記書莊石印本　二十册　存一種

330000－4788－0000112　普00378　史部/編年類/通代之屬
御批歷代通鑑輯覽一百二十卷　(清)傅恒等撰　清光緒十三年(1887)上海同文書局石印本　二十册

330000－4788－0000113　普00230　史部/紀傳類/正史之屬
春秋紀傳五十一卷　(清)李鳳雛纂輯　清光緒二十一年(1895)東陽古大化里刻本　九册　存三十九卷(二至六、十三至十七、二十三至五十一)

330000－4788－0000114　普00379　新學/史志/諸國史
泰西新史攬要二十四卷　(英國)馬懇西撰　(英國)李提摩太譯　清光緒二十一年(1895)上海美華書館鉛印本　八册

330000－4788－0000116　普00380　經部/叢編
重刊宋本十三經注疏四百十六卷　附十三經注疏校勘記四百十六卷　(清)阮元撰　(清)盧宣旬摘錄　清光緒十三年(1887)上海脈望仙館石印本　十册　存四種

330000－4788－0000119　普00232　史部/政書類/通制之屬
九通　(清)□□輯　清光緒八年至二十二年(1882－1896)浙江書局刻本　十七册　存一種

330000－4788－0000121　普00233　集部/小説類/長篇之屬
繡像東周列國志二十七卷一百八回　(清)蔡奡評點　清光緒三十一年(1905)上海商務印書館鉛印本　九册　存二十卷(一至二、六至二十三)

330000－4788－0000122　普00234　史部/紀事本末類/斷代之屬
聖武記十四卷　(清)魏源撰　清光緒二十二年(1896)上海積山書局石印本　八册

330000－4788－0000123　普00235、普00236　史部/紀事本末類
歷朝紀事本末九種　(清)陳如升　(清)朱記榮輯　(清)慎記主人增輯　清光緒二十九年(1903)上海文盛書局石印本　四册　存二種

330000－4788－0000124　普00237　集部/小説類/長篇之屬
東周列國志二十七卷一百八回　(清)蔡奡評點　清光緒三十一年(1905)上海順成書局石印本　一册　存四卷(三至六)

330000－4788－0000125　普00238　經部/叢編
皇清經解一千四百卷　(清)阮元輯　清光緒十三年(1887)上海書局石印本　二册　存六種

330000－4788－0000129　普00389　子部/宗

教類/佛教之屬/經

大佛頂如來密因修證了義諸菩薩萬行首楞嚴經十卷 （唐）釋般刺密帝譯 （唐）釋彌伽釋迦譯語 （唐）房融筆受 清光緒三十一年（1905）刻本 豐特題記 二冊

330000－4788－0000130 普 00247 史部/詔令奏議類/奏議之屬

曾文正公奏議十卷首一卷末一卷補編四卷 （清）曾國藩撰 清光緒二十二年（1896）上海圖書集成印書局石印本 四冊

330000－4788－0000132 普 00249 集部/總集類/選集之屬/通代

文選六十卷 （南朝梁）蕭統輯 （唐）李善注 **文選考異十卷** （清）胡克家撰 清光緒十六年（1890）上海鴻文書局石印本 六冊

330000－4788－0000133 普 00390 子部/雜著類/雜說之屬

墨子閒詁十五卷目錄一卷附錄一卷後語二卷 （清）孫詒讓撰 清宣統二年（1910）瑞安孫氏刻本 七冊 缺二卷（後語一至二）

330000－4788－0000134 普 00391 經部/春秋左傳類/傳說之屬

左繡三十卷首一卷 （清）馮李驊 （清）陸浩評輯 清文淵堂刻本 八冊 存十六卷（十二至二十五、二十八至二十九）

330000－4788－0000140 普 00396 史部/地理類/總志之屬/通代

天下郡國利病書一百二十卷 （清）顧炎武撰 （清）龍萬育訂 清光緒二十七年（1901）上海圖書集成印書局鉛印本 十二冊 存五十三卷（一至六、十一至十六、四十至四十七、五十九至七十三、八十八至九十六、一百三至一百六、一百十三至一百十七）

330000－4788－0000147 普 00723 集部/總集類/選集之屬/斷代

唐賢三昧集三卷 （清）王士禛輯 清宣統二年（1910）淵古齋石印本 六冊

330000－4788－0000151 普 00400 子部/宗教類/佛教之屬

太上慈悲道場三元滅罪水懺法三卷 清末抄本 一冊 存一卷（一）

330000－4788－0000153 普 00733 經部/叢編

重刊宋本十三經注疏四百十六卷 附十三經注疏校勘記四百十六卷 （清）阮元撰 （清）盧宣旬摘錄 清嘉慶二十年（1815）江西南昌府學刻同治十二年（1873）江西書局重修本 十九冊 存一種

330000－4788－0000157 普 00565 史部/雜史類/斷代之屬

國語二十一卷 （三國吳）韋昭注 **校刊明道本韋氏解國語札記一卷** （清）黃丕烈撰 **國語明道本考異四卷** （清）汪遠孫撰 清光緒三年（1877）永康胡氏退補齋刻本 五冊

330000－4788－0000158 普 00566 史部/雜史類/斷代之屬

國語二十一卷 （三國吳）韋昭注 **校刊明道本韋氏解國語札記一卷** （清）黃丕烈撰 **國語明道本考異四卷** （清）汪遠孫撰 清光緒三年（1877）永康胡氏退補齋刻本 一冊 存六卷（國語一至六）

330000－4788－0000159 普 00567 史部/雜史類/斷代之屬

國語二十一卷 （三國吳）韋昭注 **校刊明道本韋氏解國語札記一卷** （清）黃丕烈撰 **國語明道本考異四卷** （清）汪遠孫撰 清末刻本 趙健題簽 二冊 存十卷（國語十三至二十一、札記）

330000－4788－0000161 普 00568 集部/別集類/清別集

曝書亭集八十卷附錄一卷 （清）朱彝尊撰 **笛漁小稾十卷** （清）朱昆田撰 清光緒十五年（1889）會稽陶氏寒梅館刻本 九冊 存四十七卷（六至十五、二十一至二十五、三十一至四十九、五十七至六十九）

330000－4788－0000162 普 00569 集部/總集類/選集之屬/斷代

文粹一百卷　(宋)姚鉉輯　清光緒十六年(1890)杭州許增榆園刻本　七册　存三十九卷(一至十六、三十至四十六、八十八至九十三)

330000－4788－0000163　普00746　子部/法家類

韓非子集解二十卷首一卷　(清)王先慎撰　清光緒上海掃葉山房石印本　五册　存十七卷(四至二十)

330000－4788－0000164　普00570　集部/總集類/選集之屬/斷代

文粹補遺二十六卷　(清)郭麐輯　清光緒十六年(1890)杭州許增榆園刻本　二册　存十六卷(一至十六)

330000－4788－0000165　普00747、普00850　史部/金石類

學古齋金石叢書四集十二種　(清)葛元煦輯　清光緒崇川葛氏學古齋刻本　六册　存二種

330000－4788－0000166　普00571　集部/總集類/選集之屬/斷代

文粹補遺二十六卷　(清)郭麐輯　清光緒十六年(1890)杭州許增榆園刻本　一册　存九卷(九至十七)

330000－4788－0000167　普00748　史部/傳記類/科舉録之屬

江左校士錄不分卷　(清)黃體芳輯　清光緒十二年(1886)上洋石印本　四册

330000－4788－0000168　善00006　子部/叢編

十子全書　(清)王子興編　清嘉慶九年(1804)姑蘇王氏聚文堂刻本　二十七册　存八種

330000－4788－0000169　普00749　集部/總集類/選集之屬/斷代

皇朝經世文編一百二十卷姓名總目二卷　(清)賀長齡輯　清光緒十五年(1889)上海廣百宋齋鉛印本　十九册　缺二十七卷(二十六至三十、三十六至四十、五十八至六十二、九十九至一百十)

330000－4788－0000170　普00572　史部/地理類/雜志之屬

六朝事迹編類十四卷　(宋)張敦頤撰　清光緒十三年(1887)李濱寶章閣刻本　一册　存五卷(一至五)

330000－4788－0000174　普00574　子部/儒家類/儒學之屬/性理

呂語集粹四卷首一卷　(清)陳弘謀評輯　清光緒五年(1879)顧景濂龍城刻本　四册

330000－4788－0000175　普00575　子部/藝術類/遊藝之屬/聯語

楹聯新話十卷　(清)朱應鎬輯　清光緒十八年至十九年(1892－1893)刻本　四册

330000－4788－0000176　普00576　集部/總集類/彙編之屬

漢魏六朝百三名家集　(明)張溥編　清光緒十八年(1892)善化章經濟堂刻本　一百二十册

330000－4788－0000177　普00761　史部/紀事本末類

歷朝紀事本末九種　(清)陳如升　(清)朱記榮輯　(清)慎記主人增輯　清光緒二十九年(1903)上海文盛書局石印本　二册　存一種

330000－4788－0000183　普00577　類叢部/叢書類/自著之屬

西堂全集四種附一種　(清)尤侗撰　清刻本　二十册　存三種

330000－4788－0000184　普00578　集部/別集類/明別集

震川先生集三十卷別集十卷　(明)歸有光撰　清光緒六年(1880)常熟歸氏刻本　清春皋題記　十六册

330000－4788－0000189　普00778　集部/總集類/彙編之屬

唐人三家集　(清)秦恩復編　清宣統三年(1911)藏古圖書館據嘉慶至道光秦氏石研齋

影宋刻本影印本　三冊　存一種

330000－4788－0000190　普 00592　類叢部/叢書類/自著之屬
西堂全集四種附一種　(清)尤侗撰　清刻本　四冊　存一種

330000－4788－0000191　普 00779　集部/別集類/明別集
楊忠烈公文集五卷　(明)楊漣撰　清宣統三年(1911)文盛書局石印本　三冊　缺一卷(二)

330000－4788－0000193　普 00780　集部/別集類/漢魏六朝別集
陶淵明文集十卷　(晉)陶潛撰　清宣統元年(1909)著易堂書局石印本　三冊　存八卷(一至八)

330000－4788－0000194　普 00781　集部/別集類/清別集
校訂定盦全集十卷　(清)龔自珍撰　清宣統元年(1909)上海時中書局鉛印本　一冊　存一卷(一)

330000－4788－0000195　普 00594　子部/藝術類/音樂之屬/琴學
琴學入門二卷　(清)張鶴輯　清同治六年(1867)張鶴刻本　四冊

330000－4788－0000200　普 00596　子部/兵家類/兵法之屬
紀效新書十八卷首一卷　(明)戚繼光撰　清光緒二十一年(1895)上海醉經樓石印本　四冊

330000－4788－0000201　普 00597　子部/兵家類/操練之屬
練兵實紀九卷雜集六卷　(明)戚繼光撰　清光緒二十一年(1895)上海醉經樓石印本　四冊　缺六卷(雜集一至六)

330000－4788－0000205　普 00600　集部/總集類/選集之屬/斷代
八家四六文註八卷首一卷　(清)吳鼒輯　(清)許貞幹注　**補註一卷**　陳衍撰　清光緒十八年(1892)上海圖書集成印書局鉛印本　鄭霞仙題記　八冊

330000－4788－0000209　普 00602　子部/雜著類/雜說之屬
浮邱子十二卷　(清)湯鵬撰　清宣統二年(1910)上海掃葉山房石印本　六冊

330000－4788－0000212　普 00604　集部/別集類/唐五代別集
河東先生文集六卷　(唐)柳宗元撰　清宣統二年(1910)上海會文堂粹記石印本　三冊

330000－4788－0000214　普 00790　集部/總集類/選集之屬/斷代
增註七家詩彙鈔　(清)張熙宇輯評　(清)王植桂輯註　清光緒十八年(1892)上海圖書集成印書局鉛印本　四冊

330000－4788－0000218　普 00609　子部/叢編
二十五子彙函　(清)鴻文書局編　清光緒十九年(1893)上海鴻文書局石印本　五冊　存八種

330000－4788－0000219　普 00791　類叢部/類書類/通類之屬
御定駢字類編二百四十卷　(清)吳士玉　(清)沈宗敬等輯　清光緒十三年(1887)上海同文書局石印本　一冊　存五卷(五十二至五十六)

330000－4788－0000238　普 00623　子部/叢編
二十二子(二十二子彙函)　(清)浙江書局編　清光緒元年至三年(1875－1877)浙江書局刻本　六冊　存一種

330000－4788－0000239　普 00624　子部/叢編
二十二子(二十二子彙函)　(清)浙江書局編　清光緒元年至三年(1875－1877)浙江書局刻本　六冊　存一種

330000－4788－0000240　普 00625　集部/總集類/選集之屬/通代

重訂文選集評十五卷首一卷末一卷 （清）于光華輯　清刻本　十六冊

330000－4788－0000241　普00007　集部/總集類/選集之屬/通代
文選十三種 （清）張道緒評　清嘉慶十六年（1811）人境軒刻本　九冊　存七種

330000－4788－0000242　普00626　經部/禮記類/傳說之屬
禮記集說十卷 （元）陳澔撰　清慎詒堂刻本　十冊

330000－4788－0000244　普00627　史部/編年類/通代之屬
御批歷代通鑑輯覽一百二十卷 （清）傅恒等撰　清光緒三十年（1904）上海久敬書局石印本　二十八冊

330000－4788－0000245　普00628　史部/編年類/通代之屬
御批歷代通鑑輯覽一百二十卷 （清）傅恒等撰　清光緒三十年（1904）上海美華書館鉛印本　二十三冊　存一百十三卷（一至五、十三至一百二十）

330000－4788－0000247　普00629　史部/地理類/方志之屬/郡縣志
光緒蘭谿縣志八卷首一卷補遺一卷 （清）秦簧　（清）朱鑑章　（清）邵秉經修　（清）唐壬森纂　清光緒十三年至十五年（1887－1889）刻二十六年（1900）增刻本　二冊

330000－4788－0000248　普00630　史部/地理類/方志之屬/郡縣志
光緒蘭谿縣志八卷首一卷補遺一卷 （清）秦簧　（清）朱鑑章　（清）邵秉經修　（清）唐壬森纂　清光緒十三年至十五年（1887－1889）刻本　十一冊

330000－4788－0000250　普00819　子部/小說家類/異聞之屬
右台仙館筆記十六卷 （清）俞樾撰　清宣統二年（1910）上海朝記書莊石印本　五冊　存十卷（一至四、七至八、十三至十六）

330000－4788－0000253　普00632　集部/總集類/選集之屬/通代
文翰齋古文觀止十二卷 （清）吳乘權　（清）吳大職輯　清咸豐元年（1851）童文翰齋刻本　四冊　存八卷（一至六、九至十）

330000－4788－0000255　普00633　集部/總集類/選集之屬/通代
古文觀止十二卷 （清）吳乘權　（清）吳大職輯　清光緒十八年（1892）文奎堂刻本　五冊　缺二卷（七至八）

330000－4788－0000256　普00634、普00635、普00636、普00637、普00638　經部/叢編
重刊宋本十三經注疏四百十六卷　附十三經注疏校勘記四百十六卷 （清）阮元撰　（清）盧宣旬摘錄　清嘉慶二十年（1815）江西南昌府學刻同治十二年（1873）江西書局重修本　六十九冊　存五種

330000－4788－0000258　普00639　經部/周禮類/傳說之屬
周禮十二卷 （漢）鄭玄注　（唐）陸德明音義　清刻本　六冊

330000－4788－0000259　普00640　經部/禮記類/傳說之屬
潄芳軒合纂禮記體註四卷 （清）范翔撰　清文星堂刻本　志渠題簽　四冊

330000－4788－0000261　普00833　史部/紀傳類/正史之屬
二十四史附考證 清光緒二十八年（1902）竢實齋石印本　六冊　存一種

330000－4788－0000266　普00645　類叢部/叢書類/自著之屬
隨園三十種 （清）袁枚撰　清刻本　二冊　存一種

330000－4788－0000269　普00646　類叢部/叢書類/自著之屬
大鶴山房全書十種 鄭文焯撰　清光緒至民國刻民國九年（1920）蘇州交通圖書館彙印本

四册　存九種

330000－4788－0000271　普00834　集部/總集類/彙編之屬
校正硃批增註七家詩選七卷　（清）張熙宇評選　（清）張昶註釋　清光緒六年（1880）上海掃葉山房刻朱墨套印本　四册

330000－4788－0000273　普00648　史部/編年類/通代之屬
尺木堂綱鑑易知錄九十二卷明鑑易知錄十五卷　（清）吳乘權　（清）周之炯　（清）周之燦輯　清刻本（卷六十九補配清兩儀堂刻本）　三十四册　缺三十三卷（綱鑑易知錄二十至二十二、三十二至三十五、四十至四十二、七十至七十五、七十八至七十九，明鑑易知錄一至十五）

330000－4788－0000275　普00649　史部/編年類/斷代之屬
御撰資治通鑑綱目三編二十卷　（清）張廷玉等撰　清刻本　六册

330000－4788－0000276　善00008　史部/編年類/通代之屬
資治通鑑綱目五十九卷　（宋）朱熹撰　（明）陳仁錫評　**資治通鑑綱目續編一卷**　（明）陳桱撰　（明）陳仁錫評　**資治通鑑綱目前編二十五卷**　（明）南軒撰　（明）陳仁錫評　**續資治通鑑綱目二十七卷**　（明）商輅等撰　（明）陳仁錫評　清嘉慶九年（1804）姑蘇聚文堂刻本　九十册　缺十一卷（三、十三、三十二、四十九至五十，前編三至六，續資治通鑑綱目十九至二十）

330000－4788－0000280　普00651　集部/總集類/選集之屬/通代
古唐詩合解十二卷古詩四卷　（清）王堯衢注　清文奎堂刻本　何錦章題簽並記　六册

330000－4788－0000288　普00657　史部/編年類/通代之屬
御批歷代通鑑輯覽一百二十卷　（清）傅恒等撰　清同治十年（1871）浙江書局刻朱墨套印本　三十一册　存七十七卷（一至八、十二至八十）

330000－4788－0000290　普00848　史部/政書類/通制之屬
欽定大清會典一百卷首一卷　（清）崑岡等撰　清宣統元年（1909）上海商務印書館石印本　五册

330000－4788－0000291　普00853　史部/傳記類/總傳之屬/仕宦
歷代名臣言行錄二十四卷　（清）朱桓輯　清光緒二十八年（1902）上海煥文書局石印本　六册　存十九卷（一至十六、二十二至二十四）

330000－4788－0000295　普00851　史部/紀傳類/正史之屬
二十四史附考證　清光緒二十八年（1902）竢實齋石印本　八册　存一種

330000－4788－0000296　普00854　史部/傳記類/總傳之屬/仕宦
歷代名臣言行錄二十四卷　（清）朱桓輯　清光緒二十八年（1902）上海雙桂軒石印本　七册　存二十一卷（一至十二、十六至二十四）

330000－4788－0000298　普00659　類叢部/類書類/專類之屬
佩文韻府一百六卷　（清）張玉書　（清）蔡升元等輯　**韻府拾遺一百六卷**　（清）汪灝　（清）何焯等輯　清光緒十三年（1887）上海點石齋石印本　四十五册　缺三十二卷（佩文韻府十六、二十一至三十、五十三至五十九、六十四、一百、一百四至一百六，韻府拾遺九十至九十八）

330000－4788－0000300　普00660　類叢部/類書類/專類之屬
佩文韻府一百六卷　（清）張玉書　（清）蔡升元等輯　**韻府拾遺一百六卷**　（清）汪灝　（清）何焯等輯　清光緒十三年（1887）上海點石齋石印本　四十五册　缺四十八卷（佩文韻府十三至十五、十九至二十一、二十六至三十、三十八至四十四、九十、九十三至九十六、九十九，韻府拾遺六至十五、六十至七十三）

330000－4788－0000301　普00661　經部/群經總義類/傳說之屬

皇朝五經彙解二百七十卷　(清)朱鏡清輯　清光緒十九年(1893)寶文書局石印本　三十二冊

330000－4788－0000302　普00855　史部/傳記類/總傳之屬/仕宦

歷代名臣言行錄二十四卷　(清)朱桓輯　清末石印本　二冊　存六卷(十七至十九、二十二至二十四)

330000－4788－0000304　普00856　史部/紀傳類/正史之屬

二十四史附考證　清光緒十年(1884)上海同文書局石印本　五十一冊　存一種

330000－4788－0000305　普00662　子部/叢編

二十二子(二十二子彙函)　(清)浙江書局編　清光緒元年至三年(1875－1877)浙江書局刻本　六冊　存一種

330000－4788－0000306　普00663　經部/叢編

御纂七經五種　(清)李光地等撰　清同治六年至九年(1867－1870)浙江書局刻本　十六冊　存一種

330000－4788－0000308　普00664　史部/編年類/通代之屬

資治通鑑綱目五十九卷　(宋)朱熹撰　(明)陳仁錫評　**資治通鑑綱目續編一卷**　(明)陳桱撰　(明)陳仁錫評　**資治通鑑綱目前編二十五卷**　(明)南軒撰　(明)陳仁錫評　**續資治通鑑綱目二十七卷**　(明)商輅等撰　(明)陳仁錫評　清刻本　三十八冊　存三十七卷(十、二十六至四十、四十三至四十四、四十六、四十八至五十四,續編,續資治通鑑綱目一至三、九、十四、十六、二十、二十三至二十四、二十六)

330000－4788－0000313　普00665　集部/總集類/選集之屬/通代

御選唐宋詩醇四十七卷目錄二卷　(清)高宗弘曆輯　清光緒七年(1881)浙江書局刻本　二十冊

330000－4788－0000325　普00863　史部/傳記類/總傳之屬/仕宦

歷代名臣言行錄二十四卷　(清)朱桓輯　清末石印本　一冊　存二卷(二十至二十一)

330000－4788－0000332　普01016　經部/小學類/文字之屬/字書/字典

大廣益會玉篇三十卷總目偏旁篆書之法一卷　(南朝梁)顧野王撰　(唐)孫強增字　(宋)陳彭年等重修　清初影宋抄本　二冊　缺八卷(一至八)

330000－4788－0000335　普00864　經部/三禮總義類/通論之屬

讀禮條考二十卷　(清)王曜南撰　清末石印本　一冊　存三卷(十八至二十)

330000－4788－0000341　普00678　經部/詩類/傳說之屬

詩經增訂旁訓四卷　(清)徐立綱撰　(清)□□增訂　清刻本　三冊

330000－4788－0000346　普00680　史部/編年類/通代之屬

御批歷代通鑑輯覽一百二十卷　(清)傅恒等撰　清光緒三十年(1904)文通書局石印本　三十二冊

330000－4788－0000347　普00869　子部/叢編

二十二子(二十二子彙函)　(清)浙江書局編　清光緒元年至三年(1875－1877)浙江書局刻本　二冊　存一種

330000－4788－0000349　普00681　經部/小學類/文字之屬/說文/傳說

說文古籀疏證六卷原目一卷　(清)莊述祖撰　清光緒二十年(1894)武進莊殿華津郡刻本　六冊

330000－4788－0000350　普00870　史部/地理類/總志之屬/通代

天下郡國利病書一百二十卷　(清)顧炎武撰

（清）龍萬育訂　清光緒上海慎記書莊石印本　二十三册　存一百十六卷（一至七十一、七十六至一百二十）

330000－4788－0000351　普00682　史部/編年類/通代之屬
御批通鑑輯覽合璧一百二十卷　（清）傅恒等編纂　（清）積山書局主人輯　清光緒二十九年（1903）積山喬記書局石印本　二十四册

330000－4788－0000353　普00683　集部/詞類/詞譜之屬
詞律二十卷　（清）萬樹撰　**詞律拾遺八卷**（清）徐本立撰　**詞律補遺一卷**　（清）杜文瀾撰　清同治十二年（1873）、光緒二年（1876）吴下刻本　十六册

330000－4788－0000355　普00009　子部/小説家類/異聞之屬
山海經箋疏十八卷圖讚一卷訂譌一卷敘録一卷　（清）郝懿行撰　清嘉慶十四年（1809）阮氏琅嬛僊館刻本　四册

330000－4788－0000357　普00684　經部/書類/傳説之屬
書經體註大全合參六卷　（宋）蔡沈集傳（清）錢希祥輯注　清刻本　黄士昌題簽　四册

330000－4788－0000358　普00685、普00686、普00687　子部/叢編
二十二子（二十二子彙函）　（清）浙江書局編　清光緒元年至三年（1875－1877）浙江書局刻本　十一册　存三種

330000－4788－0000359　普00688　子部/叢編
二十二子（二十二子彙函）　（清）浙江書局編　清光緒元年至三年（1875－1877）浙江書局刻本　四册　存一種

330000－4788－0000360　普00689、普00690、普00691　類叢部/叢書類/彙編之屬
正誼堂全書六十三種續刻五種　（清）張伯行編　（清）楊浚重編　清同治五年（1866）福州正誼書院刻同治八年至光緒十三年（1869－1887）續刻本　五册　存三種

330000－4788－0000363　普00692　史部/地理類/山川之屬/山志
黄鵠山志十二卷首一卷　（清）胡鳳丹撰　清同治十三年（1874）胡氏退補齋刻本　六册

330000－4788－0000365　普00694　子部/儒家類/儒學之屬/性理
近思録集注十四卷考訂朱子世家一卷　（清）江永撰　清咸豐三年（1853）刻本　四册

330000－4788－0000369　普00695　經部/叢編
御纂七經五種　（清）李光地等撰　清同治六年至九年（1867－1870）浙江書局刻本　十二册　存一種

330000－4788－0000370　普00696、普00697　類叢部/叢書類/自著之屬
章氏遺書二種　（清）章學誠撰　清道光十二年至十三年（1832－1833）章華紱刻本　五册

330000－4788－0000371　普00698　類叢部/叢書類/自著之屬
章氏遺書二種　（清）章學誠撰　清道光十二年至十三年（1832－1833）章華紱刻本　一册　存一種

330000－4788－0000372　普00699、普00700　經部/叢編
重刊宋本十三經注疏四百十六卷　附十三經注疏校勘記四百十六卷　（清）阮元撰　（清）盧宣旬摘録　清嘉慶二十年（1815）江西南昌府學刻同治十二年（1873）江西書局重修本　七册　存二種

330000－4788－0000377　普00875　新學/議論/通論
洋務經濟通考十六卷　（清）應祖錫纂　清光緒二十八年（1902）鴻寶齋石印本　六册　存六卷（一至六）

330000－4788－0000385　普01110、普01111　史部/金石類

學古齋金石叢書四集十二種　(清)葛元煦輯　清光緒崇川葛氏學古齋刻本　八册　存二種

330000－4788－0000393　普00893　經部/四書類/總義之屬/傳說

四書古註羣義彙解九種　清石印本　十五册　缺五卷(論語集解義疏一至五)

330000－4788－0000398　普01114　史部/紀傳類/正史之屬

春秋紀傳五十一卷　(清)李鳳雛纂輯　清光緒二十一年(1895)東陽古大化里刻本　十二册

330000－4788－0000399　普01115、普01116　史部/編年類/通代之屬

資治通鑑彙刻八種　清同治至光緒江蘇書局刻本　八册　存二種

330000－4788－0000401　善00010　史部/編年類/通代之屬

資治通鑑綱目五十九卷　(宋)朱熹撰　(明)陳仁錫評　**資治通鑑綱目續編一卷**　(明)陳桱撰　(明)陳仁錫評　**資治通鑑綱目前編二十五卷**　(明)南軒撰　(明)陳仁錫評　**續資治通鑑綱目二十七卷**　(明)商輅等撰　(明)陳仁錫評　清嘉慶八年(1803)敬書堂刻本　二十九册　存三十三卷(一至六、八至十、十二至十九、二十三至二十五,前編一、八至十、十四至十六、二十至二十五)

330000－4788－0000402　普00897　子部/雜著類/雜纂之屬

經餘必讀八卷二編八卷　(清)雷琳　(清)錢樹棠　(清)錢樹立輯　**經餘必讀三編四卷**　(清)趙在翰輯　清光緒二年(1876)退補齋刻本　九册　缺三卷(三編二至四)

330000－4788－0000404　普01117　史部/編年類/通代之屬

御批歷代通鑑輯覽一百二十卷　(清)傅恒等撰　清同治十一年(1872)湖北崇文書局刻本　二十册　存四十卷(一至六、二十六至二十九、三十四至五十三、六十四至七十三)

330000－4788－0000405　普00898　類叢部/類書類/通類之屬

格致鏡原一百卷　(清)陳元龍撰　清刻本　九册　存三十八卷(十一至二十三、二十八至三十、三十七至五十八)

330000－4788－0000406　普01118　史部/編年類/通代之屬

御批資治通鑑綱目全書一百九卷　清末石印本　六册　存二十九卷(十四至十八、二十九至三十三、三十九至四十二,前編三至八,續通鑑綱目五至八、二十三至二十七)

330000－4788－0000407　普00899　集部/總集類/彙編之屬

七家試帖輯註彙鈔七卷　(清)張熙宇輯評　(清)王植桂輯註　清同治九年(1870)京師琉璃廠刻本　八册

330000－4788－0000409　普01119　史部/編年類/斷代之屬

御撰資治通鑑綱目三編六卷　(清)張廷玉等撰　清光緒二十五年(1899)上海久敬齋石印本　一册　存三卷(一至三)

330000－4788－0000410　普01120　經部/小學類/文字之屬/字書/字典

康熙字典十二集三十六卷總目一卷檢字一卷辨似一卷等韻一卷補遺一卷備考一卷　(清)張玉書等纂修　清道光七年(1827)刻本　三十九册　缺一卷(寅集三)

330000－4788－0000411　普01121、普01122、普01123、普01124　子部/叢編

二十二子(二十二子彙函)　(清)浙江書局編　清光緒元年至三年(1875－1877)浙江書局刻本　十六册　存四種

330000－4788－0000413　普01125　史部/雜史類/斷代之屬

戰國策三十三卷　(漢)高誘注　**重刻剡川姚氏本戰國策札記三卷**　(清)黃丕烈撰　清光緒三年(1877)永康胡氏退補齋刻本　五册

330000－4788－0000414　普01201　史部/政

書類/通制之屬

欽定大清會典事例一千二百二十卷目錄八卷 （清）崑岡等撰 清宣統元年(1909)上海商務印書館石印本 七十五冊

330000－4788－0000415 普01126 史部/編年類/通代之屬

重訂王鳳洲先生綱鑑會纂四十六卷續宋元紀二十三卷 （明）王世貞撰 （明）陳仁錫訂 **御撰資治通鑑綱目三編二十卷** （清）張廷玉等編次 清刻本 四十二冊 缺十二卷(二十、三十五至三十六,續宋元紀六至八,御撰資治通鑑綱目三編四至六、十至十二)

330000－4788－0000417 普01204 類叢部/類書類/專類之屬

子史精華一百六十卷 （清）吳士玉 （清）吳襄等輯 清光緒十三年(1887)上海積山書局石印本 四冊 存八十卷(八十一至一百六十)

330000－4788－0000418 普01127 經部/易類/傳說之屬

周易傳義合訂十二卷 （清）朱軾輯 清咸豐十年(1860)刻本 六冊

330000－4788－0000420 普01129 集部/詩文評類/文評之屬

文心雕龍十卷 （南朝梁）劉勰撰 （清）黃叔琳輯注 （清）紀昀評 清道光十三年(1833)盧坤兩廣節署刻朱墨套印本 四冊

330000－4788－0000422 普01130 子部/醫家類/綜合之屬

景岳全書發揮四卷 （清）葉桂撰 清光緒五年(1879)吳氏醉六堂刻本 四冊

330000－4788－0000423 普01202 經部/叢編

遵阮本重校印十三經注疏并校勘記 （清）阮元撰校勘記 （清）盧宣旬摘錄校勘記 清袖海山房石印本 八冊 存四種

330000－4788－0000425 普01132 類叢部/叢書類/郡邑之屬

金華叢書六十八種 （清）胡鳳丹編 清同治七年至光緒八年(1868－1882)永康胡氏退補齋刻本 一冊 存一種

330000－4788－0000426 普01203 史部/地理類/外紀之屬

西史綱目三十五卷 （清）周維翰撰 清光緒二十八年(1902)經世文社石印本 十二冊 存二十四卷(一至二、五至六、九至十、十三至二十、二十四至三十一、三十四至三十五)

330000－4788－0000427 普01318 史部/政書類/律令之屬/律例

大清律例增修統纂集成四十卷督捕則例附纂二卷 （清）姚潤輯 （清）陶駿 （清）陶念霖增輯 清末石印本 五冊 缺三十三卷(一至二十五、二十七至二十八、三十一至三十三、三十七,督捕則例附纂一至二)

330000－4788－0000429 普01327 集部/別集類/唐五代別集

昌黎先生集四十卷外集十卷遺文一卷 （唐）韓愈撰 （宋）廖瑩中校正 **朱子校昌黎先生集傳一卷** （宋）朱熹撰 **韓集點勘四卷** （清）陳景雲撰 清宣統三年(1911)上海掃葉山房石印本 十一冊 缺一卷(昌黎先生集一)

330000－4788－0000431 普01135 史部/紀傳類/正史之屬

二十四史附考證 清光緒上海圖書集成印書局鉛印本 八冊 存一種

330000－4788－0000432 普01136 史部/編年類/通代之屬

袁王綱鑑合編三十九卷首一卷 （明）袁黃輯 （明）王世貞編 **御撰明紀綱目二十卷** （清）張廷玉等輯 清光緒三十年(1904)上海商務印書館鉛印本 十六冊

330000－4788－0000437 普01141 史部/金石類

學古齋金石叢書四集十二種 （清）葛元煦輯 清光緒崇川葛氏學古齋刻本 三冊 存一種

330000－4788－0000439　普01205　子部/醫家類/醫案之屬

王氏醫案二卷　（清）王士雄撰　（清）周鑅輯　**醫案續編八卷**　（清）王士雄撰　（清）張鴻輯　清刻本　三冊

330000－4788－0000440　普01206　史部/政書類/通制之屬

三通考輯要　湯壽潛輯　清光緒二十五年（1899）圖書集成局鉛印本　二十四冊　存六十九卷（文獻通考輯一至二十四，欽定續文獻通考輯要一至十七，皇朝文獻通考輯要一至十八、十七至二十六）

330000－4788－0000441　普01143　子部/醫家類/針灸之屬/通論

鍼灸大成十卷　（明）楊繼洲撰　清光緒二十二年（1896）上海文瑞樓石印本　六冊

330000－4788－0000442　普01207　經部/叢編

御纂七經五種　（清）李光地等撰　清同治六年至九年（1867－1870）浙江書局刻本　十冊　存一種

330000－4788－0000447　普01208　史部/傳記類/總傳之屬/儒林

理學宗傳二十六卷　（清）孫奇逢撰　（清）魏一鼇等編　清光緒六年（1880）浙江書局刻本　十一冊

330000－4788－0000449　普01209　史部/政書類/通制之屬

九通　（清）□□輯　清光緒二十七年（1901）上海圖書集成局鉛印本　十六冊　存一種

330000－4788－0000450　普01147　史部/政書類/律令之屬/律例

大清現行刑律案語不分卷附核訂現行刑律不分卷　沈家本等編　（清）憲政編查館核訂　清宣統元年（1909）法律館鉛印本　二十二冊

330000－4788－0000452　普01329　集部/曲類/曲韻曲譜曲律之屬

廣緝詞隱先生增定南九宮詞譜二十六卷　（明）沈璟輯　（明）沈自晉重定　清順治十二年（1655）沈氏不殊堂刻本　四冊

330000－4788－0000454　普01331　史部/編年類/通代之屬

續資治通鑑二百二十卷　（清）畢沅撰　清乾隆鎮洋畢氏刻嘉慶六年（1801）桐鄉馮氏德裕堂續刻同治六年（1867）永康應氏補刻八年（1869）江蘇書局修補印本　五十一冊　缺三十三卷（八至十一、十六至二十、一百十五至一百十八、一百六十三至一百六十八、一百八十三至一百八十六、一百九十一至一百九十七、二百十八至二百二十）

330000－4788－0000455　善00011　史部/政書類/通制之屬

三通　清乾隆十二年至十四年（1747－1749）武英殿刻後印本　五十六冊　存一種

330000－4788－0000456　普01225　經部/叢編

四經精華　（清）魏朝俊輯　清光緒二年（1876）浙寧簡香齋刻本　十七冊　缺一卷（書經精華五）

330000－4788－0000457　普01148　史部/政書類/通制之屬

九通　（清）□□輯　清光緒八年至二十二年（1882－1896）浙江書局刻本　七十一冊　存一種

330000－4788－0000458　普01149　史部/政書類/通制之屬

九通　（清）□□輯　清光緒八年至二十二年（1882－1896）浙江書局刻本　五十八冊　存一種

330000－4788－0000459　普01226　史部/紀傳類/正史之屬

二十四史附考證　清光緒二十八年（1902）竢實齋石印本　四冊　存一種

330000－4788－0000460　普01332　史部/編年類/通代之屬

資治通鑑二百九十四卷　（宋）司馬光撰

(元)胡三省音注　**資治通鑑目錄三十卷**　(宋)司馬光撰　清嘉慶二十一年(1816)胡克家影元刻同治八年(1869)江蘇書局修補印本(資治通鑑目錄三十卷為清同治八年江蘇書局影宋刻本)　六十九冊　缺一百十七卷(四至六、七十至七十二、八十二至一百八、一百十二至一百七十一、一百七十五至一百七十七、一百九十三至一百九十八、二百二至二百四、二百二十六至二百二十八、二百七十四至二百七十六,資治通鑑目錄十至十二、十九至二十一)

330000 – 4788 – 0000461　普 01227　集部/總集類/選集之屬/斷代
皇朝經世文續編一百二十卷　(清)葛士濬輯　清鉛印本　四冊　存二十卷(三十一至三十五、八十一至九十五)

330000 – 4788 – 0000462　普 01334、普 01335　史部/紀傳類/正史之屬
二十四史附考證　清光緒二十八年(1902)竢實齋石印本　二十二冊　存二種

330000 – 4788 – 0000464　普 01333　史部/編年類/通代之屬
資治通鑑彙刻八種　清同治至光緒江蘇書局刻本　一冊　存一種

330000 – 4788 – 0000465　普 01229　史部/紀傳類/正史之屬
二十四史附考證　清光緒十年(1884)上海同文書局石印本　九十二冊　存一種

330000 – 4788 – 0000466　普 01150　集部/詞類/詞譜之屬
詞律二十卷　(清)萬樹撰　**詞律拾遺八卷**　(清)徐本立撰　**詞律補遺一卷**　(清)杜文瀾撰　清同治十二年(1873)、光緒二年(1876)吳下刻本　五冊　存十卷(詞律十至十四、拾遺三至六、補遺)

330000 – 4788 – 0000470　善 00012　經部/小學類/文字之屬/字書/字典
字彙十二卷首一卷末一卷韻法直圖一卷　(明)梅膺祚撰　**韻法橫圖一卷**　(明)李世澤撰　清刻本　四冊　存四卷(首,四、十至十一)

330000 – 4788 – 0000472　普 01339　類叢部/類書類/通類之屬
策府統宗六十五卷　(清)劉昌齡輯　清光緒十九年(1893)蜚英館石印本　二十冊

330000 – 4788 – 0000473　普 01151　子部/宗教類/道教之屬
道書十二種　(清)劉一明撰　清嘉慶至道光刻本　八冊　存六種

330000 – 4788 – 0000474　普 01340　集部/總集類/課藝之屬
經藝宏括　(清)同文書局編　清光緒十四年(1888)上海同文書局石印本　十六冊　存五種

330000 – 4788 – 0000475　普 01231、普 01232、普 01233、普 01234、普 01235、普 01236、普 01237　史部/紀傳類/正史之屬
二十四史附考證　清光緒十年(1884)上海同文書局石印本　一百三十八冊　存七種

330000 – 4788 – 0000476　普 01152　史部/政書類/通制之屬
九通　(清)□□輯　清光緒八年至二十二年(1882 – 1896)浙江書局刻本　一百一冊　存一種

330000 – 4788 – 0000478　普 01342、普 01343、普 01344、普 01345、普 01348、普 01349、普 01350、普 01351　史部/紀傳類/正史之屬
二十四史附考證　清光緒二十八年(1902)竢實齋石印本　二十五冊　存八種

330000 – 4788 – 0000479　普 01153　類叢部/叢書類/彙編之屬
連筠簃叢書十二種　(清)楊尚文編　清道光二十七年至二十九年(1847 – 1849)靈石楊氏刻本　九冊　存一種

330000 – 4788 – 0000480　普 01154　類叢部/叢書類/自著之屬
石泉書屋全集六種　(清)李佐賢撰　清咸豐

至光緒利津李氏刻本　二十冊　存一種

330000－4788－0000481　普 02112　史部/金石類/錢幣之屬

續泉匯十四卷補遺二卷　（清）鮑康　（清）李佐賢撰　清光緒元年（1875）利津李氏石泉書屋刻本　四冊

330000－4788－0000482　普 01346　經部/小學類/文字之屬/字書/字典

康熙字典十二集三十六卷總目一卷檢字一卷辨似一卷等韻一卷補遺一卷備考一卷　（清）張玉書等纂修　清道光七年（1827）刻本　四十冊

330000－4788－0000483　普 01155　史部/編年類/通代之屬

御批歷代通鑑輯覽一百二十卷　（清）傅恒等撰　清同治十年（1871）浙江書局刻朱墨套印本　十六冊　存四十卷（八十一至一百二十）

330000－4788－0000484　普 01156、普 01157　子部/叢編

二十二子（二十二子彙函）　（清）浙江書局編　清光緒元年至三年（1875－1877）浙江書局刻本　六冊　存二種

330000－4788－0000485　普 01158　集部/總集類/選集之屬/通代

御選唐宋詩醇四十七卷目錄二卷　（清）高宗弘曆輯　清光緒七年（1881）浙江書局刻本　七冊　存十八卷（目錄下，五至十、十三至二十三）

330000－4788－0000486　普 01159　經部/詩類/傳說之屬

詩經增訂旁訓四卷　（清）徐立綱撰　（清）□□增訂　清刻本　一冊

330000－4788－0000487　普 01347　經部/小學類/文字之屬/字書/字典

康熙字典十二集三十六卷總目一卷檢字一卷辨似一卷等韻一卷補遺一卷備考一卷　（清）張玉書等纂修　清道光七年（1827）刻本　三十九冊　缺一卷（等韻）

330000－4788－0000488　普 01160　經部/春秋總義類/傳說之屬

春秋旁訓辨體合訂四卷　（清）徐立綱輯　清循陔堂刻本　一冊

330000－4788－0000489　普 01238　史部/紀傳類/正史之屬

二十四史附考證　清光緒十四年（1888）上海圖書集成局鉛印本　三十二冊　存二種

330000－4788－0000490　普 01161、普 01162、普 01163　子部/叢編

二十二子（二十二子彙函）　（清）浙江書局編　清光緒元年至三年（1875－1877）浙江書局刻本　七冊　存三種

330000－4788－0000491　普 01352　史部/紀傳類/正史之屬

二十四史附考證　清光緒十年（1884）上海同文書局石印本　十八冊　存一種

330000－4788－0000492　普 01239　子部/宗教類/佛教之屬

弘明集十四卷　（南朝梁）釋僧祐撰　清光緒二十二年（1896）金陵刻經處刻本　三冊　存十卷（一至十）

330000－4788－0000493　普 01353　史部/政書類/通制之屬

九通　（清）□□輯　清光緒二十七年（1901）上海圖書集成印書局鉛印本　二十冊　存一種

330000－4788－0000494　普 01164　集部/別集類/清別集

有正味齋駢體文二十四卷首一卷　（清）吳錫麒撰　（清）王廣業箋　（清）葉聯芬注　清光緒十五年（1889）上海蜚英館石印本　四冊

330000－4788－0000495　普 01165　集部/別集類/清別集

有正味齋駢體文二十四卷首一卷　（清）吳錫麒撰　（清）王廣業箋　（清）葉聯芬注　清光緒十五年（1889）上海蜚英館石印本　三冊　缺五卷（首、一至四）

330000－4788－0000497　普01354　史部/紀事本末類

歷朝紀事本末九種　(清)陳如升　(清)朱記榮輯　(清)慎記主人增輯　清光緒二十五年(1899)上海慎記書莊石印本　七冊　存一種

330000－4788－0000499　普01355　史部/傳記類/總傳之屬/斷代

國朝先正事略六十卷　(清)李元度纂　清光緒十二年(1886)鉛印本　四冊　存三十二卷(九至十六、三十七至六十)

330000－4788－0000500　普01168　史部/政書類/通制之屬

九通　(清)□□輯　清光緒八年至二十二年(1882－1896)浙江書局刻本　二十八冊　存一種

330000－4788－0000501　普01356　子部/叢編

二十二子(二十二子彙函)　(清)浙江書局編　清光緒元年至三年(1875－1877)浙江書局刻本　六冊　存一種

330000－4788－0000504　普01357　子部/叢編

二十二子(二十二子彙函)　(清)浙江書局編　清光緒元年至三年(1875－1877)浙江書局刻本　六冊　存一種

330000－4788－0000507　普01358　史部/傳記類/總傳之屬/斷代

國朝先正事略六十卷　(清)李元度纂　清光緒十二年(1886)鉛印本　一冊　存四卷(十三至十六)

330000－4788－0000508　普01359　子部/天文曆算類/算書之屬

九數通考十一卷首一卷末一卷　(清)屈曾發撰　清光緒二十年(1894)上海文海肇記影印本　五冊

330000－4788－0000511　普01175　子部/叢編

二十五子彙函　(清)鴻文書局編　清光緒十九年(1893)上海鴻文書局石印本　八冊　存十一種

330000－4788－0000512　普01176　經部/叢編

重刊宋本十三經注疏四百十六卷　附十三經注疏校勘記四百十六卷　(清)阮元撰　(清)盧宣旬摘錄　**校勘記識語四卷**　(清)汪文臺撰　清光緒十三年(1887)上海脈望仙館石印本　二十四冊　存十二種

330000－4788－0000513　普01360、普01361、普01362、普01363　集部/總集類/選集之屬/通代

五朝詩別裁集　(清)□□輯　清乾隆刻本　九冊　存四種

330000－4788－0000514　普01364　經部/小學類/文字之屬/說文

說文解字注十五卷附六書音均表五卷　(清)段玉裁撰　**說文部目分韻一卷**　(清)陳煥編　清光緒七年(1881)查燕緒木漸齋刻本　九冊　存十卷(二至四、六、八至十一、十五,說文部目分韻)

330000－4788－0000515　普01177　集部/總集類/選集之屬/斷代

皇朝經世文編一百二十卷姓名總目二卷　(清)賀長齡輯　清末石印本　十冊　存一百卷(十至五十七、六十九至一百二十)

330000－4788－0000516　普01240　子部/宗教類/道教之屬

太上寶筏圖說八卷　(清)黃正元纂　(清)毛金蘭補　清末石印本　四冊　存四卷(一、三、五、七)

330000－4788－0000517　普01178　集部/總集類/選集之屬/斷代

皇朝經世文續編一百二十卷　(清)葛士濬輯　清光緒十七年(1891)上海廣百宋齋鉛印本　四冊　存二十卷(一至五、四十一至四十五、六十六至七十、七十九至八十三)

330000－4788－0000518　普01179　集部/總

集類/選集之屬/斷代

皇朝經世文續編一百二十卷 （清）葛士濬輯 清光緒十七年（1891）上海廣百宋齋鉛印本 二十三冊 缺三卷（一百四至一百六）

330000－4788－0000520 普01241 經部/詩類/傳說之屬

詩經旁訓辨體合訂四卷 （清）徐立綱輯 清慎言堂刻本 四冊

330000－4788－0000521 普01180 集部/總集類/選集之屬/斷代

皇朝經世文三編八十卷 （清）陳忠倚輯 清光緒二十七年（1901）上海書局石印本（卷六至六十五、七十一至八十補配清末石印本） 十五冊 缺五卷（六十六至七十）

330000－4788－0000522 普01181 集部/總集類/選集之屬/斷代

皇朝經世文新增時務續編四十卷洋務續編八卷 （清）三魚堂主人輯 清光緒二十三年（1897）上海掃葉山房鉛印本 六冊

330000－4788－0000523 普01366 史部/紀傳類/正史之屬

漢書一百卷 （漢）班固撰 （唐）顔師古注 清同治十二年（1873）嶺東使署刻本 十六冊

330000－4788－0000524 普01367 史部/政書類/通制之屬

九通 （清）□□輯 清光緒八年至二十二年（1882－1896）浙江書局刻本 十一冊 存一種

330000－4788－0000525 普01182 集部/總集類/課藝之屬

昭代名人論策讀本十三卷 （清）馮偉等撰 清光緒二十八年（1902）古吳袁氏傳經塾石印本 十冊

330000－4788－0000536 普01243、普01244、普01245、普01246、普01247、普01248、普01249、普01250、普01251、普01252 史部/紀傳類/正史之屬

二十四史附考證 清光緒十年（1884）上海同文書局石印本 二百三十三冊 存十種

330000－4788－0000537 普01371 子部/儒家類/儒學之屬

皇朝蓄艾文編八十卷 （清）于寶軒輯 清光緒二十九年（1903）上海官書局鉛印本 三十八冊 缺四卷（五十九至六十二）

330000－4788－0000541 普01374 史部/金石類/總志之屬

金石索十二卷首一卷 （清）馮雲鵬 （清）馮雲鵷輯 清光緒三十二年（1906）上海文新局石印本 二十四冊

330000－4788－0000542 普01253 史部/傳記類/總傳之屬/通代

校正尚友錄續集二十二卷 （清）張亮基輯 清光緒二十二年（1896）上海書局石印本 六冊

330000－4788－0000546 普01194 史部/政書類/律令之屬/律例

大清律例增修統纂集成四十卷督捕則例附纂二卷 （清）姚潤輯 （清）陶駿 （清）陶念霖增輯 清光緒三十二年（1906）上海文淵山房鉛印本 十八冊 缺八卷（二十三至三十）

330000－4788－0000547 普01254 子部/醫家類/綜合之屬/通論

辨證奇聞十卷 （清）陳士鐸撰 （清）錢松删定 清光緒三十一年（1905）寶善齋書莊石印本 六冊

330000－4788－0000548 普01255 經部/群經總義類/文字音義之屬

經籍籑詁一百六卷首一卷附新輯經籍籑詁檢韻一卷 （清）阮元撰 清光緒二十年（1894）上海點石齋石印本 十二冊

330000－4788－0000549 普01195 集部/總集類/課藝之屬

大題文府不分卷 清末石印本 十四冊

330000－4788－0000550 普01196 集部/總集類/課藝之屬

大題觀海二集不分卷 （清）點石齋選輯 清

末石印本　十八册

330000－4788－0000551　普01197　集部/總集類/課藝之屬
小題三萬選不分卷　(清)求是齋主人輯　清光緒十四年(1888)上海鴻寶齋書局石印本　十一册

330000－4788－0000552　普01198　子部/醫家類/眼科之屬
傅氏眼科審視瑤函六卷首一卷　(明)傅仁宇撰　(明)林長生校補　清末刻本　周作元題簽並記　五册　缺一卷(三)

330000－4788－0000554　普01375　集部/總集類/選集之屬/通代
經史百家雜鈔二十六卷首一卷　(清)曾國藩輯　清光緒三十二年(1906)上海商務印書館鉛印本　十二册

330000－4788－0000555　善00013、善00014　集部/總集類/選集之屬/通代
五朝詩別裁集　(清)□□輯　清刻本　二十一册　存二種

330000－4788－0000557　普01601　經部/四書類/總義之屬/傳說
四書集註十九卷　(宋)朱熹撰　清光緒三十二年(1906)上海商務印書館鉛印本　六册

330000－4788－0000564　普01256　集部/小說類/長篇之屬
增評加批金玉緣圖說十六卷一百二十回首一卷　(清)曹霑　(清)高鶚撰　(清)蝶薌仙史評訂　清末石印本　八册

330000－4788－0000565　普01378　類叢部/類書類/專類之屬
佩文韻府一百六卷　(清)張玉書　(清)蔡升元等輯　**韻府拾遺一百六卷**　(清)汪灝　(清)何焯等輯　清末石印本　十五册　存四十卷(佩文韻府五、七、九至十、二十至二十九、三十七、五十三至五十七、六十三至六十四、六十六、八十三、九十三、九十五至九十六、一百、一百四至一百六,韻府拾遺九十至九十八)

330000－4788－0000567　普01257　集部/小說類/長篇之屬
精訂綱鑑廿四史通俗衍義二十六卷四十四回首一卷　(清)呂撫輯　清光緒十五年(1889)上海廣百宋齋鉛印本　五册　缺四卷(九至十二)

330000－4788－0000568　普01258　子部/醫家類/本草之屬/本草藥性
本經疏證十二卷續疏六卷本經序疏要八卷　(清)鄒澍撰　清道光二十九年(1849)常州長年醫局刻本　七册　存二十卷(本經疏證一至十二、本經序疏要一至八)

330000－4788－0000571　普01380　經部/小學類/文字之屬/字書/字典
康熙字典十二集三十六卷總目一卷檢字一卷辨似一卷等韻一卷補遺一卷備考一卷　(清)張玉書等纂修　清光緒二十四年(1898)上海文盛堂書莊石印本　六册

330000－4788－0000572　普01604　史部/地理類/方志之屬/郡縣志
光緒蘭谿縣志八卷首一卷補遺一卷　(清)秦簧　(清)朱鑑章　(清)邵秉經修　(清)唐壬森纂　清光緒十三年至十五年(1887－1889)刻本　八册　缺二卷(四、補遺)

330000－4788－0000573　普01605　子部/醫家類/傷寒金匱之屬/傷寒論
傷寒明理論三卷藥方論一卷　(金)成無己撰　清刻本　二册

330000－4788－0000575　普01606　子部/醫家類/類編之屬
醫門棒喝二種　(清)章楠撰　清同治六年(1867)聚文堂刻本　十册　缺二卷(醫論二、四)

330000－4788－0000577　普01260　子部/醫家類/類編之屬
陳修園醫書五十種　(清)陳念祖等撰　清光緒三十一年(1905)上海商務印書館鉛印本

十五冊　存四十八種

330000－4788－0000578　普01607　集部/別集類/明別集
宋文憲公全集八十卷　（明）宋濂撰　**年譜三卷**　（清）朱興悌　（清）戴殿江纂　孫鏘增輯　**潛溪錄六卷首一卷**　丁立中編輯　孫鏘增補　清宣統三年至民國五年（1911－1916）四明孫氏成都刻本　二十一冊　存八十卷（全集一至八十）

330000－4788－0000583　普01262　集部/詞類/總集之屬
絕妙好詞箋七卷　（宋）周密輯　（清）查為仁　（清）厲鶚箋　**續鈔二卷**　（清）余集輯　**又續鈔一卷**　（清）徐楙補錄　清同治十一年（1872）會稽章氏刻本　四冊　缺一卷（又續鈔）

330000－4788－0000587　普01614　史部/地理類
李氏五種　（清）李兆洛撰　清光緒二十四年（1898）上海掃葉山房石印本　六冊

330000－4788－0000588　普01615　史部/雜史類/斷代之屬
清朝史畧十一卷　（日本）佐藤楚材編輯　清光緒二十八年（1902）上海書局石印本　五冊　缺一卷（四）

330000－4788－0000590　普01263　經部/禮記類/傳說之屬
禮記旁訓辨體合訂六卷　（清）徐立綱輯　清循陔堂刻本　一冊　存一卷（三）

330000－4788－0000592　普01264　子部/宗教類/道教之屬
身心切要錄二卷　清同治六年（1867）刻本　二冊

330000－4788－0000593　普01265　子部/宗教類/道教之屬
身心切要錄二卷　清同治六年（1867）刻本　一冊　存一卷（一）

330000－4788－0000594　普01383　經部/叢編
重刊宋本十三經注疏四百十六卷　附十三經注疏校勘記四百十六卷　（清）阮元撰　（清）盧宣旬摘錄　**校勘記識語四卷**　（清）汪文臺撰　清嘉慶二十年（1815）南昌府學刻本　四冊　存一種

330000－4788－0000599　普01620　史部/編年類/通代之屬
重訂王鳳洲先生綱鑑會纂四十六卷續宋元紀二十三卷　（明）王世貞撰　（明）陳仁錫訂　**御批增補了凡綱鑑四十卷首一卷**　（明）袁黃編纂　**御撰資治通鑑綱目三編六卷**　（清）張廷玉等編次　清光緒二十五年（1899）上海萃文齋石印本（御批增補了凡綱鑑四十卷首一卷、御撰資治通鑑綱目三編六卷為清光緒二十七年上海經藝齋石印本）　六冊　缺四十四卷（十五至二十、四十一至四十六；御批增補了凡綱鑑首，一至七、十三至二十四、二十九至四十）

330000－4788－0000600　普01625　子部/醫家類/本草之屬/歷代綜合本草
珍珠囊指掌補遺藥性賦四卷　（金）李杲輯　**雷公炮製藥性解六卷**　（明）李中梓輯　清末石印本　三冊　缺二卷（藥性賦一至二）

330000－4788－0000601　普01385　史部/紀傳類/正史之屬
二十四史　清同治至光緒五省官書局據汲古閣本等合刻光緒五年（1879）湖北書局彙印本　八冊　存一種

330000－4788－0000603　普01621　史部/政書類/通制之屬
六通訂誤六卷　（清）席裕福編　清光緒上海圖書集成局鉛印本　二冊

330000－4788－0000604　普01386　史部/編年類/通代之屬
資治通鑑二百九十四卷　（宋）司馬光撰　（元）胡三省音注　清刻本　四十六冊　存一百三十五卷（四至六、二十二至二十四、三十四至三十六、四十三至四十五、五十八至六

十、七十一至七十二、七十九至八十一、八十八至九十、九十七至九十九、一百三至一百五、一百四十五至一百五十六、一百六十三至一百七十七、一百八十一至一百八十六、一百九十至二百十三、二百二十六至二百二十八、二百三十二至二百四十七、二百五十九至二百六十二、二百六十六至二百八十九、二百九十三至二百九十四）

330000－4788－0000605　普01622　經部/小學類/文字之屬/字書/字典

康熙字典十二集三十六卷總目一卷檢字一卷辨似一卷等韻一卷補遺一卷備考一卷　（清）張玉書等纂修　清光緒三十年（1904）上海錦章書局石印本　六册

330000－4788－0000609　普01627　子部/醫家類/醫經之屬/内經

補注黄帝内經素問二十四卷靈樞十二卷　（唐）王冰注　（宋）林億等校正　（宋）孫兆重改誤　**黄帝内經素問遺篇一卷**　（宋）劉溫舒撰　清光緒二十二年（1896）上海圖書集成局鉛印本　六册

330000－4788－0000612　普01287　史部/傳記類/總傳之屬/儒林

明儒學案十六卷　（清）黄宗羲撰　清光緒二十八年（1902）上海文瀾書局石印本　六册　存十四卷（三至十六）

330000－4788－0000613　普01629　集部/戲劇類/雜劇之屬

增像第六才子書五卷首一卷　（元）王實甫　（元）關漢卿撰　（清）金人瑞評　清光緒石印本　呂明光題記　一册

330000－4788－0000614　普01288　經部/春秋左傳類/傳説之屬

左繡三十卷首一卷　（清）馮李驊　（清）陸浩評輯　**春秋經傳集解三十卷**　（晉）杜預撰　（宋）林堯叟附註　（唐）陸德明音釋　（清）馮李驊增訂　清蘭邑慎言堂刻本　十三册　缺二卷（十四至十五）

330000－4788－0000616　普01631　子部/醫家類/方書之屬/單方驗方

重訂驗方新編十八卷　（清）鮑相璈等輯　清光緒普新書局石印本　一册

330000－4788－0000618　普01632　集部/總集類/選集之屬

增註韻蘭賦鈔初集二卷　（清）屈塵菴選評　清刻本　一册　存一卷（一）

330000－4788－0000622　普01390、普01391、普01392、普01393、普01394、普01395、普01396、普01397、普01398　經部/叢編

重刊宋本十三經注疏四百十六卷　附十三經注疏校勘記四百十六卷　（清）阮元撰　（清）盧宣旬摘錄　**校勘記識語四卷**　（清）汪文臺撰　清光緒十三年（1887）上海脈望仙館石印本　三十册　存九種

330000－4788－0000625　普01637　經部/叢編

遵阮本重校印十三經注疏并校勘記　（清）阮元撰校勘記　（清）盧宣旬摘錄校勘記　清光緒十三年（1887）上海點石齋石印本　二十八册

330000－4788－0000626　普01290、普01291　子部/叢編

十子全書　（清）王子興編　清嘉慶九年（1804）姑蘇王氏聚文堂刻本　九册　存二種

330000－4788－0000628　普01399　史部/紀傳類/正史之屬

二十四史附考證　清光緒十年（1884）上海同文書局石印本　四册　存一種

330000－4788－0000630　普01292　子部/雜著類/雜説之屬

浮邱子十二卷　（清）湯鵬撰　清宣統二年（1910）上海掃葉山房石印本　六册

330000－4788－0000631　普01640　集部/別集類/宋別集

王臨川文集四卷　（宋）王安石撰　清宣統二年（1910）上海會文堂書局石印本　四册

330000－4788－0000640　普01647　經部/小

學類/文字之屬/字書/訓蒙
文通十卷　(清)馬建忠撰　清光緒二十四年(1898)刻本　十冊

330000－4788－0000643　普01404　史部/目録類/總録之屬/官修
欽定四庫全書總目二百卷首一卷　(清)紀昀等撰　清宣統二年(1910)存古齋石印本　十六冊　缺九十三卷(一百八至二百)

330000－4788－0000644　普01648　類叢部/叢書類/彙編之屬
古香齋袖珍十種　清同治至光緒南海孔氏刻本　二十四冊　存一種

330000－4788－0000645　普01295　史部/紀傳類/正史之屬
二十四史附考證　清光緒二十八年(1902)竢實齋石印本　二冊　存一種

330000－4788－0000646　普01649　史部/地理類/總志之屬/通代
讀史方輿紀要一百三十卷輿圖要覽四卷　(清)顧祖禹撰　清光緒二十五年(1899)慎記書莊石印本　三十一冊　缺五卷(七十八至八十二)

330000－4788－0000647　普01297　集部/小說類/長篇之屬
繪圖說岳全傳八卷八十回　(清)錢彩撰　清光緒三十二年(1906)上海商務印書館鉛印本　四冊　存四卷(一至二、六至七)

330000－4788－0000648　普01298　集部/小說類/長篇之屬
繪圖說岳全傳八卷八十回　(清)錢彩撰　清光緒三十二年(1906)上海商務印書館鉛印本　二冊　存二卷(二、七)

330000－4788－0000649　普01650　子部/醫家類/溫病之屬/瘟疫
霍亂論二卷　(清)王士雄撰　清刻本　一冊

330000－4788－0000651　普01651　集部/別集類/唐五代別集
杜工部集二十卷附錄一卷年譜一卷唱酬題詠附錄一卷諸家詩話一卷　(唐)杜甫撰　(清)錢謙益箋註　清宣統三年(1911)時中書局石印本　八冊

330000－4788－0000654　普01299　史部/紀事本末類
歷朝紀事本末九種　(清)陳如升　(清)朱記榮輯　(清)慎記主人增輯　清光緒二十五年(1899)上海慎記書莊石印本　五冊　存一種

330000－4788－0000660　普01657　子部/雜著類/雜說之屬
論衡三十卷　(漢)王充撰　清刻本　五冊

330000－4788－0000662　普01409　史部/政書類/通制之屬
九通　(清)□□輯　清光緒二十七年(1901)上海圖書集成局鉛印本　四十一冊　存一種

330000－4788－0000664　普01300　集部/總集類/選集之屬/斷代
重訂唐詩別裁集二十卷　(清)沈德潛輯　清務本堂刻本　九冊　缺二卷(七至八)

330000－4788－0000665　普01410　史部/政書類/通制之屬
正三通目錄十二卷欽定續三通目錄十四卷皇朝三通目錄十四卷　(清)雷君彥編　清光緒二十九年(1903)圖書集成局石印本　十二冊

330000－4788－0000666　普01411　史部/政書類/通制之屬
九通　(清)□□輯　清光緒二十七年(1901)上海圖書集成局鉛印本　十冊　存一種

330000－4788－0000667　普01501　子部/醫家類/綜合之屬/通論
醫醇賸義四卷醫方論四卷　(清)費伯雄撰　清光緒二十七年(1901)上海書局石印本　二冊

330000－4788－0000668　普01502　類叢部/類書類/通類之屬
增補事類統編九十三卷首一卷　(清)黃葆真輯　清敦好堂刻本　九冊　存十五卷(十七、十九至二十一、二十五至三十三、四十八至四

十九）

330000－4788－0000670　普01503　類叢部/叢書類/郡邑之屬
金華叢書六十八種　（清）胡鳳丹編　清同治七年至光緒八年（1868－1882）永康胡氏退補齋刻民國補刻本　六冊　存一種

330000－4788－0000673　普01413　史部/政書類/通制之屬
九通　（清）□□輯　清光緒二十七年（1901）上海圖書集成局鉛印本　十二冊　存一種

330000－4788－0000675　普01505　子部/雜著類/雜考之屬
困學紀聞注二十卷首一卷　（清）翁元圻撰　清末石印本　三冊　存十三卷（八至二十）

330000－4788－0000676　普01661　集部/總集類/課藝之屬
京師大學堂講義初編七種二編七種　（清）京師大學堂輯　清末鉛印本　二冊　存二種

330000－4788－0000677　普01506　子部/醫家類/方書之屬/單方驗方
驗方新編十六卷　（清）鮑相璈輯　清光緒三年（1877）刻本　四冊　存九卷（一至九）

330000－4788－0000678　普01507　經部/春秋左傳類/傳說之屬
曲江書屋新訂批註左傳快讀十八卷首一卷　（清）李紹崧輯　清曲江書屋刻本　十六冊

330000－4788－0000680　普01509　經部/四書類/總義之屬/傳說
四書古註羣義彙解九種　清光緒十四年（1888）上海點石齋石印本　十一冊　存八種

330000－4788－0000681　普01510　集部/總集類/選集之屬/斷代
小題清新集一卷　（清）顧聽泉　（清）王瘦石編　清光緒二十二年（1896）浙紹奎照樓石印本　一冊

330000－4788－0000683　普01511　集部/詩文評類/制藝之屬
巧搭最新四卷　（清）雷堃等撰　清光緒九年（1883）刻本　三冊

330000－4788－0000684　普01662　子部/儒家類/儒學之屬/勸學
輶軒語七卷　（清）張之洞撰　清光緒四年（1878）敏德堂潘氏刻本　二冊

330000－4788－0000685　普01663　子部/道家類
莊子因六卷　（清）林雲銘撰　清光緒六年（1880）白雲精舍刻本　四冊

330000－4788－0000686　普01512　集部/詩文評類/制藝之屬
增訂初學起講秘訣不分卷　（清）盛元均輯　清末石印本　一冊

330000－4788－0000687　普01513　集部/總集類/課藝之屬
鋤經堂搭題文二卷　（清）李緗選定　清光緒六年（1880）刻本　一冊

330000－4788－0000688　善00015　史部/史抄類
史緯三百三十卷首一卷　（清）陳允錫輯　清康熙三十年（1691）陳允錫當湖刻三十三年（1694）陳善申江續刻同治九年（1870）羅大春溫陵輔仁堂重修本　八十八冊　缺八十一卷（八十九至九十九、一百六至一百十四、一百二十八至一百三十九、一百四十三至一百四十九、一百五十五至一百六十、一百七十五至一百七十六、二百一至二百五、二百八至二百十、二百十八至二百二十、二百八十二至二百八十五、二百九十至二百九十五、三百一至三百六、三百十四至三百十六、三百二十七至三百三十）

330000－4788－0000692　普01665　史部/編年類/通代之屬
尺木堂綱鑑易知錄九十二卷明鑑易知錄十五卷　（清）吳乘權　（清）周之炯　（清）周之燦輯　清光緒十三年（1887）廣百宋齋鉛印本　十六冊

330000－4788－0000693　普01515　史部/詔令奏議類/奏議之屬

彭剛直公奏稿八卷　(清)彭玉麟撰　(清)俞樾輯　清末鉛印本　四冊

330000－4788－0000694　普01424　子部/宗教類/道教之屬/戒律

太上感應篇圖說八卷首一卷　(清)黃正元纂　清同治八年(1869)刻本　五冊　存五卷(首,三、五至六、八)

330000－4788－0000696　普01667　史部/編年類/通代之屬

尺木堂綱鑑易知錄九十二卷明鑑易知錄十五卷　(清)吳乘權　(清)周之炯　(清)周之燦輯　清光緒二十七年(1901)上海鑄史齋鉛印本　九冊　缺四十七卷(二十至四十、四十八至五十四、六十一至六十七、七十五至八十一、八十八至九十二)

330000－4788－0000697　普01425　子部/儒家類/儒學之屬/性理

大學衍義四十三卷　(宋)真德秀撰　明崇禎十一年(1638)楊鶚刻本　十二冊

330000－4788－0000698　普01668　史部/編年類/通代之屬

綱鑑易知錄九十二卷明鑑易知錄十五卷　(清)吳乘權　(清)周之炯　(清)周之燦輯　清浙省經香樓刻本　十四冊　存三十一卷(十三至十四、十八至十九、二十二至二十三、四十七至四十八、五十一至五十二、五十九至六十一、七十七至七十八、八十五至九十二,明鑑易知錄一至三、八至十二)

330000－4788－0000699　普01669　史部/編年類/通代之屬

綱鑑易知錄九十二卷明鑑易知錄十五卷　(清)吳乘權　(清)周之炯　(清)周之燦輯　清刻本　八冊　存十九卷(五至七、十三至十四、二十至二十一、四十七至四十八、七十三至八十、八十七至八十八)

330000－4788－0000700　普01670　史部/編年類/通代之屬

尺木堂綱鑑易知錄九十二卷明鑑易知錄十五卷　(清)吳乘權　(清)周之炯　(清)周之燦輯　**御撰資治通鑑綱目三編二十卷**　(清)張廷玉等撰　清刻本　八冊　存二十卷(十二至十三、三十七至三十九、四十八至四十九、五十九至六十、六十四至六十五、八十一至八十二,御撰資治通鑑綱目三編七至十三)

330000－4788－0000701　普01671　史部/編年類/通代之屬

緯文堂綱鑑易知錄九十二卷明鑑易知錄十五卷　(清)吳乘權　(清)周之炯　(清)周之燦輯　清緯文堂刻本　八冊　存十七卷(綱鑑易知錄一至十七)

330000－4788－0000702　普01672　史部/編年類/通代之屬

綱鑑易知錄九十二卷明鑑易知錄十五卷　(清)吳乘權　(清)周之炯　(清)周之燦輯　清光緒十三年(1887)上海同文書局石印本　三冊　存四十卷(綱鑑易知錄一至十四、二十九至五十四)

330000－4788－0000703　普01673　經部/群經總義類/文字音義之屬

經籍籑詁一百六卷補遺一百六卷首一卷　(清)阮元撰　清光緒十四年(1888)上海鴻寶齋石印本　十一冊　缺十八卷(九十至九十八、補遺九十至九十八)

330000－4788－0000704　普01674　集部/總集類/選集之屬/通代

六朝唐賦讀本不分卷　(清)馬傳庚選註　清光緒十三年(1887)上海同文書局石印本　二冊

330000－4788－0000705　普01675　史部/雜史類/通代之屬

重訂路史全本十六卷　(宋)羅泌撰　(宋)羅苹注　清光緒二十年(1894)上海文瑞樓石印本　六冊

330000－4788－0000706　普01676　子部/雜著類/雜考之屬

東塾讀書記十五卷　(清)陳澧撰　清光緒二

十四年(1898)上海江左書林刻本　四册

330000－4788－0000707　普01426　子部/天文曆算類/曆法之屬
新鐫曆法便覽象吉備要通書大全三十二卷　(清)魏鑑撰　清三讓堂刻本　六册　存十一卷(一至十一)

330000－4788－0000708　普01427　經部/四書類/總義之屬/傳說
天祿齋四書遵註合講十九卷　(清)翁復編　清天祿齋刻本　五册

330000－4788－0000709　普01677　子部/醫家類/方書之屬/歷代方書
唐王燾先生外臺秘要方四十卷　(唐)王燾撰　清刻本　二十五册　缺十六卷(三至六、八至十一、十四、十八至十九、二十四、二十七、三十四、三十七至三十八)

330000－4788－0000710　普01678　經部/春秋左傳類/傳說之屬
左繡三十卷首一卷　(清)馮李驊　(清)陸浩評輯　清華川書屋刻本　十二册

330000－4788－0000711　普01428　集部/别集類/明别集
宋文憲公全集五十三卷首四卷　(明)宋濂撰　清嘉慶十五年(1810)金華府學刻本　十四册　存二十九卷(首一至二,一至二十四、四十三至四十五)

330000－4788－0000712　普01679　經部/春秋左傳類/傳說之屬
左繡三十卷首一卷　(清)馮李驊　(清)陸浩評輯　清華川書屋刻本　十四册　缺四卷(六至七、二十五至二十六)

330000－4788－0000713　普01680　經部/春秋左傳類/傳說之屬
左繡三十卷首一卷　(清)馮李驊　(清)陸浩評輯　清刻本　十二册　缺四卷(首,一、八至九)

330000－4788－0000714　普01430　類叢部/類書類/通類之屬
欽定古今圖書集成一萬卷目錄三十二卷　(清)蔣廷錫　(清)陳夢雷等輯　清光緒十年(1884)上海圖書集成鉛版印書局鉛印本　一千六百二十七册　缺二卷(目錄五至六)

330000－4788－0000717　普01683　類叢部/叢書類/彙編之屬
龍威秘書一百六十九種　(清)馬俊良編　清刻本　五册　存一種

330000－4788－0000718　普01684　子部/術數類/陰陽五行之屬
欽定協紀辨方書三十六卷　(清)允祿　(清)張照等纂修　清刻朱墨套印本　十二册　存十七卷(三、五至七、九至十、十四至十六、二十一至二十二、二十六至二十七、三十至三十三)

330000－4788－0000719　普01516　子部/醫家類/本草之屬/歷代綜合本草
本草綱目五十二卷附圖三卷　(明)李時珍撰　清石印本　五册　存十八卷(四至八、十三至十八、三十一至三十五,附圖二至三)

330000－4788－0000722　普01518　史部/地理類/遊記之屬
增廣全浙形勝詩不分卷　(清)莫夢華撰　清光緒十四年(1888)上海書局石印本　二册

330000－4788－0000723　普01429　類叢部/類書類/通類之屬
欽定古今圖書集成一萬卷目錄三十二卷　(清)蔣廷錫　(清)陳夢雷等輯　清光緒十年(1884)上海圖書集成鉛版印書局鉛印本　一千五百九十一册　缺四百四卷(曆法典四十一至四十五,坤輿典一百九至一百十四,職方典四十六至二百二十五、五百十五至五百二十一,山川典一百七十一至一百七十六、二百三十一至二百三十六,皇極典一百七至一百十二、一百九十九至二百五、二百十五至二百十九、二百三十八至二百四十四、二百八十九至二百九十四,官常典七十二至八十三,氏族典五百二十五至五百三十二,人事典九十四至一百,藝術典一百五十二至一百五十八、五百七十至五百七十五、六百七十五至六百七十七，草木典四十四至四十八、二百十三至二百十九、二百三十三至二百三十八，經籍典一至十一、四十五至六十四、一百五十一至一百五十七、一百六十四至一百七十九、二百三至二百九、二百三十八至二百四十四、四百三十四至四百四十、四百九十三至四百九十六，學行典一百九十至一百九十四，食货典六至十一，戎政典六十二至六十七，考工典一百三十至一百三十五）

330000－4788－0000726　普01686　史部/地理類/方志之屬/郡縣志

光緒蘭谿縣志八卷首一卷補遺一卷　（清）秦簧　（清）朱鑑章　（清）邵秉經修　（清）唐壬森纂　清光緒十三年至十五年（1887－1889）刻本　九册　缺一卷（補遺）

330000－4788－0000727　普01687　史部/地理類/方志之屬/郡縣志

光緒蘭谿縣志八卷首一卷補遺一卷　（清）秦簧　（清）朱鑑章　（清）邵秉經修　（清）唐壬森纂　清光緒十三年至十五年（1887－1889）刻本　四册　存三卷（五至六、補遺）

330000－4788－0000728　普01688　史部/地理類/方志之屬/郡縣志

光緒蘭谿縣志八卷首一卷補遺一卷　（清）秦簧　（清）朱鑑章　（清）邵秉經修　（清）唐壬森纂　清光緒十三年至十五年（1887－1889）刻本　四册　存三卷（三至五）

330000－4788－0000729　普01689　史部/地理類/方志之屬/郡縣志

光緒蘭谿縣志八卷首一卷補遺一卷　（清）秦簧　（清）朱鑑章　（清）邵秉經修　（清）唐壬森纂　清光緒十三年至十五年（1887－1889）刻本　三册　存五卷（一至三、五至六）

330000－4788－0000730　普01690　史部/地理類/方志之屬/郡縣志

光緒蘭谿縣志八卷首一卷補遺一卷　（清）秦簧　（清）朱鑑章　（清）邵秉經修　（清）唐壬森纂　清光緒十三年至十五年（1887－1889）刻本　一册　存二卷（八、補遺）

330000－4788－0000731　普01691　史部/地理類/方志之屬/郡縣志

光緒蘭谿縣志八卷首一卷補遺一卷　（清）秦簧　（清）朱鑑章　（清）邵秉經修　（清）唐壬森纂　清光緒十三年至十五年（1887－1889）刻本　一册　存一卷（五）

330000－4788－0000732　普01692　史部/地理類/方志之屬/郡縣志

光緒蘭谿縣志八卷首一卷補遺一卷　（清）秦簧　（清）朱鑑章　（清）邵秉經修　（清）唐壬森纂　清光緒十三年至十五年（1887－1889）刻本　一册　存一卷（六）

330000－4788－0000733　普01693　史部/地理類/方志之屬/郡縣志

光緒蘭谿縣志八卷首一卷補遺一卷　（清）秦簧　（清）朱鑑章　（清）邵秉經修　（清）唐壬森纂　清光緒十三年至十五年（1887－1889）刻本　一册　存二卷（五至六）

330000－4788－0000734　普01694　史部/地理類/方志之屬/郡縣志

光緒蘭谿縣志八卷首一卷補遺一卷　（清）秦簧　（清）朱鑑章　（清）邵秉經修　（清）唐壬森纂　清光緒十三年至十五年（1887－1889）刻本　一册　存二卷（三至四）

330000－4788－0000735　普01695　史部/地理類/方志之屬/郡縣志

光緒蘭谿縣志八卷首一卷補遺一卷　（清）秦簧　（清）朱鑑章　（清）邵秉經修　（清）唐壬森纂　清光緒十三年至十五年（1887－1889）刻本　二册　存二卷（五至六）

330000－4788－0000736　普01696　史部/地理類/方志之屬/郡縣志

光緒蘭谿縣志八卷首一卷補遺一卷　（清）秦簧　（清）朱鑑章　（清）邵秉經修　（清）唐壬森纂　清光緒十三年至十五年（1887－1889）刻本　五册　存七卷（一至五、七至八）

330000－4788－0000738　普01697　史部/地

理類/方志之屬/郡縣志

光緒蘭谿縣志八卷首一卷補遺一卷 (清)秦簧 (清)朱鑑章 (清)邵秉經修 (清)唐壬森纂 清光緒十三年至十五年(1887-1889)刻本 一冊 存一卷(五)

330000-4788-0000740 普01699、普01700 史部/金石類

學古齋金石叢書四集十二種 (清)葛元煦輯 清光緒崇川葛氏學古齋刻本 二冊 存二種

330000-4788-0000741 普01801 集部/總集類/選集之屬/通代

古文苑二十一卷 (宋)章樵注 清光緒十二年(1886)江蘇書局刻本 四冊

330000-4788-0000743 善00016 史部/政書類/通制之屬

三通 清乾隆十二年至十四年(1747-1749)武英殿刻後印本 七十七冊 存一種

330000-4788-0000744 普01802 史部/紀傳類/正史之屬

後漢書九十卷 (南朝宋)范曄撰 (唐)李賢注 **續漢志三十卷** (晉)司馬彪撰 (南朝梁)劉昭注補 清同治十二年(1873)嶺東使署刻本 十六冊

330000-4788-0000745 普01524 子部/醫家類/醫話醫論之屬

冷廬醫話五卷 (清)陸以湉撰 清刻本 四冊

330000-4788-0000747 普01525 子部/醫家類/綜合之屬

醫經允中二十四卷 (清)李熙和撰 清刻本 五冊 存十五卷(三至九、十四至十六、二十至二十四)

330000-4788-0000748 普01529 子部/天文曆算類/曆法之屬

新鐫曆法便覽象吉備要通書大全二十九卷 (清)魏鑑撰 清刻本 八冊 存二十二卷(一至十一、十四、二十至二十九)

330000-4788-0000749 普01804 史部/編年類/通代之屬

資治通鑑二百九十四卷 (宋)司馬光撰 (元)胡三省音注 **資治通鑑目錄三十卷** (宋)司馬光撰 清光緒二十六年(1900)上海圖書集成印書局鉛印本 四十四冊

330000-4788-0000751 善00017 子部/醫家類/方書之屬/單方驗方

孫真人千金方衍義三十卷 (唐)孫思邈撰 (清)張璐衍義 清嘉慶五年(1800)掃葉山房刻本 二十四冊 存二十二卷(一至二、五至九、十二至十三、十八至三十)

330000-4788-0000752 普01530 子部/宗教類/道教之屬

救刦回生四卷 (清)□□撰 清宣統元年(1909)刻本 四冊

330000-4788-0000753 普01531 經部/春秋左傳類/傳說之屬

曲江書屋新訂批註左傳快讀十八卷首一卷 (清)李紹崧輯 清兩儀堂刻本 十冊 存十三卷(首、一至十二)

330000-4788-0000755 普01805 子部/儒家類/儒家之屬

二程全書(河南程氏全書)七種 (宋)程顥 (宋)程頤撰 清光緒三十四年(1908)澹雅局刻本 十五冊 存六種

330000-4788-0000758 普01808 史部/傳記類/總傳之屬/家乘

[浙江蘭溪]南陽滕氏宗譜四卷首一卷 (清)滕秋賓主修 清光緒二十五年(1899)蘭谿滕氏五聚堂木活字印本 一冊 存一卷(四)

330000-4788-0000772 普01822 史部/傳記類/總傳之屬/家乘

[浙江蘭溪]太原王氏宗譜四卷 (清)王性禮修 清光緒二十二年(1896)下新廳木活字印本 四冊

330000-4788-0000774 普01533 子部/醫家類/綜合之屬

景岳全書六十四卷　（明）張介賓撰　清刻本　二十册　存五十七卷（三至三十七、四十至四十七、五十至六十三）

330000－4788－0000775　普01534　經部/叢編

五經合纂大成　（清）同文書局主人輯　清光緒二十九年（1903）上海慎記書莊石印本　九册　存二十一卷（周易首，一、三至四；書經三至四；詩經三至八；禮記三；春秋首、一至七）

330000－4788－0000778　普01826　史部/傳記類/總傳之屬/家乘

［浙江蘭溪］太原王氏宗譜三卷　（清）王廷玉纂修　清光緒二十六年（1900）三槐堂木活字印本　一册　存二卷（一至二）

330000－4788－0000779　善00018　史部/傳記類/總傳之屬/家乘

［浙江蘭溪］太原王氏宗譜□□卷　（清）王靈主修　清乾隆四十三年至四十四年（1778－1779）三槐堂木活字印本　一册　存一卷（一）

330000－4788－0000783　普01830　史部/傳記類/總傳之屬/家乘

［浙江蘭谿］西山王氏宗譜□□卷　清木活字印本　一册

330000－4788－0000795　普01841　史部/傳記類/總傳之屬/家乘

［浙江蘭溪］郡馬遺芳姚氏宗譜五卷　（清）姚德彩等纂修　清光緒二十三年（1897）木活字印本　一册　存一卷（一）

330000－4788－0000796　普01842　史部/傳記類/總傳之屬/家乘

［浙江蘭溪］郡馬遺芳姚氏宗譜五卷　（清）姚德彩等纂修　清光緒二十三年（1897）木活字印本　二册　存二卷（四至五）

330000－4788－0000797　普01526　子部/醫家類/針灸之屬

胎産金針三卷　（清）何榮撰　清刻本　一册　存一卷（三）

330000－4788－0000798　普01527　子部/醫家類/綜合之屬/通論

三盆堂詳校醫宗必讀十卷　（明）李中梓撰　清刻本　三册　存六卷（五至十）

330000－4788－0000799　普01843　史部/傳記類/總傳之屬/家乘

［浙江蘭溪］梅林范氏家譜十七卷首一卷　（清）范汝堡總理　范春臺等纂修　清光緒十九年（1893）孝享堂木活字印本　十四册　存十三卷（首，一至二、五至七、十至十一、十三至十七）

330000－4788－0000800　普01528　子部/醫家類/綜合之屬/通論

瀛經堂詳校醫宗必讀十卷　（明）李中梓撰　清刻本　三册　存六卷（三至四、七至十）

330000－4788－0000801　普01844　史部/傳記類/總傳之屬/家乘

［浙江蘭溪］梅林范氏家譜十七卷首一卷　（清）范汝堡總理　范春臺等纂修　清光緒十九年（1893）孝享堂木活字印本　二十二册　缺一卷（首）

330000－4788－0000802　普01845　史部/傳記類/總傳之屬/家乘

［浙江蘭溪］蘭谿祝氏宗譜十二卷首一卷末一卷　（清）祝學濟等主修　祝紹祚　祝紹逵　祝紹琨纂輯　清光緒十八年（1892）木活字印本　四册

330000－4788－0000803　普01846　史部/傳記類/總傳之屬/家乘

［浙江蘭溪］蘭谿祝氏宗譜十二卷首一卷末一卷　（清）祝學濟等主修　祝紹祚　祝紹逵　祝紹琨纂輯　清光緒十八年（1892）木活字印本　四册

330000－4788－0000804　普01535　類叢部/叢書類/彙編之屬

經策通纂二種　吴潁炎　陳通聲等纂　清光緒十三年（1887）上海點石齋石印本　二册　存一種

330000－4788－0000809　普01850　史部/傳記類/總傳之屬/家乘

[浙江蘭溪]濟陽江氏宗譜四卷　(清)江慶豐纂修　清光緒二十年(1894)木活字印本　四冊

330000－4788－0000810　普01851　史部/傳記類/總傳之屬/家乘

[浙江蘭溪]濟陽江氏宗譜四卷　(清)江慶豐纂修　清光緒二十年(1894)木活字印本　四冊

330000－4788－0000811　普01852　史部/傳記類/總傳之屬/家乘

[浙江蘭溪]濟陽江氏宗譜四卷　(清)江慶豐纂修　清光緒二十年(1894)木活字印本　四冊

330000－4788－0000812　普01853　史部/傳記類/總傳之屬/家乘

[浙江蘭溪]濟陽江氏宗譜四卷　(清)江慶豐纂修　清光緒二十年(1894)木活字印本　四冊

330000－4788－0000813　普01434　史部/目録類/總録之屬/官修

欽定四庫全書簡明目錄二十卷　(清)紀昀等撰　清刻本　六冊　存十一卷(一至四、十二至十八)

330000－4788－0000814　普01433　子部/醫家類/兒科之屬/痘疹

種痘新書十二卷　(清)張琰輯　清刻本　五冊　存十一卷(一至四、六至十二)

330000－4788－0000815　普01854　史部/傳記類/總傳之屬/家乘

[浙江蘭溪]濟陽江氏宗譜四卷　(清)江慶豐纂修　清光緒二十年(1894)木活字印本　五冊

330000－4788－0000816　普01855　史部/傳記類/總傳之屬/家乘

[浙江蘭溪]濟陽江氏宗譜四卷　(清)江樹槐主修　清道光二十九年(1849)木活字印本　二冊　存二卷(一至二)

330000－4788－0000817　普01856　史部/傳記類/總傳之屬/家乘

[浙江蘭溪]濟陽江氏宗譜四卷　(清)江樹槐主修　清道光二十九年(1849)木活字印本　二冊　存二卷(三至四)

330000－4788－0000818　善00019　史部/傳記類/總傳之屬/家乘

[浙江蘭溪]濟陽江氏宗譜四卷　(清)江清　(清)江數峰　(清)江城纂修　清嘉慶十三年至十四年(1808－1809)木活字印本　一冊　存一卷(一)

330000－4788－0000819　善00020　史部/傳記類/總傳之屬/家乘

[浙江蘭溪]濟陽江氏宗譜四卷　(清)江清　(清)江數峰　(清)江城纂修　清嘉慶十三年至十四年(1808－1809)木活字印本　二冊　存二卷(二至三)

330000－4788－0000820　善00021　史部/傳記類/總傳之屬/家乘

[浙江蘭溪]濟陽江氏宗譜四卷　(清)江清　(清)江數峰　(清)江城纂修　清嘉慶十三年至十四年(1808－1809)木活字印本　一冊　存一卷(四)

330000－4788－0000822　善00022　史部/傳記類/總傳之屬/家乘

江氏統會宗譜□□卷　(清)江南勳　(清)江國重　(清)江之淇主修　(清)江南齡編修　清康熙二十三年至三十年(1684－1691)刻本　十一冊　存十一卷(一至七、九至十、十二至十三)

330000－4788－0000823　善00023　史部/傳記類/總傳之屬/家乘

濟陽江氏統會宗譜二十一卷末一卷　(清)江初良　(清)江起俊　(清)江振高等主修　清乾隆二十八年至三十一年(1763－1766)木活字印本　二十一冊　缺四卷(九、十七、十九至二十)

330000－4788－0000825　普 01436　集部/總集類/課藝之屬

小題文苑二十四卷　清光緒十四年(1888)鴻寶齋石印本　四冊　存□□卷(上論一至三、下論一至三、大學一至三、中孟□□、下孟□□)

330000－4788－0000826　善 00024　史部/傳記類/總傳之屬/家乘

濟陽江氏宗譜□□卷　清乾隆木活字印本　十四冊　存十卷(二至三、九、十四、十六至十七、二十、二十二至二十四)

330000－4788－0000827　普 01536　經部/小學類/文字之屬/字書/字典

康熙字典十二集三十六卷總目一卷檢字一卷辨似一卷等韻一卷補遺一卷備考一卷　(清)張玉書等纂修　清道光七年(1827)刻本　二十一冊　存二十三卷(子集一、三,丑集二至三,寅集一至二,卯集一,辰集三,巳集一至三,午集三,未集二,申集二至三,酉集一至三,亥集一,總目,檢字,辨似,等韻)

330000－4788－0000829　普 01439　經部/詩類/傳說之屬

毛詩復古錄十二卷首一卷　(清)吳懋清撰　清光緒二十年(1894)仁和徐琪廣州學使者署刻本　三冊　存六卷(三至四、九至十二)

330000－4788－0000832　普 01442　類叢部/類書類/通類之屬

重訂事類賦三十卷　(宋)吳淑撰並注　清會文堂刻本　二冊　存二十一卷(一至八、十八至三十)

330000－4788－0000833　普 01441　子部/叢編

二十二子(二十二子彙函)　(清)浙江書局編　清光緒元年至三年(1875－1877)浙江書局刻本　二冊　存一種

330000－4788－0000834　普 01438　集部/別集類/清別集

陳檢討集二十卷　(清)陳維崧撰　(清)程師恭注　清刻本　三冊　存十卷(四至六、十四至二十)

330000－4788－0000836　普 01437　集部/總集類/選集之屬/斷代

唐人萬首絕句選七卷　(清)王士禛輯　清永康胡氏退補齋刻本　二冊

330000－4788－0000838　普 01863　史部/傳記類/總傳之屬/家乘

[浙江蘭溪]中山郎氏宗譜□□卷　清郎氏敦倫堂木活字印本　二冊　存二卷(二、五)

330000－4788－0000839　普 01864　史部/傳記類/總傳之屬/家乘

[浙江蘭溪]中山郎氏宗譜□□卷　清郎氏敦倫堂木活字印本　一冊　存一卷(四)

330000－4788－0000840　普 01865　史部/傳記類/總傳之屬/家乘

[浙江蘭溪]中山郎氏宗譜□□卷　清郎氏敦倫堂木活字印本　一冊　存一卷(三)

330000－4788－0000841　普 01866　史部/傳記類/總傳之屬/家乘

[浙江蘭溪]中山郎氏宗譜□□卷　清郎氏敦倫堂木活字印本　一冊　存一卷(二)

330000－4788－0000842　普 01448　集部/別集類/明別集

宋文憲公全集五十三卷首四卷　(明)宋濂撰　清嘉慶十五年(1810)金華府學刻道光二十二年(1842)補刻本　十一冊　存二十六卷(二十五至四十二、四十六至五十三)

330000－4788－0000843　普 01867　史部/傳記類/總傳之屬/家乘

[浙江蘭溪]天水嚴氏宗譜□□卷　陳福疇等纂輯　清宣統二年至民國元年(1910－1912)嚴氏立本堂木活字印本　四冊　存四卷(二至三、七、十)

330000－4788－0000847　普 01443　新學/雜著/叢編

歷史一千題鼓吹三種　(清)南洋編譯圖書社輯　清光緒三十年(1904)上海六藝書局石印本　三冊　存二種

330000－4788－0000849　普01444　經部/四書類/中庸之屬/傳說

中庸章句一卷　(宋)朱熹章句　清刻本　一冊

330000－4788－0000854　普01445　史部/編年類/通代之屬

資治通鑑二百九十四卷　(宋)司馬光撰　(元)胡三省音注　清刻本　二十六冊　存七十八卷(八十二至八十四、八十八至九十六、一百至一百八、一百十二至一百四十一、一百四十五至一百六十五、一百七十五至一百七十七、一百九十三至一百九十五)

330000－4788－0000855　普01876　史部/傳記類/總傳之屬/家乘

[浙江仙居]趙王合譜四卷世系七卷世傳十六卷　(清)趙文官等纂修　清光緒六年(1880)木活字印本　八冊　存八卷(一至四,世系二、七,世傳七、十三)

330000－4788－0000856　普01877　史部/傳記類/總傳之屬/家乘

[浙江蘭溪]王氏西菴四房之長東蔣家譜三卷　清光緒十一年(1885)木活字印本　二冊

330000－4788－0000857　普01450　集部/總集類/課藝之屬

塾課小題正鵠初集一卷二集一卷三集一卷養正草一卷訓蒙草一卷　清光緒十七年(1891)鴻寶齋石印本　三冊　缺一卷(二集)

330000－4788－0000858　普01913　史部/編年類/通代之屬

御批歷代通鑑輯覽一百二十卷　(清)傅恒等撰　清光緒二十八年(1902)重慶廣益書局石印本　十九冊　缺二十四卷(八十五至九十八、一百四至一百十三)

330000－4788－0000865　普01884　史部/傳記類/總傳之屬/家乘

[浙江蘭溪]坂口徐氏家譜□□卷　清同治十三年(1874)徐氏五槐堂木活字印本　一冊　存二卷(一至二)

330000－4788－0000870　普01889　史部/傳記類/總傳之屬/家乘

[浙江蘭溪]新埠張氏宗譜四卷　(清)張茂荄　(清)張上達纂修　清道光十三年(1833)張氏積慶堂木活字印本　二冊

330000－4788－0000875　普01894　史部/傳記類/總傳之屬/家乘

[浙江蘭溪]余氏宗譜二卷　(清)余唐秀等纂修　清光緒元年(1875)余氏裕慶堂木活字印本　二冊

330000－4788－0000883　普01902　史部/傳記類/總傳之屬/家乘

[浙江蘭溪]雙牌王氏宗譜二十卷首一卷　清光緒九年(1883)寶訓堂木活字印本　二冊　存三卷(首、一至二)

330000－4788－0000884　普01903　史部/傳記類/總傳之屬/家乘

[浙江蘭溪]雙牌王氏宗譜二十卷首一卷　清光緒九年(1883)寶訓堂木活字印本　一冊　存一卷(二)

330000－4788－0000885　普01904　史部/傳記類/總傳之屬/家乘

[浙江蘭溪]郡馬遺芳姚氏宗譜不分卷　清光緒抄本　二冊

330000－4788－0000886　普01446　經部/四書類/論語之屬/傳說

讀論語叢說三卷　(元)許謙撰　清刻本　二冊

330000－4788－0000887　普01905　史部/傳記類/總傳之屬/家乘

[浙江蘭溪]郡馬遺芳姚氏宗譜不分卷　清光緒至民國抄本　一冊

330000－4788－0000888　普01906　史部/傳記類/總傳之屬/家乘

[浙江蘭溪]南陽葉氏宗譜三卷　(清)葉鳳儀等纂修　清咸豐六年(1856)木活字印本　三冊

330000－4788－0000889　普01447　經部/易

類/傳説之屬

易經體註大全合參四卷　(清)李兆賢撰　清刻本　二册

330000－4788－0000894　普01449　類叢部/叢書類/彙編之屬

榆園叢刻十五種附一種　(清)許增編　清同治至光緒刻本　一册　存一種

330000－4788－0000898　普01451　子部/雜著類/雜編之屬

任兆麟述記三卷　(清)任兆麟撰　清光緒二十一年(1895)上海煥文書局石印本　三册

330000－4788－0000899　普01915　史部/編年類/通代之屬

御批歷代通鑑輯覽一百二十卷　(清)傅恒等撰　清末石印本　十七册　存八十二卷(一至五、四十四至一百二十)

330000－4788－0000900　普01916　史部/編年類/通代之屬

續資治通鑑二百二十卷　(清)畢沅撰　清光緒二十六年(1900)上海圖書集成印書局鉛印本　二十八册

330000－4788－0000901　普01917　史部/政書類/通制之屬

九通　(清)□□輯　清光緒二十七年(1901)上海圖書集成印書局鉛印本　二十册　存一種

330000－4788－0000902　普01452　經部/四書類/總義之屬/傳説

四書古註羣義彙解九種　清末石印本　五册　存二種

330000－4788－0000903　普01453　集部/總集類/課藝之屬

格致書院課藝不分卷　(清)王韜輯　清光緒石印本　七册

330000－4788－0000904　普01455　史部/紀傳類/正史之屬

二十四史附考證　清光緒二十八年(1902)竢實齋石印本　六册　存五種

330000－4788－0000905　普00025　史部/傳記類/總傳之屬/家乘

[浙江蘭溪]鶴山黃氏宗譜不分卷　(明)黃世良纂修　明抄本　一册

330000－4788－0000906　普01454　史部/紀事本末類

歷朝紀事本末九種　(清)陳如升　(清)朱記榮輯　(清)慎記主人增輯　清光緒二十五年(1899)上海慎記書莊石印本　二十四册　存八種

330000－4788－0000907　普01456　子部/叢編

二十五子彙函　(清)鴻文書局編　清光緒十九年(1893)上海鴻文書局石印本　三册　存四種

330000－4788－0000908　普01457　經部/四書類/總義之屬/傳説

四書味根題鏡合編三十七卷　(清)金瀓　(清)汪鯉翔撰　清光緒十四年(1888)上海鴻文書局石印本　三册　存三種

330000－4788－0000909　普01918　史部/傳記類/總傳之屬/家乘

[浙江蘭溪]鶴山黃氏宗譜不分卷　(清)黃宗琳等修　(清)黃宗河　(清)黃錫侯纂　清光緒三十四年(1908)鍾瑞堂木活字印本　五册

330000－4788－0000910　普01919　史部/傳記類/總傳之屬/家乘

[浙江蘭溪]鶴山黃氏宗譜不分卷　(清)黃宗芳等修　(清)黃宗河　(清)黃仞千等纂　清光緒六年(1880)鍾瑞堂木活字印本　二册

330000－4788－0000913　普01459　史部/政書類/通制之屬

九通　(清)□□輯　清光緒二十八年(1902)石印本　二册　存一種

330000－4788－0000914　普01460　子部/宗教類/佛教之屬/諸宗

相宗八要直解八卷　(明)釋智旭撰　清同治九年(1870)金陵刻經處刻本　二册

330000－4788－0000916　普01461　子部/宗教類/佛教之屬/諸宗

肇論略注六卷　(明)釋德清述　清光緒十四年(1888)金陵刻經處刻本　一册　存三卷(一至三)

330000－4788－0000918　普01462　子部/醫家類/方書之屬/單方驗方

驗方新編十六卷　(清)鮑相璈輯　清光緒十六年(1890)刻本　九册

330000－4788－0000920　普01463　子部/醫家類/方書之屬/單方驗方

驗方新編□□卷　(清)鮑相璈輯　清刻本　一册　存一卷(四)

330000－4788－0000922　普01925　子部/宗教類/佛教之屬/經咒

瑜伽燄口施食要集一卷附音釋　(清)釋德基刪輯　清同治十二年(1873)刻本　一册

330000－4788－0000923　普01926　史部/傳記類/别傳之屬/事狀

天后聖母聖蹟圖誌二卷　(清)上洋壽恩堂輯　清同治四年(1865)刻本　二册

330000－4788－0000925　普01537　子部/醫家類/傷寒金匱之屬/傷寒論

張仲景傷寒論原文淺註六卷　(清)陳念祖集註　清刻本　五册　存五卷(二至六)

330000－4788－0000926　普01538　集部/别集類/清别集

註釋水竹居賦一卷　(清)盛觀潮撰　清道光二十八年(1848)刻本　一册

330000－4788－0000927　普01539　經部/書類/傳説之屬

尚書引義六卷　(清)王夫之撰　清石印本　一册

330000－4788－0000929　普01929　集部/總集類/題詠之屬

百美新詠一卷集詠一卷圖傳一卷　(清)顔希源輯　(清)王翽繪　清刻本　一册　存一卷(圖傳)

330000－4788－0000936　普01465　史部/紀傳類/正史之屬

二十四史附考證　清光緒二十八年(1902)上海文瀾書局石印本　一册　存一種

330000－4788－0000939　普01466　子部/雜著類/雜説之屬

盛世危言五卷續編三卷　(清)鄭觀應撰　清光緒二十二年至二十四年(1896－1898)上海書局石印本　四册　存四卷(二至五)

330000－4788－0000941　普01930　子部/宗教類/佛教之屬/律

四分戒本一卷　(唐)釋道宣刪定　清刻本　一册

330000－4788－0000942　普01550　子部/儒家類/儒學之屬/蒙學

龍文鞭影初集二卷　(明)蕭良有撰　(明)楊臣諍增訂　(清)陳士龍編次　**龍文鞭影二集二卷**　(清)李輝吉　(清)徐瓚輯　**三集三卷**　(清)賀鳴鸞撰　(清)賀緒蕃注　清光緒善成堂刻本　六册

330000－4788－0000944　普01548　經部/四書類/論語之屬/專著

鄉黨圖考十卷　(清)江永撰　清刻本　二册　存三卷(三至五)

330000－4788－0000945　普01932　子部/藝術類/書畫之屬/畫譜

點石齋叢畫十卷　(清)尊聞閣主人輯　清末石印本　一册　存二卷(五至六)

330000－4788－0000946　普01467　集部/别集類/清别集

道生堂小題制藝初集二卷二集二卷三集一卷　(清)鍾聲撰　清光緒十八年(1892)上海五彩局石印本　二册　存二卷(初集二、三集)

330000－4788－0000948　普01551　集部/小説類/長篇之屬

東周列國全志二十三卷一百八回　(清)蔡奡評點　清刻本　八册　存八卷(一至八)

330000－4788－0000949　普01933　子部/天

文曆算類/曆法之屬
新鐫曆法便覽象吉備要通書二十九卷 (清)魏鑑撰　清刻本　一冊　存五卷(十五至十九)

330000－4788－0000955　普01469　經部/小學類/音韻之屬/韻書
分韻詩賦題解統編一百六卷 (清)鴻文主人編　清光緒二十年(1894)上海寶善書局石印本　六冊

330000－4788－0000957　普01553　史部/政書類/通制之屬
九通 (清)□□輯　清末石印本　九冊　存一種

330000－4788－0000958　善00026　史部/傳記類/總傳之屬/家乘
[浙江蘭谿]中山郎氏宗譜不分卷 (清)郎文蔚等修　(清)郎世開等續修　清雍正三年(1725)修乾隆三十三年(1768)續修木活字印本　五冊

330000－4788－0000959　普01554　子部/醫家類/婦科之屬
濟陰綱目十四卷 (明)武之望撰　(清)汪淇箋釋　清天德堂刻本　二冊　存二卷(二、六)

330000－4788－0000960　普01555　子部/醫家類/外科之屬/外科方
瘍醫大全四十卷 (清)顧世澄撰　清刻本　八冊　存八卷(一、六、十一、十七至十八、二十四、二十九、三十二)

330000－4788－0000961　普01470　類叢部/類書類/通類之屬
文料大成四卷 (清)□□輯　清光緒二十二年(1896)上海書局石印本　二冊

330000－4788－0000963　善00027　史部/政書類/通制之屬
三通　清乾隆十二年至十四年(1747－1749)武英殿刻後印本　十六冊　存一種

330000－4788－0000964　普01556　集部/小說類/長篇之屬
新刻粉粧樓傳記十卷八十回 (清)竹溪山人撰　清刻本　七冊　存四十九回(十一至十六、二十五至三十七、四十五至五十二、五十九至八十)

330000－4788－0000965　普01557　集部/小說類/長篇之屬
新刻粉粧樓傳記十卷八十回 (清)竹溪山人撰　清刻本　一冊　存一回(八)

330000－4788－0000966　普01471　史部/傳記類/總傳之屬/通代
增廣古今人物論三十六卷 (明)鄭賢輯　清光緒二十八年(1902)富文書局石印本　二冊　存七卷(四至六、十七至二十)

330000－4788－0000967　普01558　集部/小說類/長篇之屬
東周列國志二十三卷一百八回 (清)蔡奡評點　清石印本　二冊　存四卷(十七至二十)

330000－4788－0000968　普01939　類叢部/叢書類/彙編之屬
正誼堂全書六十三種續刻五種 (清)張伯行編　(清)楊浚重編　清同治五年(1866)福州正誼書院刻同治八年至光緒十三年(1869－1887)續刻本　二冊　存一種

330000－4788－0000969　普01559　集部/小說類/長篇之屬
東周列國全志二十三卷一百八回 (清)蔡奡評點　清光緒九年(1883)築野書屋鉛印本　七冊　存十三卷(一、八至十九)

330000－4788－0000970　普01472　經部/春秋左傳類/傳說之屬
御案春秋左傳經解備旨十二卷 (明)鍾惺　(明)孫鑛　(明)韓范評　(清)鄒聖脈輯　(清)鄒可庭編　清光緒五年(1879)海陵書室刻本　四冊　存九卷(三至九、十一至十二)

330000－4788－0000972　普01473　集部/總集類/課藝之屬
各省課藝匯海五卷 (清)擷云腴山館主人編

清石印本　二冊　存三卷(上論、上孟、中孟)

330000－4788－0000974　普01560　史部/政書類/通制之屬

各國富強新策四卷　(清)孫德華撰　清光緒二十四年(1898)上海書局石印本　四冊

330000－4788－0000975　普01474　集部/總集類/課藝之屬

目耕齋初集不分卷二集不分卷三集不分卷　(清)徐楷評註　(清)沈叔眉選刊　清光緒十五年(1889)點石齋石印本　二冊　缺初集

330000－4788－0000977　普01942　集部/別集類/清別集

笠翁一家言全集十六卷　(清)李漁撰　清芥子園刻本　十四冊　缺二卷(文集一、偶集二)

330000－4788－0000985　普01562　經部/四書類/總義之屬/傳說

四書襯十九卷　(清)駱培撰　清永言堂刻本　一冊　存二卷(六至七)

330000－4788－0000987　普01475　子部/醫家類/本草之屬/本草雜著

本草萬方鍼線八卷　(清)蔡烈先輯　清光緒十九年(1893)上海鴻寶齋石印本　一冊

330000－4788－0000989　普01476　集部/總集類/課藝之屬

經藝類腋□□卷　清末石印本　二冊　存八卷(四至七、十五至十八)

330000－4788－0000991　普01566　史部/史抄類

綱鑑擇語十卷　(清)司徒修輯　清刻本　一冊　存二卷(九至十)

330000－4788－0000992　普01477　類叢部/類書類/專類之屬

通天秘書要覽五卷附江湖切口要訣一卷續集六卷附生產合纂一卷　(清)王纕堂編　清光緒三十二年(1906)校經山房石印本　一冊　存一卷(通天秘書要覽一)

330000－4788－0000993　普01478　集部/詩文評類

繩正堂墨繩新編不分卷　(清)傅梅卿評選　清同治十年(1871)刻本　二冊

330000－4788－0000995　普01944　子部/道家類

莊子集解八卷　王先謙撰　清宣統元年(1909)上海掃葉山房石印本　四冊

330000－4788－0000997　普01567　類叢部/叢書類/彙編之屬

正誼堂全書六十三種續刻五種　(清)張伯行編　(清)楊浚重編　清同治五年(1866)福州正誼書院刻同治八年至光緒十三年(1869－1887)續刻本　一冊　存一種

330000－4788－0000998　普01945　經部/小學類/訓詁之屬/譯語

增廣英字指南六卷　(清)楊勳輯譯　清光緒二十五年(1899)上海商務印書館鉛印本　六冊

330000－4788－0000999　普01946　新學/雜著/叢編

經世齋時務叢書六種　(清)□□輯　清光緒上海賜書堂石印本　五冊　存二種

330000－4788－0001000　普01479　類叢部/類書類/通類之屬

重訂廣事類賦四十卷　(清)華希閔撰　清刻本　二冊　存十四卷(十八至三十一)

330000－4788－0001001　普01570　子部/醫家類/溫病之屬/瘟疫

瘟疫論二卷　(明)吳有性撰　清光緒六年(1880)善成堂刻本　一冊　存一卷(一)

330000－4788－0001002　普01569　經部/四書類/總義之屬/傳說

四書章句集註十九卷　(宋)朱熹撰　清浙蘭慎言堂刻本　一冊　存二種

330000－4788－0001004　普01947　史部/史表類/通代之屬

中外紀年通表六卷　(清)著易堂主人編　清

光緒二十三年(1897)上海著易堂石印本　四冊　存四卷(一、三至四、六)

330000－4788－0001006　普01571　類叢部/叢書類/彙編之屬
湖海樓叢書十二種　(清)陳春編　清刻本　一冊　存一種

330000－4788－0001007　普01572　史部/傳記類/總傳之屬/儒林
學案小識十四卷首一卷末一卷　(清)唐鑑撰　清刻本　一冊　存二卷(十四、末)

330000－4788－0001009　普01948　集部/總集類/選集之屬/通代
文選六十卷　(南朝梁)蕭統輯　(唐)李善注　**文選考異十卷**　(清)胡克家撰　清末上海鴻文書局石印本　七冊　缺二十二卷(一至六、十六至二十三、三十二至三十九)

330000－4788－0001011　普01949　子部/雜著類/雜說之屬
墨子閒詁十五卷目錄一卷附錄一卷後語二卷　(清)孫詒讓撰　清光緒三十三年(1907)埽葉山房石印本　趙健題記　四冊　存十卷(一至六、十四,目錄,後語一至二)

330000－4788－0001012　普01573　史部/史評類/史論之屬
宋史論三卷　(明)張溥撰　清刻本　一冊　存二卷(一至二)

330000－4788－0001014　普01574　子部/雜著類/雜說之屬
中國魂二卷　梁啓超編　清光緒二十八年(1902)石印本　二冊

330000－4788－0001017　普01576　集部/總集類/課藝之屬
仁在堂全集十一集續刻三集　(清)路德輯　清掃葉山房石印本　一冊　存一集

330000－4788－0001019　普01953　經部/四書類/總義之屬/傳說
銅版四書集註十九卷　(宋)朱熹撰　清宣統二年(1910)上海章福記書局石印本　三冊　存十三卷(論語集註一至十、孟子集註一至三)

330000－4788－0001022　普01485　史部/政書類/通制之屬
正三通目錄十二卷欽定續三通目錄十四卷皇朝三通目錄十四卷　(清)雷君彥編　清光緒二十九年(1903)圖書集成局石印本　三冊　存十卷(正三通目錄七至九、欽定續三通目錄十一至十四、皇朝三通目錄五至七)

330000－4788－0001023　普01955　子部/醫家類/眼科之屬
眼科秘書四卷　(清)釋月潭輯　清光緒十一年(1885)暨陽陳詒積善堂刻本　一冊　存二卷(一至二)

330000－4788－0001024　普01956　子部/醫家類/醫案之屬
增補臨證指南醫案八卷　(清)葉桂撰　(清)徐大椿評　清光緒三十二年(1906)上海書局石印本　七冊　缺一卷(五)

330000－4788－0001025　普01957　子部/醫家類/醫經之屬/内經
補注黃帝内經素問二十四卷靈樞十二卷　(唐)王冰注　(宋)林億等校正　(宋)孫兆重改誤　**黃帝内經素問遺篇一卷**　(宋)劉溫舒撰　清光緒二十二年(1896)上海圖書集成局鉛印本　六冊

330000－4788－0001027　普01578　類叢部/叢書類/彙編之屬
邵武徐氏叢書二十三種　(清)徐幹編　清光緒邵武徐氏刻本　一冊　存一種

330000－4788－0001029　普01486　子部/醫家類/兒科之屬/通論
鼎鍥幼幼集成六卷　(清)陳復正輯　清光緒四年(1878)立言堂刻本　四冊　存四卷(一至四)

330000－4788－0001030　普01959　集部/小說類/長篇之屬
新說西遊記圖像一百回　(明)吳承恩撰

(清)張書紳注　清末石印本　四册　存二十五回(二十五至四十九)

330000－4788－0001032　普01960　類叢部/類書類/通類之屬

淵鑑類函四百五十卷目錄四卷　(清)張英　(清)王士禛等輯　清光緒九年(1883)上海點石齋石印本　二册　存九十四卷(天部一至十一、歲時部一至十一、地部一至十七、帝王部一至十七、禮儀部一至三十、樂部一至八)

330000－4788－0001033　普01490　經部/四書類/論語之屬/傳説

論語集註十卷　(宋)朱熹撰　清刻本　一册　存五卷(六至十)

330000－4788－0001036　普01963　集部/小説類/短篇之屬

詳註聊齋志異圖詠十六卷　(清)蒲松齡撰　(清)呂湛恩注　(清)徐潤編　清光緒三十三年(1907)上海章福記書局石印本　三册　存六卷(一至六)

330000－4788－0001039　普01965　集部/小説類/短篇之屬

聊齋志異新評十六卷　(清)蒲松齡撰　(清)王士禛評　(清)呂湛恩註　(清)但明倫新評　清末石印本　二册　存四卷(十一至十四)

330000－4788－0001040　普01489　經部/春秋左傳類/傳説之屬

左繡三十卷首一卷　(清)馮李驊　(清)陸浩評輯　**春秋經傳集解三十卷**　(晉)杜預撰　(宋)林堯叟附註　(唐)陸德明音釋　(清)馮李驊增訂　清華川書屋刻本　四册　存七卷(十四至十八、二十二至二十三)

330000－4788－0001042　普01491　經部/叢編

御纂七經五種　(清)李光地等撰　清光緒十四年(1888)上海鴻文書局石印本　一册　存一種

330000－4788－0001043　普01492　經部/叢編

御纂七經五種　(清)李光地等撰　清光緒十四年(1888)上海鴻文書局石印本　一册　存一種

330000－4788－0001044　普01967　集部/總集類/選集之屬/斷代

唐詩三百首註疏六卷　(清)孫洙編　(清)章燮注　**唐詩三百首續選一卷姓氏小傳一卷**　(清)于慶元輯　清道光十七年(1837)立言堂刻本　二册　存四卷(一、五至六,姓氏小傳)

330000－4788－0001045　普01493　經部/四書類/論語之屬/傳説

論語集註十卷　(宋)朱熹撰　清刻本　一册　存五卷(一至五)

330000－4788－0001047　普01495　經部/小學類/文字之屬/説文

説文解字注□□卷　(清)段玉裁撰　清刻本　三册　存三卷(三、六、十四)

330000－4788－0001048　普01498　集部/别集類/清别集

述學内篇三卷外篇一卷補遺一卷别錄一卷附錄一卷　(清)汪中撰　(清)汪喜孫編　**述學校勘記一卷**　清同治八年(1869)揚州書局刻本　二册

330000－4788－0001049　普01968　集部/總集類/選集之屬/斷代

唐詩三百首註疏六卷　(清)孫洙編　(清)章燮注　**唐詩三百首續選一卷姓氏小傳一卷**　(清)于慶元輯　清刻本　一册　存一卷(三)

330000－4788－0001050　普01969　經部/禮記類/傳説之屬

禮記增訂旁訓六卷　(清)徐立綱撰　清羣玉山房刻本　一册

330000－4788－0001051　普01970　子部/叢編

二十二子(二十二子彙函)　(清)浙江書局編　清光緒元年至三年(1875－1877)浙江書局刻本　一册　存一種

330000－4788－0001057　普01974　經部/小

學類/文字之屬/說文

說文通訓定聲十八卷分部檢韻一卷說雅一卷古今韻準一卷　(清)朱駿聲撰　**行述一卷**　朱孔彰撰　清末石印本　二冊　存五卷(六至七、十至十二)

330000－4788－0001058　普01975　類叢部/類書類/通類之屬

仰止子詳考古今名家潤色詩林正宗十二卷韻林正宗六卷　(明)余象斗輯　清刻本　九冊　存九卷(七、九至十、十二,韻林正宗一至四、六)

330000－4788－0001059　普01499　子部/雜著類/雜考之屬

東塾讀書記十五卷　(清)陳澧撰　清光緒刻本　二冊　存五卷(四至六、十二、十五)

330000－4788－0001060　普01500　集部/小說類/長篇之屬

新鐫全像武穆精忠傳八卷　(明)余應鼇編　清刻本　四冊　存四卷(一至二、四、六)

330000－4788－0001061　普01701　類叢部/叢書類/彙編之屬

申報館叢書正集五十七種附錄三種　(清)尊聞閣主編　**續集一百四十二種**　蔡爾康編　清同治至光緒申報館鉛印本　三冊　存一種

330000－4788－0001064　普01703　集部/總集類/選集之屬/通代

文選六十卷　(南朝梁)蕭統輯　(唐)李善注　(清)何焯評　清乾隆三十七年(1772)葉氏海録軒刻朱墨套印本　二冊　存十卷(一至五、五十一至五十五)

330000－4788－0001065　普01704　類叢部/叢書類/自著之屬

番禺陳氏東塾叢書七種　(清)陳澧撰　清咸豐至光緒刻本　二冊　存一種

330000－4788－0001067　普01702　子部/醫家類/本草之屬/本草藥性

本經疏證十二卷續疏六卷本經序疏要八卷　(清)鄒澍撰　清道光二十九年(1849)刻本　五冊　存九卷(本經疏證七、本經序疏要一至八)

330000－4788－0001069　普01705　子部/宗教類/佛教之屬

雅俗通用釋門疏□□卷　(明)釋如德輯　清光緒四年(1878)知儒精舍刻本　四冊　存十卷(一至十)

330000－4788－0001071　普01707　集部/總集類/選集之屬/通代

古詩源十四卷　(清)沈德潛輯　清刻本　二冊　存五卷(三至七)

330000－4788－0001072　普01708　經部/春秋左傳類/傳說之屬

左繡三十卷首一卷　(清)馮李驊　(清)陸浩評輯　清文奎堂刻本　一冊　存三卷(首、一至二)

330000－4788－0001073　普01709　集部/總集類/選集之屬/通代

御定歷代賦彙一百四十卷外集二十卷逸句二卷　(清)陳元龍輯　清康熙四十五年(1706)內府刻本　三冊　存十卷(八十八至九十四、一百三十五至一百三十七)

330000－4788－0001074　普01710　子部/儒家類/儒學之屬/俗訓

人譜一卷人譜類記二卷　(明)劉宗周撰　清同治七年(1868)紹興蕺山書院刻本　二冊

330000－4788－0001076　普01712　經部/四書類/孟子之屬/傳說

孟子集註七卷　(宋)朱熹撰　清刻本　二冊　存二卷(二、七)

330000－4788－0001077　普01713　類叢部/叢書類/彙編之屬

邵武徐氏叢書二十三種　(清)徐榦編　清光緒邵武徐氏刻本　二冊　存二種

330000－4788－0001078　普01714　類叢部/叢書類/彙編之屬

邵武徐氏叢書二十三種　(清)徐榦編　清光緒邵武徐氏刻本　一冊　存一種

330000－4788－0001080　普01717　史部/地理類/總志之屬/通代

方輿全圖總説五卷　(清)顧祖禹撰　清光緒二十七年(1901)上海圖書集成局鉛印本暨石印本　一冊

330000－4788－0001081　普01718　類叢部/類書類/通類之屬

新編分門古今類事二十卷　(宋)委心子輯　清刻本　一冊　存三卷(六至八)

330000－4788－0001082　普01719　集部/總集類/選集之屬/通代

古唐詩合解十二卷古詩四卷　(清)王堯衢注　清刻本　一冊　存二卷(古唐詩合解三至四)

330000－4788－0001084　普01721　史部/編年類/通代之屬

資治通鑑二百九十四卷　(宋)司馬光撰　(元)胡三省音注　清刻本　二十八冊　存八十四卷(十三至二十一、二十五至三十三、三十七至三十九、五十五至五十七、六十四至六十九、七十三至七十八、八十二至八十七、九十一至九十六、一百至一百二、一百六至一百二十三、一百二十七至一百三十二、一百三十六至一百四十四)

330000－4788－0001085　普01722　經部/小學類/文字之屬/字書/字典

康熙字典十二集三十六卷總目一卷檢字一卷辨似一卷等韻一卷補遺一卷備考一卷　(清)張玉書等纂修　清康熙刻本　二十三冊　存二十三卷(子集一至二,丑集一至三,寅集一至二,卯集三,辰集一、三,巳集三,午集三,未集三,申集一至三,酉集二至三,戌集一至三,亥集一、三)

330000－4788－0001086　普01723　類叢部/類書類/通類之屬

格致鏡原一百卷　(清)陳元龍撰　清刻本　一冊　存五卷(六至十)

330000－4788－0001089　普01726　經部/四書類/總義之屬/傳説

四書集註十九卷　(宋)朱熹撰　清光緒十八年(1892)浙江書局刻本　一冊　存三卷(孟子一至三)

330000－4788－0001093　普01730　史部/傳記類/總傳之屬/儒林

理學宗傳二十六卷　(清)孫奇逢撰　(清)魏一鼇等編　清光緒六年(1880)浙江書局刻本　一冊　存四卷(十二至十五)

330000－4788－0001097　普01736　經部/小學類/文字之屬/字書/字典

康熙字典十二集三十六卷總目一卷檢字一卷辨似一卷等韻一卷補遺一卷備考一卷　(清)張玉書等纂修　清光緒二十九年(1903)上海文瀾書局石印本　五冊　存三十七卷(子集一至三、丑集一至三、寅集一至三、卯集一至三、辰集一至三、巳集一至三、午集一至三、未集一至三、申集一至三、酉集一至三、戌集一至三,總目,檢字,辨似,等韻)

330000－4788－0001098　普01737　子部/醫家類/婦科之屬/通論

女科經綸八卷　(清)蕭壎撰　清光緒十六年(1890)埽葉山房刻本　三冊　存六卷(一至四、七至八)

330000－4788－0001100　普01735　子部/醫家類/本草之屬/本草藥性

本經續疏六卷　(清)鄒澍撰　清刻本　四冊

330000－4788－0001101　普01738　子部/醫家類/内科之屬

活人方彙編七卷　(清)林開燧輯　清同治八年(1869)刻本　二冊　存二卷(二至三)

330000－4788－0001102　普01739　子部/醫家類/本草之屬/歷代綜合本草

珍珠囊指掌補遺藥性賦四卷　(金)李杲輯
雷公炮製藥性解六卷　(明)李中梓輯　清刻本　三冊　缺二卷(藥性賦一至二)

330000－4788－0001103　普01742　類叢部/叢書類/彙編之屬

正誼堂全書六十三種續刻五種　(清)張伯行

編　(清)楊浚重編　清同治五年(1866)福州正誼書院刻同治八年至光緒十三年(1869－1887)續刻本　二冊　存一種

330000－4788－0001104　普01740　經部/詩類/傳説之屬
詩經集傳八卷　(宋)朱熹撰　清慎詒堂刻本　四冊

330000－4788－0001106　普01743　經部/書類/傳説之屬
書經旁訓辨體合訂四卷　(清)徐立綱輯　清慎言堂刻本　二冊

330000－4788－0001107　普01744　子部/宗教類/道教之屬
返性圖纂正六卷首一卷末一卷　清光緒二十二年(1896)刻本　六冊

330000－4788－0001108　普01745　類叢部/類書類/通類之屬
增廣試帖詩海三十二卷　(清)經訓堂主人選輯　清光緒十八年(1892)鴻寶齋石印本　八冊

330000－4788－0001111　普01980　經部/小學類/文字之屬
字畫辨訛不分卷　(清)許炳亨撰　清同治八年(1869)紫藤花庵刻本　一冊

330000－4788－0001113　普01982　史部/地理類/專志之屬/古跡
申江勝景圖二卷　(清)吳嘉猷繪　清光緒二十年(1894)上海點石齋石印本　趙健題記　一冊　存一卷(一)

330000－4788－0001117　普01984、普01985、普01986　史部/金石類
學古齋金石叢書四集十二種　(清)葛元煦輯　清光緒崇川葛氏學古齋刻本　四冊　存三種

330000－4788－0001119　普01988　子部/叢編
二十五子彙函　(清)鴻文書局編　清光緒十九年(1893)上海鴻文書局石印本　一冊　存一種

330000－4788－0001121　普01989　經部/小學類/文字之屬/字書/訓蒙
校正撫州六言雜字直音一卷　清刻本　一冊

330000－4788－0001128　普01993　經部/群經總義類/傳説之屬
皇朝五經彙解二百七十卷　(清)朱鏡清輯　清光緒上海鴻文書局石印本　三冊　存二十五卷(六至二十二、四十一至四十八)

330000－4788－0001129　普01994　史部/政書類/通制之屬
九通　(清)□□輯　清光緒二十七年(1901)上海圖書集成印書局鉛印本　一冊　存一種

330000－4788－0001130　普01995　集部/總集類/選集之屬/斷代
皇朝經世文三編八十卷　(清)陳忠倚輯　清光緒二十七年(1901)上海書局石印本　一冊　存五卷(五十六至六十)

330000－4788－0001132　普01997　子部/醫家類/類編之屬
陳修園醫書三十種　(清)陳念祖等撰　清末上海經香閣書莊石印本　一冊　存一種

330000－4788－0001133　普01998　子部/醫家類/類編之屬
喻氏醫書三種　(清)喻昌撰　清末上海錦章圖書局石印本　一冊　存一種

330000－4788－0001134　普01999　子部/天文曆算類/算書之屬
行素軒算稿九種　(清)華蘅芳撰　清光緒二十二年(1896)上海文瑞樓石印本　一冊　存一種

330000－4788－0001135　普02000　子部/醫家類/婦科之屬/通論
葉氏女科證治四卷　(清)葉桂撰　清光緒三十四年(1908)上海文宜書局石印本　一冊

330000－4788－0001136　普02001　子部/醫家類/類編之屬

中西匯通醫書五種　唐宗海撰　清光緒三十四年(1908)上海千頃堂書局石印本　一冊　存一種

330000 - 4788 - 0001137　普 02002　子部/醫家類/類編之屬
張氏醫書七種　(清)張璐等撰　清刻本　二冊　存一種

330000 - 4788 - 0001138　普 01752　集部/總集類/郡邑之屬
金華詩錄六十卷別集四卷外集六卷書後一卷　(清)黃彬　(清)朱琰輯　清乾隆三十八年(1773)金華府學刻本　二冊　存六卷(外集一至六)

330000 - 4788 - 0001139　普 02003　子部/宗教類/佛教之屬/經疏
金剛經五十三家註解四卷　(後秦)釋鳩摩羅什譯　(明)成祖朱棣輯注　清同治十三年(1874)浙省昭慶寺慧空經房刻本　二冊　存二卷(一、四)

330000 - 4788 - 0001140　普 02013　經部/四書類/總義之屬/傳說
四書章句集註十九卷　(宋)朱熹撰　清浙蘭慎言堂刻本　王煥章題簽　一冊　存一種

330000 - 4788 - 0001141　普 02004　子部/宗教類/佛教之屬
啟運慈悲道場懺法十卷　(南朝梁)武帝蕭衍撰　清杭州瑪瑙寺明臺南房刻本　一冊　存三卷(一至三)

330000 - 4788 - 0001143　普 02005　經部/詩類/傳說之屬
詩經集傳八卷　(宋)朱熹撰　清刻本　四冊

330000 - 4788 - 0001144　普 02006　子部/宗教類/道教之屬/戒律
太上感應篇圖說八卷首一卷　(清)黃正元纂　(清)毛金蘭補　清同善堂刻本　三冊　存三卷(二、四、七)

330000 - 4788 - 0001145　普 01756　類叢部/叢書類/彙編之屬
正誼堂全書六十三種續刻五種　(清)張伯行編　(清)楊浚重編　清同治五年(1866)福州正誼書院刻同治八年至光緒十三年(1869 - 1887)續刻本　一冊　存一種

330000 - 4788 - 0001147　普 01757　經部/叢編
五經旁訓辨體合訂　(清)徐立綱輯　清刻本　二冊　存一種

330000 - 4788 - 0001148　普 01758　經部/四書類/孟子之屬/傳說
孟子集註七卷　(宋)朱熹撰　清刻本　二冊　存四卷(一至四)

330000 - 4788 - 0001149　普 02008　經部/叢編
五經旁訓辨體合訂　(清)徐立綱輯　清刻本　徐紹正題簽並觀款　三冊　存一種

330000 - 4788 - 0001150　普 02009　經部/叢編
九經補注　(清)姜兆錫撰　清寅清樓刻本　二冊　存一種

330000 - 4788 - 0001151　普 02010　經部/儀禮類/傳說之屬
全本禮記體註十卷　(清)徐瑄撰　清刻本　一冊　存一卷(六)

330000 - 4788 - 0001152　普 02011　經部/禮記類/傳說之屬
禮記集說十卷　(元)陳澔撰　清刻本　二冊　存二卷(二、九)

330000 - 4788 - 0001153　普 02012　經部/叢編
重刊宋本十三經注疏四百十六卷　附十三經注疏校勘記四百十六卷　(清)阮元撰　(清)盧宣旬摘錄　清嘉慶二十年(1815)江西南昌府學刻同治十二年(1873)江西書局重修本　一冊　存一種

330000 - 4788 - 0001154　普 01759　子部/醫家類/方書之屬
醫方集解二十三卷本草備要八卷　(清)汪昂

撰　清刻本　二冊　存四卷(二、四,本草備要二、四)

330000－4788－0001156　普 02014　經部/叢編

五經旁訓辨體合訂　(清)徐立綱輯　清慎言堂刻本　黄士昌題簽　一冊　存一種

330000－4788－0001157　普 02015　經部/四書類/總義之屬/傳說

四書章句集註十九卷　(宋)朱熹撰　清刻本　二冊　存一種

330000－4788－0001158　普 02016　經部/四書類/總義之屬/傳說

四書章句集註十九卷　(宋)朱熹撰　清裕源堂刻本　一冊　存一種

330000－4788－0001160　普 02018　經部/小學類/文字之屬/字書/訓蒙

新編精圖七千字文一卷　清光緒三十三年(1907)上海鏡海樓石印本　一冊

330000－4788－0001162　普 01755　史部/紀傳類/正史之屬

二十四史附考證　清光緒二十八年(1902)竢實齋石印本　二冊　存一種

330000－4788－0001163　普 02020　類叢部/叢書類/彙編之屬

正誼堂全書六十三種續刻五種　(清)張伯行編　(清)楊浚重編　清同治五年(1866)福州正誼書院刻同治八年至光緒十三年(1869－1887)續刻本　三冊　存一種

330000－4788－0001164　普 02021　經部/叢編

重刊宋本十三經注疏四百十六卷　附十三經注疏校勘記四百十六卷　(清)阮元撰　(清)盧宣旬摘錄　清嘉慶二十年(1815)江西南昌府學刻同治十二年(1873)江西書局重修本　三冊　存一種

330000－4788－0001165　普 02022　經部/四書類/總義之屬/傳說

四書章句集註十九卷　(宋)朱熹撰　清浙蘭慎言堂刻本　一冊　存一種

330000－4788－0001166　普 02023　子部/醫家類/婦科之屬/廣嗣

達生保嬰彙編一卷附保嬰總論一卷　(清)亟齋居士原編　清光緒十六年(1890)浙江蘭溪刻本　一冊

330000－4788－0001168　普 02025　子部/儒家類/儒學之屬/蒙學

新增繪圖幼學故事瓊林四卷首一卷　(清)程登吉撰　(清)鄒聖脈增補　**攷正字彙不分卷　新增應酬彙選四卷補遺一卷**　(清)陸九如纂輯　(清)石韞玉增補　清光緒二十六年(1900)上海千頃堂石印本　一冊　缺一卷(幼學故事瓊林四)

330000－4788－0001170　普 02027　子部/儒家類/儒學之屬/蒙學

寄傲山房塾課新增幼學故事瓊林四卷首一卷　(清)程登吉撰　(清)鄒聖脈增補　清刻本　一冊　存一卷(三)

330000－4788－0001172　普 02029　集部/總集類/課藝之屬

壬寅直省闈墨選瑜三卷　(清)徐蕃卿選編　清光緒二十九年(1903)鉛印本　三冊

330000－4788－0001184　普 02042　集部/詩文評類/文法之屬/函牘格式

特別改良士商尺牘教科書二卷　(清)顏覲侯撰　清宣統元年(1909)鏡海樓書莊石印本　一冊　存一卷(一)

330000－4788－0001187　普 02045　子部/宗教類/道教之屬

太上寶筏圖說八卷　(清)黄正元纂　(清)毛金蘭補　清末石印本　六冊　存六卷(二、四至八)

330000－4788－0001188　普 02046　集部/別集類/唐五代別集

溫飛卿詩集九卷　(唐)溫庭筠撰　(明)曾益原注　(清)顧予咸補注　(清)顧嗣立續注　清宣統二年(1910)據長洲顧氏秀野草堂刻本

影印本　四冊

330000－4788－0001189　普02047　集部/小說類/長篇之屬

第一才子書六十卷一百二十回首一卷　(明)羅本撰　(清)毛宗崗評　清末上海同文晉記書局鉛印本　四冊　存十六卷(三十七至四十四、五十三至六十)

330000－4788－0001191　普02049　子部/宗教類/佛教之屬/經

過去莊嚴劫千佛名經一卷現在賢劫千佛名經一卷未來星宿劫千佛名經一卷　題(南朝宋)釋畺良耶舍譯　清同治六年(1867)昭慶寺經房刻本　一冊　存一卷(未來星宿劫千佛名經)

330000－4788－0001192　普02050　子部/宗教類/佛教之屬

消災延壽藥師懺法三卷　清刻本　一冊　存二卷(二至三)

330000－4788－0001193　普02051　子部/宗教類/佛教之屬

佛說報恩懺法三卷　(清)釋續法集　清刻本　一冊　存一卷(二)

330000－4788－0001194　普02052　子部/宗教類/佛教之屬

佛說報恩懺法三卷　(清)釋續法集　清刻本　三冊

330000－4788－0001195　普02053　經部/易類/傳說之屬

周易二卷繫辭二卷　清光緒十四年(1888)林文藻抄本　一冊

330000－4788－0001196　普02054　子部/宗教類/佛教之屬/經

金剛般若波羅蜜經一卷　(後秦)釋鳩摩羅什譯　**般若波羅蜜多心經一卷**　(唐)釋玄奘譯　清光緒十四年(1888)抄本　一冊

330000－4788－0001197　普02055　子部/宗教類/道教之屬/經文

太上玉清無極文昌總真闡微大洞仙經三卷末一卷　清光緒十四年(1888)抄本　一冊

330000－4788－0001198　普02056　子部/宗教類/佛教之屬

正觀寺靜恩比丘記一卷　(清)釋靜恩錄　清乾隆刻本　一冊

330000－4788－0001199　普02057　經部/禮記類/傳說之屬

禮記集說十卷　(元)陳澔撰　清慎詒堂刻本　一冊　存一卷(二)

330000－4788－0001200　普01760　集部/總集類/題詠之屬

歲朝賞菊詩不分卷　(清)潘世恩等撰　清道光刻本　唐穀生題簽　四冊

330000－4788－0001201　普02058　子部/儒家類/儒學之屬/禮教/家訓

家庭講話三卷　(清)陸一亭撰　清刻光緒二十九年(1903)蘭谿印本　一冊

330000－4788－0001202　普02059　史部/傳記類/科舉録之屬/歷科鄉試録

光緒癸巳恩科浙江闈墨不分卷　清圖書集成局鉛印本　一冊

330000－4788－0001203　普02060　子部/醫家類/醫經之屬/難經

校正圖註八十一難經四卷　(明)張世賢撰
校正圖註脈訣四卷　(晉)王叔和撰　(明)張世賢注　清光緒三十一年(1905)上海鴻寶齋石印本　一冊　存二卷(難經一至二)

330000－4788－0001204　普02061　集部/總集類/課藝之屬

青雲詩集四卷　(清)楊逢春　(清)蕭應櫆輯　(清)沈品華等註　清刻朱墨套印本　如松題簽　三冊　缺一卷(一)

330000－4788－0001205　普02062　子部/叢編

二十五子彙函　(清)鴻文書局編　清光緒十九年(1893)上海鴻文書局石印本　六冊　存十種

330000－4788－0001206　普02063　子部/叢編

二十五子彙函　(清)鴻文書局編　清光緒十九年(1893)上海鴻文書局石印本　三冊　存五種

330000－4788－0001207　普02064　史部/史評類/史論之屬

讀史論畧二卷　(清)杜詔撰　清光緒二十九年(1903)鄭慎言堂刻本　二冊

330000－4788－0001208　普02065　史部/史評類/史論之屬

讀史論畧二卷　(清)杜詔撰　清光緒二十九年(1903)鄭慎言堂刻本　一冊

330000－4788－0001209　普01761　類叢部/叢書類/自著之屬

拙盦叢稿五種附一種　(清)朱一新撰　清光緒二十二年(1896)順德龍氏葆真堂刻本　四冊　存二種

330000－4788－0001210　普02066　集部/總集類/選集之屬/斷代

唐詩諧律二卷　(清)沈寳青選　清光緒十六年(1890)溧陽沈氏刻本　二冊

330000－4788－0001212　普01763　集部/總集類/選集之屬/通代

六朝唐賦讀本不分卷　(清)馬傳庚選註　清光緒十三年(1887)蜚英館石印本　一冊

330000－4788－0001213　普02067　類叢部/叢書類/彙編之屬

榆園叢刻十五種附一種　(清)許增編　清同治至光緒刻本　一冊　存二種

330000－4788－0001216　普02068　史部/史表類/通代之屬

歷代甲子紀元表一卷　(清)董醇輯　清咸豐五年(1855)東皋書堂刻本　一冊

330000－4788－0001217　普01766　子部/醫家類/醫話醫論之屬

冷廬醫話五卷　(清)陸以湉撰　清咸豐八年(1858)龐氏刻本　四冊

330000－4788－0001218　普01767　集部/詩文評類/文法之屬/函牘格式

最新寫信必讀十卷　(清)唐芸洲撰　清光緒三十一年(1905)石印本　六冊

330000－4788－0001219　普02069　經部/叢編

經苑二百五十一卷　(清)錢儀吉輯　清道光至咸豐大梁書院刻民國十一年(1922)補刻重印本　一冊　存三卷(一至三)

330000－4788－0001220　普01768　經部/春秋左傳類/傳說之屬

東萊先生左氏博議二十五卷首一卷末一卷　(宋)呂祖謙撰　清光緒十三年(1887)上海鴻文書局鉛印本　二冊

330000－4788－0001221　普01769　史部/傳記類/科舉録之屬/諸貢録

光緒甲辰恩科會試闈墨不分卷　(清)譚廷闓等撰　清光緒三十年(1904)上海同文書社鉛印本　一冊

330000－4788－0001222　普01770　史部/傳記類/科舉録之屬/諸貢録

乙未科會試闈墨不分卷　(清)陈厚梅等撰　清光緒圖書集成局鉛印本　一冊

330000－4788－0001225　普01772　史部/地理類/總志之屬/斷代

大清一統志四百二十四卷　(清)和珅等纂修　清光緒二十三年(1897)杭州竹簡齋石印本　一冊　存九卷(一至九)

330000－4788－0001227　普01771　子部/醫家類/診法之屬/脈經脈訣

脈訣刊誤集解二卷附錄一卷　(元)戴啓宗撰　(明)汪機輯　清光緒二十年(1894)上海圖書集成印書局鉛印本　一冊　缺一卷(附錄)

330000－4788－0001228　普02072　史部/金石類

學古齋金石叢書四集十二種　(清)葛元煦輯　清光緒崇川葛氏學古齋刻本　一冊　存二種

330000－4788－0001229　普 02073　子部/醫家類/外科之屬/通論
新刊外科正宗六卷　（明）陳實功撰　清永言堂刻本　五册　存五卷（一至五）

330000－4788－0001230　普 01774　子部/醫家類/綜合之屬/雜著
京師醫學堂講義　（清）京師醫學堂編　清宣統油印本　四册　存四種

330000－4788－0001233　普 01777　類叢部/叢書類/彙編之屬
鐵華館叢書六種　（清）蔣鳳藻編　清光緒九年至十年（1883－1884）長洲蔣氏影宋刻本　三册　存三種

330000－4788－0001234　普 02074　子部/醫家類/兒科之屬/痘疹
鄭氏瘄科保赤金丹四卷　（清）謝玉瓊原撰　（清）鄭啟壽　（清）鄭行彰傳　清光緒三十三年（1907）鉛印本　一册　存二卷（一至二）

330000－4788－0001236　普 02076　子部/宗教類/其他宗教之屬/基督教
新約聖書　清光緒大英聖書會石印本　一册　存一種

330000－4788－0001237　善 00028　集部/別集類/清別集
百一草堂集唐初刻二卷詩餘一卷二刻二卷詩餘一卷三刻二卷詩餘一卷　（清）柴才輯　（清）顧大本　（清）邱甸編　清乾隆百一草堂刻本　一册　存三卷（二刻一至二、二刻詩餘）

330000－4788－0001238　普 02077　集部/別集類/清別集
聽月樓詩鈔二卷　（清）嚴恒撰　清光緒二十八年（1902）上海小長蘆館石印本　一册

330000－4788－0001240　普 02079　類叢部/叢書類/彙編之屬
正誼堂全書六十三種續刻五種　（清）張伯行編　（清）楊浚重編　清同治五年（1866）福州正誼書院刻同治八年至光緒十三年（1869－1887）續刻本　一册　存一種

330000－4788－0001245　普 02084　史部/政書類/儀制之屬/典禮
聖廟祀典圖考五卷首一卷附聖蹟圖一卷孟子聖蹟圖一卷　（清）顧沅輯　清道光六年（1826）刻本　五册　存三卷（三至五）

330000－4788－0001246　普 02085　類叢部/叢書類/彙編之屬
正誼堂全書六十三種續刻五種　（清）張伯行編　（清）楊浚重編　清同治五年（1866）福州正誼書院刻同治八年至光緒十三年（1869－1887）續刻本　一册　存二種

330000－4788－0001248　普 01778　經部/春秋左傳類/傳說之屬
東萊博議四卷　（宋）吕祖謙撰　**增補虚字註釋一卷**　（清）馮泰松點定　清光緒三十一年（1905）上海商務印書館鉛印本　一册

330000－4788－0001251　普 02087　經部/群經總義類/傳說之屬
皇朝五經彙解二百七十卷　（清）朱鏡清輯　清光緒上海鴻文書局石印本　一册　存九卷（三十二至四十）

330000－4788－0001252　普 02088　集部/小說類/長篇之屬
第一才子書六十卷一百二十回首一卷　（明）羅本撰　（清）毛宗崗評　清末鉛印本　一册　存四卷（五十三至五十六）

330000－4788－0001257　普 02092　類叢部/叢書類/自著之屬
隨園三十八種　（清）袁枚撰　清光緒十八年（1892）勤裕堂鉛印本　一册　存一種

330000－4788－0001259　普 02093　史部/傳記類/總傳之屬/斷代
國朝先正事略六十卷　（清）李元度纂　清光緒十五年（1889）上海廣百宋齋鉛印本　三册　存十三卷（首、一至十二）

330000－4788－0001260　善 00029　類叢部/叢書類/彙編之屬

漢魏叢書三十八種 (明)程榮編 明萬曆新安程氏刻本 一册 存四種

330000－4788－0001262 善00030 類叢部/叢書類/彙編之屬
唐宋叢書九十二種 (明)鍾人傑 (明)張遂辰編 明末刻說郛及說郛續重編印本 二册 存一種

330000－4788－0001263 普02095 集部/總集類/選集之屬/通代
文選六十卷 (南朝梁)蕭統輯 (唐)李善注 (清)何焯評 清大文堂刻朱墨套印本 一册 存三卷(四至六)

330000－4788－0001264 善00031 子部/醫家類/方書之屬
孫真人備急千金要方九十三卷目錄二卷 (唐)孫思邈撰 明萬曆刻本 一册 存五卷(十一至十五)

330000－4788－0001265 普02096 史部/地理類/方志之屬/郡縣志
[嘉慶]滇繫四十卷 (清)師範纂 清光緒十三年(1887)雲南通志局刻本 一册 存一卷(十二)

330000－4788－0001267 普02098 子部/儒家類/儒學之屬/蒙學
龍文鞭影二卷 (明)蕭良有撰 (明)楊臣諍增訂 (清)來集之音注 清文奎堂刻本 二册

330000－4788－0001268 普02099 子部/叢編
二十二子(二十二子彙函) (清)浙江書局編 清光緒元年至三年(1875－1877)浙江書局刻本 一册 存一種

330000－4788－0001273 普02104 集部/別集類/清別集
初學集二十卷 (清)錢謙益撰 (清)錢曾箋註 清宣統三年(1911)國學扶輪社石印本 二册 存三卷(八至九、十二)

330000－4788－0001274 善00032 子部/道家類
關尹子二卷 (宋)陳顯微註 明朱蔚然刻本 一册

330000－4788－0001276 普02106 史部/編年類/通代之屬
尺木堂綱鑑易知錄九十二卷 (清)吳乘權 (清)周之炯 (清)周之燦輯 清刻本 一册 存六卷(十二至十七)

330000－4788－0001277 普02107 子部/宗教類/佛教之屬
彌陀畧解圓中鈔二卷 (明)釋大佑解 (明)釋傳燈鈔 清同治十年(1871)釋清蓮刻本 一册 存一卷(一)

330000－4788－0001278 普02108 史部/地理類/方志之屬/郡縣志
[光緒]奉化縣志四十卷首一卷 (清)李前泮修 (清)張美翊等纂 清光緒三十四年(1908)刻本 二册 存五卷(六至八、三十至三十一)

330000－4788－0001279 普02109 類叢部/叢書類/彙編之屬
十萬卷樓叢書五十一種 (清)陸心源編 清光緒歸安陸氏刻本 一册 存一種

330000－4788－0001280 普02110 子部/宗教類/佛教之屬
弘明集十四卷 (南朝梁)釋僧祐撰 清光緒二十二年(1896)金陵刻經處刻本 一册 存四卷(十一至十四)

330000－4788－0001281 普02111 子部/宗教類/佛教之屬/諸宗
肇論略注六卷 (明)釋德清述 清光緒十四年(1888)金陵刻經處刻本 一册 存三卷(四至六)

浙江省蘭溪市第一中學古籍普查登記目録

全國古籍普查登記目録 · 浙江金華

國家圖書館出版社
National Library of China Publishing House

《浙江省蘭溪市第一中學古籍普查登記目録》

編委會

主　編： 方愛榮

副主編： 趙長森　戴旭亮

編　委： 吴慧娥　夏福舟　朱慧萍　徐惠芬

《浙江省蘭溪市第一中學古籍普查登記目録》

前　言

我校的古籍普查工作，由於缺乏專業人員和技術裝備，普查工作一直難以開展。在市文化局的協調下，學校委托市博物館普查，博物館的專業人員工作認真、仔細、專業，在規定的時間内順利完成了普查工作，得到了文化局和學校領導的充分肯定，爲我校的歷史人文建設工作做出了很大的貢獻。經過普查，我校在全國古籍普查登記平臺上著録數據 74 條，其中 1912 年以前古籍 14 條。

在《浙江省蘭溪市第一中學古籍普查登記目録》出版之際，向對我校普查工作大力支持的市文化局、博物館表示萬分感謝，特别是博物館的戴旭亮老師親力親爲，爲我校的古籍保護事業做出了重要貢獻。

浙江省蘭溪市第一中學
2018 年 12 月

330000－4744－0000004　G004　子部/雜著類/雜說之屬

墨子閒詁十五卷目錄一卷附錄一卷後語二卷　(清)孫詒讓撰　清末掃葉山房石印本　陳建子題記　八冊

330000－4744－0000026　G028　類叢部/叢書類/彙編之屬

經策通纂二種　吴潁炎　陳遹聲等纂　清光緒十九年(1893)上海點石齋石印本　二十九冊　存一種

330000－4744－0000027　G029　史部/傳記類/總傳之屬/郡邑

兩浙名賢錄六十二卷　(明)徐象梅撰　清光緒二十六年(1900)浙江書局刻本　六十二冊

330000－4744－0000028　G030　史部/地理類/方志之屬/郡縣志

光緒蘭谿縣志八卷首一卷　(清)秦簧　(清)朱鑑章　(清)邵秉經修　(清)唐壬森纂　清光緒十三年至十五年(1887－1889)刻本　十冊

330000－4744－0000029　G031　類叢部/類書類/專類之屬

佩文韻府一百六卷　(清)張玉書　(清)蔡升元等輯　**韻府拾遺一百六卷**　(清)汪灝　(清)何焯等輯　清光緒二十四年(1898)上海點石齋石印本　二十四冊

330000－4744－0000032　G034　類叢部/叢書類/彙編之屬

崇文書局彙刻書三十一種　(清)崇文書局編　清光緒元年至三年(1875－1877)湖北崇文書局刻本　一冊　存一種

330000－4744－0000034　G036　集部/別集類/漢魏六朝別集

陶靖節先生詩註四卷附補註一卷　(晉)陶潛撰　(宋)湯漢注　清光緒十一年(1885)陳州丁氏刻本　一冊

330000－4744－0000039　G041　集部/別集類/宋別集

施註蘇詩四十二卷目錄二卷　(宋)蘇軾撰　(宋)施元之　(宋)顧禧注　(清)顧嗣立　(清)邵長蘅　(清)宋至刪補　**蘇詩續補遺二卷**　(清)馮景補註　**王註正譌一卷**　(清)邵長蘅撰　**東坡先生年譜一卷**　(宋)王宗稷編　清刻本　十一冊　缺一卷(東坡先生年譜)

330000－4744－0000040　G042　集部/楚辭類

楚辭章句十七卷　(漢)王逸撰　(宋)洪興祖補注　清光緒九年(1883)長沙書堂山館刻本　六冊

330000－4744－0000041　G043　經部/小學類/文字之屬/說文

鄦書微五卷　張捄撰　清末鉛印本暨石印本　蒼景廬題簽　一冊

330000－4744－0000051　G069　史部/編年類/通代之屬

資治通鑑二百九十四卷目錄三十卷　(宋)司馬光撰　(元)胡三省音注　清光緒二十六年(1900)上海圖書集成印書局鉛印本　四十四冊

330000－4744－0000052　G070　史部/編年類/通代之屬

續資治通鑑二百二十卷　(清)畢沅撰　清光緒二十六年(1900)上海圖書集成印書局鉛印本　二十八冊

330000－4744－0000054　G072　史部/紀傳類/正史之屬

四史　清光緒十四年(1888)上海蜚英館石印本　八冊　存一種

330000－4744－0000073　G109、G110、G111、G112、G113、G114、G115、G116、G117、G118、G119、G120、G121、G122、G123、G124、G125　類叢部/類書類/通類之屬

欽定古今圖書集成一萬卷目錄四十卷　(清)蔣廷錫　(清)陳夢雷等輯　清光緒十年(1884)上海圖書集成書局鉛印本　七百五十九冊　存四千六百四十四卷(目錄一至三十二;方輿彙編坤輿典一至七十四、八十至一百

四十，職方典一至一百三、一百十至三百三十九、三百五十六至四百八十五、四百九十二至五百二十一、五百六十三至六百五十七、六百六十四至六百七十八、七百三至七百二十六、七百三十五至七百四十二、七百五十一至九百十二、九百二十二至一千二百三十二、一千三百二十八至一千四百七十一、一千四百七十三至一千四百七十八、一千四百八十六至一千五百四十四，山川典一至三十八、四十六至五十七、六十三至二百八十三、二百九十至三百二十，邊裔典一至八十二、八十七至一百三十四；博物彙編藝術典一至七十九、八十四至九十七、一百二至二百五十六、二百六十三至三百三十九、三百四十五至四百六、四百十二至四百五十三、四百六十至四百九十二、四百九十九至六百八、六百十四至七百六十六、七百七十三至七百八十五、七百九十二至八百四、八百十九至八百二十四，神異典一至六、十七至八十六、九十二至一百四十一、一百四十八至一百五十三、一百六十五至一百七十、一百八十三至一百九十三、二百六至二百十二、二百二十至二百九十二、二百九十九至三百二十，禽蟲典一至十一、四十一至七十二、七十九至九十一、九十八至一百三、一百十至一百十六、一百四十六至一百九十二，草木典一至三十八、七十一至七十六、八十三至一百八十七、一百九十五至三百二十；理學彙編經籍典六至二十一、二十八至三十九、四十五至五十三、五十九至九十四、一百三至一百十五、一百二十三至一百二十九、一百五十一至一百五十七、一百六十五至一百八十四、一百九十一至二百七十八、二百九十一至三百四十四、三百五十一至四百四十六、四百五十五至四百六十一、四百七十五至四百八十五、四百九十三至五百，學行典七至八十六、九十三至二百九十四；經濟彙編選舉典七至一百二十，禮儀典一百七十四至二百四十七、二百五十四至二百六十、二百七十四至二百八十、二百九十四至三百十五、三百二十至三百四十一，樂律典一至五十九、七十四至一百二十八，戎政典一至二十二、三十三至五十、六十八至七十三、一百三至一百十九、一百八十二至一百八十六、二百三十四至二百五十、二百五十六至二百六十二，祥刑典九十七至一百八十，考工典一至三十三、五十至五十三、五十九至七十八、九十三至一百五、一百十一至一百六十二、一百八十八至一百九十二）

義烏市圖書館古籍普查登記目録

全國古籍普查登記目録·浙江金華

國家圖書館出版社
National Library of China Publishing House

《義烏市圖書館古籍普查登記目録》

編委會

主　編： 王瑞亮

副主編： 何梓良

編　委： 丁小明　王麗珍　斯　挺　何思宇　吴曉强　柯洪勤

《義烏市圖書館古籍普查登記目録》

前　言

義烏市圖書館館藏古籍主要來源係政府徵集和民間捐贈，少量采購於收藏品市場。20世紀80年代初曾進行了整理編目。2013年12月啓動古籍普查項目，2015年6月完成傳統古籍的普查，同年10月完成民國時期傳統裝幀文獻普查。

根據全國古籍普查平臺統計，本館藏古籍共2353部28750册。其中善本古籍191部2888册（明嘉靖至隆慶7部137册；明萬曆至清乾隆183部2749册；清光緒影宋刻本1部2册）。

我館先後有4部古籍入選《國家珍貴古籍名録》。入選第二批《國家珍貴古籍名録》的是宋王銍輯，明嘉靖二十七年（1548）黄姬水刻本《兩漢紀》；宋蘇軾撰，明末毛氏汲古閣影宋抄本《東坡先生和陶淵明詩》。入選第三批《國家珍貴古籍名録》的是唐徐堅等撰，明嘉靖十三年（1534）晋府虚益堂刻本《初學記》；唐柳宗元撰、劉禹錫編，民國吴源題記并校，明嘉靖郭雲鵬濟美堂刻本《河東先生集》。

2013年我館獲批爲“浙江省古籍重點保護單位”；2014年完成古籍善本數字化19572葉并建立數據庫；2015年古籍庫房完成恒温恒濕改造，同年完成地方文獻類古籍數字化315971葉并完善數據庫，影印古籍《義烏先哲遺書》《禮記》《東坡先生和陶淵明詩》各300部。遵循“保護爲主，搶救第一，合理利用，加强管理”的理念，秉承原生性保護和再生性保護結合的原則，讓“書寫在古籍裏的文字都活起來”，就是我們今後的努力方向。

義烏市圖書館
2018年12月

330000－1723－0000001　6285－6313　經部/叢編
遵阮本重校印十三經注疏并校勘記　(清)阮元撰校勘記　(清)盧宣旬摘錄校勘記　清光緒二十三年(1897)上海點石齋石印本　二十九冊　存十一種

330000－1723－0000003　2022　史部/地理類/水利之屬
義邑東江橋誌一卷　(清)陳玉梁撰　清光緒二十四年(1898)東陽周廷玉木活字印本　一冊

330000－1723－0000005　6314－6325　經部/叢編
遵阮本重校印十三經注疏并校勘記　(清)阮元撰校勘記　(清)盧宣旬摘錄校勘記　清光緒十三年(1887)上海點石齋石印本　十二冊　存八種

330000－1723－0000006　1990－1992　類叢部/叢書類/彙編之屬
廣雅書局叢書一百五十九種　徐紹棨編　清光緒廣雅書局刻民國九年(1920)番禺徐紹棨彙編重印本　三冊　存一種

330000－1723－0000007　1988　經部/春秋左傳類/釋例之屬
春秋規過考信三卷　(清)陳熙晉撰　清光緒廣雅書局刻朱印本　一冊　存一卷(一)

330000－1723－0000008　1989　經部/春秋左傳類/傳說之屬
春秋述義拾遺八卷首一卷　(清)陳熙晉撰　清光緒廣雅書局刻朱印本　一冊

330000－1723－0000011　2031　集部/別集類/清別集
遜敏齋文存二卷　(清)張經鉏撰　清光緒二十六年(1900)刻本　一冊

330000－1723－0000014　2037　集部/總集類/酬唱之屬
蕉嶺驪歌一卷　(清)尹沛霖等撰　**鎮平雜詩一卷**　(清)朱懷新撰　清光緒粵東省留香齋刻本　一冊

330000－1723－0000020　2012－2013　史部/史評類/史論之屬
洪雅存先生評史十八卷　(清)洪亮吉撰　(清)龔熙評點　清光緒三十年(1904)杭州兩浙採辦書報處石印本　二冊

330000－1723－0000021　2014　史部/史評類/史論之屬
洪雅存先生評史十八卷　(清)洪亮吉撰　(清)龔熙評點　清光緒三十年(1904)杭州兩浙採辦書報處石印本　一冊　存十卷(九至十八)

330000－1723－0000025　1993－1996　史部/傳記類/總傳之屬/郡邑
婺書八卷　(明)吳之器撰　清光緒二十六年(1900)刻本　四冊

330000－1723－0000026　2074－2078　類叢部/叢書類/自著之屬
拙盦叢稿五種　(清)朱一新撰　清光緒二十二年(1896)順德龍氏葆真堂刻本　五冊　存二種

330000－1723－0000027　2025－2026　子部/宗教類/佛教之屬/諸宗
善慧大士傳錄四卷　(宋)樓穎輯　清宣統二年(1910)稠州通義公司石印本　二冊

330000－1723－0000029　468－471　史部/地理類/方志之屬/通志
浙志便覽七卷　(清)李應珏撰　清光緒十七年(1891)杭城吏隱齋刻本　四冊

330000－1723－0000031　1－120　史部/地理類/方志之屬/通志
[雍正]敕修浙江通志二百八十卷首三卷　(清)李衛　(清)嵇曾筠等修　(清)沈翼機　(清)傅王露等纂　清光緒二十五年(1899)浙江書局刻本　一百二十冊

330000－1723－0000032　121－237　史部/地理類/方志之屬/通志
[雍正]敕修浙江通志二百八十卷首三卷

（清）李衛　（清）嵇曾筠等修　（清）沈翼機　（清）傅王露等纂　清光緒二十五年（1899）浙江書局刻本　一百十七册　缺五卷（一、一百五十四至一百五十七）

330000－1723－0000033　238－353　史部/地理類/方志之屬/通志

［雍正］敕修浙江通志二百八十卷首三卷　（清）李衛　（清）嵇曾筠等修　（清）沈翼機　（清）傅王露等纂　清光緒二十五年（1899）浙江書局刻本　一百十六册　缺十卷（一百八至一百十五、一百五十二至一百五十三）

330000－1723－0000034　578－589　史部/金石類/郡邑之屬/文字

兩浙金石志十八卷補遺一卷　（清）阮元撰　清光緒十六年（1890）浙江書局刻本　十二册

330000－1723－0000035　566－577　史部/金石類/郡邑之屬/文字

兩浙金石志十八卷補遺一卷　（清）阮元撰　清光緒十六年（1890）浙江書局刻本　十二册

330000－1723－0000036　473－512　集部/總集類/郡邑之屬

兩浙輶軒錄四十卷姓氏韻編一卷　（清）阮元輯　清嘉慶仁和朱氏碧溪草堂、錢塘陳氏種榆仙館刻本　四十册

330000－1723－0000037　513－552　集部/總集類/郡邑之屬

兩浙輶軒續錄五十四卷補遺六卷姓氏韻編一卷補遺一卷　（清）潘衍桐輯　清光緒十七年（1891）浙江書局刻本　四十册

330000－1723－0000038　553－564　集部/總集類/郡邑之屬

兩浙輶軒錄四十卷補遺十卷姓氏韻編一卷　（清）阮元輯　清光緒十七年（1891）浙江書局刻本　十二册　存十六卷（六至九、十二至十三、十八至二十五、三十五，補遺七）

330000－1723－0000039　565　史部/目録類/總録之屬/地方

四庫全書金華先賢書目四卷　（清）戴聰輯　清道光十六年（1836）浦陽張氏振雅堂刻本　一册　存二卷（一至二）

330000－1723－0000040　590－597　類叢部/叢書類/彙編之屬

文選樓叢書三十三種　（清）阮亨編　清嘉慶至道光阮元刻道光二十二年（1842）阮亨彙印本　八册　存一種

330000－1723－0000041　598－599　史部/地理類/專志之屬/祠墓

兩浙防護陵寢祠墓錄不分卷　（清）阮元輯　清光緒十五年（1889）浙江書局刻本　二册

330000－1723－0000042　600－655　史部/傳記類/總傳之屬/郡邑

兩浙名賢錄六十二卷　（明）徐象梅撰　清光緒二十六年（1900）浙江書局刻本　五十六册　缺六卷（三十四、五十六至六十）

330000－1723－0000043　656－675　集部/總集類/郡邑之屬

金華詩錄六十卷別集四卷外集六卷書後一卷　（清）黃彬　（清）朱琰輯　清乾隆三十八年（1773）金華府學刻本　二十册

330000－1723－0000044　676－693　集部/總集類/郡邑之屬

金華詩錄六十卷別集四卷外集六卷書後一卷　（清）黃彬　（清）朱琰輯　清光緒九年至十一年（1883－1885）永康胡氏退補齋刻本　十八册

330000－1723－0000045　694－724　集部/總集類/郡邑之屬

金華詩錄六十卷別集四卷外集六卷書後一卷　（清）黃彬　（清）朱琰輯　清乾隆三十八年（1773）金華府學刻本　三十一册　缺十卷（三十四至三十五、四十至四十三、五十七至五十八，別集四，書後）

330000－1723－0000047　733－744　史部/地理類/方志之屬/郡縣志

［康熙］金華府志三十卷　（清）張藎修　（清）沈麟趾等纂　清宣統元年（1909）嵩連石

印本　十二册

330000－1723－0000050　765－800　類叢部/叢書類/自著之屬
率祖堂叢書(金仁山先生遺書)八種附六種　(宋)金履祥撰　清雍正至乾隆金華金氏刻光緒十三年(1887)鎮海謝駿德補刻本　三十六册

330000－1723－0000051　818－819　集部/總集類/選集之屬/通代
東萊先生古文關鍵二卷　(宋)呂祖謙評　(宋)蔡子文注　(清)徐樹屏考異　清光緒元年(1875)粵東番禺韓氏經畬草堂刻本　二册

330000－1723－0000052　801－806　類叢部/叢書類/自著之屬
率祖堂叢書(金仁山先生遺書)八種附六種　(宋)金履祥撰　清雍正至乾隆金華金氏刻光緒十三年(1887)鎮海謝駿德補刻本　六册　存二種

330000－1723－0000054　807－816　集部/總集類/郡邑之屬
正學淵源六種十四卷　(清)金律輯　清雍正至乾隆金華金氏刻本　十册

330000－1723－0000055　817　史部/政書類/公牘檔册之屬
京師金華會館紀事不分卷(清乾隆十年至道光二十九年)　(清)□□輯　清刻本　一册

330000－1723－0000056　820　經部/春秋左傳類/傳說之屬
增批輯註東萊博議四卷　(宋)呂祖謙撰　(清)劉鍾英輯注　清末上海錦章圖書局石印本　一册

330000－1723－0000057　821－822　經部/春秋左傳類/傳說之屬
東萊博議四卷　(宋)呂祖謙撰　**增補虛字註釋一卷**　(清)馮泰松點定　清光緒二十四年(1898)上海祥記書莊石印本　二册

330000－1723－0000058　823－824　經部/春秋左傳類/傳說之屬
東萊博議四卷　(宋)呂祖謙撰　**增補虛字註釋一卷**　(清)馮泰松點定　清光緒三十年(1904)上海書局石印本　二册

330000－1723－0000059　825－826　經部/春秋左傳類/傳說之屬
東萊博議四卷　(宋)呂祖謙撰　**增補虛字註釋一卷**　(清)馮泰松點定　清光緒三十一年(1905)上海商務印書館鉛印本　二册

330000－1723－0000061　827－830　經部/春秋左傳類/傳說之屬
東萊博議四卷　(宋)呂祖謙撰　**增補虛字註釋一卷**　(清)馮泰松點定　清光緒二十七年(1901)文奎堂刻本　四册

330000－1723－0000062　831－836　經部/春秋左傳類/傳說之屬
東萊先生左氏博議二十五卷　(宋)呂祖謙撰　**虛字註釋備考六卷**　(清)張文炳點定　清光緒十四年(1888)雲陽義秀書屋刻本　六册

330000－1723－0000063　845－848　經部/春秋左傳類/傳說之屬
東萊博議四卷　(宋)呂祖謙撰　**增補虛字註釋一卷**　(清)馮泰松點定　清光緒七年(1881)鳳城官舍刻本　四册

330000－1723－0000064　837－840　經部/春秋左傳類/傳說之屬
東萊博議四卷　(宋)呂祖謙撰　**增補虛字註釋一卷**　(清)馮泰松點定　清光緒七年(1881)鳳城官舍刻本　四册

330000－1723－0000065　841－844　經部/春秋左傳類/傳說之屬
東萊博議四卷　(宋)呂祖謙撰　**增補虛字註釋一卷**　(清)馮泰松點定　清光緒七年(1881)鳳城官舍刻本　四册

330000－1723－0000067　851－854　史部/史評類/史論之屬
東萊先生音註唐鑑二十四卷　(宋)范祖禹撰　(宋)呂祖謙注　清同治十三年(1874)蓉城尊經書院刻本　四册

330000－1723－0000069　856　子部/儒家類/儒學之屬

婺學治事文編五卷　(清)繼良輯　清光緒二十四年(1898)石印本　一冊　存二卷(一至二)

330000－1723－0000070　857－858　子部/儒家類/儒學之屬

治事文編續集二卷　(清)繼良輯　清光緒二十八年(1902)上海書局石印本　清翰雲題簽　二冊

330000－1723－0000071　859－862　集部/總集類/課藝之屬

麗正書院課藝四卷　(清)趙曾向輯　清光緒七年(1881)金華府署刻本　四冊

330000－1723－0000072　863　子部/儒家類/儒學之屬/禮教/家訓

蘋齋公家訓一卷　(清)陳其蒽撰　清光緒三十一年(1905)婺東安文南靖侯家廟刻本　一冊

330000－1723－0000074　865　史部/傳記類/別傳之屬/事狀

補宋潛溪唐仲友補傳一卷　(清)張作楠撰　清光緒二十四年(1898)金華倪氏刻本　一冊

330000－1723－0000075　866－867　子部/雜著類/雜記之屬

梅簃隨筆四卷　(清)張作楠撰　清嘉慶二十四年(1819)麗水俞氏刻本　清劉祝羣題記　二冊

330000－1723－0000076　868－869　集部/別集類/清別集

半村居詩鈔二卷　(清)王鵬撰　清雍正二年(1724)刻本　二冊

330000－1723－0000077　870－881　集部/總集類/選集之屬/通代

東萊集註類編觀瀾文集甲集二十五卷乙集二十五卷丙集二十卷　(宋)林之奇編　(宋)呂祖謙注　**東萊集註古文觀瀾甲集附攷一卷乙集附攷一卷丙集附攷一卷續攷一卷**　(清)方功惠撰　清光緒十年(1884)碧琳琅館刻本　十二冊

330000－1723－0000083　900－903　史部/金石類/總志之屬/文字

海東金石苑四卷　(清)劉喜海撰　清光緒七年(1881)張氏二銘草堂刻本　四冊

330000－1723－0000084　904－919　史部/金石類/總志之屬

二銘艸堂金石聚十六卷　(清)張德容輯　清同治衢州張氏二銘艸堂刻本　十六冊

330000－1723－0000087　1672－1681　史部/地理類/方志之屬/郡縣志

[嘉慶]義烏縣志二十二卷首一卷　(清)諸自穀修　(清)程瑜　(清)李錫齡纂　清嘉慶七年(1802)刻本　十冊

330000－1723－0000088　1682－1690　史部/地理類/方志之屬/郡縣志

[嘉慶]義烏縣志二十二卷首一卷　(清)諸自穀修　(清)程瑜　(清)李錫齡纂　清嘉慶七年(1802)刻本　九冊　缺二卷(十五至十六)

330000－1723－0000098　1797－1804　集部/總集類/彙編之屬

唐人三家集　(清)秦恩復編　清宣統三年(1911)藏古圖書館據嘉慶至道光秦氏石研齋影宋刻本影印本　八冊

330000－1723－0000099　1805－1807　集部/總集類/選集之屬/斷代

初唐四傑文集二十一卷　(清)□□編　清光緒五年(1879)淮南書局刻本　三冊

330000－1723－0000100　1808－1810　集部/總集類/選集之屬/斷代

初唐四傑文集二十一卷　(清)□□編　清光緒五年(1879)淮南書局刻本　三冊

330000－1723－0000108　1815－1818　集部/別集類/唐五代別集

駱侍御全集四卷　(唐)駱賓王撰　**駱侍御文集考異一卷**　(清)陳坡撰　清道光二十九年(1849)梅林駱氏滋德堂刻本　四冊

330000 - 1723 - 0000109　1839 - 1840　經部/書類/分篇之屬

禹貢說斷四卷　(宋)傅寅撰　**考證四則一卷**　(清)陳熙晉撰　清末抄本　二册

330000 - 1723 - 0000110　1841 - 1842　經部/書類/分篇之屬

禹貢說斷四卷　(宋)傅寅撰　**考證四則一卷**　(清)陳熙晉撰　清咸豐二年(1852)陳坡陳秀芝堂刻本　二册

330000 - 1723 - 0000111　1843 - 1846　經部/書類/分篇之屬

禹貢說斷四卷　(宋)傅寅撰　**考證四則一卷**　(清)陳熙晉撰　清咸豐二年(1852)陳坡陳秀芝堂刻本　四册

330000 - 1723 - 0000112　1847 - 1850　經部/書類/分篇之屬

禹貢說斷四卷　(宋)傅寅撰　**考證四則一卷**　(清)陳熙晉撰　清咸豐二年(1852)陳坡陳秀芝堂刻本　四册

330000 - 1723 - 0000113　1861 - 1864　集部/别集類/宋别集

宗忠簡公集八卷首一卷　(宋)宗澤撰　**忠簡公年譜一卷**　(宋)喬行簡編　清光緒二十四年(1898)義烏黄卿夔刻本　四册　缺一卷(年譜)

330000 - 1723 - 0000114　1869 - 1872　集部/别集類/宋别集

宗忠簡公集八卷首一卷　(宋)宗澤撰　**忠簡公年譜一卷**　(宋)喬行簡編　清光緒二十四年(1898)義烏黄卿夔刻本　四册　缺一卷(年譜)

330000 - 1723 - 0000115　1857 - 1860　集部/别集類/宋别集

宗忠簡公集八卷首一卷　(宋)宗澤撰　**忠簡公年譜一卷**　(宋)喬行簡編　清光緒二十四年(1898)義烏黄卿夔刻本　四册　缺一卷(年譜)

330000 - 1723 - 0000116　1853 - 1854　集部/别集類/宋别集

宗忠簡公集八卷首一卷　(宋)宗澤撰　**忠簡公年譜一卷**　(宋)喬行簡編　清光緒二十四年(1898)義烏黄卿夔刻本　二册　存六卷(二至六、八)

330000 - 1723 - 0000117　1855 - 1856　集部/别集類/宋别集

宗忠簡公集八卷首一卷　(宋)宗澤撰　**忠簡公年譜一卷**　(宋)喬行簡編　清光緒二十四年(1898)義烏黄卿夔刻本　二册　存六卷(二至六、八)

330000 - 1723 - 0000118　1873 - 1874　集部/别集類/宋别集

宗忠簡公集八卷首一卷　(宋)宗澤撰　**忠簡公年譜一卷**　(宋)喬行簡編　清光緒二十四年(1898)義烏黄卿夔刻本　二册　缺一卷(年譜)

330000 - 1723 - 0000119　1877 - 1886　集部/别集類/元别集

文獻公全集十一卷首一卷附日損齋筆記一卷　(元)黄溍撰　(明)宋濂　(明)王禕輯　清咸豐元年(1851)刻光緒三年(1877)黄卿夔補刻本　十册

330000 - 1723 - 0000120　1928　經部/四書類/總義之屬/傳說

金稠原先生四書宗貫錄一卷　(明)金世俊撰　清光緒二十三年(1897)木活字印本　一册

330000 - 1723 - 0000121　1887 - 1896　集部/别集類/元别集

文獻公全集十一卷首一卷附日損齋筆記一卷　(元)黄溍撰　(明)宋濂　(明)王禕輯　清咸豐元年(1851)刻光緒三年(1877)黄卿夔補刻本　十册

330000 - 1723 - 0000122　1897 - 1906　集部/别集類/元别集

文獻公全集十一卷首一卷附日損齋筆記一卷　(元)黄溍撰　(明)宋濂　(明)王禕輯　清咸豐元年(1851)刻光緒三年(1877)黄卿夔補刻本　十册

330000－1723－0000123　1907－1916　集部/别集類/元别集

文獻公全集十一卷首一卷附日損齋筆記一卷　(元)黄溍撰　(明)宋濂　(明)王禕輯　清咸豐元年(1851)刻光緒三年(1877)黄卿燮補刻本　十冊

330000－1723－0000124　1917－1926　集部/别集類/元别集

文獻公全集十一卷首一卷附日損齋筆記一卷　(元)黄溍撰　(明)宋濂　(明)王禕輯　清咸豐元年(1851)刻本　十冊

330000－1723－0000125　1927　史部/傳記類/别傳之屬/年譜

寧我録一卷　(明)金世俊撰　清光緒二十三年(1897)木活字印本　一冊

330000－1723－0000126　1929－1933　集部/别集類/清别集

蓑笠軒僅存稿六卷　(清)樓儼撰　清光緒二十七年(1901)刻本　五冊

330000－1723－0000127　1934－1938　集部/别集類/清别集

蓑笠軒僅存稿六卷　(清)樓儼撰　清光緒二十七年(1901)刻本　五冊

330000－1723－0000128　1939－1943　集部/别集類/清别集

蓑笠軒僅存稿六卷　(清)樓儼撰　清光緒二十七年(1901)刻本　五冊

330000－1723－0000129　1944－1948　集部/别集類/清别集

蓑笠軒僅存稿六卷　(清)樓儼撰　清光緒二十七年(1901)刻本　五冊

330000－1723－0000130　4461－4463　類叢部/叢書類/彙編之屬

抱經堂叢書十六種　(清)盧文弨編　清乾隆至嘉慶刻彙印本　三冊　存一種

330000－1723－0000131　4911　集部/詞類/類編之屬

秦張兩先生詩餘合璧　(明)王象晉輯　明崇禎八年(1635)濟南王象晉刻本　一冊

330000－1723－0000132　4912－4923　集部/别集類/唐五代别集

王右丞集二十八卷首一卷末一卷　(唐)王維撰　(清)趙殿成箋注　清乾隆仁和趙氏刻本　十二冊

330000－1723－0000133　1949－1958　集部/别集類/明别集

王忠文公集二十五卷　(明)王禕撰　清嘉慶十四年(1809)義烏鳳林王氏刻本　朱映川題記　十冊

330000－1723－0000134　1959－1961　集部/别集類/明别集

王忠文公集二十五卷　(明)王禕撰　清嘉慶十四年(1809)義烏鳳林王氏刻本　三冊　存八卷(十三至十五、十九至二十三)

330000－1723－0000139　2245－2248　集部/别集類/明别集

白石山房逸稿五卷續刻一卷　(明)張丁撰　(清)張朝煌彙輯　清光緒四年(1878)浦江白石書院木活字印本　四冊

330000－1723－0000140　2249－2252　集部/别集類/清别集

盤洲文集六卷詩集二卷　(清)周璠撰　清嘉慶十六年(1811)王氏刻本　四冊

330000－1723－0000142　2257－2260　集部/别集類/清别集

風希堂詩集六卷文集四卷　(清)戴殿泗撰　清道光八年(1828)戴聰九靈山房刻本　四冊

330000－1723－0000143　2769－2808　集部/别集類/宋别集

朱子文集大全類編一百十卷首一卷　(宋)朱熹撰　(清)朱玉訂補　清康熙至雍正朱玉刻乾隆朱殿玉印本　四十冊　缺十七卷(四十至五十六)

330000－1723－0000144　2261－2264　集部/别集類/元别集

重刻吴淵穎集十二卷　(元)吴萊撰　(明)宋

濂編　(清)查遴輯　**附錄一卷**　清光緒三十一年(1905)吳聲誥木活字印本　四冊

330000－1723－0000145　2265－2268　集部/別集類/元別集

重刻吳淵穎集十二卷　(元)吳萊撰　(明)宋濂編　(清)查遴輯　**附錄一卷**　清光緒三十一年(1905)吳聲誥木活字印本　四冊

330000－1723－0000146　2269－2272　集部/別集類/元別集

重刻吳淵穎集十二卷　(元)吳萊撰　(明)宋濂編　(清)查遴輯　**附錄一卷**　清光緒三十一年(1905)吳聲誥木活字印本　四冊

330000－1723－0000147　2273－2276　集部/別集類/元別集

吳淵潁先生集十二卷　(元)吳萊撰　(清)王邦采　(清)王繩曾箋　清同治九年(1870)永康應氏刻本　清孫智題簽　四冊

330000－1723－0000149　2326—2327　子部/術數類/命書相書之屬

新刊校正增釋合併麻衣先生人相編五卷　(明)陸位崇輯　清聚英堂刻本　二冊

330000－1723－0000152　2328—2329　子部/術數類/相宅相墓之屬

地理纂要不分卷　(清)王鶴泉撰　清雍正四年(1726)刻本　王福履題記　二冊

330000－1723－0000155　2334—2335　類叢部/叢書類/自著之屬

盧菊人所著書七種　(清)盧標撰　清道光映台樓刻本　二冊　存五種

330000－1723－0000156　2336－2347　史部/紀傳類/別史之屬

春秋紀傳五十一卷　(清)李鳳雛撰　清光緒二十一年(1895)東陽古大化里刻本　十二冊

330000－1723－0000157　2348－2359　史部/紀傳類/別史之屬

春秋紀傳五十一卷　(清)李鳳雛撰　清光緒二十一年(1895)東陽古大化里刻本　十二冊

330000－1723－0000158　2360－2371　史部/傳記類/總傳之屬/通代

增廣尚友錄統編二十二卷　(清)應祖錫輯　清光緒二十八年(1902)鴻寶齋石印本　十二冊

330000－1723－0000159　2330－2333　集部/別集類/清別集

學耨堂文集八卷詩稿九卷詩餘二卷　(清)王崇炳撰　清乾隆五十三年(1788)刻本　四冊

330000－1723－0000160　2372－2383　新學/議論/通論

洋務經濟通考十六卷　(清)應祖錫撰　清光緒二十八年(1902)鴻寶齋石印本　十二冊

330000－1723－0000167　2514　集部/總集類/彙編之屬

雙竹軒合刻詩鈔五卷　(清)胡鳳丹編　清光緒十年(1884)永康胡氏退補齋刻本　一冊

330000－1723－0000168　2424－2433　集部/戲劇類/傳奇之屬

笠翁十種曲　(清)李漁撰　清同治四年(1865)文郁堂刻本　十冊　存六種

330000－1723－0000170　2516－2520　集部/別集類/清別集

抱經室詩文初編八卷　(清)呂傳愷撰　清光緒三十一年(1905)永康呂氏刻本　五冊

330000－1723－0000171　2521－2525　集部/別集類/清別集

退補齋詩存十六卷文存十二卷首二卷　(清)胡鳳丹撰　(清)王柏心等删定　清同治十二年(1873)永康胡氏退補齋刻本　五冊　存十二卷(文存一至十二)

330000－1723－0000172　2526－2528　集部/別集類/清別集

退補齋詩存二編十卷文存二編五卷　(清)胡鳳丹撰　(清)林壽圖删定　清光緒七年(1881)永康胡氏退補齋刻本　三冊　存五卷(文存二編一至五)

330000－1723－0000173　2434－2451　史

部/政書類/通制之屬

資治新書十四卷二集二十卷 (清)李漁輯 清同治五年(1866)翰寶樓刻本 十八册

330000－1723－0000174 2452－2457 子部/宗教類/道教之屬

返性圖纂正六卷首一卷末一卷 清光緒二十二年(1896)浙江蘭谿自反齋刻本 六册

330000－1723－0000175 2529－2530 集部/别集類/唐五代别集

杜律正蒙二卷 (清)潘樹棠輯註 清同治八年(1869)永康尋樂軒刻本 二册

330000－1723－0000176 2458－2462 子部/宗教類/道教之屬

返性圖纂正六卷首一卷末一卷 清光緒二十二年(1896)浙江蘭谿自反齋刻本 五册 缺一卷(三)

330000－1723－0000177 2531－2532 集部/别集類/唐五代别集

杜律正蒙二卷 (清)潘樹棠輯註 清同治八年(1869)永康尋樂軒刻本 二册

330000－1723－0000178 2463 史部/傳記類/别傳之屬/事狀

漁石唐公[龍]傳一卷 (明)雷禮撰 **唐小漁[汝楫]先生傳一卷** (明)莊起元撰 (明)唐德陛等輯 明萬曆刻本 一册

330000－1723－0000180 2464 集部/别集類/宋别集

紫巖詩選三卷首一卷附錄一卷 (宋)于石撰 清光緒十五年(1889)柵川于氏留耕堂刻本 一册

330000－1723－0000182 2465－2480 類叢部/叢書類/彙編之屬

廣雅書局叢書一百五十九種 徐紹棨編 清光緒廣雅書局刻民國九年(1920)番禺徐紹棨彙編重印本 十六册 存一種

330000－1723－0000183 2739－2742 類叢部/類書類/通類之屬

事類賦三十卷 (宋)吳淑撰並注 清康熙華氏劍光閣刻本 四册

330000－1723－0000184 2481－2492 類叢部/叢書類/彙編之屬

廣雅書局叢書一百五十九種 徐紹棨編 清光緒廣雅書局刻民國九年(1920)番禺徐紹棨彙編重印本 十二册 存一種

330000－1723－0000187 2496 集部/戲劇類/傳奇之屬

桃谿雪二卷 (清)黃燮清撰 (清)李光溥評文 清光緒三十三年(1907)成都刻本 一册

330000－1723－0000188 2497－2499 集部/戲劇類/傳奇之屬

桃谿雪二卷 (清)黃燮清撰 (清)李光溥評文 清光緒元年(1875)雲鶴仙館刻本 三册

330000－1723－0000189 2540－2547 集部/别集類/宋别集

龍川文集三十卷首一卷 (宋)陳亮撰 **龍川文集辨譌考異二卷附錄二卷** (清)胡鳳丹撰 清宣統三年(1911)掃葉山房石印本 八册

330000－1723－0000190 2548－2554 集部/别集類/宋别集

龍川文集三十卷首一卷 (宋)陳亮撰 **龍川文集辨譌考異二卷附錄二卷** (清)胡鳳丹撰 清宣統三年(1911)掃葉山房石印本 七册 存三十一卷(龍川文集首、一至三十)

330000－1723－0000191 2555－2564 集部/别集類/宋别集

龍川文集三十卷補遺一卷 (宋)陳亮撰 **附錄二卷** (清)應寶時補編 **札記一卷** (明)宋廷輔撰 清同治八年(1869)永康應寶時刻本 十册

330000－1723－0000192 2565－2570 集部/别集類/宋别集

龍川文集三十卷首一卷 (宋)陳亮撰 清光緒二十七年(1901)義烏陳玉梁崇本堂刻本 六册

330000－1723－0000193 2571－2576 集部/别集類/宋别集

龍川文集三十卷首一卷 (宋)陳亮撰 清光緒二十七年(1901)義烏陳玉梁崇本堂刻本 六册

330000 - 1723 - 0000194 2577 - 2582 集部/別集類/宋別集
龍川文集三十卷首一卷 (宋)陳亮撰 清光緒二十七年(1901)義烏陳玉梁崇本堂刻本 六册

330000 - 1723 - 0000195 2500 - 2502 集部/別集類/清別集
徐烈婦詩鈔二卷 (清)吳宗愛撰 (清)楊晉藩 (清)許楣評 **同心梔子圖續編一卷** (清)應瑩撰 清光緒元年(1875)雲鶴仙館刻本 三册

330000 - 1723 - 0000197 2503 集部/別集類/清別集
徐烈婦詩鈔二卷 (清)吳宗愛撰 (清)楊晉藩 (清)許楣評 **同心梔子圖續編一卷** (清)應瑩撰 清末石印本 一册

330000 - 1723 - 0000198 2504 集部/別集類/清別集
徐烈婦詩鈔二卷 (清)吳宗愛撰 (清)楊晉藩 (清)許楣評 **同心梔子圖續編一卷** (清)應瑩撰 清光緒三十三年(1907)義烏黃卿夔成都刻本 一册

330000 - 1723 - 0000199 2590 - 2593 史部/史表類/通代之屬
四裔編年表四卷 (清)李鳳苞輯 清光緒二十三年(1897)石印本 四册

330000 - 1723 - 0000200 2505 - 2506 集部/總集類/郡邑之屬
永康十孝廉詩鈔二十卷 (清)胡鳳丹輯 清光緒十年至十一年(1884 - 1885)永康胡鳳丹退補齋刻本 二册

330000 - 1723 - 0000201 2507 史部/傳記類/別傳之屬/事狀
抱璞守貞錄四卷首一卷 (清)胡鳳丹輯 清光緒十年(1884)永康退補齋刻本 一册

330000 - 1723 - 0000205 2595 集部/別集類/清別集
凝香閣詩稿不分卷 (清)倪仁吉撰 清嘉慶二十一年(1816)仰止堂刻本 一册

330000 - 1723 - 0000207 2597 史部/傳記類/科舉録之屬/歷科鄉試録
[同治至光緒]鄉試金華府中舉人氏履歷硃卷一卷 (清)傅珍編 清刻本 一册

330000 - 1723 - 0000209 2727 - 2738 集部/總集類/選集之屬/通代
四六法海十二卷 (明)王志堅輯 明天啓七年(1627)張我城刻清乾隆二十三年(1758)王鶚槐蔭堂重修載德堂印本 十二册

330000 - 1723 - 0000213 2754 - 2757 史部/傳記類/總傳之屬/通代
帝鑑圖說不分卷後不分卷 (明)張居正等撰 清江陵鄧氏刻本 四册

330000 - 1723 - 0000215 2604 子部/雜著類/雜編之屬
勸善舉隅一卷 (清)世祖福臨輯 清光緒十九年(1893)浦江刻本 一册

330000 - 1723 - 0000217 2743 - 2753、4121 - 4130 經部/叢編
十三經注疏 (明)□□輯 明崇禎元年至十二年(1628 - 1639)毛氏汲古閣刻本 二十一册 存二種

330000 - 1723 - 0000218 2606 史部/傳記類/別傳之屬
希忠錄[鄭洽]四卷首一卷 (清)鄭棶輯 清道光二十六年(1846)義門鄭氏醉墨軒木活字印本 一册

330000 - 1723 - 0000219 2764 - 2768 經部/周禮類/傳說之屬
周禮集註七卷 (明)何喬新撰 明嘉靖七年(1528)都下褚選刻本 五册 存六卷(一至六)

330000 - 1723 - 0000221 2609 - 2610 集部/別集類/宋別集

馮秋水先生評定存雅堂遺稿十三卷 （宋）方鳳撰 （清）馮如京評 （清）張燧輯評 清同治十三年至光緒元年（1874－1875）浦江方氏刻本暨木活字印本 二冊 存七卷（七至十三）

330000－1723－0000222 2611－2630 集部/别集類/明别集

宋文憲公全集五十三卷首四卷 （明）宋濂撰 清嘉慶十五年（1810）金華府學刻本 二十冊

330000－1723－0000223 2863－2882 史部/史評類/考訂之屬

十七史商榷一百卷 （清）王鳴盛撰 清乾隆五十二年（1787）王鳴盛洞涇艸堂刻本 二十冊

330000－1723－0000224 2631－2726 集部/總集類/彙編之屬

漢魏六朝一百三家集（漢魏六朝百三名家集） （明）張溥編 明婁東張氏刻本 九十六冊

330000－1723－0000225 2883－2886 類叢部/叢書類/彙編之屬

經訓堂叢書二十一種 （清）畢沅編 清乾隆至嘉慶鎮洋畢氏刻本 四冊 存一種

330000－1723－0000226 2809－2820 集部/别集類/唐五代别集

白香山詩長慶集二十卷後集十七卷别集一卷補遺二卷 （唐）白居易撰 （清）汪立名編訂 清康熙四十一年至四十二年（1702－1703）汪立名一隅草堂刻本 十二冊

330000－1723－0000227 2887－2906 史部/金石類/總志之屬/圖像

三古圖三種 （清）黄晟輯 明萬曆二十八年至三十年（1600－1602）吳萬化刻清乾隆十七年（1752）天都黄氏亦政堂重印本 二十冊

330000－1723－0000228 2821－2828 史部/史抄類

廿一史約編八卷首一卷 （清）鄭元慶撰 清康熙三十六年（1697）鄭元慶刻本 八冊

330000－1723－0000229 2829－2850 史部/傳記類/總傳之屬/通代

尚友録二十二卷補遺一卷 （明）廖用賢輯 （清）張伯琮補輯 清康熙浙蘭林天禄齋刻本 二十二冊

330000－1723－0000230 2907－2917 集部/别集類/清别集

小倉山房文集三十一卷外集七卷 （清）袁枚撰 清乾隆刻本 十一冊 缺三卷（二十九至三十一）

330000－1723－0000231 2918－2937 集部/别集類/清别集

道古堂文集四十八卷詩集二十六卷 （清）杭世駿撰 清乾隆四十年至四十一年（1775－1776）刻本 二十冊

330000－1723－0000232 2851－2852 集部/楚辭類

楚辭燈四卷 （清）林雲銘撰 清康熙三十六年（1697）晉安林氏挹奎樓刻本 二冊

330000－1723－0000233 2853－2854 集部/楚辭類

楚辭燈四卷 （清）林雲銘撰 清康熙三十六年（1697）晉安林氏挹奎樓刻本 二冊

330000－1723－0000234 2855－2856 集部/楚辭類

楚辭燈四卷 （清）林雲銘撰 清刻本 二冊

330000－1723－0000235 2858－2861 史部/編年類/通代之屬

標題通鑑彙編八卷 （明）王世貞纂輯 （明）汪桓 （明）鍾惺重訂 **歷代總論一卷** （清）蔡方炳撰 清順治十七年（1660）刻本 四冊 缺一卷（一）

330000－1723－0000236 2938－2941 集部/總集類/選集之屬/斷代

全唐詩九百卷目録十二卷 （清）曹寅等輯 清康熙四十四年至四十六年（1705－1707）揚州詩局刻本 四冊 存三十五卷（孟郊一至十、張籍一至五、盧仝一至三、李賀一至五、劉

叉一、儲光羲一至四、王昌齡一至四、常建一、杜頠等一、陶翰一)

330000－1723－0000237　2862　集部/總集類/選集之屬/斷代
唐人萬首絕句選七卷　(清)王士禛輯　清康熙洪氏松花書屋刻同治九年(1870)修補本　一冊　存四卷(一至四)

330000－1723－0000238　3115－3122　史部/編年類/斷代之屬
御撰資治通鑑綱目三編二十卷　(清)張廷玉等撰　清乾隆刻本　八冊

330000－1723－0000239　2942－2965　集部/總集類/選集之屬/通代
御選唐宋文醇五十八卷　(清)高宗弘曆輯　清乾隆二十四年(1759)江蘇巡撫陳弘謀刻本　二十四冊

330000－1723－0000240　2966－2969　集部/總集類/選集之屬/通代
咏物詩選八卷　(清)俞琰輯　清雍正三年(1725)刻本　四冊

330000－1723－0000241　2976－2981　經部/小學類/訓詁之屬/爾雅
爾雅正義二十卷　(清)邵晉涵撰　**爾雅釋文三卷**　(唐)陸德明撰　清乾隆五十三年(1788)餘姚邵氏面水層軒刻本　六冊

330000－1723－0000242　2982－2987　類叢部/叢書類/彙編之屬
唐宋叢書九十二種　(明)鍾人傑　(明)張遂辰編　明末刻說郛及說郛續重編印本　六冊　存一種

330000－1723－0000243　3232－3238　集部/別集類/明別集
徐文長文集三十卷　(明)徐渭撰　(明)袁宏道評點　明刻本　七冊　缺四卷(一至四)

330000－1723－0000244　3239　集部/別集類/明別集
徐文長文集三十卷　(明)徐渭撰　(明)袁宏道評點　明刻本　一冊　存二卷(六至七)

330000－1723－0000245　3240－3257　子部/天文曆算類/曆法之屬
御製律曆淵源五種　(清)允祿　(清)允祉等纂修　清雍正二年(1724)內府刻本　十八冊　存一種

330000－1723－0000246　2988－2993　集部/總集類/選集之屬/斷代
宋四六選二十四卷　(清)彭元瑞　(清)曹振鏞輯　清乾隆四十一年(1776)曹振鏞翠微山麓刻本　六冊

330000－1723－0000247　2758－2763　子部/雜著類/雜說之屬
敬齋古今黈八卷　(元)李冶撰　清刻本　六冊

330000－1723－0000248　2994－2999　史部/史抄類
史記選六卷　(清)儲欣選評　清乾隆四十五年(1780)武林三餘堂刻本　六冊

330000－1723－0000249　3258－3281　子部/儒家類/儒學之屬/性理
新刻九我李太史校正性理大全七十卷　(明)胡廣等纂修　明萬曆刻本　二十四冊

330000－1723－0000250　3000－3001　史部/紀傳類/別史之屬
尚史七十二卷　(清)李鍇撰　清乾隆三十八年(1773)陶易悅道樓刻本　二冊　存五卷(一至五)

330000－1723－0000251　3002－3008　集部/別集類/清別集
漁洋山人精華錄箋注十二卷補一卷年譜一卷　(清)王士禛撰　(清)金榮箋注　(清)徐淮纂輯　清雍正刻本　七冊　存十一卷(一至十一)

330000－1723－0000252　3282－3283　子部/儒家類/儒學之屬/經濟
中說十卷　(隋)王通撰　(宋)阮逸注　清光緒十六年(1890)貴陽陳氏影宋刻本　二冊

330000－1723－0000253　3666　子部/儒家

類/儒學之屬/勸學
輶軒語七卷 (清)張之洞撰 清光緒二年(1876)永康胡氏退補齋刻本 一冊

330000－1723－0000254 3667 集部/詞類/詞話之屬
蓮子居詞話四卷 (清)吳衡照輯 清同治九年(1870)永康胡氏退補齋刻本 一冊

330000－1723－0000255 3009－3040 史部/政書類/通制之屬
通志略五十一卷 (宋)鄭樵撰 清嘉慶十一年(1806)長洲彭氏刻本 清古墨齋主人題記 三十二冊

330000－1723－0000256 3123－3175 類叢部/叢書類/彙編之屬
津逮祕書十五集一百四十種 (明)毛晉編 明崇禎虞山毛氏汲古閣刻本 五十三冊 存二十五種

330000－1723－0000257 3176－3190 類叢部/叢書類/彙編之屬
津逮祕書十五集一百四十種 (明)毛晉編 明崇禎虞山毛氏汲古閣刻本 十五冊 存八種

330000－1723－0000258 3340－3343 子部/雜著類/雜記之屬
古夫于亭雜錄六卷 (清)王士禛撰 清康熙四十九年(1710)如皋范邃刻本 四冊

330000－1723－0000259 3045－3047 類叢部/叢書類/彙編之屬
津逮祕書十五集一百四十種 (明)毛晉編 明崇禎虞山毛氏汲古閣刻廣文堂印本 三冊 存一種

330000－1723－0000260 3194－3215 類叢部/叢書類/彙編之屬
雅雨堂藏書十三種 (清)盧見曾編 清乾隆二十一年(1756)德州盧氏雅雨堂刻增修本 二十二冊 存十種

330000－1723－0000261 3048－3053 類叢部/叢書類/彙編之屬
學津討原一百七十三種 (清)張海鵬編 清嘉慶十年(1805)虞山張氏照曠閣刻本 六冊 存一種

330000－1723－0000262 3191－3193 類叢部/叢書類/彙編之屬
雅雨堂藏書十三種 (清)盧見曾編 清乾隆二十一年(1756)德州盧氏雅雨堂刻增修本 清戈襄校 三冊 存三種

330000－1723－0000263 3216－3231 經部/三禮總義類/通禮雜禮之屬
儀禮經傳通解三十七卷 (宋)朱熹撰 **儀禮經傳通解續二十九卷** (宋)黃幹 (宋)楊復撰 清康熙呂氏寶誥堂刻本 十六冊

330000－1723－0000264 3054－3063 史部/目録類/總録之屬/官修
欽定天祿琳琅書目十卷 (清)于敏中等撰 **欽定天祿琳琅書目後編二十卷** (清)彭元瑞等撰 清光緒十年(1884)長沙王氏刻本 吳源題記 十冊

330000－1723－0000266 3064－3067 史部/雜史類/斷代之屬
華陽國志十二卷 (晉)常璩撰 **補三州郡縣目錄一卷** (清)廖寅撰 清嘉慶十九年(1814)廖寅題襟館刻光緒十六年(1890)李氏悔過齋重修本 四冊

330000－1723－0000267 3288－3299 史部/地理類/方志之屬/通志
[乾隆]山西志輯要十卷首一卷 (清)雅德修 (清)汪本直纂 **清涼山志輯要二卷** (清)汪本直輯 清乾隆四十五年(1780)刻本 十二冊

330000－1723－0000273 3640 類叢部/叢書類/彙編之屬
晨風閣叢書第一集五十二種 沈宗畸等編 清光緒三十四年至宣統三年(1908－1911)國學萃編社鉛印本 一冊 存一種

330000－1723－0000274 3312－3317 集部/總集類/選集之屬/斷代

唐人賦鈔六卷　(清)邱先德輯　清道光九年(1829)六宜堂刻本　六册

330000－1723－0000276　3642　集部/總集類/選集之屬/通代
精選古文一卷　清末抄本　一册

330000－1723－0000280　3648－3649　集部/總集類/選集之屬/斷代
閩南唐賦六卷　(清)楊浚輯　**閩南唐賦考異一卷**　(清)胡鳳丹輯　清光緒二年(1876)永康胡鳳丹刻本　二册

330000－1723－0000281　3650－3653　集部/别集類/明别集
楊忠愍公集五卷首一卷末一卷　(明)楊繼盛撰　清同治十一年(1872)永康胡氏退補齋刻本　四册

330000－1723－0000282　3318　史部/編年類/斷代之屬
封川紀事録不分卷　(清)溫鳳書撰　(清)溫霖校編　清抄本　一册

330000－1723－0000283　3319－3320　子部/雜著類/雜説之屬
老學庵筆記十卷　(宋)陸游撰　清光緒三年(1877)湖北崇文書局刻崇文書局彙刻書本　香麓篴主人批並跋　二册

330000－1723－0000284　3321－3323　子部/儒家類/儒學之屬/蒙學
讀史蒙求四卷　(清)趙之燁撰　清光緒二十九年(1903)浦陽同文書屋刻本　三册

330000－1723－0000285　3589－3636　類叢部/類書類/專類之屬
子史精華一百六十卷　(清)吳士玉　(清)吳襄等輯　清刻本　吳逵卿批　四十八册

330000－1723－0000286　3327－3329　子部/雜著類/雜纂之屬
翼教叢編六卷　(清)蘇輿輯　清光緒二十四年(1898)武昌刻本　三册

330000－1723－0000287　3330－3336　經部/群經總義類/傳説之屬
新學僞經考十四卷　康有為撰　清光緒十七年(1891)廣州康氏萬木草堂刻本　清王國棟等批　七册

330000－1723－0000288　3465－3588　類叢部/類書類/通類之屬
淵鑑類函四百五十卷目録四卷　(清)張英　(清)王士禛等輯　清康熙四十九年(1710)刻本　一百二十四册　缺四十七卷(七十六至七十九、一百三十至一百三十二、一百七十至一百七十三、一百八十四至一百八十六、一百九十二至一百九十六、二百九十二至二百九十五、三百八至三百九、三百十六至三百十七、三百二十七至三百二十九、三百三十三至三百三十八、三百九十四至三百九十六、四百五至四百八、四百十七至四百二十)

330000－1723－0000290　3337－3338　史部/地理類/總志之屬/斷代
漢書地理志校本二卷　(清)汪遠孫撰　清道光二十八年(1848)錢唐汪氏刻振綺堂遺書本　清朱一新批　二册

330000－1723－0000291　3654－3658　集部/總集類/彙編之屬
六朝四家全集　(清)胡鳳丹輯　清同治九年(1870)永康胡氏退補齋刻本　五册　存四種

330000－1723－0000292　3324－3326　子部/雜著類/雜纂之屬
翼教叢編六卷　(清)蘇輿輯　清光緒二十四年(1898)武昌刻本　三册

330000－1723－0000293　3041－3044　集部/詞類/類編之屬
詞苑英華十種　(明)毛晉編　明末毛氏汲古閣刻本　四册　存三種

330000－1723－0000294　3659－3661　類叢部/叢書類/自著之屬
澹勤室全集五種　(清)傅壽彤撰　清光緒三年(1877)武昌省垣刻本　三册　存三種

330000－1723－0000295　3662－3665　集

部/總集類/彙編之屬
唐四家詩集 (清)胡鳳丹輯 清同治九年(1870)永康胡氏退補齋刻本 四册 存三種

330000－1723－0000296 3668－3671 集部/别集類/清别集
遜學齋文鈔十卷首一卷末一卷 (清)孫衣言撰 清同治十二年(1873)永康胡氏退補齋刻本 四册

330000－1723－0000297 3344 子部/雜著類/雜考之屬
困學紀聞注二十卷 (清)翁元圻撰 清抄本 一册 存一卷(十八)

330000－1723－0000298 3672 史部/史評類/史論之屬
重刊讀史論畧一卷 (清)杜詔撰 清同治五年(1866)永康胡氏退補齋刻本 一册

330000－1723－0000299 3345－3350 子部/雜著類/雜考之屬
困學紀聞二十卷 (宋)王應麟撰 (清)閻若璩箋 清乾隆三年(1738)馬氏叢書樓刻本 六册

330000－1723－0000300 3673 子部/醫家類/婦科之屬/產科
達生編三卷 (清)亟齋居士撰 清光緒二十六年(1900)義烏刻本 一册

330000－1723－0000301 3351－3358 子部/儒家類/儒學之屬/性理
御纂性理精義十二卷 (清)李光地等纂修 清康熙五十六年(1717)刻本 八册

330000－1723－0000302 3674 集部/别集類/清别集
周文忠公尺牘二卷雜文附錄一卷 (清)周天爵撰 清同治七年(1868)永康應寶時蘇松太道署刻本 一册

330000－1723－0000303 3359－3366 子部/雜著類/雜說之屬
池北偶談二十六卷 (清)王士禛撰 清康熙三十九年(1700)臨汀郡署刻本 八册

330000－1723－0000304 3367－3370 類叢部/叢書類/彙編之屬
抱經堂叢書十六種 (清)盧文弨編 清乾隆至嘉慶刻彙印本 四册 存一種

330000－1723－0000305 3371－3376 類叢部/叢書類/彙編之屬
經訓堂叢書二十一種 (清)畢沅編 清乾隆至嘉慶鎮洋畢氏刻本 六册 存一種

330000－1723－0000306 3675－3678 集部/總集類/選集之屬/斷代
國朝律賦偶箋四卷 (清)沈豐岐撰 清乾隆二十四年(1759)養素齋刻本 四册

330000－1723－0000307 3377－3378 子部/叢編
子書百家 (清)崇文書局編 清抄本 二册 存三種

330000－1723－0000308 3679－3684 集部/總集類/選集之屬/斷代
唐人應試賦選八卷 (清)劉文蔚 (清)姚亢宗箋輯 清乾隆二十五年(1760)劉文蔚探珠樓刻本 六册

330000－1723－0000309 3685－3716 集部/總集類/彙編之屬
宋詩鈔初集八十四種 (清)吕留良 (清)吳之振 (清)吳爾堯編 清康熙十年(1671)洲錢吳氏鑑古堂刻本 三十二册 存八十二種

330000－1723－0000310 3379－3402 子部/天文曆算類
兼濟堂纂刻梅勿庵先生曆算全書二十八種 (清)梅文鼎撰 (清)魏荔彤輯 (清)楊作枚訂補 清雍正元年(1723)柏鄉魏荔彤刻乾隆十四年(1749)梅汝培、咸豐九年(1859)梅體萱遞修本 二十四册

330000－1723－0000311 3717－3732 集部/總集類/選集之屬/通代
唐宋八家文讀本三十卷 (清)沈德潛輯 清乾隆十五年(1750)小鬱林刻本 十六册

330000－1723－0000312 3733－3744 集

部/總集類/選集之屬/通代

唐宋八家文讀本三十卷 (清)沈德潛輯 清乾隆十五年(1750)小欝林刻本(卷十五至十六配清抄本) 十二冊

330000－1723－0000313 3751－3774 集部/總集類/選集之屬/通代

御選唐宋詩醇四十七卷目錄二卷 (清)高宗弘曆輯 清乾隆二十五年(1760)聚秀堂刻本 二十四冊

330000－1723－0000314 3745－3750 集部/總集類/選集之屬/斷代

明詩別裁集十二卷 (清)沈德潛 (清)周準輯 清乾隆刻本 程亭題簽 六冊

330000－1723－0000315 3857－3860 集部/別集類/唐五代別集

昌黎先生詩集注十一卷年譜一卷 (唐)韓愈撰 (清)顧嗣立刪補 清康熙三十八年(1699)長洲顧嗣立秀野艸堂刻本 清胡天游、清沈復粲批 清朱鳳毛題記 四冊 缺一卷(年譜)

330000－1723－0000316 3403－3434 類叢部/類書類/專類之屬

格致鏡原一百卷 (清)陳元龍撰 清康熙五十六年(1717)陳元龍刻雍正十三年(1735)印本 三十二冊

330000－1723－0000317 3775－3780 集部/別集類/唐五代別集

唐陸宣公集二十二卷 (唐)陸贄撰 清雍正元年(1723)年羹堯刻本 何英誌題記 六冊

330000－1723－0000318 3781－3788 集部/別集類/唐五代別集

唐陸宣公翰苑集二十四卷 (唐)陸贄撰 (清)張佩芳注釋 清乾隆張氏希音堂刻本 八冊

330000－1723－0000319 3789－3815 集部/別集類/唐五代別集

杜詩詳註二十五卷首一卷附編二卷 (唐)杜甫撰 (清)仇兆鰲輯注 清康熙大文堂刻本 二十七冊 缺一卷(附編下)

330000－1723－0000320 3861－3870 集部/別集類/唐五代別集

杜工部集二十卷首一卷 (唐)杜甫撰 (明)王世貞等評 (清)盧坤輯評 清光緒二年(1876)粵東翰墨園刻六色套印本 十冊

330000－1723－0000321 3841－3842 集部/別集類/唐五代別集

溫飛卿詩集七卷別集一卷集外詩一卷附錄諸家詩評一卷 (唐)溫庭筠撰 (明)曾益注 (清)顧予咸補注 (清)顧嗣立續注 清康熙三十六年(1697)長洲顧氏秀野草堂刻本 二冊 缺一卷(諸家詩評)

330000－1723－0000322 3843－3844 集部/別集類/唐五代別集

溫飛卿詩集七卷別集一卷集外詩一卷附錄諸家詩評一卷 (唐)溫庭筠撰 (明)曾益注 (清)顧予咸補注 (清)顧嗣立續注 清康熙三十六年(1697)長洲顧氏秀野草堂刻本 二冊 缺一卷(諸家詩評)

330000－1723－0000323 3871－3878 集部/別集類/唐五代別集

杜工部集二十卷 (唐)杜甫撰 (清)錢謙益箋註 **諸家詩話一卷唱酬題詠附錄一卷杜工部集附錄一卷少陵先生年譜一卷** 清康熙六年(1667)泰興季振宜靜思堂刻本 八冊

330000－1723－0000324 3816－3840 集部/別集類/唐五代別集

杜詩詳註二十五卷首一卷附編二卷 (唐)杜甫撰 (清)仇兆鰲輯注 清康熙刻本 二十五冊 缺三卷(首、附編一至二)

330000－1723－0000325 3845－3856 集部/別集類/唐五代別集

白香山詩長慶集二十卷後集十七卷別集一卷補遺二卷 (唐)白居易撰 (清)汪立名編訂 清康熙四十一年至四十二年(1702－1703)汪立名一隅草堂刻本(卷二十三配清抄本) 十二冊

330000－1723－0000326　3879－3882　集部/別集類/宋别集

韋齋集十二卷　(宋)朱松撰　**首一卷行狀一卷**　(宋)朱熹撰　**玉瀾集一卷**　(宋)朱槔撰　清雍正六年(1728)朱玉刻本　四冊

330000－1723－0000327　3883－3890　集部/别集類/宋别集

陸象山先生文集三十六卷　(宋)陸九淵撰　**附錄少湖徐先生學則辯一卷**　(明)徐階撰　清雍正二年(1724)刻本　八冊

330000－1723－0000328　4138－4169　經部/四書類/總義之屬/傳說

四書朱子本義匯參四十三卷首四卷　(清)王步青輯　清乾隆十年(1745)敦復堂刻本　三十二冊

330000－1723－0000329　4170－4185　經部/小學類/文字之屬/說文

說文解字注十五卷附六書音均表五卷　(清)段玉裁撰　**說文部目分韻一卷**　(清)陳煥編　清乾隆至嘉慶段氏經韻樓刻本　十六冊

330000－1723－0000330　4186－4187　經部/書類/專著之屬

尚書釋天六卷　(清)盛百二撰　清乾隆三十九年(1774)任城書院刻本　二冊

330000－1723－0000331　4188－4199　經部/書類/分篇之屬

禹貢錐指二十卷圖一卷　(清)胡渭撰　清康熙漱六軒刻本　十二冊

330000－1723－0000332　3891－3902　集部/别集類/宋别集

元豐類稿五十卷　(宋)曾鞏撰　清乾隆二十八年(1763)查溪刻本　十二冊

330000－1723－0000333　4200－4222　史部/紀傳類/正史之屬

漢書一百卷　(漢)班固撰　(唐)顔師古注　明崇禎十五年(1642)毛氏汲古閣刻十七史本　清朱一新校並跋　李桑、李祖培校　二十三冊

330000－1723－0000334　3935－3966　集部/别集類/宋别集

宋黃文節公文集三十二卷外集二十四卷别集十九卷首四卷　(宋)黄庭堅撰　**黃青社先生伐檀集二卷**　(宋)黄庶撰　清乾隆三十年(1765)江右寧州緝香堂刻本　三十二冊

330000－1723－0000335　4223－4250　史部/紀傳類/正史之屬

十七史　(明)毛晉編　明崇禎元年至十七年(1628－1644)毛氏汲古閣刻本　二十八冊　存一種

330000－1723－0000336　3967－3968　集部/别集類/宋别集

黃青社先生伐檀集二卷　(宋)黄庶撰　清乾隆三十年(1765)緝香堂刻本　二冊

330000－1723－0000337　4251－4274　史部/紀傳類/正史之屬

十七史　(明)毛晉編　明崇禎元年至十七年(1628－1644)毛氏汲古閣刻本　二十四冊　存一種

330000－1723－0000338　4275－4291　史部/紀傳類/正史之屬

十七史　(明)毛晉編　明崇禎元年至十七年(1628－1644)毛氏汲古閣刻本　十七冊　存一種

330000－1723－0000339　3903－3934　集部/别集類/宋别集

歐陽文忠公全集一百五十三卷附錄五卷　(宋)歐陽修撰　清乾隆十一年(1746)歐陽安世孝思堂刻本　三十二冊

330000－1723－0000340　3969－3992　集部/别集類/清别集

帶經堂集九十二卷　(清)王士禛撰　(清)程哲校編　清康熙四十九年(1710)程哲刻乾隆十二年(1747)黄晟重修本　二十四冊

330000－1723－0000341　3993－3996　集部/别集類/清别集

夢樓詩集二十四卷　(清)王文治撰　清乾隆

六十年(1795)丹徒王氏食舊堂刻本　四冊

330000－1723－0000342　4292－4314　史部/紀傳類/正史之屬
十七史　(明)毛晉編　明崇禎元年至十七年(1628－1644)毛氏汲古閣刻本　二十三冊　存一種

330000－1723－0000343　3997－4002　集部/別集類/清別集
漁洋山人精華錄箋注十二卷補一卷年譜一卷　(清)王士禛撰　(清)金榮箋注　(清)徐淮纂輯　清康熙五十一年(1712)鳳翽堂刻本　六冊

330000－1723－0000344　4315－4328　史部/紀事本末類/斷代之屬
明鑑紀事本末(明朝紀事本末)八十卷　(清)谷應泰撰　清順治十五年(1658)刻本　十四冊

330000－1723－0000345　4329　史部/紀傳類/正史之屬
宋史四百九十六卷目錄三卷　(元)脫脫等撰　明成化七年至十六年(1471－1480)朱英刻嘉靖、萬曆南京國子監遞修本　一冊　存七卷(四百五十六至四百六十二)

330000－1723－0000346　4027－4028　集部/詩文評類/詩評之屬
唐人五言排律詩論三卷　(清)蔣鵬翮編釋　清乾隆二十二年(1757)寒三草堂刻本　二冊

330000－1723－0000347　4330－4341　史部/紀傳類/正史之屬
十七史　(明)毛晉編　明崇禎元年至十七年(1628－1644)毛氏汲古閣刻本　十二冊　存一種

330000－1723－0000348　4003－4026　集部/別集類/清別集
卷施閣詩集二十卷文甲集十卷文乙集十卷附鮚軒詩八卷　(清)洪亮吉撰　清乾隆六十年(1795)至嘉慶初貴陽節署刻本　二十四冊　存四十六卷(詩集一至二十、文甲集一至十、文乙集一至八、附鮚軒詩一至八)

330000－1723－0000349　4342－4382　史部/紀傳類/正史之屬
十七史　(明)毛晉編　明崇禎元年至十七年(1628－1644)毛氏汲古閣刻本　四十一冊　存一種

330000－1723－0000350　4383－4460　史部/編年類/通代之屬
資治通鑑綱目五十九卷　(宋)朱熹撰　(明)陳仁錫評　**資治通鑑綱目續編一卷**　(明)陳桱撰　(明)陳仁錫評　**資治通鑑綱目前編二十五卷**　(明)南軒撰　(明)陳仁錫評　**續資治通鑑綱目二十七卷**　(明)商輅等撰　(明)陳仁錫評　清康熙四十年(1701)王公行刻本　七十八冊　存五十八卷(資治通鑑綱目一至五十八)

330000－1723－0000351　4723－4754　史部/編年類/斷代之屬
兩漢紀六十卷　(宋)王銍輯　明嘉靖二十七年(1548)吳郡黄姬水刻本　三十二冊

330000－1723－0000352　4029－4050　集部/詞類/詞譜之屬
詞律二十卷　(清)萬樹撰　清康熙二十六年(1687)萬氏堆絮園刻本　二十二冊

330000－1723－0000353　4755－4778　史部/紀傳類/正史之屬
魏書一百十四卷　(北齊)魏收撰　明崇禎九年(1636)毛氏汲古閣刻十七史本　清朱一新題記並校　二十四冊

330000－1723－0000354　4779－4818　類叢部/類書類/通類之屬
藝文類聚一百卷　(唐)歐陽詢輯　明嘉靖六年至七年(1527－1528)胡纘宗、陸采刻本　四十冊

330000－1723－0000355　4051－4054　集部/別集類/清別集
鐵石亭詩鈔七卷　(清)時慶萊撰　清抄本　四冊

330000－1723－0000356　4819－4826　子部/儒家類/儒學之屬

二程先生書五十一卷　(宋)程顥　(宋)程頤撰　(明)閻禹錫　(明)譚元之彙編　明隆慶四年(1570)刻本　八冊　缺十卷(一至十)

330000－1723－0000357　4055－4066　子部/雜著類/雜纂之屬

羣書治要五十卷　(唐)魏徵等輯　清抄本　十二冊

330000－1723－0000358　4827－4829　子部/兵家類/兵法之屬

火龍經全集六種　(明)□□編　清咸豐南陽石室刻本　三冊　存三種

330000－1723－0000359　4830－4831　子部/宗教類/佛教之屬/經疏

大方廣圓覺修多羅了義經直解二卷　(唐)釋佛陀多羅譯　(明)釋德清解　明天啓二年(1622)程夢暘刻本　二冊

330000－1723－0000360　4832－4837　子部/儒家類/儒學之屬/經濟

鹽鐵論十二卷　(漢)桓寬撰　(明)鍾惺評　明末刻本　六冊

330000－1723－0000361　4838－4841　子部/儒家類/儒學之屬/經濟

鹽鐵論十卷　(漢)桓寬撰　明刻本　四冊

330000－1723－0000362　4089－4096　經部/春秋總義類/傳說之屬

春秋胡傳三十卷　(宋)胡安國撰　(宋)林堯叟音註　清乾隆五十一年(1786)金閶寶翰樓刻本　八冊

330000－1723－0000363　4081－4088　經部/春秋總義類/傳說之屬

春秋胡傳三十卷　(宋)胡安國撰　(宋)林堯叟音註　清康熙四十七年(1708)雲間華氏敬業堂刻本　八冊

330000－1723－0000364　4842－4846　子部/雜家類

呂氏春秋二十六卷　(漢)高誘注　明萬曆七年(1579)張登雲刻本　五冊

330000－1723－0000365　4097－4104　經部/春秋總義類/傳說之屬

御纂春秋直解十二卷　(清)傅恒等撰　清乾隆二十三年(1758)刻本　八冊

330000－1723－0000366　4847－4862　類叢部/類書類/通類之屬

初學記三十卷　(唐)徐堅等輯　明嘉靖十三年(1534)晉府虚益堂刻本　清嚴可均批校並跋　十六冊

330000－1723－0000367　4071－4080　經部/叢編

御纂七經五種　(清)李光地等撰　清康熙至乾隆內府刻本　十冊　存一種

330000－1723－0000368　4863－4872　集部/別集類/唐五代別集

昌黎先生集四十卷外集十卷遺文一卷　(唐)韓愈撰　(宋)廖瑩中校正　**朱子校昌黎先生集傳一卷**　(宋)朱熹撰　明東吳徐氏東雅堂刻本　十冊

330000－1723－0000369　4873－4884　集部/總集類/選集之屬/通代

東萊集註類編觀瀾文集甲集二十五卷乙集二十五卷丙集二十卷　(宋)林之奇編　(宋)呂祖謙注　清光緒方功惠刻本　吳源跋　十二冊

330000－1723－0000370　4067－4070　集部/別集類/唐五代別集

禪月集二十五卷補遺一卷　(五代)釋貫休撰　清抄本　四冊

330000－1723－0000371　4885－4888　集部/別集類/唐五代別集

李義山文集十卷　(唐)李商隱撰　(清)徐樹穀箋　(清)徐炯注　清康熙四十七年(1708)崑山徐氏花谿草堂刻本　四冊

330000－1723－0000372　4105－4120　經部/春秋總義類/傳說之屬

欽定春秋傳說彙纂三十八卷首二卷　(清)王

掞等撰　清乾隆六十年(1795)刻本　十六冊　缺十四卷(九至十、二十七至三十八)

330000－1723－0000373　4889－4892　集部/總集類/彙編之屬

唐三高僧詩集四十七卷　(明)毛晉編　明末毛氏汲古閣刻本　四冊　存二十六卷(禪月集一至二十五、補遺)

330000－1723－0000374　4893－4902　集部/别集類/明别集

王忠文公集二十五卷　(明)王禕撰　(明)劉傑編　(明)張維樞重選　(清)王廷曾續編　(清)王用諏重輯　清康熙三十年(1691)王廷曾刻本　十冊

330000－1723－0000375　4131－4137　經部/四書類/總義之屬/傳説

四書考異七十二卷　(清)翟灝撰　清乾隆三十四年(1769)瞿氏無不宜齋刻本　七冊

330000－1723－0000376　4903－4908　集部/别集類/元别集

重刻吳淵穎集十二卷　(元)吳萊撰　(明)宋濂編　(清)查遴輯　**附錄一卷**　清康熙四十九年(1710)浦江吳氏豹文堂刻雍正元年(1723)吳漣重修本　六冊

330000－1723－0000377　4909－4910　集部/别集類/宋别集

東坡先生和陶淵明詩四卷　(宋)蘇軾撰　明末毛氏汲古閣影宋抄本　二冊

330000－1723－0000378　4924－4939　集部/别集類/唐五代别集

讀書堂杜工部詩集註解二十卷文集註解二卷　(唐)杜甫撰　(清)張溍評註　**杜工部編年詩史譜目一卷**　清康熙三十七年(1698)張氏讀書堂刻本　十六冊

330000－1723－0000379　4940－4951　集部/别集類/唐五代别集

京本校正音釋唐柳先生集四十三卷别集一卷外集一卷附錄一卷　(唐)柳宗元撰　(宋)童宗説音注　(宋)張敦頤音辯　(宋)潘緯音義　明刻本　十二冊　缺一卷(附錄)

330000－1723－0000380　4464－4483　史部/地理類/方志之屬/郡縣志

咸淳臨安志一百卷　(宋)潛説友纂　**校栞咸淳臨安志札記三卷**　(清)黃士珣撰　清道光十年(1830)錢塘汪氏振綺堂刻同治三年(1864)、光緒十六年(1890)補刻本(卷六十四、九十、九十八至一百原缺)　二十冊

330000－1723－0000381　4484－4491　史部/地理類/山川之屬/水志

水道提綱二十八卷　(清)齊召南撰　清乾隆四十一年(1776)戴殿海刻本　八冊

330000－1723－0000382　4952－4968　集部/别集類/元别集

臨川吳文正公集四十九卷道學基統一卷外集三卷　(元)吳澄撰　明刻本　十七冊　缺五卷(七至十一)

330000－1723－0000383　4492－4538　史部/地理類/雜志之屬

欽定日下舊聞考一百六十卷附譯語總目一卷　(清)于敏中　(清)竇光鼐等纂修　清乾隆刻本　四十七冊

330000－1723－0000384　4969－4992　集部/别集類/唐五代别集

河東先生集四十五卷外集二卷龍城錄二卷　(唐)柳宗元撰　(唐)劉禹錫編　**河東先生集附錄二卷集傳一卷**　明嘉靖東吳郭雲鵬濟美堂刻本　吳源跋並校　二十四冊

330000－1723－0000386　938－1012　類叢部/叢書類/郡邑之屬

金華文萃(金華叢書)六十八種　(清)胡鳳丹編　清同治七年至光緒八年(1868－1882)永康胡氏退補齋刻民國補刻本　七十五冊　存二十五種

330000－1723－0000387　4548－4563　經部/四書類/總義之屬/傳説

四書集註大全四十三卷　(明)胡廣等輯　明刻本　十六冊　缺三卷(大學或問、中庸或

問、讀論語孟子法）

330000－1723－0000389　1875－1876　類叢部/叢書類/郡邑之屬
金華文萃（金華叢書）六十八種　（清）胡鳳丹編　清同治七年至光緒八年（1868－1882）永康胡氏退補齋刻民國補刻本　二册　存一種

330000－1723－0000390　1851－1852、1013－1022　類叢部/叢書類/郡邑之屬
金華文萃（金華叢書）六十八種　（清）胡鳳丹編　清同治七年至光緒八年（1868－1882）永康胡氏退補齋刻民國補刻本　十二册　存二種

330000－1723－0000392　1023－1095　類叢部/叢書類/郡邑之屬
金華叢書六十八種　（清）胡鳳丹編　清同治七年至光緒八年（1868－1882）永康胡氏退補齋刻民國補刻本　七十三册　存十三種

330000－1723－0000394　3435－3444　類叢部/類書類/專類之屬
新增説文韻府羣玉二十卷　（元）陰時夫輯　（元）陰中夫注　明聚錦堂刻本　十册

330000－1723－0000396　3445　史部/傳記類/總傳之屬/姓名
古今同姓名録二卷　（南朝梁）元帝蕭繹撰　（唐）陸善經續　（元）葉森補　清乾隆刻本　一册

330000－1723－0000398　3446－3450　史部/雜史類/斷代之屬
戰國策三十三卷　（漢）高誘注　**重刻剡川姚氏本戰國策札記三卷**　（清）黄丕烈撰　清光緒三年（1877）永康胡氏退補齋刻本　五册

330000－1723－0000399　3451－3454　史部/雜史類/斷代之屬
戰國策三十三卷　（漢）高誘注　**重刻剡川姚氏本戰國策札記三卷**　（清）黄丕烈撰　清光緒三年（1877）永康胡氏退補齋刻本　四册　存三十三卷（一至三十三）

330000－1723－0000401　3455－3459　史部/雜史類/斷代之屬
國語二十一卷　（三國吴）韋昭注　**校刊明道本韋氏解國語札記一卷**　（清）黄丕烈撰　**明道本考異四卷**　（清）汪遠孫撰　清光緒三年（1877）永康胡氏退補齋刻本　五册

330000－1723－0000402　3460－3464　史部/雜史類/斷代之屬
國語二十一卷　（三國吴）韋昭注　**校刊明道本韋氏解國語札記一卷**　（清）黄丕烈撰　**明道本考異四卷**　（清）汪遠孫撰　清光緒三年（1877）永康胡氏退補齋刻本　五册

330000－1723－0000403　4993－5312　經部/叢編
皇清經解一千四百八卷首一卷　（清）阮元輯　清道光九年（1829）廣東學海堂刻咸豐十一年（1861）補刻本　三百二十册　存一百七十三種

330000－1723－0000407　4693－4694　經部/詩類/三家詩之屬
韓詩外傳十卷序説一卷　（漢）韓嬰撰　（清）趙懷玉校　**補逸一卷**　（清）趙懷玉輯　清乾隆五十五年（1790）武進趙懷玉亦有生齋刻本　二册

330000－1723－0000408　5313－5344　經部/叢編
皇清經解續編二百九卷　王先謙輯　清光緒十五年（1889）上海蜚英館石印本　三十二册

330000－1723－0000409　5345－5403　經部/叢編
古經解彙函二百八十三卷　（清）鍾謙鈞等輯　清同治十二年（1873）粤東書局刻本　五十九册　缺七卷（大宋重修廣韻四至五、廣韻一至五）

330000－1723－0000410　4695－4698　經部/春秋左傳類/傳説之屬
春秋左傳詳節句解三十五卷　（宋）朱申撰　明萬曆十年（1582）刻本　四册

330000－1723－0000411　5404－5443　經

部/叢編

璜川吴氏經學叢書十五種 (清)吳志忠等輯 清道光十年(1830)寶仁堂刻本 四十冊 存十四種

330000－1723－0000414 5444－5802 經部/叢編

皇清經解一千四百八卷首一卷 (清)阮元輯 清道光九年(1829)廣東學海堂刻咸豐十一年(1861)補刻本 三百五十九冊 存一百七十二種

330000－1723－0000415 4669－4692 集部/別集類/明別集

宋文憲公全集五十三卷首四卷 (明)宋濂撰 清嘉慶十五年(1810)金華府學刻道光二十二年(1842)補刻本 二十四冊

330000－1723－0000416 5803－5922 經部/叢編

重刊宋本十三經注疏四百十六卷 附十三經注疏校勘記四百十六卷 (清)阮元撰 (清)盧宣旬摘錄 **校勘記識語四卷** (清)汪文臺撰 清同治十年(1871)廣東書局刻本 一百二十冊

330000－1723－0000417 4699－4722 史部/編年類/通代之屬

大事記續編七十七卷 (明)王褘撰 明刻本 二十四冊

330000－1723－0000418 5923－5924 經部/叢編

重刊宋本十三經注疏四百十六卷 附十三經注疏校勘記四百十六卷 (清)阮元撰 (清)盧宣旬摘錄 **校勘記識語四卷** (清)汪文臺撰 清光緒三年(1877)江西書局刻本 二冊 存四卷(校勘記識語一至四)

330000－1723－0000419 5925－6044 經部/叢編

重刊宋本十三經注疏四百十六卷 附十三經注疏校勘記四百十六卷 (清)阮元撰 (清)盧宣旬摘錄 **校勘記識語四卷** (清)汪文臺撰 清嘉慶二十年(1815)南昌府學刻道光六年(1826)盱江朱華臨重校印本 一百二十冊

330000－1723－0000420 6045－6204 經部/叢編

重刊宋本十三經注疏四百十六卷 附十三經注疏校勘記四百十六卷 (清)阮元撰 (清)盧宣旬摘錄 **校勘記識語四卷** (清)汪文臺撰 清嘉慶二十年(1815)南昌府學刻道光六年(1826)盱江朱華臨重校印本 一百六十冊

330000－1723－0000423 6326－6444 經部/叢編

袖珍十三經註 (清)萬青銓校 清同治十二年(1873)稽古樓刻本 一百十九冊 缺二卷(毛詩註六至七)

330000－1723－0000425 3107－3114 史部/編年類/斷代之屬

御撰資治通鑑綱目三編二十卷 (清)張廷玉等撰 清乾隆刻本 八冊

330000－1723－0000427 6467－6468 經部/叢編

皇清經解一千四百八卷首一卷 (清)阮元輯 清道光九年(1829)廣東學海堂刻咸豐十一年(1861)補刻本 二冊 存六卷(一千二十七至一千三十二)

330000－1723－0000428 6469－6471 經部/群經總義類/圖說之屬

六經圖六卷 (宋)楊甲撰 (宋)毛邦翰補 (清)王皓輯錄 清乾隆五年(1740)六安王氏向山堂刻本 三冊 存三卷(禮記制度示掌圖、春秋筆削發微圖、周禮文物大全圖)

330000－1723－0000429 6472－6475 經部/群經總義類/傳說之屬

通介堂經說十二卷 (清)徐灝撰 清咸豐四年(1854)廣東省城藝芳齋刻本 四冊 存七卷(一至七)

330000－1723－0000430 6476－6507 類叢部/叢書類/彙編之屬

經策通纂二種 吳潁炎 陳適聲等纂 清光緒十四年(1888)上海點石齋石印本 三十二

冊　存一種

330000－1723－0000431　2032　集部/別集類/清別集

遜敏齋文存二卷　(清)張經鉏撰　清光緒二十六年(1900)刻本　一冊

330000－1723－0000433　6518－6541　經部/叢編

御纂七經五種　(清)李光地等撰　清光緒十七年(1891)上海鴻寶齋石印本　二十四冊

330000－1723－0000434　6542－6565　經部/群經總義類/傳說之屬

增訂五經體註大全　(清)嚴氏家塾主人輯　清光緒五年(1879)慈水古草堂刻本　二十四冊

330000－1723－0000435　6566　類叢部/類書類/專類之屬

五經類編二十八卷　(清)周世樟撰　清刻本　一冊　存二卷(十五至十六)

330000－1723－0000436　6567－6582　類叢部/叢書類/自著之屬

春在堂全書　(清)俞樾撰　清同治至光緒刻光緒末彙印本　十六冊　存一種

330000－1723－0000437　6583－6588　經部/群經總義類/傳說之屬

愚一錄十二卷　(清)鄭獻甫撰　清光緒二年(1876)林肇元黔南道署刻本　六冊

330000－1723－0000440　6595－6600　經部/群經總義類/傳說之屬

經義述聞三十二卷　(清)王引之撰　清光緒十三年(1887)鴻寶齋石印本　六冊

330000－1723－0000441　6601－6624　經部/群經總義類/傳說之屬

經義述聞三十二卷　(清)王引之撰　清道光七年(1827)京師西江米巷壽藤書屋刻本　二十四冊

330000－1723－0000444　2054－2055　集部/別集類/清別集

虛白山房詩草六卷　(清)朱鳳毛撰　清咸豐七年(1857)朱鳳毛刻本　二冊

330000－1723－0000445　6625－6634　經部/群經總義類/文字音義之屬

經籍籑詁五卷首一卷　(清)阮元撰　清光緒九年(1883)上海點石齋石印本　十冊

330000－1723－0000446　2056　集部/別集類/清別集

虛白山房駢體文二卷　(清)朱鳳毛撰　清光緒十五年(1889)廣州刻本　一冊

330000－1723－0000447　6635－6650　經部/群經總義類/文字音義之屬

經籍籑詁一百六卷補遺一百六卷首一卷　(清)阮元撰　清光緒十四年(1888)鴻文書局石印本　十六冊

330000－1723－0000448　6651－6652　經部/群經總義類/傳說之屬

十三經策案二十二卷首一卷　(清)王謨輯　清光緒十三年(1887)上海積山書局石印本　二冊

330000－1723－0000449　6653－6664　經部/群經總義類/傳說之屬

十三經策案二十二卷首一卷　(清)王謨輯　清嘉慶十三年(1808)書業堂刻本　十二冊

330000－1723－0000450　2068　集部/別集類/清別集

一簾花影樓試律詩一卷律賦一卷　(清)朱鳳毛撰　清光緒十五年(1889)刻本　一冊

330000－1723－0000451　6666－6692　經部/群經總義類/傳說之屬

皇朝五經彙解二百七十卷　(清)朱鏡清輯　**經解入門一卷**　(清)江藩纂　清光緒十九年(1893)同文書局石印本　二十七冊　缺五十四卷(一至八、一百十一至一百三十、一百五十一至一百五十九、一百七十七至一百八十五、二百三十至二百三十七)

330000－1723－0000452　2057　集部/別集類/清別集

虚白山房駢體文二卷　(清)朱鳳毛撰　清光緒十五年(1889)廣州刻本　一冊

330000－1723－0000453　2058　集部/别集類/清别集
虚白山房駢體文二卷　(清)朱鳳毛撰　清光緒十五年(1889)廣州刻本　一冊

330000－1723－0000454　6665　經部/群經總義類/傳說之屬
皇朝五經彙解二百七十卷　(清)朱鏡清輯　清光緒十四年(1888)上海鴻文書局石印本　一冊　存六卷(二百二十二至二百二十七)

330000－1723－0000455　2059　集部/别集類/清别集
虚白山房駢體文二卷　(清)朱鳳毛撰　清光緒十五年(1889)廣州刻本　一冊

330000－1723－0000456　2060　集部/别集類/清别集
虚白山房駢體文二卷　(清)朱鳳毛撰　清光緒十五年(1889)廣州刻本　一冊

330000－1723－0000457　2061　集部/别集類/清别集
虚白山房駢體文二卷　(清)朱鳳毛撰　清光緒十五年(1889)廣州刻本　一冊

330000－1723－0000458　2062　集部/别集類/清别集
虚白山房詩集四卷　(清)朱鳳毛撰　清光緒十五年(1889)廣州刻二十六年(1900)重印本　一冊

330000－1723－0000459　6693－6717　經部/叢編
五經鴻裁　(清)薛時雨輯　**五經鴻裁續集五卷**　(清)何瑾輯　清光緒十一年(1885)刻本　二十五冊

330000－1723－0000460　2063　集部/别集類/清别集
虚白山房詩集四卷　(清)朱鳳毛撰　清光緒十五年(1889)廣州刻本　一冊

330000－1723－0000461　2064　集部/别集類/清别集
虚白山房詩集四卷　(清)朱鳳毛撰　清光緒十五年(1889)廣州刻本　一冊

330000－1723－0000462　2065　集部/别集類/清别集
虚白山房詩集四卷　(清)朱鳳毛撰　清光緒十五年(1889)廣州刻本　一冊

330000－1723－0000463　2066　集部/别集類/清别集
虚白山房詩集四卷　(清)朱鳳毛撰　清光緒十五年(1889)廣州刻本　一冊

330000－1723－0000464　2067　集部/别集類/清别集
虚白山房詩集四卷　(清)朱鳳毛撰　清光緒十五年(1889)廣州刻本　一冊

330000－1723－0000465　6718－6729　經部/群經總義類/文字音義之屬
經典釋文三十卷　(唐)陸德明撰　**經典釋文攷證三十卷**　(清)盧文弨撰　清同治八年(1869)湖北崇文書局刻本　十二冊

330000－1723－0000466　6730－6741　經部/群經總義類/文字音義之屬
經典釋文三十卷　(唐)陸德明撰　**經典釋文攷證三十卷**　(清)盧文弨撰　清同治八年(1869)湖北崇文書局刻本　十二冊

330000－1723－0000468　6743－6744　經部/易類/傳說之屬
易經體註大全合參四卷　(清)李兆賢撰　清刻本　二冊

330000－1723－0000469　6745－6746　經部/易類/傳說之屬
易經旁訓辨體合訂三卷　(清)徐立綱輯　清浙蘭裕源堂刻本　二冊

330000－1723－0000470　6747－6748　經部/易類/傳說之屬
易經旁訓辨體合訂三卷　(清)徐立綱輯　清浙蘭慎餘堂刻本　二冊

330000－1723－0000471　6749－6750　經部/易類/傳說之屬
易經旁訓辨體合訂三卷　(清)徐立綱輯　清碧梧齋刻本　二册

330000－1723－0000472　6751－6752　經部/易類/傳說之屬
易經旁訓辨體合訂三卷　(清)徐立綱輯　清文華堂刻本　清龔必林觀款　二册

330000－1723－0000473　6753－6754　經部/叢編
五經旁訓讀本　(清)徐立綱辨體　清紹城奎照樓刻本　二册　存一種

330000－1723－0000474　6755－6774　經部/易類/傳說之屬
周易指三十八卷易例一卷易圖五卷易斷辭一卷附錄一卷　(清)端木國瑚撰　清道光刻本　二十册

330000－1723－0000475　6775－6790　經部/易類/傳說之屬
周易通義十六卷　(清)邊廷英撰　清道光十六年(1836)刻本　十六册

330000－1723－0000478　6791－6794　子部/術數類/占卜之屬
新刻搜集諸家卜筮源流斷易大全四卷　(清)余興國編輯　清上海掃葉山房石印本　四册

330000－1723－0000483　6795　經部/易類/傳說之屬
周易本義四卷　(宋)朱熹撰　清宣統二年(1910)上海廣益書局石印本　一册

330000－1723－0000488　1997－2000　史部/傳記類/總傳之屬/郡邑
婺書八卷　(明)吳之器撰　清光緒二十六年(1900)刻本　四册

330000－1723－0000489　2001－2004　史部/傳記類/總傳之屬/郡邑
婺書八卷　(明)吳之器撰　清光緒二十年(1894)凝德祠木活字印本　四册

330000－1723－0000490　2005－2008　史部/傳記類/總傳之屬/郡邑
婺書八卷　(明)吳之器撰　清光緒二十年(1894)凝德祠木活字印本　四册

330000－1723－0000491　6796－6797　經部/易類/傳說之屬
周易本義四卷　(宋)朱熹撰　清永言堂刻本　二册

330000－1723－0000492　6798－6799　經部/易類/傳說之屬
周易本義四卷　(宋)朱熹撰　清刻本　二册

330000－1723－0000493　6800　經部/易類/傳說之屬
周易本義四卷　(宋)朱熹撰　清亦若軒刻本　一册　存三卷(二至四)

330000－1723－0000494　6801－6804　經部/易類/傳說之屬
周易審義四卷　(清)張惠言撰　清咸豐七年(1857)文選樓刻本　四册

330000－1723－0000495　6805－6808　經部/易類/傳說之屬
易聞十二卷首一卷　(清)歸起先注　清乾隆六十年(1795)歸朝煦玉鑰堂刻本　四册

330000－1723－0000496　6809－6810　經部/叢編
三經精華　(清)薛嘉穎輯　清光緒二年(1876)寧郡簡香齋刻本　二册　存一種

330000－1723－0000497　6811－6814、7087－7090　經部/叢編
三經精華　(清)薛嘉穎輯　清光緒十年(1884)奎照樓刻本　八册　存二種

330000－1723－0000498　2099－2107　類叢部/叢書類/自著之屬
拙盦叢稿五種　(清)朱一新撰　清光緒二十二年(1896)順德龍氏葆真堂刻本　九册　存三種

330000－1723－0000499　2108－2116　類叢

部/叢書類/自著之屬

拙盦叢稿五種　(清)朱一新撰　清光緒二十二年(1896)順德龍氏葆真堂刻本　九册　存三種

330000－1723－0000500　6815－6817　經部/叢編

四經精華　(清)魏朝俊輯　清光緒二十年(1894)學庫山房刻本　三册　存一種

330000－1723－0000501　6818　經部/易類/傳說之屬

易漢學攷二卷師承表一卷附漢置五經博士攷一卷　(清)吳翊寅撰　清光緒十九年至二十年(1893－1894)廣州刻本　一册

330000－1723－0000502　2117－2124　類叢部/叢書類/自著之屬

拙盦叢稿五種　(清)朱一新撰　清光緒二十二年(1896)順德龍氏葆真堂刻本　八册　存三種

330000－1723－0000503　2125－2140　類叢部/叢書類/自著之屬

拙盦叢稿五種　(清)朱一新撰　清光緒二十二年(1896)順德龍氏葆真堂刻本　十六册

330000－1723－0000504　6819　經部/易類/傳說之屬

周易彖傳消息升降大義述二卷周易消息升降爻例一卷　(清)吳翊寅撰　清光緒二十一年(1895)廣雅書局刻本　一册

330000－1723－0000505　6820－6825　經部/易類/傳說之屬

河上易註八卷圖說二卷　(清)黎世序撰　清道光元年(1821)謙豫齋刻本　六册

330000－1723－0000506　2141－2156　類叢部/叢書類/自著之屬

拙盦叢稿五種　(清)朱一新撰　清光緒二十二年(1896)順德龍氏葆真堂刻本　十六册

330000－1723－0000507　6826－6830　經部/易類/傳說之屬

周易本義經二卷傳十卷易圖一卷五贊一卷筮儀一卷　(宋)朱熹撰　清光緒九年至十年(1883－1884)刻本　五册

330000－1723－0000508　6831－6832　經部/易類/傳說之屬

周易本義經二卷傳十卷易圖一卷五贊一卷筮儀一卷　(宋)朱熹撰　清光緒九年至十年(1883－1884)刻本　二册

330000－1723－0000509　6834－6843、6888－6899、7031－7046、7848－7859、7177－7200　經部/叢編

御纂七經五種　(清)李光地等撰　清同治六年至九年(1867－1870)浙江書局刻本　七十四册　缺一百三十三卷(欽定儀禮義疏首一至二、一至四十八,欽定禮記義疏首、一至八十二)

330000－1723－0000510　6844－6853、6866、7021－7030、7860－7879　經部/叢編

御纂七經五種　(清)李光地等撰　清同治六年至九年(1867－1870)浙江書局刻本　四十一册　存四種

330000－1723－0000511　6833　經部/叢編

御纂七經五種　(清)李光地等撰　清同治六年至九年(1867－1870)浙江書局刻本　一册　存一種

330000－1723－0000512　6854－6865、6867－6874、7127－7146、7252－7291、7508－7546　經部/叢編

御纂七經五種　(清)李光地等撰　清刻本　一百十九册　存三種

330000－1723－0000513　2157－2172　類叢部/叢書類/自著之屬

拙盦叢稿五種　(清)朱一新撰　清光緒二十二年(1896)順德龍氏葆真堂刻本　十六册

330000－1723－0000514　2173－2188　類叢部/叢書類/自著之屬

拙盦叢稿五種　(清)朱一新撰　清光緒二十二年(1896)順德龍氏葆真堂刻本　十六册

330000－1723－0000515　2189－2204　類叢

部/叢書類/自著之屬

拙盦叢稿五種　(清)朱一新撰　清光緒二十二年(1896)順德龍氏葆真堂刻本　十六冊　缺一卷(佩弦齋試帖存)

330000－1723－0000516　2079－2083　類叢部/叢書類/自著之屬

拙盦叢稿五種　(清)朱一新撰　清光緒二十二年(1896)順德龍氏葆真堂刻本　五冊　存二種

330000－1723－0000517　2084－2088　類叢部/叢書類/自著之屬

拙盦叢稿五種　(清)朱一新撰　清光緒二十二年(1896)順德龍氏葆真堂刻本　五冊　存二種

330000－1723－0000518　2089－2093　類叢部/叢書類/自著之屬

拙盦叢稿五種　(清)朱一新撰　清光緒二十二年(1896)順德龍氏葆真堂刻本　五冊　存二種

330000－1723－0000519　2094－2098　類叢部/叢書類/自著之屬

拙盦叢稿五種　(清)朱一新撰　清光緒二十二年(1896)順德龍氏葆真堂刻本　五冊　存二種

330000－1723－0000522　45420－45431　史部/傳記類/總傳之屬/通代

增廣尚友録統編二十二卷　(清)應祖錫輯　清光緒二十八年(1902)鴻寶齋石印本　十二冊

330000－1723－0000523　45406－45407　經部/周禮類/傳說之屬

周禮讀本六卷　(清)黄叔琳撰　清宣統元年(1909)上海會文學社石印本　二冊

330000－1723－0000524　45417　經部/小學類/文字之屬/字書/字典

康熙字典十二集三十六卷總目一卷檢字一卷辨似一卷等韻一卷補遺一卷備考一卷　(清)張玉書等纂修　清光緒三十年(1904)上海錦章書局石印本　一冊　存十卷(子集上中下、丑集上中下,總目,檢字,辨似,等韻)

330000－1723－0000525　45418　子部/醫家類/本草之屬/歷代綜合本草

本草備要四卷醫方湯頭歌訣一卷　(清)汪昂撰　清宣統三年(1911)上海書局石印本　一冊　存一卷(一)

330000－1723－0000527　2205－2209　子部/雜著類/雜考之屬

無邪堂答問五卷　(清)朱一新撰　清光緒二十二年(1896)上海鴻寶齋石印本　五冊

330000－1723－0000528　6875－6887　經部/叢編

御纂七經五種　(清)李光地等撰　清刻本　十三冊　存一種

330000－1723－0000529　2210－2214　類叢部/叢書類/彙編之屬

廣雅書局叢書一百五十九種　徐紹棨編　清光緒廣雅書局刻民國九年(1920)番禺徐紹棨彙編重印本　五冊　存一種

330000－1723－0000530　6900－6903　經部/書類/傳說之屬

書古微十二卷首一卷　(清)魏源撰　清光緒四年(1878)淮南書局刻本　四冊

330000－1723－0000531　6904－6905　經部/書類/傳說之屬

尚書離句六卷　(清)錢在培輯解　清末文林堂刻本　二冊

330000－1723－0000532　6906－6907　經部/書類/傳說之屬

尚書離句六卷　(清)錢在培輯解　清光緒二十年(1894)立言堂刻本　二冊

330000－1723－0000534　33643－33654　類叢部/叢書類/彙編之屬

崇文書局彙刻書三十一種　(清)崇文書局編　清光緒元年至三年(1875－1877)湖北崇文書局刻本　十二冊　存四種

330000－1723－0000535　45348－45353　經部/周禮類/傳說之屬

周禮精華六卷　(清)陳龍標輯　清同治八年(1869)京都善成堂刻本　六册

330000－1723－0000537　2215　類叢部/叢書類/自著之屬

拙盦叢稿五種　(清)朱一新撰　清光緒二十二年(1896)順德龍氏葆真堂刻本　一册　存一種

330000－1723－0000538　45182　集部/别集類/清别集

十杉亭帖體詩鈔五卷續編二卷　(清)吳楷撰　**薇雲小舍試帖詩課二卷續編二卷**　(清)吳少杉撰　清道光三年(1823)夢花館刻本　一册　存四卷(薇雲小舍試帖詩課一至二、續編一至二)

330000－1723－0000539　45240－45244　集部/總集類/選集之屬/通代

賦學指南十六卷　(清)余丙照編輯　清末刻本　五册　存十三卷(四至十六)

330000－1723－0000540　2216－2217　類叢部/叢書類/自著之屬

拙盦叢稿五種　(清)朱一新撰　清光緒二十二年(1896)順德龍氏葆真堂刻本　二册　存二種

330000－1723－0000541　45300　類叢部/類書類/專類之屬

李氏蒙求補注六卷　(唐)李瀚撰　(清)金三俊補注　清刻本　一册　存三卷(一至三)

330000－1723－0000542　45220－45234　集部/總集類/課藝之屬

仁在堂全集十一集續刻三集　(清)路德輯　清刻本　十五册　存八集

330000－1723－0000543　45195　史部/史評類/史論之屬

洪稚存先生評史十八卷　(清)洪亮吉撰　(清)龔熙評點　清光緒三十年(1904)杭州兩浙採辦書報處石印本　一册　存八卷(一至八)

330000－1723－0000545　45248－45282　經部/小學類/文字之屬/字書/字典

康熙字典十二集三十六卷總目一卷檢字一卷辨似一卷等韻一卷補遺一卷備考一卷　(清)張玉書等纂修　清道光七年(1827)刻本　三十五册　缺七卷(丑集上、未集中、申集上,總目,檢字,辨似,等韻)

330000－1723－0000547　45363－45370　類叢部/類書類/專類之屬

子史精華一百六十卷　(清)吳士玉　(清)吳襄等輯　清光緒十三年(1887)上海積山書局石印本　八册

330000－1723－0000549　2218　類叢部/叢書類/自著之屬

拙盦叢稿五種　(清)朱一新撰　清光緒二十二年(1896)順德龍氏葆真堂刻本　一册　存一種

330000－1723－0000550　45202－45205　新學/史志/别國史

東洋史要二卷　(日本)桑元隲藏撰　樊炳清譯　清光緒二十五年(1899)東文學社石印本　四册

330000－1723－0000551　2219　類叢部/叢書類/自著之屬

拙盦叢稿五種　(清)朱一新撰　清光緒二十二年(1896)順德龍氏葆真堂刻本　一册　存一種

330000－1723－0000554　2220　類叢部/叢書類/自著之屬

拙盦叢稿五種　(清)朱一新撰　清光緒二十二年(1896)順德龍氏葆真堂刻本　一册　存一種

330000－1723－0000555　45206－45211　經部/小學類/訓詁之屬/譯語

增廣英字指南六卷　(清)楊少坪輯譯　清光緒二十五年(1899)上海商務印書館鉛印本　六册

330000－1723－0000556　45323－45326　集部/楚辭類

楚辭燈四卷楚懷襄二王在位事蹟考一卷　(清)林雲銘撰　**屈原列傳一卷**　(漢)司馬遷撰　清經國堂刻本　四冊

330000－1723－0000557　45217　經部/四書類/孟子之屬/傳說

孟子集註七卷　(宋)朱熹撰　清刻本　一冊　存二卷(四至五)

330000－1723－0000558　45191－45194　經部/四書類/論語之屬/專著

鄉黨圖考十卷　(清)江永撰　清宏道堂刻本　四冊

330000－1723－0000559　45214－45216、45218－45219　經部/四書類/總義之屬/傳說

四書集註十九卷　(宋)朱熹撰　(清)李日程輯　清康熙安溪李氏刻本　五冊　存十二卷(大學、中庸、論語六至十、孟子一至五)

330000－1723－0000560　2221　史部/傳記類/别傳之屬

祭朱一新文及輓聯集一卷　(清)朱懷新編　清光緒刻本　一冊

330000－1723－0000561　45340－45347　經部/春秋左傳類/傳說之屬

春秋左傳(春秋左傳杜林合注)五十卷　(晉)杜預　(宋)林堯叟註釋　(唐)陸德明音義　(明)鍾惺　(明)孫鑛　(明)韓范評點　清刻本　八冊　存十三卷(八至二十)

330000－1723－0000562　2222　史部/傳記類/别傳之屬

祭朱一新文及輓聯集一卷　(清)朱懷新編　清光緒刻本　一冊

330000－1723－0000563　2223　史部/傳記類/别傳之屬

祭朱一新文及輓聯集一卷　(清)朱懷新編　清光緒刻本　一冊

330000－1723－0000564　45183－45190　經部/四書類/總義之屬/傳說

四書朱子本義匯參四十三卷首四卷　(清)王步青輯　清刻本　八冊　缺十三卷(中庸三,大學一至二,論語一至二、十一至十八)

330000－1723－0000565　2224　史部/傳記類/别傳之屬

祭朱一新文及輓聯集一卷　(清)朱懷新編　清光緒刻本　一冊

330000－1723－0000566　2225　史部/傳記類/别傳之屬

祭朱一新文及輓聯集一卷　(清)朱懷新編　清光緒刻本　一冊

330000－1723－0000567　2226　史部/傳記類/别傳之屬

祭朱一新文及輓聯集一卷　(清)朱懷新編　清光緒刻本　一冊

330000－1723－0000568　45297－45299　經部/小學類/訓詁之屬/爾雅

爾雅十一卷　(晉)郭璞注　(明)金蟠訂　明永懷堂刻清印本　三冊

330000－1723－0000569　45176　子部/儒家類/儒學之屬/禮教/家訓

顔氏家訓二卷　(北齊)顔之推撰　清練江汪述古山莊刻本　一冊

330000－1723－0000570　45359－45362　經部/四書類/總義之屬/傳說

四書體註合講十九卷　(清)翁復編　清石印本　四冊　存十二卷(論語一至五、孟子一至七)

330000－1723－0000571　45354－45358、45371　經部/四書類/總義之屬/傳說

酌雅齋四書增註合講十九卷圖說一卷　(清)翁復編　清光緒十四年(1888)上海積山局石印本　六冊

330000－1723－0000572　45245－45247　子部/宗教類/佛教之屬/經

大佛頂如來密因修證了義諸菩薩萬行首楞嚴經十卷　(唐)釋般剌密帝譯　(唐)釋彌伽釋迦譯語　(唐)房融筆受　清光緒二十六年

(1900)揚州藏經院刻本　□衍題記　三冊

330000－1723－0000573　45177－45181　集部/總集類/課藝之屬
格致書院課藝□□卷　(清)王韜編　清光緒弢園石印本　五冊　存五卷(二、四、七、十、十三)

330000－1723－0000574　45372－45393　史部/地理類/總志之屬/通代
輿地沿革表四十卷　(清)楊丕復撰　清光緒十四年(1888)楊琪光刻本　二十二冊

330000－1723－0000575　45308－45322　集部/總集類/選集之屬/通代
重訂文選集評十五卷首一卷末一卷　(清)于光華輯　清末刻本　十五冊　存十六卷(一至十五、末)

330000－1723－0000576　6908－6909　經部/書類/傳說之屬
尚書離句六卷　(清)錢在培輯解　清光緒四年(1878)越城聚奎堂刻本　二冊

330000－1723－0000579　45235－45237　類叢部/叢書類/彙編之屬
國粹叢書四十九種　(明)清國學保存會編　清光緒至宣統鉛印本　三冊　存一種

330000－1723－0000582　45283－45296　經部/叢編
五經旁訓辨體合訂　(清)徐立綱輯　清乾隆五十四年(1789)懋德堂刻本　十四冊

330000－1723－0000584　32602－32621　類叢部/叢書類/自著之屬
曾文正公全集十五種　(清)曾國藩撰　清光緒二十九年(1903)鴻寶書局石印本　二十冊　存十種

330000－1723－0000585　45196　集部/曲類/寶卷之屬
太華山紫金嶺兩世修行劉香寶卷全集二卷　(清)□□撰　清刻本　一冊　存一卷(上)

330000－1723－0000587　45327、45330、45332、45337　史部/政書類/律令之屬/律例
大清律例統纂四十卷　(清)姚觀等編　清嘉慶十一年(1806)刻本　四冊　存十一卷(一至二、六至七、二十至二十二、三十一至三十四)

330000－1723－0000588　6910－6913　經部/書類/傳說之屬
龍岡山人古文尚書四種　(清)洪良品撰　清光緒十五年(1889)鉛印本　四冊　存一種

330000－1723－0000589　6914－6915　經部/書類/傳說之屬
書經旁訓辨體合訂四卷　(清)徐立綱輯　清慎言堂刻本　二冊

330000－1723－0000590　6916－6918　經部/書類/傳說之屬
書經旁訓辨體合訂四卷　(清)徐立綱輯　清浙蘭五鳳樓刻本　三冊

330000－1723－0000591　6919　經部/書類/傳說之屬
書經旁訓辨體合訂四卷　(清)徐立綱輯　清刻本　一冊　存二卷(一至二)

330000－1723－0000592　6920　經部/書類/傳說之屬
書經旁訓辨體合訂四卷　(清)徐立綱輯　清文華堂刻本　一冊　存二卷(一至二)

330000－1723－0000593　2227　史部/傳記類/别傳之屬
祭朱一新文及輓聯集一卷　(清)朱懷新編　清光緒刻本　一冊

330000－1723－0000594　2228　史部/傳記類/别傳之屬
祭朱一新文及輓聯集一卷　(清)朱懷新編　清光緒刻本　一冊

330000－1723－0000595　2229　史部/傳記類/别傳之屬
祭朱一新文及輓聯集一卷　(清)朱懷新編　清光緒刻本　一冊

330000－1723－0000596　2230　史部/傳記類/別傳之屬

祭朱一新文及輓聯集一卷　（清）朱懷新編　清光緒刻本　一冊

330000－1723－0000597　2231　史部/傳記類/別傳之屬

祭朱一新文及輓聯集一卷　（清）朱懷新編　清光緒刻本　一冊

330000－1723－0000598　2232　史部/傳記類/別傳之屬

祭朱一新文及輓聯集一卷　（清）朱懷新編　清光緒刻本　一冊

330000－1723－0000599　6921－6922　經部/書類/傳說之屬

書經旁訓辨體合訂四卷　（清）徐立綱輯　清碧梧齋刻本　二冊

330000－1723－0000600　6923－6924　經部/書類/傳說之屬

書經增訂旁訓四卷　（清）徐立綱旁訓　（清）□□增訂　清大文堂刻本　二冊

330000－1723－0000601　6925－6926　經部/書類/傳說之屬

書經增訂旁訓四卷　（清）徐立綱旁訓　（清）□□增訂　清大文堂刻本　二冊

330000－1723－0000602　6927　經部/書類/傳說之屬

書經增訂旁訓四卷　（清）徐立綱旁訓　（清）□□增訂　清刻本　一冊　存二卷（三至四）

330000－1723－0000603　6928－6931　經部/書類/傳說之屬

書經體註大全合參六卷　（宋）蔡沈集傳　（清）錢希祥輯注　清刻本　四冊

330000－1723－0000604　6932－6934　經部/書類/傳說之屬

書經精華六卷　（清）薛嘉穎撰　清咸豐十一年（1861）緯文堂刻本　三冊

330000－1723－0000605　6935－6938　經部/書類/傳說之屬

書經精華十卷首一卷　（清）薛嘉穎撰　清刻本　四冊

330000－1723－0000606　6939－6940　經部/書類/傳說之屬

尚書後案三十卷　（清）王鳴盛撰　清光緒十三年（1887）大同書局石印本　二冊

330000－1723－0000609　6945－6948　經部/書類/傳說之屬

書經集傳六卷　（宋）蔡沈撰　清光緒四年（1878）莆陽鄭氏刻本　四冊

330000－1723－0000610　2233－2237　史部/地理類/方志之屬/郡縣志

［光緒］浦江縣志十五卷首一卷附殉難錄二卷　（清）善廣修　（清）張景青纂　清光緒二十三年（1897）刻三十一年（1905）金國錫木活字增補本　五冊　存六卷（首，二至三、五至六、九）

330000－1723－0000611　2241－2244　集部/別集類/清別集

盤洲文集三卷詩集一卷　（清）周璠撰　清光緒二十七年（1901）木活字印本　四冊

330000－1723－0000612　6949－6950　經部/書類/傳說之屬

書經集傳六卷　（宋）蔡沈撰　清刻本　二冊　存四卷（三至六）

330000－1723－0000613　45329、45331、45333、45335、45338　史部/政書類/律令之屬/律例

大清律例全纂集成三十三卷首一卷　（清）王又槐　（清）孫光烈纂　清嘉慶六年（1801）刻本　五冊　存十一卷（二至五、九至十一、十九、二十一、二十九至三十）

330000－1723－0000614　6951　經部/書類/傳說之屬

書經集傳六卷　（宋）蔡沈撰　清刻本　一冊　存一卷（三）

330000－1723－0000615　8050－8089　經

部/小學類/文字之屬/字書/字典

康熙字典十二集三十六卷總目一卷檢字一卷辨似一卷等韻一卷補遺一卷備考一卷 （清）張玉書等纂修 清道光七年(1827)刻本 四十册

330000 - 1723 - 0000616 6952 - 6954 經部/書類/傳說之屬

書經集傳六卷 （宋）蔡沈撰 清刻本 三冊

330000 - 1723 - 0000617 45328 史部/政書類/律令之屬/律例

大清律例彙纂三十三卷 （清）沈書城輯 清刻本 一冊 存一卷(一)

330000 - 1723 - 0000618 6955 - 6958 經部/書類/傳說之屬

書經集傳六卷 （宋）蔡沈撰 清光緒三年(1877)永康胡氏退補齋刻本 四冊

330000 - 1723 - 0000619 45334、45336、45339 史部/政書類/律令之屬/律例

大清律例增修統纂集成四十卷督捕則例附纂二卷 （清）姚潤輯 （清）陶駿 （清）陶念霖增輯 清刻本 三冊 存八卷(二十五、二十七至二十八、三十八至四十,督捕則例附纂一至二)

330000 - 1723 - 0000620 6959 - 6962 經部/書類/傳說之屬

書經集傳六卷 （宋）蔡沈撰 清光緒三年(1877)永康胡氏退補齋刻本 四冊

330000 - 1723 - 0000621 6963 - 6989 經部/小學類

姚氏叢刻三種 （清）姚覲元輯 清光緒二年(1876)歸安姚覲元川東官舍刻本 二十七冊

330000 - 1723 - 0000622 8090 - 8129 經部/小學類/文字之屬/字書/字典

康熙字典十二集三十六卷總目一卷檢字一卷辨似一卷等韻一卷補遺一卷備考一卷 （清）張玉書等纂修 清道光七年(1827)刻本 四十冊

330000 - 1723 - 0000623 8500 經部/小學類/文字之屬/字書/訓蒙

會文學社字課圖說八卷 （清）會文學社編 清石印本 一冊 存二卷(一至二)

330000 - 1723 - 0000625 6992 - 6994、9691 - 9692、15421 - 15438、15507 - 15516、18962 - 18967、19314 - 19317、18061 類叢部/叢書類/彙編之屬

廣雅書局叢書一百五十九種 徐紹棨編 清光緒廣雅書局刻民國九年(1920)番禺徐紹棨彙編重印本 四十四冊 存十九種

330000 - 1723 - 0000626 9071 - 9079 經部/四書類/總義之屬/傳說

四書題鏡不分卷 （清）汪鯉翔撰 清刻本 九冊

330000 - 1723 - 0000627 8501 經部/小學類/文字之屬/字書

字學舉隅不分卷 （清）黃本驥 （清）龍啓瑞撰 清光緒刻本 一冊

330000 - 1723 - 0000628 8130 - 8169 經部/小學類/文字之屬/字書/字典

康熙字典十二集三十六卷總目一卷檢字一卷辨似一卷等韻一卷補遺一卷備考一卷 （清）張玉書等纂修 清道光七年(1827)刻本 四十冊

330000 - 1723 - 0000629 9080 - 9089 經部/四書類/總義之屬/傳說

四書題鏡不分卷 （清）汪鯉翔撰 清學源堂刻本 十冊

330000 - 1723 - 0000630 8170 - 8208 經部/小學類/文字之屬/字書/字典

康熙字典十二集三十六卷總目一卷檢字一卷辨似一卷等韻一卷補遺一卷備考一卷 （清）張玉書等纂修 清道光七年(1827)刻本 三十九冊 缺三卷(總目、檢字、辨似)

330000 - 1723 - 0000631 8502 - 8503 經部/小學類/文字之屬/字書/字典

字彙十二集首一卷末一卷 （明）梅膺祚撰 清刻本 二冊 存二集(丑、辰)

330000－1723－0000632　8209－8214　經部/小學類/文字之屬/字書/字典

康熙字典十二集三十六卷總目一卷檢字一卷辨似一卷等韻一卷補遺一卷備考一卷　（清）張玉書等纂修　清末上海商務印書館石印本　六冊

330000－1723－0000633　8498　經部/群經總義類/文字音義之屬

十三經集字一卷　（清）李鴻藻輯　清光緒八年（1882）刻本　一冊

330000－1723－0000634　8215－8220　經部/小學類/文字之屬/字書/字典

康熙字典十二集三十六卷總目一卷檢字一卷辨似一卷等韻一卷補遺一卷備考一卷　（清）張玉書等纂修　清末上海商務印書館石印本　六冊

330000－1723－0000635　9090－9091　類叢部/類書類/專類之屬

四書典制類聯音註三十三卷　（清）閻其淵輯　清刻本　二冊　存四卷（二十一至二十四）

330000－1723－0000636　8496－8497　經部/小學類/文字之屬/字書/訓蒙

養蒙針度五卷　（清）潘子聲撰　清刻本　二冊

330000－1723－0000638　9092－9094　類叢部/類書類/專類之屬

四書典制類聯音註三十三卷　（清）閻其淵輯　清刻本　三冊　存十卷（四至七、二十三至二十四、三十至三十三）

330000－1723－0000639　8499　經部/小學類/訓詁之屬/譯語

清文接字不分卷　（清）嵩洛峯訂　清光緒十四年（1888）京都三槐堂書坊刻本　一冊

330000－1723－0000640　9095　類叢部/類書類/專類之屬

四書典制類聯音註三十三卷　（清）閻其淵輯　清寧郡汲綆齋刻本　一冊　存二卷（二十二至二十三）

330000－1723－0000641　2033　集部/別集類/清別集

遜敏齋文存二卷　（清）張經鉏撰　清光緒二十六年（1900）刻本　一冊

330000－1723－0000642　6995－6998　經部/詩類/傳說之屬

詩經集傳八卷　（宋）朱熹撰　清刻本　四冊

330000－1723－0000643　8482－8485　子部/藝術類/書畫之屬/法帖

草字彙十二卷　（清）石梁輯　清光緒十二年（1886）上海同文書局石印本　四冊

330000－1723－0000644　6999－7002　經部/詩類/傳說之屬

詩經集傳八卷　（宋）朱熹撰　清光緒二十二年（1896）金陵書局刻本　四冊

330000－1723－0000645　9097　經部/四書類/總義之屬/傳說

裕源堂監本四書正文　清刻本　一冊　存一種

330000－1723－0000646　2038　集部/總集類/酬唱之屬

蕉嶺驪歌一卷　（清）尹沛霖等撰　**鎮平雜詩一卷**　（清）朱懷新撰　清光緒粵東省留香齋刻本　一冊

330000－1723－0000647　2039　集部/總集類/酬唱之屬

蕉嶺驪歌一卷　（清）尹沛霖等撰　**鎮平雜詩一卷**　（清）朱懷新撰　清光緒粵東省留香齋刻本　一冊

330000－1723－0000648　8486　經部/小學類/文字之屬/字書

增訂臨文便覽不分卷　（清）張啓泰輯　（清）怡雲仙館主人重訂　清光緒二年（1876）怡雲僊館刻本　一冊

330000－1723－0000649　2040　集部/總集類/酬唱之屬

蕉嶺驪歌一卷　（清）尹沛霖等撰　**鎮平雜詩一卷**　（清）朱懷新撰　清光緒粵東省留香齋

刻本　一册

330000－1723－0000650　2041　集部/總集類/酬唱之屬

蕉嶺驪歌一卷　(清)尹沛霖等撰　**鎮平雜詩一卷**　(清)朱懷新撰　清光緒粵東省留香齋刻本　一册

330000－1723－0000651　7003－7006　經部/詩類/傳說之屬

詩經集傳八卷　(宋)朱熹撰　清末刻本　四册

330000－1723－0000652　2042　集部/總集類/酬唱之屬

蕉嶺驪歌一卷　(清)尹沛霖等撰　**鎮平雜詩一卷**　(清)朱懷新撰　清光緒粵東省留香齋刻本　一册

330000－1723－0000653　9096　經部/四書類/總義之屬/傳說

監本四書正文四種　(宋)朱熹撰　清慎餘堂刻本　方自明觀款　一册　存一種

330000－1723－0000654　2043　集部/總集類/酬唱之屬

蕉嶺驪歌一卷　(清)尹沛霖等撰　**鎮平雜詩一卷**　(清)朱懷新撰　清光緒粵東省留香齋刻本　一册

330000－1723－0000655　2044　集部/總集類/酬唱之屬

蕉嶺驪歌一卷　(清)尹沛霖等撰　**鎮平雜詩一卷**　(清)朱懷新撰　清光緒粵東省留香齋刻本　一册

330000－1723－0000656　2045　集部/總集類/酬唱之屬

蕉嶺驪歌一卷　(清)尹沛霖等撰　**鎮平雜詩一卷**　(清)朱懷新撰　清光緒粵東省留香齋刻本　一册

330000－1723－0000657　2046　集部/總集類/酬唱之屬

蕉嶺驪歌一卷　(清)尹沛霖等撰　**鎮平雜詩一卷**　(清)朱懷新撰　清光緒粵東省留香齋刻本　一册

330000－1723－0000658　7007－7010　經部/詩類/傳說之屬

詩經集傳八卷　(宋)朱熹撰　清光緒三年(1877)永康胡氏退補齋刻本　四册

330000－1723－0000659　9098－9103　經部/四書類/總義之屬/傳說

蘭邑普通泰記四書正文　清蘭邑普通泰記刻本　六册

330000－1723－0000660　7011－7014　經部/詩類/傳說之屬

毛詩故訓傳鄭箋三十卷　(漢)毛亨傳　(漢)毛萇撰　(漢)鄭玄箋　清同治十一年(1872)山陽丁氏五雲堂刻本　四册

330000－1723－0000661　8487－8491　子部/藝術類/書畫之屬/法帖

草字彙十二卷　(清)石梁輯　清刻本　五册　缺二卷(一至二)

330000－1723－0000662　2047　集部/總集類/酬唱之屬

蕉嶺驪歌一卷　(清)尹沛霖等撰　**鎮平雜詩一卷**　(清)朱懷新撰　清光緒粵東省留香齋刻本　一册

330000－1723－0000663　2048　集部/總集類/酬唱之屬

蕉嶺驪歌一卷　(清)尹沛霖等撰　**鎮平雜詩一卷**　(清)朱懷新撰　清光緒粵東省留香齋刻本　一册

330000－1723－0000664　2049　集部/總集類/酬唱之屬

蕉嶺驪歌一卷　(清)尹沛霖等撰　**鎮平雜詩一卷**　(清)朱懷新撰　清光緒粵東省留香齋刻本　一册

330000－1723－0000665　2050　集部/總集類/酬唱之屬

蕉嶺驪歌一卷　(清)尹沛霖等撰　**鎮平雜詩一卷**　(清)朱懷新撰　清光緒粵東省留香齋刻本　一册

330000－1723－0000666　2051　集部/總集類/酬唱之屬

蕉嶺驪歌一卷　(清)尹沛霖等撰　**鎮平雜詩一卷**　(清)朱懷新撰　清光緒粵東省留香齋刻本　一冊

330000－1723－0000667　2052　集部/總集類/酬唱之屬

蕉嶺驪歌一卷　(清)尹沛霖等撰　**鎮平雜詩一卷**　(清)朱懷新撰　清光緒粵東省留香齋刻本　一冊

330000－1723－0000668　2053　集部/總集類/酬唱之屬

蕉嶺驪歌一卷　(清)尹沛霖等撰　**鎮平雜詩一卷**　(清)朱懷新撰　清光緒粵東省留香齋刻本　一冊

330000－1723－0000670　8492－8495　子部/藝術類/書畫之屬/法帖

草字彙十二卷　(清)石梁輯　清刻本　四冊　存八卷(三至四、七至十二)

330000－1723－0000671　9104－9107　經部/四書類/總義之屬/傳說

蘭邑普通泰記四書正文　清蘭邑普通泰記刻本　四冊　存二種

330000－1723－0000672　7019　經部/詩類/傳說之屬

詩說三卷附錄一卷　(清)惠周惕撰　清嘉慶十七年(1812)金氏蝶圃刻本　一冊

330000－1723－0000673　9108－9115　經部/四書類/總義之屬/專著

增補四書類典賦二十四卷　(清)甘紱撰　清刻本　八冊　存十七卷(二至五、十至十一、十四至二十四)

330000－1723－0000674　7020　經部/小學類/音韻之屬/韻書

詩雙聲疊韻譜一卷　(清)鄧廷楨撰　清道光十八年(1838)刻本　一冊

330000－1723－0000675　8545－8552　經部/小學類/文字之屬/字書/字典

康熙字典十二集三十六卷總目一卷檢字一卷辨似一卷等韻一卷補遺一卷備考一卷　(清)張玉書等纂修　清道光七年(1827)刻本　八冊　存八卷(丑集中、寅集中下、卯集中、辰集中、巳集中、申集中、酉集中)

330000－1723－0000678　8504－8543　經部/小學類/文字之屬/字書/字典

康熙字典十二集三十六卷總目一卷檢字一卷辨似一卷等韻一卷補遺一卷備考一卷　(清)張玉書等纂修　清道光七年(1827)刻本　四十冊

330000－1723－0000681　8544　經部/小學類/文字之屬/字書/字典

康熙字典十二集三十六卷總目一卷檢字一卷辨似一卷等韻一卷補遺一卷備考一卷　(清)張玉書等纂修　清刻本　一冊　存一卷(酉集上)

330000－1723－0000682　8553－8555　經部/小學類/文字之屬/字書/字典

康熙字典十二集三十六卷總目一卷檢字一卷辨似一卷等韻一卷補遺一卷備考一卷　(清)張玉書等纂修　清刻本　三冊　存三卷(辰集中、巳集上、午集中)

330000－1723－0000683　9124－9129　經部/四書類/總義之屬/傳說

駁呂留良四書講義八卷　(清)朱軾　(清)吳襄撰　清雍正刻本　六冊

330000－1723－0000684　9130－9132　經部/四書類/總義之屬/傳說

駁呂留良四書講義八卷　(清)朱軾　(清)吳襄撰　清雍正刻本　三冊

330000－1723－0000685　9133－9134　經部/四書類/總義之屬/傳說

四書古註羣義彙解九種　清光緒十四年(1888)上海點石齋石印本　二冊　存一種

330000－1723－0000686　7054　經部/詩類/三家詩之屬

韓詩外傳十卷　(漢)韓嬰撰　清刻本　一冊

存二卷(六至七)

330000－1723－0000687　9140　經部/四書類/論語之屬/傳說
論語戴氏注二十卷　(清)戴望撰　清同治十年(1871)刻本　一冊

330000－1723－0000689　7055　經部/詩類/傳說之屬
增補詩經衍義說約大全合解不分卷　(明)江環　(清)沈因伯輯　清刻本　一冊

330000－1723－0000690　8227－8232　經部/小學類/文字之屬/字書/字典
康熙字典十二集三十六卷總目一卷檢字一卷辨似一卷等韻一卷補遺一卷備考一卷　(清)張玉書等纂修　清末文瀾書局石印本　六冊

330000－1723－0000691　9141－9142　經部/四書類/論語之屬/傳說
論語集註十卷　(宋)朱熹撰　清刻本　二冊

330000－1723－0000692　7056－7066　經部/詩類/三家詩之屬
陳氏毛詩五種　(清)陳奐撰　清道光至咸豐吳門南園陳氏掃葉山房刻本　十一冊　缺一卷(詩毛氏傳疏二十五)

330000－1723－0000693　8556－8557　經部/小學類/文字之屬/字書/字典
康熙字典十二集三十六卷總目一卷檢字一卷辨似一卷等韻一卷補遺一卷備考一卷　(清)張玉書等纂修　清末石印本　二冊　存十卷(巳集中下、午集上中下、亥集上中下,補遺,備考)

330000－1723－0000694　9143　經部/四書類/論語之屬/傳說
論語孔註辨僞二卷　(清)沈濤撰　清道光元年(1821)刻本　清朱苗孫題記　一冊

330000－1723－0000695　7067－7069　經部/詩類/傳說之屬
詩經旁訓四卷　(清)徐立綱輯註　清末刻本　清龔必林觀款　三冊

330000－1723－0000698　8562－8567　經部/小學類/文字之屬/字書/字典
康熙字典十二集三十六卷總目一卷檢字一卷辨似一卷等韻一卷補遺一卷備考一卷　(清)張玉書等纂修　清光緒三十二年(1906)上海商務印書館石印本　六冊

330000－1723－0000699　2069　集部/別集類/清別集
一簾花影樓試律詩一卷律賦一卷　(清)朱鳳毛撰　清光緒十五年(1889)刻本　一冊

330000－1723－0000701　2070　集部/別集類/清別集
一簾花影樓試律詩一卷律賦一卷　(清)朱鳳毛撰　清光緒十五年(1889)刻本　一冊

330000－1723－0000702　2071　集部/別集類/清別集
一簾花影樓試律詩一卷律賦一卷　(清)朱鳳毛撰　清光緒十五年(1889)刻本　一冊

330000－1723－0000703　8620－8623　子部/儒家類/儒學之屬/蒙學
龍文鞭影二卷　(明)蕭良有撰　(明)楊臣諍增訂　(清)來集之音注　**龍文鞭影二集二卷**　(清)李暉吉　(清)徐瓚輯　清光緒二十五年(1899)墨潤堂石印本　四冊

330000－1723－0000704　9144　經部/四書類/論語之屬/傳說
論語事實錄一卷三毫考一卷　楊守敬撰　清光緒刻本　一冊

330000－1723－0000705　2072　集部/別集類/清別集
一簾花影樓試律詩一卷律賦一卷　(清)朱鳳毛撰　清光緒十五年(1889)刻本　一冊

330000－1723－0000706　9145－9147　經部/四書類/總義之屬/傳說
四書集註十九卷　(宋)朱熹撰　清刻本　三冊　存十卷(論語一至十)

330000－1723－0000707　9148－9149、9172－9174　經部/四書類/總義之屬/傳說

四書集註十九卷 （宋）朱熹撰 清刻本 五冊 存二卷（大學、中庸）

330000－1723－0000708 8608－8612 經部/小學類/文字之屬/說文
說文解字注十五卷附六書音均表五卷 （清）段玉裁撰 **說文部目分韻一卷** （清）陳煥編 **說文通檢十四卷首一卷末一卷** （清）黎永椿編 **說文解字注匡謬八卷** （清）徐承慶撰 清光緒十四年（1888）上海蜚英館石印本 五冊 存十一卷（一至七、十至十三）

330000－1723－0000709 9150、9180－9181 經部/四書類/總義之屬/傳說
四書集註十九卷 （宋）朱熹撰 清慎言堂刻本 三冊 存十卷（論語六至十、孟子一至五）

330000－1723－0000710 9151 經部/四書類/總義之屬/傳說
四書集註十九卷 （宋）朱熹撰 清刻本 一冊 存二卷（論語四至五）

330000－1723－0000711 9152－9153 經部/四書類/總義之屬/傳說
四書集註十九卷 （宋）朱熹撰 清慎詒堂刻本（卷六至十配清刻本） 二冊 存十卷（論語一至十）

330000－1723－0000712 2073 集部/別集類/清別集
一簾花影樓試律詩一卷律賦一卷 （清）朱鳳毛撰 清光緒十五年（1889）刻本 一冊

330000－1723－0000716 9154 經部/四書類/論語之屬/傳說
朱子論語集註訓詁攷二卷 （清）潘衍桐輯 清光緒十七年（1891）浙江書局刻本 一冊

330000－1723－0000717 8245－8261 經部/小學類/文字之屬/字書/字典
康熙字典十二集三十六卷總目一卷檢字一卷辨似一卷等韻一卷補遺一卷備考一卷 （清）張玉書等纂修 清道光七年（1827）刻本 十七冊 存十九卷（巳集上中下、午集上中下、未集上下、申集上中下、酉集上中下、戌集上中下、亥集上中）

330000－1723－0000718 9155 經部/四書類/論語之屬/傳說
朱子論語集註訓詁攷二卷 （清）潘衍桐輯 清光緒十七年（1891）浙江書局刻本 一冊

330000－1723－0000721 9156－9157 經部/四書類/孟子之屬/傳說
孟子集註七卷 （宋）朱熹撰 清刻本 二冊 存五卷（一至五）

330000－1723－0000722 9169－9171 經部/四書類/總義之屬/傳說
四書集註十九卷 （宋）朱熹撰 清刻本 吳汝俊觀款 三冊 存七卷（孟子一至七）

330000－1723－0000724 9280－9282 子部/儒家類/儒家之屬
孔氏家語十卷 （三國魏）王肅注 清末勤思堂刻本 三冊 存七卷（一至二、六至十）

330000－1723－0000726 8262－8291 經部/小學類/文字之屬/字書/字典
康熙字典十二集三十六卷總目一卷檢字一卷辨似一卷等韻一卷補遺一卷備考一卷 （清）張玉書等纂修 清道光七年（1827）刻本 三十冊 缺十卷（子集上中下、寅集上、戌集上中下、亥集上，等韻，備考）

330000－1723－0000728 8292－8325 經部/小學類/文字之屬/字書/字典
康熙字典十二集三十六卷總目一卷檢字一卷辨似一卷等韻一卷補遺一卷備考一卷 （清）張玉書等纂修 清道光七年（1827）刻本 三十四冊 缺七卷（子集下、丑集下、卯集下、巳集上、酉集下、亥集上，等韻）

330000－1723－0000729 8600－8607 經部/小學類/文字之屬/說文
說文解字注十五卷附六書音均表五卷 （清）段玉裁撰 **說文部目分韻一卷** （清）陳煥編 **說文通檢十四卷首一卷末一卷** （清）黎永椿編 **說文解字注匡謬八卷** （清）徐承慶撰

清宣統二年(1910)上海江左書林石印本　八册

330000－1723－0000731　8326　經部/小學類/文字之屬/字書/字典

康熙字典十二集三十六卷總目一卷檢字一卷辨似一卷等韻一卷補遺一卷備考一卷　(清)張玉書等纂修　清末石印本　一册　存九卷(寅集上中下、卯集上中下、辰集上中下)

330000－1723－0000734　7352－7359　經部/禮記類/傳說之屬

禮記集說十卷　(元)陳澔撰　清光緒二十一年(1895)刻本　八册　缺二卷(五、八)

330000－1723－0000735　7070　經部/詩類/傳說之屬

詩經旁訓四卷　(清)徐立綱輯註　清咸豐二年(1852)寧郡汲綆齋刻本　一册　存一卷(一)

330000－1723－0000737　8327　經部/小學類/文字之屬/字書/字典

字典考證十二集三十六卷　(清)王引之等撰　清石印本　一册

330000－1723－0000738　7071　經部/詩類/傳說之屬

詩經旁訓四卷　(清)徐立綱輯註　清末刻本　一册　存一卷(二)

330000－1723－0000739　8624－8627　經部/小學類/文字之屬/字書/訓蒙

繪圖龍文鞭影初集二卷　(明)蕭良有纂輯　(明)楊臣諍增訂　(清)來集之音註　**龍文鞭影二集二卷**　(清)李暉吉　(清)徐瓚輯　清末上洋普新石印局石印本　四册

330000－1723－0000740　7072　經部/詩類/傳說之屬

詩經旁訓四卷　(清)徐立綱輯註　清末刻本　一册　存一卷(二)

330000－1723－0000741　8630　子部/儒家類/儒學之屬/蒙學

龍文鞭影二卷二集二卷　(明)蕭有良撰　(清)李暉吉　(清)徐瓚輯　**訓蒙四字經二集讀本二卷**　清光緒十二年(1886)上洋江左書林刻本　一册　存二卷(二集上、訓蒙四字經二集讀本上)

330000－1723－0000742　8328－8330　經部/小學類/文字之屬/字書/字典

康熙字典十二集三十六卷總目一卷檢字一卷辨似一卷等韻一卷補遺一卷備考一卷　(清)張玉書等纂修　清光緒二十年(1894)上海點石齋石印本　三册　存二十一卷(子集上中下、丑集上中下、未集上中下、申集上中下、亥集上中下,總目,檢字,辨似,等韻,補遺,備考)

330000－1723－0000743　8628－8629　子部/儒家類/儒學之屬/蒙學

龍文鞭影二卷　(明)蕭良有撰　(明)楊臣諍增訂　(清)來集之音注　清愛日堂刻本　二册

330000－1723－0000745　8631　經部/小學類/文字之屬/字書/訓蒙

新鐫六言雜字一卷　清同治八年(1869)敬業堂刻本　一册

330000－1723－0000746　9175　經部/四書類/總義之屬/傳說

四書集註十九卷　(宋)朱熹撰　清慎言堂刻本　一册　存二卷(孟子四至五)

330000－1723－0000748　9176－9179　經部/四書類/總義之屬/傳說

四書集註十九卷　(宋)朱熹撰　清刻本　四册　存七卷(孟子一至七)

330000－1723－0000749　8331－8335　經部/小學類/文字之屬/字書/字體

六書通十卷　(明)閔齊伋撰　(清)畢弘述篆訂　清光緒四年(1878)繡谷留耕堂刻本　五册

330000－1723－0000750　8633　經部/小學類/文字之屬/字書/字典

廣字彙十二集　(明)梅膺祚輯　(清)陳淏子

增釋　清刻本　一冊　存一集(卯)

330000－1723－0000751　9275－7279　子部/儒家類/儒家之屬
孔氏家語十卷　(三國魏)王肅注　清光緒上海同文書局石印本　五冊

330000－1723－0000752　8634－8639　經部/小學類/文字之屬/說文
說文通訓定聲十八卷分部柬韻一卷說雅一卷古今韻準一卷　(清)朱駿聲撰　**行述一卷**　朱孔彰撰　清光緒十三年(1887)上海積山書局石印本　六冊　缺五卷(八至十二)

330000－1723－0000753　7073－7075　經部/詩類/傳說之屬
詩經增訂旁訓四卷　(清)徐立綱撰　(清)□□增訂　清厚德堂刻本　三冊

330000－1723－0000754　7076　經部/詩類/傳說之屬
詩經增訂旁訓四卷　(清)徐立綱撰　(清)□□增訂　清文星堂刻本　一冊　存一卷(一)

330000－1723－0000755　7077－7080　經部/詩類/傳說之屬
詩經旁訓四卷　(清)徐立綱輯註　清浙紹會文堂刻本　四冊

330000－1723－0000756　7081－7084　經部/詩類/傳說之屬
詩經精華十卷　(清)薛嘉穎輯　清同治元年(1862)緯文堂刻本　四冊

330000－1723－0000757　7085－7086　經部/詩類/傳說之屬
詩經精華十卷　(清)薛嘉穎輯　清光緒二年(1876)寧郡簡香齋刻本　二冊

330000－1723－0000758　9184－9185　經部/叢編
十三經古注　(明)葛鼒　(明)金蟠校　明崇禎十二年(1639)永懷堂刻清同治八年(1869)浙江書局重修本　二冊　存一種

330000－1723－0000760　7091－7095　經部/詩類/傳說之屬
詩經精華十卷　(清)薛嘉穎輯　清刻本　五冊

330000－1723－0000761　8336－8339　經部/小學類/文字之屬/字書/字體
汗簡箋正七卷書目箋正一卷　(宋)郭忠恕撰　(清)鄭珍箋正　清光緒十五年(1889)廣雅書局刻朱印本　四冊

330000－1723－0000762　9186－9195　子部/儒家類/儒學之屬/經濟
大學衍義四十三卷　(宋)真德秀撰　清同治十一年(1872)浙江書局刻本　十冊

330000－1723－0000763　7096－7099　經部/叢編
五經體註大全　(清)嚴氏家塾主人輯　清同治六年(1867)同文館刻本　四冊　存一種

330000－1723－0000764　8340－8343　經部/小學類/文字之屬/字書/字體
汗簡箋正七卷書目箋正一卷　(宋)郭忠恕撰　(清)鄭珍箋正　清光緒十五年(1889)廣雅書局刻本　四冊

330000－1723－0000765　7100－7103　經部/詩類/傳說之屬
詩經體註大全合參八卷　(清)高朝瓔定　(清)沈世楷輯　清刻本　四冊

330000－1723－0000766　7104　經部/詩類/傳說之屬
詩經體註大全合參八卷　(清)高朝瓔定　(清)沈世楷輯　清四友堂刻本　一冊　存二卷(一至二)

330000－1723－0000767　8668　經部/小學類/文字之屬/字書/訓蒙
千字文釋義一卷　(南朝梁)周興嗣編　(清)汪嘯尹輯　(清)孫謙益注　清英德堂刻本　一冊

330000－1723－0000768　8712－8715　類叢部/叢書類/彙編之屬

碧琳琅館叢書四十五種　(清)方功惠編　清光緒巴陵方氏廣東刻宣統元年(1909)印本　四冊　存一種

330000－1723－0000769　7105　經部/詩類/傳說之屬
詩經瑯環體註大全八卷　(清)沈世楷輯　清留香閣刻本　一冊　存二卷(四至五)

330000－1723－0000770　8344－8353　經部/小學類/文字之屬/字書/字體
隸篇十五卷續十五卷再續十五卷金石目一卷部目一卷字目一卷　(清)翟云升撰　清道光十七年至十八年(1837－1838)五經歲徧齋刻本　十冊

330000－1723－0000771　8669－8670　經部/小學類/訓詁之屬/爾雅
爾雅音圖三卷　(晉)郭璞註　(清)姚之麟摹圖　清光緒十年(1884)上海同文書局石印本　二冊

330000－1723－0000773　8673－8674　經部/小學類/訓詁之屬/爾雅
爾雅蒙求二卷　(清)李拔式撰　清光緒十五年(1889)深柳書屋刻本　二冊

330000－1723－0000774　8354－8355　子部/儒家類/儒學之屬/蒙學
六藝綱目二卷附發原一卷字原一卷　(元)舒天民撰　(元)舒恭注　(明)趙宜中附注　**重刊六藝綱目札記一卷**　(清)管禮耕撰　清光緒八年(1882)汪鳴鑾刻本　二冊

330000－1723－0000775　7106－7109　經部/詩類/傳說之屬
詩經旁訓辨體合訂四卷　(清)徐立綱輯　清光緒五年(1879)藉古齋刻本　四冊

330000－1723－0000777　8671　經部/小學類/訓詁之屬/爾雅
爾雅正郭三卷　(清)潘衍桐撰　清光緒十七年(1891)刻本　一冊

330000－1723－0000778　7110－7113　經部/詩類/傳說之屬
詩經旁訓辨體合訂四卷　(清)徐立綱輯　清刻本　四冊

330000－1723－0000779　8672　經部/小學類/訓詁之屬/爾雅
爾雅正郭三卷　(清)潘衍桐撰　清光緒十七年(1891)刻本　一冊

330000－1723－0000780　7114－7117　經部/詩類/傳說之屬
詩經旁訓辨體合訂四卷　(清)徐立綱輯　清三益堂刻本　四冊

330000－1723－0000781　8687－8690　經部/小學類/訓詁之屬/爾雅
爾雅三卷　(晉)郭璞注　(唐)陸德明音釋　清同治十三年(1874)湖南書局刻本　四冊

330000－1723－0000782　7118－7121　經部/詩類/傳說之屬
詩經旁訓辨體合訂四卷　(清)徐立綱輯　清末掃葉山房刻本　四冊

330000－1723－0000783　7122－7125　經部/詩類/傳說之屬
詩經旁訓辨體合訂四卷　(清)徐立綱輯　清末掃葉山房刻本　四冊

330000－1723－0000784　8700　類叢部/叢書類/彙編之屬
廣漢魏叢書八十種　(明)何允中編　清嘉慶刻本　一冊　存一種

330000－1723－0000785　7126　經部/詩類/傳說之屬
詩經旁訓辨體合訂四卷　(清)徐立綱輯　清循陔堂刻本　一冊　存二卷(三至四)

330000－1723－0000786　8356－8359　經部/小學類/文字之屬/字書/字典
復古編二卷　(宋)張有撰　**復古編校正一卷**　(清)葛鳴陽撰　**復古編附錄一卷**　(清)葛鳴陽輯　清光緒十八年(1892)香山劉氏小蘇齋刻本　四冊

330000－1723－0000787　8360－8367　經

部/小學類/文字之屬/說文/傳說

說文古本考十四卷 (清)沈濤撰 清光緒十年(1884)吳縣潘氏滂喜齋刻民國十八年(1929)潘承弼補刻本 八册

330000－1723－0000788 8640－8667 經部/小學類/文字之屬/說文

說文通訓定聲十八卷分部柬韻一卷說雅一卷古今韻準一卷 (清)朱駿聲撰 **行述一卷** 朱孔彰撰 清道光二十九年(1849)黟縣學署刻同治九年(1870)吳郡朱孔彰臨嘯閣補刻本 二十八册 缺一卷(行述)

330000－1723－0000789 9283－9284、9673－9674 子部/叢編

子書百家 (清)崇文書局編 清光緒元年(1875)湖北崇文書局刻本 四册 存二種

330000－1723－0000790 8691 經部/小學類/訓詁之屬/爾雅

爾雅三卷 (晉)郭璞注 清光緒八年(1882)巴陵方功惠碧琳琅館刻本 一册

330000－1723－0000791 9201－9204 子部/雜著類/雜纂之屬

經餘必讀續編八卷 (清)雷琳 (清)錢樹棠 (清)錢樹立輯 清刻本 四册

330000－1723－0000792 8675－8676 經部/小學類/訓詁之屬/爾雅

爾雅直音二卷 (清)孫偘輯 清光緒十七年(1891)常郡千秋坊宛委山莊刻本 二册

330000－1723－0000793 9205－9208 子部/雜著類/雜纂之屬

經餘必讀八卷二編八卷 (清)雷琳 (清)錢樹棠 (清)錢樹立輯 **經餘必讀三編四卷** (清)趙在翰輯 清光緒二年(1876)退補齋刻本 四册 存八卷(經餘必讀一至八)

330000－1723－0000794 8677－8680 經部/小學類/訓詁之屬/爾雅

爾雅註疏十一卷 (晉)郭璞註 (宋)邢昺疏 清光緒十五年(1889)文奎堂刻本 四册

330000－1723－0000795 8681－8683 經部/小學類/訓詁之屬/爾雅

爾雅三卷 (晉)郭璞注 (唐)陸德明音釋 清光緒三年(1877)永康胡氏退補齋刻本 三册

330000－1723－0000796 8684－8686 經部/小學類/訓詁之屬/爾雅

爾雅三卷 (晉)郭璞注 (唐)陸德明音釋 清光緒三年(1877)永康胡氏退補齋刻本 三册

330000－1723－0000798 8692－8699 類叢部/叢書類/自著之屬

郝氏遺書三十三種 (清)郝懿行撰 清嘉慶至光緒刻彙印本 八册 存一種

330000－1723－0000799 8368－8375 經部/小學類/文字之屬/說文/傳說

繫傳四十卷 (五代)徐鍇撰 (五代)朱翺反切 **說文解字繫傳校勘記三卷** (清)苗夔等撰 清道光十九年(1839)壽陽祁寯藻刻本 八册

330000－1723－0000800 7147－7152 經部/周禮類/傳說之屬

周禮十二卷 (漢)鄭玄注 (唐)陸德明音義 清光緒三年(1877)永康胡氏退補齋刻本 六册

330000－1723－0000801 9211－9222 子部/叢編

諸子平議三十五卷 (清)俞樾撰 清同治刻本 十二册

330000－1723－0000802 7159－7164 經部/周禮類/傳說之屬

周禮十二卷 (漢)鄭玄注 (唐)陸德明音義 清光緒三年(1877)永康胡氏退補齋刻本 六册

330000－1723－0000803 7165－7170 經部/周禮類/傳說之屬

周禮十二卷 (漢)鄭玄注 (唐)陸德明音義 清光緒三年(1877)永康胡氏退補齋刻本 六册

330000－1723－0000805　8376－8377　類叢部/叢書類/自著之屬

古桐書屋六種　(清)劉熙載撰　清同治至光緒刻本　二册　存二種

330000－1723－0000806　7153　經部/周禮類/傳說之屬

周禮十二卷　(漢)鄭玄注　(唐)陸德明音義　清光緒三年(1877)永康胡氏退補齋刻本　一册　存二卷(一至二)

330000－1723－0000807　7171－7176、7302－7307、7491－7500、7943－7958　經部/叢編

十三經讀本一百二十九卷附校刊記十四卷　(清)丁寶楨等校並撰　清同治十一年(1872)山東書局刻本　三十八册　存四種

330000－1723－0000809　9254　子部/雜著類/雜纂之屬

經餘必讀八卷二編八卷　(清)雷琳　(清)錢樹棠　(清)錢樹立輯　**經餘必讀三編四卷**　(清)趙在翰輯　清刻本　一册　存二卷(經餘必讀一至二)

330000－1723－0000811　18060　史部/地理類/總志之屬

歷代輿地沿革險要圖一卷　楊守敬　饒敦秩撰　清光緒五年(1879)東湖饒氏刻朱墨套印本　一册

330000－1723－0000812　9255－9264　子部/雜著類/雜纂之屬

經餘必讀八卷二編八卷　(清)雷琳　(清)錢樹棠　(清)錢樹立輯　**經餘必讀三編四卷**　(清)趙在翰輯　清光緒二年(1876)退補齋刻本　十册

330000－1723－0000813　9265－9274　子部/雜著類/雜纂之屬

經餘必讀八卷二編八卷　(清)雷琳　(清)錢樹棠　(清)錢樹立輯　**經餘必讀三編四卷**　(清)趙在翰輯　清光緒二年(1876)退補齋刻本　十册

330000－1723－0000814　7154－7158、7235　經部/叢編

十三經讀本一百二十九卷附校刊記十四卷　(清)丁寶楨等校並撰　清同治十一年(1872)山東書局刻本　六册　存二種

330000－1723－0000815　8378　經部/小學類/文字之屬/說文/專著

唐寫本說文解字木部箋異一卷　(清)莫友芝撰　**仿唐寫本說文解字木部一卷**　(漢)許慎撰　清同治三年(1864)湘鄉曾國藩安慶行營刻本　一册

330000－1723－0000816　8716－8717　類叢部/叢書類/郡邑之屬

畿輔叢書一百二十六種　(清)王灝編　清光緒五年至十八年(1879－1892)定州王氏謙德堂刻三十二年(1906)彙印本　二册　存一種

330000－1723－0000818　8379－8394　經部/小學類/文字之屬/說文

說文解字注十五卷附六書音均表五卷　(清)段玉裁撰　**說文部目分韻一卷**　(清)陳煥編　清光緒三年(1877)成都尊經書院刻本　十六册

330000－1723－0000819　8721　類叢部/叢書類/自著之屬

張師筠著述三種　(清)張燮承撰　清咸豐九年至同治十年(1859－1871)刻本　一册　存一種

330000－1723－0000820　9286－9288　子部/儒家類/儒學之屬

二程全書(河南程氏全書)七種　(宋)程顥　(宋)程頤撰　清刻本　三册　存二種

330000－1723－0000821　8395－8426　經部/小學類/文字之屬/說文

說文解字義證五十卷　(清)桂馥撰　清同治九年(1870)湖北崇文書局刻本　三十二册

330000－1723－0000822　8726　經部/小學類/音韻之屬/韻書

詩韻合璧五卷　(清)湯祥瑟輯　清末刻本　一册　存一卷(二)

330000－1723－0000823　8727－8728　經部/小學類/音韻之屬/韻書
詩韻合璧五卷　(清)湯祥瑟輯　**虚字韻藪五卷三場程式一卷**　(清)潘維城輯　清同治九年(1870)西泠還讀書齋刻本　二冊

330000－1723－0000826　9295－9296、9355－9360　子部/叢編
二十二子(二十二子彙函)　(清)浙江書局編　清光緒元年至三年(1875－1877)浙江書局刻本　八冊　存二種

330000－1723－0000827　9297－9298、9361－9364　子部/叢編
二十二子(二十二子彙函)　(清)浙江書局編　清光緒元年至三年(1875－1877)浙江書局刻本　金了了題記　六冊　存二種

330000－1723－0000828　8427－8440　經部/小學類/文字之屬/說文/傳說
說文解字句讀三十卷　(清)王筠撰　清光緒八年(1882)四川尊經書局刻本　十四冊

330000－1723－0000829　7201－7202　經部/周禮類/傳說之屬
周禮節訓六卷　(清)黄叔琳輯　(清)姚培謙重訂　清光緒二十五年(1899)舊學山房刻本　二冊

330000－1723－0000831　8722－8725　經部/小學類/音韻之屬/古今韻說
古韻通說二十卷附通說一卷畧例一卷　(清)龍啓瑞撰　清同治六年(1867)粵東省城富文齋刻本　四冊

330000－1723－0000833　8705　類叢部/叢書類/彙編之屬
思賢書局刊書十九種　(清)思賢書局編　清光緒至宣統思賢書局刻本　一冊　存一種

330000－1723－0000834　8706－8711　經部/小學類/訓詁之屬/方言
輶軒使者絕代語釋別國方言箋疏十三卷　(漢)揚雄撰　(清)錢繹箋疏　清光緒十六年(1890)王文韶紅蝠山房刻本　六冊

330000－1723－0000835　7203－7208　經部/周禮類/傳說之屬
周官精義十二卷　(清)連斗山輯　清嘉慶十年(1805)刻本　六冊

330000－1723－0000836　7209　經部/周禮類/傳說之屬
周禮三家佚注一卷　(清)孫詒讓撰　清光緒二十年(1894)瑞安孫氏刻本　吳癯廎題記　一冊

330000－1723－0000837　8449－8451　類叢部/叢書類/自著之屬
邃雅堂全集九種　(清)姚文田撰　清嘉慶至光緒歸安姚氏刻本　三冊　存一種

330000－1723－0000838　7210－7213　經部/周禮類/傳說之屬
周禮節釋十二卷　(清)鮑梁撰　清愛日堂刻本　四冊

330000－1723－0000839　8452－8459　經部/小學類/音韻之屬/古今韻說
漢學諧聲二十四卷說文補考一卷說文又考一卷　(清)戚學標撰　清嘉慶九年(1804)涉縣官署刻本　八冊

330000－1723－0000840　7214－7216　經部/周禮類/傳說之屬
周禮精華六卷　(清)陳龍標輯　清嘉慶二十三年(1818)刻本　三冊

330000－1723－0000841　7217－7222　經部/周禮類/傳說之屬
周禮精華六卷　(清)陳龍標輯　清嘉慶十六年(1811)緯文堂刻本　六冊

330000－1723－0000842　7223－7228　經部/周禮類/傳說之屬
周禮精華六卷　(清)陳龍標輯　清嘉慶二十三年(1818)刻本　六冊

330000－1723－0000843　7229－7234　經部/周禮類/傳說之屬
周禮精華六卷　(清)陳龍標輯　清刻本　六冊

330000－1723－0000844　7236－7239　經部/儀禮類/傳說之屬

儀禮十七卷　（漢）鄭玄注　（唐）陸德明音義　清光緒三年（1877）永康胡氏退補齋刻本　四冊

330000－1723－0000845　7240－7243　經部/儀禮類/傳說之屬

儀禮十七卷　（漢）鄭玄注　（唐）陸德明音義　清光緒三年（1877）永康胡氏退補齋刻本　四冊

330000－1723－0000847　7244　經部/叢編

重刊宋本十三經注疏四百十六卷　附十三經注疏校勘記四百十六卷　（清）阮元撰　（清）盧宣旬摘錄　**校勘記識語四卷**　（清）汪文臺撰　清嘉慶二十年（1815）南昌府學刻本　一冊　存一種

330000－1723－0000848　8441－8448、8460－8467　經部/小學類/文字之屬/說文/傳說

說文解字句讀三十卷　（清）王筠撰　清道光三十年（1850）王筠刻咸豐九年（1859）王彥侗增刻同治四年（1865）印本　十六冊

330000－1723－0000850　7245－7248、9768－9769、15479－15482　類叢部/叢書類/彙編之屬

崇文書局彙刻書三十一種　（清）崇文書局編　清光緒元年至三年（1875－1877）湖北崇文書局刻本　十冊　存三種

330000－1723－0000851　8468－8477　經部/小學類/文字之屬/說文

王氏說文三種　（清）王筠撰　清道光至咸豐刻同治四年（1865）彙印本　十冊　存一種

330000－1723－0000852　7249－7251　經部/儀禮類/圖說之屬

儀禮圖六卷　（清）張惠言撰　清同治九年（1870）崇文書局刻本　三冊

330000－1723－0000854　7292－7295　經部/禮記類/傳說之屬

禮經箋十七卷　王闓運撰　清光緒十一年（1885）成都尊經書局刻本　四冊

330000－1723－0000855　7296－7297、7716　經部/三禮總義類/名物制度之屬

古經服緯三卷　（清）雷鐏撰　（清）雷學淇釋　**釋問一卷**　（清）雷學淇撰　清道光九年（1829）刻本　三冊

330000－1723－0000856　8478－8481　經部/小學類/文字之屬/說文/傳說

說文繫傳校錄三十卷　（清）王筠撰　清咸豐七年（1857）王彥侗刻本　四冊

330000－1723－0000857　7298－7299　類叢部/叢書類/自著之屬

朱氏羣書六種　（清）朱駿聲撰　清光緒八年（1882）臨嘯閣刻本　二冊　存二種

330000－1723－0000858　7300－7301　類叢部/叢書類/郡邑之屬

學海堂叢刻十三種　（清）□□編　清光緒三十二年（1906）刻本　二冊　存一種

330000－1723－0000859　7308－7327　經部/儀禮類/傳說之屬

儀禮正義四十卷　（清）胡培翬撰　（清）楊大堉補　清咸豐二年（1852）沔陽陸建瀛蘇州刻同治七年（1868）陸光祖補刻本　二十冊

330000－1723－0000860　9299－9302　子部/儒家類/儒學之屬/經濟

揚子法言十三卷附音義一卷　（漢）揚雄撰　（晉）李軌注　清嘉慶二十三年（1818）秦氏石研齋影宋刻本　四冊

330000－1723－0000861　7328－7351　經部/儀禮類/傳說之屬

儀禮正義四十卷　（清）胡培翬撰　（清）楊大堉補　清咸豐二年（1852）沔陽陸建瀛蘇州刻同治七年（1868）陸光祖補刻本　二十四冊

330000－1723－0000863　7360　經部/禮記類/傳說之屬

禮記集說十卷　（元）陳澔撰　清刻本　一冊　存一卷（九）

330000－1723－0000864　9303－9306　類叢部/叢書類/彙編之屬

玉海堂景宋元本叢書二十種别行二種　劉世珩編　清光緒至民國貴池劉氏玉海堂影刻本　四册　存一種

330000－1723－0000865　8762－8767　經部/小學類/音韻之屬/韻書

增廣詩韻大全五卷　(清)湯祥瑟輯　(清)華錕重編　**初學檢韻袖珍一卷**　(清)姚文登撰　清光緒二十一年(1895)煥文書局石印本　六册

330000－1723－0000866　8744－8749　經部/小學類/音韻之屬/韻書

增廣詩韻全璧五卷　(清)湯祥瑟編　**初學檢韻袖珍一卷**　(清)姚文登撰　**虚字韻藪一卷**　(清)潘維城輯　清光緒十七年(1891)四明暢懷書屋石印上海錦章書局印本　六册

330000－1723－0000867　8778－8779　經部/小學類/音韻之屬/韻書

詩韻合璧五卷　(清)湯祥瑟輯　清末鉛印本　二册　存二卷(二至三)

330000－1723－0000868　8780－8781　經部/小學類/音韻之屬/韻書

增註字類標韻六卷　(清)華綱撰　(清)范多玨重訂　清光緒九年(1883)浙甌文奎堂刻本　二册

330000－1723－0000869　9307　子部/儒家類/儒學之屬/性理

讀近思録一卷　(清)汪紱撰　清光緒十年(1884)紫陽書院刻本　一册

330000－1723－0000870　8782－8783　類叢部/類書類/專類之屬

韻府約編二十四卷　(清)鄧愷輯　清刻本　二册　存二卷(五至六)

330000－1723－0000871　9308　子部/儒家類/儒學之屬/性理

近思録十四卷　(宋)朱熹　(宋)吕祖謙撰　清刻本　一册　存五卷(一至五)

330000－1723－0000872　9309－9312　子部/儒家類/儒學之屬/性理

近思録集注十四卷　(清)江永撰　清光緒二十五年(1899)浙江官書局刻本　四册

330000－1723－0000873　8773－8777　經部/小學類/音韻之屬/韻書

詩韻合璧五卷　(清)湯祥瑟輯　**虚字韻藪一卷**　(清)潘維城輯　清光緒四年(1878)上海淞隱閣鉛印本　五册

330000－1723－0000874　9313－9315　子部/儒家類/儒學之屬/性理

朱子原訂近思録集注十四卷　(清)江永撰　清光緒二十五年(1899)浙江官書局刻本　三册　存八卷(一至八)

330000－1723－0000875　8768－8772　經部/小學類/音韻之屬/韻書

校補詩韻合璧五卷　(清)湯祥瑟輯　**虚字韻藪一卷**　(清)潘維城輯　清光緒四年(1878)上海淞隱閣鉛印七年(1881)增補印本　五册

330000－1723－0000876　9316－9321　子部/儒家類/儒學之屬/性理

朱子原訂近思録集注十四卷附考訂朱子世家一卷　(清)江永撰　清同治四年至五年(1865－1866)吳棠望三益齋刻本　六册　缺一卷(考訂朱子世家)

330000－1723－0000877　7361－7369、7417　經部/禮記類/傳説之屬

禮記集説十卷　(元)陳澔撰　清杭城文光堂刻本　十册

330000－1723－0000878　7370－7375　經部/禮記類/傳説之屬

禮記箋四十六卷　王闓運撰　清光緒十一年(1885)成都尊經書局刻本　六册

330000－1723－0000879　7376－7380　經部/禮記類/傳説之屬

禮記節本十卷　(清)汪基撰　清宣統元年(1909)上海會文學社石印本　五册　缺二卷(四至五)

330000－1723－0000881　7382－7386　經部/禮記類/傳說之屬
禮記集說十卷　(元)陳澔撰　清末掃葉山房影印本　五册　存五卷(六至十)

330000－1723－0000882　9322－9327　子部/儒家類/儒學之屬/性理
朱子原訂近思錄集注十四卷附考訂朱子世家一卷　(清)江永撰　**近思錄集注卷首校勘記一卷**　(清)王炳撰　清光緒十八年(1892)江西兩儀堂刻本　六册

330000－1723－0000883　7387　經部/禮記類/傳說之屬
禮記增訂旁訓六卷　(清)徐立綱撰　清刻本　一册　存一卷(六)

330000－1723－0000884　7388－7393　經部/禮記類/傳說之屬
禮記增訂旁訓六卷　(清)徐立綱撰　清厚德堂刻本　六册

330000－1723－0000885　9328－9331　子部/儒家類/儒學之屬/性理
近思錄集注十四卷考訂朱子世家一卷　(清)江永撰　清光緒十五年(1889)金陵書局刻本　四册

330000－1723－0000886　7394－7399　經部/禮記類/傳說之屬
禮記增訂旁訓六卷　(清)徐立綱撰　清墨潤堂刻本　六册

330000－1723－0000887　9332　子部/儒家類/儒學之屬/性理
證學編不分卷　(清)彭希洛撰　清光緒八年(1882)刻本　一册

330000－1723－0000888　7400－7405　經部/禮記類/傳說之屬
禮記增訂旁訓六卷　(清)徐立綱撰　清墨潤堂刻本　六册

330000－1723－0000889　7406－7411　經部/禮記類/傳說之屬
禮記增訂旁訓六卷　(清)徐立綱撰　清羣玉山房刻本　六册

330000－1723－0000890　9333－9334　子部/儒家類/儒學之屬/俗訓
人譜一卷人譜類記二卷　(明)劉宗周撰　清光緒元年(1875)刻本　二册

330000－1723－0000891　7412－7416　經部/禮記類/傳說之屬
禮記增訂旁訓六卷　(清)徐立綱撰　清浙蘭慎言堂刻本(卷三配清文奎堂刻本)　五册　缺一卷(五)

330000－1723－0000892　7418－7427　經部/禮記類/傳說之屬
禮記集說十卷　(元)陳澔撰　清光緒三年(1877)永康胡氏退補齋刻本　十册

330000－1723－0000893　9335－9337　集部/別集類/清別集
養一齋劄記九卷　(清)潘德輿撰　清同治十一年(1872)山陽潘氏刻本　三册

330000－1723－0000894　7428－7437　經部/禮記類/傳說之屬
禮記集說十卷　(元)陳澔撰　清光緒三年(1877)永康胡氏退補齋刻本　十册

330000－1723－0000895　8784－8785　經部/小學類/音韻之屬/韻書
廣韻五卷　(宋)陳彭年等重修　清石印本　二册　存二卷(二、五)

330000－1723－0000896　8786－8789　經部/小學類/音韻之屬/韻書
初學檢韻袖珍十二卷附檢字一卷佩文詩韻一卷　(清)姚文登輯　清道光二十八年(1848)文富堂刻本　四册

330000－1723－0000897　9612－9623　子部/雜著類/雜考之屬
困學紀聞注二十卷　(清)翁元圻撰　清道光五年(1825)餘姚翁氏守福堂刻本　十二册

330000－1723－0000898　8792－8794　經部/小學類/音韻之屬/韻書

詩韻集成十卷　(清)余照輯　清刻本　三册　缺二卷(一至二)

330000－1723－0000899　8790　經部/小學類/音韻之屬/韻書

詩韻集成十卷　(清)余照輯　清文奎堂刻本　一册　存六卷(五至十)

330000－1723－0000900　8791　經部/小學類/音韻之屬/韻書

詩韻集成十卷　(清)余照輯　清刻本　一册　存六卷(五至十)

330000－1723－0000901　8795　類叢部/類書類/專類之屬

詩學含英十四卷　(清)劉文蔚輯　清刻本　一册　缺八卷(一至八)

330000－1723－0000902　9624－9635　子部/雜著類/雜考之屬

困學紀聞注二十卷　(清)翁元圻撰　清道光五年(1825)餘姚翁氏守福堂刻本　十二册

330000－1723－0000903　8796－8797　類叢部/類書類/專類之屬

詩學含英十四卷　(清)劉文蔚輯　清光緒八年(1882)於越徐氏八衫齋刻本　二册　存七卷(一至四、十二至十四)

330000－1723－0000904　8798－8805　類叢部/類書類/專類之屬

詩韻類錦十一卷　(清)郭化霖編　清道光二十七年(1847)刻本　八册

330000－1723－0000906　9339－9342　子部/儒家類/儒學之屬/蒙學

課子隨筆節鈔六卷　(清)張師載輯　(清)徐桐節鈔　**課子隨筆續編一卷**　(清)徐桐輯　清同治十二年(1873)刻本　四册

330000－1723－0000907　8806　經部/四書類/總義之屬/傳説

四書集註十九卷　(宋)朱熹撰　清光緒三年(1877)永康胡氏退補齋刻本　一册　存二卷(大學、中庸)

330000－1723－0000908　8807－8808　經部/四書類/總義之屬/傳説

四書集註十九卷　(宋)朱熹撰　清光緒十八年(1892)浙江書局刻本　二册　存二卷(大學、中庸)

330000－1723－0000909　9343　類叢部/叢書類/彙編之屬

鍾山别業叢書　(清)陳澧編　清番禺陳氏刻本　一册　存一種

330000－1723－0000910　8815－8820　經部/四書類/總義之屬/傳説

四書集註十九卷　(宋)朱熹撰　清刻本　六册

330000－1723－0000911　8809－8814　經部/四書類/總義之屬/傳説

四書集註十九卷　(宋)朱熹撰　清刻本　六册

330000－1723－0000912　8821－8826　經部/四書類/總義之屬/傳説

四書集註十九卷　(宋)朱熹撰　清光緒三十二年(1906)上海商務印書館鉛印本　六册

330000－1723－0000913　7438－7457　經部/禮記類/傳説之屬

禮記集解六十一卷尚書顧命解一卷　(清)孫希旦撰　清咸豐十年至同治七年(1860－1868)瑞安孫氏盤谷草堂刻本　吴癯庵題記　二十册

330000－1723－0000914　7458－7463　經部/禮記類/傳説之屬

禮記旁訓辨體合訂六卷　(清)徐立綱輯　清同治十二年(1873)奎照樓刻本　六册

330000－1723－0000915　8827－8832　經部/四書類/總義之屬/傳説

新訂四書補註備旨十卷　(明)鄧林撰　(清)杜定基增訂　清光緒二十三年(1897)兩儀堂刻本　六册

330000－1723－0000916　8833－8837　經部/四書類/總義之屬/傳説

新訂四書補註備旨十卷 (明)鄧林撰 (清)杜定基增訂 清光緒二十三年(1897)兩儀堂刻本 五冊 缺二卷(大學、中庸)

330000－1723－0000917 8844 經部/四書類/總義之屬/傳說
新訂四書補註備旨十卷 (明)鄧林撰 (清)杜定基增訂 清刻本 一冊 存一卷(孟子四)

330000－1723－0000921 9346－9347 子部/儒家類/儒學之屬/勸學
先正遺規四卷 (清)汪正輯 清光緒十九年(1893)浙江書局刻本 二冊

330000－1723－0000922 9348－9349 子部/儒家類/儒學之屬/勸學
先正遺規四卷 (清)汪正輯 清光緒十九年(1893)浙江書局刻本 二冊

330000－1723－0000924 8845－8846 類叢部/叢書類/家集之屬
學壽堂叢書十二種 徐紹楨編 清咸豐至光緒番禺徐氏梧州刻本 二冊 存一種

330000－1723－0000925 9350 子部/儒家類/儒學之屬/經濟
揚子法言十三卷附音義一卷 (漢)揚雄撰 (晉)李軌注 清上海掃葉山房石印本 一冊

330000－1723－0000926 8847－8848 類叢部/叢書類/家集之屬
學壽堂叢書十二種 徐紹楨編 清咸豐至光緒番禺徐氏梧州刻本 二冊 存一種

330000－1723－0000927 8849－8850 類叢部/叢書類/家集之屬
學壽堂叢書十二種 徐紹楨編 清咸豐至光緒番禺徐氏梧州刻本 二冊 存一種

330000－1723－0000928 8851－8852、7723 類叢部/叢書類/家集之屬
學壽堂叢書十二種 徐紹楨編 清咸豐至光緒番禺徐氏梧州刻本 三冊 存二種

330000－1723－0000929 8853－8854、7724 類叢部/叢書類/家集之屬
學壽堂叢書十二種 徐紹楨編 清咸豐至光緒番禺徐氏梧州刻本 三冊 存二種

330000－1723－0000930 8855－8856、15416－15417、30546 類叢部/叢書類/家集之屬
學壽堂叢書十二種 徐紹楨編 清咸豐至光緒番禺徐氏梧州刻本 五冊 存三種

330000－1723－0000931 9351－9352 子部/叢編
十子全書 (清)王子興編 清嘉慶九年(1804)寶慶經綸堂刻本 二冊 存一種

330000－1723－0000932 8857－8862 經部/四書類/總義之屬/傳說
四書集註十九卷 (宋)朱熹撰 清刻本 六冊

330000－1723－0000933 8869－8874 經部/四書類/總義之屬/傳說
四書集註十九卷 (宋)朱熹撰 清道光七年(1827)順德何端熊刻本 六冊

330000－1723－0000934 7464－7469 經部/禮記類/傳說之屬
禮記旁訓辨體合訂六卷 (清)徐立綱輯 清澤存堂刻本 六冊

330000－1723－0000935 9353－9354 子部/儒家類/儒學之屬/經濟
鹽鐵論十卷 (漢)桓寬撰 **校勘小識一卷** 王先謙撰 清光緒十七年(1891)長沙思賢講舍刻本 二冊

330000－1723－0000936 7470－7475 經部/禮記類/傳說之屬
禮記旁訓辨體合訂六卷 (清)徐立綱輯 清文華堂刻本 六冊

330000－1723－0000937 8863－8868 經部/四書類/總義之屬/傳說
四書集註十九卷 (宋)朱熹撰 清刻本 六冊

330000－1723－0000938 7478－7480 經

部/禮記類/傳說之屬

禮記集說十卷 （元）陳澔撰　清光緒十九年（1893）浙江書局刻本　三册　存三卷（一、六、八）

330000－1723－0000939　7481－7490　經部/禮記類/傳說之屬

禮記集說十卷 （元）陳澔撰　清刻本　十册

330000－1723－0000940　7476－7477　經部/禮記類/傳說之屬

禮記體註大全四卷 （清）范紫登原本　（清）曹士瑋纂輯　（清）徐旦參訂　清刻本　二册　存二卷（二、四）

330000－1723－0000941　7722　經部/孝經類/傳說之屬

孝經疏義一卷 清道光十二年（1832）五福堂刻本　一册

330000－1723－0000942　7501－7504　經部/禮記類/傳說之屬

潄芳軒合纂禮記體註四卷 （清）范翔撰　清文星堂刻本　四册

330000－1723－0000943　9365－9370　子部/儒家類/儒家之屬

荀子二十卷首一卷 （唐）楊倞注　王先謙集解　清光緒十七年（1891）長沙思賢講舍刻本　六册

330000－1723－0000944　7505－7507　經部/禮記類/傳說之屬

潄芳軒合纂禮記體註四卷 （清）范翔撰　清嘉慶二十二年（1817）文奎堂刻本　三册　缺一卷（二）

330000－1723－0000945　7547－7549　經部/禮記類/傳說之屬

潄芳軒合纂禮記體註四卷 （清）范翔撰　清刻本　三册　缺一卷（四）

330000－1723－0000946　7550－7573　經部/禮記類/傳說之屬

禮記集解六十一卷尚書顧命解一卷 （清）孫希旦撰　清咸豐十年至同治七年（1860－1868）瑞安孫氏盤谷草堂刻同治十年（1871）印本　二十四册

330000－1723－0000947　9371－9376　子部/儒家類/儒學之屬/性理

御纂性理精義十二卷 （清）李光地等纂修　清刻本　六册

330000－1723－0000948　7574－7673　經部/三禮總義類/通禮雜禮之屬

五禮通考二百六十二卷首四卷總目二卷 （清）秦蕙田撰　清光緒六年（1880）江蘇書局刻本　一百册

330000－1723－0000949　9377－9378　子部/儒家類/儒學之屬/性理

御纂性理精義課本四卷 勞乃宣編　清光緒二十八年（1902）浙江大學堂鉛印本　洗心氏題記　二册

330000－1723－0000950　9636－9641　子部/雜著類/雜考之屬

困學紀聞注二十卷首一卷 （清）翁元圻撰　清光緒十三年（1887）上海同文書局石印本　六册

330000－1723－0000951　9642－9649　子部/雜著類/雜考之屬

困學紀聞注二十卷 （清）翁元圻撰　清道光五年（1825）餘姚翁氏守福堂刻本　八册

330000－1723－0000952　7674－7689　經部/三禮總義類/通禮雜禮之屬

禮書一百五十卷 （宋）陳祥道撰　清光緒二年（1876）廣州菊坡精舍刻本　十六册

330000－1723－0000953　7690－7709　經部/樂類/樂理之屬

樂書二百卷目錄二十卷 （宋）陳暘撰　清光緒二年（1876）方濬師廣州菊坡精舍刻本　二十册

330000－1723－0000954　9379　子部/儒家類/儒學之屬/勸學

輶軒語一卷 （清）張之洞撰　清光緒三年（1877）濠上書齋刻本　一册

330000－1723－0000955　7710－7715　經部/三禮總義類/通禮雜禮之屬

朱子家禮八卷首一卷　(明)丘濬輯　(明)楊廷鈞補　清光緒十六年(1890)文瑞樓刻本　六冊

330000－1723－0000956　7717－7720　經部/三禮總義類/通禮雜禮之屬

四禮從宜六卷附讀禮紀古目錄一卷全圖目錄一卷　(清)林荃撰　清光緒十九年(1893)虎門寨聽松書屋刻本　四冊

330000－1723－0000957　8911－8914　經部/四書類/總義之屬/傳說

四書反身錄八卷首一卷　(清)李顒撰　清道光二十年(1840)武進費庚吉刻本　四冊

330000－1723－0000958　7721　經部/孝經類/傳說之屬

御註孝經一卷附繪二十四孝全圖　(清)世祖福臨撰　(清)劉甘臣繪圖　清光緒三十三年(1907)浙紹奎照樓石印本　一冊

330000－1723－0000959　8915－8916　子部/儒家類/儒學之屬/蒙學

童子問路四卷　(清)鄭之琮輯　清光緒十四年(1888)徽城古香堂刻本　二冊

330000－1723－0000960　9380　子部/儒家類/儒學之屬/禮教/鑑戒

梁瀛侯先生日省錄三卷補遺一卷　(清)梁文科輯　清光緒六年(1880)刻本　一冊

330000－1723－0000961　7725　史部/政書類/儀制之屬/雜禮

四禮粹四卷　(清)龍光葵撰　清刻本　一冊　存一種

330000－1723－0000962　8889　經部/四書類/總義之屬/傳說

增補四書精繡圖像人物備考十二卷　(明)薛應旂撰　(明)陳仁錫增定　清乾隆二十一年(1756)文錦堂刻本　施繩其題記　一冊　存三卷(大學、中庸一至二)

330000－1723－0000963　7726－7727　經部/三禮總義類/通禮雜禮之屬

家禮五卷　(宋)朱熹撰　**家禮附錄一卷**　(宋)楊復撰　**新增一卷**　(清)吳棠輯　清同治四年(1865)望三益齋刻本　二冊

330000－1723－0000964　9381　子部/儒家類/儒學之屬/性理

儒門法語輯要一卷　(清)彭定求撰　(清)湯金釗輯　清光緒十六年(1890)浙江書局刻本　一冊

330000－1723－0000966　7728、45484　經部/三禮總義類/通禮雜禮之屬

司馬氏書儀十卷　(宋)司馬光撰　清同治四年至五年(1865－1866)望三益齋刻本　二冊

330000－1723－0000967　9383　子部/儒家類/儒學之屬/蒙學

三字經註解備要一卷　(清)賀興思注解　清末石印本　一冊

330000－1723－0000968　9384　子部/儒家類/儒學之屬/蒙學

三字經註解備要一卷　(清)賀興思注解　清上海著易堂石印本　龔淵泉觀款　一冊

330000－1723－0000969　7729　經部/春秋總義類/傳說之屬

春秋世族譜一卷　(清)陳厚耀撰　清道光十九年(1839)揚州寶翰樓刻本　一冊

330000－1723－0000970　8890－8897　經部/四書類/總義之屬/傳說

四書類典賦二十四卷　(清)甘紱撰　**四書年譜二卷**　(明)包大爟撰　清乾隆十一年(1746)刻本　八冊　缺八卷(十一至十八)

330000－1723－0000971　7730－7741　經部/春秋左傳類/傳說之屬

春秋左傳(春秋左傳杜林合注)五十卷　(晉)杜預　(宋)林堯叟註釋　(唐)陸德明音義　(明)鍾惺　(明)韓范評閱　清刻本　十二冊

330000－1723－0000972　7742－7753　經部/春秋左傳類/傳說之屬

春秋左傳(文淵堂春秋左傳杜林)五十卷

（晉）杜預　（宋）林堯叟註釋　（唐）陸德明音義　（明）鍾惺　（明）孫鑛　（明）韓范評點　清文淵堂刻本　十二册

330000－1723－0000973　7754－7769　經部/春秋左傳類/傳說之屬
春秋左傳（春秋左傳杜林合注）五十卷　（晉）杜預　（宋）林堯叟註釋　（明）韓范評　**春秋左傳異名考一卷**　（明）閔光德輯　清光緒十一年（1885）融經館刻本　十六册

330000－1723－0000974　7770－7771　經部/春秋總義類/傳說之屬
春秋氏族圖一卷　（清）陳厚耀撰　清道光二十四年（1844）福州王書雲刻本　二册

330000－1723－0000975　7772　經部/叢編
十三經古注　（明）葛鼒　（明）金蟠校　清刻本　一册　存一種

330000－1723－0000976　9650－9657　子部/雜著類/雜考之屬
校訂困學紀聞集證二十卷　（宋）王應麟撰　（清）閻若璩等箋　（清）萬希槐集證　清嘉慶十八年（1813）掃葉山房刻本　八册

330000－1723－0000977　7773－7785　經部/春秋左傳類/傳說之屬
春秋左傳（春秋左傳杜林合注）五十卷　（晉）杜預　（宋）林堯叟註釋　（唐）陸德明音義　（明）鍾惺　（明）孫鑛　（明）韓范評點　清刻本　十三册　缺二卷（一至二）

330000－1723－0000978　7786－7787　子部/叢編
二十二子（二十二子彙函）　（清）浙江書局編　清光緒元年至三年（1875－1877）浙江書局刻本　二册　存一種

330000－1723－0000979　9658－9663　子部/雜著類/雜考之屬
癸巳存稿十五卷　（清）俞正燮撰　清光緒十年（1884）刻本　六册

330000－1723－0000980　9664－9671　子部/雜著類/雜考之屬
十駕齋養新錄二十卷餘錄三卷　（清）錢大昕撰　**錢辛楣先生年譜一卷**　（清）錢大昕編　（清）錢慶曾校註　**竹汀居士年譜續編一卷**　（清）錢慶曾撰　清光緒二年（1876）浙江書局刻本　八册

330000－1723－0000981　7788－7793　經部/春秋左傳類/傳說之屬
如西所刻諸名家評點春秋綱目左傳句解彙雋六卷　（清）韓菼重訂　清刻本　六册

330000－1723－0000982　7794－7799　經部/春秋左傳類/傳說之屬
如西所刻諸名家評點春秋綱目左傳句解彙雋六卷　（清）韓菼重訂　清刻本　六册

330000－1723－0000983　7800－7811　經部/春秋左傳類/傳說之屬
春秋左傳（春秋左傳杜林合注）五十卷　（晉）杜預　（宋）林堯叟註釋　（唐）陸德明音義　（明）鍾惺　（明）孫鑛　（明）韓范評點　清光緒三十四年（1908）上海商務印書館石印本　十二册

330000－1723－0000984　9672　子部/雜著類/雜考之屬
義門讀書記五十八卷　（清）何焯撰　（清）蔣維鈞輯　清刻本　一册　存六卷（五代史一、昌黎集一至五）

330000－1723－0000985　9693－9712　子部/雜著類/雜考之屬
讀書雜志八十二卷餘編二卷　（清）王念孫撰　清嘉慶十七年至道光十二年（1812－1832）王氏刻本　二十册

330000－1723－0000986　8875－8888　經部/四書類/總義之屬/傳說
四書集註十九卷　（宋）朱熹撰　清光緒三年（1877）永康胡氏退補齋刻本　十四册

330000－1723－0000989　8898－8910　經部/四書類/總義之屬/傳說
四書經註集證十九卷　（清）吳昌宗撰　清嘉慶三年（1798）江都汪廷機刻本　十三册　缺

七卷(論語一至七)

330000－1723－0000992　8917　子部/儒家類/儒學之屬/蒙學

童子問路四卷　(清)鄭之琮輯　清光緒十四年(1888)徽城古香堂刻本　一冊　存二卷(三至四)

330000－1723－0000994　8933－8934　經部/四書類/總義之屬/傳說

區子四書翼六卷　(明)區大倫撰　清光緒十三年(1887)刻本　二冊　存四卷(一至四)

330000－1723－0000996　8918　類叢部/叢書類/自著之屬

魯氏遺著四種附二種　(清)魯一同撰　清咸豐山陽魯氏刻本　一冊　存一種

330000－1723－0000997　8919－8920　類叢部/叢書類/自著之屬

彭文敬公集五種　(清)彭蘊章撰　清道光至同治刻同治彙印本　二冊　存一種

330000－1723－0000998　8937－8940　經部/四書類/總義之屬/傳說

四書集註正蒙十九卷附音義辨一卷　(清)萬青銓輯　清道光十四年(1834)刻本　四冊　缺五卷(孟子一至五)

330000－1723－0000999　9675－9678　子部/雜著類/雜考之屬

過庭錄十六卷　(清)宋翔鳳撰　清光緒七年(1881)會稽章氏刻本　四冊

330000－1723－0001000　9679－9682　子部/雜著類/雜考之屬

東塾讀書記二十五卷　(清)陳澧撰　清光緒二十四年(1898)紉蘭書館刻本(卷十三至十四、十七至二十、二十二至二十五原缺)　四冊

330000－1723－0001001　9385　子部/叢編

徐氏三種(重刻徐氏三種)　(清)徐士業編　清立言堂刻本　清樓開秀觀款　一冊　存一種

330000－1723－0001002　8947－8952　經部/四書類/總義之屬/傳說

永言堂四書遵註合講十九卷圖考一卷　(清)翁復編　清雍正八年(1730)文奎堂刻本　六冊

330000－1723－0001003　9683－9686　子部/雜著類/雜考之屬

東塾讀書記二十五卷　(清)陳澧撰　清光緒刻本(卷十三至十四、十七至二十、二十二至二十五原缺)　四冊

330000－1723－0001004　9687－9690　子部/雜著類/雜考之屬

東塾讀書記二十五卷　(清)陳澧撰　清光緒刻本(卷十三至十四、十七至二十、二十二至二十五原缺)　四冊

330000－1723－0001005　9386－9388　子部/儒家類/儒學之屬/性理

薛子條貫篇十三卷續篇十三卷　(明)薛瑄撰　(清)戴楫輯　清光緒十九年(1893)廣州刻本　三冊

330000－1723－0001006　8935－8936　經部/四書類/總義之屬/傳說

新增四書備旨靈捷解八卷　(清)張素存撰　(清)鄒蒼崖補　清刻本　二冊　缺三卷(一至三)

330000－1723－0001007　9389－9390　子部/儒家類/儒學之屬/禮教/女範

女學六卷　(清)藍鼎元撰　清刻本　二冊

330000－1723－0001008　9391－9392　子部/儒家類/儒學之屬/禮教/女範

女學六卷　(清)藍鼎元撰　清刻本　二冊

330000－1723－0001009　8941－8946　經部/四書類/總義之屬/傳說

四書便蒙添註十九卷　(清)王珠樵撰　清光緒十三年(1887)會稽王氏刻本　六冊

330000－1723－0001010　8921－8932　類叢部/叢書類/自著之屬

鄭小谷先生全集六種　(清)鄭獻甫撰　清光

緒五年(1879)黔南節署刻本　十二册　存一種

330000－1723－0001012　9397－9398　子部/儒家類/儒學之屬/蒙學
雲路指南十四卷　(清)張商霖輯　清藏修書屋刻本　二册

330000－1723－0001015　9403　子部/儒家類/儒學之屬/蒙學
小學六卷附文公朱夫子年譜一卷小學總論一卷　(清)高愈纂注　清乾隆十七年(1752)刻本　一册　缺三卷(五至六、總論)

330000－1723－0001017　9404－9406　子部/儒家類/儒學之屬/蒙學
小學集解六卷　(清)張伯行輯注　清刻本　三册　存四卷(二至五)

330000－1723－0001018　9407－9408　子部/儒家類/儒學之屬/性理
上蔡謝先生語録三卷考證一卷附録一卷　(宋)謝良佐撰　(清)闕棠輯　清光緒十八年(1892)江夏陳氏刻本　二册

330000－1723－0001019　9742－9755　子部/雜著類/雜説之屬
容齋隨筆十六卷續筆十六卷三筆十六卷四筆十六卷五筆十卷　(宋)洪邁撰　清同治十一年(1872)新豐洪氏刻光緒元年(1875)印本　十四册

330000－1723－0001020　9409－9414　子部/儒家類/儒學之屬/經濟
大學衍義四十三卷　(宋)真德秀撰　清光緒二十七年(1901)上海書局石印本　六册

330000－1723－0001023　9713－9735　子部/雜著類/雜考之屬
讀書雜志八十二卷餘編二卷　(清)王念孫撰　清嘉慶十七年至道光十二年(1812－1832)王氏刻本　二十三册　缺三卷(淮南内篇雜志二十一至二十二、補遺一)

330000－1723－0001024　9767　類叢部/叢書類/彙編之屬
崇文書局彙刻書三十一種　(清)崇文書局編　清光緒元年至三年(1875－1877)湖北崇文書局刻本　一册　存一種

330000－1723－0001025　9736－9741　子部/雜著類/雜説之屬
容齋隨筆十六卷續筆十六卷三筆十六卷四筆十六卷五筆十卷　(宋)洪邁撰　清光緒二十一年(1895)上海飛鴻閣石印本　六册

330000－1723－0001026　9415－9417　子部/儒家類/儒學之屬/經濟
大學衍義輯要六卷　(宋)真德秀撰　(清)陳弘謀輯　清宣統元年(1909)大學堂鉛印本　三册

330000－1723－0001027　9759　類叢部/叢書類/彙編之屬
邵武徐氏叢書二十三種　(清)徐榦編　清光緒邵武徐氏刻本　一册　存一種

330000－1723－0001028　9418－9426　子部/儒家類/儒學之屬/經濟
大學衍義補輯要十二卷首一卷　(明)丘濬撰　(清)陳弘謀輯　清宣統元年(1909)大學堂鉛印本　九册

330000－1723－0001029　9760　類叢部/叢書類/彙編之屬
邵武徐氏叢書二十三種　(清)徐榦編　清光緒邵武徐氏刻本　一册　存一種

330000－1723－0001031　9762－9765　子部/雜著類/雜考之屬
札迻十二卷　(清)孫詒讓撰　清光緒二十年(1894)刻二十一年(1895)重修本　四册

330000－1723－0001032　9427－9455　子部/儒家類/儒學之屬/性理
朱子語類一百四十卷　(宋)朱熹撰　(宋)黎靖德輯　清同治十一年(1872)應元書院刻本　二十九册　缺三十九卷(二十六至六十四)

330000－1723－0001033　9766　子部/雜著類/雜説之屬
長興學記一卷　康有為撰　清光緒十七年

(1891)廣州萬木草堂刻本　一册

330000－1723－0001034　9456－9463　史部/政書類/邦計之屬/荒政
得一錄八卷首一卷　(清)余治輯　清光緒十七年(1891)桂林廣仁善堂刻本　八册

330000－1723－0001035　9770－9773　子部/雜著類/雜說之屬
夢溪筆談二十六卷補筆談三卷續筆談一卷　(宋)沈括撰　**校字記一卷**　(清)陶福詳訂　清光緒三十二年(1906)番禺陶氏愛廬刻本　吳源題記　四册

330000－1723－0001037　9464－9467　子部/道家類
南華簡鈔(南華經)四卷　(清)徐廷槐輯注　清書業堂刻本　四册

330000－1723－0001038　9468－9471　子部/道家類
南華簡鈔(南華經)四卷　(清)徐廷槐輯注　清乾隆藜照樓刻本　祺貳郎題簽　四册

330000－1723－0001039　9009－9013　經部/四書類/總義之屬/傳說
四書味根錄三十七卷　(清)金澂撰　清刻本　五册　存十四卷(論語一至十、孟子七至十)

330000－1723－0001040　9472－9477　子部/道家類
南華真經正義三十三卷識餘一卷　(清)陳壽昌輯　清光緒十九年(1893)怡顏齋刻本　六册

330000－1723－0001041　9021　經部/四書類/總義之屬/傳說
四書圖考十三卷　(清)杜炳撰　清石印本　一册　存四卷(七至十)

330000－1723－0001042　9478－9480　子部/道家類
南華真經解四卷　(清)宣穎撰　清末上海會文堂書局石印本　三册　存三卷(一、三至四)

330000－1723－0001046　9481－9486　子部/道家類
南華真經解三卷　(清)宣穎撰　清經綸堂刻本　六册

330000－1723－0001050　9487－9492　子部/道家類
莊子南華真經十卷　(晉)郭象注　(唐)陸德明音義　清光緒十一年(1885)傳忠書局刻本　六册

330000－1723－0001052　9497－9500　子部/叢編
子書二十三種　(清)浙江書局編　清光緒二十三年(1897)上海圖書集成局鉛印本　四册　存一種

330000－1723－0001053　9014－9020　經部/四書類/總義之屬/傳說
四書朱子本義匯參四十三卷首四卷　(清)王步青輯　清刻本　七册　存十卷(孟子二、四至六、九至十四)

330000－1723－0001056　7890　經部/春秋穀梁傳類/傳說之屬
穀梁大義述一卷　(清)柳興恩撰　清光緒八年(1882)李氏木犀軒刻木犀軒叢書本　清周鑾詒題記　一册

330000－1723－0001057　7882－7885　經部/春秋公羊傳類/傳說之屬
春秋公羊傳十一卷　(漢)何休注　(唐)陸德明音義　清光緒三年(1877)永康胡氏退補齋刻本　四册

330000－1723－0001058　8953－8955　經部/四書類/總義之屬/傳說
四書體註合講十九卷　(清)翁復編　清刻本　三册　存十卷(論語一至五、孟子一至五)

330000－1723－0001059　7886－7889　經部/春秋公羊傳類/傳說之屬
春秋公羊傳十一卷　(漢)何休注　(唐)陸德明音義　清光緒三年(1877)永康胡氏退補齋刻本　四册

330000－1723－0001060　7880－7881、7891－7892　經部/叢編

十三經讀本一百五十二卷　（清）□□編　清同治金陵書局刻本　四冊　存二種

330000－1723－0001061　7893－7896　經部/春秋穀梁傳類/傳說之屬

春秋穀梁傳十二卷　（晉）范甯集解　（唐）陸德明音義　清光緒三年（1877）永康胡氏退補齋刻本　四冊

330000－1723－0001062　7897－7900　經部/春秋穀梁傳類/傳說之屬

春秋穀梁傳十二卷　（晉）范甯集解　（唐）陸德明音義　清光緒三年（1877）永康胡氏退補齋刻本　四冊

330000－1723－0001063　8956　經部/四書類/總義之屬/傳說

四書體註合講十九卷　（清）翁復編　清英德堂刻本　一冊　存三卷（孟子一至三）

330000－1723－0001064　7901－7906　經部/春秋左傳類/傳說之屬

如西所刻諸名家評點春秋綱目左傳句解彙雋六卷　（清）韓菼重訂　清咸豐二年（1852）刻本　六冊

330000－1723－0001065　8961－8966　經部/四書類/總義之屬/傳說

四書體註合講十九卷　（清）翁復編　清刻本　六冊

330000－1723－0001066　7907－7917　經部/春秋左傳類/傳說之屬

春秋經傳集解三十卷　（晉）杜預撰　（唐）陸德明音義　**春秋名號歸一圖二卷**　（五代）馮繼先撰　**春秋年表一卷**　（宋）岳珂刊補　清光緒三年（1877）永康胡氏退補齋刻本　十一冊　缺三卷（十四至十六）

330000－1723－0001067　7918－7923　經部/春秋左傳類/傳說之屬

評點春秋綱目左傳句解彙雋六卷　（清）韓菼重訂　清兩儀堂刻本　六冊

330000－1723－0001068　8957－8960　經部/四書類/總義之屬/傳說

四書體註合講十九卷　（清）翁復編　清刻本　四冊　缺四卷（大學、中庸、孟子六至七）

330000－1723－0001070　8991－9008　經部/四書類/總義之屬/傳說

四書古註十種羣義彙解　（清）上海煥文書局編　清光緒二十一年（1895）上海煥文書局石印本　十八冊

330000－1723－0001071　9804－9808　子部/雜著類/雜說之屬

郎潛紀聞十四卷　（清）陳康祺撰　清光緒十年（1884）琴川刻本　五冊

330000－1723－0001072　9809　新學/理學/理學

天演論二卷　（英國）赫胥黎撰　嚴復譯　清光緒二十七年（1901）富文書局石印本　一冊

330000－1723－0001073　9041－9070　經部/四書類/總義之屬/傳說

四書朱子本義匯參四十三卷首四卷　（清）王步青輯　清漁古山房刻本　三十冊　缺三卷（大學三、論語十九至二十）

330000－1723－0001074　9810　新學/全體學/附心靈學

心靈學不分卷　（美國）海文撰　（清）顏永京譯　清光緒十五年（1889）上海益智書會刻本　一冊

330000－1723－0001075　9811－9814　子部/雜著類/雜說之屬

浪跡叢談十一卷續談八卷　（清）梁章鉅撰　清道光二十七年至二十八年（1847－1848）亦東園刻本　四冊　存十一卷（叢談一至十一）

330000－1723－0001076　8967－8972　經部/四書類/總義之屬/傳說

酌雅齋四書遵註合講十九卷圖說一卷　（清）翁復編　清立言堂刻本　六冊

330000－1723－0001077　8979－8984　經部/四書類/總義之屬/傳說

酌雅齋四書遵註合講十九卷圖說一卷　(清)翁復編　清光緒二十二年(1896)聚奎文社刻本　六冊

330000 - 1723 - 0001078　8973 - 8978　經部/四書類/總義之屬/傳說

學源堂四書體註合講十九卷圖說一卷　(清)翁復編　清刻本　六冊

330000 - 1723 - 0001079　9815 - 9822　子部/雜著類/雜說之屬

退庵隨筆二十二卷附退庵自訂年譜一卷　(清)梁章鉅撰　清道光十七年(1837)梁氏刻本　八冊　缺一卷(自訂年譜)

330000 - 1723 - 0001081　9922 - 9923　子部/儒家類/儒學之屬/禮教/家訓

顏氏家訓七卷　(北齊)顏之推撰　**顏氏家訓考證一卷**　(宋)沈揆撰　清光緒十六年(1890)善化張恭斌經濟堂刻本　二冊

330000 - 1723 - 0001082　9511 - 9514、9526 - 9527、9531、9583 - 9588、9832 - 9837、9865 - 9867、9917、10251 - 10256、10274 - 10279、11158 - 11167　子部/叢編

二十二子(二十二子彙函)　(清)浙江書局編　清光緒元年至三年(1875 - 1877)浙江書局刻本　四十五冊　存十種

330000 - 1723 - 0001084　9838 - 9840　類叢部/叢書類/自著之屬

漢孳室箸書　(清)陶方琦撰　清光緒湘南使院刻本　三冊　存一種

330000 - 1723 - 0001085　9529、9826 - 9831、10280 - 10285　子部/叢編

十子全書　(清)王子興編　清嘉慶九年(1804)寶慶經綸堂刻本　十三冊　存三種

330000 - 1723 - 0001086　10286 - 10289　子部/法家類

管子二十四卷　(唐)房玄齡注　清光緒五年(1879)影宋刻本　四冊

330000 - 1723 - 0001091　10385 - 10388　子部/術數類/相宅相墓之屬

入地眼全書十卷　(宋)释靜道撰　清文奎堂刻本　四冊

330000 - 1723 - 0001092　9847 - 9851　子部/雜著類/雜說之屬

池北偶談二十六卷　(清)王士禛撰　清宣統二年(1910)上海震東學社石印本　五冊　存二十二卷(一至二十二)

330000 - 1723 - 0001093　7924　經部/春秋左傳類/傳說之屬

如西所刻諸名家評點春秋綱目左傳句解彙雋六卷　(清)韓菼重訂　清刻本　一冊　存一卷(一)

330000 - 1723 - 0001094　7925 - 7934　經部/春秋左傳類/傳說之屬

春秋經傳集解三十卷　(晉)杜預撰　(唐)陸德明音義　清刻本　十冊

330000 - 1723 - 0001095　7935 - 7936　經部/春秋左傳類/傳說之屬

春秋左傳(春秋左傳杜林合注)五十卷　(晉)杜預　(宋)林堯叟註釋　(唐)陸德明音義　(明)鍾惺　(明)孫鑛　(明)韓范評點　清刻本　二冊　存九卷(十四至十八、二十七至三十)

330000 - 1723 - 0001096　7937 - 7940　經部/春秋總義類/傳說之屬

春秋體註大全四卷　(清)徐寅賓纂　清汲古堂刻本　四冊

330000 - 1723 - 0001097　7941 - 7942　經部/春秋總義類/傳說之屬

春秋旁訓欽遵御案四傳合訂四卷　清碧梧齋刻本　二冊

330000 - 1723 - 0001098　7959 - 7973　經部/春秋左傳類/傳說之屬

左繡三十卷首一卷　(清)馮李驊　(清)陸浩評輯　清文淵堂刻本　十五冊　缺一卷(首)

330000 - 1723 - 0001101　10257 - 10262　子部/法家類

韓非子集解二十卷首一卷　(清)王先慎撰

清光緒二十二年(1896)刻本　六册

330000－1723－0001103　10270－10273　子部/法家類

管子二十四卷　(唐)房玄齡注　(明)劉績補注　清光緒二十九年(1903)六藝書局石印本　四册

330000－1723－0001105　7974－7980　經部/春秋左傳類/傳說之屬

左繡三十卷首一卷　(清)馮李驊　(清)陸浩評輯　清刻本　七册　存十五卷(五至九、十三至十四、十七至十八、二十一至二十六)

330000－1723－0001106　10295－10296　史部/政書類/律令之屬/治獄

折獄龜鑑八卷首一卷　(宋)鄭克撰　清光緒八年(1882)刻本　二册

330000－1723－0001107　7981－7988　經部/春秋左傳類/傳說之屬

左繡三十卷首一卷　(清)馮李驊　(清)陸浩評輯　清蘭邑愼言堂刻本　八册　存十八卷(二至十五、二十三至二十四、二十八至二十九)

330000－1723－0001108　7989－8002　經部/春秋左傳類/傳說之屬

左繡三十卷首一卷　(清)馮李驊　(清)陸浩評輯　清蘭邑愼言堂刻本　十四册

330000－1723－0001109　10297－10302　史部/政書類/律令之屬/法驗

重刊補註洗冤録集證六卷　(清)王又槐輯　(清)李觀瀾補輯　(清)阮其新補註　(清)張錫蕃重訂　(清)文晟續輯　清光緒八年(1882)京都文寶堂刻四色套印本　六册

330000－1723－0001110　8003－8014　經部/春秋左傳類/傳說之屬

左繡三十卷首一卷　(清)馮李驊　(清)陸浩評輯　清蘭邑愼言堂刻本　十二册　缺四卷(八至九、十四至十五)

330000－1723－0001111　8015－8017　經部/春秋左傳類/傳說之屬

讀左補義五十卷首一卷　(清)姜炳璋輯　清刻本　三册　存十八卷(三十三至五十)

330000－1723－0001113　8018－8022　經部/春秋左傳類/傳說之屬

左繡三十卷首一卷　(清)馮李驊　(清)陸浩評輯　清華川書屋刻本　五册　存十一卷(首,一、八至十三、二十二至二十四)

330000－1723－0001114　10291　史部/政書類/律令之屬/刑制

審看擬式四卷首一卷末一卷　(清)剛毅輯　清光緒十八年(1892)粵東書局刻本　一册　存三卷(首、一至二)

330000－1723－0001115　8023－8038　經部/春秋左傳類/傳說之屬

左繡三十卷首一卷　(清)馮李驊　(清)陸浩評輯　清文光堂刻本　十六册

330000－1723－0001116　9530、9861－9864、11176－11185　子部/叢編

二十二子(二十二子彙函)　(清)浙江書局編　清光緒元年至三年(1875－1877)浙江書局刻本　十五册　存三種

330000－1723－0001117　10292　史部/政書類/律令之屬/律例

法訣啟明二卷　(清)張蘊青等編　清光緒四年(1878)刻本　清朱苗孫題記　一册　存一卷(上)

330000－1723－0001118　9868－9875　子部/雜著類/雜說之屬

墨子閒詁十五卷目録一卷附録一卷後語二卷　(清)孫詒讓撰　清宣統二年(1910)瑞安孫氏刻本　八册

330000－1723－0001119　8039－8043　經部/春秋左傳類/傳說之屬

春秋左傳(春秋左傳杜林合注)五十卷　(晉)杜預　(宋)林堯叟註釋　(唐)陸德明音義　(明)鍾惺　(明)韓范評閱　清刻本　五册　存二十卷(十八至二十、二十五至四十一)

330000－1723－0001120　9876－9883　子

部/雜著類/雜說之屬

墨子閒詁十五卷目錄一卷附錄一卷後語二卷 （清）孫詒讓撰　清宣統二年（1910）瑞安孫氏刻本　八冊

330000－1723－0001121　8044－8049　經部/春秋左傳類/傳說之屬

春秋左傳（春秋左傳杜林合注）五十卷 （晉）杜預　（宋）林堯叟註釋　（唐）陸德明音義　（明）鍾惺　（明）孫鑛　（明）韓范評點　清刻本　六冊　存二十四卷（十五至三十五、三十九至四十一）

330000－1723－0001122　10293－10294　子部/法家類

寶鑑編補註二卷 （清）樂理瑩等補注　清光緒六年（1880）刻本　二冊

330000－1723－0001124　9885－9896　子部/雜著類/雜說之屬

隨園隨筆十二卷 （清）袁枚撰　清嘉慶十九年（1814）金閶留畊堂刻本　十二冊

330000－1723－0001125　9897－9910　史部/政書類/通制之屬

廣治平略三十六卷補編八卷 （清）蔡方炳撰　清同治九年（1870）黃氏聽松樓刻月香閣補刻本　十四冊

330000－1723－0001126　10634－10637、10639－10661　子部/醫家類/綜合之屬/通論

御纂醫宗金鑑九十卷首一卷 （清）吳謙等撰　清刻本　二十七冊　存六十一卷（首，一至六、八至二十四、二十七至三十二、三十五至三十六、三十九至四十、四十五至四十九、五十三至七十四）

330000－1723－0001127　9911　新學/學校

蒙學普通新問答不分卷 （清）王有宗編輯　清光緒三十一年（1905）石印本　一冊

330000－1723－0001128　9912－9915　子部/雜著類/雜說之屬

香祖筆記十二卷 （清）王士禛撰　清宣統二年（1910）上海掃葉山房石印本　四冊

330000－1723－0001129　10638　子部/醫家類/綜合之屬/通論

御纂醫宗金鑑九十卷首一卷 （清）吳謙等撰　清刻本　一冊　存二卷（外科七至八）

330000－1723－0001130　10662－10709　子部/醫家類/綜合之屬/通論

御纂醫宗金鑑九十卷首一卷 （清）吳謙等撰　清刻本　四十八冊

330000－1723－0001132　10306－10309　史部/政書類/律令之屬/法驗

洗冤錄詳義四卷首一卷 （清）許槤輯　**洗冤錄摭遺二卷** （清）葛元煦輯　清光緒四年（1878）刻本　四冊

330000－1723－0001134　9918－9919　子部/雜著類/雜說之屬

草木子四卷 （明）葉子奇撰　清光緒四年至五年（1878－1879）葉氏居德堂刻本　二冊

330000－1723－0001135　10303－10304　史部/政書類/律令之屬/法驗

重刊補註洗冤錄集證六卷 （清）王又槐輯　（清）李觀瀾補輯　（清）阮其新補註　（清）張錫蕃重訂　（清）文晟續輯　清光緒三年至五年（1877－1879）浙江書局刻四色套印本　二冊　缺四卷（二至五）

330000－1723－0001137　10305　史部/政書類/律令之屬/法驗

補註洗冤錄集證四卷附刊檢骨圖格一卷 （清）王又槐輯　（清）李觀瀾補輯　（清）阮其新補注　（清）童濂刪　**作吏要言一卷** （清）葉鎮撰　（清）朱椿增　清道光二十三年（1843）江都鍾淮刻三色套印本　一冊　存一卷（補註洗冤錄集證二）

330000－1723－0001138　9924－9929　子部/儒家類/儒學之屬/勸學

讀書說四卷 （清）胡承諾撰　**年譜一卷** （清）胡玉章撰　清道光二十五年（1845）胡氏刻本　六冊

330000－1723－0001139　10312－10315　史

部/政書類/律令之屬/治獄

新刻法家新書四卷首一卷　(清)吳天民 (清)達可奇編　清同治元年(1862)刻本　四冊

330000－1723－0001140　9930－9931　子部/雜著類/雜說之屬

椒生隨筆八卷詩草六卷續草六卷　(清)王之春撰　清光緒七年(1881)上海文藝齋刻本　二冊　存八卷(隨筆一至八)

330000－1723－0001142　10316－10319　子部/術數類/占卜之屬

卜筮正宗十四卷　(清)王維德撰　清敦仁堂刻本　四冊

330000－1723－0001144　10321　子部/術數類/陰陽五行之屬

奇門遁甲秘笈大全三十卷　(明)劉基校訂

諸葛武侯行兵遁甲金函玉鏡六卷　題(三國蜀)諸葛亮撰　清末上海江東書局石印本　一冊

330000－1723－0001146　10710　子部/醫家類/綜合之屬/通論

御纂醫宗金鑑九十卷首一卷　(清)吳謙等撰　清鉛印本　一冊　存三卷(外科十一至十三)

330000－1723－0001148　10714－10715　子部/醫家類/綜合之屬/通論

御纂醫宗金鑑九十卷首一卷　(清)吳謙等撰　清商務印書館鉛印本　二冊　存四卷(首、內科五十三至五十五)

330000－1723－0001149　10716　子部/醫家類/綜合之屬/通論

御纂醫宗金鑑九十卷首一卷　(清)吳謙等撰　清刻本　一冊　存二卷(三十二至三十三)

330000－1723－0001150　10717－10723　子部/醫家類/綜合之屬/通論

御纂醫宗金鑑九十卷首一卷　(清)吳謙等撰　清刻本　七冊　存九卷(七十六至七十八、八十五至九十)

330000－1723－0001151　10724－10741　子部/醫家類/綜合之屬/通論

御纂醫宗金鑑九十卷首一卷　(清)吳謙等撰　清光緒二十二年(1896)上海同仁館石印本　十八冊　缺九卷(內科三十五至四十三)

330000－1723－0001152　10310－10311　史部/政書類/律令之屬/法驗

洗冤錄義證四卷校記四卷經驗方一卷歌訣一卷首一卷　(清)剛毅輯　(清)諸可賓校　清光緒十八年(1892)粵東撫署刻本　二冊

330000－1723－0001157　3068－3106　史部/編年類/通代之屬

尺木堂綱鑑易知錄九十二卷　(清)吳乘權 (清)周之炯　(清)周之燦輯　清康熙五十年(1711)尺木堂刻本　三十九冊　缺三卷(八至十)

330000－1723－0001163　10790　子部/醫家類/綜合之屬/通論

醫宗必讀十卷首一卷　(明)李中梓撰　清刻本　一冊　存一卷(二)

330000－1723－0001164　10791　子部/醫家類/綜合之屬/通論

醫宗必讀十卷首一卷　(明)李中梓撰　清刻本　一冊　存一卷(二)

330000－1723－0001165　10792－10793　子部/醫家類/綜合之屬/通論

詳校醫宗必讀十卷　(明)李中梓撰　清刻本　二冊　存四卷(七至十)

330000－1723－0001166　9953－9956　子部/小說家類/雜事之屬

今世說八卷　(清)王晫撰　清刻本　漁郎題簽　四冊

330000－1723－0001169　10369　子部/宗教類/佛教之屬/諸宗

釋門應用文疏四種　清同治八年至十年(1869－1871)刻本　一冊　存一種

330000－1723－0001170　10368　子部/術數類/相宅相墓之屬

陽宅都天發用全書一卷 (清)瞿天賚校 清同治元年(1862)刻本 一册

330000－1723－0001171 10323－10328 子部/術數類/占卜之屬
卜筮正宗十四卷 (清)王維德撰 清光緒十二年(1886)上洋江左書林刻本 六册

330000－1723－0001172 10329－10332 子部/術數類/占卜之屬
焦氏易林四卷 (漢)焦贛撰 清愛日堂刻本 四册

330000－1723－0001173 10337－10342 子部/術數類/命書相書之屬
新鐫神峰張先生通考闢謬命理正宗大全六卷 (明)張楠撰 清光緒三十二年(1906)上海書局石印本 六册

330000－1723－0001174 10345 子部/術數類/陰陽五行之屬
增補諸家選擇萬全玉匣記二卷 清光緒十年(1884)浙蘭慎言堂刻本 一册 存一卷(上)

330000－1723－0001175 10366－10367 子部/術數類/命書相書之屬
新刊合併官板音義評註淵海子平五卷 (宋)徐升編 清浙紹墨潤堂刻本 二册

330000－1723－0001177 10333－10336 子部/術數類/數學之屬
皇極經世書傳八卷 (明)黄畿撰 清嘉慶十五年(1810)純淵堂刻嶺海樓叢書本 四册

330000－1723－0001179 10389－10392 子部/術數類/相宅相墓之屬
增補地理直指原真大全三卷首一卷 (清)釋如玉撰 清宣統三年(1911)石印本 四册

330000－1723－0001180 10393 子部/術數類/相宅相墓之屬
增補地理直指原真大全三卷首一卷 (清)釋如玉撰 清上海鴻文書局石印本 一册 存一卷(首)

330000－1723－0001181 10394 子部/術數類/相宅相墓之屬
陽宅大全十一卷 清宣統三年(1911)上海鑄記書局石印本 一册

330000－1723－0001182 10370－10371 子部/術數類/相宅相墓之屬
楊曾地理元文四種附二種 (清)端木國瑚注 清道光五年(1825)刻本 二册 存四種

330000－1723－0001184 10372－10377 子部/術數類/相宅相墓之屬
地理辨正翼六卷首一卷 (清)蔣平階原注 (清)姜垚辨正 (清)榮錫勳補翼 清光緒十三年(1887)湖南共賞書局刻本 六册

330000－1723－0001186 10796 子部/醫家類/方書之屬/單方驗方
醫方湯頭歌括一卷經絡歌訣一卷 (清)汪昂撰 清刻本 一册

330000－1723－0001187 10797－10798 子部/醫家類/綜合之屬/通論
醫宗説約六卷 (清)蔣示吉撰 清刻本 二册 存三卷(一至二、五)

330000－1723－0001188 10395－10406 子部/術數類/相宅相墓之屬
增圖地理大全二十三種 (清)鄒廷猷編輯 清末上海校經山房石印本 十二册 存八種

330000－1723－0001189 10799 子部/醫家類/方書之屬/單方驗方
蘭臺軌範八卷 (清)徐大椿撰 清洄溪草堂刻本 一册 存一卷(一)

330000－1723－0001190 10577－10580 新學/天學
談天十八卷首一卷附表一卷 (英國)侯失勒撰 (英國)偉烈亞力口譯 (清)李善蘭筆述 清光緒二十二年(1896)上海著易堂石印本 四册

330000－1723－0001191 9970－9975 類叢部/叢書類/彙編之屬
惜陰軒叢書三十四種續編一種 (清)李錫齡編 清光緒二十二年(1896)長沙刻本 六册

存一種

330000－1723－0001192　10407－10410　子部/術數類/相宅相墓之屬
重鐫官板地理天機會元三十五卷　(明)顧乃德輯　(明)徐之鏌重編　清上海錦章圖書局石印本　四册

330000－1723－0001193　9976－9978　子部/雜著類/雜纂之屬
平等閣筆記四卷　狄葆賢撰　清末有正書局鉛印本　三册　存三卷(一、三至四)

330000－1723－0001194　10800－10804　子部/醫家類/綜合之屬/通論
東醫寶鑒二十三卷目錄二卷　(朝鮮)許浚撰　清刻本　五册　存五卷(内景篇一上,外形篇一上,湯液篇三,雜病篇六上、十下)

330000－1723－0001195　10805－10809　子部/醫家類/方書之屬/單方驗方
新刊良朋彙集五卷　(清)孫偉輯　清嘉慶七年(1802)晉祁書業堂刻本　五册

330000－1723－0001198　10815－10833　子部/醫家類/外科之屬/通論
瘍醫大全四十卷　(清)顧世澄撰　清同治九年(1870)敦仁堂刻本　十九册　存十四卷(一至六、二十至二十七)

330000－1723－0001200　10843　子部/醫家類/綜合之屬/通論
訂補明醫指掌十卷　(明)皇甫中撰　(明)王肯堂等訂補　**附刻診家樞要一卷**　(明)滑壽編纂　清刻本　一册　缺八卷(一至八)

330000－1723－0001201　10845－10852　子部/醫家類/類編之屬
當歸草堂醫學叢書初編十種　(清)丁丙編　清光緒四年(1878)錢塘丁氏當歸草堂刻本　八册

330000－1723－0001204　10867　子部/醫家類/方書之屬
葉種德堂丸散膏丹全錄一卷　(清)葉種德堂主人輯　清光緒十三年(1887)葉種德堂刻本　一册

330000－1723－0001206　10378－10379　子部/術數類/相宅相墓之屬
種筠書屋較訂撼龍經山法全書二卷　(清)葉泰輯　(清)高其倬批注　清刻本　二册

330000－1723－0001207　10380－10381　子部/術數類/相宅相墓之屬
地學二卷　(清)沈鎬撰　清大文堂刻本　二册

330000－1723－0001211　10382－10384　子部/術數類/相宅相墓之屬
地理五訣八卷　(清)趙廷棟撰　清刻本　三册　缺二卷(一至二)

330000－1723－0001214　10024　子部/兵家類/兵法之屬
孫吳司馬法八卷　(清)孫星衍輯　清同治十年(1871)淮南書局刻本　一册

330000－1723－0001216　10025　史部/政書類/律令之屬/刑制
古刑法質疑一卷　(清)章震福撰　清光緒三十四年(1908)鉛印本　一册

330000－1723－0001217　10435－10438　子部/術數類/相宅相墓之屬
欽定羅經透解二卷首一卷　(清)王道亨輯錄　清上海錦章圖書局石印本　四册

330000－1723－0001218　10420－10421　子部/術數類/相宅相墓之屬
地理辨正五卷　(清)蔣平階補傳　(清)姜垚辨正　(清)章仲山增補直解　清善成堂刻本　二册

330000－1723－0001219　10411－10419　子部/術數類/相宅相墓之屬
重校刊官板地理玉髓真經二十八卷　(宋)張洞玄撰　(宋)劉允中注　**後卷一卷**　(宋)房正撰　清龍溪堂刻本　九册　缺五卷(五至七、十二、十九)

330000－1723－0001220　10026－10037　類

叢部/叢書類/自著之屬

諸葛忠武侯全集五種 (三國蜀)諸葛亮撰 (清)張澍編 清同治元年(1862)聚珍齋木活字印本 陳知庠題記 十二册

330000－1723－0001221 10422－10425 子部/術數類/相宅相墓之屬

地理辨正補六卷 (清)朱尊輯 清道光十年(1830)姑蘇方氏紫芝書屋刻光緒二十年(1894)墨潤堂印本 四册

330000－1723－0001222 10038－10041 類叢部/叢書類/彙編之屬

學津討原一百七十三種 (清)張海鵬編 清嘉慶十年(1805)虞山張氏照曠閣刻本 四册 存一種

330000－1723－0001223 10042－10047 子部/兵家類/操練之屬

練兵實紀九卷雜集六卷 (明)戚繼光撰 清光緒京都琉璃廠刻本 六册

330000－1723－0001224 10048－10051 子部/兵家類/兵法之屬

兵書七種 (清)聚奎主人輯 清光緒二十四年(1898)杭城衢樽石印本 四册

330000－1723－0001225 10426－10429 子部/術數類/相宅相墓之屬

地理末學二卷首一卷 (清)紀大奎撰 清刻本 四册

330000－1723－0001226 10430－10433 子部/術數類/相宅相墓之屬

地理末學二卷首一卷 (清)紀大奎撰 清刻本 四册

330000－1723－0001228 10053 子部/兵家類/兵法之屬

火攻挈要三卷圖一卷 (德國)湯若望授 (明)焦勗纂 清道光二十一年(1841)揚州府署刻本 一册

330000－1723－0001229 10870 子部/醫家類/方書之屬/成方藥目

廣芝館丸藥錄一卷 (清)廣芝館主人編 清刻本 一册

330000－1723－0001230 10872－10891 子部/醫家類/綜合之屬

景岳全書六十四卷 (明)張介賓撰 清乾隆三十三年(1768)越郡藜照樓刻本 二十册 缺十三卷(三至六、二十二至二十五、三十八至四十二)

330000－1723－0001231 10485－10489 子部/天文曆算類/算書之屬

數學精詳十一卷首一卷末一卷 (清)屈曾發輯 清光緒二十二年(1896)格致書室石印本 清繼捐廉題記 五册

330000－1723－0001232 10871 子部/醫家類/綜合之屬

景岳全書六十四卷 (明)張介賓撰 清刻本 一册 存一卷(一)

330000－1723－0001235 10939－10942 子部/醫家類/類編之屬

陳修園醫書二十四種 (清)陳念祖等撰 清光緒二十六年(1900)兩儀堂刻本 四册 存三種

330000－1723－0001236 10439－10442 子部/術數類/相宅相墓之屬

羅經解定七卷附羅經問答一卷 (清)胡國楨撰 清刻本(卷三至四配清觀我堂刻本) 四册

330000－1723－0001237 10944－10949 子部/醫家類/類編之屬

陳修園醫書五十種 (清)陳念祖等撰 清光緒三十一年(1905)上海商務印書館鉛印本 六册 存十二種

330000－1723－0001238 10463－10484 子部/術數類/陰陽五行之屬

欽定協紀辨方書三十六卷 (清)允祿 (清)張照等纂修 清乾隆六年(1741)刻朱墨套印本 二十二册 缺三卷(三十三至三十五)

330000－1723－0001239 10943 子部/醫家類/類編之屬

陳修園醫書五十種　(清)陳念祖等撰　清光緒三十一年(1905)上海商務印書館鉛印本　一冊　存一種

330000－1723－0001241　10953－10960　子部/醫家類/類編之屬
陳修園醫書四十八種　(清)陳念祖等撰　清光緒三十一年(1905)上海文盛堂書局石印本　八冊　存二十二種

330000－1723－0001242　10054　新學/雜著/叢編
江南製造局譯書　(清)江南製造局編　清光緒江南製造局刻本暨鉛印本　一冊　存一種

330000－1723－0001243　10055－10056、10069－10072　類叢部/叢書類/彙編之屬
漸西村舍彙刊(漸西村舍叢刻)四十四種　(清)袁昶編　清光緒十六年至二十四年(1890－1898)桐廬袁氏刻本　六冊　存二種

330000－1723－0001245　10057　子部/農家農學類/蠶桑之屬
柞蠶雜誌一卷柞蠶問答一卷　增韞撰　清光緒三十二年(1906)浙江官書局刻本　一冊

330000－1723－0001246　11137　子部/醫家類/醫經之屬/内經
靈素節要淺註十二卷　(清)陳念祖撰　清石印本　一冊　存五卷(八至十二)

330000－1723－0001247　11138　子部/醫家類/醫經之屬/内經
靈素節要淺註十二卷　(清)陳念祖撰　清刻本　一冊　存三卷(七至九)

330000－1723－0001249　45102－45131　史部/政書類/通制之屬
三通考輯要　湯壽潛輯　清光緒二十五年(1899)上海圖書集成局鉛印本　三十冊

330000－1723－0001250　10515－10517　類叢部/叢書類/自著之屬
鄒徵君遺書八種附二種　(清)鄒伯奇撰　清同治十二年(1873)鄒達泉拾芥園刻本　三冊　存三種

330000－1723－0001252　10073－10074　類叢部/叢書類/彙編之屬
十萬卷樓叢書五十一種　(清)陸心源編　清光緒歸安陸氏刻本　二冊　存一種

330000－1723－0001253　11144－11157　子部/醫家類/醫經之屬/内經
黄帝内經素問註證發微九卷靈樞註證發微九卷補遺一卷　(明)馬蒔撰　清光緒十四年(1888)廣陵邱氏刻本　十四冊　缺二卷(素問註證發微九、靈樞註證發微二)

330000－1723－0001254　10075－10078　新學/重學/重學器
遠西機器圖説錄最三卷　(瑞士)鄧玉函口授　(明)王徵譯繪　**新製機器圖説一卷**　(明)王徵撰　清光緒三年(1877)同文館刻本　四冊

330000－1723－0001255　10079－10084　子部/小説家類/異聞之屬
池上草堂筆記近錄六卷續錄六卷三錄六卷四錄六卷　(清)梁恭辰撰　清刻本　六冊　缺六卷(一至三、續錄一至三)

330000－1723－0001256　10518　子部/天文曆算類/算書之屬
粟布演草附題一卷　(清)鄒伯奇撰例　(清)招錫恩演草　清光緒元年(1875)嶺南叢雅居刻本　一冊

330000－1723－0001257　11168－11175　子部/醫家類/醫經之屬/内經
黄帝内經素問集注九卷　(清)張志聰撰　清太醫院刻本　八冊

330000－1723－0001258　10519－01520　新學/圖學/測繪
兩湖書院兵法測繪學課程□□卷　(清)羅照滄撰　清正學堂刻本　二冊　存二卷(一、四)

330000－1723－0001259　11186　子部/醫家類/方書之屬/單方驗方
驗方新編二十四卷　(清)鮑相璈輯　清光緒

十九年(1893)上海鴻寶齋石印本　一冊　存六卷(一至六)

330000－1723－0001260　11187－11190　子部/醫家類/方書之屬/單方驗方

驗方新編十六卷　(清)鮑相璈輯　**痧症全書三卷**　(清)王凱編輯　**咽喉秘集二卷**　(清)海山仙館輯　清同治十二年(1873)俞敬義堂刻本　四冊　缺十三卷(一至十、十二至十四)

330000－1723－0001261　10521－10524　子部/天文曆算類/算書之屬

象數一原七卷　(清)項名達撰　(清)戴煦校補　清光緒十四年(1888)上海金匱華蘅芳刻本　四冊

330000－1723－0001262　10085－10088　子部/小說家類/異聞之屬

圖像山海經詳註十八卷　(晉)郭璞撰　(清)吳志伊注　**山海經圖五卷**　(宋)舒雅撰　**山海經雜述一卷**　(清)吳志伊撰　清經國堂刻本　四冊

330000－1723－0001263　10089　子部/小說家類/異聞之屬

音釋坐花誌果八卷　(清)汪道鼎撰　(清)鶩峰樵者音釋　清光緒十四年(1888)廣百宋齋鉛印本　一冊　存四卷(一至四)

330000－1723－0001264　10525－10529　子部/天文曆算類/算書之屬

古籌算考釋六卷　勞乃宣撰　清光緒十二年(1886)保山劉樹堂完縣官舍刻本　五冊　存五卷(一至五)

330000－1723－0001266　11191　子部/醫家類/方書之屬/單方驗方

驗方新編十八卷　(清)鮑相璈等輯　清刻本　一冊　存一卷(十一)

330000－1723－0001276　11210－11211　子部/醫家類/方書之屬/歷代方書

醫方集解不分卷　(清)汪昂撰　清光緒十三年(1887)姑蘇掃葉山房刻本　二冊

330000－1723－0001277　11212－11215　子部/醫家類/醫理之屬/藏象骨度

華洋臟象約纂三卷首一卷　(清)朱沛文編輯　清光緒十六年(1890)佛山刻本　四冊

330000－1723－0001278　11216－11221　子部/醫家類/類編之屬

陳士鐸所述醫書三種　(清)陳士鐸撰　清光緒十四年(1888)善成堂刻本　六冊　存一種

330000－1723－0001285　11222　子部/醫家類/溫病之屬/瘧痢

治瘧痢方不分卷　清刻本　清簡香題記　一冊

330000－1723－0001287　11223　子部/醫家類/溫病之屬/瘧痢

治瘧痢方不分卷　清刻本　一冊

330000－1723－0001288　10530－10535　子部/天文曆算類/算書之屬

則古昔齋算學十三種　(清)李善蘭編　清同治六年(1867)海寧李善蘭金陵刻本　六冊

330000－1723－0001289　11224　子部/醫家類/溫病之屬/瘧痢

治瘧痢方不分卷　清刻本　一冊

330000－1723－0001290　11225　子部/醫家類/溫病之屬/瘧痢

治瘧痢方不分卷　清刻本　一冊

330000－1723－0001291　11226　子部/醫家類/溫病之屬/瘧痢

治瘧痢方不分卷　清刻本　一冊

330000－1723－0001292　11227　子部/醫家類/溫病之屬/瘧痢

治瘧痢方不分卷　清刻本　一冊

330000－1723－0001293　11228　子部/醫家類/溫病之屬/瘧痢

治瘧痢方不分卷　清刻本　一冊

330000－1723－0001294　11229　子部/醫家類/溫病之屬/瘧痢

治瘧痢方不分卷　清刻本　一冊

330000－1723－0001295　11230　子部/醫家類/溫病之屬/瘧痢
治瘧痢方不分卷　清刻本　一冊

330000－1723－0001296　11231　子部/醫家類/溫病之屬/瘧痢
治瘧痢方不分卷　清刻本　一冊

330000－1723－0001297　11232　子部/醫家類/溫病之屬/瘧痢
治瘧痢方不分卷　清刻本　一冊

330000－1723－0001298　11233　子部/醫家類/溫病之屬/瘧痢
治瘧痢方不分卷　清刻本　一冊

330000－1723－0001299　11234　子部/醫家類/溫病之屬/瘧痢
治瘧痢方不分卷　清刻本　一冊

330000－1723－0001300　11235　子部/醫家類/溫病之屬/瘧痢
治瘧痢方不分卷　清刻本　一冊

330000－1723－0001301　10536－10538　新學/算學/微積
代微積拾級十八卷　(美國)羅密士撰　(英國)偉烈亞力口譯　(清)李善蘭筆述　清咸豐九年(1859)墨海刻本　三冊

330000－1723－0001302　11236　子部/醫家類/溫病之屬/瘧痢
治瘧痢方不分卷　清刻本　一冊

330000－1723－0001303　11237　子部/醫家類/溫病之屬/瘧痢
治瘧痢方不分卷　清刻本　一冊

330000－1723－0001304　11238　子部/醫家類/溫病之屬/瘧痢
治瘧痢方不分卷　清刻本　一冊

330000－1723－0001306　11239　子部/醫家類/溫病之屬/瘧痢
治瘧痢方不分卷　清刻本　一冊

330000－1723－0001307　11240　子部/醫家類/溫病之屬/瘧痢
治瘧痢方不分卷　清刻本　一冊

330000－1723－0001308　11241　子部/醫家類/溫病之屬/瘧痢
治瘧痢方不分卷　清刻本　一冊

330000－1723－0001309　10539－10544　新學/算學/代數
代數術二十五卷首一卷　(英國)華里司輯　(英國)傅蘭雅口釋　(清)華蘅芳筆述　清刻本　六冊

330000－1723－0001310　10497－10502　子部/天文曆算類/算書之屬
行素軒算稿九種　(清)華蘅芳撰　清光緒八年(1882)梁谿華氏刻本　六冊　存五種

330000－1723－0001314　11249　子部/醫家類/本草之屬/本草藥性
雷公炮製藥性解六卷　(明)李中梓撰　清刻本　一冊　存三卷(一至三)

330000－1723－0001315　10503－10510　子部/天文曆算類/算書之屬
九章算術細草圖說九卷海島算經細草圖說一卷　(三國魏)劉徽注　(唐)李淳風等注釋　(清)李潢細草　(清)沈欽裴補草　清嘉慶二十五年(1820)語鴻堂刻本　八冊

330000－1723－0001318　10511－10512　子部/天文曆算類/算書之屬
新編筭學啓蒙三卷總括一卷　(元)朱世傑撰　**筭學啓蒙識誤一卷**　(清)羅士琳撰　清同治十年(1871)江南機器製造局刻本　二冊

330000－1723－0001320　10548－10551　新學/化學/化學
化學初階四卷　(美國)嘉約翰口譯　(清)何瞭然筆述　清同治九年(1870)羊城博濟醫局刻本　四冊

330000－1723－0001321　11253－11258　子部/醫家類/本草之屬/神農本草經
本草三家合註六卷　(清)郭汝驄撰　**神農本草經百種錄一卷**　(清)徐大椿撰　清宣統元年(1909)益元書屋刻本　六冊

330000－1723－0001322　11259　子部/醫家類/本草之屬/神農本草經

神農本草經讀四卷　(清)陳念祖撰　清刻本　一冊　存二卷(三至四)

330000－1723－0001323　10566－10570　新學/重學/重學

重學二十卷圜錐曲線說三卷　(英國)艾約瑟口譯　(清)李善蘭筆述　清同治五年(1866)刻本　五冊　缺三卷(圜錐曲線說一至三)

330000－1723－0001324　10552－10559　新學/化學/化學

化學闡原十二卷首一卷表一卷　(法國)畢利幹口譯　(清)王鍾祥　(清)承霖筆述　清光緒八年(1882)同文館鉛印本　八冊　缺五卷(八至十二)

330000－1723－0001326　10560－10561　新學/格致總

格致彙編不分卷　(英國)傅蘭雅輯　清光緒二年至十八年(1876－1892)上海格致書院鉛印本　二冊

330000－1723－0001327　10562－10565　新學/格致總

格致啓蒙四卷　(英國)羅斯古纂　(美國)林樂知　(清)鄭昌棪譯　清光緒江南機器製造總局刻本　四冊

330000－1723－0001328　10513－10514　新學/算學/三角八綫

算式集要四卷　(英國)哈司韋輯　(英國)傅蘭雅口譯　(清)江衡筆述　清刻本　二冊

330000－1723－0001329　10490－10496　子部/天文曆算類/算書之屬

筆算數學題草圖解二十四章　(清)朱世增編　清光緒三十三年(1907)上海石印本　七冊　缺五章(一至五)

330000－1723－0001330　10572－10576　類叢部/叢書類/自著之屬

鄒徵君遺書八種附二種　(清)鄒伯奇撰　清同治十二年(1873)鄒達泉拾芥園刻本　五冊　存八種

330000－1723－0001333　11261　子部/醫家類/類編之屬

本草醫方合編　(清)汪昂編　清刻本　一冊　存五卷(本草備要八至十一、醫方集解三下)

330000－1723－0001335　11270－11273　子部/醫家類/本草之屬/本草雜著

本草萬方鍼線八卷藥品總目一卷　(清)蔡烈先輯　清乾隆四十九年(1784)金閶書業堂刻本　四冊

330000－1723－0001336　11274－11276　子部/醫家類/類編之屬

吴氏醫學述　(清)吳儀洛輯　清三讓堂刻本　三冊　存一種

330000－1723－0001337　11277－11280　子部/醫家類/本草之屬/歷代綜合本草

增訂本草備要四卷附經絡歌訣一卷醫方湯頭歌括一卷　(清)汪昂撰　清聚□堂刻本　四冊

330000－1723－0001338　11281　子部/醫家類/本草之屬/歷代綜合本草

增訂本草備要四卷附經絡歌訣一卷醫方湯頭歌訣一卷　(清)汪昂撰　清味經堂刻本　一冊　存一卷(一)

330000－1723－0001340　10115－10116　子部/小說家類/異聞之屬

蜨階外史四卷　(清)高繼珩撰　清咸豐十年(1860)香火姻緣室刻本　二冊

330000－1723－0001342　11282－11283　子部/醫家類/本草之屬/歷代綜合本草

增訂本草備要四卷醫方集解六卷醫方湯頭歌括一卷經洛歌訣一卷續增日食菜物一卷　(清)汪昂撰　清乾隆五年(1740)胡宗文刻本　二冊

330000－1723－0001343　11284－11307　子部/醫家類/本草之屬/歷代綜合本草

本草綱目五十二卷首一卷附圖三卷奇經八脈

攷一卷瀕湖脈學一卷脈訣攷證一卷 （明）李時珍撰 **本草萬方鍼線八卷** （清）蔡烈先輯 清刻本 二十四册 存三十三卷（五至九、十三至十五、十七下至二十二、二十四至三十、四十四至四十七、五十下至五十一下，萬方鍼線一至六）

330000－1723－0001344 11308－11309 子部/醫家類/本草之屬/歷代綜合本草

本草綱目五十二卷首一卷附圖三卷奇經八脈攷一卷瀕湖脈學一卷脈訣攷證一卷 （明）李時珍撰 **本草萬方鍼線八卷** （清）蔡烈先輯 清芥子園刻本 二册 存二卷（十六、三十六）

330000－1723－0001345 11310－11318 子部/醫家類/本草之屬/歷代綜合本草

本草綱目五十二卷首一卷附圖三卷奇經八脈攷一卷瀕湖脈學一卷脈訣攷證一卷 （明）李時珍撰 **本草萬方鍼線八卷** （清）蔡烈先輯 清刻本 九册 缺五十卷（三至五十二）

330000－1723－0001346 10117－10122 子部/小說家類/異聞之屬

酉陽雜俎二十卷續集十卷 （唐）段成式撰 清道光二十九年（1849）小嫏嬛山館刻本 六册

330000－1723－0001347 10060 新學/農政/蠶務

最新養蠶學八卷 （日本）針塚長太郎撰 （日本）野浦齋譯 清光緒三十年（1904）浙江官書局鉛印本 一册

330000－1723－0001348 10061 新學/農政/蠶務

最新養蠶學八卷 （日本）針塚長太郎撰 （日本）野浦齋譯 清光緒三十年（1904）浙江官書局鉛印本 一册

330000－1723－0001349 10062－10068 子部/農家農學類/蠶桑之屬

蠶桑萃編十五卷首一卷 （清）衛杰撰 清光緒二十六年（1900）浙江書局刻本 七册 缺一卷（三）

330000－1723－0001352 10123－10126 子部/雜著類/雜說之屬

輟耕錄三十卷 （明）陶宗儀撰 清刻本 四册 存十五卷（十六至三十）

330000－1723－0001353 10058 新學/農政/蠶務

論養蠶新法一卷 （法國）巴士德撰 （法國）拔維晏譯 清光緒二十八年（1902）浙江官書局刻本 一册

330000－1723－0001354 10059 新學/農政/蠶務

論養蠶新法一卷 （法國）巴士德撰 （法國）拔維晏譯 清光緒二十八年（1902）浙江官書局刻本 一册

330000－1723－0001356 11333－11351 子部/醫家類/本草之屬/歷代綜合本草

本草綱目五十二卷附圖二卷瀕湖脈學一卷奇經八脈攷一卷 （明）李時珍撰 **本草萬方鍼線八卷** （清）蔡烈先輯 清乾隆四十九年（1784）金閶書業堂刻本 十九册 缺二十二卷（三十六至五十二、圖一至二、萬方鍼線六至八）

330000－1723－0001360 11388－11435 子部/醫家類/本草之屬/歷代綜合本草

本草綱目五十二卷首一卷附圖三卷奇經八脈攷一卷瀕湖脈學一卷脈訣攷證一卷 （明）李時珍撰 **本草萬方鍼線八卷** （清）蔡烈先輯 清芥子園刻本 四十八册 缺四卷（本草綱目五、八，附圖二至三）

330000－1723－0001361 10584－10585 子部/天文曆算類/曆法之屬

交食捷算四卷 （清）黄炳垕撰 清光緒十年（1884）留書種閣刻本 二册

330000－1723－0001362 11436 子部/醫家類/方書之屬/單方驗方

救濟灾黎陪賑散一卷 （清）陳良佐撰 清光緒四年（1878）潁川程文炳木活字印本 一册

330000－1723－0001363 10586 子部/天文

曆算類/天文之屬
星學初階不分卷 （清）鍾瑞彪編 清光緒十八年（1892）刻本 一冊

330000－1723－0001364 11437 子部/醫家類/溫病之屬/瘟疫
嶺南三急症醫方辨論不分卷 （清）蔣希曾撰 清瑞元堂刻本 一冊

330000－1723－0001365 11438 子部/醫家類/診法之屬/脈經脈訣
四診抉微八卷管窺附餘一卷 （清）林之翰撰 清刻本 一冊 存五卷（五至八、管窺附餘）

330000－1723－0001366 10581－10583 新學/天學
談天十八卷首一卷附表一卷 （英國）侯失勒撰 （英國）偉烈亞力口譯 （清）李善蘭筆述 清同治十三年（1874）鉛印本 三冊

330000－1723－0001368 11439－11441 子部/醫家類/綜合之屬/通論
醫學心悟六卷 （清）程國彭撰 清刻本 三冊 存五卷（二至六）

330000－1723－0001369 11442－11443 子部/醫家類/溫病之屬/瘟疫
溫疫論補註二卷 （明）吴有性撰 （清）鄭重光補註 清光緒六年（1880）掃葉山房刻本 二冊

330000－1723－0001370 11444－11445 子部/醫家類/溫病之屬/瘟疫
瘟疫論二卷補遺一卷附按一卷 （明）吴有性撰 （清）黄文炳等重訂 清刻本 二冊

330000－1723－0001371 10593－10633 子部/醫家類/綜合之屬/通論
御纂醫宗金鑑九十卷首一卷 （清）吴謙等撰 清乾隆刻本 四十一冊 缺十一卷（外科心法要訣六至十六）

330000－1723－0001372 10588－10592 子部/天文曆算類/曆法之屬
歷代長術輯要十卷附古今推步諸術攷二卷 （清）汪曰楨撰 清光緒四年（1878）刻本 五冊

330000－1723－0001374 10139－10141 子部/小說家類/雜事之屬
庸盦筆記六卷 （清）薛福成撰 清宣統二年（1910）上海掃葉山房石印本 三冊

330000－1723－0001375 10142－10147 子部/雜著類/雜纂之屬
增廣智囊補二十八卷 （明）馮夢龍輯 清宣統二年（1910）上海文盛書局石印本 六冊

330000－1723－0001380 9501－9504 子部/道家類
莊子集解八卷 王先謙撰 清宣統元年（1909）上海掃葉山房石印本 四冊

330000－1723－0001381 9505－9508 子部/道家類
莊子因六卷 （清）林雲銘撰 清嘉慶二年（1797）敦化堂刻本 四冊 存四卷（一至四）

330000－1723－0001382 9509－9510 子部/道家類
莊子獨見三十三卷 （清）胡文英撰 清乾隆十七年（1752）文淵堂刻本 二冊

330000－1723－0001384 9515－9520 子部/道家類
莊子十卷 （晉）郭象注 （唐）陸德明音義 清光緒二十三年（1897）新化三味書室刻本 六冊 存一種

330000－1723－0001385 11579 子部/醫家類/眼科之屬
異授眼科一卷 清同治六年（1867）劉繼禮刻本 一冊

330000－1723－0001386 9522 子部/宗教類/道教之屬/雜著
新鋟葛稚川内篇四卷外篇四卷 （晉）葛洪撰 （明）盧舜治評 清刻本 一冊 存一卷（内篇三）

330000－1723－0001390 11580 新學/醫學

西醫眼科撮要不分卷　清光緒六年(1880)羊城博濟醫局刻本　一冊

330000－1723－0001391　9523　子部/宗教類/道教之屬/戒律
太上感應篇直講一卷　清光緒十八年(1892)刻本　一冊

330000－1723－0001392　9524　子部/宗教類/道教之屬/戒律
太上感應篇直講一卷　清光緒十八年(1892)刻本　一冊

330000－1723－0001394　11581　子部/醫家類/醫案之屬
王氏醫案二卷　(清)王士雄撰　(清)周鑅輯　**醫案續編八卷**　(清)王士雄撰　(清)張鴻輯　清宣統二年(1910)石印本　本愚子題記　一冊　存三卷(續編一至三)

330000－1723－0001396　11582　子部/醫家類/綜合之屬/通論
慎疾芻言一卷　(清)徐大椿撰　清同治十三年(1874)費延釐刻本　一冊

330000－1723－0001397　9532　子部/道家類
道德論注一卷　(宋)司馬光撰　清刻本　一冊

330000－1723－0001398　12174－12178　類叢部/類書類/通類之屬
精選黃眉故事十卷　(明)鄧志謨輯　清光緒三年(1877)經濟堂刻本　五冊

330000－1723－0001399　11583－11586　子部/醫家類/傷寒金匱之屬/傷寒論
尚論張仲景傷寒論重編三百九十七法二卷首一卷後四卷　(清)喻昌撰　清刻本　四冊

330000－1723－0001400　9534－9537　子部/雜著類/雜考之屬
日知錄集釋三十二卷刊誤二卷續刊誤二卷　(清)黃汝成撰　清光緒十二年(1886)上海點石齋石印本　四冊

330000－1723－0001402　9533　子部/道家類
道德論注一卷　(宋)司馬光撰　清刻本　一冊

330000－1723－0001403　11587－11594　子部/醫家類/綜合之屬/通論
醫門法律六卷寓意草一卷　(清)喻昌撰　清兩儀堂刻本　八冊

330000－1723－0001404　12168－12173　類叢部/類書類/通類之屬
精選黃眉故事十卷　(明)鄧志謨輯　清嘉慶二十五年(1820)三槐堂刻本　六冊

330000－1723－0001405　12233－12247　類叢部/類書類/專類之屬
重編留青新集二十四卷　(清)馮善長輯　清光緒十六年(1890)上海鉛印本　十五冊　缺一卷(十)

330000－1723－0001409　9538－9553　子部/雜著類/雜考之屬
日知錄集釋三十二卷刊誤二卷續刊誤二卷　(清)黃汝成撰　清同治八年(1869)廣州述古堂刻本　清周星譽、清周星譽跋　十六冊

330000－1723－0001410　11601－11612　子部/醫家類/醫案之屬
臨證指南醫案十卷種福堂公選良方四卷　(清)葉桂撰　清刻本　十二冊

330000－1723－0001411　11613－11617　子部/醫家類/醫案之屬
臨證指南醫案十卷種福堂續選臨證指南四卷　(清)葉桂撰　清光緒二十二年(1896)滙海書局石印本　五冊　缺二卷(臨證指南醫案九至十)

330000－1723－0001412　12248－12259　類叢部/類書類/專類之屬
增廣留青新集二十四卷　(清)伊□□重編　(清)沈鼎銘　(清)馮善長校讎　清光緒十四年(1888)上海源記書局石印本　十二冊

330000－1723－0001413　9554－9566　子

部/雜著類/雜考之屬

日知錄集釋三十二卷刊誤二卷續刊誤二卷 (清)黃汝成撰 清光緒三年(1877)刻本 十三冊 存二十八卷(一至二十八)

330000－1723－0001414 11618－11620 子部/醫家類/醫案之屬

臨證指南醫案十卷 (清)葉桂撰 清刻本 三冊 存三卷(二、四至五)

330000－1723－0001415 12187－12232 子部/叢編

萬國政治藝學全書四十一種 (清)朱大文 (清)淩賡揚編 清光緒二十八年(1902)上海鴻文書局石印本 四十六冊 缺七十三卷(藝學叢攷十至十五、二十二至二十五,藝學最新文編一至二十三,政治最新文編一至四十)

330000－1723－0001417 12260－12267 類叢部/類書類/專類之屬

增廣留青新集二十四卷 (清)伊□□重編 (清)沈鼎銘 (清)馮善長校讎 清光緒二十五年(1899)石印本 八冊

330000－1723－0001419 12317－12330 類叢部/類書類/通類之屬

事類統編九十三卷首一卷 (清)林意誠輯 清道光十九年(1839)柏溪林氏味經堂刻本 十四冊 存三十卷(九至十二、十五至十七、三十至三十三、三十六至三十八、七十八至九十三)

330000－1723－0001421 11624 子部/醫家類/方書之屬/單方驗方

雜症急救良方不分卷 清刻本 一冊

330000－1723－0001423 11626 子部/醫家類/方書之屬/單方驗方

急救回生集附損人除害訣不分卷 (清)盛朝陽輯 清道光義烏馮肇偉木活字印本 一冊

330000－1723－0001424 9589－9611 經部/叢編

通藝錄十九種附二種 (清)程瑤田撰 清嘉慶八年(1803)刻本 二十三冊 存二十種

330000－1723－0001425 12331－12365 類叢部/類書類/通類之屬

增補事類統編九十三卷首一卷 (清)黃葆真輯 清道光二十六年(1846)丹陽黃氏敦好堂刻本 三十五冊 缺二十五卷(十五至十六、三十八至三十九、四十六至四十七、五十至五十一、五十八至七十一、八十五至八十七)

330000－1723－0001426 11446－11449 子部/醫家類/溫病之屬/其他溫疫病證

溫熱經緯五卷 (清)王士雄撰 清光緒三年(1877)刻本 四冊

330000－1723－0001428 12179－12186 類叢部/類書類/通類之屬

記事珠十卷 (清)張以謙輯 清嘉慶二十一年(1816)雲間王剛知不足軒刻本 八冊 存六卷(一至六)

330000－1723－0001429 11451－11454 子部/醫家類/溫病之屬/其他溫疫病證

溫病條辨六卷首一卷 (清)吳瑭撰 清道光十五年(1835)慈溪葉氏濬吾樓刻本 四冊

330000－1723－0001430 12315－12316 類叢部/類書類/通類之屬

時務分類文編三十二卷 (清)蛟川求是齋主人輯 清石印本 二冊 存五卷(三至四、二十八至三十)

330000－1723－0001431 11455－11460 子部/醫家類/溫病之屬/其他溫疫病證

溫病條辨六卷首一卷 (清)吳瑭撰 清寧波羣玉山房刻本 六冊

330000－1723－0001432 11461 子部/醫家類/溫病之屬/瘟疫

瘟疫條辨摘要不分卷 (清)呂田輯 清光緒十五年(1889)浙江書局刻本 一冊

330000－1723－0001433 11462－11467 子部/醫家類/綜合之屬/通論

新刊增補萬病回春原本八卷 (明)龔廷賢編 清姑蘇綠慎堂刻本 六冊 缺二卷(二、

七）

330000－1723－0001434　11468－11473　子部/醫家類/綜合之屬/通論

新刊萬病回春原本八卷　（明）龔廷賢編　清刻本　六冊　缺二卷（四至五）

330000－1723－0001435　12268－12314　類叢部/類書類/通類之屬

御定駢字類編二百四十卷　（清）吳士玉（清）沈宗敬等輯　清末石印本　四十七冊　缺五卷（七至十一）

330000－1723－0001438　11476－11477　子部/醫家類/溫病之屬

時病論八卷　（清）雷豐撰　清光緒三十年（1904）石印本　二冊

330000－1723－0001439　12366－12381　類叢部/類書類/通類之屬

策學總纂大全四十六卷目錄二卷　（清）蔡壽祺輯　清光緒八年（1882）上海文瑞樓刻本　十六冊

330000－1723－0001442　11480　子部/醫家類/綜合之屬/通論

活法機要一卷　（元）朱震亨撰　清宏德堂刻本　一冊

330000－1723－0001444　12434－12437　類叢部/類書類/通類之屬

策學十二種合纂二十四卷首一卷　（清）梁文欽纂　清光緒五年（1879）梁氏習靜山房刻本　四冊

330000－1723－0001448　12438－12450　類叢部/類書類/專類之屬

新增詩句題解彙編二十二卷　（清）陳劍芝（清）葉湘秋　（清）顧芷卿編　（清）朱春舫增輯　清光緒五年（1879）京都琉璃廠刻本　十三冊　存十四卷（一至二、四、七至十七）

330000－1723－0001449　11487　子部/醫家類/醫案之屬

醫醫偶錄二卷　（清）陳念祖撰　（清）陳心典輯　清蜀川蓬萊友善堂刻本　一冊　存一卷（二）

330000－1723－0001454　12621－12700　類叢部/類書類/通類之屬

太平御覽一千卷目錄十五卷　（宋）李昉等輯　清南海李氏刻光緒十八年（1892）學海堂重校印本　八十冊

330000－1723－0001461　12485　子部/雜著類/雜纂之屬

格言聯璧不分卷　（清）金纓輯　清同治十一年（1872）蘭邑西門徐福茂刻本　一冊

330000－1723－0001462　11509－11510　子部/醫家類/外科之屬/通論

外科正宗十二卷　（明）陳實功撰　（清）徐大椿評　清光緒三十一年（1905）上洋鍊石書局石印本　二冊

330000－1723－0001463　11511　子部/醫家類/外科之屬/通論

外科正宗十二卷　（明）陳實功撰　（清）徐大椿評　清刻本　一冊　存二卷（五至六）

330000－1723－0001464　11512　子部/醫家類/外科之屬/通論

外科正宗十二卷　（明）陳實功撰　（清）徐大椿評　清刻本　一冊　存二卷（七至八）

330000－1723－0001466　11513－11514、45175　新學/全體學

全體闡微三卷　（美國）柯為良撰　（清）林鼎文編譯　清光緒六年（1880）鉛印本　三冊

330000－1723－0001468　12422　類叢部/類書類/專類之屬

分韻詩賦題解統編一百六卷　（清）鴻文主人輯　清石印本　一冊　存十卷（十至十九）

330000－1723－0001476　12749－12850　類叢部/類書類/通類之屬

太平御覽一千卷目錄十五卷　（宋）李昉等輯　清嘉慶十二年至十七年（1807－1812）歙縣鮑崇城刻二十三年（1818）印本　一百二冊

330000－1723－0001477　12423－12433　集

部/總集類/選集之屬/通代
分類賦鵠十二卷首一卷 （清）廣百宋齋主人輯　清光緒十二年（1886）羊城廣百宋齋石印本　十一冊　缺一卷（五）

330000－1723－0001479　11537　子部/醫家類/針灸之屬/針法灸法
鍼灸擇日編集一卷 （明）金循義　（明）金義孫輯　清光緒十六年（1890）上杭羅氏十瓣同心蘭室刻本　清楊德孫題記　一冊

330000－1723－0001480　12451－12466　類叢部/類書類/通類之屬
續廣事類賦三十卷 （清）王鳳喈撰並注　清浙省三益堂刻本　十六冊

330000－1723－0001481　11633－11634　子部/醫家類/綜合之屬/通論
醫學源流論二卷 （清）徐大椿撰　清刻本　二冊

330000－1723－0001483　11636　子部/宗教類/佛教之屬/諸宗
萬法歸心錄三卷 （清）釋超溟撰　清光緒三十四年（1908）揚州刻本　一冊

330000－1723－0001484　11538－11539　子部/醫家類/婦科之屬
濟陰綱目十四卷 （明）武之望撰　（清）汪淇箋釋　**保生碎事一卷** （清）汪淇輯　清刻本　二冊　存五卷（四至八）

330000－1723－0001486　12486－12489　類叢部/類書類/專類之屬
類對集材六卷 （清）胡雲煥編　清嘉慶二十年（1815）古虞亦愛軒刻本　四冊　存四卷（一至三、五）

330000－1723－0001487　11540－11541　子部/醫家類/婦科之屬/產科
萬氏婦科達生合編四卷 （明）萬全等撰　清經綸堂刻本　二冊

330000－1723－0001489　11543　子部/醫家類/類編之屬
婦嬰至寶三種六卷 （清）徐尚慧編　清光緒八年（1882）刻本　一冊

330000－1723－0001493　11637－11638　子部/宗教類/佛教之屬/諸宗
徑中徑又徑四卷 （清）張師誠輯　清光緒二十九年（1903）揚州藏經院刻本　二冊

330000－1723－0001494　11549　子部/醫家類/婦科之屬/產科
增訂達生編一卷 （清）亟齋居士撰　（清）王敬山等增訂　清抄本　一冊

330000－1723－0001495　12851－12870　類叢部/類書類/通類之屬
北堂書鈔一百六十卷首一卷 （唐）虞世南撰　（清）孔廣陶校注　清光緒十四年（1888）南海孔氏三十有三萬卷堂刻本　二十冊

330000－1723－0001496　11639　子部/宗教類/佛教之屬/經
金剛般若波羅蜜經一卷附金剛經證驗一卷 （後秦）釋鳩摩羅什譯　清刻本　一冊

330000－1723－0001498　11640－11641　子部/宗教類/佛教之屬/諸宗
寶通賢首傳燈錄二卷 （清）釋心露等輯　清嘉慶九年（1804）京都雞足觀音菴刻本　二冊

330000－1723－0001499　11642　子部/宗教類/佛教之屬/經
大佛頂如來密因修證了義諸菩薩萬行首楞嚴經十卷 （唐）釋般剌密帝譯　（唐）釋彌伽釋迦譯語　（唐）房融筆受　清光緒七年（1881）海幢沙門穎勤刻本　一冊　存五卷（一至五）

330000－1723－0001501　11552　子部/醫家類/兒科之屬/通論
保赤全編二種附二種 （清）莊一夔撰　清光緒三十年（1904）刻本　一冊

330000－1723－0001502　12382－12421　類叢部/類書類/通類之屬
廣事類賦全集一百四十六卷 （宋）華希閔　（宋）吳淑等撰　清三讓堂刻本　四十冊

330000－1723－0001503　11553　子部/醫家

類/兒科之屬/通論

增補保赤心法附二卷續增金鏡錄西法治小兒考畧附一卷 (明)翁仲仁撰 清刻本 一冊

330000－1723－0001504 11555－11556 子部/醫家類/兒科之屬/痘疹

中西痘科合璧十二卷 (清)張琰編輯 清光緒三十二年(1906)上海書局石印本 二冊

330000－1723－0001505 11643－11645 子部/宗教類/佛教之屬/經

大佛頂如來密因修證了義諸菩薩萬行首楞嚴經十卷 (唐)釋般剌密帝譯 (唐)釋彌伽釋迦譯語 (唐)房融筆受 (明)王應乾參標 清咸豐十一年(1861)刻本 三冊

330000－1723－0001506 11557 子部/醫家類/兒科之屬/痘疹

增補痘疹玉髓金鏡錄二卷 (明)翁仲仁輯撰 清宣統二年(1910)上海萃英書局石印本 一冊

330000－1723－0001509 11560－11562 子部/醫家類/兒科之屬/痘疹

秘授痘疹百效全書四卷 (清)朱艸生校註 清咸豐七年(1857)刻本 三冊 存三卷(一至二、四)

330000－1723－0001510 12510－12511 子部/藝術類/遊藝之屬/聯語

巧對錄八卷 (清)梁章鉅撰 清道光二十九年(1849)甌城文華堂刻本 二冊

330000－1723－0001511 11563－11567 子部/醫家類/眼科之屬

傅氏眼科審視瑤函六卷首一卷 (明)傅仁宇撰 (明)林長生校補 清刻本 五冊 存五卷(二至六)

330000－1723－0001513 12512－12514 類叢部/類書類/通類之屬

子史輯要詩賦題解四卷續編四卷 (清)胡本淵編 清刻本 三冊 缺二卷(續編三至四)

330000－1723－0001516 12491－12494 類叢部/類書類/通類之屬

小知錄十二卷 (清)陸鳳藻輯 清拾芥園刻本 四冊

330000－1723－0001517 12523 類叢部/類書類/專類之屬

子史精華一百六十卷 (清)吴士玉 (清)吴襄等輯 清刻本 一冊 存四卷(九十五至九十八)

330000－1723－0001518 12495－12504 子部/雜著類/雜纂之屬

雲林別墅纂新輯酬世錦囊續編全集十九卷 (清)謝梅林 (清)鄒可庭輯 (清)鄒景揚等訂正 清光緒二年(1876)勤思堂刻本 十冊 缺五卷(三集對聯一至五)

330000－1723－0001523 12556－12563 經部/四書類/總義之屬/傳說

四書典林三十卷四書古人典林十二卷 (清)江永輯 清同治十二年(1873)古堇一經室刻本 八冊

330000－1723－0001524 12515－12522 類叢部/類書類/專類之屬

子史精華一百六十卷 (清)吴士玉 (清)吴襄等輯 清光緒十年(1884)上海同文書局石印本 八冊

330000－1723－0001525 12871－12975 類叢部/類書類/專類之屬

佩文韻府一百六卷 (清)張玉書 (清)蔡升元等輯 **韻府拾遺一百六卷** (清)汪灝 (清)何焯等輯 清刻本 一百五冊

330000－1723－0001526 12532－12543 類叢部/類書類/通類之屬

增補事類統編九十三卷首一卷 (清)黄葆真輯 清光緒十四年(1888)上海積山書局石印本 十二冊

330000－1723－0001528 12566 類叢部/類書類/專類之屬

初學行文語類四卷 (清)孫埏編 清大文堂刻本 一冊 存二卷(一至二)

330000－1723－0001530 12581－12584 子

部/儒家類/儒學之屬/蒙學

寄傲山房塾課新增幼學故事瓊林四卷首一卷　（清）程登吉撰　（清）鄒聖脈增補　清文楨堂刻本　四册

330000－1723－0001532　12585－12588　子部/儒家類/儒學之屬/蒙學

寄傲山房塾課新增幼學故事瓊林四卷首一卷　（清）程登吉撰　（清）鄒聖脈增補　清光緒十四年(1888)玉山魏文星刻本　四册

330000－1723－0001533　11658－11661、11694－11696　子部/宗教類/佛教之屬

雲棲法彙二十九種　（明）釋袾宏撰　（明）王宇春等輯　清光緒二十三年至二十五年(1897－1899)金陵刻經處刻本　七册　存二種

330000－1723－0001541　11670－11675　子部/宗教類/佛教之屬

一切經音義二十五卷　（唐）釋玄應撰　**補訂新譯大方廣佛華嚴經音義二卷**　（唐）釋慧苑撰　清同治八年(1869)仁和曹籀刻本　六册

330000－1723－0001542　11676　子部/宗教類/佛教之屬/諸宗

龍舒淨土文十卷　（宋）王日休撰　清刻本　一册

330000－1723－0001544　12574－12575　子部/儒家類/儒學之屬/蒙學

浙寧汲綆齋新增繪圖幼學故事瓊林四卷首一卷　（清）程登吉撰　（清）鄒聖脈增補　清末浙寧汲綆齋鉛印本　二册　存四卷(一至四)

330000－1723－0001546　12576－12577　子部/儒家類/儒學之屬/蒙學

寄傲山房塾課新增幼學故事瓊林四卷首一卷　（清）程登吉撰　（清）鄒聖脈增補　清永言堂刻本　二册

330000－1723－0001548　12578－12580　子部/儒家類/儒學之屬/蒙學

寄傲山房塾課新增幼學故事瓊林四卷首一卷　（清）程登吉撰　（清）鄒聖脈增補　清刻本　三册

330000－1723－0001549　12564－12565　經部/四書類/總義之屬/傳説

四書典林三十卷　（清）江永輯　清刻本　二册　存五卷(一至五)

330000－1723－0001557　11687　子部/宗教類/佛教之屬/經

二課合解七卷首一卷　釋興慈述　清刻本　一册　存二卷(三至四)

330000－1723－0001558　11688　子部/宗教類/佛教之屬/諸宗

博山和尚參禪警語一卷　（明）釋元來撰　（清）釋成正集　清光緒三十四年(1908)鎮江金山江天寺刻本　一册

330000－1723－0001564　11689－11692　子部/宗教類/佛教之屬

弘明集十四卷附音釋　（南朝梁）釋僧祐輯　清光緒二十二年(1896)金陵刻經處刻本　四册

330000－1723－0001565　11693　子部/宗教類/佛教之屬/經疏

占察善惡業報經疏二卷　（隋）釋菩提登譯　（清）釋智旭述　**占察善惡業報經玄義一卷占察善惡業報經行法一卷**　（清）釋智旭輯　清同治七年(1868)清芬堂刻本　一册　存二卷(占察善惡業報經疏一至二)

330000－1723－0001566　46729　新學/交涉/公法

五大洲圖説簡明萬國公法一卷　（清）□□輯　**萬國公法一卷**　（清）朱克敬撰　**各國路程日記一卷**　（清）李圭撰　**括地畧一卷**　（清）□□撰　清光緒石印本　一册

330000－1723－0001567　12571－12573　子部/儒家類/儒學之屬/蒙學

上海千頃堂書莊精校新增繪圖幼學故事瓊林四卷首一卷　（清）程登吉撰　（清）鄒聖脈增補　清光緒二十六年(1900)上海鍊石局石印本　三册

330000－1723－0001568　12524－12525　類叢部/類書類/專類之屬

子史精華三十卷　(清)吳士玉　(清)吳襄等輯　清光緒九年(1883)上海點石齋石印本　二册

330000－1723－0001572　12589－12610　類叢部/類書類/專類之屬

佩文韻府一百六卷　(清)張玉書　(清)蔡升元等輯　**韻府拾遺一百六卷**　(清)汪灝　(清)何焯等輯　清光緒二十一年(1895)上海鴻寶齋石印本　二十二册　存一百九十四卷(一至六十六、八十五至一百六,韻府拾遺一至一百六)

330000－1723－0001574　11697　子部/宗教類/道教之屬/戒律

陰隲文靈應集□□卷　(清)□□輯　清光緒二十四年(1898)刻本　一册　存一卷(下)

330000－1723－0001582　12567　子部/雜著類/雜編之屬

日用手册不分卷　商務印書館輯　清末上海商務印書館石印本　一册

330000－1723－0001583　11760－12155　子部/宗教類/佛教之屬/大藏

頻伽精舍校刊大藏經　釋宗仰等輯　清宣統元年至民國二年(1909－1913)迦陵羅詩氏頻伽精舍上海鉛印本　三百九十六册　存一千六百五十九種

330000－1723－0001586　11715－11720　子部/宗教類/道教之屬

返性圖纂正六卷首一卷末一卷　清光緒二十二年(1896)浙江蘭谿自反齋刻本　六册

330000－1723－0001587　11721　子部/宗教類/道教之屬

重訂暗室燈二卷　(清)深山居士輯　清同治十一年(1872)刻本　一册

330000－1723－0001589　11722　子部/宗教類/道教之屬/戒律

覺世經解不分卷　(清)劉鄭二福主註解　清光緒十九年(1893)刻本　一册

330000－1723－0001593　12611－12620　類叢部/類書類/通類之屬

淵鑑類函四百五十卷目錄四卷　(清)張英　(清)王士禛等輯　清光緒九年(1883)上海點石齋石印本　十册

330000－1723－0001596　11729－11731　子部/宗教類/道教之屬/戒律

救生船四卷　清光緒十六年(1890)刻本　三册　缺一卷(一)

330000－1723－0001597　13473－13631　史部/編年類/斷代之屬

東華錄天命朝四卷天聰朝十一卷崇德朝八卷順治朝三十六卷康熙朝一百十卷雍正朝二十六卷東華續錄乾隆朝一百二十卷嘉慶朝五十卷道光朝六十卷咸豐朝一百卷同治朝一百卷　王先謙編　清光緒刻本　一百五十九册　缺二百二卷(道光朝五十九至六十、咸豐朝一至一百、同治朝一至一百)

330000－1723－0001598　12156　子部/宗教類/佛教之屬/經

佛說阿彌陀經一卷　(後秦)釋鳩摩羅什譯　清浙杭西湖慧空經房刻本　一册

330000－1723－0001599　13632－13831　史部/政書類/通制之屬

九通　(清)□□輯　清光緒八年至二十二年(1882－1896)浙江書局刻本　二百册　存二種

330000－1723－0001600　12157　子部/宗教類/佛教之屬/經

金剛般若波羅蜜經一卷附般若波羅蜜多心經一卷　(後秦)釋鳩摩羅什譯　清光緒十四年(1888)紹興安昌鎮通濟禪院釋緣明刻本　一册

330000－1723－0001602　12160－12167　類叢部/類書類/通類之屬

增補萬寶全書二十卷續編六卷　(明)陳繼儒撰　(清)毛煥文增補　清光緒三十二年

(1906)上海龍文書局石印本　八册

330000－1723－0001605　11740　子部/宗教類/其他宗教之屬/基督教
印度人柏得門奇信道一卷二十二章　(美國)林樂知譯　清光緒二十九年(1903)上海廣學會鉛印本　一册

330000－1723－0001606　11741　子部/宗教類/其他宗教之屬/基督教
訓兒真言五十三章　(英國)馮馬利亞譯　清光緒十五年(1889)刻本　一册

330000－1723－0001607　11742－11747　子部/宗教類/其他宗教之屬/伊斯蘭教
天方典禮擇要解二十卷後編一卷　(清)劉智撰　清同治十年(1871)霞漳絳帳堂刻本　六册

330000－1723－0001609　14227－14242、14568－14619、14636－14647、14654－14677、14686－14810、14863－14973、14982－15053、15114－15193　史部/紀傳類/正史之屬
二十四史　清同治至光緒五省官書局據汲古閣本等合刻光緒五年(1879)湖北書局彙印本　四百九十二册　存十九種

330000－1723－0001613　14286－14307　類叢部/叢書類/彙編之屬
古香齋袖珍十種　清同治至光緒南海孔氏刻本　二十二册　存一種

330000－1723－0001618　13326　子部/藝術類/書畫之屬/畫譜
醉墨軒畫稿四卷　(清)胡郯卿撰　清宣統元年(1909)上海天寶書局石印本　一册

330000－1723－0001619　13832－14151　史部/政書類/通制之屬
三通　清咸豐九年(1859)崇仁謝氏刻本　三百二十册

330000－1723－0001620　14202－14225　史部/紀傳類/正史之屬
史記一百三十卷方望溪平點史記四卷　(漢)司馬遷撰　(明)歸有光　(清)方苞評點　清光緒二年至四年(1876－1878)武昌張氏刻本　二十四册

330000－1723－0001622　14376－14379　史部/紀傳類/正史之屬
四史　清光緒九年(1883)上海點石齋石印本　四册　存一種

330000－1723－0001624　13327　子部/藝術類/書畫之屬/畫譜
紉齋畫賸四卷　(清)陳允升撰　清光緒十二年(1886)上海點石齋影印本　一册　存二卷(一至二)

330000－1723－0001626　14374－14375　史部/紀傳類/正史之屬
漢書一百卷　(漢)班固撰　(唐)顔師古注　清光緒九年(1883)上海點石齋石印本　二册　存四十卷(六十一至一百)

330000－1723－0001627　14152－14175　史部/紀傳類/正史之屬
史記一百三十卷　(漢)司馬遷撰　(南朝宋)裴駰集解　(唐)司馬貞索隱　(唐)張守節正義　清同治九年(1870)楚北崇文書局刻本　二十四册

330000－1723－0001628　13338　子部/藝術類/書畫之屬/畫法畫品
姚叔平山水畫册四卷　(清)姚鍾葆畫　清光緒二十九年(1903)上海讀書齋石印本　一册

330000－1723－0001631　14226、14620－14635、14648－14653　史部/紀傳類/正史之屬
二十四史　清同治至光緒五省官書局據汲古閣本等合刻光緒五年(1879)湖北書局彙印本　二十三册　存三種

330000－1723－0001634　14380－14411　史部/紀傳類/正史之屬
漢書補注一百卷首一卷　王先謙撰　清光緒二十六年(1900)長沙王氏刻本　三十二册

330000－1723－0001635　14176－14201、14548－14561　史部/紀傳類/正史之屬

四史　清同治十一年(1872)成都書局刻本　四十册　存二種

330000－1723－0001636　14536－14547　史部/紀傳類/正史之屬
四史　清光緒十三年(1887)江南書局刻本　十二册　存一種

330000－1723－0001640　14243　史部/紀傳類/正史之屬
四史　清光緒十年(1884)上海同文書局石印本　一册　存一種

330000－1723－0001642　14412－14477　史部/紀傳類/正史之屬
重刊二十四史　清同治八年(1869)嶺南葄古堂刻本　六十六册　存二種

330000－1723－0001643　14811－14850　史部/紀傳類/正史之屬
五代史記七十四卷　(宋)歐陽修撰　(宋)徐無黨注　(清)彭元瑞增注　(清)劉鳳誥排次　清嘉慶二十年(1815)萍鄉劉氏雲甡書屋刻道光八年(1828)重修本　四十册

330000－1723－0001645　14479－14490、14516－14523　史部/紀傳類/正史之屬
二十四史附考證　清光緒十八年(1892)武林竹簡齋石印本　二十册　存二種

330000－1723－0001647　14507－14515　史部/紀傳類/正史之屬
二十四史附考證　清光緒十四年(1888)上海鴻文書局石印本　九册　存一種

330000－1723－0001650　14478　史部/紀傳類/正史之屬
二十四史附考證　清末石印本　一册　存一種

330000－1723－0001651　14259－14285　史部/紀傳類/正史之屬
史記一百三十卷　(漢)司馬遷撰　(南朝宋)裴駰集解　(唐)司馬貞索隱　(唐)張守節正義　清刻本　二十七册　缺十四卷(一至四、七至九、二十二至二十五、一百二十八至一百三十)

330000－1723－0001652　15086－15113　史部/紀傳類/正史之屬
二十四史附考證　清光緒二十九年(1903)上海點石齋石印本　二十八册　存三種

330000－1723－0001653　13365　子部/藝術類/書畫之屬/總論
書法指南不分卷　(清)蔣和撰　清末石印本　一册

330000－1723－0001654　14678－14685　史部/紀傳類/正史之屬
南北史補志十四卷附贊一卷　(清)汪士鐸撰　清光緒四年(1878)淮南書局刻本　八册

330000－1723－0001655　14851－14862　史部/紀傳類/正史之屬
舊五代史一百五十卷附攷證目錄二卷　(宋)薛居正等撰　清嘉慶元年(1796)掃葉山房刻本　十二册　缺十六卷(舊五代史一百三十五至一百五十)

330000－1723－0001656　14974－14981　史部/紀傳類/正史之屬
金史詳校十卷首一卷附史論五答一卷　(清)施國祁撰　清光緒六年(1880)會稽章氏刻本　八册

330000－1723－0001657　13367－13369　子部/藝術類/書畫之屬
桐陰論畫二卷首一卷附錄一卷畫訣一卷續桐陰論畫一卷二編二卷三編二卷　(清)秦祖永撰　清同治三年至光緒八年(1864－1882)刻朱墨套印本　三册　缺四卷(桐陰論畫二、附錄、畫訣、續桐陰論畫)

330000－1723－0001659　15418　史部/紀傳類/正史之屬
三國志裴注述二卷　(清)林國贊撰　清光緒十六年(1890)學海堂刻本　清朱苗孫題記　一册

330000－1723－0001660　15419　史部/紀傳類/正史之屬

三國志裴注述二卷　(清)林國贊撰　清光緒十六年(1890)學海堂刻本　一冊

330000－1723－0001661　15420　史部/紀傳類/正史之屬
三國志裴注述二卷　(清)林國贊撰　清光緒十六年(1890)學海堂刻本　一冊

330000－1723－0001662　15439－15462　史部/載記類
十國春秋一百十四卷　(清)吳任臣撰　**拾遺一卷備考一卷**　(清)周昂輯　清海虞戴氏漱石山房刻本　二十四冊

330000－1723－0001663　15472－15475　史部/載記類
南漢春秋十三卷　(清)劉應麟撰　清道光三十年(1850)刻本　四冊

330000－1723－0001664　15469、17728－17732　類叢部/叢書類/彙編之屬
王益吾所刻書十種　王先謙編　清光緒九年至十年(1883－1884)長沙王氏刻本　六冊　存五種

330000－1723－0001669　15483－15490　史部/史評類/考訂之屬
廿二史劄記三十六卷補遺一卷　(清)趙翼撰　清光緒二十六年(1900)上海書局石印本　八冊

330000－1723－0001670　15491－15506　史部/史評類/考訂之屬
廿二史劄記三十六卷補遺一卷　(清)趙翼撰　**廿二史劄記識語二卷**　(清)鄒永修撰　清光緒二十六年(1900)新化西畬山館刻本　十六冊

330000－1723－0001671　15463－15468　史部/叢編
思益堂史學四種　(清)周壽昌撰　清光緒長沙周氏小對竹軒刻本　六冊　存二種

330000－1723－0001672　15054－15085　史部/紀傳類/正史之屬
元史新編九十五卷　(清)魏源撰　清光緒三十一年(1905)邵陽魏慎微堂刻本　三十二冊

330000－1723－0001673　15470－15471　類叢部/叢書類/自著之屬
郝氏遺書三十三種　(清)郝懿行撰　清嘉慶至光緒刻彙印本　二冊　存三種

330000－1723－0001674　15194－15268　史部/紀傳類/正史之屬
明史稿三百十卷目錄三卷　(清)王鴻緒撰　清雍正敬慎堂刻本　七十五冊

330000－1723－0001679　15544－15549　史部/史抄類
史記菁華錄六卷　(清)姚祖恩輯　清光緒二十二年(1896)新化三味堂刻本　六冊

330000－1723－0001681　15269－15283　史部/史評類/考訂之屬
十七史商榷一百卷　(清)王鳴盛撰　清刻本　十五冊

330000－1723－0001682　13380－13381　子部/藝術類/篆刻之屬/印譜
琴鶴堂印譜不分卷　(清)繼良輯　清影印本　陳知庠題簽　二冊

330000－1723－0001687　13396　類叢部/叢書類/家集之屬
學壽堂叢書十二種　徐紹楨編　清咸豐至光緒番禺徐氏梧州刻本　一冊　存一種

330000－1723－0001689　15524－15527　史部/史抄類
史記菁華錄六卷　(清)姚祖恩輯　清刻朱墨套印本　四冊　缺二卷(一、四)

330000－1723－0001690　15763－15810　史部/編年類/通代之屬
資治通鑑後編一百八十四卷　(清)徐乾學撰　**資治通鑑後編校勘記十五卷**　夏震武撰　清光緒二十四年(1898)富陽夏氏刻本　四十八冊　缺十六卷(三十六至三十九、一百十二至一百十五、一百三十八至一百四十五)

330000－1723－0001691　15550－15702　史

部/編年類/通代之屬

資治通鑑彙刻八種　清同治至光緒江蘇書局刻本　一百五十三冊　存四種

330000－1723－0001692　15284－15399　史部/紀傳類/正史之屬

四史　清光緒十年(1884)上海同文書局石印本　一百十六冊

330000－1723－0001693　15811－15825　史部/編年類/斷代之屬

續資治通鑑長編五百二十卷目錄二卷　(宋)李燾撰　清光緒七年(1881)浙江書局刻本　十五冊　存六十二卷(目錄一至二,一至二、二十二至二十五、一百四十至一百四十八、二百二十一至二百二十四、二百三十八至二百四十一、二百四十七至二百五十、三百六至三百十、三百三十至三百三十四、三百四十四至三百四十八、三百六十七至三百七十二、三百九十二至三百九十八、四百五十二至四百五十六)

330000－1723－0001694　15826－15840　史部/編年類/斷代之屬

續資治通鑑長編拾補六十卷　(清)秦緗業等輯注　清光緒九年(1883)浙江書局刻本　十五冊　缺三卷(五十一至五十三)

330000－1723－0001695　15901－15908　史部/政書類/軍政之屬/邊政

朔方備乘六十八卷首十二卷　(清)何秋濤撰　清光緒實善書局石印本　八冊

330000－1723－0001696　15703－15762　史部/編年類/通代之屬

資治通鑑彙刻八種　清同治至光緒江蘇書局刻本　六十冊　存一種

330000－1723－0001697　15909－15932　史部/政書類/軍政之屬/邊政

朔方備乘六十八卷首十二卷　(清)何秋濤撰　清光緒七年(1881)刻本　二十四冊

330000－1723－0001701　17222－17597　史部/紀傳類/正史之屬

二十四史附考證　清光緒十年(1884)上海同文書局石印本　三百七十六冊　存八種

330000－1723－0001702　16680－16695　史部/編年類/通代之屬

尺木堂綱鑑易知錄九十二卷明鑑易知錄十五卷　(清)吳乘權　(清)周之炯　(清)周之燦輯　清光緒十四年(1888)上海廣百宋齋鉛印本　十六冊

330000－1723－0001703　16696－16711　史部/編年類/通代之屬

尺木堂綱鑑易知錄九十二卷明鑑易知錄十五卷　(清)吳乘權　(清)周之炯　(清)周之燦輯　清光緒三十年(1904)上海商務印書館鉛印本　十六冊

330000－1723－0001704　16712－16724　史部/編年類/通代之屬

尺木堂綱鑑易知錄九十二卷明鑑易知錄十五卷　(清)吳乘權　(清)周之炯　(清)周之燦輯　清光緒三十年(1904)上海商務印書館鉛印本　十三冊　存八十五卷(綱鑑易知錄一至十九、二十七至四十七、五十五至九十二,明鑑易知錄一至七)

330000－1723－0001705　16741－16755　史部/編年類/通代之屬

尺木堂綱鑑易知錄九十二卷明鑑易知錄十五卷　(清)吳乘權　(清)周之炯　(清)周之燦輯　清光緒二十九年(1903)上海商務印書館鉛印本　十五冊　缺七卷(綱鑑易知錄二十至二十六)

330000－1723－0001707　16725－16740　史部/編年類/通代之屬

尺木堂綱鑑易知錄九十二卷明鑑易知錄十五卷　(清)吳乘權　(清)周之炯　(清)周之燦輯　清光緒三十一年(1905)上海商務印書館鉛印本　十六冊

330000－1723－0001708　15985－16004　史部/地理類/方志之屬/郡縣志

[光緒]上虞縣志校續五十卷首一卷末一卷　(清)儲家藻修　(清)徐致靖纂　清光緒二十

四年至二十五年(1898－1899)刻本　二十冊

330000－1723－0001720　16763－16807　史部/編年類/通代之屬

尺木堂綱鑑易知錄九十二卷明鑑易知錄十五卷　(清)吴乘權　(清)周之炯　(清)周之燦輯　清文奎堂刻本　四十五冊　缺六卷(綱鑑易知錄二十二至二十三、四十二至四十五)

330000－1723－0001721　16808－16852　史部/編年類/通代之屬

綱鑑易知錄九十二卷明鑑易知錄十五卷　(清)吴乘權　(清)周之炯　(清)周之燦輯　清浙省務本堂刻本　四十五冊　缺六卷(十六至十九、四十六至四十七)

330000－1723－0001722　16399－16410　史部/目録類/總録之屬/官修

欽定四庫全書簡明目錄二十卷　(清)紀昀等撰　清光緒五年(1879)會稽徐友蘭墨潤堂鉛印本　十二冊

330000－1723－0001723　16006　史部/地理類/山川之屬/水志

西湖志四十八卷　(清)李衛　(清)程元章修　(清)傅王露纂　清刻本　一冊　存二卷(四十一至四十二)

330000－1723－0001725　16008　史部/地理類/方志之屬/郡縣志

[光緒]平湖縣志二十五卷首一卷末一卷　(清)彭潤章等修　(清)葉廉鍔等纂　清光緒十二年(1886)刻本　一冊　存三卷(七至九)

330000－1723－0001726　16009－16014　類叢部/叢書類/郡邑之屬

武林掌故叢編一百九十種　(清)丁丙編　清光緒三年至二十六年(1877－1900)錢塘丁氏嘉惠堂刻本　六冊　存二種

330000－1723－0001727　16411－16420　史部/目録類/總録之屬/官修

欽定四庫全書簡明目錄二十卷　(清)紀昀等撰　清刻本　十冊

330000－1723－0001728　16421－16440　史部/目録類/總録之屬/官修

欽定古今圖書集成目錄四十卷　(清)蔣廷錫　(清)陳夢雷等輯　清光緒十年(1884)上海同文書局石印本　二十冊

330000－1723－0001729　16441－16442　史部/目録類/總録之屬/私撰

書目答問五卷別錄一卷國朝著述諸家姓名略一卷　(清)張之洞撰　清宣統三年(1911)上海掃葉山房石印本　二冊

330000－1723－0001731　16443　類叢部/叢書類/彙編之屬

士禮居叢書二十種　(清)黃丕烈編　清光緒十三年(1887)上海蜚英館石印本　一冊　存三種

330000－1723－0001733　16447－16458　史部/目録類/總録之屬/彙刻

彙刻書目初編十卷補編一卷新編一卷續編一卷　(清)顧修輯　清嘉慶四年(1799)刻本　十二冊

330000－1723－0001734　16459－16470　史部/目録類/總録之屬/官修

欽定四庫全書簡明目錄二十卷首一卷　(清)紀昀等撰　清同治七年(1868)廣東書局刻本　十二冊

330000－1723－0001735　16667－16679　史部/編年類/通代之屬

尺木堂綱鑑易知錄九十二卷明鑑易知錄十五卷　(清)吴乘權　(清)周之炯　(清)周之燦輯　清光緒十六年(1890)上海廣百宋齋鉛印本　十三冊　缺十八卷(綱鑑易知錄二十九至三十九、七十一至七十七)

330000－1723－0001736　16853－16860　史部/編年類/通代之屬

綱鑑易知錄九十二卷明鑑易知錄十五卷　(清)吴乘權　(清)周之炯　(清)周之燦輯　清浙省經香樓刻本　八冊　存十八卷(綱鑑易知錄一至三、明鑑易知錄一至十五)

330000－1723－0001738　16474－16483　史部/目録類/總録之屬/私撰

天一閣書目四卷　(清)阮元　(清)范邦甸等編　**附碑目一卷續增一卷**　(清)錢大昕編　(清)范懋敏續編　清嘉慶十三年(1808)揚州阮元文選樓刻本　十冊　缺一卷(續增)

330000－1723－0001740　17718　史部/傳記類/别傳之屬

媿室先生哀輓録不分卷　高而謙　高鳳謙編　清宣統元年(1909)鉛印本　一冊

330000－1723－0001741　16881、16883－16885　史部/編年類/通代之屬

尺木堂綱鑑易知錄九十二卷明鑑易知錄十五卷　(清)吳乘權　(清)周之炯　(清)周之燦輯　清末鉛印本　四冊　存二十八卷(綱鑑易知錄五至十一、十九至三十二、四十至四十六)

330000－1723－0001742　16880、16882、16886－16887　史部/編年類/通代之屬

尺木堂綱鑑易知錄九十二卷明鑑易知錄十五卷　(清)吳乘權　(清)周之炯　(清)周之燦輯　清光緒三十年(1904)上海商務印書館鉛印本　陳國平題記　四冊　存二十七卷(綱鑑易知錄一至五、十三至十九、六十七至七十四,明鑑易知錄一至七)

330000－1723－0001744　16018－16025　史部/地理類/方志之屬/郡縣志

[同治]景寧縣志十四卷首一卷末一卷　(清)周杰修　(清)嚴用光等纂　清同治十一年至十二年(1872－1873)刻本　八冊

330000－1723－0001748　16032－16033　史部/地理類/方志之屬/郡縣志

[同治]景寧縣志十四卷首一卷末一卷　(清)周杰修　(清)嚴用光等纂　清同治十一年至十二年(1872－1873)刻本　二冊　存五卷(六至十)

330000－1723－0001749　16043－16046　史部/地理類/雜志之屬

蒙古游牧記十六卷　(清)張穆撰　清同治六年(1867)壽陽祁氏刻本　四冊

330000－1723－0001752　16042　史部/地理類/方志之屬

南詔事略一卷　(明)顧應祥纂　清刻本　清祝慶祥校　一冊

330000－1723－0001753　16050－16053　史部/地理類/雜志之屬

石窟一徵九卷　(清)黃釗撰　清光緒六年(1880)古燾刻二十五年(1899)補刻本　四冊

330000－1723－0001754　16054－16057　史部/地理類/雜志之屬

石窟一徵九卷　(清)黃釗撰　清光緒六年(1880)古燾刻二十五年(1899)補刻本　四冊

330000－1723－0001755　16058－16061　史部/地理類/雜志之屬

石窟一徵九卷　(清)黃釗撰　清光緒六年(1880)古燾刻二十五年(1899)補刻本　四冊

330000－1723－0001756　17719　史部/傳記類/别傳之屬/事狀

杜節婦陳孺人傳不分卷　(清)杜孝慈輯　清光緒三年(1877)刻本　一冊

330000－1723－0001757　16047－16049　史部/地理類/雜志之屬

石窟一徵九卷　(清)黃釗撰　清光緒六年(1880)古燾刻二十五年(1899)補刻本　三冊　缺二卷(一至二)

330000－1723－0001759　16090　史部/地理類/雜志之屬

潮乘備采錄二卷　(清)陳坤輯　清羊城學院前萃經堂刻本　一冊

330000－1723－0001760　16082－16085　史部/地理類/雜志之屬

欽定滿洲源流考二十卷首一卷　(清)阿桂等撰　清光緒十九年(1893)杭州便益書局石印本　四冊

330000－1723－0001761　16086－16089　史部/地理類/雜志之屬

欽定滿洲源流考二十卷首一卷 （清）阿桂等撰 清光緒十九年（1893）杭州便益書局石印本 四册

330000－1723－0001762 16877－16878 史部/編年類/通代之屬

尺木堂綱鑑易知錄九十二卷明鑑易知錄十五卷 （清）吳乘權 （清）周之炯 （清）周之燦輯 清刻本 二册 存五卷（綱鑑易知錄四十九至五十一、六十九至七十）

330000－1723－0001763 16879 史部/編年類/通代之屬

綱鑑易知錄九十二卷明鑑易知錄十五卷 （清）吳乘權 （清）周之炯 （清）周之燦輯 清刻本 一册 存三卷（綱鑑易知錄七十八至八十）

330000－1723－0001764 16888－16889 史部/編年類/通代之屬

尺木堂綱鑑易知錄九十二卷明鑑易知錄十五卷 （清）吳乘權 （清）周之炯 （清）周之燦輯 清光緒三十年（1904）上海商務印書館鉛印本 二册 存十二卷（綱鑑易知錄一至五、明鑑易知錄一至七）

330000－1723－0001765 16484－16503 史部/目録類/總録之屬/彙刻

觀古堂書目叢刻十五種 葉德輝編 清光緒二十八年（1902）至民國湘潭葉氏刻本 二十册

330000－1723－0001766 16890 史部/編年類/通代之屬

尺木堂綱鑑易知錄九十二卷 （清）吳乘權 （清）周之炯 （清）周之燦輯 清末石印本 一册 存十四卷（十三至二十六）

330000－1723－0001767 17720－17723 子部/叢編

二十二子（二十二子彙函） （清）浙江書局編 清光緒元年至三年（1875－1877）浙江書局刻本 四册 存一種

330000－1723－0001768 17724－17727 子部/叢編

二十二子（二十二子彙函） （清）浙江書局編 清光緒元年至三年（1875－1877）浙江書局刻本 四册 存一種

330000－1723－0001769 16504－16509 史部/目録類/專録之屬

小學考五十卷 （清）謝啟昆撰 清光緒十五年（1889）上海鴻文書局石印本 六册

330000－1723－0001773 16903－16934 史部/編年類/通代之屬

御批歷代通鑑輯覽一百二十卷 （清）傅恒等撰 清光緒三十年（1904）文通書局石印本 三十二册

330000－1723－0001775 16935 史部/編年類/通代之屬

御批歷代通鑑輯覽一百二十卷 （清）傅恒等撰 清光緒二十九年（1903）通文書局石印本 一册 存四卷（二十七至三十）

330000－1723－0001776 13397－13401 新學/工藝/雜藝

脱影奇觀三卷續編一卷 （英國）德貞譯 清同治十二年（1873）、光緒十四年（1888）刻本 五册

330000－1723－0001777 17733－17743 史部/傳記類/别傳之屬/事狀

鄂國金佗稡編二十八卷續編三十卷 （宋）岳珂編 清光緒九年（1883）浙江書局刻本 十一册 缺五卷（續編二十六至三十）

330000－1723－0001779 16936－16937 史部/編年類/通代之屬

御批歷代通鑑輯覽一百二十卷 （清）傅恒等撰 清光緒石印本 二册 存九卷（十二至十六、三十至三十三）

330000－1723－0001780 16938－16958 史部/編年類/通代之屬

御批歷代通鑑輯覽一百二十卷 （清）傅恒等撰 清光緒通文書局石印本 二十一册 存七十九卷（五至十八、二十三至三十、三十九

至四十六、五十一至六十四、六十八至七十、七十四至七十九、八十四至九十、九十四至九十六、一百至一百十五）

330000－1723－0001781　16959－16986　史部/編年類/通代之屬
御批歷代通鑑輯覽一百二十卷　（清）傅恒等撰　清光緒三十年（1904）上海錦章書局石印本　二十八册

330000－1723－0001782　16518－16549　類叢部/叢書類/自著之屬
潛園總集十七種　（清）陸心源撰　清同治至光緒刻本　三十二册　存一種

330000－1723－0001783　13402－13405　子部/藝術類/書畫之屬/總論
庚子銷夏記八卷　（清）孫承澤撰　清宣統三年（1911）掃葉山房石印本　四册

330000－1723－0001785　16558－16573　史部/目録類/書志之屬/提要
善本書室藏書志四十卷附録一卷　（清）丁丙輯　清光緒二十五年至二十七年（1899－1901）錢唐丁立中鄂中刻本　十六册

330000－1723－0001786　16093－16107　史部/地理類/方志之屬/郡縣志
［光緒］黄巖縣志四十卷首一卷附黄巖集三十二卷　（清）陳寶善　（清）孫憙修　（清）王棻纂　（清）陳鍾英　（清）鄭錫滜續修　（清）王詠霓續纂　**黄巖志校議二卷**　（清）王棻撰　清光緒三年（1877）刻六年（1880）校補刻本　十五册　存三十九卷（［光緒］黄巖縣志首，一至九、十三至四十；黄巖志校議上）

330000－1723－0001788　17001－17019　史部/編年類/通代之屬
御批資治通鑑綱目全書一百九卷　清光緒十三年（1887）上海同文書局石印本　十九册　存八十六卷（前編舉要一至三，前編一至十八，前編外紀；資治通鑑綱目首，一至五、十九至二十八、三十九至五十九；續資治通鑑綱目一至二十七）

330000－1723－0001791　16091－16092　史部/地理類/雜志之屬
廣陵通典十卷　（清）汪中撰　清同治八年（1869）揚州書局刻本　二册

330000－1723－0001794　16038－16041　史部/地理類/方志之屬/郡縣志
［光緒］麟遊縣新志草十卷首一卷　（清）彭洵纂修　清光緒九年（1883）刻本　四册

330000－1723－0001796　17076－17091　史部/編年類/通代之屬
御批歷代通鑑輯覽一百二十卷　（清）傅恒等撰　清光緒二十九年（1903）通文書局石印本　十六册　存六十四卷（一至六十四）

330000－1723－0001797　15933－15984　史部/地理類/方志之屬/郡縣志
［同治］蘇州府志一百五十卷首三卷　（清）李銘皖　（清）譚鈞培修　（清）馮桂芬纂　清光緒八年（1882）江蘇書局刻本　五十二册　缺四十七卷（首一至三，一至四、十二、二十至二十一、二十八、三十一至四十二、六十六至六十七、七十至七十一、八十四至八十七、九十至九十二、一百六至一百十、一百十五至一百十六、一百二十、一百二十三至一百二十五、一百四十四至一百四十五）

330000－1723－0001802　16584－16593　史部/目録類/書志之屬/提要
昭德先生郡齋讀書志二十卷　（宋）晁公武撰　（宋）姚應績編　**附志二卷**　（宋）趙希弁撰　**考證一卷考異一卷校補一卷**　王先謙撰　清光緒十年（1884）長沙王先謙刻本　十册

330000－1723－0001803　17752－17758　史部/傳記類/總傳之屬/斷代
國朝先正事略六十卷　（清）李元度撰　清光緒二十五年（1899）上海圖書集成印書局鉛印本　七册　缺六卷（十五至二十）

330000－1723－0001804　17116－17139　史部/編年類/斷代之屬
東華續録咸豐朝一百卷　王先謙編　清光緒十九年（1893）會稽籀三倉室刻本　二十四册

330000－1723－0001805　17140－17147　史部/編年類/通代之屬
東華錄三十二卷(乾隆朝)　(清)蔣良騏撰　清刻本　八冊

330000－1723－0001806　17148－17166　史部/編年類/斷代之屬
十一朝東華約錄二百三十二卷　(清)王祖顯輯　清光緒二十八年(1902)石印本　十九冊　存二百二十六卷(一至二百十三、二百二十至二百三十二)

330000－1723－0001807　17167－17204　史部/編年類/通代之屬
御批歷代通鑑輯覽一百二十卷　(清)傅恒等撰　清光緒三十年(1904)上海商務印書館鉛印本　三十八冊　缺五卷(六十三至六十七)

330000－1723－0001808　16594－16599　史部/目録類/書志之屬/提要
直齋書錄解題二十二卷　(宋)陳振孫撰　清光緒九年(1883)江蘇書局刻本　六冊

330000－1723－0001809　16179－16226　史部/地理類/方志之屬/郡縣志
[光緒]嘉興府志八十八卷首二卷　(清)許瑤光修　(清)吳仰賢等纂　清光緒三年至四年(1877－1878)嘉興鴛湖書院刻本　四十八冊

330000－1723－0001811　16604－16611　史部/目録類/總録之屬
經籍訪古志六卷補遺一卷　(日本)澁江全善　(日本)森立之撰　清光緒十一年(1885)六合徐承祖日本鉛印本　八冊

330000－1723－0001813　16620－16627　史部/目録類/書志之屬/提要
日本訪書志十六卷　楊守敬撰　清光緒二十三年至二十七年(1897－1901)宜都楊守敬鄰蘇園刻本　八冊

330000－1723－0001815　17205－17207　史部/編年類/斷代之屬
清史攬要六卷　(日本)增田貢撰　清光緒二十八年(1902)石印本　三冊

330000－1723－0001816　16634－16635　史部/目録類/總録之屬/私撰
書目答問五卷別錄一卷國朝著述諸家姓名略一卷　(清)張之洞撰　清刻本　二冊

330000－1723－0001817　17208－17221　史部/編年類/斷代之屬
兩漢紀六十卷　(宋)王銍輯　**兩漢紀校記二卷**　(清)陳璞撰　清光緒二年(1876)嶺南學海堂刻本　十四冊

330000－1723－0001818　16636－16638　史部/目録類/書志之屬/提要
開有益齋讀書志六卷續志一卷金石文字記一卷　(清)朱緒曾撰　清光緒六年(1880)金陵翁氏茹古閣刻本　三冊

330000－1723－0001819　16639　類叢部/叢書類/彙編之屬
漸西村舍彙刊(漸西村舍叢刻)四十四種　(清)袁昶編　清光緒十六年至二十四年(1890－1898)桐廬袁氏刻本　一冊　存一種

330000－1723－0001821　16644－16653　史部/傳記類/總傳之屬/斷代
文獻徵存錄十卷　(清)錢林撰　(清)王藻編　清咸豐八年(1858)有嘉樹軒刻本　十冊

330000－1723－0001822　16654－16663　類叢部/叢書類/彙編之屬
鐵琴銅劍樓叢書十三種　瞿啓甲編　清光緒至民國刻本暨影印本　十冊　存一種

330000－1723－0001824　18834－18835　史部/史評類/史論之屬
歷代史論一編四卷　(明)張溥撰　清光緒十八年(1892)學海堂刻本　二冊

330000－1723－0001825　16227－16346　史部/目録類/總録之屬/官修
欽定四庫全書總目二百卷首一卷　(清)紀昀等撰　清同治七年(1868)廣東書局刻本　一百二十冊

330000－1723－0001826　13406－13407　類叢部/叢書類/彙編之屬

風雨樓叢書二十三種　鄧實編　清宣統順德鄧氏鉛印本　二冊　存一種

330000－1723－0001827　18488－18492　新學/史志/諸國史

萬國通史三編十卷　(英國)李思倫白輯譯　(清)曹曾涵編　清光緒三十一年(1905)上海廣學會鉛印本　五冊　存五卷(三至六、八)

330000－1723－0001828　16005　史部/地理類/方志之屬/郡縣志

[乾道]臨安志十五卷　(宋)周淙纂　清光緒二十年(1894)孫氏壽松堂刻本(卷四至十五原缺)　一冊

330000－1723－0001829　18836－18837　史部/史評類/史論之屬

歷代史論十二卷宋史論三卷元史論一卷　(明)張溥撰　**明史論四卷**　(清)谷應泰撰　**左傳史論二卷**　(清)高士奇撰　清上洋珍藝書局鉛印本　二冊　存八卷(歷代史論一至六、左傳史論一至二)

330000－1723－0001830　18493－18508　類叢部/叢書類/自著之屬

饔喜廬所箸書　(清)傳雲龍撰　清光緒德清傳氏鉛印本暨石印本　十六冊　存一種

330000－1723－0001831　18838－18843　史部/史評類/史論之屬

歷代史論十二卷宋史論三卷元史論一卷　(明)張溥撰　**明史論四卷**　(清)谷應泰撰　**左傳史論二卷**　(清)高士奇撰　清光緒二十四年(1898)圖書集成局鉛印本　六冊

330000－1723－0001834　18509－18514　新學/政治法律/政治

列國歲計政要十二卷首一卷　(英國)麥丁富得力撰　(美國)林樂知譯　(清)鄭昌棪筆述　清光緒元年(1875)江南製造總局刻本　六冊

330000－1723－0001835　18863－18866　史部/史評類/史論之屬

史通通釋二十卷　(清)浦起龍撰　清光緒十一年(1885)刻本　四冊

330000－1723－0001836　18855－18862　史部/史評類/史論之屬

史通通釋二十卷　(清)浦起龍撰　清光緒十九年(1893)上海文瑞樓石印本　八冊

330000－1723－0001837　18867－18870　史部/史評類/史論之屬

史通削繁四卷　(清)紀昀撰　清道光十三年(1833)涿州兩廣節署朱墨套印本　四冊

330000－1723－0001838　18871－18876　史部/史評類/史論之屬

史通通釋二十卷　(清)浦起龍撰　清翰墨園刻本　六冊

330000－1723－0001839　18877－18882　史部/傳記類/總傳之屬/通代

增廣古今人物論三十六卷　(明)鄭賢輯　**續編十二卷**　(清)願學齋同人輯　清光緒二十八年(1902)上海日新書莊石印本　六冊　存三十六卷(一至三十六)

330000－1723－0001840　17914－17944　史部/傳記類/總傳之屬/仕宦

歷代名臣言行錄二十四卷　(清)朱桓輯　清嘉慶二年(1797)刻本　三十一冊　缺一卷(一)

330000－1723－0001841　19293－19294　史部/傳記類/總傳之屬/儒林

儒林宗派十六卷　(清)萬斯同撰　清宣統三年(1911)浙江圖書館刻本　二冊

330000－1723－0001842　18464－18487　史部/地理類/總志之屬/通代

天下郡國利病書一百二十卷　(清)顧炎武撰　清光緒慎記書莊石印本　二十四冊

330000－1723－0001843　19295－19296　史部/傳記類/總傳之屬/儒林

國史儒林傳二卷文苑傳二卷循吏傳一卷賢良傳二卷　(清)阮元撰　清刻本　二冊　存四卷(儒林傳一至二、文苑傳一至二)

330000－1723－0001844　19280、19344　史部/政書類/儀制之屬/典禮

文廟通考六卷首一卷　（清）牛樹梅撰　清同治十一年（1872）浙江書局刻本　二册

330000－1723－0001845　18515－18522　史部/地理類/外紀之屬

日本地理兵要十卷　姚文棟撰　清光緒十年（1884）同文館鉛印本　八册

330000－1723－0001846　19181－19184　類叢部/叢書類/自著之屬

鹿洲全集　（清）藍鼎元撰　清康熙至雍正刻彙印本　四册　存二種

330000－1723－0001847　19233－19279　史部/傳記類/總傳之屬/儒林

宋元學案一百卷首一卷考畧一卷　（清）黄宗羲撰　（清）全祖望修定　（清）王梓材　（清）馮雲濠校並考　清光緒五年（1879）長沙寄廬刻本　四十七册　缺一卷（二）

330000－1723－0001848　17759－17761　史部/傳記類/總傳之屬/仕宦

中興名臣事略八卷　朱孔彰撰　清光緒二十五年（1899）上海圖書集成印書局鉛印本　三册　缺二卷（三至四）

330000－1723－0001849　19185－19232　史部/傳記類/總傳之屬/儒林

宋元學案一百卷首一卷考畧一卷　（清）黄宗羲撰　（清）全祖望修定　（清）王梓材　（清）馮雲濠校並考　清光緒五年（1879）長沙寄廬刻本　四十八册

330000－1723－0001850　19281－19292　史部/傳記類/總傳之屬/儒林

學案小識十四卷首一卷末一卷　（清）唐鑑撰　清光緒十年（1884）刻本　十二册

330000－1723－0001851　19318－19321　類叢部/叢書類/自著之屬

郝氏遺書三十三種　（清）郝懿行撰　清嘉慶至光緒刻彙印本　四册　存一種

330000－1723－0001852　19322－19327　史部/傳記類/總傳之屬/文苑

國朝詩人徵略二編六十四卷　（清）張維屏撰　清道光二十二年（1842）刻本（卷十二、十四、十六、二十四、二十六、三十二、四十二原缺）　六册

330000－1723－0001853　19336－19343　史部/傳記類/總傳之屬/仕宦

史外八卷　（清）汪有典撰　清同治三年（1864）廬陵尋樂山房刻本　八册

330000－1723－0001854　19328－19335　史部/傳記類/總傳之屬/仕宦

史外八卷　（清）汪有典撰　清同治三年（1864）廬陵尋樂山房刻本　八册

330000－1723－0001855　19354－19365　史部/傳記類/總傳之屬/儒林

闕里文獻考一百卷首一卷末一卷　（清）孔繼汾撰　清光緒十七年（1891）湘陰李氏刻本　十二册

330000－1723－0001856　19346－19353　史部/傳記類/總傳之屬/儒林

闕里述聞十四卷　（清）鄭曉如撰　清同治七年（1868）廣州文華堂刻九年（1870）重修本　八册

330000－1723－0001857　19374－19377　史部/傳記類/別傳之屬/年譜

朱子年譜四卷考異四卷附録朱子論學切要語二卷附校勘記三卷　（清）王懋竑撰並輯　（清）王炳校勘　清同治九年（1870）永康應氏刻本　四册

330000－1723－0001858　18883－18902　史部/史評類/史論之屬

讀通鑑論三十卷末一卷宋論十五卷　（清）王夫之撰　清光緒二十二年（1896）廣州新甯明善社刻本　二十册

330000－1723－0001859　18903－18910　史部/史評類/史論之屬

讀通鑑論三十卷末一卷宋論十五卷　（清）王夫之撰　清光緒二十九年（1903）寧波孟晉書

社石印本　八冊

330000－1723－0001860　18440－18463　史部/地理類/總志之屬/通代
天下郡國利病書一百二十卷　(清)顧炎武撰　清光緒慎記書莊石印本　二十四冊

330000－1723－0001861　19367－19368　類叢部/叢書類/自著之屬
留書種閣集九種　(清)黃炳垕撰　清同治六年至光緒二十年(1867－1894)餘姚黃氏留書種閣刻本　二冊　存二種

330000－1723－0001862　18911－18915　史部/史評類/史論之屬
讀通鑑論十卷末一卷　(清)王夫之撰　清光緒二十四年(1898)上海書局鉛印本　五冊　存七卷(一至四、七至九)

330000－1723－0001863　18916－18917　史部/史評類/史論之屬
評選船山史論二卷　(清)王夫之撰　林紓評選　清宣統元年(1909)鉛印本　二冊

330000－1723－0001865　13408－13411　子部/藝術類/書畫之屬/總論
庚子銷夏記八卷　(清)孫承澤撰　清刻本　四冊

330000－1723－0001866　18425－18439　史部/地理類/總志之屬/通代
天下郡國利病書一百二十卷　(清)顧炎武撰　清上海益吾齋石印本　十五冊　存一百十四卷(七至一百二十)

330000－1723－0001868　19369－19370　史部/傳記類/別傳之屬/年譜
王船山[夫之]先生年譜二卷　(清)劉毓崧編　清光緒二十年(1894)江南書局刻本　清梁敷題記　二冊

330000－1723－0001869　18608－18611　新學/史志/別國史
俄史輯譯四卷　(英國)闞斐迪譯　(清)徐景羅重譯　清光緒十四年(1888)益智書會刻本　四冊

330000－1723－0001871　18585－18594　史部/地理類/外紀之屬
西史綱目二十卷　(清)周維翰撰　清光緒二十八年(1902)經世文社石印本　十冊

330000－1723－0001872　18946－18949　類叢部/叢書類/自著之屬
章氏遺書二種　(清)章學誠撰　清光緒三年至四年(1877－1878)貴陽章氏刻十九年(1893)補刻本　四冊　存一種

330000－1723－0001873　19371－19372　史部/傳記類/別傳之屬/年譜
王船山[夫之]先生年譜二卷　(清)劉毓崧編　清光緒二十年(1894)江南書局刻本　二冊

330000－1723－0001874　18595　史部/地理類/外紀之屬
西史綱目二十卷　(清)周維翰撰　清光緒二十八年(1902)經世文社石印本　一冊　存二卷(十一至十二)

330000－1723－0001875　18596－18601　史部/編年類/通代之屬
萬國綱鑑易知錄二十卷　(日本)岡本監輔撰　清光緒二十七年(1901)上海書局石印本　六冊

330000－1723－0001877　19173－19180　史部/紀事本末類/斷代之屬
皇清開國方略三十二卷首一卷　(清)阿桂等撰　清乾隆五十一年(1786)武英殿刻本　八冊　缺十六卷(十七至三十二)

330000－1723－0001878　18543－18550　新學/史志/諸國史
泰西新史攬要二十四卷　(英國)馬懇西撰　(英國)李提摩太譯　清光緒二十一年(1895)上海美華書館鉛印本　八冊

330000－1723－0001879　18612－18615　史部/地理類/外紀之屬
初使泰西記四卷　(清)宜垕撰　清光緒三年(1877)避熱窩刻本　四冊

330000－1723－0001880　19391－19410　史

部/編年類/通代之屬

御批歷代通鑑輯覽一百二十卷 （清）傅恒等撰　清光緒二十九年（1903）中西書局石印本　二十冊

330000－1723－0001882　18604－18607　新學/史志/帝王傳

華盛頓傳八卷七十六章 （清）黎汝謙（清）蔡國昭譯　清光緒十二年（1886）鉛印本　四冊

330000－1723－0001883　19378　史部/史表類/斷代之屬

清朝帝系不分卷 清光緒抄本　一冊

330000－1723－0001884　18551－18555　新學/史志/諸國史

泰西新史攬要二十四卷 （英國）馬懇西撰（英國）李提摩太譯　清光緒鉛印本　五冊　缺五卷（一至三、十四至十五）

330000－1723－0001885　17762－17769　史部/傳記類/總傳之屬/斷代

國朝先正事略六十卷 （清）李元度撰　**續編四卷**　朱孔彰撰　清光緒二十八年（1902）石印本　八冊

330000－1723－0001886　19411－19433　史部/編年類/通代之屬

御批歷代通鑑輯覽一百二十卷 （清）傅恒等撰　清光緒三十年（1904）上海經藝書局石印本　二十三冊　缺七卷（一百十四至一百二十）

330000－1723－0001887　18556　史部/地理類/外紀之屬

海國聞見錄二卷 （清）陳倫炯撰　清末刻本　一冊　存圖

330000－1723－0001888　19379－19390　史部/傳記類/總傳之屬/家乘

［廣東南海］南海九江朱氏家譜十二卷首一卷朱氏傳芳集八卷首一卷 （清）朱次琦（清）朱宗琦等纂修　清同治八年（1869）刻本　十二冊

330000－1723－0001889　18557－18559　史部/地理類/遊記之屬/紀行

出使英法義比四國日記六卷（清光緒十六年正月十一日至十七年二月三十日） （清）薛福成撰　清光緒十八年（1892）上海鴻寶齋石印本　三冊

330000－1723－0001890　18950－18961　史部/雜史類/通代之屬

路史四十七卷 （宋）羅泌撰（宋）羅苹注　清同治四年（1865）刻本　十二冊

330000－1723－0001891　19434－19437　史部/編年類/通代之屬

御批歷代通鑑輯覽一百二十卷 （清）傅恒等撰　清刻本　四冊　存十卷（二十七至二十九、五十五至五十六、八十六至八十七、一百二至一百四）

330000－1723－0001892　18968－18973　類叢部/叢書類/彙編之屬

廣雅書局叢書一百五十九種 徐紹棨編　清光緒廣雅書局刻民國九年（1920）番禺徐紹棨彙編重印本　六冊　存一種

330000－1723－0001893　19366　類叢部/叢書類/彙編之屬

廣雅書局叢書一百五十九種 徐紹棨編　清光緒廣雅書局刻民國九年（1920）番禺徐紹棨彙編重印本　一冊　存一種

330000－1723－0001896　18977　史部/史抄類

史鑑節要便讀六卷 （清）鮑東里撰　清光緒二十八年（1902）會文堂刻本　一冊　存三卷（一至三）

330000－1723－0001897　18978－18979　史部/史抄類

史鑑節要便讀六卷 （清）鮑東里撰　清光緒二十八年（1902）上海經源書局石印本　二冊

330000－1723－0001898　19438－19447　史部/編年類/通代之屬

御批歷代通鑑輯覽一百二十卷 （清）傅恒等

撰　清光緒二十七年(1901)慎記書莊石印本　十册

330000－1723－0001899　18980　史部/史抄類
史鑑節要六卷　(清)鮑東里撰　清刻本　一册　存二卷(三至四)

330000－1723－0001900　18981－18982　史部/史抄類
史鑑節要便讀六卷　(清)鮑東里撰　清光緒二十七年(1901)湖北書局刻本　二册

330000－1723－0001901　18536－18538　史部/地理類/外紀之屬
[航海]四述奇十六卷　(清)張德彝撰　清光緒鉛印本　三册　存六卷(十一至十六)

330000－1723－0001902　18539－18540　新學/史志/别國史
節本泰西新史攬要八卷　(英國)李提摩太譯　周慶雲節錄　清光緒二十七年(1901)周慶雲夢坡室刻本　二册

330000－1723－0001903　18983－18984　史部/史評類/史論之屬
續史學提要箋釋四卷　(清)鄭機撰　清咸豐師竹齋刻本　二册

330000－1723－0001905　18541－18542　新學/史志/别國史
節本泰西新史攬要八卷　(英國)李提摩太譯　周慶雲節錄　清末鉛印本　二册

330000－1723－0001906　19448－19467　史部/編年類/通代之屬
御批歷代通鑑輯覽一百二十卷　(清)傅恒等撰　清光緒二十七年(1901)慎記書莊石印本　二十册

330000－1723－0001907　18523　史部/地理類/外紀之屬
使俄日記八卷(清光緒二十年至二十一年)　(清)王之春撰　清末石印本　一册　存一卷(八)

330000－1723－0001908　17770　史部/傳記類/科舉録之屬/歷科登科録
國朝歷科題名碑錄初集不分卷附明洪武至崇禎各科題名錄不分卷　(清)李周望等輯　清康熙五十九年(1720)刻雍正、乾隆、嘉慶、道光、同治、光緒遞增刻本　一册

330000－1723－0001909　17771－17780　史部/傳記類/科舉録之屬/歷科登科録
國朝歷科題名碑錄初集不分卷附明洪武至崇禎各科題名錄不分卷　(清)李周望等輯　清康熙五十九年(1720)刻雍正、乾隆、嘉慶、道光、同治、光緒遞增刻本　十册

330000－1723－0001910　19297－19313　類叢部/叢書類/自著之屬
張南山全集十二種　(清)張維屏撰　清道光至咸豐刻本　十七册　存一種

330000－1723－0001912　18524－18531、18579－18584　類叢部/叢書類/彙編之屬
申報館叢書正集五十七種附錄三種　(清)尊聞閣主編　**續集一百四十二種**　蔡爾康編　清同治至光緒申報館鉛印本　十四册　存四種

330000－1723－0001913　17945－17954　史部/傳記類/總傳之屬/仕宦
歷代名臣言行錄二十四卷　(清)朱桓輯　清光緒十七年(1891)上海廣百宋齋鉛印本　十册

330000－1723－0001914　17781　集部/總集類/尺牘之屬
昭代名人尺牘二十四卷小傳二十四卷　(清)吳修輯　清光緒三十四年(1908)西泠印社石印本　謝家銘題記　一册　存二十四卷(小傳一至二十四)

330000－1723－0001915　17955－17960　史部/傳記類/總傳之屬/仕宦
歷代名臣言行錄二十四卷　(清)朱桓輯　清光緒十七年(1891)上海廣百宋齋鉛印本　六册

330000－1723－0001916　18532－18535　史部/地理類/外紀之屬

海國大政記十二卷首一卷　(英國)麥丁富得力撰　(美國)林樂知譯　清光緒二十三年(1897)上海慎記書莊石印本　四冊　存六卷(首,一至三、七、十一)

330000－1723－0001917　17782　史部/雜史類/斷代之屬

痛史二十一種附九種　樂天居士輯　清宣統三年(1911)上海商務印書館鉛印本　一冊　存一種

330000－1723－0001920　18988－18991　史部/雜史類/斷代之屬

蜀碧四卷附記一卷　(清)彭遵泗撰　清嘉慶二十年(1815)天祿閣刻本　四冊

330000－1723－0001921　18560－18561　史部/地理類/雜志之屬

西招圖略一卷附錄前藏至西寧路程一卷　(清)松筠撰　清嘉慶三年(1798)刻本　二冊

330000－1723－0001922　18992　史部/雜史類/斷代之屬

逆黨禍蜀記一卷　(清)汪堃撰　清同治五年(1866)不懼無悶齋刻本　清朱苗孫題記　一冊

330000－1723－0001924　18993－18994　類叢部/叢書類/郡邑之屬

武林掌故叢編一百九十種　(清)丁丙編　清光緒三年至二十六年(1877－1900)錢塘丁氏嘉惠堂刻本　二冊　存一種

330000－1723－0001925　17785－17796　史部/傳記類/總傳之屬/技藝

歷代畫史彙傳七十二卷首一卷附錄二卷　(清)彭蘊璨輯　清末上海錦章圖書局石印本　十二冊

330000－1723－0001926　18562　史部/地理類/雜志之屬

佛國記一卷　(晉)釋法顯撰　清刻本　一冊

330000－1723－0001927　17797－17801　史部/傳記類/總傳之屬/仕宦

貳臣傳十二卷逆臣傳四卷　(清)國史館撰　清都城琉璃廠半松居士刻本　五冊　缺三卷(七至九)

330000－1723－0001928　17802－17809　史部/傳記類/總傳之屬/仕宦

貳臣傳十二卷逆臣傳四卷　(清)國史館撰　清都城琉璃廠半松居士刻本　八冊

330000－1723－0001929　18995－19014　史部/雜史類/斷代之屬

小腆紀年附考二十卷　(清)徐鼒撰　清光緒四年(1878)刻本　二十冊

330000－1723－0001930　18616－18623　新學/史志/別國史

日本外史二十二卷　(日本)賴襄撰　(清)錢懌評　清光緒四年(1878)刻本　八冊

330000－1723－0001931　18575　集部/小說類/短篇之屬

西湖佳話古今遺蹟十六卷　(清)墨浪子輯　清光緒十八年(1892)上海文選局石印本　一冊　存四卷(一至四)

330000－1723－0001933　17890－17913　史部/傳記類/總傳之屬/斷代

國朝先正事略六十卷　(清)李元度撰　清星沙小嫏環館刻本　二十四冊

330000－1723－0001934　18576－18577　史部/傳記類/日記之屬

北行日記一卷南還日記二卷(清道光十五年至十六年)癸卯北行日記一卷(清道光二十三年)乙巳南還日記一卷(清道光二十五年)　(清)楊廷桂撰　清同治六年(1867)芸香堂刻本　二冊

330000－1723－0001935　18578　新學/史志/諸國史

泰西新史攬要二十四卷　(英國)馬懇西撰　(英國)李提摩太譯　清末刻本　一冊　存三卷(六至八)

330000－1723－0001936　18624－18629　新學/史志/別國史

日本維新三十年史十二編附錄一編 （日本）博文館輯 （清）上海廣智書局譯 清光緒三十一年（1905）上海廣智書局鉛印本 六册

330000－1723－0001937 18630 新學/交涉/交涉

英俄印度交涉書一卷續編一卷 （英國）馬文撰 （英國）羅亨利 （清）瞿昂來譯 清光緒江南製造局刻本 一册

330000－1723－0001938 17961－17972 史部/傳記類/總傳之屬/仕宦

歷代名臣言行錄續集四十卷首一卷 （清）張兆蓉輯 清光緒二十八年（1902）上海通文局石印本 十二册

330000－1723－0001939 17973－17984 史部/傳記類/總傳之屬/技藝

疇人傳四十六卷 （清）阮元撰 **疇人傳續六卷** （清）羅士琳撰 清光緒八年（1882）海鹽張氏常惺齋刻本 十二册

330000－1723－0001940 18631 類叢部/叢書類/自著之屬

得一齋雜著四種 （清）黄楙材撰 清光緒二十二年（1896）桐城江召棠刻本 一册 存一種

330000－1723－0001941 17985－17991 史部/傳記類/總傳之屬/仕宦

歷代名臣言行錄二十四卷 （清）朱桓輯 清光緒二十八年（1902）上海書局石印本 七册 缺二卷（十一至十二）

330000－1723－0001942 17992－17998 史部/傳記類/總傳之屬/仕宦

歷代名臣言行錄二十四卷 （清）朱桓輯 清光緒二十八年（1902）上海文運書局石印本 七册 缺三卷（十三至十五）

330000－1723－0001943 18632－18633 新學/交涉/交涉

歐洲東方交涉記十二卷 （英國）麥高爾撰 （美國）林樂知 （清）瞿昂來譯 清光緒江南機器製造總局刻本 二册

330000－1723－0001944 19468－19478 史部/編年類/通代之屬

御批歷代通鑑輯覽一百二十卷 （清）傅恒等撰 清末鉛印本 十一册 存五十五卷（六至十、二十一至二十五、三十一至三十五、五十一至七十、七十六至九十五）

330000－1723－0001945 19994－20013 史部/雜史類

荆駝逸史五十八種附一種 （清）陳湖逸士輯 清道光古槐山房木活字印本 二十册 存五十種

330000－1723－0001946 18634－18637 新學/兵制/海軍

外國師船圖表八卷雜説三卷圖一卷 （清）許景澄等編 清光緒十三年（1887）柏林使署石印本 四册

330000－1723－0001947 19479－19508 史部/編年類/通代之屬

御批歷代通鑑輯覽一百二十卷 （清）傅恒等撰 清同治十年（1871）浙江書局刻朱墨套印本 三十册 存七十三卷（一至五、九至十一、十五至二十、二十四至二十六、三十六至三十八、四十二至五十四、五十七至五十八、六十五至七十二、七十五至九十三、一百至一百四、一百十一至一百十六）

330000－1723－0001948 17999－18004 史部/傳記類/總傳之屬/仕宦

歷代名臣言行錄二十四卷 （清）朱桓輯 清光緒二十八年（1902）上海書局石印本 六册 缺六卷（一至三、二十二至二十四）

330000－1723－0001949 18638－18643 史部/地理類/外紀之屬

瀛環志略十卷 （清）徐繼畬撰 清道光三十年（1850）刻本 六册

330000－1723－0001950 19645－19650 史部/編年類/斷代之屬

明紀六十卷 （清）陳鶴輯 （清）陳克家補 清光緒二十八年（1902）上海積山書局石印本 六册

330000－1723－0001951　18005－18008　史部/地理類/總志之屬/斷代

方輿全圖總說五卷　(清)顧祖禹撰　清光緒二十七年(1901)二林齋石印本　四冊

330000－1723－0001952　18658－18681　史部/地理類/山川之屬/水志

水經注釋四十卷首一卷附錄二卷水經注箋刊誤十二卷　(清)趙一清撰　清光緒六年(1880)蛟川張氏華雨樓刻本　二十四冊

330000－1723－0001955　19702　史部/史表類/通代之屬

歷代世系紀年編一卷　(清)沈炳震撰　清刻本　一冊

330000－1723－0001956　19509　史部/編年類/通代之屬

御批歷代通鑑輯覽一百二十卷　(清)傅恒等撰　清刻朱墨套印本　一冊　存二卷(九十三至九十四)

330000－1723－0001957　19703－19713　史部/編年類/通代之屬

資治通鑑綱目五十九卷　(宋)朱熹撰　(明)陳仁錫評　清刻本　清陳松甫題記　十一冊　存十卷(八下、九上、十四至十六、十八至十九、五十、五十三、五十五)

330000－1723－0001958　18646－18649　史部/地理類/外紀之屬

西國近事彙編四卷　(美國)金楷理口譯　(清)蔡錫齡筆述　清光緒鉛印本　四冊

330000－1723－0001959　18650－18657　史部/地理類/山川之屬/水志

水道提綱二十八卷　(清)齊召南撰　清光緒二十四年(1898)新化三味書室刻本　八冊

330000－1723－0001961　18009－18011　史部/地理類

李氏五種　(清)李兆洛撰　清光緒二十四年(1898)上海掃葉山房石印本　三冊　存一種

330000－1723－0001962　18012－18015　史部/地理類/總志之屬/通代

歷代地理志韻編今釋二十卷皇朝輿地圖一卷皇朝輿地韻編二卷　(清)李兆洛撰　清光緒上海蜚英館石印本　四冊

330000－1723－0001963　18686－18695　新學/地學/地志學

海道圖說十五卷附長江圖說一卷　(英國)金約翰輯　(美國)金楷理口譯　(清)王德均筆述　清光緒江南機器製造總局刻本　十冊

330000－1723－0001964　19510－19528　史部/編年類/通代之屬

尺木堂綱鑑易知錄九十二卷明鑑易知錄十五卷　(清)吳乘權　(清)周之炯　(清)周之燦輯　清刻本　十九冊　存四十四卷(十七至三十四、三十七至三十九、四十九至五十三、五十六至六十、六十四至七十四、八十九至九十)

330000－1723－0001965　18696－18727　史部/地理類/山川之屬/水志

水經注釋四十卷首一卷附錄二卷水經注箋刊誤十二卷　(清)趙一清撰　**水經釋地八卷**　(清)孔繼涵撰　**水經注圖說殘稾四卷**　(清)董佑誠撰　**今水經一卷**　(清)黃宗羲撰　清光緒六年(1880)會稽章氏刻本　三十二冊

330000－1723－0001966　19529－19548　史部/編年類/通代之屬

御批歷代通鑑輯覽一百二十卷　(清)傅恒等撰　清光緒三十年(1904)上海通元書局石印本　二十冊　缺二十二卷(九十九至一百二十)

330000－1723－0001968　20024－20029　史部/雜史類/斷代之屬

明季稗史彙編十六種　(清)留雲居士輯　清光緒二十二年(1896)上海圖書集成印書局鉛印本　吳逵卿批並題記　六冊

330000－1723－0001971　19762　史部/編年類/斷代之屬

御撰資治通鑑綱目三編四卷　(清)張廷玉等撰　清光緒十三年(1887)上海點石齋石印本　一冊　缺二卷(三至四)

330000－1723－0001972　20036－20047　史部/雜史類/斷代之屬
明季稗史彙編十六種　(清)留雲居士輯　清都城琉璃廠刻本　十二册

330000－1723－0001973　19763　史部/編年類/通代之屬
歷代諸家評鑑會纂□□卷　清石印本　一册　存一卷(二)

330000－1723－0001974　18016－18039　史部/地理類/總志之屬/通代
讀史方輿紀要一百三十卷方輿全圖總説四卷　(清)顧祖禹撰　清光緒二十九年(1903)上海益吾齋石印本　二十四册

330000－1723－0001975　18040－18059　史部/地理類/總志之屬/通代
讀史方輿紀要一百三十卷方輿全圖總説四卷　(清)顧祖禹撰　清光緒二十九年(1903)上海益吾齋石印本　二十册

330000－1723－0001976　18728　子部/工藝類/觀賞之屬
自流井風物名實説一卷附同治八年觀光記畧一卷　(清)吴鼎立撰　清光緒思源堂刻本　清朱苗孫題記　一册

330000－1723－0001977　20048－20054　史部/史抄類
廿四史約編八卷首一卷　(清)鄭元慶撰　清光緒二十二年(1896)焕文書局石印本　七册　存八卷(首,金、石、竹、匏、土、革、木)

330000－1723－0001978　18729－18730　子部/農家農學類
泰西水法六卷　(意大利)熊三拔撰説　(明)徐光啟筆記　清嘉慶五年(1800)席世臣掃葉山房刻本　二册

330000－1723－0001979　20055　史部/雜史類/斷代之屬
元朝祕史十五卷　(清)李文田注　清末石印本　一册　存四卷(九至十二)

330000－1723－0001980　18062－18133　史部/地理類/總志之屬/通代
讀史方輿紀要一百三十卷輿圖要覽四卷　(清)顧祖禹撰　清道光十一年(1831)龍萬育敷文閣刻本　七十二册

330000－1723－0001982　20062　類叢部/叢書類/家集之屬
長沙彭氏家集九種　(清)彭祖賢編　清同治至光緒刻本　一册　存一種

330000－1723－0001983　18731－18753　史部/地理類/山川之屬/水志
水經注釋四十卷首一卷附錄二卷水經注箋刊誤十二卷　(清)趙一清撰　清乾隆五十一年(1786)趙氏小山堂刻五十九年(1794)重修本　二十三册　缺三卷(四十、附錄一至二)

330000－1723－0001984　20063－20066　史部/史表類/通代之屬
四裔編年表四卷　(清)李鳳苞輯　清刻本　四册

330000－1723－0001985　20067－20073　史部/政書類/儀制之屬/典禮
南巡盛典一百二十卷　(清)高晉等纂修　清光緒八年(1882)上海點石齋影印本　七册　存一百十一卷(一至八十四、九十四至一百二十)

330000－1723－0001986　20074　史部/地理類
李氏五種　(清)李兆洛撰　清同治九年至十一年(1870－1872)合肥李鴻章刻本　一册　存一種

330000－1723－0001987　18754－18760　史部/地理類/山川之屬/水志
水經注釋四十卷首一卷附錄二卷水經注箋刊誤十二卷　(清)趙一清撰　清乾隆五十一年(1786)趙氏小山堂刻五十九年(1794)重修本　七册　存十三卷(首、一至二、刊誤二至十一)

330000－1723－0001988　19764　史部/編年類/通代之屬

資治通鑑外紀十卷　(宋)劉恕撰　(清)胡克家注補　清光緒二十八年(1902)上海積山書局石印本　一册

330000－1723－0001989　18762　史部/地理類/山川之屬/山志
泰山道里記一卷　(清)聶鈫撰　清道光六年(1826)刻光緒四年(1878)增刻本　一册

330000－1723－0001990　20075　史部/政書類/儀制之屬/專志/謚法
皇朝謚法考五卷續編一卷補編一卷　(清)鮑康輯　清同治三年至五年(1864－1866)刻本　一册

330000－1723－0001991　18134－18149　史部/地理類/總志之屬/斷代
方輿紀要簡覽三十四卷　(清)顧祖禹撰　(清)潘鐸輯　清咸豐八年(1858)紅杏書屋刻本　十六册

330000－1723－0001992　18761　史部/地理類/山川之屬/山志
泰山道里記一卷　(清)聶鈫撰　清道光六年(1826)刻光緒四年(1878)增刻本　一册

330000－1723－0001993　18800－18804　史部/傳記類/總傳之屬/通代
增廣古今人物論三十六卷　(明)鄭賢輯　**續編十二卷**　(清)願學齋同人輯　清光緒二十八年(1902)富文書局石印本　五册

330000－1723－0001994　18763　史部/地理類/山川之屬/山志
泰山道里記一卷　(清)聶鈫撰　清道光六年(1826)刻光緒四年(1878)增刻本　一册

330000－1723－0001995　18166　史部/地理類/總志之屬/通代
讀史方輿紀要一百三十卷　(清)顧祖禹撰　清刻本　一册　存二卷(一百三至一百四)

330000－1723－0001996　18167　史部/地理類/雜志之屬
日下尊聞錄五卷　(清)□□撰　清咸豐二年(1852)刻本　一册

330000－1723－0001997　18168－18169　史部/地理類/外紀之屬
地球韻言四卷　(清)張士瀛撰　清光緒二十七年(1901)杞廬杭州刻本　二册

330000－1723－0001998　18764－18769　史部/地理類/山川之屬/山志
明州阿育王山志十卷　(明)郭子章撰　**明州阿育王山續志六卷**　(清)釋畹荃撰　明萬曆刻清乾隆續刻本　六册

330000－1723－0001999　18170－18172　類叢部/叢書類/郡邑之屬
武林掌故叢編一百九十種　(清)丁丙編　清光緒三年至二十六年(1877－1900)錢塘丁氏嘉惠堂刻本　三册　存一種

330000－1723－0002000　18173－18174　史部/地理類/專志之屬/祠墓
吴山伍公廟志六卷首一卷附一卷　(清)金文淳纂修　(清)沈永青增輯　清光緒二年(1876)刻本　二册

330000－1723－0002001　18175　史部/地理類/專志之屬/古跡
平山堂圖志十卷首一卷　(清)趙之壁纂　清乾隆刻本　一册　存四卷(一至四)

330000－1723－0002002　18176－18177　史部/地理類/專志之屬/祠墓
曹江孝女廟誌八卷首一卷末一卷補遺一卷　(清)金廷棟輯　(清)唐煦春增輯　清光緒八年(1882)五社公所刻本　二册

330000－1723－0002003　18178－18185　史部/地理類
李氏五種　(清)李兆洛撰　清同治九年至十一年(1870－1872)合肥李鴻章刻本　八册　存二種

330000－1723－0002005　18770－18775　史部/地理類/山川之屬/水志
湖山便覽十二卷　(清)翟灝等撰　清光緒元年(1875)杭州王維翰槐蔭堂刻本　六册

330000－1723－0002006　18186－18191　新

學/史志/諸國史

萬國史記二十卷 (日本)岡本監輔撰 清光緒二十七年(1901)上海書局石印本 李蒙煜題簽 六册

330000－1723－0002007 18192－18193 類叢部/叢書類/彙編之屬

申報館叢書正集五十七種附錄三種 (清)尊聞閣主編 **續集一百四十二種** 蔡爾康編 清同治至光緒申報館鉛印本 二册 存一種

330000－1723－0002008 18780－18799 史部/地理類/山川之屬/水志

西湖志四十八卷 (清)李衛 (清)程元章修 (清)傅王露纂 清光緒四年(1878)浙江書局刻本 二十册

330000－1723－0002009 18194 史部/地理類

李氏五種 (清)李兆洛撰 清光緒二十四年(1898)上海掃葉山房石印本 一册 存一種

330000－1723－0002010 18195－18200 新學/史志/諸國史

萬國史記二十卷 (日本)岡本監輔撰 清光緒二十七年(1901)上海兩宜齋石印本 六册

330000－1723－0002011 18201－18206 新學/史志/諸國史

萬國史記二十卷 (日本)岡本監輔撰 清光緒二十七年(1901)上海兩宜齋石印本 六册

330000－1723－0002012 20076－20077 史部/史表類/通代之屬

歷代帝王年表一卷紀元同異攷略一卷 黃大華撰 清光緒二十七年(1901)夢紅豆邨刻本 二册

330000－1723－0002013 19757－19761 史部/編年類/通代之屬

重訂王鳳洲先生綱鑑會纂四十六卷續宋元紀二十三卷 (明)王世貞撰 (明)陳仁錫訂 清光緒十三年(1887)上海大同書局石印本 五册 存二十五卷(二十一至二十四、三十八至四十六,宋元紀一至六、十八至二十三)

330000－1723－0002014 19015－19017 史部/雜史類/斷代之屬

國語二十一卷 (三國吳)韋昭注 **校刊明道本韋氏解國語札記一卷** (清)黃丕烈撰 清末上海錦章圖書局石印本 三册

330000－1723－0002015 20078－20080 史部/地理類

李氏五種 (清)李兆洛撰 清同治九年至十一年(1870－1872)合肥李鴻章刻本 三册 存一種

330000－1723－0002016 19018－19019 史部/雜史類/斷代之屬

戰國策三十三卷 (漢)高誘注 **重刻剡川姚氏本戰國策札記三卷** (清)黃丕烈撰 清光緒二十二年(1896)上海鴻寶齋石印本 二册 存十七卷(一至十七)

330000－1723－0002017 19020－19022 史部/雜史類/斷代之屬

國語二十一卷 (三國吳)韋昭注 **校刊明道本韋氏解國語札記一卷** (清)黃丕烈撰 清光緒二十二年(1896)上海鴻寶齋石印本 三册

330000－1723－0002018 19023－19025 史部/雜史類/斷代之屬

國語二十一卷 (三國吳)韋昭注 **校刊明道本韋氏解國語札記一卷** (清)黃丕烈撰 清光緒二十二年(1896)上海鴻寶齋石印本 三册

330000－1723－0002019 19694－19701 史部/編年類/通代之屬

御批增補了凡綱鑑四十卷首一卷 (明)袁黃纂 **御撰資治通鑑綱目三編六卷** (清)張廷玉等纂修 清石印本 八册 存八卷(了凡綱鑑四至七、九至十,資治通鑑綱目三編一至二)

330000－1723－0002020 19026－19028 史部/雜史類/斷代之屬

國語二十一卷 (三國吳)韋昭注 **校刊明道本韋氏解國語札記一卷** (清)黃丕烈撰 清

光緒二十二年(1896)上海鴻寶齋石印本　三冊

330000－1723－0002022　19033　類叢部/叢書類/彙編之屬
士禮居叢書二十種　(清)黄丕烈編　清嘉慶至道光黄氏士禮居刻本　一冊　存一種

330000－1723－0002023　20081－20086　史部/政書類/通制之屬
熙朝紀政六卷　(清)王慶雲撰　清光緒二十七年(1901)上海天章書局石印本　六冊

330000－1723－0002024　19034－19037　類叢部/叢書類/自著之屬
振綺堂遺書五種　(清)汪遠孫撰　清道光刻民國十一年(1922)錢唐汪氏彙印本　四冊　存一種

330000－1723－0002025　20087－20088　子部/叢編
萬國政治藝學全書四十一種　(清)朱大文　(清)淩賡揚編　清光緒二十八年(1902)上海鴻文書局石印本　二冊　存一種

330000－1723－0002026　19038－19045　史部/雜史類/斷代之屬
國語正義二十一卷　(清)董增齡撰　清光緒六年(1880)會稽章氏式訓堂刻本　八冊

330000－1723－0002027　18207　新學/地學/地志學
地理全志不分卷　(英國)慕維廉撰　清光緒九年(1883)上海美華書館鉛印本　一冊

330000－1723－0002029　18208－18209　新學/地學/地志學
地理全志不分卷　(英國)慕維廉撰　清光緒六年(1880)刻本　二冊

330000－1723－0002030　18210　子部/雜著類/雜說之屬
憑山閣留青廣集十二卷　(清)陳枚輯　清刻本　一冊　存一卷(十)

330000－1723－0002031　19047－19051　史部/雜史類/斷代之屬
戰國策三十三卷　(漢)高誘注　清末上海錦章圖書局石印本　五冊

330000－1723－0002032　18150－18165　史部/地理類/總志之屬/斷代
方輿紀要簡覽三十四卷　(清)顧祖禹撰　(清)潘鐸輯　清咸豐八年(1858)紅杏書屋刻本　十六冊

330000－1723－0002033　19052－19054　史部/雜史類/斷代之屬
戰國策三十三卷　(漢)高誘注　**重刻剡川姚氏本戰國策札記三卷**　(清)黄丕烈撰　清光緒二十二年(1896)上海鴻寶齋石印本　三冊　存二十六卷(一至十七、二十五至三十三)

330000－1723－0002035　19714－19718　新學/史志/別國史
支那通史七卷　(日本)那珂通世編　清光緒二十五年(1899)上海東文學社石印本　五冊　存四卷(一至四)

330000－1723－0002037　18807－18808　史部/史評類/史論之屬
歷朝綱鑑總論不分卷　(明)楊古度撰　清光緒二十七年(1901)善餘堂刻本　二冊

330000－1723－0002038　20089　史部/政書類/律令之屬/律例
龍巖政畧三卷　(清)姚欽山撰　清超然樓刻本　清朱苗孫題記　一冊　存一卷(上)

330000－1723－0002040　18805－18806　史部/史評類/史論之屬
歷代史論十二卷宋史論三卷元史論一卷歷代史論正編四卷　(明)張溥撰　**明史論四卷**　(清)谷應泰撰　**左傳史論二卷**　(清)高士奇撰　清光緒二十四年(1898)煥文書局石印本　二冊　缺四卷(歷代史論正編一至四)

330000－1723－0002041　18809－18817　史部/史評類/史論之屬
歷代史論十二卷宋史論三卷元史論一卷　(明)張溥撰　**明史論四卷**　(清)谷應泰撰

左傳史論二卷 （清）高士奇撰 清光緒十二年（1886）兩儀堂刻本 九冊 缺二卷（明史論三至四）

330000－1723－0002042 18828－18833 史部/史評類/史論之屬
歷代史論十二卷宋史論三卷元史論一卷 （明）張溥撰 **明史論四卷** （清）谷應泰撰 **左傳史論二卷** （清）高士奇撰 清光緒十二年（1886）兩儀堂刻本 六冊 存八卷（宋史論一至三、元史論、明史論一至四）

330000－1723－0002043 18818－18827 史部/史評類/史論之屬
歷代史論十二卷宋史論三卷元史論一卷 （明）張溥撰 **明史論四卷** （清）谷應泰撰 **左傳史論二卷** （清）高士奇撰 清光緒五年（1879）西江裴氏刻本 十冊

330000－1723－0002044 19719－19756 史部/編年類/通代之屬
資治通鑑二百九十四卷目錄三十卷 （宋）司馬光撰 （元）胡三省音注 **續資治通鑑二百二十卷** （清）畢沅撰 清光緒二十二年（1896）上海蜚英館石印本 三十八冊 缺二百五卷（目錄一至七，資治通鑑八至十六、九十四至一百三十六、一百七十三至一百八十八、二百三十四至二百五十五、二百六十三至二百七十；續資治通鑑二十六至九十二、一百十三至一百三十四、二百十至二百二十）

330000－1723－0002046 20092－20101 史部/政書類/邦計之屬/鹽法
四川官運鹽案類編二十七卷首一卷續編十五卷再續八卷三續三卷四續四卷五續四卷（清光緒丁丑至庚寅） （清）唐炯輯 清光緒七年（1881）成都官鹽總局刻光緒增刻本 十冊 存二十八卷（首、一至二十七）

330000－1723－0002047 18213 類叢部/類書類/專類之屬
皇清地理圖韻編三卷 （清）趙齊嬰等編 清光緒十六年（1890）番禺俞氏刻本 一冊

330000－1723－0002048 18214－18277 史部/地理類/總志之屬/斷代
輿地紀勝二百卷 （宋）王象之編 **輿地紀勝補闕十卷** （清）岑建功輯 **輿地紀勝校勘記五十二卷** （清）劉文淇 （清）劉毓崧撰 清道光二十九年（1849）甘泉岑氏懼盈齋刻本 六十四冊

330000－1723－0002049 19651－19670 史部/編年類/斷代之屬
明紀六十卷 （清）陳鶴輯 （清）陳克家補 清同治十年（1871）江蘇書局刻本 二十冊

330000－1723－0002050 20102 史部/政書類/邦計之屬/賦稅
廣東續輯釐務章程一卷 （清）廣東釐務總局輯 清光緒四年（1878）廣東釐務總局刻本 一冊

330000－1723－0002051 18278－18284 史部/地理類/外紀之屬
海國圖志一百卷首一卷 （清）魏源撰 **續集二十五卷首一卷** （英國）麥高爾撰 （美國）林樂知 （清）瞿昂來譯 清光緒二十八年（1902）文賢閣石印本 七冊 存三十七卷（一至十一、二十九至四十、八十七至一百）

330000－1723－0002052 18285－18291 史部/地理類/外紀之屬
海國圖志一百卷首一卷 （清）魏源撰 **續集二十五卷首一卷** （英國）麥高爾撰 （美國）林樂知 （清）瞿昂來譯 清光緒二十一年（1895）上海書局石印本 七冊 存五十八卷（十二至十八、四十一至五十五、七十七至八十六，首、續集一至二十五）

330000－1723－0002053 18292－18305 史部/地理類/外紀之屬
海國圖志一百卷首一卷 （清）魏源撰 清光緒二十一年（1895）上海積山書局石印本 十四冊

330000－1723－0002054 18306－18307 史部/地理類/外紀之屬
海國圖志一百卷首一卷 （清）魏源撰 **續集二十五卷首一卷** （英國）麥高爾撰 （美國）

林樂知　(清)瞿昂來譯　清光緒二十一年(1895)上海書局石印本　二册　存二十六卷(首、續集一至二十五)

330000 - 1723 - 0002055　18308 - 18315　史部/地理類/外紀之屬

海國圖志一百卷首一卷　(清)魏源撰　**續集二十五卷首一卷**　(英國)麥高爾撰　(美國)林樂知　(清)瞿昂來譯　清光緒二十四年(1898)文賢閣石印本　八册　存六十二卷(三至三十九、六十三至七十四,續集十三至二十五)

330000 - 1723 - 0002056　18316 - 18331　史部/地理類/外紀之屬

海國圖志一百卷首一卷　(清)魏源撰　**續集二十五卷首一卷**　(英國)麥高爾撰　(美國)林樂知　(清)瞿昂來譯　清光緒二十四年(1898)文賢閣石印本　十六册

330000 - 1723 - 0002057　18332 - 18347　史部/地理類/外紀之屬

海國圖志一百卷首一卷　(清)魏源撰　清光緒二十一年(1895)上海積山書局石印本　十六册

330000 - 1723 - 0002058　18348 - 18383　史部/地理類/總志之屬/斷代

太平寰宇記二百卷目錄二卷　(宋)樂史撰　清光緒八年(1882)金陵書局刻本　三十六册

330000 - 1723 - 0002059　18387 - 18424　史部/地理類/總志之屬/通代

天下郡國利病書一百二十卷　(清)顧炎武撰　清道光十一年(1831)成都龍萬育敷文閣刻本　三十八册

330000 - 1723 - 0002060　20325 - 20336　史部/政書類/律令之屬/律例

大清律例彙輯便覽四十卷附督捕則例二卷五軍道里表一卷三流道里表一卷　清同治十一年(1872)湖北讞局刻本　十二册　存十七卷(一至十七)

330000 - 1723 - 0002061　19549 - 19596　史部/編年類/通代之屬

御批歷代通鑑輯覽一百二十卷　(清)傅恒等撰　清同治十年(1871)浙江書局刻朱墨套印本　四十八册

330000 - 1723 - 0002062　20337 - 20344　史部/政書類/律令之屬

秋讞輯要六卷首一卷　(清)剛毅輯　清光緒十九年(1893)江蘇書局刻本　八册

330000 - 1723 - 0002063　19597 - 19644　史部/編年類/通代之屬

御批歷代通鑑輯覽一百二十卷　(清)傅恒等撰　清同治十年(1871)浙江書局刻朱墨套印本　四十八册

330000 - 1723 - 0002064　20345 - 20352　史部/政書類/律令之屬/律例

故唐律疏議三十卷附釋文　(唐)長孫無忌等撰　(元)王元亮重編釋文　**律音義一卷**　(宋)孫奭等撰　**宋提刑洗冤集錄五卷**　(宋)宋慈編　清光緒十七年(1891)江蘇書局刻本　八册

330000 - 1723 - 0002065　19855 - 19876　史部/編年類/通代之屬

續資治通鑑二百二十卷　(清)畢沅撰　清光緒二十八年(1902)上海積山書局石印本　二十二册

330000 - 1723 - 0002067　21003 - 21055　史部/政書類/通制之屬

二十四史九通政典類要合編三百二十卷　(清)黄書霖輯　清光緒二十八年(1902)約雅堂石印本　五十三册　缺四十五卷(一至三十八、七十四至七十七、一百六十四至一百六十六)

330000 - 1723 - 0002068　20103 - 20104　史部/政書類/邦計之屬/鹽法

鹽法議畧二卷　(清)王守基撰　清光緒十二年(1886)粤東刻本　二册

330000 - 1723 - 0002069　20105 - 20109　史部/政書類/公牘檔册之屬

撫吴公牘五十卷 （清）丁日昌撰 （清）沈葆楨評選 清光緒三年(1877)鉛印本 五册 缺九卷(二十六至三十四)

330000－1723－0002070 20353－20392 史部/政書類/儀制之屬/專志/科舉校規
欽定科場條例六十卷首一卷 （清）奎潤等修 （清）詹鴻謨等纂 清光緒十三年(1887)刻本 四十册

330000－1723－0002071 19877－19905 史部/編年類/通代之屬
資治通鑑二百九十四卷 （宋）司馬光撰 （元）胡三省音注 **通鑑釋文辯誤十二卷** （元）胡三省撰 清光緒二十八年(1902)上海積山書局石印本 二十九册 缺十九卷(二百三十一至二百四十、二百五十至二百五十八)

330000－1723－0002073 20393－20412 史部/政書類/律令之屬/律例
大清光緒新法令十三卷諭旨一卷附録一卷 商務印書館編譯所編纂 清宣統二年(1910)上海商務印書館鉛印本 二十册

330000－1723－0002075 19055－19057 史部/雜史類/斷代之屬
戰國策三十三卷 （漢）高誘注 **重刻剡川姚氏本戰國策札記三卷** （清）黄丕烈撰 清光緒二十二年(1896)上海鴻寶齋石印本 三册 缺十七卷(一至十七)

330000－1723－0002076 18384－18386 史部/地理類/總志之屬
皇清地理圖一卷 （清）董祐誠繪 清同治十年(1871)番禺俞守義刻本 三册

330000－1723－0002078 19058－19060 史部/雜史類/斷代之屬
戰國策三十三卷 （漢）高誘注 **重刻剡川姚氏本戰國策札記三卷** （清）黄丕烈撰 清光緒二十二年(1896)上海鴻寶齋石印本 三册 存二十六卷(八至三十三)

330000－1723－0002079 21056－21115 史部/政書類/通制之屬
二十四史九通政典類要合編三百二十卷 （清）黄書霖輯 清光緒二十八年(1902)約雅堂石印本 六十册

330000－1723－0002081 21116－21175 史部/政書類/通制之屬
二十四史九通政典類要合編三百二十卷 （清）黄書霖輯 清光緒二十八年(1902)約雅堂石印本 六十册

330000－1723－0002084 21176－21235 史部/政書類/通制之屬
二十四史九通政典類要合編三百二十卷 （清）黄書霖輯 清光緒二十八年(1902)約雅堂石印本 六十册

330000－1723－0002087 19067 史部/雜史類/斷代之屬
皇朝紀略一卷 （清）何琪輯 清光緒二十七年(1901)鉛印本 一册

330000－1723－0002090 19070－19079 史部/雜史類/斷代之屬
明季北略二十四卷南略十八卷 （清）計六奇撰 清光緒十三年(1887)上海圖書集成印書局鉛印本 十册

330000－1723－0002091 20413－20430 史部/政書類/邦計之屬/貿易
通商約章類纂三十五卷首一卷 （清）張開運等編 清光緒十八年(1892)廣東善後局刻本 十八册 缺二卷(五至六)

330000－1723－0002092 19080－19087 史部/雜史類/斷代之屬
戰國策十卷 （宋）鮑彪校注 （元）吳師道補正 清姑蘇書業堂刻本 八册

330000－1723－0002093 19088－19095 史部/雜史類/斷代之屬
戰國策十卷 （宋）鮑彪校注 （元）吳師道補正 清姑蘇書業堂刻本 八册

330000－1723－0002095 19793－19820 史部/編年類/通代之屬

續資治通鑑二百二十卷　(清)畢沅撰　清光緒二十六年(1900)圖書集成局鉛印本　二十八冊

330000－1723－0002097　19821－19848　史部/編年類/通代之屬
續資治通鑑二百二十卷　(清)畢沅撰　清光緒二十六年(1900)圖書集成局鉛印本　二十八冊

330000－1723－0002099　13412－13414　子部/藝術類/書畫之屬/總論
江邨銷夏錄三卷　(清)高士奇撰　清刻本　三冊

330000－1723－0002100　19117－19120　子部/叢編
二十二子(二十二子彙函)　(清)浙江書局編　清光緒元年至三年(1875－1877)浙江書局刻本　四冊　存一種

330000－1723－0002102　13415　子部/藝術類/篆刻之屬/印譜
蒼涵閣印譜四卷　(明)甘暘述　(清)徐文興篆　清刻鈐印本　一冊　存二卷(三至四)

330000－1723－0002105　19121－19122　類叢部/叢書類/自著之屬
郝氏遺書三十三種　(清)郝懿行撰　清嘉慶至光緒刻彙印本　二冊　存一種

330000－1723－0002108　19123－19128　史部/紀事本末類/斷代之屬
聖武記十四卷　(清)魏源撰　清光緒二十九年(1903)蜚英館鉛印本　六冊

330000－1723－0002109　13418－13431　經部/小學類/文字之屬/字書/字體
楷法溯源十四卷帖目一卷古碑目一卷　(清)潘存孺輯　楊守敬編　清光緒三年至四年(1877－1878)刻本　十四冊　缺一卷(一)

330000－1723－0002110　19129－19134　史部/紀事本末類/斷代之屬
聖武記十四卷　(清)魏源撰　清末和記書莊鉛印本　六冊

330000－1723－0002111　19906－19949　史部/編年類/通代之屬
資治通鑑二百九十四卷目錄三十卷　(宋)司馬光撰　(元)胡三省音注　清光緒二十六年(1900)上海圖書集成印書局鉛印本　四十四冊

330000－1723－0002114　19135－19146　史部/紀事本末類/斷代之屬
聖武記十四卷　(清)魏源撰　清道光二十六年(1846)古微堂刻本　十二冊

330000－1723－0002117　19149－19154　類叢部/叢書類/郡邑之屬
武林掌故叢編一百九十種　(清)丁丙編　清光緒三年至二十六年(1877－1900)錢塘丁氏嘉惠堂刻本　六冊　存一種

330000－1723－0002118　19950－19993　史部/編年類/通代之屬
資治通鑑二百九十四卷目錄三十卷　(宋)司馬光撰　(元)胡三省音注　清光緒二十六年(1900)上海圖書集成印書局鉛印本　四十四冊

330000－1723－0002119　20533－20540　史部/政書類/邦交之屬
總理各國衙門咨行洋務事宜冊不分卷(清咸豐十年至光緒二十三年)　清末刻本　八冊

330000－1723－0002120　19155　史部/雜史類/斷代之屬
平苗紀略一卷　(清)方顯撰　清同治十二年(1873)武昌郡廨刻本　一冊

330000－1723－0002122　19156－19168　史部/紀事本末類/通代之屬
繹史一百六十卷世系圖一卷年表一卷　(清)馬驌撰　清刻本　十三冊　存五十五卷(九十六至一百四十六、一百四十八至一百五十一)

330000－1723－0002123　20541－20547　史部/政書類/邦計之屬/貿易
新定各國通商條約十六卷附辛丑各國和約一

卷　(清)吳梅溪輯　清光緒二十八年(1902)上海書局石印本　七册　缺二卷(三至四)

330000－1723－0002124　20110　史部/政書類/公牘檔册之屬
光緒間國史館公牘不分卷　清光緒刻本　一册

330000－1723－0002125　20548－20559　集部/總集類/選集之屬/斷代
普天忠憤集十四卷首一卷　(清)孔廣德編　清光緒二十一年(1895)石印本　十二册

330000－1723－0002126　20128　史部/職官類/官箴之屬
居官鏡一卷　(清)剛毅輯　清光緒十八年(1892)刻本　一册

330000－1723－0002127　20560－20564　類叢部/叢書類/彙編之屬
申報館叢書正集五十七種附錄三種　(清)尊聞閣主編　**續集一百四十二種**　蔡爾康編　清同治至光緒申報館鉛印本　五册　存一種

330000－1723－0002128　20565－20568　史部/職官類/官制之屬
星軺指掌三卷續一卷　(英國)丁韙撰　(清)聯芳　(清)慶常譯　清光緒二年(1876)上海同文館木活字印本　四册

330000－1723－0002130　20569－20575　史部/傳記類/總傳之屬/技藝
疇人傳四十六卷　(清)阮元撰　**疇人傳續六卷**　(清)羅士琳撰　清光緒八年(1882)海鹽張氏常惺齋刻本　七册　存三十一卷(一至四、十至二十八、三十四至三十八,續四至六)

330000－1723－0002133　20576－20577　類叢部/叢書類/自著之屬
鹿洲全集　(清)藍鼎元撰　清刻本　二册　存一種

330000－1723－0002134　19169－19172　史部/雜史類/斷代之屬
湘軍志十六卷　王闓運撰　清光緒十二年(1886)成都墨香書屋刻本　四册

330000－1723－0002135　20115－20116　史部/職官類/官箴之屬
牧令須知六卷　(清)剛毅輯　清光緒十八年(1892)刻本　二册

330000－1723－0002136　21286－21291　史部/政書類/通制之屬
九通提要十二卷　(清)柴紹炳纂　清光緒二十八年(1902)上海鉛印本　六册

330000－1723－0002137　20117－20126　史部/職官類/官箴之屬
牧令書輯要十卷　(清)徐棟輯　(清)丁日昌重編　清同治十年(1871)黔陽官署刻本　十册

330000－1723－0002138　20578－20633　史部/傳記類/總傳之屬/仕宦
滿洲名臣傳四十八卷漢名臣傳三十二卷　(清)國史館撰　清京都琉璃廠榮錦書坊刻本　五十六册　存五十六卷(滿洲名臣傳一至十六、三十三至四十,漢名臣傳一至三十二)

330000－1723－0002139　21292－21299　史部/政書類/通制之屬
欽定大清會典一百卷　(清)張廷玉等纂修　清光緒十九年(1893)上海圖書集成印書局鉛印本　八册

330000－1723－0002140　20634－20636　史部/傳記類/科舉録之屬/歷科登科録
明清進士題名碑錄不分卷　清刻本　三册

330000－1723－0002141　20637　類叢部/叢書類/自著之屬
留書種閣集九種　(清)黃炳垕撰　清同治六年至光緒二十年(1867－1894)餘姚黃氏留書種閣刻本　一册　存一種

330000－1723－0002142　21300－21316　史部/政書類/通制之屬
九通輯要　(清)張羅澄輯　清光緒二十八年(1902)夢孔山房石印本　十七册　存三種

330000－1723－0002143　20127　史部/職官類/官箴之屬

從政聞見錄三卷 (清)甘鴻輯 清同治九年(1870)甘澤周粤東黄鼎衙齋刻本 一册

330000－1723－0002145 21355－21374 史部/政書類/通制之屬

文獻通考二十四卷首一卷 (元)馬端臨撰 清光緒十一年(1885)上海點石齋石印本 二十册

330000－1723－0002147 20640－20642 史部/傳記類/别傳之屬/年譜

病榻夢痕錄二卷錄餘一卷 (清)汪輝祖撰 清同治十一年(1872)刻本 三册

330000－1723－0002149 20132－20135 史部/職官類/官箴之屬

實政錄七卷 (明)吕坤撰 清同治七年(1868)湖北崇文書局刻本 四册

330000－1723－0002150 20129 史部/職官類/官箴之屬

居官鏡一卷 (清)剛毅輯 清光緒十八年(1892)刻本 一册

330000－1723－0002151 21335－21354 史部/政書類/通制之屬

三通考輯要 湯壽潛輯 清光緒二十九年(1903)上海譯書社石印本 二十册

330000－1723－0002152 20130－20131 子部/儒家類/儒學之屬/禮教

五種遺規 (清)陳弘謀輯並撰 清光緒二十一年(1895)浙江書局刻本 二册 存一種

330000－1723－0002153 20136－20145 新學/史志/戰記

中東戰紀本末八卷首一卷末一卷續編四卷首一卷末一卷 (美國)林樂知撰並譯 蔡爾康輯 清光緒二十二年至二十三年(1896－1897)上海廣學會鉛印本 清嵐友父題簽 十册

330000－1723－0002154 21317－21334 史部/政書類/通制之屬

三通典輯要三通志輯要 (清)蔣麟振輯 清光緒二十八年(1902)上海編譯局石印本 十八册 存五種

330000－1723－0002155 21375－21591、21816－22085 史部/政書類/通制之屬

九通 (清)□□輯 清光緒八年至二十二年(1882－1896)浙江書局刻本 四百八十七册 存一千六十六卷(通典六至十五、二十至三十二、四十至四十三、四十六至五十三、六十二至八十三、一百二至一百二十四、一百二十九至一百四十七、一百七十七至一百八十、一百九十一至二百,欽定續通典四至十六、四十五至五十、八十二至八十六、九十二至一百三、一百二十七至一百三十八,皇朝通典二十三至二十九、四十五至五十二、五十九至六十一、六十七至六十八、七十二至九十七,通志一至三、五至六、十至二十、二十二至二十四、四十至四十三、四十七至四十八、五十至五十五、五十七至五十八、六十至六十一、六十四至六十五、六十八、七十三至七十七、七十九至八十二、八十四下至八十七、一百一至一百十一、一百十三至一百十五、一百十八至一百二十一、一百二十七至一百二十八、一百三十至一百三十七、一百三十九至一百四十六、一百四十八、一百五十六、一百五十八至一百六十一、一百六十七、一百七十五至一百八十、一百八十四、一百八十六至一百九十、一百九十二、一百九十七至一百九十八,欽定續通志十三至十八、四十七至六十二、六十五至七十、七十四至八十八、一百十至一百十五、一百二十二至一百二十四、一百二十七至一百三十九、一百四十四至一百四十七、一百五十二、一百五十九、一百六十四至一百九十二、二百二十七至二百五十三、二百六十一至二百六十三、二百六十六至二百八十五、二百九十六至三百三、三百十七至三百十九、三百三十四至三百三十五、三百六十七至三百六十九、三百八十三至三百九十一、四百九至四百十二、四百二十至四百二十九、四百三十六至四百四十四、四百四十九至四百五十三、五百三十至五百三十四、五百五十至五百六十七、五百七十七至五百八十一、五百九十六至六百十五,皇朝通志六至三十七、五十至六十

一、七十六至九十二，文獻通考一至二十、二十三至二十四、三十一至三十八、四十五至五十、六十七至六十八、八十五至八十九、九十二至一百十三、一百十八至一百十九、一百二十五至一百三十二、一百四十六至一百六十七、一百七十二、一百九十三、二百二至二百五十六、二百六十三、二百六十六、二百六十九至二百七十一、二百七十九至二百八十二、二百八十九至二百九十一、二百九十四至二百九十八、三百十四至三百二十一、三百二十六至三百四十八、附考證二至三，欽定續文獻通考七至十四、十七至四十六、五十七至五十八、八十至八十一、九十至九十六、一百三至一百十四、一百三十五、一百四十一至一百五十二、一百七十八至一百九十七、二百六至二百九、二百二十四至二百四十三，皇朝文獻通考三至五、二十九至四十一、四十五至五十一、五十三至六十四、七十三至七十六、八十九至九十、九十五至九十八、一百四十二至一百五十二、一百五十四至一百六十九、一百七十三至一百八十六、二百一至二百六、二百十八至二百二十五、二百五十一至二百六十三、二百六十九至二百七十一）

330000－1723－0002157　20147　類叢部/叢書類/彙編之屬

端溪叢書十九種　梁鼎芬等編　清光緒二十五年（1899）番禺端溪書院刻本　一冊　存一種

330000－1723－0002158　20148　史部/政書類/公牘檔冊之屬

東江借箸錄一卷　（清）吴均撰　清咸豐十年（1860）如不及齋刻本　一冊

330000－1723－0002159　20149－20150　史部/政書類/軍政之屬/兵制

北洋海軍章程不分卷　（清）奕譞等撰　清光緒刻本　二冊

330000－1723－0002160　20151－20152　史部/政書類/軍政之屬/兵制

北洋海軍章程不分卷　（清）奕譞等撰　清光緒刻本　二冊

330000－1723－0002161　20153－20172　史部/政書類/律令之屬/刑制

大清宣統新法令二十卷　商務印書館輯　清宣統二年（1910）上海商務印書館鉛印本　二十冊

330000－1723－0002163　20173－20180　史部/政書類/儀制之屬/典禮

欽定臺規四十卷　（清）松筠等修　清道光七年（1827）刻本　八冊　存十九卷（一至十九）

330000－1723－0002166　20648－20659　史部/傳記類/總傳之屬/儒林

理學宗傳二十六卷　（清）孫奇逢撰　（清）魏一鼇等編　清光緒六年（1880）浙江書局刻本　十二冊

330000－1723－0002167　20660　史部/傳記類/總傳之屬/姓名

内閣漢票簽中書舍人題名一卷續編一卷補遺一卷續補遺一卷再補遺一卷　（清）鮑康等輯　（清）徐士鑾等續輯　（清）丁世彬補遺　清咸豐十一年（1861）直房藏版刻同治續刻本　一冊

330000－1723－0002168　20661　史部/傳記類/職官録之屬/歷朝

樞垣題名二卷補遺一卷附錄一卷　（清）潘世恩等輯　清道光十八年（1838）刻同治續刻本　一冊

330000－1723－0002169　20662－20663　史部/傳記類/總傳之屬/仕宦

鶴徵錄八卷首一卷　（清）李集輯　（清）李富孫　（清）李遇孫續輯　**鶴徵後錄十二卷首一卷**　（清）李富孫輯　清嘉慶漾葭老屋刻本　二冊

330000－1723－0002170　20664－20667　史部/傳記類/科舉録之屬/諸貢録

[同治癸酉科]各省選拔同年明經通譜不分卷　清同治十三年（1874）刻本　四冊

330000－1723－0002171　20181－20192　史部/政書類/儀制之屬/專志/科舉校規

欽定學政全書八十六卷首一卷　(清)童璜等撰　清刻本　十二册　存七十卷(十七至八十六)

330000－1723－0002173　20680－20687　史部/傳記類/總傳之屬/姓名
史姓韻編二十四卷　(清)汪輝祖輯　清光緒二十九年(1903)上海文瀾書局石印本　八册

330000－1723－0002174　20193－20212　史部/政書類/律令之屬/律例
欽定吏部則例八十七卷　(清)錫珍等修　(清)施人鏡等纂　清光緒十二年(1886)刻本　二十册　存五十二卷(欽定吏部處分則例一至五十二)

330000－1723－0002175　20688　史部/傳記類/總傳之屬/姓名
百家姓考略一卷　(清)王相箋注　清刻本　一册

330000－1723－0002176　20689－20711　史部/傳記類/總傳之屬/姓名
史姓韻編六十四卷　(清)汪輝祖輯　清同治九年(1870)金陵書局木活字印本　二十三册　缺四卷(六十一至六十四)

330000－1723－0002178　20712　史部/傳記類/總傳之屬/通代
新纂氏族箋釋八卷　(清)熊峻運撰　清刻本　一册　存二卷(七至八)

330000－1723－0002180　21592－21631　史部/政書類/通制之屬
通典二百卷　(唐)杜佑撰　清同治十年(1871)學海堂刻本　四十册

330000－1723－0002181　20713－20721　史部/傳記類/總傳之屬/姓名
姓氏族譜合編十卷　(清)李魁第輯　(清)李柏年等補　清光緒五年(1879)醉月軒木活字印本　九册　缺一卷(五)

330000－1723－0002182　20215－20234　史部/政書類/律令之屬/刑制
刑案匯覽六十卷首一卷末一卷拾遺備考一卷續增十六卷　(清)祝慶祺輯　**新增刑案匯覽十六卷首一卷**　(清)潘文舫輯　清光緒十五年(1889)上海鴻文書局石印本　二十册

330000－1723－0002183　21632－21671　史部/政書類/通制之屬
通典二百卷　(唐)杜佑撰　清同治十年(1871)學海堂刻本　四十册

330000－1723－0002184　21672－21711　史部/政書類/通制之屬
欽定續通典一百五十卷　(清)嵇璜　(清)曹仁虎纂修　清光緒元年(1875)廣東學海堂刻本　四十册

330000－1723－0002185　20235－20264　新學/政治法律/律例
新譯日本法規大全二十五卷首一卷　(清)劉崇傑譯　清光緒三十三年(1907)上海商務印書館鉛印本　三十册　缺八卷(首,一、六、十、十五、二十二至二十四)

330000－1723－0002186　23140－23843　史部/紀傳類/正史之屬
二十四史附考證　清光緒十年(1884)上海同文書局石印本　七百四册　缺二十七卷(三國志魏志一至二十七)

330000－1723－0002187　20265　史部/政書類/律令之屬/律例
法訣啟明二卷　(清)升泰編　(清)金彦翹詮釋　清光緒五年(1879)升泰刻本　一册　存一卷(下)

330000－1723－0002188　20266－20267　史部/政書類/律令之屬/律例
律法須知二卷　(清)呂芝田撰　清光緒十三年(1887)廣州刻本　二册

330000－1723－0002189　20722－20727　史部/金石類/郡邑之屬
山右金石記十卷　(清)王軒纂　清光緒十五年(1889)刻本　六册

330000－1723－0002190　20268－20271　史部/政書類/律令之屬/律例

粤東省例新纂八卷　（清）黄恩彤修　（清）寧立悌等纂　清道光二十六年(1846)刻光緒印本　四册

330000－1723－0002191　20728－20731　史部/金石類/石之屬/通考
語石十卷　葉昌熾撰　清宣統元年(1909)葉氏刻本　四册

330000－1723－0002192　20732－20735　史部/金石類/石之屬/通考
語石十卷　葉昌熾撰　清宣統元年(1909)葉氏刻本　四册

330000－1723－0002193　20736－20759　史部/金石類/郡邑之屬/文字
山右石刻叢編四十卷　（清）胡聘之撰　清光緒二十五年至二十七年(1899－1901)刻本　二十四册

330000－1723－0002194　20760－20779　史部/金石類/郡邑之屬/文字
山右石刻叢編四十卷　（清）胡聘之撰　清光緒二十五年至二十七年(1899－1901)刻本　二十册

330000－1723－0002195　21712－21751　史部/政書類/通制之屬
欽定續通典一百五十卷　（清）嵇璜　（清）曹仁虎纂修　清光緒元年(1875)廣東學海堂刻本　四十册

330000－1723－0002198　20278－20281　史部/政書類/律令之屬/治獄
學治偶存八卷　（清）陸維祺撰　清光緒十九年(1893)刻本　四册

330000－1723－0002199　20282－20285　史部/政書類/律令之屬/治獄
學治偶存八卷　（清）陸維祺撰　清光緒十九年(1893)刻本　四册

330000－1723－0002200　20286－20289　史部/政書類/律令之屬/治獄
學治偶存八卷　（清）陸維祺撰　清光緒十九年(1893)刻本　四册

330000－1723－0002201　20290　史部/政書類/律令之屬/刑制
審看擬式四卷首一卷末一卷　（清）剛毅輯　清光緒十三年(1887)刻本　一册　存三卷(三至四、末)

330000－1723－0002202　20291　史部/政書類/律令之屬/刑制
大清新法令分類總目一卷　商務印書館輯　清宣統二年(1910)上海商務印書館鉛印本　一册

330000－1723－0002205　20295－20303　史部/政書類/律令之屬/律例
大清律例增修統纂集成四十卷督捕則例附纂二卷　（清）姚潤輯　（清）陶駿　（清）陶念霖增輯　清光緒二十年(1894)上洋珍藝書局鉛印本　九册　存十二卷(一至四、六至八、十一至十二、十九、二十三至二十四)

330000－1723－0002206　20324　史部/政書類/儀制之屬/專志/科舉校規
三場程式一卷　（清）蔣益澧撰　清光緒元年(1875)刻本　一册

330000－1723－0002207　20304－20323　史部/政書類/律令之屬/律例
大清律例彙纂大成四十卷督捕則例附纂二卷三流道里表一卷五軍道里表一卷秋審實緩比較彙案一卷部頒新增一卷　清光緒二十四年(1898)石印本　二十册　缺七卷(二十六至三十二)

330000－1723－0002208　22087－22095　史部/詔令奏議類/奏議之屬
曾文正公奏議十卷首一卷末一卷補編四卷　（清）曾國藩撰　（清）薛福成編　清同治十三年(1874)上海吴氏醉六堂刻本　九册　缺一卷(奏議三)

330000－1723－0002209　22293－22498　史部/詔令奏議類/詔令之屬
九朝聖訓七百六十二卷　清光緒十一年(1885)京都擷華書局鉛印本　二百六册　缺二十九卷(大清高宗純皇帝聖訓二十四至三

十八、大清仁宗睿皇帝聖訓十四至二十三、大清宣宗成皇帝聖訓六至九）

330000－1723－0002210　22106－22114　史部/詔令奏議類/奏議之屬

歷代名臣奏議選三十卷　（清）趙承恩輯　清光緒二十七年（1901）掃葉山房石印本　九冊　缺四卷（宋六、遼、金、元）

330000－1723－0002211　20786－20793　類叢部/叢書類/家集之屬

洪氏晦木齋叢書二十一種　（清）洪汝奎編　清同治八年至宣統元年（1869－1909）刻本　八冊　存二種

330000－1723－0002213　22096－22097　史部/詔令奏議類/奏議之屬

曾文正公奏議十卷首一卷末一卷補編四卷　（清）曾國藩撰　（清）薛福成編　清同治十三年（1874）上海吳氏醉六堂刻本　二冊　存二卷（補編一至二）

330000－1723－0002214　23844－23852　集部/總集類/彙編之屬

國朝二十四家文鈔二十四卷　（清）徐斐然輯　清道光十年（1830）文光堂刻本　九冊　缺一卷（二十四）

330000－1723－0002215　23853－23860　集部/總集類/彙編之屬

國朝八家四六文鈔（八家四六文鈔）　（清）吳鼒編　清大文堂刻本　八冊

330000－1723－0002216　22098－22099　史部/詔令奏議類/奏議之屬

唐陸宣公奏議讀本四卷首一卷　（唐）陸贄撰　（清）汪銘謙輯　（清）馬傳庚評點　清光緒二十六年（1900）會稽馬家鼎石印本　二冊

330000－1723－0002217　20798－20821　史部/金石類/總志之屬

金石索十二卷首一卷　（清）馮雲鵬　（清）馮雲鵷輯　清光緒三十二年（1906）上海文新局石印本　二十四冊

330000－1723－0002218　23861－23864　集部/總集類/彙編之屬

國朝十家四六文鈔十一卷　王先謙輯　清光緒二十一年（1895）上海書局石印本　四冊

330000－1723－0002220　22101　史部/詔令奏議類/詔令之屬

硃批諭旨不分卷　（清）鄂爾泰等輯　清刻朱墨套印本　一冊　存蔡珽、佛喜、黃焜、管承澤硃批諭旨

330000－1723－0002223　23875－23879　集部/總集類/選集之屬/斷代

章譚合鈔六卷　國學扶輪社編　清宣統二年（1910）上海國學扶輪社鉛印本　五冊

330000－1723－0002226　23892－23897　集部/總集類/彙編之屬

國朝八家四六文鈔（八家四六文鈔）　（清）吳鼒編　清嘉慶三年（1798）寧波新三益刻本　六冊

330000－1723－0002227　23898－23901　集部/總集類/彙編之屬

國朝十家四六文鈔十一卷　王先謙輯　清光緒十五年（1889）長沙王先謙刻本　四冊

330000－1723－0002228　23902－23903　類叢部/叢書類/自著之屬

白石道人四種　（宋）姜夔撰　清同治十年（1871）桂林倪鴻野水閒鷗館刻本　梁鼎芬題記　二冊

330000－1723－0002229　23904－23911　集部/總集類/郡邑之屬

西泠五布衣遺箸　（清）丁丙輯　清同治至光緒錢塘丁氏當歸草堂刻本　八冊

330000－1723－0002230　20824－20825　史部/金石類/總志之屬/題跋

清儀閣題跋不分卷　（清）張廷濟撰　清刻本　二冊

330000－1723－0002231　20826－20837　史部/金石類/總志之屬

金石萃編一百六十卷　（清）王昶撰　**金石續編二十一卷首一卷**　（清）陸耀遹撰　清光緒

十九年(1893)上海醉六堂石印本　十二册　存七十七卷(五十七至一百十一,續編首、一至二十一)

330000－1723－0002232　23912－23919　集部/總集類/彙編之屬
七家試帖輯註彙鈔九卷　(清)張熙宇輯評　(清)王植桂輯註　清同治九年(1870)京師琉璃廠刻本　八册

330000－1723－0002233　20838－20843　史部/金石類/總志之屬
金石萃編一百六十卷　(清)王昶撰　**金石續編二十一卷首一卷**　(清)陸耀遹撰　清光緒十九年(1893)上海醉六堂石印本　六册　存二十二卷(續編首、一至二十一)

330000－1723－0002234　20908－20947　史部/金石類
行素草堂金石叢書十九種　(清)朱記榮輯　清光緒吴縣朱氏刻十四年(1888)彙印本　四十册

330000－1723－0002235　22102－22105　史部/詔令奏議類/奏議之屬
錢敏肅公奏疏七卷　(清)錢鼎銘撰　清光緒六年(1880)錢氏存素堂刻本　四册

330000－1723－0002236　22100　類叢部/叢書類/自著之屬
求在我齋全集九種　(清)陳濬撰　清刻本　一册　存一種

330000－1723－0002237　23928－23935　集部/總集類/彙編之屬
七家試帖輯註彙鈔九卷　(清)張熙宇輯評　(清)王植桂輯註　清同治九年(1870)江左書林刻本　八册

330000－1723－0002238　22245－22292　史部/詔令奏議類/奏議之屬
大清穆宗毅皇帝聖訓一百六十卷　清光緒五年(1879)刻本　四十八册

330000－1723－0002239　23936－23943　集部/總集類/彙編之屬
七家試帖輯註彙鈔九卷　(清)張熙宇輯評　(清)王植桂輯註　清同治九年(1870)京師琉璃廠刻本　八册

330000－1723－0002240　23920－23927　集部/總集類/彙編之屬
七家試帖輯註彙鈔九卷　(清)張熙宇輯評　(清)王植桂輯註　清同治九年(1870)江左書林刻本　八册

330000－1723－0002241　20948－20985　史部/金石類
行素草堂金石叢書十九種　(清)朱記榮輯　清光緒吴縣朱氏刻十四年(1888)彙印本　三十八册　存十五種

330000－1723－0002242　23944－23948　集部/總集類/彙編之屬
七家試帖輯註彙鈔九卷　(清)張熙宇輯評　(清)王植桂輯註　清同治九年(1870)京師琉璃廠刻本　五册　存五種

330000－1723－0002243　23949－23955　集部/總集類/彙編之屬
七家試帖輯註彙鈔九卷　(清)張熙宇輯評　(清)王植桂輯註　清同治九年(1870)京師琉璃廠刻本　清映川題記　七册　存六種

330000－1723－0002244　22499－23139　史部/紀傳類/正史之屬
二十四史附考證　清光緒二十九年(1903)五洲同文局石印本　六百四十一册　存二十一種

330000－1723－0002245　23956－23958　集部/總集類/選集之屬/斷代
批點八家詩選注釋八卷　(清)張熙宇輯評　清同治五年(1866)小西山房刻朱墨套印本　三册　存六卷(一至二、五至八)

330000－1723－0002246　23959－23962　集部/總集類/選集之屬/斷代
硃批增註七家詩選七卷　(清)張熙宇輯評　(清)張昶註釋　清光緒五年(1879)上海紫文閣刻朱墨套印本　四册

330000－1723－0002247　20844－20907　史部/金石類/總志之屬
金石萃編一百六十卷　(清)王昶撰　清嘉慶十年(1805)青浦王氏經訓堂刻同治十年(1871)嘉善錢寶傳補刻本　清吳廣霈題記　六十四册

330000－1723－0002249　23971　集部/總集類/彙編之屬
三子詩選　(清)蔡壽祺編　清咸豐七年(1857)刻本　一册

330000－1723－0002250　22115－22184　史部/詔令奏議類/奏議之屬
左恪靖侯奏稿初編三十八卷續編七十六卷三編六卷　(清)左宗棠撰　清光緒刻本　七十册　缺六卷(三編一至六)

330000－1723－0002251　23972－23977　集部/總集類/郡邑之屬
江左三大家詩鈔　(清)顧有孝　(清)趙澐編　清廣雅堂刻本　六册

330000－1723－0002252　23978－24021　集部/總集類/氏族之屬
寧都三魏全集八十三卷　(清)林時益編　清刻本　四十四册

330000－1723－0002253　22185－22244　史部/詔令奏議類/詔令之屬
硃批諭旨不分卷　(清)鄂爾泰等輯　清光緒十三年(1887)上海點石齋石印本　六十册

330000－1723－0002254　24022－24029　集部/總集類/選集之屬/斷代
增註韻蘭賦鈔初集二卷　(清)屈廛菴輯　(清)王家相註　清嘉慶大文堂刻本　八册

330000－1723－0002255　21752－21783　史部/政書類/通制之屬
皇朝通典一百卷　(清)嵇璜　(清)曹仁虎等纂修　清光緒元年(1875)廣東學海堂刻本　三十二册

330000－1723－0002256　24038－24045　集部/總集類/選集之屬/通代
賦學正鵠十卷　(清)李元度輯　清同治十年(1871)爽溪書院刻本　八册

330000－1723－0002257　24030－24037　集部/總集類/選集之屬/通代
賦學正鵠集釋十一卷　(清)李元度輯　(清)成性根注　清光緒十三年(1887)古吳掃葉山房刻本　八册

330000－1723－0002258　21784－21815　史部/政書類/通制之屬
皇朝通典一百卷　(清)嵇璜　(清)曹仁虎等纂修　清光緒元年(1875)廣東學海堂刻本　三十二册

330000－1723－0002259　24046－24049　集部/總集類/選集之屬/通代
賦學正鵠集釋四卷　(清)李元度輯　清光緒二十三年(1897)上海文寶閣石印本　四册

330000－1723－0002260　24050－24051　集部/總集類/選集之屬/通代
賦則四卷首一卷　(清)鮑桂星評選　清道光二年(1822)刻本　二册

330000－1723－0002261　24052－24058　集部/總集類/選集之屬/通代
賦鈔箋畧十五卷　(清)雷琳　(清)張杏濱箋　清嘉慶二十二年(1817)刻本　七册　存十三卷(一至三、六至十五)

330000－1723－0002262　24059－24086　集部/總集類/選集之屬/通代
賦海大觀三十二卷　(清)沈祖燕輯　清光緒二十年(1894)鴻寶齋石印本　二十八册

330000－1723－0002263　24580－24583　集部/總集類/選集之屬/通代
古今文致十卷　(明)劉士鏻輯　(明)王宇增補　清光緒九年(1883)古堇羣玉山房刻朱墨套印本　四册　存六卷(一至六)

330000－1723－0002264　24087－24092　集部/總集類/選集之屬/通代
考古必要賦四卷附試賦分論一卷擬題分類備覽一卷　(清)江家春　(清)邱景岳輯　清同

治十一年(1872)刻本　六冊

330000－1723－0002265　24093－24094　集部/總集類/選集之屬/通代
考古必要賦四卷附試賦分論一卷擬題分類備覽一卷　(清)江家春　(清)邱景岳輯　清道光十五年(1835)刻本　二冊

330000－1723－0002266　24095－24098　集部/總集類/選集之屬/通代
新注得月樓甲編不分卷乙編不分卷丙編不分卷丁編不分卷　(清)張元灝選評　(清)耿覲文　(清)茅謙箋註　清光緒九年(1883)月瀚香閣刻本　四冊

330000－1723－0002267　24099－24106　集部/總集類/選集之屬/斷代
本朝律賦集腋八集　(清)馬俊良輯　清嘉慶二十年(1815)大酉山房刻本　八冊

330000－1723－0002270　24133－24138　集部/總集類/選集之屬/通代
古唐詩合解十二卷古詩四卷　(清)王堯衢注　清光緒九年(1883)刻本　六冊

330000－1723－0002271　24139－24144　集部/總集類/選集之屬/通代
古唐詩合解十二卷古詩四卷　(清)王堯衢注　清光緒九年(1883)刻本　六冊

330000－1723－0002272　24145－24150　集部/總集類/選集之屬/通代
古唐詩合解十二卷古詩四卷　(清)王堯衢注　清光緒二十一年(1895)溧陽聚寶齋刻本　六冊

330000－1723－0002273　24185－24203　集部/總集類/選集之屬/通代
御選唐宋詩醇四十七卷目錄二卷　(清)高宗弘曆輯　清刻本　十九冊　缺二卷(四十至四十一)

330000－1723－0002274　24204－24227　集部/總集類/選集之屬/通代
御選唐宋詩醇四十七卷目錄二卷　(清)高宗弘曆輯　清乾隆二十五年(1760)聚秀堂刻本　二十四冊

330000－1723－0002280　24610－24615　集部/總集類/氏族之屬
三蘇策論十二卷　(宋)蘇洵　(宋)蘇軾　(宋)蘇轍撰　(清)張紹齡編　清光緒二十七年(1901)上海漢讀樓書局石印本　六冊

330000－1723－0002281　24616－24621　集部/總集類/氏族之屬
三蘇策論十二卷　(宋)蘇洵　(宋)蘇軾　(宋)蘇轍撰　(清)張紹齡編　清光緒二十四年(1898)越郡會文堂石印本　六冊

330000－1723－0002282　24622－24633　集部/總集類/選集之屬/通代
古文辭類纂七十四卷　(清)姚鼐輯　**續古文辭類纂三十四卷**　王先謙輯　清光緒三十三年(1907)上海商務印書館鉛印本　十二冊

330000－1723－0002288　24918－24921　集部/總集類/課藝之屬
試帖玉芙蓉集四卷　(清)同文書局主人輯　清光緒十年(1884)上海同文書局石印本　四冊

330000－1723－0002291　24912－24917　集部/總集類/課藝之屬
小題指南初集不分卷二集不分卷三集不分卷　(清)吳次歐輯　清同治三年(1864)遊心樓刻本　六冊

330000－1723－0002300　24903－24910　集部/總集類/課藝之屬
小題正鵠初集不分卷二集不分卷三集不分卷四集不分卷　(清)李元度輯　清光緒六年(1880)浙紹墨潤堂刻本　八冊

330000－1723－0002301　24151－24153　集部/總集類/選集之屬/通代
古唐詩合解十二卷古詩四卷　(清)王堯衢注　清刻本　清竹亭題記　三冊　存八卷(三至十)

330000－1723－0002302　24154－24156　集部/總集類/選集之屬/通代

古唐詩合解十二卷古詩四卷　（清）王堯衢注　清刻本　三册　存九卷（五至九、古詩一至四）

330000－1723－0002303　24157－24160　集部/總集類/選集之屬/通代

古唐詩合解十二卷古詩四卷　（清）王堯衢注　清文奎堂刻本　四册　存十卷（一至二、六至九，古詩一至四）

330000－1723－0002309　24922－24931　集部/總集類/課藝之屬

藝苑菁華不分卷　（清）武林吟花講舍主人筆珊氏校編　清咸豐五年（1855）武林吟花講舍刻本　十册

330000－1723－0002310　24177　集部/總集類/選集之屬/通代

增補重訂千家詩註解二卷　（宋）謝枋得選（清）王相注　**新鐫五言千家詩箋注二卷**（清）王相選註　**諸名家百壽詩一卷贈賀詩一卷百花詩一卷**　（清）王相選輯　**百花詩引一卷**　（清）顧宗孔撰　清刻本　一册

330000－1723－0002311　24944－24947　集部/總集類/課藝之屬

青雲集分韻試帖詳註四卷　（清）楊逢春（清）蕭應櫆輯　（清）沈品華等註　清光緒二十二年（1896）玉邑文奎堂刻本　四册

330000－1723－0002314　24742－24751　集部/總集類/選集之屬/通代

古文辭類纂十五卷　（清）姚鼐輯　**續古文辭類纂十卷**　王先謙輯　清光緒十六年（1890）上海文瑞樓鉛印本　十册

330000－1723－0002315　24178　集部/總集類/選集之屬/通代

增補重訂千家詩註解二卷　（清）任來吉選（清）王相注　**諸名家百壽詩一卷諸名家贈賀詩一卷**　（清）王相選輯　清同治八年（1869）務本堂刻本　一册

330000－1723－0002316　24179　子部/儒家類/儒學之屬/蒙學

小學千家詩人生必讀二卷　（清）余晦齋輯　清咸豐七年（1857）刻本　一册

330000－1723－0002318　24180　集部/總集類/選集之屬/通代

增訂蒙童辨韻千家詩讀本二卷　（清）湯海若校釋　清光緒七年（1881）裕源堂刻本　一册

330000－1723－0002320　24260　集部/總集類/選集之屬/斷代

唐詩三百首續選一卷　（清）于慶元編　清刻本　一册

330000－1723－0002321　24261　集部/總集類/選集之屬/斷代

唐詩三百首續選一卷　（清）于慶元編　清刻本　吳達卿批並校　一册

330000－1723－0002322　24181－24182　集部/總集類/選集之屬/通代

宋元明詩三百首六卷摘句一卷　（清）朱梓（清）冷昌言輯　清光緒元年（1875）虞山黃氏藝文堂刻本　二册

330000－1723－0002323　24262　集部/總集類/選集之屬/斷代

唐詩三百首六卷　（清）孫洙編　清文華堂刻本　一册　存二卷（一至二）

330000－1723－0002324　24183－24184　集部/總集類/選集之屬/通代

宋元明詩三百首六卷摘句一卷　（清）朱梓（清）冷昌言輯　清道光二十一年（1841）小石山房刻本　二册

330000－1723－0002325　24263－24265　集部/總集類/選集之屬/斷代

唐詩三百首註疏六卷　（清）孫洙編　（清）章燮注　清永言堂刻本　三册　存三卷（一至二、五）

330000－1723－0002326　24266　集部/總集類/選集之屬/斷代

唐詩三百首六卷　（清）孫洙編　清武林正業堂刻本　一册　存二卷（一至二）

330000－1723－0002327　24752－24771　集部/總集類/選集之屬/斷代

皇朝經世文編一百二十卷姓名總目二卷（清）賀長齡輯　清光緒鉛印本　二十冊　缺十九卷（一至四、四十至四十八、九十四至九十八，總目二）

330000－1723－0002328　24267－24268　集部/總集類/選集之屬/斷代

唐詩三百首六卷　（清）孫洙編　清光緒十年（1884）蘭江瀫水籍古齋刻本　二冊

330000－1723－0002329　24772－24791　集部/總集類/選集之屬/斷代

皇朝經世文續編一百二十卷　（清）葛士濬輯　清光緒二十二年（1896）寶善書局石印本　二十冊

330000－1723－0002330　24269－24274　集部/總集類/選集之屬/斷代

唐詩三百首註疏六卷　（清）孫洙編　（清）章燮注　清永言堂刻本　六冊

330000－1723－0002331　24792－24820　集部/總集類/選集之屬/斷代

皇朝經世文新增續編一百二十卷　（清）葛士濬輯　**皇朝經世文新增時務續編四十卷洋務續編八卷**　（清）甘韓輯　清光緒二十三年（1897）上海掃葉山房鉛印本　二十九冊　缺七卷（四十八至五十四）

330000－1723－0002332　24821－24832　集部/總集類/選集之屬/斷代

皇朝經世文新編二十一卷　麥仲華輯　清光緒二十七年（1901）夢坡室石印本　十二冊

330000－1723－0002333　24833－24844　集部/總集類/選集之屬/斷代

皇朝經世文編一百二十卷姓名總目二卷（清）賀長齡輯　清光緒二十一年（1895）積山書局石印本　十二冊

330000－1723－0002334　24948　集部/總集類/課藝之屬

青雲集分韻試帖詳註四卷　（清）楊逢春（清）蕭應櫆輯　（清）沈品華等註　清刻本一冊　存一卷（三）

330000－1723－0002335　24936－24939　集部/總集類/課藝之屬

青雲集分韻試帖詳註四卷　（清）楊逢春（清）蕭應櫆輯　（清）沈品華等註　清道光二十九年（1849）文華堂刻本　四冊

330000－1723－0002336　24940－24943　集部/總集類/課藝之屬

青雲集分韻試帖詳註四卷　（清）楊逢春（清）蕭應櫆輯　（清）沈品華等註　清道光二十九年（1849）文華堂刻本　四冊

330000－1723－0002337　24949－24952　集部/總集類/課藝之屬

穿鐵齋讀本四卷　（清）杜友白選　清光緒十七年（1891）刻本　四冊

330000－1723－0002338　25841－25852　集部/總集類/選集之屬/通代

文選六十卷　（南朝梁）蕭統輯　（唐）李善注（清）何焯評　清學庫山房刻本　十二冊

330000－1723－0002339　25865－25876　集部/總集類/選集之屬/通代

文選補遺四十卷首一卷　（元）陳仁子輯（元）譚紹烈纂類　清道光二十五年（1845）小琅嬛山館刻本　十二冊

330000－1723－0002340　24275－24280　集部/總集類/選集之屬/斷代

唐詩三百首註疏六卷　（清）孫洙編　（清）章燮注　清浙蘭文華樓刻本　六冊

330000－1723－0002341　24845－24860　集部/總集類/選集之屬/斷代

皇朝經世文三編八十卷　（清）陳忠倚輯　清末浙省書局石印本　十六冊

330000－1723－0002342　24861－24866　集部/總集類/選集之屬/斷代

國朝文匯甲前集二十卷甲集六十卷乙集七十卷丙集三十卷丁集二十卷　國學扶輪社輯清宣統元年（1909）上海國學扶輪社石印本

六冊　存十二卷（乙集三至四、六十一至七十）

330000－1723－0002343　25853－25864　集部/總集類/選集之屬/通代
文選補遺四十卷首一卷　（元）陳仁子輯　（元）譚紹烈纂類　清道光二十五年（1845）琅嬛館刻本　十二冊

330000－1723－0002344　24867－24870　集部/總集類/尺牘之屬
國朝名人小簡二卷　吳曾祺輯　清宣統元年（1909）上海商務印書局鉛印本　四冊

330000－1723－0002345　24281－24285　集部/總集類/選集之屬/斷代
唐詩三百首註疏六卷　（清）孫洙編　（清）章燮注　清浙蘭文華樓刻本　五冊　缺一卷（五）

330000－1723－0002346　24286－24291　集部/總集類/選集之屬/斷代
唐詩三百首註疏六卷　（清）孫洙編　（清）章燮注　**唐詩三百首續選一卷姓氏小傳一卷**　（清）于慶元輯　清文奎堂刻本　六冊　缺一卷（續選）

330000－1723－0002347　25877－25892　集部/總集類/選集之屬/通代
重訂文選集評十五卷首一卷末一卷　（清）于光華輯　清同治十一年（1872）江蘇書局刻本　十六冊

330000－1723－0002348　24292－24295　集部/總集類/選集之屬/斷代
唐詩三百首註疏六卷　（清）孫洙編　（清）章燮注　**唐詩三百首續選一卷姓氏小傳一卷**　（清）于慶元輯　清立言堂刻本　四冊

330000－1723－0002349　25893－25916　集部/總集類/選集之屬/通代
文選六十卷　（南朝梁）蕭統輯　（唐）李善注　**文選考異十卷**　（清）胡克家撰　清同治八年（1869）湖北崇文書局刻本　二十四冊

330000－1723－0002350　24296－24302　集部/總集類/選集之屬/斷代
唐詩三百首註疏六卷　（清）孫洙編　（清）章燮注　**唐詩三百首續選一卷姓氏小傳一卷**　（清）于慶元輯　清光緒十七年（1891）寶慶務本書局刻本　七冊　缺一卷（四）

330000－1723－0002351　25917－25940　集部/總集類/選集之屬/通代
文選六十卷　（南朝梁）蕭統輯　（唐）李善注　**文選考異十卷**　（清）胡克家撰　清同治八年（1869）湖北崇文書局刻本　二十四冊

330000－1723－0002352　25941－25952　集部/總集類/選集之屬/通代
文選六十卷　（南朝梁）蕭統輯　（唐）李善注　（清）何焯評　清學庫山房刻本　十二冊

330000－1723－0002353　24303－24310　集部/總集類/選集之屬/斷代
重訂唐詩別裁集二十卷　（清）沈德潛輯　清務本堂刻本　八冊

330000－1723－0002356　22086　史部/政書類/公牘檔冊之屬
張彭奏稿時務杂論一得淺言不分卷　（清）張之洞　（清）彭玉麟　（清）梅頵等撰　清刻本　一冊

330000－1723－0002357　25953－25964　集部/總集類/選集之屬/通代
文選旁證四十六卷　（清）梁章鉅撰　清光緒八年（1882）吳下刻本　十二冊

330000－1723－0002359　25965－25980　集部/總集類/選集之屬/通代
樂府詩集一百卷目錄二卷　（宋）郭茂倩輯　清同治十三年（1874）湖北崇文書局刻本　十六冊

330000－1723－0002360　25981－25996　集部/總集類/選集之屬/通代
樂府詩集一百卷目錄二卷　（宋）郭茂倩輯　清同治十三年（1874）湖北崇文書局刻本　十六冊

330000－1723－0002361　24911　集部/總集

類/課藝之屬

小題指南初集不分卷二集不分卷三集不分卷　(清)吳次歐輯　清同治七年(1868)壽經堂刻本　一册　存二集

330000－1723－0002363　26017－26018　集部/總集類/選集之屬/通代

文館詞林一千卷　(唐)許敬宗等撰　清光緒十九年(1893)楊壽昌景蘇園刻本　二册

330000－1723－0002364　24932－24935　集部/總集類/選集之屬/斷代

連茹集闈擬約栞不分卷　(清)程蟾客等輯　清刻本　四册

330000－1723－0002365　26019－26023　集部/總集類/選集之屬/通代

玉臺新詠十卷　(南朝陳)徐陵編　(清)吳兆宜注　(清)程琰删補　清光緒五年(1879)宏達堂刻本　五册

330000－1723－0002366　26024－26031　集部/總集類/選集之屬/通代

漁洋山人古詩選三十二卷　(清)王士禛選　清光緒七年(1881)山西濬文書局刻本　八册

330000－1723－0002368　24953－24955　集部/總集類/課藝之屬

目耕齋初集不分卷二集不分卷三集不分卷　(清)徐楷評註　(清)沈叔眉選刊　清光緒二十九年(1903)上海點石齋石印本　三册

330000－1723－0002372　26038－26061　集部/總集類/選集之屬/斷代

明詩綜一百卷　(清)朱彝尊輯　(清)汪森等評　清康熙刻乾隆西泠吳氏清來堂印本　二十四册

330000－1723－0002374　24965　子部/儒家類/儒學之屬/蒙學

初學文引一卷　(清)葉廉鍔選注　清同治十二年(1873)慈南古草堂刻本　一册

330000－1723－0002375　24966　子部/儒家類/儒學之屬/蒙學

初學文引一卷　(清)葉廉鍔選注　清同治十二年(1873)慈南古草堂刻本　一册

330000－1723－0002376　26062－26085　類叢部/叢書類/彙編之屬

平津館叢書八集三十八種　(清)孫星衍編　清嘉慶蘭陵孫氏刻本　二十四册　存一種

330000－1723－0002377　24961－24962　子部/儒家類/儒學之屬/蒙學

初學啓悟集二卷　(清)汪承忠評選　(清)黄梅峯註解　清光緒六年(1880)浙紹墨潤堂刻本　二册

330000－1723－0002378　24963　子部/儒家類/儒學之屬/蒙學

初學啓悟集二卷　(清)汪承忠評選　(清)黄梅峯註解　清刻本　一册　存一卷(一)

330000－1723－0002379　24964　子部/儒家類/儒學之屬/蒙學

初學啓悟集二卷　(清)汪承忠評選　(清)黄梅峯註解　清刻本　一册　存一卷(一)

330000－1723－0002381　24956－24959　集部/總集類/課藝之屬

目耕齋讀本初集不分卷二集不分卷　(清)徐楷評註　(清)沈叔眉選刊　清光緒五年(1879)文奎堂刻本　四册

330000－1723－0002383　26086－26093　集部/總集類/選集之屬/通代

駢體文鈔三十一卷　(清)李兆洛輯　清道光元年(1821)合河康氏家塾刻同治六年(1867)婁江徐氏補刻本　八册

330000－1723－0002384　24960　集部/總集類/課藝之屬

目耕齋二刻不分卷　(清)徐楷評註　(清)沈叔眉選刊　清汲綆齋刻本　一册

330000－1723－0002385　26094－26105　集部/總集類/選集之屬/通代

古文辭類纂七十四卷　(清)姚鼐輯　**續古文辭類纂三十四卷**　王先謙輯　清光緒十九年(1893)思賢講舍刻本　十二册

330000－1723－0002387　24332　集部/別集類/清別集

退思存稿五卷附仕隱圖題詞一卷木犀香館詩草一卷都門唱和詩一卷　(清)范志熙撰　清刻本　一冊　缺五卷(存稿一至五)

330000－1723－0002388　26106－26137　集部/總集類/選集之屬/通代

古文淵鑒六十四卷　(清)徐乾學等輯注　清同治十二年(1873)浙江書局刻本　三十二冊

330000－1723－0002389　24895－24901　集部/總集類/課藝之屬

小題正鵠初集不分卷二集不分卷三集不分卷四集不分卷　(清)李元度輯　清光緒六年(1880)會稽徐氏八杉齋刻本　七冊　存初集、二集、三集

330000－1723－0002390　26138－26169　集部/總集類/選集之屬/通代

古文淵鑒六十四卷　(清)徐乾學等輯注　清同治十二年(1873)浙江書局刻本　三十二冊

330000－1723－0002391　24889－24894　集部/總集類/課藝之屬

小題正鵠初集不分卷二集不分卷三集不分卷四集不分卷　(清)李元度輯　清咸豐九年(1859)刻本　六冊　存初集、二集、三集

330000－1723－0002392　26170－26171　集部/總集類/選集之屬/通代

六朝文絜四卷　(清)許槤評選　清道光五年(1825)海昌許氏享金寶石齋刻本　二冊

330000－1723－0002393　24334－24335、24360－34364　類叢部/叢書類/自著之屬

隨園三十種　(清)袁枚撰　清刻本　七冊　存二種

330000－1723－0002394　24967－24976　集部/總集類/課藝之屬

八銘堂塾鈔初集不分卷二集不分卷　(清)吳懋政編　清光緒十四年(1888)學庫山房刻本　十冊

330000－1723－0002398　26176　集部/總集類/選集之屬/通代

漢魏六朝女子文選二卷　張維輯　清宣統三年(1911)海鹽朱氏刻本　一冊

330000－1723－0002399　26177　集部/總集類/選集之屬/通代

六朝文絜四卷　(清)許槤評選　清光緒三年(1877)讀有用書齋刻朱墨套印本　一冊

330000－1723－0002400　26178－26181　集部/總集類/選集之屬/通代

六朝文絜四卷　(清)許槤評選　清光緒三年(1877)讀有用書齋刻朱墨套印本　四冊

330000－1723－0002402　26183－26282　集部/總集類/選集之屬/通代

全上古三代秦漢三國六朝文七百四十一卷　(清)嚴可均輯　清光緒十三年至十九年(1887－1893)廣雅書局刻本　一百冊

330000－1723－0002404　25280－25295　集部/總集類/課藝之屬

歷代名稿彙選七卷　(清)慈水古草堂主人輯　清光緒十四年(1888)鴻寶齋石印本　十六冊

330000－1723－0002405　24342－24345　集部/總集類/選集之屬/斷代

近科館律詩鈔四卷　王先謙輯　清同治十三年(1874)京都琉璃廠寶珍堂刻本　四冊

330000－1723－0002406　25296－25297　集部/詩文評類/制藝之屬

增選加註能與集不分卷　(清)李租香改本　(清)金研香評　清浙蘭裕源堂刻本　二冊

330000－1723－0002407　24346－24359　集部/總集類/選集之屬/斷代

欽定國朝詩別裁集三十二卷　(清)沈德潛纂評　清刻本　十四冊　存二十八卷(三至八、十一至三十二)

330000－1723－0002408　25298－25299　集部/詩文評類/制藝之屬

增選加註能與集不分卷　(清)李租香改本　(清)金研香評　清浙蘭裕源堂刻本　二冊

330000－1723－0002409　25300　集部/詩文評類/制藝之屬

增選加註能與集不分卷　(清)李秬香改本　(清)金研香評　清光緒七年(1881)綠蔭堂刻本　一冊

330000－1723－0002410　24977－24984　集部/總集類/課藝之屬

八銘堂塾鈔初集不分卷二集不分卷　(清)吳懋政編　清光緒十四年(1888)學庫山房刻本　八冊

330000－1723－0002411　25301　集部/詩文評類/制藝之屬

增選加註能與集不分卷　(清)李秬香改本　(清)金研香評　清同治八年(1869)浙省聚賢堂刻本　一冊

330000－1723－0002412　25302　集部/詩文評類/制藝之屬

增選加註能與集不分卷　(清)李秬香改本　(清)金研香評　清刻本　一冊

330000－1723－0002413　25303　集部/別集類/清別集

天東驪唱一卷　(清)顧雲撰　清光緒十九年(1893)刻本　一冊

330000－1723－0002414　25304　子部/儒家類/儒學之屬/蒙學

天崇百篇二卷　(清)吳懋政評選　清刻本　一冊

330000－1723－0002415　25305　集部/總集類/選集之屬/通代

精義正宗不分卷　(清)陳論等撰　清刻本　一冊

330000－1723－0002416　25306－25307　集部/總集類/課藝之屬

四書五經義策論讀本二卷　(清)史學館主人輯　清光緒二十八年(1902)刻本　二冊

330000－1723－0002417　24365－24370　集部/總集類/選集之屬/通代

古文觀止十二卷　(清)吳乘權　(清)吳大職輯　清咸豐三年(1853)文奎堂刻本　六冊

330000－1723－0002418　24371－24373　集部/總集類/選集之屬/通代

古文觀止十二卷　(清)吳乘權　(清)吳大職輯　清浙蘭慎言堂刻本　三冊　存六卷(三至八)

330000－1723－0002419　25308－25311　集部/總集類/選集之屬/通代

九九度鍼八卷附小左丁心齋觀察科名捷訣一卷　(清)田左泉編　(清)張夢鼎增訂　清光緒五年(1879)梅修書屋刻本　四冊

330000－1723－0002420　25312－25313　類叢部/叢書類/郡邑之屬

武林掌故叢編一百九十種　(清)丁丙編　清光緒三年至二十六年(1877－1900)錢塘丁氏嘉惠堂刻本　二冊　存一種

330000－1723－0002421　25314　集部/總集類/選集之屬/斷代

普天忠憤集十四卷首一卷　(清)孔廣德編　清光緒二十一年(1895)石印本　一冊　存一卷(一)

330000－1723－0002422　25315－25318　集部/總集類/選集之屬/斷代

夢筆生花初編八卷二編八卷三編八卷四編八卷　(清)繆艮輯　清光緒二十年(1894)上海積山書局石印本　四冊　存二十四卷(初編一至八、二編一至八、三編一至八)

330000－1723－0002427　25369－25383　集部/小說類/短篇之屬

聊齋志異新評十六卷　(清)蒲松齡撰　(清)王士禛評　(清)呂湛恩注　(清)但明論批　清道光二十二年(1842)廣順但氏刻朱墨套印本　十五冊　缺一卷(六)

330000－1723－0002428　24374－24379　集部/總集類/選集之屬/通代

友益齋古文觀止十二卷　(清)吳乘權　(清)吳大職輯　清乾隆四十年(1775)刻本　六冊

330000－1723－0002430　24380－24385　集

部/總集類/選集之屬/通代

文翰齋古文觀止十二卷 （清）吴乘權 （清）吴大職輯 清光緒六年（1880）浙紹奎照樓刻本 六册

330000－1723－0002433 24985－24989 集部/總集類/課藝之屬

八銘堂塾鈔初集不分卷二集不分卷 （清）吴懋政編 清光緒蘇州緑蔭堂刻本 五册

330000－1723－0002434 24386－24389 集部/總集類/選集之屬/通代

古文觀止十二卷 （清）吴乘權 （清）吴大職輯 清刻本 四册 存八卷（五至十二）

330000－1723－0002436 24990－24997 集部/總集類/課藝之屬

八銘堂塾鈔初集不分卷二集不分卷 （清）吴懋政編 清光緒二十年（1894）澹雅書局刻本 八册

330000－1723－0002440 25426－25434 集部/小說類/短篇之屬

聊齋志異十六卷 （清）蒲松齡撰 （清）何根注釋 清刻本 九册 存九卷（二至三、六至七、十一至十五）

330000－1723－0002441 25451－25452 集部/小說類/長篇之屬

增像全圖三國演義十六卷一百二十回首一卷 （明）羅本撰 （清）毛宗崗評 清宣統元年（1909）鴻寶齋石印本 二册 存五卷（首，一、六至八）

330000－1723－0002442 25454 集部/小說類/長篇之屬

增像全圖三國演義十六卷一百二十回首一卷 （明）羅本撰 （清）毛宗崗評 清末石印本 一册 存三卷（首、一至二）

330000－1723－0002443 26283－26382 集部/總集類/選集之屬/通代

全上古三代秦漢三國六朝文七百四十一卷 （清）嚴可均輯 清光緒十三年至十九年（1887－1893）廣雅書局刻本 一百册

330000－1723－0002445 25016－25019 集部/總集類/課藝之屬

紫陽書院課藝不分卷 （清）高學治 （清）駱金藻 （清）陸宗翰編 清同治六年（1867）刻本 四册

330000－1723－0002450 25503－25508 集部/小說類/長篇之屬

繡像三國演義續編十二卷 （明）陳氏尺蠖齋評釋 清光緒十九年（1893）上海廣百宋齋鉛印本 六册 存八卷（東晉一至八）

330000－1723－0002451 25509－25510 集部/小說類/長篇之屬

繡像三國演義續編十二卷 （明）陳氏尺蠖齋評釋 清光緒十九年（1893）上海廣百宋齋鉛印本 二册 存四卷（東晉一至四）

330000－1723－0002454 25002－25007 集部/總集類/課藝之屬

崇文書院課藝不分卷 （清）徐恩綬 （清）高人驥 （清）孫詒紳編 清同治六年（1867）刻本 六册

330000－1723－0002456 25574－25575 集部/小說類/長篇之屬

東周列國全志□□卷一百八回 （清）蔡奡評點 清末石印本 二册 存二卷（二、五）

330000－1723－0002459 25576－25578 集部/小說類/長篇之屬

東周列國全志八卷一百八回 （清）蔡奡評點 清光緒三十三年（1907）上海鴻寶齋石印本 三册 缺二卷（五至六）

330000－1723－0002460 25551－25566 集部/小說類/長篇之屬

增像全圖東周列國志二十七卷一百八回 （清）蔡奡評點 清光緒二十八年（1902）上海煥文書局鉛印本 十六册

330000－1723－0002464 25612－25614 集部/小說類/長篇之屬

新鋟異說奇聞群英傑全傳六卷三十四回 清佛鎮福禄大街文華閣刻本 三册

330000－1723－0002465　25036－25039　集部/總集類/課藝之屬
豐山書院課藝四卷　（清）張文翰輯　清光緒十四年（1888）張氏香山官廨刻本　四冊

330000－1723－0002466　25615　新學/報章
壬寅新民叢報全編二十五卷　梁啓超編　清光緒二十九年（1903）石印本　一冊

330000－1723－0002467　25083－25090　集部/總集類/課藝之屬
仁在堂全集十一集續刻三集　（清）路德輯　清光緒十八年（1892）積山書局石印本　八冊

330000－1723－0002468　25616－25634　集部/小說類/長篇之屬
鏡花緣二十卷一百回　（清）李汝珍撰　清嘉慶二十二年（1817）刻本　十九冊　缺一卷（六）

330000－1723－0002469　25641　集部/小說類/長篇之屬
增訂繪圖精忠說岳全傳八卷八十回　（清）錢彩編　（清）金豐增訂　清末上海天寶書局石印本　一冊　存四卷（五至八）

330000－1723－0002471　25643－25658　集部/小說類/長篇之屬
齊省堂增訂儒林外史五十六回　（清）吳敬梓撰　清同治十三年（1874）齊省堂刻本　十六冊

330000－1723－0002473　25660－25671　集部/總集類/選集之屬/通代
經史百家雜鈔二十六卷　（清）曾國藩輯　清光緒三十二年（1906）上海商務印書館鉛印本　十二冊

330000－1723－0002474　24390－24391　集部/總集類/選集之屬/通代
增批古文觀止十二卷　（清）吳乘權　（清）吳大職輯　清浙紹墨潤堂石印本　二冊　存四卷（三至六）

330000－1723－0002475　25672－25677　集部/總集類/選集之屬/通代
新選古文筆法八卷首一卷　（清）李扶九輯　（清）黃跋麟評　清末上海尚古山房石印本　六冊

330000－1723－0002477　24392　集部/總集類/選集之屬/通代
古文觀止十二卷　（清）吳乘權　（清）吳大職輯　清石印本　一冊　存二卷（九至十）

330000－1723－0002478　25071－25081　集部/總集類/課藝之屬
仁在堂全集十一集續刻三集　（清）路德輯　清品蓮堂刻本　十一冊　存七集

330000－1723－0002481　21236－21285　史部/政書類/通制之屬
二十四史九通政典類要合編三百二十卷　（清）黃書霖輯　清光緒二十八年（1902）約雅堂石印本　五十冊　缺七十三卷（一至七十三）

330000－1723－0002483　25694　集部/總集類/尺牘之屬
增廣尺牘句解二集三卷　（清）少溪氏選註　清光緒三十一年（1905）上海商務印書館鉛印本　一冊　存二卷（上、中）

330000－1723－0002484　25693　集部/詩文評類/文法之屬/函牘格式
增註寫信必讀十卷　（清）唐芸洲撰　清末鉛印本　一冊　存二卷（九至十）

330000－1723－0002485　25695－25698　集部/總集類/選集之屬/斷代
詳註分類飲香尺牘時合集句四卷　（清）飲香居士編　（清）白下慵隱子箋釋　清咸豐七年（1857）連元閣刻本　四冊

330000－1723－0002489　24393　集部/總集類/選集之屬/通代
墨潤堂古文觀止十二卷　（清）吳乘權　（清）吳大職輯　清末浙紹墨潤堂石印本　一冊　存二卷（九至十）

330000－1723－0002491　25069－25070、25082　集部/總集類/課藝之屬

仁在堂全集十一集續刻三集 （清）路德輯 清大文堂刻本 三冊 存三集

330000－1723－0002493 25040－25068 集部/總集類/課藝之屬
仁在堂全集十一集續刻三集 （清）路德輯 清經元堂刻本 二十九冊 存十集

330000－1723－0002495 27965 集部/别集類/清别集
管注合刻春雲閣尺牘四卷 （清）龔萼撰 （清）管斯駿重訂 清光緒十七年（1891）浙紹奎照樓刻朱墨套印本 一冊

330000－1723－0002500 25765 集部/總集類/課藝之屬
仁在堂全集十一集續刻三集 （清）路德輯 清品蓮堂刻本 一冊 存一集

330000－1723－0002501 25766 集部/總集類/課藝之屬
仁在堂全集十一集續刻三集 （清）路德輯 清經元堂刻本 一冊 存一集

330000－1723－0002502 24394 集部/總集類/選集之屬/通代
籍古齋古文觀止十二卷 （清）吳乘權 （清）吳大職輯 清光緒七年（1881）浙蘭籍古齋刻本 一冊 存二卷（一至二）

330000－1723－0002503 24395 集部/總集類/選集之屬/通代
文翰齋古文觀止十二卷 （清）吳乘權 （清）吳大職輯 清光緒六年（1880）浙紹聚奎堂刻本 一冊 存二卷（一至二）

330000－1723－0002507 24998 集部/總集類/選集之屬/斷代
時文一貫二集 清光緒二十二年（1896）長山書院刻本 一冊 存一集（二）

330000－1723－0002509 24396－24400 集部/總集類/選集之屬/通代
籍古齋古文觀止十二卷 （清）吳乘權 （清）吳大職輯 清光緒七年（1881）浙蘭籍古齋刻本 五冊 存十卷（一至十）

330000－1723－0002510 24401－24405 集部/總集類/選集之屬/通代
古文觀止十二卷 （清）吳乘權 （清）吳大職輯 清浙蘭慎言堂刻本 五冊 存十卷（三至十二）

330000－1723－0002511 24999 史部/傳記類/科舉録之屬
浙江考卷三卷 （清）陳彝編 清刻本 一冊 存一卷（一）

330000－1723－0002512 24406－24410 集部/總集類/選集之屬/通代
古文觀止十二卷 （清）吳乘權 （清）吳大職輯 清浙蘭慎言堂刻本 五冊 存十卷（三至十二）

330000－1723－0002513 25000－25001 集部/總集類/選集之屬/斷代
補學軒批選時文讀本二卷 （清）鄭獻甫輯 清同治八年（1869）刻本 二冊

330000－1723－0002514 24411－24413 集部/總集類/選集之屬/通代
三餘堂古文觀止十二卷 （清）吳乘權 （清）吳大職輯 清嘉慶十四年（1809）敬書齋刻本 朱選青題簽並記 三冊 存六卷（一至二、五至六、十一至十二）

330000－1723－0002528 25008－25011 史部/傳記類/科舉録之屬
[嘉慶二十四年至道光十六年]告術堂十科會墨讀本八卷 （清）宗稷辰輯 清道光十八年（1838）刻本 四冊

330000－1723－0002531 25020－25035 集部/總集類/課藝之屬
紫陽書院課藝不分卷 （清）高學治 （清）駱金藻 （清）陸宗翰編 **續編不分卷** （清）吳以同 （清）泰恩溥 （清）鄒在寅編 **三編不分卷** （清）陳建常 （清）吳以同 （清）鍾鸞藻編 **四刻不分卷** 清同治六年（1867）、同治十年（1871）、同治十二年（1873）、光緒四年（1878）刻本 十六冊

330000－1723－0002532　25777－25800　集部/總集類/選集之屬/通代

文選六十卷　（南朝梁）蕭統輯　（唐）李善注　**文選考異十卷**　（清）胡克家撰　清嘉慶十四年（1809）鄱陽胡克家刻本　二十四册

330000－1723－0002535　25012－25015　集部/總集類/課藝之屬

傳貽書院課藝不分卷　（清）余麗元等輯　清光緒五年（1879）傳貽書院刻本　四册

330000－1723－0002536　25825－25840　集部/總集類/選集之屬/通代

文選六十卷　（南朝梁）蕭統輯　（唐）李善注　**文選考異十卷**　（清）胡克家撰　清同治八年（1869）尋陽萬氏萃文堂刻本　十六册

330000－1723－0002538　24514－24521　集部/總集類/選集之屬/通代

文選六十卷　（南朝梁）蕭統輯　（唐）李善注　**文選考異十卷**　（清）胡克家撰　清石印本　八册　存三十七卷（十三至十六、二十一至四十三、五十一至六十）

330000－1723－0002539　25188－25207　集部/總集類/課藝之屬

大題文府不分卷　（清）退菴居士輯　清光緒十四年（1888）鴻寶齋石印本　二十册

330000－1723－0002540　25801－25824　集部/總集類/選集之屬/通代

文選六十卷　（南朝梁）蕭統輯　（唐）李善注　**文選考異十卷**　（清）胡克家撰　清同治八年（1869）尋陽萬氏萃文堂刻本　吳源批　二十四册

330000－1723－0002541　24522－24525　集部/總集類/選集之屬/通代

文選六十卷　（南朝梁）蕭統輯　（唐）李善注　**文選考異十卷**　（清）胡克家撰　清石印本　四册　存四十七卷（十二至四十八、考異一至十）

330000－1723－0002542　24532－24541　集部/總集類/選集之屬/通代

文選六十卷　（南朝梁）蕭統輯　（唐）李善注　**文選考異十卷**　（清）胡克家撰　清上海鴻文書局石印本　十册

330000－1723－0002543　24526－24531　集部/總集類/選集之屬/通代

文選六十卷　（南朝梁）蕭統輯　（唐）李善注　**文選考異十卷**　（清）胡克家撰　清上海鴻文書局石印本　六册

330000－1723－0002544　26659－26662　集部/總集類/課藝之屬

南菁講舍文集六卷南菁書院文集一卷　（清）黄以周輯　清光緒十五年（1889）刻本　四册

330000－1723－0002545　26663－26668　集部/總集類/選集之屬/斷代

國朝駢體正宗十二卷　（清）曾燠輯　清嘉慶十一年（1806）南城曾氏賞雨茅屋刻本　六册

330000－1723－0002546　25208－25215　集部/總集類/課藝之屬

大題文府二集不分卷　清光緒十四年（1888）大同書局石印本　八册　存上論一至二、上孟一至二、下孟一至三、大學一、中庸一

330000－1723－0002548　26669－26678　集部/總集類/選集之屬/斷代

切問齋文鈔三十卷首一卷　（清）陸燿輯　清同治八年（1869）金陵錢氏刻本　十册

330000－1723－0002550　25168－25187　集部/總集類/課藝之屬

大題文府不分卷　（清）同文書局主人輯　清光緒十一年（1885）上海同文書局石印本　清葉葵生題記　二十册

330000－1723－0002551　24558－24579　集部/總集類/選集之屬/通代

文選六十卷　（南朝梁）蕭統輯　（唐）李善注　**文選考異十卷**　（清）胡克家撰　清四明林氏刻本　二十二册　缺五卷（五十五至五十七、考異一至二）

330000－1723－0002553　26687－26698　集部/總集類/郡邑之屬

松陵文錄二十四卷 （清）淩淦輯 清同治十三年(1874)刻本 十二册

330000－1723－0002554 26699－26702 集部/總集類/郡邑之屬
嶺南三大家詩選二十四卷 （清）王隼編 清同治七年(1868)南海陳氏刻本 四册

330000－1723－0002556 26383－26462 集部/總集類/氏族之屬
三蘇全集四種 （清）弓翊清等編 清道光七年至十二年(1827－1832)眉州三蘇祠刻本 八十册

330000－1723－0002557 26463－26522 集部/總集類/氏族之屬
三蘇全集四種 （清）弓翊清等編 清道光七年至十二年(1827－1832)眉州三蘇祠刻本 六十册

330000－1723－0002558 26706 史部/政書類/公牘檔册之屬
長興縣學文牘不分卷 （清）孫德祖輯 清光緒十六年(1890)山陰許純模刻本 一册

330000－1723－0002560 25254－25269 集部/總集類/選集之屬/斷代
增廣元魁墨萃不分卷(清順治二年至光緒十六年) （清）朱炳麟輯 清光緒十六年(1890)上海鴻文書局石印本 十六册

330000－1723－0002563 25236－25241 集部/總集類/課藝之屬
小搭文林不分卷 （清）□□輯 清光緒十三年(1887)石印本 六册

330000－1723－0002565 25242－25253 類叢部/類書類/專類之屬
分韻試帖五萬選一百六卷續七卷 清末石印本 十二册 存一百七卷(五至一百六、續一至五)

330000－1723－0002566 26523－26528 史部/傳記類/科舉録之屬
江左校士錄六卷 （清）黄體芳輯 清光緒十一年(1885)刻本 六册

330000－1723－0002567 26714－26725 集部/總集類/郡邑之屬
國朝全閩詩錄初集二十一卷續十一卷 （清）鄭杰輯 清光緒八年(1882)注韓居刻本 十二册

330000－1723－0002568 26529 集部/總集類/酬唱之屬
稀齡酬唱集不分卷 （清）張經贊撰 清光緒十九年(1893)張氏守丹山房刻本 一册

330000－1723－0002569 26726－26733 集部/總集類/選集之屬/斷代
國朝常州駢體文錄三十一卷 屠寄輯 **附結一宧駢體文一卷** 屠寄撰 清光緒十六年(1890)刻本 八册

330000－1723－0002570 27808－27813 集部/别集類/清别集
壯悔堂文集十卷遺稿一卷 （清）侯方域撰 （清）賈開宗等評點 **四憶堂詩集六卷遺稿一卷** （清）賈開宗等選註 清宣統二年(1910)掃葉山房石印本 六册

330000－1723－0002571 25270－25279 集部/總集類/選集之屬/通代
精選性理典制文鯖初集不分卷後集不分卷 清光緒十四年(1888)石印本 清趾呈氏題記 十册

330000－1723－0002573 27814－27819 集部/别集類/清别集
壯悔堂文集十卷遺稿一卷 （清）侯方域撰 （清）賈開宗等評點 **四憶堂詩集六卷遺稿一卷** （清）賈開宗等選註 清宣統二年(1910)掃葉山房石印本 六册

330000－1723－0002574 27820 子部/雜著類/雜說之屬
中國魂二卷 梁啓超編 清光緒二十九年(1903)上海廣智書局鉛印本 一册

330000－1723－0002575 26533－26542 集部/總集類/選集之屬/斷代
元文類七十卷目錄三卷 （元）蘇天爵編 清

光緒十五年(1889)江蘇書局刻本　十冊

330000－1723－0002576　25216－25235　集部/總集類/課藝之屬

五經文府不分卷　清末石印本　二十冊

330000－1723－0002577　27821－27824　集部/别集類/清别集

亭林文集六卷餘集一卷　(清)顧炎武撰　清光緒三十二年(1906)俞鍾穎山隱居刻本　四冊

330000－1723－0002578　25091－25131　集部/總集類/課藝之屬

四書文府四十四卷　清刻本　四十一冊　缺三卷(十八、二十一至二十二)

330000－1723－0002580　25132－25167　集部/總集類/課藝之屬

大題文府初集不分卷二集不分卷　(清)蜚英書局主人輯　清光緒二十年(1894)上海蜚英書局石印本　三十六冊

330000－1723－0002581　27849－27856　集部/别集類/清别集

王氏漁洋詩鈔十二卷　(清)王士禛撰　(清)邵長蘅選　清宣統二年(1910)上海時中書局影印本　八冊

330000－1723－0002582　26734－26739　集部/總集類/選集之屬/斷代

國朝常州駢體文録三十一卷　屠寄輯　**附結一宧駢體文一卷**　屠寄撰　清光緒十六年(1890)刻朱印本　六冊

330000－1723－0002583　26740－26779　集部/總集類/郡邑之屬

江蘇詩徵一百八十三卷　(清)王豫輯　清道光元年(1821)焦山海西庵詩徵閣刻本　四十冊

330000－1723－0002584　27140－27144　集部/戲劇類/雜劇之屬

增像第六才子書五卷　(元)王實甫　(元)關漢卿撰　(清)金人瑞評　清末石印本　五冊

330000－1723－0002585　27134－27139　集部/戲劇類/雜劇之屬

增像第六才子書五卷首一卷　(元)王實甫　(元)關漢卿撰　(清)金人瑞評　清光緒二十六年(1900)上海書局石印本　六冊

330000－1723－0002587　27120－27122　集部/總集類/選集之屬/通代

古文筆法八卷首一卷　(清)李扶九輯　清光緒三十年(1904)申江書局石印本　三冊

330000－1723－0002588　27123－27124　集部/總集類/選集之屬/通代

古文筆法八卷首一卷　(清)李扶九輯　清石印本　二冊　存五卷(四至八)

330000－1723－0002591　28736－28739　類叢部/叢書類/彙編之屬

漸西村舍彙刊(漸西村舍叢刻)四十四種　(清)袁昶編　清光緒十六年至二十四年(1890－1898)桐廬袁氏刻本　四冊　存一種

330000－1723－0002593　27132－27133　集部/詩文評類/文評之屬

中國文學指南二卷　邵伯棠編　清宣統二年(1910)上海會文堂粹記石印本　二冊

330000－1723－0002594　26559－26574　集部/總集類/選集之屬/斷代

湖海詩傳四十六卷　(清)王昶輯　清嘉慶八年(1803)青浦王氏三泖漁莊刻本　十六冊

330000－1723－0002596　26543－26558　集部/總集類/選集之屬/斷代

湖海詩傳四十六卷　(清)王昶輯　清嘉慶八年(1803)青浦王氏三泖漁莊刻本　十六冊

330000－1723－0002597　27145－27148　集部/戲劇類/傳奇之屬

桃花扇傳奇四卷首一卷　(清)孔尚任撰　清西園刻本　四冊

330000－1723－0002600　27155－27156　集部/戲劇類/傳奇之屬

長生殿傳奇四卷五十折　(清)洪昇撰　清光緒十六年(1890)上海文瑞樓鉛印本　二冊

330000－1723－0002604　27161　集部/曲類/寶卷之屬

龐公寶卷不分卷　(清)雲山風月主人輯　清光緒二十一年(1895)刻本　一册

330000－1723－0002605　26595－26618　集部/總集類/彙編之屬

國朝文錄八十二卷　(清)姚椿輯　清咸豐元年(1851)終南山館刻本　二十四册

330000－1723－0002606　26780－26799　集部/詩文評類/文法之屬/文法

或陋居選文二十集　(清)楊鶴鳴評選　清光緒十二年(1886)楊叔懌刻本　二十册

330000－1723－0002607　27162　集部/戲劇類/雜劇之屬

滕王閣填詞四卷三十四齣　(清)周暟撰　清刻本　一册　存一卷(三)

330000－1723－0002608　26575－26594　集部/總集類/選集之屬/斷代

湖海文傳七十五卷　(清)王昶輯　清道光十七年(1837)經訓堂刻同治五年(1866)印本　二十册

330000－1723－0002609　26803　集部/詞類/類編之屬

宋名家詞六十一種九十卷　(明)毛晉編　清光緒十四年(1888)錢唐汪氏刻本　一册　存一種

330000－1723－0002610　26619－26658　集部/總集類/課藝之屬

學海堂集十六卷　(清)阮元輯　**二集二十二卷**　(清)吴瀾修輯　**三集二十四卷**　(清)張維屏輯　**四集二十八卷**　(清)金錫齡輯　清道光五年(1825)、十八年(1838)、咸豐九年(1859)、光緒十二年(1886)啟秀山房刻本　四十册

330000－1723－0002611　27163－27164　集部/戲劇類/傳奇之屬

進呈楊忠愍蚺蛇膽表忠記二卷　(清)丁耀亢撰　清同治十一年(1872)刻本　二册

330000－1723－0002612　24873－24874　集部/總集類/尺牘之屬

國朝名人小簡二卷　吴曾祺輯　清宣統二年(1910)上海商務印書局鉛印本　二册

330000－1723－0002613　24871－24872　集部/總集類/尺牘之屬

國朝名人書札二卷　吴曾祺輯　清末上海商務印書館鉛印本　二册　存一卷(一)

330000－1723－0002614　26800－26802、26804－26828　集部/詞類/類編之屬

宋名家詞六十一種九十卷　(明)毛晉編　清光緒十四年(1888)錢唐汪氏刻本　二十八册

330000－1723－0002615　27165－－27166　集部/戲劇類/傳奇之屬

暖紅室彙刻傳奇　劉世珩輯　清宣統二年(1910)貴池劉氏暖紅室刻本　二册　存二種

330000－1723－0002616　24875－24876　集部/總集類/尺牘之屬

國朝名人小簡二卷　吴曾祺輯　清宣統元年(1909)上海商務印書局鉛印本　二册

330000－1723－0002617　24902　集部/總集類/課藝之屬

小題正鵠初集不分卷二集不分卷三集不分卷四集不分卷　(清)李元度輯　清光緒六年(1880)會稽徐氏八杉齋刻本　一册　存初集

330000－1723－0002618　27226、27227－27228、27229　集部/戲劇類/雜劇之屬

紅雪樓九種曲(清容外集、藏園九種曲)　(清)蔣士銓撰　清乾隆蔣氏紅雪樓刻本　四册　存三種

330000－1723－0002620　24879　集部/總集類/尺牘之屬

歷代名人書札二卷　吴曾祺輯　清宣統三年(1911)上海商務印書館鉛印本　一册　存一卷(二)

330000－1723－0002622　26829－26856　集部/詞類/類編之屬

宋名家詞六十一種九十卷　(明)毛晉編　清

光緒十四年(1888)錢唐汪氏刻本　二十八册

330000－1723－0002623　26857　集部/詞類/類編之屬
詞學全書四種　(清)查培繼編　清刻本　一册　存二種

330000－1723－0002624　26858　集部/詞類/總集之屬
詞選二卷　(清)張惠言輯　**附錄一卷**　(清)鄭善長輯　**續詞選二卷**　(清)董毅輯　清同治六年(1867)刻本　一册

330000－1723－0002627　26859－26860　集部/詞類/總集之屬
花間集十卷　(五代)趙崇祚輯　清光緒十四年(1888)邵武徐榦刻本　二册

330000－1723－0002629　27167－27178　集部/曲類/曲韻曲譜曲律之屬
繪圖綴白裘十二集四十八卷　(清)玩花主人輯　(清)錢德蒼增輯　清光緒三十四年(1908)上海啓新書局石印本　十二册

330000－1723－0002631　26863－26870　集部/詞類/總集之屬
國朝詞綜續編二十四卷　(清)黄燮清輯　清同治十二年(1873)武昌刻本　八册

330000－1723－0002633　26871－26874、26924－26925　類叢部/叢書類/彙編之屬
半厂叢書初編十種　(清)譚獻編　清同治至光緒仁和譚氏刻本　六册　存二種

330000－1723－0002635　28229－28236　集部/別集類/清別集
有正味齋駢文箋注十六卷補注一卷　(清)吴錫麒撰　(清)葉聯芬注　清道光二十年(1840)慈谿葉氏刻本　八册

330000－1723－0002638　28259－28264　類叢部/叢書類/彙編之屬
如不及齋叢書十三種　(清)陳坤編　清同治至光緒錢塘陳氏粤東刻本　六册　存一種

330000－1723－0002639　28253－28257　類叢部/叢書類/彙編之屬
如不及齋叢書十三種　(清)陳坤編　清同治至光緒錢塘陳氏粤東刻本　五册　存一種

330000－1723－0002641　27875　集部/別集類/清別集
定盦文集三卷續集四卷餘集一卷補編四卷文集補五卷　(清)龔自珍撰　清光緒二十八年(1902)上海鴻文書局石印本　一册

330000－1723－0002646　27230－27240　集部/曲類/曲韻曲譜曲律之屬
繪圖綴白裘十二集四十八卷　(清)玩花主人輯　(清)錢德蒼增輯　清光緒二十一年(1895)上海書局石印本　十一册　缺四卷(七集一至四)

330000－1723－0002649　27876－27883　集部/別集類/清別集
校訂定盦全集十卷　(清)龔自珍撰　**定盦年譜藁本一卷**　(清)黄守恒撰　清宣統元年(1909)上海時中書局鉛印本　八册

330000－1723－0002651　27884－27889　集部/別集類/清別集
陳檢討集二十卷　(清)陳維崧撰　(清)程師恭注　清刻本　六册

330000－1723－0002652　26896－26899　集部/詞類/總集之屬
絕妙好詞箋七卷　(宋)周密輯　(清)查爲仁　(清)厲鶚箋　**絕妙好詞續鈔一卷**　(清)余集輯　**絕妙好詞又續鈔一卷**　(清)徐楙補錄　清道光八年(1828)徐楙杭州愛日軒刻本　四册

330000－1723－0002653　27890　集部/別集類/清別集
選樓集句二卷首一卷　(清)許祥光撰　清道光二十年(1840)刻本　一册

330000－1723－0002654　27891－27892　集部/別集類/清別集
天開圖畫樓試帖四卷首一卷　(清)郭柏蔭撰　清同治七年(1868)武昌節署刻本　二册

330000－1723－0002655　27565－27568　集部/別集類/清別集

金帚館課存二卷　(清)杜友白撰　清光緒十六年(1890)刻本　四册

330000－1723－0002656　27893　集部/别集類/清别集

澹香齋試帖一卷　(清)王廷紹撰　清同治十二年(1873)廣州倅署刻本　一册

330000－1723－0002657　27894　類叢部/叢書類/自著之屬

吴翊寅所著書七種　(清)吴翊寅撰　清光緒十九年至二十一年(1893－1895)廣州刻本　一册　存一種

330000－1723－0002658　27253－27276　集部/總集類/選集之屬/斷代

宋文鑑一百五十卷目録三卷　(宋)吕祖謙輯　清光緒十二年(1886)江蘇書局刻本　吴源題記　二十四册

330000－1723－0002660　27895　集部/别集類/清别集

瑞芝山房詩鈔一卷　(清)錢令芬撰　清光緒六年(1880)刻本　一册

330000－1723－0002661　27896－27899　類叢部/叢書類/彙編之屬

心矩齋叢書十一種　(清)蔣鳳藻編　清光緒長洲蔣氏刻本　四册　存一種

330000－1723－0002662　27900－27903　類叢部/叢書類/彙編之屬

心矩齋叢書十一種　(清)蔣鳳藻編　清光緒長洲蔣氏刻本　四册　存一種

330000－1723－0002663　26906－26917　集部/詞類/詞譜之屬

詞律二十卷　(清)萬樹撰　**詞律拾遺八卷**　(清)徐本立撰　**詞律補遺一卷**　(清)杜文瀾撰　清光緒上海普益書局石印本　十二册

330000－1723－0002664　27293－27312　集部/總集類/選集之屬/斷代

唐文粹一百卷　(宋)姚鉉輯　**補遺二十六卷**　(清)郭麐輯　清光緒九年(1883)、十一年(1885)江蘇書局刻本　二十册

330000－1723－0002665　27904－27909　集部/别集類/清别集

太鶴山人集十三卷　(清)端木國瑚撰　清道光二十年(1840)瑞安洪坤刻本　六册

330000－1723－0002666　27277－27292　集部/總集類/選集之屬/斷代

南宋文範七十卷外編四卷作者考二卷　(清)莊仲方輯　清光緒十四年(1888)江蘇書局刻本　十六册

330000－1723－0002667　27910－27911　類叢部/叢書類/家集之屬

長洲彭氏家集九種　(清)彭祖賢編　清同治至光緒刻本　二册　存一種

330000－1723－0002669　27916－27921　集部/别集類/清别集

二林居集二十四卷　(清)彭紹升撰　清光緒七年(1881)彭祖賢刻本　六册

330000－1723－0002670　32475－32601　類叢部/叢書類/自著之屬

曾文正公全集十五種　(清)曾國藩撰　清同治至光緒傳忠書局刻本　一百二十七册　存十三種

330000－1723－0002671　26918－26919　類叢部/叢書類/彙編之屬

半厂叢書初編十種　(清)譚獻編　清同治至光緒仁和譚氏刻本　二册　存一種

330000－1723－0002672　26920－26923　集部/詞類/詞譜之屬

詞律拾遺八卷　(清)徐本立撰　清同治十二年(1873)吴下刻本　四册

330000－1723－0002673　27313－27332　集部/總集類/選集之屬/通代

御選唐宋文醇五十八卷目録一卷　(清)高宗弘曆輯　清光緒三年(1877)浙江書局刻本　二十册

330000－1723－0002677　27345－27352　集部/總集類/選集之屬/通代
續古文辭類纂三十四卷　王先謙輯　清光緒八年(1882)長沙王氏虚受堂刻本　八册

330000－1723－0002678　26931　集部/詞類/别集之屬
水雲樓詞二卷續一卷　(清)蔣春霖撰　清末鉛印本(詞續配抄本)　張體仁題記　一册

330000－1723－0002679　27333－27344　集部/總集類/選集之屬/通代
古文辭類纂七十四卷　(清)姚鼐輯　清道光元年(1821)合河康氏家塾刻本　十二册

330000－1723－0002680　28409－28440　集部/别集類/清别集
胡文忠公遺集八十六卷　(清)胡林翼撰　(清)鄭敦謹　(清)曾國荃輯　(清)胡鳳丹重編　清光緒元年(1875)湖北崇文書局刻本　三十二册

330000－1723－0002681　28265　集部/别集類/清别集
釋耒集四卷　(清)施元孚撰　清光緒四年(1878)永嘉梅師古齋刻本　吴□□題記　一册　存三卷(二至四)

330000－1723－0002683　27569　集部/别集類/清别集
金帚館課童草一卷　(清)杜友白撰　清光緒十七年(1891)刻本　一册

330000－1723－0002684　27353－27354　集部/總集類/選集之屬/斷代
唐人萬首絶句選七卷　(清)王士禛輯　清光緒二十三年(1897)金陵書局刻本　二册

330000－1723－0002689　26956－26993　集部/詩文評類/詩評之屬
明詩紀事甲籤三十卷乙籤二十二卷丙籤十二卷丁籤十七卷戊籤二十二卷己籤二十卷庚籤三十卷辛籤三十四卷　陳田撰　清光緒二十五年至宣統三年(1899－1911)貴陽陳從書聽詩齋刻本　三十八册

330000－1723－0002692　26999－27002　集部/詩文評類/文評之屬
文心雕龍十卷　(南朝梁)劉勰撰　(清)黄叔琳輯注　(清)紀昀評　清道光十三年(1833)盧坤兩廣節署刻朱墨套印本　四册

330000－1723－0002693　27003－27006　集部/詩文評類/文評之屬
文心雕龍十卷　(南朝梁)劉勰撰　(清)黄叔琳輯注　(清)紀昀評　清道光十三年(1833)盧坤兩廣節署刻朱墨套印本　邵次山題記　四册

330000－1723－0002694　27007－27010　集部/詩文評類/文評之屬
文心雕龍十卷　(南朝梁)劉勰撰　(清)黄叔琳輯注　(清)紀昀評　清道光十三年(1833)盧坤兩廣節署刻朱墨套印本　四册

330000－1723－0002695　27011－27014　集部/詩文評類/文評之屬
文心雕龍十卷　(南朝梁)劉勰撰　(清)黄叔琳輯注　(清)紀昀評　清道光十三年(1833)盧坤兩廣節署刻朱墨套印本　四册

330000－1723－0002696　27016－27019　子部/雜著類/雜説之屬
定香亭筆談四卷　(清)阮元撰　清光緒二十五年(1899)浙江書局刻本　四册

330000－1723－0002697　27020－27021　集部/詩文評類
藝概六卷　(清)劉熙載撰　清光緒三年(1877)嶺南刻本　二册

330000－1723－0002699　27023－27034　集部/詩文評類/文評之屬
四六叢話三十三卷選詩叢話一卷　(清)孫梅撰　清光緒七年(1881)吴下刻本　十二册

330000－1723－0002710　27930－27935　集部/别集類/清别集
三魚堂文集十二卷外集六卷附録一卷　(清)陸隴其撰　清嘉慶至道光老掃葉山房刻本　六册

330000－1723－0002711　27060－27071　類叢部/叢書類/自著之屬

隨園三十種　(清)袁枚撰　清刻本　十二册　存一種

330000－1723－0002721　27434－27443　類叢部/叢書類/彙編之屬

申報館叢書正集五十七種附録三種　(清)尊聞閣主編　**續集一百四十二種**　蔡爾康編　清同治至光緒申報館鉛印本　十册　存一種

330000－1723－0002722　27433　集部/别集類/清别集

曾文正公家書十卷　(清)曾國藩撰　清鉛印本　一册　存二卷(七至八)

330000－1723－0002725　26949　集部/詞類/别集之屬

夢窗甲稿一卷乙稿一卷丙稿一卷丁稿一卷補遺一卷　(宋)吴文英撰　**校勘夢窗詞劄記一卷**　(清)王鵬運撰　清光緒二十五年(1899)臨桂王鵬運四印齋刻本　一册　存三卷(丙稿、丁稿、補遺)

330000－1723－0002726　26950　集部/詞類/别集之屬

捧月樓綺語八卷　(清)袁通撰　清嘉慶二十年(1815)刻本　一册

330000－1723－0002727　27950－27953　集部/别集類/清别集

邃懷堂文集箋註十六卷　(清)袁翼撰　(清)朱舲箋註　清刻本　四册　存八卷(三至八、十五至十六)

330000－1723－0002732　26954－26955　集部/詞類/别集之屬

曝書亭集詞註七卷　(清)朱彝尊撰　(清)李富孫注　清嘉慶十九年(1814)嘉興李氏校經廎刻道光九年(1829)補刻本　二册

330000－1723－0002737　27955－27964　集部/别集類/清别集

柏梘山房文集十六卷文續集一卷詩集十卷詩續集二卷駢體文二卷　(清)梅曾亮撰　清咸豐六年(1856)楊以增、楊紹穀等慎修書屋刻同治三年(1864)補刻本　十册

330000－1723－0002741　27979－27994　集部/别集類

開通中國第一哲學大家嚴侯官先生全集十四卷　嚴復撰並譯　清光緒二十九年(1903)石印本　十六册

330000－1723－0002742　27995－28001　集部/别集類/清别集

甌北詩鈔二十卷　(清)趙翼撰　清刻本　七册

330000－1723－0002743　33031－33036　子部/儒家類/儒學之屬/蒙學

正蒙必讀初二三編十二卷　(清)陳蔚文編　清光緒二十八年(1902)上洋書局刻本　六册

330000－1723－0002744　28002－28003　集部/别集類/清别集

移芝室集二十八卷　(清)楊彝珍撰　清光緒二十二年(1896)楊世猷刻本　二册　存三卷(詩鈔一至三)

330000－1723－0002747　28007－28010　集部/别集類/清别集

抱山堂集十四卷　(清)朱彭撰　清咸豐十一年(1861)刻本　四册

330000－1723－0002748　28011－28014　集部/别集類/清别集

安般簃詩續鈔(安般簃集)十卷　(清)袁昶撰　清光緒袁氏小漚巢刻本　四册

330000－1723－0002749　27072　類叢部/叢書類/彙編之屬

申報館叢書正集五十七種附録三種　(清)尊聞閣主編　**續集一百四十二種**　蔡爾康編　清同治至光緒申報館鉛印本　一册　存一種

330000－1723－0002750　28015　集部/别集類/清别集

安般簃詩續鈔(安般簃集)十卷　(清)袁昶撰　清光緒十六年(1890)鉛印本　一册　存一卷(八)

330000－1723－0002751　28016－20819　集部/别集類/清别集

漸西村人詩十六卷　（清）袁昶撰　（清）瀨鄉樵隱編次　清光緒十六年（1890）鉛印本　四册　存九卷（八至十六）

330000－1723－0002752　28020－28021　集部/别集類/清别集

漸西村人詩十三卷　（清）袁昶撰　（清）瀨鄉樵隱編次　清光緒十六年（1890）鉛印本　二册　存八卷（一至八）

330000－1723－0002754　27936－27937　類叢部/叢書類/自著之屬

經德堂集六種　（清）龍啓瑞撰　清光緒四年至七年（1878－1881）龍繼棟京師刻本　二册　存一種

330000－1723－0002755　27938－27943　類叢部/叢書類/家集之屬

長洲彭氏家集九種　（清）彭祖賢編　清同治至光緒刻本　六册　存一種

330000－1723－0002756　28022　集部/别集類/清别集

聽桐廬殘草一卷王孝子遺墨一卷　（清）王繼穀撰　（清）王繼香輯　清光緒七年（1881）寧波宗源翰刻本　一册

330000－1723－0002757　28023　集部/别集類/清别集

聽桐廬殘草一卷王孝子遺墨一卷　（清）王繼穀撰　（清）王繼香輯　清光緒七年（1881）寧波宗源翰刻本　一册

330000－1723－0002759　28024－28025　史部/政書類/公牘檔册之屬

證學編十卷附録一卷　（清）額勒精額撰　清光緒二十年（1894）廣東臬署刻本　二册

330000－1723－0002760　28026－28028　集部/别集類/清别集

東塾集六卷　（清）陳澧撰　清光緒十八年（1892）廣東菊坡精舍刻本　三册

330000－1723－0002761　28029－28031　集部/别集類/清别集

東塾集六卷　（清）陳澧撰　清光緒十八年（1892）廣東菊坡精舍刻本　三册

330000－1723－0002762　28032　史部/金石類/總志之屬/題跋

清儀閣題跋不分卷　（清）張廷濟撰　清刻本　一册

330000－1723－0002763　28035　集部/别集類/清别集

春華集二卷　（清）龍元任撰　清光緒十九年（1893）刻朱印本　一册

330000－1723－0002764　28266－28267　集部/别集類/清别集

小蘭陔詩集合編十卷　（清）謝道承撰　清刻本　二册

330000－1723－0002766　28268－28275　集部/别集類/清别集

齊莊中正堂集二十六卷　（清）殷兆鏞撰　清光緒刻本　八册

330000－1723－0002767　28276－28282　集部/别集類/清别集

潛虚先生文集十四卷遺集一卷年譜一卷（清）戴名世撰　清光緒十八年（1892）刻本　七册　存十三卷（一至三、六至十四，遺集）

330000－1723－0002768　28036　集部/别集類/清别集

春華集二卷　（清）龍元任撰　清光緒十九年（1893）刻朱印本　一册

330000－1723－0002772　27484－27503　集部/别集類/清别集

半園尺牘二十五卷附補遺六卷　（清）李紫珊撰　清光緒二年（1876）刻本　二十册

330000－1723－0002773　28037　集部/别集類/清别集

春華集二卷　（清）龍元任撰　清光緒十九年（1893）刻朱印本　一册

330000－1723－0002774　28039　集部/别集

類/清别集
春華集二卷 (清)龍元任撰 清光緒十九年(1893)刻朱印本 一冊

330000－1723－0002775 28040 集部/别集類/清别集
春華集二卷 (清)龍元任撰 清光緒十九年(1893)刻朱印本 一冊

330000－1723－0002776 28041 集部/别集類/清别集
春華集二卷 (清)龍元任撰 清光緒十九年(1893)刻朱印本 一冊

330000－1723－0002777 28042 集部/别集類/清别集
春華集二卷 (清)龍元任撰 清光緒十九年(1893)刻朱印本 一冊

330000－1723－0002778 28043 集部/别集類/清别集
春華集二卷 (清)龍元任撰 清光緒十九年(1893)刻朱印本 一冊

330000－1723－0002779 28044 集部/别集類/清别集
春華集二卷 (清)龍元任撰 清光緒十九年(1893)刻朱印本 一冊

330000－1723－0002780 28038 集部/别集類/清别集
春華集二卷 (清)龍元任撰 清光緒十九年(1893)刻朱印本 一冊

330000－1723－0002781 28045 集部/别集類/清别集
春華集二卷 (清)龍元任撰 清光緒十九年(1893)刻朱印本 一冊

330000－1723－0002782 28046 集部/别集類/清别集
春華集二卷 (清)龍元任撰 清光緒十九年(1893)刻本 一冊

330000－1723－0002783 28047 集部/别集類/清别集
春華集二卷 (清)龍元任撰 清光緒十九年(1893)刻本 一冊

330000－1723－0002784 28048 集部/别集類/清别集
春華集二卷 (清)龍元任撰 清光緒十九年(1893)刻本 一冊

330000－1723－0002785 28299－28310 集部/别集類/清别集
梅村詩集箋注十八卷 (清)吴偉業撰 (清)吴翌鳳箋注 清嘉慶十九年(1814)嚴榮滄浪吟榭刻本 十二冊

330000－1723－0002786 28049 集部/别集類/清别集
春華集二卷 (清)龍元任撰 清光緒十九年(1893)刻本 一冊

330000－1723－0002787 28050 集部/别集類/清别集
春華集二卷 (清)龍元任撰 清光緒十九年(1893)刻本 一冊

330000－1723－0002788 28051 集部/别集類/清别集
春華集二卷 (清)龍元任撰 清光緒十九年(1893)刻本 一冊

330000－1723－0002790 28052 集部/别集類/清别集
春華集二卷 (清)龍元任撰 清光緒十九年(1893)刻本 一冊

330000－1723－0002791 28053 集部/别集類/清别集
春華集二卷 (清)龍元任撰 清光緒十九年(1893)刻本 一冊

330000－1723－0002792 28054 集部/别集類/清别集
春華集二卷 (清)龍元任撰 清光緒十九年(1893)刻本 一冊

330000－1723－0002793 28055 集部/别集類/清别集

春華集二卷　（清）龍元任撰　清光緒十九年（1893）刻本　一冊

330000－1723－0002794　28056　集部/別集類/清別集
春華集二卷　（清）龍元任撰　清光緒十九年（1893）刻本　一冊

330000－1723－0002795　28057　集部/別集類/清別集
春華集二卷　（清）龍元任撰　清光緒十九年（1893）刻本　一冊

330000－1723－0002796　28058　集部/別集類/清別集
春華集二卷　（清）龍元任撰　清光緒十九年（1893）刻本　一冊

330000－1723－0002797　28059　集部/別集類/清別集
春華集二卷　（清）龍元任撰　清光緒十九年（1893）刻本　一冊

330000－1723－0002798　27474－27483　類叢部/叢書類/自著之屬
曾文正公全集十五種　（清）曾國藩撰　清同治至光緒傳忠書局刻本　十冊　存一種

330000－1723－0002806　28061　集部/別集類/明別集
太師誠意伯劉文成公集二十卷首一卷　（明）劉基撰　清刻本　一冊　存二卷（十九至二十）

330000－1723－0002809　28063、44986　類叢部/叢書類/郡邑之屬
永嘉叢書十三種　（清）孫衣言編　清同治至光緒瑞安孫氏詒善祠塾刻本　二冊　存一種

330000－1723－0002813　27544－27549　集部/別集類/清別集
知味軒尺牘六卷附屈翁山尺牘一卷　（清）陳毓靈撰　清道光二十五年（1845）賞心堂刻本　六冊

330000－1723－0002814　28320－28335　集部/別集類/清別集
曝書亭集八十卷附錄一卷　（清）朱彝尊撰
笛漁小稾十卷　（清）朱昆田撰　清光緒十五年（1889）會稽陶氏寒梅館刻本　十六冊

330000－1723－0002815　28336－28359　集部/別集類/清別集
曝書亭集八十卷附錄一卷　（清）朱彝尊撰
笛漁小稾十卷　（清）朱昆田撰　清光緒十五年（1889）會稽陶氏寒梅館刻三十四年（1908）印本　二十四冊

330000－1723－0002817　27550－27553　集部/別集類/清別集
少嵒賦草四卷續一卷　（清）夏思沺撰　清光緒元年（1875）松盛堂刻本　四冊

330000－1723－0002818　27554－27563　集部/別集類/清別集
枕善堂尺牘一隅二十卷　（清）陳大溶撰　清道光二十二年（1842）大文堂刻本　十冊

330000－1723－0002819　27472－27473　類叢部/叢書類/自著之屬
曾文正公全集十五種　（清）曾國藩撰　清同治至光緒傳忠書局刻本　二冊　存二種

330000－1723－0002820　27356－27358　集部/總集類/彙編之屬
唐詩二種　（清）费念慈編　清光緒十九年（1893）武進費氏刻本　三冊

330000－1723－0002824　27606－27617　集部/別集類
湘綺樓全集三十卷　王闓運撰　清宣統二年（1910）上海國學扶輪社石印本　十二冊

330000－1723－0002826　27575　集部/別集類/清別集
寄嶽雲齋試體詩選詳註四卷　（清）聶銑敏撰（清）張學蘇箋　清繡谷書屋刻本　一冊　存二卷（三至四）

330000－1723－0002827　27576－27579　集部/別集類/清別集
養雲山館試帖四卷　（清）許球撰　（清）王榮

紱注釋　清光緒十四年(1888)兩儀堂刻本　四冊

330000－1723－0002828　27580－27583　集部/別集類/清別集

韞山堂時文初集不分卷二集不分卷三集不分卷　(清)管世銘撰　清光緒二十年(1894)袖海山房石印本　四冊

330000－1723－0002830　33025－33030　子部/儒家類/儒學之屬/蒙學

正蒙必讀初二三編十二卷　(清)陳蔚文編　清光緒二十八年(1902)刻本　六冊

330000－1723－0002831　27584－27587　集部/別集類/清別集

管緘若時文初集不分卷二集不分卷三集不分卷　(清)管世銘撰　清同治四年(1865)藻春堂刻本　四冊

330000－1723－0002833　27588－27593　集部/別集類/清別集

補造化軒試帖十八卷　(清)蔡壽祺撰　清光緒八年(1882)刻本　六冊

330000－1723－0002838　27634－27639　集部/別集類/清別集

湛園未定藁六卷　(清)姜宸英撰　清石印本　六冊

330000－1723－0002847　27671－27673　集部/別集類/清別集

鄭板橋全集五種　(清)鄭燮撰　清宣統元年(1909)上海掃葉山房石印本　三冊　缺一卷(板橋詩鈔一)

330000－1723－0002848　27674－27677　集部/別集類/清別集

鄭板橋全集五種　(清)鄭燮撰　清清暉書屋刻本　四冊

330000－1723－0002850　28368－27369　集部/別集類/清別集

濂亭文集八卷　(清)張裕釗撰　查燕緒編　清光緒八年(1882)查氏蘇州木漸齋刻本　二冊

330000－1723－0002851　28360－28361　集部/別集類/清別集

述學内篇三卷補遺一卷外篇一卷別錄一卷校勘記一卷附錄一卷　(清)汪中撰　(清)汪喜孫編　清同治八年(1869)揚州書局刻本　二冊

330000－1723－0002852　28362－28365　集部/別集類/清別集

紅杏山房時文五集附幼學存草一卷　(清)宋湘撰　清道光五年(1825)宋湘刻本　四冊

330000－1723－0002854　27678－27679　集部/別集類/清別集

鄭板橋全集五種　(清)鄭燮撰　清刻本　二冊　缺二卷(板橋詩鈔二至三)

330000－1723－0002855　28077　類叢部/叢書類/自著之屬

澹勤室全集五種　(清)傅壽彤撰　清光緒三年(1877)武昌省垣刻本　一冊　存一種

330000－1723－0002856　28078　類叢部/叢書類/彙編之屬

端溪叢書十九種　梁鼎芬等編　清光緒二十五年(1899)番禺端溪書院刻本　一冊　存一種

330000－1723－0002857　27564　集部/別集類/清別集

周犢山時文不分卷　(清)周鎬撰　清同治四年(1865)種福堂刻本　一冊

330000－1723－0002859　27660　集部/別集類/清別集

存我軒偶錄評選(崇實齋初編)不分卷　(清)陸鍾渭撰　清刻本　一冊

330000－1723－0002860　27661－27662　集部/別集類/清別集

存我軒偶錄不分卷　(清)陸鍾渭撰　清光緒二十七年(1901)文彙書局鉛印本　二冊

330000－1723－0002863　28407－28408　類叢部/叢書類/郡邑之屬

粟香室叢書五十九種　金武祥編　清光緒至

民國江陰金氏刻本　二册　存一種

330000－1723－0002864　28088－28095　集部/别集類/清别集

有正味齋試帖詳註四卷詩註六卷　(清)吴錫麒撰　(清)吴掄　(清)吴敬恒注　**有正味齋賦二卷**　(清)吴錫麒撰　(清)胡玉樹注　清道光五年(1825)務本堂刻本　八册

330000－1723－0002867　28370－28373　集部/别集類/清别集

儀顧堂集十六卷　(清)陸心源撰　清同治十三年(1874)福州刻本　四册

330000－1723－0002870　28394－28404　類叢部/叢書類/自著之屬

彭文敬公集五種　(清)彭藴章撰　清道光至同治刻同治彙印本　十一册　存四種

330000－1723－0002871　28112－28113　集部/總集類/郡邑之屬

湖墅叢書六種　(清)王麟輯　清光緒五年(1879)錢塘王氏刻本　二册　存二種

330000－1723－0002872　28382－28393　集部/别集類/清别集

樊榭山房全集四十二卷　(清)厲鶚撰　**振綺堂詩存一卷**　(清)汪憲撰　**松聲池館詩存四卷**　(清)汪璐撰　清光緒十年至十五年(1884－1889)錢塘汪氏振綺堂刻本　十二册

330000－1723－0002875　28123－28130　集部/别集類/清别集

隨園駢體文註十六卷　(清)袁枚撰　(清)黎光地注　清光緒十二年(1886)湖南竹素書局刻本　八册

330000－1723－0002876　28131－28136　集部/别集類/清别集

袁文箋正十六卷補注一卷　(清)袁枚撰　(清)石韞玉箋　清嘉慶十七年(1812)鶴壽山堂刻本　六册

330000－1723－0002877　27663　類叢部/叢書類/彙編之屬

龍潭室叢書　清光緒至宣統鉛印本　一册　存一種

330000－1723－0002878　28137－28140　集部/别集類/清别集

音註小倉山房尺牘八卷附補遺一卷各省府州廳縣異名録一卷　(清)袁枚撰　(清)胡光斗箋釋　清光緒十四年(1888)古越奎照樓刻朱墨套印本　四册

330000－1723－0002880　28405－28406　類叢部/叢書類/郡邑之屬

粟香室叢書五十九種　金武祥編　清光緒至民國江陰金氏刻本　二册　存一種

330000－1723－0002882　28441－28442　集部/别集類/清别集

舫廬文存内集四卷外集一卷餘集一卷首一卷　(清)張壽榮撰　清光緒九年(1883)蛟川張氏秋樹根齋刻本　二册

330000－1723－0002883　28443－28446　集部/别集類/清别集

通甫類藁四卷續編二卷　(清)魯一同撰　清咸豐九年(1859)刻本　四册

330000－1723－0002885　28447－28451　集部/别集類/清别集

移芝室集二十八卷　(清)楊彝珍撰　清光緒十二年(1886)刻本　五册　存十五卷(古文一至十三、思舊集、時文)

330000－1723－0002887　28155－28156　集部/别集類/清别集

隨園文集二卷　(清)袁枚撰　清宣統二年(1910)上海國學扶輪社石印本　二册

330000－1723－0002890　28692－28699　集部/别集類/金别集

元遺山詩集箋注十四卷　(金)元好問撰　(元)張德輝類次　(清)施國祁箋注　**元遺山詩集箋注年譜一卷**　(清)施國祁訂　**元遺山全集附録一卷**　(明)儲瓘輯　(清)華希閔增　**元遺山全集補載一卷**　(清)施國祁輯　清宣統三年(1911)掃葉山房石印本　八册

330000－1723－0002891　28452－28461　集

部/別集類/清別集

石笥山房集二十四卷　(清)胡天游撰　清咸豐二年(1852)山陰胡鳴泰刻本　十册

330000－1723－0002892　28462－28463　類叢部/叢書類/自著之屬

確山所著書　(清)宋世犖撰　清刻本　二册　存一種

330000－1723－0002893　28181－28186　集部/別集類/清別集

定盦文集三卷續集四卷補四卷補編四卷　(清)龔自珍撰　清宣統二年(1910)上海掃葉山房石印本　六册

330000－1723－0002895　28466－28469　集部/別集類/清別集

敬學軒文集十二卷　(清)龍廷槐撰　清道光二十二年(1842)龍元偉刻本　四册

330000－1723－0002897　28716－28725　集部/別集類/元別集

鐵厓樂府註十卷咏史註八卷逸編註八卷　(元)楊維楨撰　(清)樓卜瀍註　清宣統二年(1910)上海掃葉山房石印本　十册

330000－1723－0002898　28726－28733　集部/別集類/元別集

鐵厓樂府註十卷咏史註八卷逸編註八卷　(元)楊維楨撰　(清)樓卜瀍註　清乾隆三十九年(1774)聯桂堂刻光緒十四年(1888)諸暨樓氏崇德堂重修本　八册

330000－1723－0002899　28193－28195　集部/別集類/清別集

定盦文集三卷續集四卷續錄一卷古今體詩二卷己亥雜詩一卷庚子雅詞一卷　(清)龔自珍撰　清同治七年(1868)吳煕刻本　三册

330000－1723－0002900　28700－28715　類叢部/叢書類/自著之屬

元遺山先生全集九種　(金)元好問撰　清道光三十年(1850)靈石楊氏刻光緒八年(1882)京都翰文齋書坊印本　十六册　存六種

330000－1723－0002901　28196－28203　集部/別集類/清別集

大雲山房文稾初集四卷二集四卷言事二卷　(清)惲敬撰　清同治二年(1863)惲世楚南臨刻本　八册

330000－1723－0002902　28470－28473　集部/別集類/清別集

補學軒制藝四卷　(清)鄭獻甫撰　清同治七年(1868)林肇元刻本　四册

330000－1723－0002904　28477　集部/別集類/清別集

藏園詩鈔不分卷　(清)游智開撰　(朝鮮)卞元圭編　清光緒十四年(1888)刻本　一册

330000－1723－0002905　28204－28205　類叢部/叢書類/自著之屬

聽彝堂偶存稿九種　(清)吳省蘭撰　清乾隆至嘉慶南匯吳氏刻本　二册　存三種

330000－1723－0002906　28478－28482　集部/別集類/清別集

思適齋集十八卷　(清)顧廣圻撰　清道光二十九年(1849)上海徐渭仁刻本　五册

330000－1723－0002908　28483　集部/別集類/清別集

篤慎堂燼餘詩稿二卷　(清)金謂撰　清光緒十一年(1885)金武祥刻本　一册

330000－1723－0002910　28486－28489　集部/別集類/清別集

思詒堂詩稿十二卷文稿一卷　(清)金衍宗撰　清同治五年(1866)刻本　四册　缺一卷(文稿)

330000－1723－0002911　28490－28491　集部/別集類/清別集

遜學齋詩鈔十卷　(清)孫衣言撰　清同治三年(1864)刻本　二册

330000－1723－0002912　28492－28495　集部/別集類/清別集

集虛齋學古文十二卷附離騷經解畧一卷　(清)方棨如撰　清光緒十年(1884)李詩、竺士彥淳安縣署刻本　四册

330000－1723－0002913　28496　集部/别集類/清别集
槐廬詩學一卷　(清)龍繼棟撰　清光緒四年(1878)龍繼棟京師刻本　一册

330000－1723－0002915　28734－28735　類叢部/叢書類/郡邑之屬
武林往哲遺箸五十六種後編十種　(清)丁丙編　清光緒二十年至二十六年(1894－1900)錢塘丁氏嘉惠堂刻本　二册　存一種

330000－1723－0002916　28523－28526　集部/别集類/清别集
培厚堂稿不分卷　(清)蘇梯雲撰　清光緒十四年(1888)龔其藻刻本　四册

330000－1723－0002917　28497－28502　集部/别集類/清别集
棣蕚山房試帖三卷　(清)王艾亭撰　(清)程典注　清光緒五年(1879)程典刻本　六册

330000－1723－0002918　28503－28518　集部/别集類/清别集
湖海樓全集五十一卷　(清)陳維崧撰　清光緒十七年至十九年(1891－1893)弇山鐸署刻本　許茹香題記　十六册

330000－1723－0002919　28519－28522　集部/别集類/清别集
馮梅溪稿不分卷　(清)馮成修撰　清學谷堂刻本　四册

330000－1723－0002920　28747－28762　集部/别集類/明别集
震川先生集三十卷别集十卷　(明)歸有光撰　(清)歸莊校勘　(清)錢謙益選定　(清)歸玠編輯　清光緒六年(1880)常熟歸氏刻本　十六册

330000－1723－0002921　28527－28534　集部/别集類/清别集
復初齋文集三十五卷　(清)翁方綱撰　清道光十六年(1836)李彦章刻光緒三年(1877)李以烜增修本　八册

330000－1723－0002922　28535　類叢部/叢書類/自著之屬
留書種閣集九種　(清)黄炳垕撰　清同治六年至光緒二十年(1867－1894)餘姚黄氏留書種閣刻本　一册　存一種

330000－1723－0002923　28536－28539　集部/别集類/清别集
兩當軒詩鈔十四卷悔存詞鈔二卷　(清)黄景仁撰　清嘉慶四年(1799)長寧趙希璜河南高堰廳署刻二十二年(1817)侯官鄭炳文補刻本　四册

330000－1723－0002924　28540－28541　類叢部/叢書類/郡邑之屬
海昌叢載三十二種　(清)羊復禮編　清光緒海昌羊氏傳卷樓粤東刻本　二册　存一種

330000－1723－0002925　28763－28770　集部/别集類/明别集
滄溟先生集三十卷附録一卷　(明)李攀龍撰　清道光二十七年(1847)濟南李氏刻景福堂印本　八册

330000－1723－0002926　28542　類叢部/叢書類/郡邑之屬
海昌叢載三十二種　(清)羊復禮編　清光緒海昌羊氏傳卷樓粤東刻本　一册　存一種

330000－1723－0002928　28213－28214　集部/别集類/清别集
越縵堂集十卷　(清)李慈銘撰　清光緒十八年(1892)刻本　二册

330000－1723－0002929　28544－28553　集部/别集類/清别集
海秋詩集二十六卷後集一卷　(清)湯鵬撰　清道光十八年(1838)刻同治十二年(1873)湯壽銘增修本　十册

330000－1723－0002930　28215－28216　集部/别集類/清别集
豸華堂文鈔八卷　(清)金應麟撰　清道光三十年(1850)金氏刻本　二册

330000－1723－0002931　28554－28557　集部/别集類/清别集

香屑集十八卷首一卷末一卷　(清)黄之雋撰　(清)陳邦直注　清宣統二年(1910)掃葉山房石印本　四册

330000－1723－0002932　28558－28561　集部/别集類/清别集

香屑集十八卷首一卷末一卷　(清)黄之雋撰　(清)陳邦直注　清同治十年(1871)近文堂刻本　四册

330000－1723－0002933　28562－28564　集部/别集類/清别集

香屑集十八卷首一卷末一卷　(清)黄之雋撰　(清)陳邦直注　清雍正十二年(1734)陳邦直刻遂初園印本　三册　缺五卷(六至十)

330000－1723－0002934　28771－28774　集部/别集類/明别集

瞿忠宣公集十卷　(明)瞿式耜撰　清光緒十三年(1887)常熟瞿廷韶刻本　四册

330000－1723－0002935　28217－28220　集部/别集類/清别集

有正味齋試帖詳註四卷　(清)吳錫麒撰　(清)吳掄　(清)吳敬恒注　清嘉慶二十一年(1816)成錦堂刻本　四册

330000－1723－0002938　28775－28778　集部/别集類/明别集

區太史詩集二十七卷　(明)區大相撰　清道光十年(1830)端溪區氏刻光緒十年(1884)重修本　清孫為樑題記　四册

330000－1723－0002939　28221－28228　集部/别集類/清别集

有正味齋駢體文二十四卷續集八卷詩集十六卷續集八卷詞集八卷外集五卷續集二卷又外集二卷　(清)吳錫麟撰　清刻本　八册　存四十卷(駢體文一至二十四、駢體文續一至八、詩集一至八)

330000－1723－0002943　28830－28831　類叢部/叢書類/郡邑之屬

海昌叢載三十二種　(清)羊復禮編　清光緒海昌羊氏傳卷樓粤東刻本　二册　存五種

330000－1723－0002944　29214－29217　類叢部/叢書類/彙編之屬

紛欣閣叢書十四種　(清)周心如編　清嘉慶至道光浦江周氏刻本　四册　存一種

330000－1723－0002945　28565－28568　集部/别集類/清别集

古微堂内集三卷外集七卷　(清)魏源撰　清光緒四年(1878)揚州淮南書局刻本　四册

330000－1723－0002946　28569－28571　集部/别集類/清别集

虹橋老屋遺稿文四卷詩五卷　(清)秦緗業撰　(清)鄧濂輯　清光緒十五年(1889)秦光簡等刻二十一年(1895)增刻本　三册

330000－1723－0002947　28846－28851　集部/别集類/明别集

青湖先生文集十四卷首一卷末一卷　(明)汪應軫撰　清同治十三年(1874)汪瑔廣州刻本　六册

330000－1723－0002949　28867－28870　集部/别集類/明别集

金忠節公文集八卷　(明)金聲撰　清光緒十四年(1888)黟縣李氏刻本　梁鼎芬題記　四册

330000－1723－0002950　28854－28858　集部/别集類/明别集

楊忠烈公文集五卷　(明)楊漣撰　清宣統三年(1911)文盛書局石印本　五册

330000－1723－0002951　29218－29233　集部/别集類/宋别集

蘇文忠詩合註五十卷首一卷目錄一卷　(宋)蘇軾撰　(清)馮應榴輯　清乾隆六十年(1795)桐鄉馮氏踵息齋刻本　吳源題記　十六册

330000－1723－0002952　28859－28862　集部/别集類/明别集

明張文忠公文集十一卷詩集六卷　(明)張居正撰　清宣統三年(1911)醉古堂石印本　四册

330000－1723－0002953　28863－28866　集部/别集類/明别集

况靖安集八卷首一卷末一卷　（明）况鍾撰　（清）陳永懋輯　清光緒十七年（1891）雙溪陳氏刻本　四册

330000－1723－0002954　28822－28828　集部/别集類/清别集

變雅堂文集四卷詩集十卷　（清）杜濬撰　**變雅堂遺集附録一卷**　（清）方苞等撰　清同治九年（1870）劉維楨、鄂垣刻本　七册　缺六卷（詩集五至十）

330000－1723－0002955　28829　集部/别集類/清别集

變雅堂文集四卷詩集十卷　（清）杜濬撰　**變雅堂遺集附録一卷**　（清）方苞等撰　清同治九年（1870）劉維楨、鄂垣刻本　一册　存一卷（遺集附録）

330000－1723－0002956　28904－28908　集部/别集類/唐五代别集

樊川詩集四卷補遺一卷外集一卷别集一卷　（唐）杜牧撰　（清）馮集梧注　清光緒十六年（1890）湘南書局刻本　吴源題記　五册

330000－1723－0002957　28909－28912　集部/别集類/唐五代别集

樊川詩集四卷補遺一卷外集一卷别集一卷　（唐）杜牧撰　（清）馮集梧注　清光緒十六年（1890）湘南書局刻本　四册

330000－1723－0002958　29234－29255　集部/别集類/宋别集

蘇文忠公詩編註集成四十六卷集成總案四十五卷諸家雜綴酌存一卷蘇海識餘四卷牋詩圖一卷　（宋）蘇軾撰　（清）王文誥輯注　清嘉慶二十四年（1819）武林王氏韻山堂刻道光補刻本　二十二册　缺八卷（三十至三十一、集成總案一至六）

330000－1723－0002959　28842－28845　集部/别集類/清别集

吕晚村詩集八卷補遺一卷　（清）吕留良撰　清光緒石印本　四册

330000－1723－0002962　29257－29260　集部/别集類/漢魏六朝别集

徐孝穆全集六卷　（南朝陳）徐陵撰　（清）吴兆宜箋注　**備考一卷**　（清）徐文炳撰　清揚州藝古堂刻本　四册

330000－1723－0002963　29261－29265　集部/别集類/漢魏六朝别集

徐孝穆全集六卷　（南朝陳）徐陵撰　（清）吴兆宜箋注　**備考一卷**　（清）徐文炳撰　清吴江吴氏善化經濟書堂刻本　五册　存五卷（一至五）

330000－1723－0002964　29266－29270　集部/别集類/漢魏六朝别集

蔡中郎集十卷末一卷外紀一卷外集四卷　（漢）蔡邕撰　清光緒十六年（1890）番禺陶氏愛廬刻本　五册

330000－1723－0002965　29271－29275　集部/别集類/漢魏六朝别集

蔡中郎集十卷末一卷外紀一卷外集四卷　（漢）蔡邕撰　清光緒十六年（1890）番禺陶氏愛廬刻本　五册

330000－1723－0002966　29288－29299　集部/别集類/漢魏六朝别集

庾子山集十六卷總釋一卷　（北周）庾信撰　（清）倪璠注　**庾子山年譜一卷**　（清）倪璠撰　清光緒二十年（1894）粤東儒雅堂刻本　十二册

330000－1723－0002967　29276－29287　集部/别集類/漢魏六朝别集

庾子山集十六卷總釋一卷　（北周）庾信撰　（清）倪璠注　**庾子山年譜一卷**　（清）倪璠撰　清道光十九年（1839）同文堂刻本　十二册

330000－1723－0002969　28901－28902　集部/别集類/唐五代别集

李長吉詩集四卷外集一卷　（唐）李賀撰　（明）黄淳耀評點　（清）黎簡批點　清光緒十八年（1892）葉衍蘭羊城刻朱墨套印本　二册

330000－1723－0002972　29305　集部/别集

類/漢魏六朝别集

陶淵明詩一卷雜文一卷 (晉)陶潛撰 清光緒元年(1875)影宋刻本 一册

330000－1723－0002974 28572－28585 集部/别集類/清别集

知足齋詩集二十卷詩續集四卷文集六卷進呈文稿二卷 (清)朱珪撰 清嘉慶九年(1804)阮元刻十一年(1806)大興朱氏增修本 十四册

330000－1723－0002977 29306－29308 集部/别集類/漢魏六朝别集

陶淵明文集十卷 (晉)陶潛撰 清光緒五年(1879)番禺俞秀山刻本 鄭汝璋題記 三册

330000－1723－0002978 29309－29311 集部/别集類/漢魏六朝别集

陶淵明文集十卷 (晉)陶潛撰 清光緒五年(1879)番禺俞秀山刻本 三册

330000－1723－0002979 29312－29313 集部/别集類/漢魏六朝别集

陶淵明文集十卷 (晉)陶潛撰 清光緒五年(1879)番禺俞秀山刻本 二册

330000－1723－0002982 29324－29333 集部/别集類/唐五代别集

杜詩鏡銓二十卷諸家論杜一卷 (清)楊倫撰 **讀書堂杜工部文集註解二卷** (清)張溍撰 **杜工部年譜一卷** (清)楊倫輯 清同治十一年(1872)望三益齋刻本 十册

330000－1723－0002983 31208－31223 類叢部/叢書類/彙編之屬

龍威秘書一百六十九種 (清)馬俊良編 清乾隆五十九年至嘉慶元年(1794－1796)浙江石門馬氏大酉山房刻本 十六册 存七十八種

330000－1723－0002984 29342 集部/别集類/唐五代别集

讀杜小箋三卷讀杜二箋二卷 (清)錢謙益箋 清宣統三年(1911)上海國學扶輪社石印本 一册

330000－1723－0002986 29334－29341 集部/别集類/唐五代别集

杜詩集説二十卷末一卷 (唐)杜甫撰 (清)江浩然輯 清刻本 八册 缺三卷(六至八)

330000－1723－0002987 29343－29344 類叢部/叢書類/自著之屬

張師筠著述三種 (清)張燮承撰 清咸豐九年至同治十年(1859－1871)刻本 二册 存一種

330000－1723－0002989 29345－29356 類叢部/叢書類/彙編之屬

玉海堂景宋元本叢書二十種别行二種 劉世珩編 清光緒至民國貴池劉氏玉海堂影刻本 十二册 存一種

330000－1723－0002992 29365－29368 集部/别集類/唐五代别集

溫飛卿詩集七卷别集一卷集外詩一卷附録諸家詩評一卷 (唐)溫庭筠撰 (明)曾益注 (清)顧予咸補注 (清)顧嗣立續注 清宣統二年(1910)掃葉山房石印本 四册

330000－1723－0002993 31224－31253 新學類/雜著/叢編

新民叢書六十二種 (清)新民叢報編 清光緒二十九年(1903)味新學社刻本 三十册

330000－1723－0002995 29372－29379 集部/總集類/彙編之屬

唐四家詩集 清光緒十年(1884)上海同文書局石印本 八册

330000－1723－0002997 29382－29385 集部/總集類/彙編之屬

唐四家詩集 清光緒十年(1884)上海同文書局石印本 四册 存一種

330000－1723－0002998 29386－29391 集部/别集類/唐五代别集

韋蘇州集十卷 (唐)韋應物撰 清宣統三年(1911)上海自強書局石印本 六册

330000－1723－0002999 29392－29397 集部/别集類/唐五代别集

王子安集註二十卷首一卷末一卷　(唐)王勃撰　(清)蔣清翊注　清光緒九年(1883)吳縣蔣氏雙唐碑館刻十年(1884)續刻本　六冊

330000－1723－0003000　28619－28622　集部/別集類/宋別集

後山先生集二十四卷首一卷　(宋)陳師道撰　清光緒十一年(1885)愛廬刻本　四冊

330000－1723－0003002　28625－28636　集部/別集類/宋別集

陸象山先生文集三十六卷　(宋)陸九淵撰　**象山先生年譜一卷**　(宋)李子願編　**少湖徐先生學則辯一卷**　(明)徐階撰　**陸梭山公家制一卷**　(宋)陸九韶撰　**校勘畧一卷**　(清)李紱撰　清同治十年(1871)大儒家廟刻光緒七年(1881)陸氏素位堂增刻本　十二冊

330000－1723－0003003　28637－28642　集部/別集類/宋別集

淮海集四十卷詩文六卷長短句三卷詩餘一卷　(宋)秦觀撰　(明)徐渭評　**增訂年譜一卷**　(清)秦鏞　(清)秦瀛編　清同治十二年(1873)秦氏家塾刻本　六冊

330000－1723－0003004　28664－28675　集部/別集類/宋別集

宋王忠文公文集五十卷目錄四卷　(宋)王十朋撰　**梅溪王忠文公年譜一卷**　(清)徐炯文編　清光緒二年(1876)溫州梅溪書院刻本　十二冊

330000－1723－0003005　29398－29407　集部/別集類/唐五代別集

唐丞相曲江張文獻公集十二卷附錄一卷千秋金鑑錄五卷曲江集補遺一卷校勘三卷張曲江公年譜一卷曲江公傳一卷曲江紀畧一卷外編一卷附錄二卷　(唐)張九齡撰　清光緒十六年(1890)鏡芙精舍刻本　十冊

330000－1723－0003006　28676－28691　類叢部/叢書類/自著之屬

元遺山先生全集九種　(金)元好問撰　清光緒七年(1881)讀書山房刻本　十六冊　存六種

330000－1723－0003008　28663　集部/別集類/宋別集

朱子古文讀本二卷　(宋)朱熹撰　清光緒七年(1881)同文堂刻本　一冊　存一卷(上)

330000－1723－0003010　28643－28662　集部/別集類/宋別集

山谷內集詩註二十卷外集詩註十七卷別集詩註二卷　(宋)黄庭堅撰　(宋)任淵　(宋)史容　(宋)史季溫注　清光緒二十一年至二十六年(1895－1900)義寧陳三立刻宣統二年(1910)印本　二十冊

330000－1723－0003012　31485－31486　類叢部/叢書類/自著之屬

種樹軒遺集三種四卷　(清)郭長清撰　清光緒二十三年(1897)杭州刻本　二冊

330000－1723－0003013　29415－29424　集部/別集類/唐五代別集

昌黎先生集四十卷外集十卷遺文一卷　(唐)韓愈撰　(宋)廖瑩中校正　**朱子校昌黎先生集傳一卷**　(宋)朱熹撰　**韓集點勘四卷**　(清)陳景雲撰　清宣統三年(1911)上海鴻文書局、千頃堂書局石印本　十冊

330000－1723－0003014　31487－31528　類叢部/叢書類/自著之屬

竹柏山房十五種附刻八種　(清)林春溥撰　清嘉慶至咸豐竹柏山房刻本　四十二冊　存十五種

330000－1723－0003015　29425－29436　集部/別集類/唐五代別集

昌黎先生集四十卷外集十卷遺文一卷　(唐)韓愈撰　(宋)廖瑩中校正　**朱子校昌黎先生集傳一卷**　(宋)朱熹撰　**韓集點勘四卷**　(清)陳景雲撰　清宣統二年(1910)掃葉山房石印本　十二冊

330000－1723－0003018　31529－31538　類叢部/叢書類/自著之屬

鹿洲全集　(清)藍鼎元撰　清刻本　十冊　存三種

330000－1723－0003020　31545－31556　類叢部/叢書類/自著之屬

黃梨洲遺書十種　(清)黃宗羲撰　清光緒三十一年(1905)杭州羣學社石印本　十二冊　存八種

330000－1723－0003021　29463－29466　集部/别集類/唐五代别集

昌黎先生詩增注証訛十一卷　(唐)韓愈撰　(清)黃鉞增注証訛　清道光二十八年(1848)黃中民刻咸豐七年(1857)四明鮑氏二客軒印本　四冊

330000－1723－0003024　29467－29470　集部/别集類/唐五代别集

昌黎先生詩增注証訛十一卷　(唐)韓愈撰　(清)黃鉞增注証訛　清道光二十八年(1848)黃中民刻咸豐七年(1857)四明鮑氏二客軒印本　四冊

330000－1723－0003025　29471－29474　集部/别集類/唐五代别集

昌黎先生詩增注証訛十一卷　(唐)韓愈撰　(清)黃鉞增注証訛　清道光二十八年(1848)黃中民刻咸豐七年(1857)四明鮑氏二客軒印本　四冊

330000－1723－0003027　29475－29476　集部/别集類/唐五代别集

香山詩選六卷　(唐)白居易撰　(清)曹文埴選　清光緒十七年(1891)黟縣李宗煝金陵書局刻本　二冊

330000－1723－0003028　29477－29487　集部/别集類/唐五代别集

白香山詩長慶集二十卷後集十七卷别集一卷補遺二卷　(唐)白居易撰　(清)汪立名編訂　**白香山年譜一卷**　(清)汪立名撰　**白香山年譜舊本一卷**　(宋)陳振孫撰　清宣統三年(1911)石印本　十一冊　缺四卷(後集十一至十四)

330000－1723－0003029　29488－29499　集部/别集類/唐五代别集

白香山詩長慶集二十卷後集十七卷别集一卷補遺二卷　(唐)白居易撰　(清)汪立名編訂　**白香山年譜一卷**　(清)汪立名撰　**白香山年譜舊本一卷**　(宋)陳振孫撰　清會文堂石印本　十二冊

330000－1723－0003031　31254－31267　集部/總集類/彙編之屬

南宋羣賢小集　(宋)陳起編　(清)顧修重輯　清嘉慶六年(1801)石門顧氏讀畫齋刻本　十四冊　存三十三種

330000－1723－0003032　27628－27633　集部/總集類/課藝之屬

味閒堂課鈔七卷　(清)陶然　(清)藜青撰　清同治至光緒刻本　六冊

330000－1723－0003033　31268－31344　類叢部/叢書類/自著之屬

潛研堂全書二十一種　(清)錢大昕撰　清光緒十年(1884)長沙龍氏家塾刻本　七十七冊　缺二卷(潛研堂金石文跋尾一至二)

330000－1723－0003034　31694－31772　類叢部/叢書類/自著之屬

侯官陳氏遺書二十種　(清)陳壽祺撰　(清)陳喬樅撰　清嘉慶至同治三山陳氏刻光緒八年(1882)彙印本　七十九冊　存十七種

330000－1723－0003035　31345－31350　子部/儒家類/儒學之屬

二程全書(河南程氏全書)七種　(宋)程顥　(宋)程頤撰　清刻本　六冊　存五種

330000－1723－0003037　31773－31812　類叢部/叢書類/自著之屬

春在堂全書　(清)俞樾撰　清同治至光緒刻本　四十冊　存七種

330000－1723－0003039　27570－27572　類叢部/叢書類/彙編之屬

花雨樓叢鈔十一種續鈔十一種附一種　(清)張壽榮編　清光緒八年至十四年(1882－1888)蛟川張氏花雨樓刻本　三冊　存二種

330000－1723－0003042　29505－29510　集部/别集類/唐五代别集

李翰林集三十卷　(唐)李白撰　清光緒三十二年(1906)吳隱刻本　六冊

330000－1723－0003043　35728－35763　類叢部/叢書類/彙編之屬
粵雅堂叢書一百八十四種　(清)伍崇曜編　清道光二十九年至光緒十一年(1849－1885)南海伍氏刻彙印本　三十六冊　存二十六種

330000－1723－0003044　31816－31826　史部/地理類
李氏五種　(清)李兆洛撰　清光緒十四年(1888)掃葉山房刻本　十一冊　缺三卷(歷代地理志韻編今釋十一至十三)

330000－1723－0003046　28813－28821　集部/別集類/明別集
太師誠意伯劉文成公集二十卷首一卷　(明)劉基撰　清光緒元年(1875)刻本　九冊　缺二卷(十九至二十)

330000－1723－0003047　28871－28894　集部/別集類/明別集
黃漳浦集五十卷首一卷目錄二卷　(明)黃道周撰　(清)陳壽祺重編　**漳浦黃先生年譜二卷**　(明)莊起儔編　清道光八年至十年(1828－1830)福州陳氏刻本　二十四冊

330000－1723－0003048　29511－29514　史部/詔令奏議類/奏議之屬
註陸宣公奏議十五卷制誥十卷別集一卷表一卷　(唐)陸贄撰　(宋)郎曄注　**附錄一卷年譜輯畧一卷**　(清)江榕撰　清光緒十一年(1885)淮南書局刻本　四冊

330000－1723－0003050　28832－28841　集部/別集類/明別集
青邱高季迪先生詩集十八卷遺詩一卷扣舷集一卷鳧藻集五卷首一卷附錄一卷　(明)高啓撰　(清)金檀輯注　清雍正六年至七年(1728－1729)金氏文瑞樓刻本　十冊

330000－1723－0003052　28913－28952　集部/別集類/清別集
牧齋全集一百六十三卷　(清)錢謙益撰　(清)錢曾箋註　清宣統二年(1910)邃漢齋鉛印本　四十冊

330000－1723－0003054　28961－28964　集部/別集類/唐五代別集
李義山詩集三卷　(唐)李商隱撰　(清)朱鶴齡箋注　**李義山詩譜一卷附錄諸家詩評一卷**　清金沙繼溪山房刻本　四冊

330000－1723－0003056　29539－29558　集部/別集類/唐五代別集
唐柳河東集四十五卷外集五卷遺文一卷附錄一卷　(唐)柳宗元撰　(明)蔣之翹輯注　清乾隆五十三年(1788)楊廷理雙梧居刻道光十九年(1839)印本　二十冊

330000－1723－0003058　28965－28968　集部/別集類/唐五代別集
李義山詩集三卷　(唐)李商隱撰　(清)朱鶴齡箋注　(清)沈厚塽輯評　**李義山詩譜一卷附錄諸家詩評一卷**　清同治九年(1870)廣州倅署刻三色套印本　四冊

330000－1723－0003059　28969－28976　集部/別集類/唐五代別集
李義山詩文集詳註十三卷　(唐)李商隱撰　(清)馮浩編　清乾隆四十五年(1780)德聚堂刻嘉慶元年(1796)增刻同治七年(1868)上海馮寶圻補刻本　八冊

330000－1723－0003063　28977－28980　集部/別集類/唐五代別集
樊南文集補編十二卷附錄一卷　(唐)李商隱撰　(清)錢振倫　(清)錢振常箋注　清同治五年(1866)吳氏望三益齋刻本　四冊

330000－1723－0003064　29014－29021　集部/別集類/宋別集
杜清獻公集十九卷首一卷　(宋)杜範撰　**杜清獻公集補遺一卷附錄一卷杜清獻公年譜一卷**　(清)王棻輯　**杜清獻公集校注一卷**　(清)王棻　(清)王蚬撰　清同治九年(1870)吳縣孫氏九峰書院刻光緒六年(1880)重修本　八冊

330000－1723－0003065　29022－29033　集部/別集類/宋別集

元豐類稿五十卷　(宋)曾鞏撰　清光緒十六年(1890)慈利漁浦書院刻本　十二册

330000－1723－0003066　29074－29079　集部/別集類/宋別集

徐騎省集三十卷　(宋)徐鉉撰　**徐集補遺一卷札記一卷**　朱孔彰撰　清光緒十七年(1891)黟縣李氏刻本　梁鼎芬題記　六册

330000－1723－0003067　29070－29071　集部/別集類/宋別集

林和靖詩集四卷拾遺一卷　(宋)林逋撰　清同治十二年(1873)長洲朱氏抱經堂刻本　清子修題記　二册

330000－1723－0003068　29072－29073　集部/別集類/宋別集

林和靖詩集四卷拾遺一卷　(宋)林逋撰　清同治十二年(1873)長洲朱氏抱經堂刻本　二册

330000－1723－0003069　29080－29083　類叢部/叢書類/彙編之屬

正誼堂全書六十三種續刻五種　(清)張伯行編　(清)楊浚重編　清同治五年(1866)福州正誼書院刻同治八年至光緒十三年(1869－1887)續刻本　四册　存一種

330000－1723－0003070　29084－29087　集部/別集類/宋別集

王臨川文集四卷　(宋)王安石撰　清宣統二年(1910)上海會文堂書局石印本　四册

330000－1723－0003071　29164　子部/藝術類/書畫之屬/題跋

東坡題跋二卷　(宋)蘇軾撰　(清)溫一貞輯　清乾隆五十年(1785)又賞齋刻本　清星杓跋　一册　存一卷(下)

330000－1723－0003075　29088－29089　集部/別集類/宋別集

王臨川文集四卷　(宋)王安石撰　清石印本　二册　存二卷(三至四)

330000－1723－0003077　29090－29105　集部/別集類/宋別集

王臨川全集一百卷目錄二卷　(宋)王安石撰　清光緒九年(1883)溧陽繆氏小岯山館刻本　十六册

330000－1723－0003078　29165－29175　集部/別集類/宋別集

蘇文忠公詩集五十卷目錄二卷　(宋)蘇軾撰　(清)紀昀評點　清刻朱墨套印本　十一册　缺一卷(目錄一)

330000－1723－0003079　29176－29191　集部/別集類/宋別集

施註蘇詩四十二卷目錄二卷　(宋)蘇軾撰　(宋)施元之　(宋)顧禧注　(清)顧嗣立　(清)邵長蘅　(清)宋至删補　**蘇詩續補遺二卷**　(清)馮景補註　**王註正譌一卷**　(清)邵長蘅撰　**東坡先生年譜一卷**　(宋)王宗稷編　清康熙三十八年(1699)宋犖刻本　十六册

330000－1723－0003080　29116－29163　集部/別集類/宋別集

重刊明成化本東坡七集一百十卷　(宋)蘇軾撰　**東坡集校記二卷**　繆荃孫撰　**東坡先生年譜一卷**　(宋)王宗稷編　清光緒三十四年至宣統元年(1908－1909)端方寶華盦刻本　四十八册

330000－1723－0003081　31392－31396　類叢部/叢書類/自著之屬

章氏遺書二種　(清)章學誠撰　清光緒三年至四年(1877－1878)貴陽章氏刻十九年(1893)補刻本　五册

330000－1723－0003082　31397－31401　類叢部/叢書類/自著之屬

章氏遺書二種　(清)章學誠撰　清光緒三年至四年(1877－1878)貴陽章氏刻十九年(1893)補刻本　五册

330000－1723－0003083　29192－29213　集部/別集類/宋別集

蘇文忠詩合註五十卷首一卷目錄一卷　(宋)蘇軾撰　(清)馮應榴輯　清乾隆六十年

(1795)桐鄉馮氏踵息齋刻本　二十二册　缺六卷(一至六)

330000－1723－0003084　31351－31354　子部/儒家類/儒學之屬/禮教
五種遺規　(清)陳弘謀輯並撰　清宣統三年(1911)上海商務印書館鉛印本　四册　存四種

330000－1723－0003085　31355－31364　子部/儒家類/儒學之屬/禮教
五種遺規　(清)陳弘謀輯並撰　清光緒二十一年(1895)浙江書局刻本　十册

330000－1723－0003086　31385－31391　類叢部/叢書類/自著之屬
覆瓿集十三種附一種　(清)張文虎撰　清同治至光緒刻本　七册　存四種

330000－1723－0003087　32659－32694　類叢部/叢書類/彙編之屬
榆園叢刻十五種附一種　(清)許增編　清同治至光緒刻本　三十六册

330000－1723－0003088　31365－31384　類叢部/叢書類/自著之屬
張宣公全集三種　(宋)張栻撰　清道光二十九年(1849)緜邑洗墨池刻咸豐四年(1854)緜邑南軒祠補刻光緒十七年(1891)再補刻本　二十册

330000－1723－0003089　32622－32658　類叢部/叢書類/自著之屬
曾文正公全集十五種　(清)曾國藩撰　清光緒二十九年(1903)鴻寶書局石印本　三十七册　存十二種

330000－1723－0003090　31402－31463、31465－31481　類叢部/叢書類/自著之屬
洪北江全集二十一種　(清)洪亮吉撰　清光緒三年至五年(1877－1879)洪用懃授經堂刻本　七十九册　存十八種

330000－1723－0003091　31955－31966　類叢部/叢書類/自著之屬
石林遺書十三種　(宋)葉夢得撰　清光緒至宣統葉氏觀古堂刻本　十二册　存十二種

330000－1723－0003092　31968－31976　類叢部/類書類/通類之屬
玉海二百卷辭學指南四卷詩攷一卷詩地理攷六卷漢藝文志攷證十卷通鑑地理通釋十四卷周書王會補注一卷漢制攷四卷踐阼篇集解一卷急就篇補注四卷姓氏急就篇二卷小學紺珠十卷六經天文編二卷周易鄭康成注一卷通鑑答問五卷　(宋)王應麟撰　**校補玉海瑣記二卷王深寧先生年譜一卷**　(清)張大昌撰　清光緒九年至十六年(1883－1890)浙江書局刻本　九册　存三十二卷(詩地理攷一至六、通鑑地理通釋一至十四、漢制攷一至四、踐阼篇集解、急就篇補注一至二、姓氏急就篇一至二、六經天文編一至二、周易鄭康成注)

330000－1723－0003094　31967　類叢部/類書類/通類之屬
玉海二百卷辭學指南四卷詩攷一卷詩地理攷六卷漢藝文志攷證十卷通鑑地理通釋十四卷周書王會補注一卷漢制攷四卷踐阼篇集解一卷急就篇補注四卷姓氏急就篇二卷小學紺珠十卷六經天文編二卷周易鄭康成注一卷通鑑答問五卷　(宋)王應麟撰　**校補玉海瑣記二卷王深寧先生年譜一卷**　(清)張大昌撰　清光緒九年至十六年(1883－1890)浙江書局刻本　一册　存五卷(漢制攷一至四、踐阼篇集解)

330000－1723－0003095　31977－31997　類叢部/類書類/通類之屬
玉海二百卷辭學指南四卷詩攷一卷詩地理攷六卷漢藝文志攷證十卷通鑑地理通釋十四卷周書王會補注一卷漢制攷四卷踐阼篇集解一卷急就篇補注四卷姓氏急就篇二卷小學紺珠十卷六經天文編二卷周易鄭康成注一卷通鑑答問五卷　(宋)王應麟撰　**校補玉海瑣記二卷王深寧先生年譜一卷**　(清)張大昌撰　清光緒九年至十六年(1883－1890)浙江書局刻本　二十一册　存五十九卷(詩攷、詩地理攷一至六、漢藝文志攷證一至十、通鑑地理通釋

一至九、周書王會補注、漢制攷一至四、踐阼篇集解、急就篇補注一至四、姓氏急就篇一至二、小學紺珠一至十、六經天文編一至二、周易鄭康成注、通鑑答問一至五、校補玉海瑣記一至二、王深寧先生年譜)

330000－1723－0003097　31998－32005　類叢部/叢書類/自著之屬
周松靄先生遺書八種　(清)周春撰　清乾隆至嘉慶刻本　八册

330000－1723－0003099　32006－32018　類叢部/叢書類/自著之屬
顧端文公遺書十五種附一種　(明)顧憲成撰　清光緒三年(1877)涇里顧氏宗祠刻本　十三册　存十三種

330000－1723－0003100　32367　類叢部/類書類/通類之屬
三才畧三卷　(清)蔣德鈞輯　**讀史論略一卷**　(清)杜詔撰　清末刻本　一册

330000－1723－0003101　32019－32034　類叢部/叢書類/家集之屬
長洲彭氏家集九種　(清)彭祖賢編　清同治至光緒刻本　十六册　存一種

330000－1723－0003102　32856－32875　類叢部/叢書類/彙編之屬
昭代叢書甲集五十種乙集四十種丙集五十六種　(清)張潮　(清)張漸輯　清康熙刻本　二十册　存七十五種

330000－1723－0003103　32035－32073　類叢部/叢書類/自著之屬
郝氏遺書三十三種　(清)郝懿行撰　清嘉慶至光緒刻彙印本　三十九册　存十三種

330000－1723－0003105　32437－32452　類叢部/叢書類/自著之屬
安吴四種三十六卷　(清)包世臣撰　清同治十一年(1872)湖北包誠注經堂刻光緒十四年(1888)印本　十六册

330000－1723－0003106　32357－32366　類叢部/叢書類/彙編之屬
重校拜經樓叢書(重定拜經樓叢書)十種　(清)吳騫原編　(清)朱記榮補輯　清光緒二十年(1894)吳縣朱氏校經堂補刻本　十册

330000－1723－0003107　32925－32997　子部/叢編
二十二子(二十二子彙函)　(清)浙江書局編　清光緒元年至三年(1875－1877)浙江書局刻本　七十三册　存二十種

330000－1723－0003108　32400－32416　類叢部/叢書類/郡邑之屬
台州叢書九種　(清)宋世犖輯　清嘉慶至道光臨海宋氏刻本　十七册　存五種

330000－1723－0003109　31813－31814　類叢部/叢書類/自著之屬
懷甯舒摯甫集三種　(清)舒紹基撰　(清)舒士傑　(清)舒繼芬編　清宣統元年(1909)曼陀羅花室木活字印本　二册

330000－1723－0003110　32453－32462　類叢部/叢書類/彙編之屬
心矩齋叢書十一種　(清)蔣鳳藻編　清光緒長洲蔣氏刻本　十册　存六種

330000－1723－0003111　32463－32474　類叢部/叢書類/彙編之屬
隨盦徐氏叢書十種續編十種　徐乃昌編　清光緒至民國南陵徐氏刻本　十二册　存十種

330000－1723－0003114　31827－31836　史部/地理類
李氏五種　(清)李兆洛撰　清同治九年至十一年(1870－1872)合肥李鴻章刻本　十册

330000－1723－0003116　32173－32292　類叢部/叢書類/自著之屬
榕村全書四十一種　(清)李光地撰　清道光九年(1829)安溪李維迪刻本　一百二十册

330000－1723－0003118　32368－32399　類叢部/叢書類/彙編之屬
槐廬叢書四十六種　(清)朱記榮編　清光緒三年至十五年(1877－1889)吳縣朱氏槐廬家塾刻本　三十二册　存二十二種

330000－1723－0003119　32695－32854　類叢部/叢書類/彙編之屬

正誼堂全書六十三種續刻五種　(清)張伯行編　(清)楊浚重編　清同治五年(1866)福州正誼書院刻同治八年至光緒十三年(1869－1887)續刻本　一百六十冊

330000－1723－0003121　31883－31892　類叢部/叢書類/自著之屬

顨軒孔氏所著書七種　(清)孔廣森撰　清乾隆至嘉慶刻嘉慶二十二年(1817)曲阜孔氏儀鄭堂彙印本　十冊

330000－1723－0003123　31904－31907　類叢部/叢書類/自著之屬

何宫贊遺書六種　(清)何若瑤撰　清光緒八年(1882)何雲旭刻本　四冊

330000－1723－0003124　31908－31911　類叢部/叢書類/自著之屬

何宫贊遺書六種　(清)何若瑤撰　清光緒八年(1882)何雲旭刻本　四冊

330000－1723－0003125　33557－33634　子部/叢編

子書百家　(清)崇文書局編　清光緒元年(1875)湖北崇文書局刻本　七十八冊　存八十五種

330000－1723－0003126　32293－32340　類叢部/叢書類/郡邑之屬

紹興先正遺書十五種　(清)徐友蘭輯　清光緒會稽徐氏鑄學齋刻本　四十八冊

330000－1723－0003127　31912－31924　類叢部/叢書類/自著之屬

錢頤壽中丞全集正編三種續編二種　(清)錢寶琛撰　清同治七年至光緒六年(1868－1880)錢鼎銘刻本　十三冊

330000－1723－0003128　31925－31930　新學/雜著/叢編

西學輯存六種　(清)王韜編　清光緒十六年(1890)淞隱盧鉛印本　六冊

330000－1723－0003129　31931－31954　類叢部/叢書類/自著之屬

中復堂全集九種附一種　(清)姚瑩撰　清同治六年(1867)姚濬昌安福縣署刻本　二十四冊

330000－1723－0003130　33655－33733　類叢部/叢書類/彙編之屬

崇文書局彙刻書三十一種　(清)崇文書局編　清光緒元年至三年(1875－1877)湖北崇文書局刻本　七十九冊

330000－1723－0003132　33734－33753　類叢部/叢書類/彙編之屬

結一廬朱氏賸餘叢書四種　(清)朱澂編　清光緒三十年至三十一年(1904－1905)仁和朱氏刻三十二年(1906)印本　二十冊

330000－1723－0003134　33063－33076　子部/叢編

二十五子彙函　(清)鴻文書局編　清光緒十九年(1893)上海鴻文書局石印本　十四冊　存二十三種

330000－1723－0003137　33766－33813　類叢部/叢書類/彙編之屬

新斠平津館叢書十集三十四種　(清)孫星衍編　清光緒十年至十五年(1884－1889)吳縣朱氏槐廬家塾刻本　四十八冊

330000－1723－0003138　33814－33837　類叢部/叢書類/彙編之屬

知服齋叢書三十種　(清)龍鳳鑣編　清光緒順德龍氏刻本　二十四冊　存十八種

330000－1723－0003139　33869－33964　類叢部/叢書類/彙編之屬

玉函山房輯佚書五百九十三種附一種　(清)馬國翰輯　清光緒九年(1883)長沙嫏嬛館刻本　九十六冊

330000－1723－0003140　33838－33852　類叢部/叢書類/彙編之屬

知服齋叢書三十種　(清)龍鳳鑣編　清光緒順德龍氏刻本　十五冊　存十八種

330000－1723－0003141　33853－33868　類

叢部/叢書類/彙編之屬

知服齋叢書三十種 (清)龍鳳鑣編 清光緒順德龍氏刻本 十六冊 存十九種

330000－1723－0003142 33037－33041 類叢部/叢書類/彙編之屬

咫進齋叢書三十五種 (清)姚覲元編 清光緒九年(1883)歸安姚氏刻本 五冊 存四種

330000－1723－0003143 33042－33043 類叢部/叢書類/郡邑之屬

粟香室叢書五十九種 金武祥編 清光緒至民國江陰金氏刻本 二冊 存三種

330000－1723－0003144 32998－33024 類叢部/叢書類/彙編之屬

風雨樓叢書二十三種 鄧實編 清宣統順德鄧氏鉛印本 吳源觀款並批校 二十七冊 存十二種

330000－1723－0003145 33965－34083 類叢部/叢書類/彙編之屬

海山仙館叢書五十六種 (清)潘仕成編 清道光二十五年至咸豐元年(1845－1851)番禺潘氏刻光緒十一年(1885)增刻彙印本 一百十九冊 缺二卷(讀書敏求記一至二)

330000－1723－0003148 33171－33177 類叢部/類書類/通類之屬

小嫏嬛山館彙刊類書十二種 (清)小嫏嬛山館編 清咸豐元年(1851)刻本 七冊 存十一種

330000－1723－0003149 33155－33170 新學/雜著/叢編

續西學大成七十八種 (清)孫家鼐編 清光緒二十三年(1897)上海飛鴻閣書林石印本 十六冊

330000－1723－0003150 30549－30605、30611－30617 類叢部/叢書類/彙編之屬

廣雅書局叢書一百五十九種 徐紹棨編 清光緒廣雅書局刻民國九年(1920)番禺徐紹棨彙編重印本 六十四冊 存三十三種

330000－1723－0003151 33130－33154 史部/地理類

皇朝藩屬輿地叢書 (清)浦□編 清光緒二十九年(1903)金匱浦氏靜寄東軒石印本 二十五冊 存七種

330000－1723－0003152 33090－33102 新學/雜著/叢編

江南製造局譯書 (清)江南製造局編 清光緒江南製造局刻本暨鉛印本 十三冊 存九種

330000－1723－0003156 33239－33246 新學/格致總

格致須知二十八種 (英國)傅蘭雅編 清光緒八年至二十四年(1882－1898)刻本 八冊 存八種

330000－1723－0003157 33247－33254 集部/戲劇類/雜劇之屬

倚晴樓七種曲 (清)黃燮清撰 清光緒七年(1881)海鹽馮肇曾刻本 八冊 存六種

330000－1723－0003158 33178－33197 類叢部/叢書類/郡邑之屬

檇李遺書二十六種 (清)孫福清編 清光緒四年(1878)秀水孫氏望雲仙館刻本 二十冊 存二十種

330000－1723－0003159 33103－33129 類叢部/叢書類/彙編之屬

連筠簃叢書十二種 (清)楊尚文編 清道光二十七年至二十九年(1847－1849)靈石楊氏刻本 二十七冊 存十一種

330000－1723－0003161 30606－30610 子部/儒家類/儒學之屬/性理

朱子原訂近思錄集注十四卷附考訂朱子世家一卷 (清)江永撰 清光緒十四年(1888)廣雅書局刻本 五冊

330000－1723－0003163 33265－33271 類叢部/叢書類/彙編之屬

端溪叢書十九種 梁鼎芬等編 清光緒二十五年(1899)番禺端溪書院刻本 七冊 存七種

330000－1723－0003166　33255－33263　類叢部/叢書類/彙編之屬

邵武徐氏叢書二十三種　（清）徐榦編　清光緒邵武徐氏刻本　九冊　存六種

330000－1723－0003167　30618－30699　史部/紀事本末類/斷代之屬

紀事本末彙刻八種　（清）廣雅書局輯　清光緒廣雅書局刻本　八十二冊　存四種

330000－1723－0003168　33272　類叢部/叢書類/彙編之屬

金峨山館叢書（望三益齋叢書）十一種　（清）郭傳璞編　清光緒八年至十六年（1882－1890）鄞縣郭氏刻二十年（1894）鎮海邵氏彙印本　一冊　存二種

330000－1723－0003170　33273－33275　類叢部/叢書類/彙編之屬

廣雅書局叢書一百五十九種　徐紹棨編　清光緒廣雅書局刻民國九年（1920）番禺徐紹棨彙編重印本　三冊　存二種

330000－1723－0003171　30700－30748　類叢部/叢書類/彙編之屬

古逸叢書二十六種　（清）黎庶昌編　清光緒八年至十年（1882－1884）黎庶昌日本東京使署影刻本　四十九冊

330000－1723－0003172　33276－33279　類叢部/叢書類/彙編之屬

功順堂叢書十八種　（清）潘祖蔭編　清光緒吳縣潘氏刻本　四冊　存三種

330000－1723－0003173　33401－33419　類叢部/叢書類/彙編之屬

積學齋叢書二十種　徐乃昌編　清光緒南陵徐乃昌刻本　十九冊　存十七種

330000－1723－0003174　44987－44988　新學/聲學/聲學

聲學八卷　（英國）田大里撰　（英國）傅蘭雅口譯　（清）徐建寅筆述　清光緒江南製造總局刻本　二冊

330000－1723－0003176　33381－33390　類叢部/叢書類/彙編之屬

鐵華館叢書六種　（清）蔣鳳藻編　清光緒九年至十年（1883－1884）長洲蔣氏影宋刻本　十冊

330000－1723－0003177　44996－45017　經部/群經總義類/傳說之屬

皇朝五經彙解二百七十卷　（清）朱鏡清輯　清石印本　二十二冊　存一百九十三卷（十三至六十八、九十三至一百六十八、一百七十三至一百八十、二百五至二百五十七）

330000－1723－0003178　45078－45101　新學/格致總

時務通考三十一卷　（清）王奇英等編　清光緒二十三年（1897）上海點石齋石印本　二十四冊

330000－1723－0003179　45142－45173　史部/地理類/總志之屬/通代

讀史方輿紀要一百三十卷輿圖要覽四卷　（清）顧祖禹撰　清光緒二十五年（1899）慎記書莊石印本　三十二冊

330000－1723－0003180　45132－45133　史部/編年類/斷代之屬

清史攬要六卷　（日本）增田貢撰　清末鉛印本　二冊

330000－1723－0003181　45134－45141　史部/傳記類/總傳之屬/斷代

國朝先正事略六十卷　（清）李元度撰　清光緒二十五年（1899）石印本　八冊

330000－1723－0003182　45018－45077　史部/紀傳類/正史之屬

二十四史附考證　清光緒十四年（1888）上海圖書集成印書局鉛印本　六十冊　存四種

330000－1723－0003189　45665－45724　史部/編年類/通代之屬

御批歷代通鑑輯覽一百二十卷　（清）傅恒等撰　清刻本　六十冊

330000－1723－0003190　33280－33334　類叢部/叢書類/郡邑之屬

永嘉叢書十三種 （清）孫衣言編 清同治至光緒瑞安孫氏詒善祠塾刻本 五十五冊 存十種

330000－1723－0003193 33546－33555 類叢部/叢書類/彙編之屬
增訂漢魏叢書八十六種 （清）王謨編 清刻本 十冊 存十三種

330000－1723－0003194 33440－33463 類叢部/叢書類/彙編之屬
式訓堂叢書四十一種 （清）章壽康編 清光緒會稽章氏刻本 二十四冊 存二十五種

330000－1723－0003197 45756－45760 子部/叢編
釋氏十三經註疏 清同治至光緒三十四年(1908)金陵刻經處刻本 五冊 存一種

330000－1723－0003198 45761－45767 經部/四書類/孟子之屬/傳說
孟子集註七卷 （宋）朱熹撰 清簡玉山房刻本 七冊

330000－1723－0003199 45768－45773 集部/總集類/選集之屬/通代
振賢堂詳訂古文評註全集三卷 （清）過珙（清）黃越選評 （清）曾廣 （清）龍雲燦訂 清三讓堂刻本 六冊

330000－1723－0003202 45843 史部/編年類/通代之屬
資治通鑑二百九十四卷 （宋）司馬光撰（元）胡三省音注 清鉛印本 一冊 存九卷(一百五十三至一百六十一)

330000－1723－0003203 45844－45845 經部/書類/傳說之屬
新刻書經備旨善本輯要六卷 （清）馬大猷輯 清光緒刻京都善成堂印本 二冊

330000－1723－0003205 45850－45855 子部/醫家類/眼科之屬
傅氏眼科審視瑤函六卷首一卷 （明）傅仁宇撰 （明）林長生校補 清酉酉堂刻本 六冊

330000－1723－0003206 45856－45865 經部/叢編
十三經讀本一百五十二卷 （清）□□編 清同治金陵書局刻本 十冊 存一種

330000－1723－0003207 45866－45868 史部/編年類/通代之屬
資治通鑑二百九十四卷目錄三十卷 （宋）司馬光撰 （元）胡三省音注 清光緒二十六年(1900)上海圖書集成印書局鉛印本 三冊 存二十二卷(資治通鑑一至二十二)

330000－1723－0003209 45881－45882 子部/天文曆算類/曆法之屬
新鐫曆法便覽象吉備要通書大全二十九卷 （清）魏鑑撰 清寶翰齋刻本 二冊 存十三卷(一至四、二十一至二十九)

330000－1723－0003210 45883－45884 史部/傳記類/總傳之屬/郡邑
婺書八卷 （明）吳之器撰 清光緒二十六年(1900)刻本 二冊 存三卷(一至三)

330000－1723－0003211 33420－33439 類叢部/叢書類/彙編之屬
積學齋叢書二十種 徐乃昌編 清光緒南陵徐乃昌刻本 二十冊

330000－1723－0003213 45885－45890 經部/春秋左傳類/傳說之屬
重訂批點春秋左傳詳節句解六卷首一卷 （宋）朱申注釋 （明）孫鑛批點 清光緒十二年(1886)文元堂刻本 六冊

330000－1723－0003214 33391－33400 類叢部/叢書類/彙編之屬
鐵華館叢書六種 （清）蔣鳳藻編 清光緒九年至十年(1883－1884)長洲蔣氏影宋刻本 十冊

330000－1723－0003216 45897－45900 類叢部/類書類/通類之屬
子史輯要詩賦題解四卷續編四卷 （清）胡本淵編 清乾隆六十年(1795)刻本 四冊

330000－1723－0003219 45920－45923 經

部/叢編

五經體註大全 (清)嚴氏家塾主人輯 清刻本 四冊 存一種

330000－1723－0003220 45924－45927 經部/叢編

五經體註大全 (清)嚴氏家塾主人輯 清宣統二年(1910)寶興堂刻本 四冊 存一種

330000－1723－0003223 45937－45941 史部/政書類/律令之屬/法驗

重刊補註洗冤錄集證五卷 (清)王又槐輯 (清)李觀瀾補輯 (清)阮其新補註 (清)張錫蕃重訂 **續增洗冤錄辯正三卷** (清)瞿中溶撰 (清)李章煜重訂 清光緒三十二年(1906)上海通時書局石印本 五冊

330000－1723－0003224 45942－45944 經部/小學類/音韻之屬/韻書

剔弊廣增分韻五方元音二卷首一卷 (清)樊騰鳳撰 (清)趙培梓新編 (清)趙鏗菴書 清光緒十九年(1893)文英堂石印本 張秀題記 三冊

330000－1723－0003226 45955－45956 集部/別集類/清別集

春雲詩鈔六卷 (清)張襄綸輯 (清)張維城編次 (清)謬有本牋註 清道光十三年(1833)刻本 二冊

330000－1723－0003227 45957－45960 子部/藝術類/書畫之屬/畫譜

芥子園四集續畫傳六卷 (清)巢勳輯 清光緒二十三年(1897)石印本 四冊

330000－1723－0003228 45961－45972 子部/藝術類/書畫之屬/畫譜

芥子園畫傳初集六卷二集九卷三集六卷 (清)王槩 (清)王蓍 (清)王臬輯 清光緒十六年(1890)上海鴻寶齋石印本 十二冊

330000－1723－0003229 33464－33545 類叢部/叢書類/彙編之屬

廣漢魏叢書八十種 (明)何允中編 清嘉慶刻本 八十二冊 存五十八種

330000－1723－0003231 45985－45994 子部/藝術類/書畫之屬/法帖

翁相國手札一卷 (清)翁同龢書 清宣統三年(1911)上海有正書局石印本 十冊

330000－1723－0003232 45995－45998 經部/四書類/論語之屬/傳說

增訂二論詳解四卷 (清)劉忠輯 清聚三堂刻本 四冊

330000－1723－0003235 32074－32172 類叢部/叢書類/自著之屬

船山遺書五十八種 (清)王夫之撰 清同治四年(1865)湘鄉曾國荃金陵刻本 九十九冊 缺二卷(讀通鑑論二十二至二十三)

330000－1723－0003236 46021－46028 經部/小學類/文字之屬/說文

說文解字注十五卷附六書音均表五卷 (清)段玉裁撰 **說文部目分韻一卷** (清)陳煥編 **說文通檢十四卷首一卷末一卷** (清)黎永椿編 **說文解字注匡謬八卷** (清)徐承慶撰 清光緒三十四年(1908)上海江左書林石印本 八冊

330000－1723－0003240 46069－46074 新學/史志/別國史

日本維新三十年史十二編附錄一編 (日本)博文館輯 (清)上海廣智書局譯 清光緒二十九年(1903)上海廣智書局鉛印本 六冊

330000－1723－0003241 46075－46079 新學/史志/別國史

支那通史七卷 (日本)那珂通世編 清光緒二十五年(1899)上海東文學社石印本 五冊 存四卷(一至四)

330000－1723－0003243 46080－46087 史部/政書類/軍政之屬/邊政

朔方備乘六十八卷首十二卷 (清)何秋濤撰 清光緒石印本 八冊

330000－1723－0003244 46088－46091 集部/總集類/選集之屬/通代

詳批律賦標準二集四卷 (清)葉祺昌評選

清光緒二年(1876)刻本　四冊

330000－1723－0003245　46092－46100　類叢部/叢書類/彙編之屬
經策通纂二種　吴潁炎　陳適聲等纂　清光緒十三年(1887)上海點石齋石印本　九冊　存一種

330000－1723－0003247　46105－46152　史部/政書類/通制之屬
九通　(清)□□輯　清光緒二十七年(1901)上海圖書集成局鉛印本　四十八冊　存一種

330000－1723－0003248　46153－46172　史部/編年類/通代之屬
御批歷代通鑑輯覽一百二十卷　(清)傅恒等撰　清光緒十一年(1885)同文書局石印本　二十冊

330000－1723－0003249　46173－46201　經部/叢編
重刊宋本十三經注疏四百十六卷　附十三經注疏校勘記四百十六卷　(清)阮元撰　(清)盧宣旬摘録　**校勘記識語四卷**　(清)汪文臺撰　清光緒十三年(1887)上海脈望仙館石印本　二十九冊　缺九十五卷(附釋音毛詩注疏二十九至五十三,附釋音周禮注疏三十九至四十二、附校勘記一至四十二,儀禮注疏一至二十四)

330000－1723－0003250　46202－46301　史部/編年類/通代之屬
御批歷代通鑑輯覽一百二十卷　(清)傅恒等撰　**讀史論略一卷**　(清)杜詔撰　**綱鑑總評一卷**　**歷代世紀歌一卷**　(清)萬青藜編　**歷代帝王年表一卷**　(清)萬本義撰　清同治十年(1871)南昌萬氏刻民國八年(1919)宜秋館補校印本　一百冊

330000－1723－0003251　32855　類叢部/叢書類/彙編之屬
昭代叢書甲集五十種乙集四十種丙集五十六種　(清)張潮　(清)張漸輯　清刻本　一冊　存八種

330000－1723－0003252　46302－46309　史部/傳記類/總傳之屬/通代
尚友録二十二卷補遺一卷　(明)廖用賢輯　(清)張伯琮補輯　清康熙刻古婺正業堂修補印本　八冊

330000－1723－0003255　46320　集部/詩文評類/詩評之屬
詩品不分卷　(唐)司空圖撰　**詩品詩課鈔不分卷**　(唐)鍾寶撰　清金鑑景記刻本　一冊

330000－1723－0003257　46322　類叢部/叢書類/自著之屬
澹勤室全集五種　(清)傅壽彤撰　清光緒三年(1877)武昌省垣刻本　一冊　存二種

330000－1723－0003263　46342－46349　史部/紀傳類/正史之屬
二十四史附考證　清光緒二十八年(1902)竢實齋石印本　八冊　存一種

330000－1723－0003267　46382－46385　經部/詩類/傳說之屬
詩經集傳八卷詩序辨說一卷　(宋)朱熹撰　清同治五年(1866)金陵書局刻本　四冊

330000－1723－0003268　46386－46389　新學/史志
國史講義四編　章嶔撰　清油印本　四冊

330000－1723－0003269　46390－46391　新學/史志
國史講義四編　章嶔撰　清油印本　二冊　存二編(一至二)

330000－1723－0003271　46394－46405　史部/紀傳類/正史之屬
二十四史附考證　清光緒三十一年(1905)武林竹簡齋石印本　十二冊　存二種

330000－1723－0003272　46406－46429　史部/紀傳類/正史之屬
二十四史附考證　清光緒十四年(1888)上海鴻文書局石印本　二十四冊　存二種

330000－1723－0003273　46430－46439　史

部/紀傳類/正史之屬
二十四史附考證 清光緒十年(1884)上海同文書局石印本 十冊 存一種

330000－1723－0003275 34995－35394 類叢部/叢書類/彙編之屬
粵雅堂叢書一百八十四種 (清)伍崇曜編 清道光二十九年至光緒十一年(1849－1885)南海伍氏刻彙印本 四百冊

330000－1723－0003276 35395－35490 類叢部/叢書類/彙編之屬
粵雅堂叢書續編四十九種 (清)伍崇曜編 清道光至光緒南海伍氏刻彙印本 九十六冊

330000－1723－0003277 35491－35727 類叢部/叢書類/彙編之屬
粵雅堂叢書一百八十四種 (清)伍崇曜編 清道光二十九年至光緒十一年(1849－1885)南海伍氏刻彙印本 二百三十七冊 存一百二十一種

330000－1723－0003278 46464－46467 史部/地理類/專志之屬/祠墓
忠武祠墓志七卷首一卷末一卷 (清)李復心編 清同治五年至六年(1866－1867)山陰莫增奎沔署刻本 四冊

330000－1723－0003280 46469－46472 經部/書類/傳說之屬
書經精華六卷 (清)薛嘉穎撰 清道光七年(1827)刻姑蘇步月樓印本 四冊

330000－1723－0003281 46473－46476 經部/儀禮類/傳說之屬
儀禮十七卷 (漢)鄭玄注 (唐)陸德明音義 清同治七年(1868)湖北崇文書局刻本 四冊

330000－1723－0003282 46477－46478 經部/春秋總義類/傳說之屬
春秋增訂旁訓四卷 清文富堂刻本 二冊

330000－1723－0003284 46480－46487 史部/史抄類
廿一史約編八卷首一卷 (清)鄭元慶撰 清紫文閣刻本 八冊

330000－1723－0003285 46488－46503 集部/小說類/長篇之屬
第一才子書六十卷首一卷一百二十回 (明)羅本撰 (清)毛宗崗評 清光緒三十年(1904)上海同文晉記書局鉛印本 十六冊

330000－1723－0003288 46509－46512 集部/總集類/選集之屬/通代
古詩源十四卷 (清)沈德潛輯 清光緒十八年(1892)湖南務本書局刻本 四冊

330000－1723－0003289 46513－46516 史部/編年類/斷代之屬
清史攬要六卷 (日本)增田貢撰 清末杭州白話報館石印本 四冊

330000－1723－0003296 46535－46546 子部/醫家類/類編之屬
中西匯通醫書五種 唐宗海撰 清光緒三十四年(1908)上海千頃堂書局石印本 十二冊

330000－1723－0003299 46559－46566 子部/天文曆算類/算書之屬/合編
白芙堂算學叢書 (清)丁取忠輯 清光緒二十二年(1896)石印本 八冊

330000－1723－0003305 46585－46590 經部/春秋左傳類/傳說之屬
東萊先生左氏博議二十五卷 (宋)呂祖謙撰 **虛字註釋備考六卷** (清)張文炳點定 清光緒二十三年(1897)掃葉山房刻本 六冊

330000－1723－0003306 46591－46602 子部/醫家類/類編之屬
丹溪全書(丹溪先生醫學全書)十種 (元)朱震亨撰 清光緒二十六年(1900)刻本 十二冊

330000－1723－0003311 46627－46642 史部/編年類/斷代之屬
東華錄詳節(十一朝東華錄詳節)二十四卷 (清)鄔樹庭編 清光緒二十六年(1900)上海東文學堂石印本 十六冊

330000－1723－0003312　46643－46652　類叢部/類書類/專類之屬

子史精華一百六十卷　(清)吳士玉　(清)吳襄等輯　清光緒十三年(1887)上海積山書局石印本　十册

330000－1723－0003313　46653－46668　子部/雜著類/雜考之屬

日知錄集釋三十二卷刊誤二卷續刊誤二卷　(清)黃汝成撰　清光緒三年(1877)刻本　十六册

330000－1723－0003314　46669－46671　類叢部/類書類/專類之屬

佩文韻府一百六卷　(清)張玉書　(清)蔡升元等輯　**韻府拾遺一百六卷**　(清)汪灝　(清)何焯等輯　清光緒二十一年(1895)上海鴻寶齋石印本　三册　存二卷(佩文韻府一、四)

330000－1723－0003315　46672－46698　類叢部/類書類/專類之屬

佩文韻府一百六卷　(清)張玉書　(清)蔡升元等輯　**韻府拾遺一百六卷**　(清)汪灝　(清)何焯等輯　清末鉛印本　二十七册　存五十八卷(四、七至六十三)

330000－1723－0003317　35863－35864　類叢部/叢書類/彙編之屬

藝海珠塵二百六種　(清)吳省蘭編　清嘉慶南匯吳氏聽彝堂刻本　二册　存六種

330000－1723－0003318　35865－35923　類叢部/叢書類/彙編之屬

藝海珠塵二百六種　(清)吳省蘭編　清嘉慶南匯吳氏聽彝堂刻本　五十九册　存一百五十三種

330000－1723－0003323　36004－36067　類叢部/叢書類/彙編之屬

宜稼堂叢書七種　(清)郁松年編　清道光二十年至二十二年(1840－1842)上海郁氏刻本(續後漢書卷一、八十八原缺)　六十四册

330000－1723－0003324　36068－36124　類叢部/叢書類/彙編之屬

宜稼堂叢書七種　(清)郁松年編　清道光二十年至二十二年(1840－1842)上海郁氏刻本(續後漢書卷一、八十八原缺)　五十七册

330000－1723－0003326　46730－46731　史部/地理類/輿圖之屬/全國

皇朝一統輿地全圖一卷　(清)六承如輯　(清)馮焌光增補　(清)欸乃軒主人續增　清光緒二十六年(1900)上海藻文書局石印本　二册

330000－1723－0003327　46733　史部/地理類/總志之屬

歷代輿地沿革險要圖一卷　楊守敬　饒敦秩撰　清光緒五年(1879)東湖饒氏刻朱墨套印本　一册

330000－1723－0003328　46732　史部/地理類/輿圖之屬/全國

皇朝壹統圖一卷　清光緒三十年(1904)輿地學會刻本　一册

330000－1723－0003338　43141－43471　史部/紀傳類/正史之屬

二十四史附考證　清光緒十年(1884)上海同文書局石印本　三百三十一册　存十六種

330000－1723－0003370　13235　集部/別集類/清別集

樂飢齋詩草一卷　(清)傅山撰並書　清宣統元年(1909)上海國學保存會影印本　一册

330000－1723－0003375　13217　子部/藝術類/書畫之屬/書法書品

臨帖集不分卷　(清)張錫冕　(清)虞卿氏　(清)鳳山氏等臨　清道光抄本　一册

330000－1723－0003377　30968－31207　類叢部/叢書類/彙編之屬

知不足齋叢書一百九十六種　(清)鮑廷博編　(清)鮑志祖續編　清乾隆三十七年至道光三年(1772－1823)長塘鮑氏刻彙印本　二百四十册

東陽市圖書館
古籍普查登記目録

全國古籍普查登記目録·浙江金華

國家圖書館出版社
National Library of China Publishing House

《東陽市圖書館古籍普查登記目録》

主　編： 王瑞亮

副主編： 胡躍輝

《東陽市圖書館古籍普查登記目録》

前　言

由於歷史原因，東陽大部分古籍都由東陽市博物館保存，東陽市圖書館現存古籍較少，有4部68册。

東陽市圖書館
2018年12月

330000－4717－0000001　K234.204.2/4027　史部/紀傳類/正史之屬

十七史　(明)毛晉編　明崇禎元年至十七年(1628－1644)毛氏汲古閣刻本　六册　存一種

330000－4717－0000002　I242.4/5514　集部/小說類/長篇之屬

紅樓夢一百二十回　(清)曹霑　(清)高鶚撰　清嘉慶十六年(1811)東觀閣刻本　二十四册

330000－4717－0000003　K207/3700　史部/地理類/總志之屬/斷代

皇朝輿地通考二十三卷圖表一卷　(清)通文書局主人輯　清光緒二十九年(1903)上海通文書局石印本　三十二册　缺一卷(十九)

330000－4717－0000005　I242.4/2032　集部/小說類/長篇之屬

增像全圖三國志演義第一才子書十二卷一百二十回首一卷　(明)羅本撰　(清)毛宗崗評　清宣統元年(1909)上海章福記石印本　六册

浙江省永康市第一中學古籍普查登記目録

全國古籍普查登記目録・浙江金華

國家圖書館出版社
National Library of China Publishing House

《浙江省永康市第一中學古籍普查登記目録》

編委會

主　編： 華康清

副主編： 胡忠兆　張金鍵　夏躍中　吳文廣　周錦山

編　委： 方杏仙　吕美飛　陳筱岩　吕永紅　施瑞華

《浙江省永康市第一中學古籍普查登記目録》

前　言

永康市第一中學收藏的古籍是1975年9月永康中學析爲永康一中和永康二中時，分給永康一中收藏的一部分古籍。2014年我校根據金華地區古籍普查要求，正式啓動古籍普查項目。共整理出164册清同治、光緒年間的史部、子部古籍，且所藏古籍保存尚好。在全國古籍普查登記平臺上共録入了21條數據。感謝浙江圖書館古籍部的老師、浦江縣圖書館的項館長以及本館所有工作人員。此次普查過程中可能有誤，請專家指正。

浙江省永康市第一中學
2018年4月

330000－4741－0000001　001　史部/紀事本末類/斷代之屬

紀事本末五種　(清)□□輯　清同治十二年至十三年(1873－1874)江西書局刻本　十二冊　存一種

330000－4741－0000002　002　史部/紀事本末類/斷代之屬

紀事本末五種　(清)□□輯　清同治十二年至十三年(1873－1874)江西書局刻本　四冊　存一種

330000－4741－0000003　003　史部/地理類/方志之屬/郡縣志

[光緒]永康縣志十六卷首一卷　(清)李汝為　(清)郭文翹修　(清)潘樹棠等纂　清光緒十八年(1892)刻本　十二冊

330000－4741－0000004　004　子部/叢編

二十二子(二十二子彙函)　(清)浙江書局編　清光緒元年至三年(1875－1877)浙江書局刻本　二冊　存一種

330000－4741－0000005　005　子部/叢編

二十二子(二十二子彙函)　(清)浙江書局編　清光緒元年至三年(1875－1877)浙江書局刻民國浙江圖書館重修本　一冊　存一種

330000－4741－0000006　006　子部/叢編

二十二子(二十二子彙函)　(清)浙江書局編　清光緒元年至三年(1875－1877)浙江書局刻本　一冊　存一種

330000－4741－0000007　007　子部/叢編

二十二子(二十二子彙函)　(清)浙江書局編　清光緒元年至三年(1875－1877)浙江書局刻本　一冊　存一種

330000－4741－0000008　008　子部/叢編

二十二子(二十二子彙函)　(清)浙江書局編　清光緒元年至三年(1875－1877)浙江書局刻本　一冊　存一種

330000－4741－0000009　009　子部/叢編

二十二子(二十二子彙函)　(清)浙江書局編　清光緒元年至三年(1875－1877)浙江書局刻本　二冊　存一種

330000－4741－0000010　010　子部/叢編

二十二子(二十二子彙函)　(清)浙江書局編　清光緒元年至三年(1875－1877)浙江書局刻本　二冊　存一種

330000－4741－0000011　011　子部/叢編

二十二子(二十二子彙函)　(清)浙江書局編　清光緒元年至三年(1875－1877)浙江書局刻本　二冊　存一種

330000－4741－0000012　012　子部/叢編

二十二子(二十二子彙函)　(清)浙江書局編　清光緒元年至三年(1875－1877)浙江書局刻本　六冊　存一種

330000－4741－0000013　013　子部/叢編

二十二子(二十二子彙函)　(清)浙江書局編　清光緒元年至三年(1875－1877)浙江書局刻本　四冊　存一種

330000－4741－0000014　014　子部/叢編

二十二子(二十二子彙函)　(清)浙江書局編　清光緒元年至三年(1875－1877)浙江書局刻本　四冊　存一種

330000－4741－0000015　015　子部/叢編

二十二子(二十二子彙函)　(清)浙江書局編　清光緒元年至三年(1875－1877)浙江書局刻本　六冊　存一種

330000－4741－0000016　016　子部/叢編

二十二子(二十二子彙函)　(清)浙江書局編　清光緒元年至三年(1875－1877)浙江書局刻本　六冊　存一種

330000－4741－0000017　017　子部/叢編

二十二子(二十二子彙函)　(清)浙江書局編　清光緒元年至三年(1875－1877)浙江書局刻本　六冊　存一種

330000－4741－0000018　018　子部/叢編

二十二子(二十二子彙函)　(清)浙江書局編　清光緒元年至三年(1875－1877)浙江書局刻民國浙江圖書館重修本　四冊　存一種

330000－4741－0000019　019　子部/叢編

二十二子(二十二子彙函)　(清)浙江書局編　清光緒元年至三年(1875－1877)浙江書局刻本　六册　存一種

330000－4741－0000020　020　史部/編年類/通代之屬

資治通鑑二百九十四卷目錄三十卷　(宋)司馬光撰　(元)胡三省音注　清光緒二十六年(1900)圖書集成局鉛印本　七十二册　缺八十卷(一至八十)

330000－4741－0000021　021　子部/叢編

二十二子(二十二子彙函)　(清)浙江書局編　清光緒元年至三年(1875－1877)浙江書局刻本　十册　存一種

武義縣圖書館古籍普查登記目録

全國古籍普查登記目録・浙江金華

國家圖書館出版社
National Library of China Publishing House

《武義縣圖書館古籍普查登記目録》

編委會

主　編：潘菊妃

副主編：沈嫦娟

編　委：舒　璟　陳卓輝

《武義縣圖書館古籍普查登記目録》

前　言

古籍是中華民族在數千年歷史發展過程中創造的重要文明成果,蘊含着中華民族特有的精神價值。本館古籍大部分來自於 1931 年建立的武義民衆教育館圖書館(武義縣圖書館前身),一部分通過社會購買,還有少部分來自個人捐贈。2014 年 1 月開始,我館工作人員對本館的古籍書目進行分類、整理,登録全國古籍普查登記平臺,對每套古籍書目進行建檔,根據古籍破損情況予以定級。2015 年 7 月底完成古籍普查工作,共收録 1912 年以前刊印古籍 281 部。

摸清本館古籍情況後,我館單獨成立了古籍書庫,增設了除濕機、消防聯動報警、視頻監控等設備,改善了古籍的存藏環境。同時,對部分本地珍貴古籍文獻進行了影印。

由於經驗和水平有限,古籍著録中難免有不妥之處,在此殷切期望廣大讀者能提出寶貴意見。

武義縣圖書館
2018 年 12 月

330000－4714－0000001　0001　經部/叢編
十三經注疏　(明)□□輯　明崇禎元年至十二年(1628－1639)毛氏汲古閣刻本　二冊　存一種

330000－4714－0000002　0002　類叢部/叢書類/自著之屬
北江全集七種　(清)洪亮吉撰　清乾隆至嘉慶刻彙印本　六冊　存一種

330000－4714－0000003　0003　集部/戲劇類/雜劇之屬
雲林別墅繪像妥註第六才子書六卷首一卷　(元)王實甫撰　(明)李贄評點　(清)金人瑞評　(清)鄒聖脈妥註　清乾隆刻本　六冊

330000－4714－0000004　0004　經部/小學類/音韻之屬/注音
詩韻音義註二十卷　(清)朱奎撰　清嘉慶八年(1803)雨香書屋刻本　十冊

330000－4714－0000005　0005　經部/叢編
宋本十三經註疏併經典釋文校勘記　(清)阮元撰　清嘉慶二十一年(1816)揚州阮氏文選樓刻本　四十八冊　存九種

330000－4714－0000006　0006　史部/雜史類/斷代之屬
戰國策十卷　(宋)鮑彪校注　(元)吳師道補正　清刻本　八冊

330000－4714－0000008　0008　集部/總集類/選集之屬/通代
詩林韶濩選二十卷　(清)顧嗣立輯　(清)周煌重輯　清乾隆二十九年(1764)漱潤堂刻本　四冊

330000－4714－0000009　0009　史部/編年類/通代之屬
資治通鑑前編十八卷舉要二卷　(宋)金履祥撰　**首一卷**　(明)陳桱撰　清乾隆刻本　七冊　存十八卷(前編一至十八)

330000－4714－0000011　0011　經部/叢編
三經精華　(清)薛嘉穎輯　清光緒十年(1884)奎照樓刻本　一冊　存一種

330000－4714－0000012　0012　經部/禮記類/傳說之屬
禮記省度四卷　(清)彭頤撰　清金閶書業堂刻朱墨套印本　四冊

330000－4714－0000013　0013　經部/春秋總義類/傳說之屬
春秋增訂旁訓四卷　清雨儀堂刻本　二冊

330000－4714－0000014　0014　經部/禮記類/傳說之屬
欽定禮記義疏八十二卷首一卷　(清)允祿等撰　清刻本　四十四冊　存七十二卷(一至四、七至二十八、三十四至六十九、七十三至八十二)

330000－4714－0000015　0015　經部/禮記類/傳說之屬
欽定禮記義疏八十二卷首一卷　(清)允祿等撰　清石印本　三冊　存四十五卷(十二至五十六)

330000－4714－0000016　0016　經部/書類/傳說之屬
欽定書經傳説彙纂二十一卷首二卷書序一卷　(清)王頊齡等纂　清雍正八年(1730)刻本　二十三冊

330000－4714－0000017　0017　經部/春秋左傳類/傳說之屬
左繡三十卷首一卷　(清)馮李驊　(清)陸浩評輯　清刻本　八冊　存十六卷(七至二十二)

330000－4714－0000018　0018　經部/春秋左傳類/傳說之屬
春秋經傳集解三十卷　(晉)杜預撰　(唐)陸德明音義　**春秋名號歸一圖二卷**　(五代)馮繼先撰　**春秋年表一卷**　(宋)岳珂刊補　清末影印本　九冊　缺十四卷(三至六、九至十、十三至十四、十九至二十、二十五至二十八)

330000－4714－0000019　0019　經部/小學

類/文字之屬/字書/字典
康熙字典十二集三十六卷總目一卷檢字一卷辨似一卷等韻一卷補遺一卷備考一卷 （清）張玉書等纂修 清道光七年(1827)刻本 三十四冊 缺六卷(巳集中下、戌集上中、亥集中,等韻)

330000－4714－0000020 0020 集部/別集類/宋別集
月洞詩集二卷 （宋）王鎡撰 **二十一世祖皞如公詩一十四首一卷** （明）王皞如撰 清刻本 二冊

330000－4714－0000021 0021 經部/詩類/傳說之屬
詩經精義四卷首一卷末一卷 （清）黃淦纂 清嘉慶七年(1802)刻本 一冊 存四卷(首、一至三)

330000－4714－0000022 0022 經部/易類/傳說之屬
御纂周易折中二十二卷首一卷 （清）李光地等撰 清刻本 六冊 存十一卷(首、一至十)

330000－4714－0000023 0023 經部/易類/傳說之屬
御纂周易折中二十二卷首一卷 （清）李光地等撰 清刻本 五冊 存九卷(二至八、十一至十二)

330000－4714－0000024 0024 經部/易類/傳說之屬
御纂周易折中二十二卷首一卷 （清）李光地等撰 清刻本 六冊 存十二卷(十一至二十二)

330000－4714－0000025 0025 經部/春秋左傳類/傳說之屬
曲江書屋新訂批註左傳快讀十八卷首一卷 （清）李紹崧輯 清刻本 十六冊

330000－4714－0000026 0026 史部/雜史類/斷代之屬
皇朝掌故二卷 （清）張一鵬撰 （清）陳蔚文注 清光緒二十八年(1902)浙省貢院西橋杞廬刻本 一冊

330000－4714－0000027 0027 集部/總集類/選集之屬/通代
文選六十卷 （南朝梁）蕭統輯 （唐）李善注 清刻本 十冊 存五十卷(六至五十五)

330000－4714－0000028 0028 經部/易類/傳說之屬
周易觀象十二卷 （清）李光地撰 清刻本 四冊

330000－4714－0000029 0029 史部/傳記類/總傳之屬/仕宦
歷代名臣言行錄二十四卷 （清）朱桓輯 清光緒二十八年(1902)上海雙桂軒石印本 八冊

330000－4714－0000030 0030 史部/編年類/通代之屬
御批歷代通鑑輯覽一百二十卷 （清）傅恒等撰 清光緒二十九年(1903)上海廣益書室石印本 二十三冊

330000－4714－0000031 0031 史部/編年類/通代之屬
御批歷代通鑑輯覽一百二十卷 （清）傅恒等撰 清光緒二十九年(1903)上海商務印書館鉛印本 十六冊 存四十三卷(四至七、十二至十四、十八至二十六、三十至三十五、四十五至五十三、五十六至五十八、六十七至六十九、九十四至九十六、一百七至一百九)

330000－4714－0000032 0032 史部/傳記類/總傳之屬/仕宦
歷代名臣言行錄二十四卷 （清）朱桓輯 清嘉慶二年(1797)蔚齋刻本 二十冊 存十五卷(一、五至九、十三、十五上至十八、二十一至二十四上)

330000－4714－0000033 0033 史部/編年類/斷代之屬
東華續錄六十九卷(咸豐朝) （清）潘頤福編 清光緒二十五年(1899)上海書局石印本

十五冊　存六十三卷(一至四十二、四十九至六十九)

330000－4714－0000035　0035　子部/醫家類/本草之屬/歷代綜合本草
本草綱目五十二卷附圖二卷　(明)李時珍撰　清道光六年(1826)務本堂刻本　二十七冊　存三十七卷(三至四、六至七、九至十三、十八至二十四、二十七至三十、三十三至三十五、三十九至五十,附圖一至二)

330000－4714－0000036　0036　史部/編年類/斷代之屬
同治東華續錄一百卷　王先謙編　清光緒二十四年(1898)文瀾書局石印本　二十一冊　存八十七卷(一至三、七至五十七、六十八至一百)

330000－4714－0000038　0038　子部/儒家類/儒學之屬/性理
淵鑒齋御纂朱子全書六十六卷　(宋)朱熹撰　(清)李光地等輯　清康熙五十三年(1714)武英殿刻本　二十九冊　存五十八卷(一至十一、十五至三十九、四十二至五十七、六十一至六十六)

330000－4714－0000039　0039　史部/政書類/通制之屬
九通　(清)□□輯　清末鉛印本　一冊　存一種

330000－4714－0000040　0040　子部/儒家類/儒學之屬/性理
御纂性理精義十二卷　(清)李光地等纂修　清刻本　六冊

330000－4714－0000041　0041　史部/政書類/通制之屬
文獻通考正續合纂四十四卷　(清)郎星等輯　清刻本　十七冊　存十九卷(正纂一至九、十一至十四、十七至二十二)

330000－4714－0000042　0042　史部/政書類/通制之屬
三通考輯要　湯壽潛輯　清光緒二十五年(1899)上海圖書集成局鉛印本　三冊　存一種

330000－4714－0000043　0043　史部/政書類/通制之屬
三通典輯要　(清)蔣麟振輯　清光緒二十八年(1902)上海編譯局石印本　三冊　存一種

330000－4714－0000044　0044　史部/政書類/通制之屬
欽定續通典一百五十卷　(清)嵇璜　(清)曹仁虎纂修　清鉛印本　三冊　存三十六卷(十三至二十二、四十五至五十四、一百三十五至一百五十)

330000－4714－0000045　0045　史部/政書類/通制之屬
三通考輯要　湯壽潛輯　清光緒二十五年(1899)上海圖書集成局鉛印本　一冊　存一種

330000－4714－0000046　0046　史部/政書類/通制之屬
九通　(清)□□輯　清光緒二十七年(1901)上海圖書集成局鉛印本　十三冊　存二種

330000－4714－0000047　0047　史部/政書類/通制之屬
三通考輯要　湯壽潛輯　清光緒二十五年(1899)上海圖書集成局鉛印本　二冊　缺六十一卷(文獻通考輯要一至二十二,欽定續文獻通考輯要一、五至二十四,皇朝文獻通考輯要二至十一、十七至十八、二十一至二十六)

330000－4714－0000048　0048　史部/政書類/通制之屬
三通典輯要　(清)蔣麟振輯　清光緒二十八年(1902)上海編譯局石印本　一冊　存一種

330000－4714－0000049　0049　史部/政書類/通制之屬
九通　(清)□□輯　清光緒二十七年(1901)上海圖書集成局鉛印本　二冊　存二種

330000－4714－0000051　0051　史部/政書類/通制之屬

三通典輯要 (清)蔣麟振輯 清光緒二十八年(1902)上海編譯局石印本 一册 存一種

330000－4714－0000052 0052 子部/術數類/陰陽五行之屬
欽定協紀辨方書三十六卷 (清)允祿 (清)張照等纂修 清影印本 一册 存六卷(二十七至三十二)

330000－4714－0000053 0053 子部/醫家類/本草之屬/歷代綜合本草
本草綱目五十二卷首一卷附圖三卷奇經八脈攷一卷瀕湖脈學一卷脈訣攷證一卷 (明)李時珍撰 **本草萬方鍼線八卷** (清)蔡烈先輯 清學源堂刻本 十册 存十四卷(一至七、十六至十七、三十七至三十八、四十五至四十六、五十)

330000－4714－0000054 0054 史部/紀傳類/正史之屬
二十四史附考證 清光緒十八年(1892)武林竹簡齋石印本 七册 存一種

330000－4714－0000055 0055 史部/紀傳類/正史之屬
二十四史附考證 清末石印本 八册 存一種

330000－4714－0000056 0056 史部/傳記類/總傳之屬/仕宦
歷代名臣言行錄二十四卷 (清)朱桓輯 清刻本 六册 存六卷(三、五、八、二十一、二十三至二十四)

330000－4714－0000057 0057 史部/編年類/通代之屬
御批歷代通鑑輯覽一百二十卷 (清)傅恒等撰 清光緒二十九年(1903)上海通元書局石印本 二册 存九卷(四十四至四十八、九十九至一百二)

330000－4714－0000058 0058 新學/交涉/公法
各國交涉公法論初集四卷二集四卷三集八卷 (英國)費利摩羅巴德撰 (英國)傅蘭雅口譯 (清)俞世爵筆述 清光緒二十二年(1896)慎記書莊石印本 一册 存二卷(二集一至二)

330000－4714－0000059 0059 史部/傳記類/總傳之屬/斷代
國朝先正事略六十卷 (清)李元度撰 清光緒十三年(1887)上海廣百宋齋鉛印本 二册 存十四卷(五至八、三十七至四十六)

330000－4714－0000060 0060 史部/編年類/斷代之屬
欽定明鑑二十四卷首一卷 (清)胡敬等輯 清刻本 五册 存十二卷(三至八、十三至十六、二十三至二十四)

330000－4714－0000061 0061 史部/編年類/斷代之屬
御撰資治通鑑綱目三編四卷 (清)張廷玉等撰 清影印本 一册

330000－4714－0000062 0062 史部/雜史類/斷代之屬
明季稗史彙編十六種 (清)留雲居士輯 清刻本 二册 存二種

330000－4714－0000063 0063 類叢部/類書類/專類之屬
佩文韻府一百六卷 (清)張玉書 (清)蔡升元等輯 **韻府拾遺一百六卷** (清)汪灝 (清)何焯等輯 清光緒十三年(1887)上海點石齋石印本 八册 存二十二卷(佩文韻府五至六、十六、二十二、三十五至三十七、三十九至四十五、四十九至五十一、五十五至五十九)

330000－4714－0000064 0064 史部/政書類/通制之屬
資治新書十四卷二集二十卷 (清)李漁輯 清刻本 十一册 存十七卷(二至五,二集二至十、十七至二十)

330000－4714－0000067 0067 史部/編年類/斷代之屬
明通鑑九十卷前編四卷附編六卷首一卷

（清）夏燮撰　清光緒二十六年（1900）上海掃葉山房石印本　四冊　存二十八卷（一至十四、三十七至四十三、七十九至八十五）

330000－4714－0000068　0068　史部/編年類/通代之屬
尺木堂綱鑑易知錄九十二卷　（清）吴乘權（清）周之炯　（清）周之燦輯　清光緒十四年（1888）上海廣百宋齋鉛印本　五冊　存三十五卷（七至十五、四十至四十六、五十四至五十九、七十四至八十、八十七至九十二）

330000－4714－0000069　0069　史部/編年類/通代之屬
資治通鑑前編十八卷舉要三卷　（宋）金履祥撰　**首一卷外紀一卷**　（明）陳桱撰　清乾隆十年（1745）金郡率祖堂刻重修本　六冊　存十四卷（一至七、十至十六）

330000－4714－0000070　0070　史部/編年類/通代之屬
重訂王鳳洲先生綱鑑會纂四十六卷續宋元紀二十三卷　（明）王世貞撰　（明）陳仁錫訂　清光緒二十五年（1899）上海富文書局石印本　一冊　存十一卷（綱鑑會纂一至十一）

330000－4714－0000071　0071　史部/編年類/通代之屬
元經薛氏傳十卷　（隋）王通撰　（唐）薛收傳（宋）阮逸注　清刻本　二冊　存六卷（一至二、七至十）

330000－4714－0000072　0072　集部/别集類/清别集
九山草堂詩鈔一卷　（清）柯弘祚撰　清道光二十九年（1849）刻本　一冊

330000－4714－0000073　0073　史部/政書類/律令之屬/律例
大清律例增修統纂集成四十卷督捕則例附纂二卷　（清）姚潤輯　（清）陶駿　（清）陶念霖增輯　清刻本　十八冊　存三十二卷（二至四、六至八、十一至十九、二十三至二十四、二十七至四十，督捕則例附纂一）

330000－4714－0000074　0074　子部/術數類/陰陽五行之屬
通德類情十三卷　（清）沈重華輯　清刻本　七冊　存十一卷（一至三、六至十三）

330000－4714－0000075　0075　子部/術數類/占卜之屬
新刻搜集諸家卜筮源流斷易大全四卷　（清）余興國編輯　清刻本　一冊　存三卷（一至三）

330000－4714－0000076　0076　子部/術數類/占卜之屬
斷易大全四卷　（清）余興國編輯　清末石印本　一冊　存一卷（四）

330000－4714－0000077　0077　類叢部/類書類/通類之屬
省軒考古類編十二卷　（清）柴紹炳撰　（清）姚廷謙評　清雍正四年（1726）鐵嶺高氏雲間刻本　四冊

330000－4714－0000078　0078　類叢部/類書類/通類之屬
蘭雪堂古事苑定本十二卷　（明）鄧志謨輯　清乾隆十四年（1749）文翰樓刻本　五冊　存十卷（一至六、九至十二）

330000－4714－0000079　0079　子部/醫家類/針灸之屬/經絡腧穴
奇經八脈考一卷脈學一卷　（明）李時珍撰　清末刻本　一冊

330000－4714－0000080　0080　集部/總集類/選集之屬/通代
古文觀止十二卷　（清）吴乘權　（清）吴大職輯　清咸豐三年（1853）文奎堂刻本　四冊　存八卷（一至六、九至十）

330000－4714－0000081　0081　經部/小學類/訓詁之屬/爾雅
爾雅直音二卷　（清）孫偘輯　清刻本　二冊

330000－4714－0000082　0082　經部/小學類/文字之屬/字書/字典
字彙十二集首一卷末一卷韻法直圖一卷

(明)梅膺祚撰　**韻法橫圖一卷**　(明)李世澤撰　明刻本　二冊　存二集(巳、申)

330000－4714－0000083　0083　經部/禮記類/傳說之屬
禮記旁訓辨體合訂六卷　(清)徐立綱輯　清刻本　一冊　存一卷(一)

330000－4714－0000084　0084　經部/叢編
十三經古注　(明)葛鼐　(明)金蟠校　清刻本　一冊　存一種

330000－4714－0000085　0085　類叢部/叢書類/自著之屬
北江全集七種　(清)洪亮吉撰　清乾隆至嘉慶刻彙印本　一冊　存一種

330000－4714－0000086　0086　經部/四書類/總義之屬/傳說
四書便蒙　(宋)朱熹撰　清文華堂刻本　一冊　存一種

330000－4714－0000087　0087　集部/別集類/清別集
舊雨草堂時文不分卷　(清)陳康祺撰　清同治九年(1870)刻本　一冊

330000－4714－0000088　0088　經部/四書類/論語之屬/傳說
論語集註十卷　(宋)朱熹撰　清刻本　一冊　存五卷(六至十)

330000－4714－0000089　0089　史部/紀傳類/正史之屬
二十四史附考證　清末石印本　一冊　存一種

330000－4714－0000093　0093　經部/周禮類/傳說之屬
周禮精華六卷　(清)陳龍標輯　清嘉慶二十三年(1818)經國堂刻本　六冊

330000－4714－0000094　0094　經部/禮記類/傳說之屬
禮記精義六卷首一卷　(清)黄淦撰　清刻本　一冊　存三卷(四至六)

330000－4714－0000095　0095　經部/叢編
通志堂經解一百四十種　(清)成德輯　清康熙通志堂刻本　二冊　存一種

330000－4714－0000096　0096　經部/四書類/總義之屬/傳說
四書經註集證十九卷　(清)吳昌宗撰　清刻本　三冊　存三卷(論語七、孟子三至四)

330000－4714－0000097　0097　經部/四書類/總義之屬/傳說
四書左國輯要四卷　(清)周龍官輯　清刻本　一冊　存一卷(一)

330000－4714－0000098　0098　經部/四書類/總義之屬/傳說
四書體註合講十九卷　(清)翁復編　清光緒二十六年(1900)浙蘭慎言堂刻本　三冊　存十卷(論語一至五、孟子一至五)

330000－4714－0000099　0099　經部/春秋總義類/傳說之屬
御纂春秋直解十二卷　(清)傅恒等撰　清乾隆二十三年(1758)刻本　五冊　存八卷(一至五、八、十一至十二)

330000－4714－0000100　0100　經部/四書類/總義之屬/傳說
酌雅齋四書遵註合講十九卷圖說一卷　(清)翁復編　清光緒二十二年(1896)聚奎文社刻本　六冊

330000－4714－0000101　0101　經部/四書類/總義之屬/傳說
酌雅齋四書遵註合講十九卷圖說一卷　(清)翁復編　清刻本　二冊　存五卷(孟子一至三、六至七)

330000－4714－0000102　0102　經部/四書類/總義之屬/傳說
銅板四書遵註傍批合講十九卷圖攷一卷　(清)翁復編　清文奎堂刻本　三冊　存十三卷(大學、中庸、論語一至十,圖攷)

330000－4714－0000103　0103　經部/四書類/總義之屬/傳說

永言堂四書遵註合講十九卷圖考一卷 （清）翁復編　清末永言堂刻本　一冊　存三卷（大學、中庸，圖考）

330000－4714－0000105　0105　新學/史志
萬國史要二卷 （美國）維廉斯因頓撰　（清）張相獻譯　（清）鄒壽祺審定　清光緒二十九年（1903）杭州通記編譯印書局石印本　二冊

330000－4714－0000106　0106　新學/史志
萬國史要二卷 （美國）維廉斯因頓撰　（清）張相獻譯　（清）鄒壽祺審定　清光緒二十九年（1903）杭州通記編譯印書局石印本　四冊

330000－4714－0000107　0107　經部/四書類/總義之屬/傳說
酌雅齋四書遵註合講十九卷圖說一卷 （清）翁復編　清光緒二十六年（1900）浙蘭慎言堂刻本　六冊　存十三卷（大學、中庸、論語一至十，圖說）

330000－4714－0000108　0108　經部/小學類/文字之屬/說文
說文解字注十五卷附六書音均表五卷 （清）段玉裁撰　**說文部目分韻一卷** （清）陳煥編　清光緒七年（1881）查燕緒木漸齋刻本　一冊　存一卷（七）

330000－4714－0000109　0109　集部/別集類/清別集
海秋制義前集一卷後集一卷補遺一卷 （清）湯鵬撰　清刻本　四冊

330000－4714－0000110　0110　類叢部/叢書類/自著之屬
甌北全集八種 （清）趙翼撰　清光緒三年（1877）滇南唐氏刻本　七冊　存一種

330000－4714－0000111　0111　史部/紀傳類/正史之屬
二十四史附考證　清光緒二十八年（1902）武林竹簡齋石印本　一冊　存一種

330000－4714－0000112　0112　類叢部/類書類/專類之屬
五經類編二十八卷 （清）周世樟撰　清刻本　八冊　存十九卷（三至五、九至二十二、二十五至二十六）

330000－4714－0000113　0113　史部/紀傳類/正史之屬
二十四史附考證　清末石印本　四冊　存一種

330000－4714－0000114　0114　經部/易類/傳說之屬
周易精義四卷首一卷 （清）黃淦撰　清刻本　二冊

330000－4714－0000115　0115　經部/易類/傳說之屬
周易通論四卷 （清）李光地撰　清刻本　二冊

330000－4714－0000116　0116　經部/易類/傳說之屬
易經旁訓辨體合訂三卷 （清）徐立綱輯　清浙蘭裕源堂刻本　一冊　存一卷（一）

330000－4714－0000117　0117　經部/春秋總義類/傳說之屬
欽定春秋傳說彙纂三十八卷首二卷 （清）王掞等撰　清康熙六十年（1721）刻本　二十冊　缺七卷（一至二、二十五至二十七、三十三至三十四）

330000－4714－0000118　0118　經部/四書類/總義之屬/傳說
陸稼書先生四書講義遺編六卷 （清）陸隴其述　（清）趙鳳翔編　清三魚堂刻本　四冊　存四卷（三至六）

330000－4714－0000119　0119　經部/四書類/總義之屬/傳說
松陽講義十二卷 （清）陸隴其撰　清刻本　三冊　存十一卷（二至十二）

330000－4714－0000121　0121　經部/禮記類/傳說之屬
禮記增訂旁訓六卷 （清）徐立綱撰　清文奎堂刻本　四冊　缺二卷（四、六）

330000－4714－0000122　0122　經部/禮記類/傳說之屬

禮記旁訓辨體合訂六卷　(清)徐立綱輯　清三益堂刻本　四册　存四卷(三至六)

330000－4714－0000123　0123　經部/禮記類/傳說之屬

禮記旁訓辨體合訂六卷　(清)徐立綱輯　清循陔堂刻本　一册　存一卷(三)

330000－4714－0000124　0124　經部/禮記類/傳說之屬

潄芳軒合纂禮記體註四卷　(清)范翔撰　清乾隆五十六年(1791)刻本　二册

330000－4714－0000125　0125　經部/禮記類/傳說之屬

禮記增訂旁訓六卷　(清)徐立綱撰　清刻本　三册　存三卷(二、四至五)

330000－4714－0000126　0126　經部/大戴禮記類/傳說之屬

大戴禮記補注十三卷序錄一卷　(清)孔廣森撰　清刻本　一册　存一卷(三)

330000－4714－0000127　0127　經部/叢編

五經旁訓　(清)徐立綱撰　清刻本　一册　存一種

330000－4714－0000129　0129　集部/別集類/明別集

宋文憲公全集五十三卷首四卷　(明)宋濂撰　清刻本　十三册　存三十七卷(首三至四、十至四十四)

330000－4714－0000130　0130　集部/別集類/清別集

吳詩集覽二十卷　(清)吳偉業撰　(清)靳榮藩注並輯　清刻本　三册　存四卷(十二、十八至二十)

330000－4714－0000131　0131　經部/群經總義類/傳說之屬

七經經義七種　(清)黄淦撰　清嘉慶尊德堂刻本　二册　存一種

330000－4714－0000132　0132　經部/書類/傳說之屬

書經增訂旁訓四卷　(清)徐立綱旁訓　(清)□□增訂　清狀元閣刻本　二册　存三卷(一至二、四)

330000－4714－0000133　0133　經部/書類/傳說之屬

書經旁訓辨體合訂四卷　(清)徐立綱輯　清三益堂刻本　三册

330000－4714－0000134　0134　經部/書類/傳說之屬

書經旁訓辨體合訂四卷　(清)徐立綱輯　清文華堂刻本　一册　存二卷(一至二)

330000－4714－0000135　0135　經部/書類/傳說之屬

書經旁訓辨體合訂四卷　(清)徐立綱輯　清慎言堂刻本　四册

330000－4714－0000136　0136　經部/書類/傳說之屬

書經精華六卷　(清)薛嘉穎撰　清刻本　一册　存一卷(四)

330000－4714－0000137　0137　類叢部/叢書類/自著之屬

率祖堂叢書(金仁山先生遺書)八種附六種　(宋)金履祥撰　清雍正至乾隆金華金氏刻光緒十三年(1887)鎮海謝駿德補刻本　七册　存一種

330000－4714－0000139　0139　史部/紀傳類/正史之屬

二十四史附考證　清末石印本　五册　存一種

330000－4714－0000140　0140　史部/紀傳類/正史之屬

二十四史附考證　清末石印本　五册　存一種

330000－4714－0000141　0141　史部/紀傳類/正史之屬

二十四史附考證　清末石印本　四册　存

一種

330000－4714－0000143　0143　史部/職官類/官箴之屬

在官法戒錄摘抄四卷　(清)陳弘謀撰　清道光十六年(1836)存素堂刻本　二册

330000－4714－0000144　0144　史部/政書類/通制之屬

九通全書　(清)□□輯　清光緒二十七年至二十八年(1901－1902)貫吾齋石印本　三十四册　存二種

330000－4714－0000145　0145　史部/傳記類/總傳之屬/姓名

史姓韻編六十四卷　(清)汪輝祖輯　清光緒十年(1884)上海中西書局石印本　二册　存三十二卷(一至十四、四十七至六十四)

330000－4714－0000146　0146　史部/史抄類

廿一史約編八卷首一卷　(清)鄭元慶撰　清光緒十三年(1887)上海鴻文書局石印本　二册

330000－4714－0000147　0147　史部/紀傳類/正史之屬

二十四史附考證　清光緒二十八年(1902)武林竹簡齋石印本　四十三册　存十五種

330000－4714－0000148　0148　史部/紀傳類/正史之屬

二十四史　清同治至光緒五省官書局據汲古閣本等合刻光緒五年(1879)湖北書局彙印本　十七册　存一種

330000－4714－0000149　0149　史部/史表類/通代之屬

四裔編年表四卷　(清)李鳳苞輯　清光緒二十三年(1897)石印本　二册　存二卷(三至四)

330000－4714－0000150　0150　史部/史表類/通代之屬

歷代帝王年表三卷　(清)齊召南撰　(清)阮福續　清光緒十二年(1886)蘇州掃葉山房刻本　一册　存一卷(二)

330000－4714－0000151　0151　史部/地理類/外紀之屬

西史綱目二十卷　(清)周維翰撰　清末石印本　四册　存八卷(三至六、十五至十八)

330000－4714－0000152　0152　子部/術數類/相宅相墓之屬

新刻石函平砂玉尺經全書真機三卷後集三卷　題(元)劉秉忠撰　(明)劉基解　(明)賴從謙發揮　清刻本　二册　存五卷(新刻石函平砂玉尺經全書真機一至三、後集一至二)

330000－4714－0000154　0154　史部/紀事本末類

歷朝紀事本末九種　(清)陳如升　(清)朱記榮輯　(清)捷記主人增輯　清光緒二十八年(1902)上海捷記書局石印本　二册　存一種

330000－4714－0000155　0155　史部/紀事本末類/斷代之屬

左傳紀事本末五十三卷　(清)高士奇撰　清末捷記書局石印本　一册　存十九卷(二十六至四十四)

330000－4714－0000156　0156　經部/四書類/總義之屬/傳說

四書襯十九卷　(清)駱培撰　清永言堂刻本　一册　存二卷(孟子四至五)

330000－4714－0000157　0157　集部/總集類/課藝之屬

小題清華集不分卷　清末刻本　一册

330000－4714－0000158　0158　經部/小學類/文字之屬/字書

增訂辨正通俗文字不分卷　(清)陸费墀撰　(清)王朝梧增訂　清道光二十一年(1841)刻本　一册

330000－4714－0000160　0160　新學/報章

知新報選編不分卷　(清)知新報館編　清光緒二十九年(1903)油印本　一册

330000－4714－0000162　0162　集部/總集

類/課藝之屬

崇實學堂不分卷 清抄本 一冊

330000－4714－0000164 0164 類叢部/類書類/通類之屬

類林新詠三十六卷 （清）姚之駰撰 清康熙四十七年(1708)刻本 十二冊

330000－4714－0000165 0165 子部/術數類/相宅相墓之屬

重鐫官板地理天機會元增補地學剖秘萬金琢玉斧三卷 （明）徐之鏌撰 明末刻清文林堂重修本 三冊 存二卷(上、中)

330000－4714－0000166 0166 類叢部/類書類/通類之屬

類林新詠三十六卷 （清）姚之駰撰 清刻本 五冊 存十八卷(八至十一、十六至十八、二十三至二十六、三十至三十六)

330000－4714－0000168 0168 子部/術數類/相宅相墓之屬

重校刊官板地理玉髓真經二十八卷 （宋）張洞玄撰 （宋）劉允中注 **後卷一卷** （宋）房正撰 清龍溪堂刻本 九冊 存十四卷(一、三至十二、十七至十九)

330000－4714－0000172 0172 子部/術數類/相宅相墓之屬

地理或問二卷 （清）陸應穀撰 清抄本 一冊

330000－4714－0000180 0180 集部/别集類/清别集

望溪先生文集十八卷集外文十卷集外文補遺二卷年譜二卷 （清）方苞撰 清咸豐元年(1851)戴鈞衡刻二年(1852)增刻本 六冊 存十六卷(文集三至五、八至十、十三至十八，集外文三至四、六至七)

330000－4714－0000181 0181 子部/術數類/相宅相墓之屬

羅經指南撥霧集三卷 （清）葉泰撰 清刻本 一冊 存二卷(一至二)

330000－4714－0000182 0182 史部/紀事本末類

歷朝紀事本末九種 （清）陳如升 （清）朱記榮輯 （清）捷記主人增輯 清光緒二十八年(1902)上海捷記書局石印本 二冊 存一種

330000－4714－0000183 0183 子部/術數類/占卜之屬

河洛理數七卷 題(宋)陳搏撰 清刻本 四冊 存四卷(二至三、六至七)

330000－4714－0000184 0184 經部/易類/傳說之屬

易經增訂旁訓三卷 （清）徐立綱撰 （清）□□增訂 清文奎堂刻本 一冊

330000－4714－0000186 0186 類叢部/叢書類/自著之屬

西堂全集四種附一種 （清）尤侗撰 清刻本 一冊 存一種

330000－4714－0000187 0187 類叢部/叢書類/彙編之屬

懺花盦叢書三十種 （清）宋澤元編 清光緒山陰宋氏刻十三年(1887)彙印本 一冊 存一種

330000－4714－0000190 0190 集部/别集類/清别集

在陸草堂文集六卷 （清）儲欣撰 清光緒十七年(1891)刻本 三冊 存三卷(一、四至五)

330000－4714－0000191 0191 經部/禮記類/傳說之屬

禮記節本十卷 （清）汪基撰 清宣統元年(1909)上海會文學社石印本 一冊 存一卷(一)

330000－4714－0000193 0193 集部/别集類/清别集

卷施閣詩集二十卷文甲集十卷文乙集十卷附鮚軒詩八卷 （清）洪亮吉撰 **洪北江先生年譜一卷** （清）施德 （清）呂培等編 清乾隆六十年(1795)至嘉慶初貴陽節署刻本 十冊 存三十卷(詩集一至十七，文甲集一至三，

文乙集五至八,附鮚軒詩一至三、七至八,年譜)

330000－4714－0000194　0194　史部/紀傳類/正史之屬
史記封禪不分卷　清刻本　一册

330000－4714－0000198　0198　新學/史志/諸國史
天下五洲各大國志要一卷　(英國)李提摩太撰　(清)鑄鐵生述　清光緒二十三年(1897)刻本　一册

330000－4714－0000199　0199　子部/儒家類/儒學之屬/禮教
聖諭廣訓直解一卷　(清)世宗胤禛撰　(清)□□直解　清刻本　二册

330000－4714－0000200　0200　史部/紀事本末類
歷朝紀事本末九種　(清)陳如升　(清)朱記榮輯　(清)捷記主人增輯　清光緒二十八年(1902)上海捷記書局石印本　六册　存一種

330000－4714－0000201　0201　史部/政書類/通制之屬
九通　(清)□□輯　清光緒二十七年(1901)上海圖書集成局鉛印本　二册　存一種

330000－4714－0000202　0202　史部/詔令奏議類/奏議之屬
歷代名臣奏議選三十卷　(清)趙承恩輯　清刻本　十四册　存十七卷(三國一,六朝一至二,唐一、三,五代一,宋一至二,遼一,金一,元一,明三至八)

330000－4714－0000203　0203　史部/史表類/通代之屬
四裔編年表四卷　(清)李鳳苞輯　清光緒二十三年(1897)石印本　一册　存一卷(一)

330000－4714－0000205　0205　史部/政書類/律令之屬/刑制
大清現行刑律案語不分卷　沈家本　俞廉三輯　清末鉛印本　一册

330000－4714－0000206　0206　集部/總集類/課藝之屬
小題文府不分卷　清末石印本　一册

330000－4714－0000209　0209　史部/政書類/律令之屬/律例
大清刑事訴訟律草案不分卷　沈家本等撰　清末鉛印本　一册　缺七十七葉(一至七十七)

330000－4714－0000210　0210　史部/詔令奏議類/奏議之屬
李肅毅伯奏議二十卷　(清)李鴻章撰　(清)章洪鈞　(清)吳汝綸輯　清光緒二十五年(1899)上海鴻文書局石印本　二册　存二卷(九至十)

330000－4714－0000211　0211　史部/詔令奏議類/奏議之屬
彭剛直公奏稿八卷　(清)彭玉麟撰　(清)俞樾輯　清末鉛印本　二册　存四卷(三至四、七至八)

330000－4714－0000214　0214　子部/道家類
莊子約解四卷　(清)劉鴻典撰　清同治五年(1866)威邑呂仙岩玉成堂刻本　二册

330000－4714－0000215　0215　子部/儒家類/儒學之屬/性理
近思錄集注十四卷　(清)江永撰　清光緒二十五年(1899)浙江官書局刻本　一册　存一卷(一)

330000－4714－0000216　0216　經部/四書類/總義之屬/傳說
四書集註十九卷　(宋)朱熹撰　清光緒三十二年(1906)上海商務印書館鉛印本　一册　存三卷(孟子一至三)

330000－4714－0000221　0221　史部/紀傳類/正史之屬
十七史　(明)毛晉編　清刻本　一册　存一種

330000－4714－0000222　0222　史部/紀傳

類/正史之屬

明史稿三百十卷目錄三卷　(清)王鴻緒撰　清雍正敬慎堂刻本　一冊　存三卷(十六至十八)

330000－4714－0000224　0224　史部/紀傳類/正史之屬

二十四史附考證　清光緒二十四年(1898)上海點石齋石印本　五冊　存三種

330000－4714－0000225　0225　史部/地理類/輿圖之屬/全國

大清中外壹統輿圖(皇朝中外壹統輿圖)三十一卷首一卷　(清)鄒世詒　(清)晏啟鎮編　(清)李廷簫　(清)汪士鐸增訂　清末刻本　一冊　存四卷(北七至十)

330000－4714－0000226　0226　子部/小說家類/異聞之屬

山海經箋疏十八卷圖讚一卷訂譌一卷敘錄一卷　(清)郝懿行撰　清末石印本　三冊　存五卷(一至五)

330000－4714－0000227　0227　新學/史志/別國史

支那通史七卷　(日本)那珂通世編　清光緒二十五年(1899)上海東文學社石印本　二冊　存二卷(一、四)

330000－4714－0000229　0229　史部/地理類/外紀之屬

日本國志四十卷首一卷　(清)黃遵憲輯　清末鉛印本　二冊　存六卷(十至十二、三十二至三十四)

330000－4714－0000230　0230　史部/地理類/外紀之屬

海國圖志一百卷首一卷　(清)魏源撰　清末石印本　二冊　存十八卷(三十七至四十九、八十八至九十二)

330000－4714－0000231　0231　類叢部/叢書類/自著之屬

北江全集七種　(清)洪亮吉撰　清乾隆至嘉慶刻彙印本　一冊　存一種

330000－4714－0000232　0232　史部/地理類/總志之屬/斷代

乾隆府廳州縣圖志五十卷　(清)洪亮吉撰　清刻本　八冊　存二十五卷(三至五、十二至二十三、二十七至三十六)

330000－4714－0000233　0233　類叢部/叢書類/自著之屬

北江全集七種　(清)洪亮吉撰　清乾隆至嘉慶刻彙印本　三冊　存一種

330000－4714－0000234　0234　史部/地理類/方志之屬/郡縣志

[光緒]黃巖縣志四十卷首一卷　(清)陳寶善　(清)孫憙修　(清)王棻纂　(清)陳鍾英　(清)鄭錫滜續修　(清)王詠霓續纂　清光緒三年(1877)刻本　一冊　存一卷(一)

330000－4714－0000235　0235　史部/政書類/通制之屬

文獻通考正續合纂四十四卷　(清)郎星等輯　清刻本　七冊　存十七卷(續文獻通考纂一至五、十至十三、十五至二十二)

330000－4714－0000236　0236　史部/政書類/律令之屬/刑制

刑案滙覽六十卷首一卷末一卷拾遺備考一卷　(清)祝慶祺輯　**新增刑案匯覽十六卷首一卷**　(清)潘文舫輯　清上海圖書集成局鉛印本　三冊　存六卷(刑案匯覽十三至十四,新增刑案匯覽一至二、九至十)

330000－4714－0000237　0237　經部/春秋左傳類/傳說之屬

東萊博議四卷　(宋)呂祖謙撰　清光緒三十年(1904)上海書局石印本　一冊

330000－4714－0000238　0238　子部/雜著類/雜考之屬

義門讀書記五十八卷　(清)何焯撰　(清)蔣維鈞輯　清刻本　二冊　存七卷(歐陽文忠公文一至二、元豐類稿一、史記一至二、前漢書一至二)

330000－4714－0000239　0239　子部/雜著

類/雜說之屬

天祿閣外史八卷 題(漢)黃憲撰 清刻本 二册 存五卷(一至五)

330000－4714－0000241 0241 類叢部/類書類/通類之屬

淵鑑類函四百五十卷目錄四卷 (清)張英 (清)王士禛等輯 清康熙清吟堂刻本 一百三十八册 存四百四十八卷(目錄一至四,一至三十九、四十六至四百五十)

330000－4714－0000242 0242 史部/地理類/山川之屬/山志

爛柯山志十三卷 (清)鄭永禧輯 清光緒三十三年(1907)不其山館刻本 一册 存一卷(十一)

330000－4714－0000243 0243 子部/叢編

子書二十八種 (清)育文書局編 清埽葉山房石印本 二册 存二種

330000－4714－0000245 0245 新學/史志/別國史

法國新志四卷 (英國)該勒低輯 (英國)傅紹蘭 (英國)秀耀春口譯 (清)潘松 (清)范熙庸筆述 清刻本 一册 存一卷(四)

330000－4714－0000246 0246 經部/春秋左傳類/傳說之屬

東萊先生左氏博議二十五卷 (宋)呂祖謙撰 清道光十九年(1839)錢塘瞿氏清吟閣刻本 六册

330000－4714－0000247 0247 集部/別集類/清別集

板橋集五種 (清)鄭燮撰 清乾隆清暉書屋刻本 一册 存四種

330000－4714－0000248 0248 集部/別集類/清別集

曝書亭集八十卷附錄一卷 (清)朱彝尊撰 **笛漁小稾十卷** (清)朱昆田撰 清末刻本 十三册 存六十四卷(一至五十七、六十九至七十五)

330000－4714－0000252 0252 子部/宗教類/佛教之屬/經

金剛般若波羅蜜經一卷 (後秦)釋鳩摩羅什譯 清刻本 一册

330000－4714－0000254 0254 集部/別集類/唐五代別集

杜律通解四卷 (唐)杜甫撰 (清)李文煒箋釋 清刻本 三册 存三卷(一至三)

330000－4714－0000257 0257 集部/別集類/唐五代別集

杜律通解四卷 (唐)杜甫撰 (清)李文煒箋釋 清刻本 四册

330000－4714－0000258 0258 集部/總集類/選集之屬/通代

御選唐宋詩醇四十七卷目錄二卷 (清)高宗弘曆輯 清刻本 十三册 存二十七卷(目錄下,七至十、十三至十四、十七至十八、二十一至三十、三十六至三十九、四十二至四十五)

330000－4714－0000259 0259 新學/議論/通論

羣學肄言十六卷 (英國)斯賓塞爾撰 嚴復譯 清光緒二十九年(1903)上海文明書局鉛印本 一册 存四卷(十三至十六)

330000－4714－0000260 0260 類叢部/叢書類/自著之屬

留書種閣集九種 (清)黃炳垕撰 清同治六年至光緒二十年(1867－1894)餘姚黃氏留書種閣刻本 一册 存一種

330000－4714－0000261 0261 子部/雜著類/雜考之屬

潛邱劄記六卷 (清)閻若璩撰 **左汾近稾一卷** (清)閻詠撰 清乾隆十年(1745)閻學林眷西堂刻本 二册 存二卷(二、五)

330000－4714－0000262 0262 史部/政書類/通制之屬

欽定三通考證 清光緒二十八年(1902)貫吾齋石印本 一册

330000－4714－0000263　0263　類叢部/叢書類/彙編之屬
小四書四種　(明)朱升編　清刻本　四冊

330000－4714－0000265　0265　子部/術數類/相宅相墓之屬
地學二卷　(清)沈鎬撰　清康熙五十二年(1713)刻本　二冊

330000－4714－0000267　0267　史部/政書類/通制之屬
九通　(清)□□輯　清光緒八年至二十二年(1882－1896)浙江書局刻本　一冊　存一種

330000－4714－0000268　0268　子部/道家類
莊子因六卷　(清)林雲銘撰　清刻本　二冊　存四卷(一至二、五至六)

330000－4714－0000272　0272　子部/醫家類/綜合之屬
治痳秘方不分卷　(清)祥師騏記　清光緒三十二年(1906)抄本　一冊

330000－4714－0000273　0273　子部/醫家類/外科之屬/其他外科病證
治癲狗齩方不分卷　清光緒七年(1881)刻本　一冊

330000－4714－0000275　0275　子部/法家類
管子選八十五卷　清抄本　一冊　存八十四卷(一至八十四)

330000－4714－0000276　0276　子部/醫家類/方書之屬/單方驗方
四科簡效方四卷　(清)王士雄撰　清光緒十一年(1885)越州徐氏刻本　一冊　存一卷(一)

330000－4714－0000279　0279　子部/小說家類/異聞之屬
燕山外史註釋八卷　(清)陳球撰　(清)傅聲谷注　清刻本　一冊　存二卷(五至六)

330000－4714－0000280　0280　子部/天文曆算類/天文之屬
步天歌一卷　清刻本　一冊

330000－4714－0000282　0282　子部/儒家類/儒學之屬/蒙學
小學集註六卷　(明)陳選撰　清一經樓刻本　一冊　存四卷(一至四)

330000－4714－0000284　0284　子部/儒家類/儒學之屬/性理
性理體註說約大全要解□□卷　新刊性理□□卷　清刻本　一冊　存□□卷(性理體註說約大全要解□、新刊性理六)

330000－4714－0000285　0285　子部/醫家類/診法之屬/脈經脈訣
醫門撮要不分卷　清抄本　一冊

330000－4714－0000286　0286　子部/儒家類/儒家之屬
朱子文略四卷　(宋)朱熹撰　(清)朱璘輯　清萬卷堂刻本　三冊　存三卷(二至四)

330000－4714－0000287　0287　新學/醫學/方書
萬國藥方八卷　(美國)洪士提反譯　清鉛印本　一冊　存一卷(三)

330000－4714－0000289　0289　子部/醫家類/診法之屬/脈經脈訣
刪註脈訣規正二卷　(清)沈鏡刪註　清刻本　一冊

330000－4714－0000291　0291　子部/兵家類/操練之屬
練兵實紀九卷雜集六卷　(明)戚繼光撰　清光緒二十年(1894)善成堂刻本　三冊　缺二卷(雜集五至六)

330000－4714－0000292　0292　子部/兵家類/操練之屬
練兵實紀九卷雜集六卷　(明)戚繼光撰　清刻本　四冊　缺五卷(一、雜集一至四)

330000－4714－0000293　0293　子部/醫家類/本草之屬/本草雜著

本草萬方鍼線八卷　(清)蔡烈先輯　清刻本　一冊　存二卷(五至六)

330000－4714－0000294　0294　集部/詩文評類/詩評之屬

唐詩紀事八十一卷　(宋)計有功撰　清刻本　四冊　存二十一卷(二十七至三十、三十七至四十六、六十七至七十三)

330000－4714－0000295　0295　集部/總集類/選集之屬/通代

樂府詩集一百卷目錄二卷　(宋)郭茂倩輯　清刻本　九冊　存六十五卷(八至十三、二十至二十七、四十二至九十二)

330000－4714－0000296　0296　經部/詩類/傳說之屬

詩經旁訓辨體合訂四卷　(清)徐立綱輯　清刻本　二冊

330000－4714－0000297　0297　經部/詩類/傳說之屬

詩經旁訓四卷　(清)徐立綱輯註　清刻本　三冊

330000－4714－0000298　0298　經部/周禮類/傳說之屬

周禮精華六卷　(清)陳龍標輯　清刻本　四冊　存四卷(二至四、六)

330000－4714－0000299　0299　史部/傳記類/總傳之屬/儒林

明儒學案六十二卷師說一卷附案一卷　(清)黄宗羲撰　清康熙三十年(1691)萬言、三十二年(1693)賈樸、雍正十三年至乾隆四年(1735－1739)慈溪鄭性二老閣刻本　七冊　存十七卷(九至十二、三十七至三十九、四十四至四十九、五十七至五十八、六十二,附案)

330000－4714－0000300　0300　史部/傳記類/總傳之屬/儒林

明儒學案六十二卷師說一卷附案一卷　(清)黄宗羲撰　清康熙三十年(1691)萬言、三十二年(1693)賈樸、雍正十三年至乾隆四年(1735－1739)慈溪鄭性二老閣刻本　一冊　存四卷(五至八)

330000－4714－0000301　0301　經部/春秋左傳類/傳說之屬

春秋左傳(春秋左傳杜林合注)五十卷　(晉)杜預　(宋)林堯叟註釋　(唐)陸德明音義　(明)鍾惺　(明)孫鑛　(明)韓范評點　清書業堂刻本　三冊　存十卷(八至十一、十七至十九、三十二至三十四)

330000－4714－0000302　0302　集部/總集類/選集之屬/通代

文選六十卷　(南朝梁)蕭統輯　(唐)李善注　(清)何焯評　清乾隆三十七年(1772)長洲葉樹藩海錄軒刻朱墨套印本　四冊

330000－4714－0000303　0303　集部/總集類/選集之屬/通代

續古文辭類纂三十四卷　王先謙輯　清光緒三十三年(1907)上海商務印書館鉛印本　一冊　存四卷(三至六)

330000－4714－0000304　0304　類叢部/類書類/專類之屬

詩材類對纂要四卷　(清)蔡以臺輯　(清)任德裕　(清)申贊皇箋　清刻本　一冊　存二卷(三至四)

330000－4714－0000306　0306　史部/政書類/通制之屬

九通　(清)□□輯　清光緒二十八年(1902)貫吾齋石印本　十一冊　存一種

330000－4714－0000307　0307　史部/政書類/通制之屬

九通　(清)□□輯　清光緒二十七年(1901)上海圖書集成局鉛印本　三百冊

330000－4714－0000308　0308　經部/春秋左傳類/傳說之屬

增批輯註東萊博議四卷　(宋)呂祖謙撰　(清)劉鍾英輯注　清石印本　四冊

330000－4714－0000309　0309　史部/傳記類/總傳之屬/仕宦

歷代名臣言行錄二十四卷首一卷　(清)朱桓

輯　清光緒三十年(1904)上海商務印書館鉛印本　八冊

330000－4714－0000311　0311　集部/總集類/選集之屬/通代

重訂文選集評十五卷首一卷末一卷　(清)于光華輯　清刻本　四冊　存四卷(四、七至八、十二)

330000－4714－0000312　0312　集部/總集類/選集之屬/通代

古文釋義新編八卷　(清)余誠輯　清文奎堂刻本　二冊　存二卷(三至四)

330000－4714－0000314　0314　集部/總集類/選集之屬/通代

文選六十卷　(南朝梁)蕭統輯　(唐)李善注　清石印本　一冊　存八卷(十五至二十二)

330000－4714－0000315　0315　集部/總集類/選集之屬/通代

重訂文選集評十五卷首一卷末一卷　(清)于光華輯　清刻本　一冊　存一卷(八)

330000－4714－0000316　0316　集部/總集類/選集之屬/通代

古文筆法八卷首一卷　(清)李扶九輯　清光緒三十年(1904)申江書局石印本　一冊

330000－4714－0000321　0321　史部/雜史類/斷代之屬

國語二十一卷　(三國吳)韋昭注　**校刊明道本韋氏解國語札記一卷**　(清)黄丕烈撰　清宣統元年(1909)鴻寶齋石印本　一冊　存四卷(一至三、札記)

330000－4714－0000327　0327　類叢部/叢書類/自著之屬

春在堂全書　(清)俞樾撰　清光緒十五年(1889)刻本　五十七冊　存九種

330000－4714－0000328　0328　類叢部/叢書類/彙編之屬

虚霩居叢書　(清)曾之撰編　清刻本　一冊　存一種

330000－4714－0000329　0329　史部/政書類/通制之屬

九通全書　(清)□□輯　清光緒二十七年至二十八年(1901－1902)貫吾齋石印本　四冊　存一種

330000－4714－0000331　0331　集部/别集類/唐五代别集

王子安集註二十卷首一卷末一卷　(唐)王勃撰　(清)蔣清翊注　清刻本　一冊　存五卷(四至八)

330000－4714－0000332　0332　集部/别集類/宋别集

淮海集十七卷後集二卷詞一卷補遺一卷續補遺一卷　(宋)秦觀撰　**淮海文集攷證一卷**　(清)王敬之　(清)茆泮林　(清)金長福撰　**重編淮海先生年譜節要一卷**　(清)秦瀛編　(清)王敬之節要　清道光十七年(1837)王敬之等刻二十一年(1841)增刻本　三冊　存十一卷(一至八、十三至十五)

330000－4714－0000333　0333　集部/别集類/宋别集

趙清獻公集十卷目錄二卷　(宋)趙抃撰　清刻本　一冊　存二卷(九至十)

330000－4714－0000345　0345　新學/史志/臣民傳記

世界百傑略傳不分卷　(日本)谷口政德編　黄炎培譯　清石印本　一冊

330000－4714－0000346　0346　集部/别集類/清别集

弢園尺牘八卷　(清)王韜撰　清宣統二年(1910)鉛印本　一冊　存二卷(一至二)

330000－4714－0000348　0348　子部/儒家類/儒學之屬/蒙學

國朝歷科發蒙小品六卷　(清)唐惟懋評選　清正業堂刻本　一冊　存一卷(上論)

330000－4714－0000350　0350　子部/雜著類/雜纂之屬

天花亂墜八卷二集八卷三集八卷　(清)寅半

生編　清光緒二十九年至三十三年(1903－1907)杭州崇寔齋刻本　一冊　存二卷(三集七至八)

330000－4714－0000352　0352　集部/別集類/宋別集

王臨川文集四卷　(宋)王安石撰　清石印本　二冊　存二卷(三至四)

330000－4714－0000358　0358　集部/別集類

飲冰室壬寅文集十八卷　梁啓超撰　清光緒二十九年(1903)石印本　二冊　存二卷(三、十三)

330000－4714－0000360　0360　子部/宗教類/道教之屬

覺世新新集八卷　清刻本　一冊　存一卷(六)

330000－4714－0000362　0362　集部/別集類/清別集

左文襄公文集五卷　(清)左宗棠撰　清光緒二十二年(1896)刻本　二冊　存四卷(一、三至五)

330000－4714－0000363　0363　經部/春秋左傳類/傳說之屬

讀左補義五十卷首二卷　(清)姜炳璋輯　清刻本　五冊　存十六卷(七至十、十四至十六、二十五至三十、四十四至四十六)

330000－4714－0000364　0364　經部/春秋左傳類/傳說之屬

評點春秋綱目左傳句解彙雋六卷　(清)韓菼重訂　清刻本　一冊　存一卷(三)

330000－4714－0000365　0365　史部/政書類/通制之屬

三通志輯要　(清)蔣麟振輯　清光緒二十八年(1902)上海編譯局石印本　四冊　存二種

330000－4714－0000366　0366　史部/傳記類/總傳之屬/儒林

明儒學案六十二卷師說一卷附案一卷　(清)黃宗羲撰　清康熙三十年(1691)萬言、三十二年(1693)賈樸、雍正十三年至乾隆四年(1735－1739)慈溪鄭性二老閣刻本　一冊　存五卷(一至四、師說)

330000－4714－0000367　0367　經部/春秋左傳類/傳說之屬

春秋胡傳三十卷圖說一卷綱領一卷提要一卷興廢說一卷　(宋)胡安國撰　(宋)林堯叟音註　清刻本　一冊　存八卷(一至四、圖說、綱領、提要、興廢說)

330000－4714－0000368　0368　經部/叢編

御纂七經五種　(清)李光地等撰　清光緒二十年(1894)上海書局石印本　四冊　存三種

330000－4714－0000369　0369　類叢部/叢書類/郡邑之屬

金華叢書六十八種　(清)胡鳳丹編　清同治七年至光緒八年(1868－1882)永康胡氏退補齋刻民國補刻本　一冊　存一種

330000－4714－0000370　0370　史部/政書類/律令之屬/律例

欽定六部處分則例五十二卷　(清)文孚等修　(清)清平等纂　清刻本　二冊　存十卷(二十五至二十八、四十一至四十六)

330000－4714－0000371　0371　史部/史評類/史論之屬

讀通鑑論三十卷　(清)王夫之撰　清光緒二十六年(1900)上海鴻文書局石印本　一冊　存二卷(一至二)

330000－4714－0000372　0372　新學/交涉/公法

公法便覽四卷總論一卷續一卷　(美國)丁韙良譯　清鉛印本　一冊　存一卷(續)

330000－4714－0000373　0373　史部/雜史類/斷代之屬

幸存錄二卷　(明)夏允彝撰　清刻本　一冊　存一卷(下)

330000－4714－0000374　0374　史部/傳記類/別傳之屬/事狀

劉坤一一卷　清光緒二十九年(1903)石印本

一册

330000－4714－0000375　0375　史部/傳記類

孝烈編六卷　(清)熊秋芳等編　清刻本　一册　存四卷(一至四)

330000－4714－0000376　0376　經部/叢編

皇清經解一千四百卷首一卷　(清)阮元輯　清道光九年(1829)廣東學海堂刻本　二册　存四卷(弁服釋例三至六)

330000－4714－0000377　0377　史部/傳記類

三刻孝烈集三卷　(清)徐元摶編輯　清刻本　一册

330000－4714－0000378　0378　子部/天文曆算類/曆法之屬

新鐫象吉備要通書二十九卷　(清)魏鑑撰　清刻本　四册　存十四卷(十一、十五至十八、二十一至二十九)

330000－4714－0000381　0381　經部/詩類/傳說之屬

御纂詩義折中二十卷　(清)傅恒　(清)陳兆崙等纂　清乾隆刻本　七册

330000－4714－0000382　0382　史部/政書類/律令之屬

大清法政彙編　清宣統上海政學社鉛印本　四册　存一種

330000－4714－0000385　0385　子部/法家類

管子二十四卷　(唐)房玄齡注　清石印本　一册　存七卷(十三至十九)

330000－4714－0000387　0387　類叢部/叢書類/彙編之屬

復性書院叢刊二十七種　馬浮編　清石印本　二册　存一種

330000－4714－0000390　0390　經部/詩類/傳說之屬

詩經集傳八卷　(宋)朱熹撰　清石印本　一册　存二卷(一至二)

浦江縣圖書館古籍普查登記目録

全國古籍普查登記目録・浙江金華

國家圖書館出版社
National Library of China Publishing House

《浦江縣圖書館古籍普查登記目録》

編委會

主　編： 項紅陽

編　委： 陳　蓉　王夏妮　張曉鋒　鄭爽静

《浦江縣圖書館古籍普查登記目録》

前　言

浦江縣圖書館館藏古籍主要來自民國時期縣學藏書，其次是中華人民共和國成立後邑人樓静玄、石西民等個人贈書。我館2014年4月啓動古籍普查工作，7月份完成。

本次共普查古籍418部4500餘册，著録數據323條。藏品中，最早爲明朝崇禎元年(1628)刻本，有明末至清前期刻本近30部，本地鄉賢著述20餘部，均較爲珍貴。

摸清家底後，我館完善了管理制度，并參照國家標準建成了古籍書庫，2016年被評爲“浙江省古籍保護達標單位”。2017年又對100餘部珍貴古籍配置了樟木夾板，進一步加强了保護。

普查期間，我們得到了省古籍保護中心專家的大力支持；我館項紅陽、陳蓉、王夏妮、張曉鋒、鄭爽静5位同志在十分簡陋的條件下，戰勝高温，加班加點，提前完成了任務。之後，項紅陽同志按省古籍保護中心的要求，配合上級專家完成後續的數據審校，在此一并表示衷心的感謝！

因我們水平有限，錯誤難免，歡迎方家指正。

浦江縣圖書館
2018年6月

330000－4715－0000002　樓靜玄贈書/經 1－樓靜玄贈書/經 13　經部/叢編

遵阮本重校印十三經注疏并校勘記　(清)阮元撰校勘記　(清)盧宣旬摘錄校勘記　清光緒十三年(1887)上海點石齋石印本　二十五冊

330000－4715－0000003　樓靜玄贈書/經 14　經部/禮記類/傳說之屬

禮記增訂旁訓六卷　(清)徐立綱撰　清文奎堂刻本　一冊　存一卷(四)

330000－4715－0000004　樓靜玄贈書/經 15　經部/群經總義類/文字音義之屬

經籍籑詁一百六卷補遺一百六卷首一卷　(清)阮元撰　清光緒十四年(1888)鴻文書局石印本　十六冊

330000－4715－0000006　樓靜玄贈書/經 16　經部/四書類/總義之屬/傳說

四書古註羣義彙解九種　清光緒十六年(1890)珍藝書局鉛印本　十二冊

330000－4715－0000007　樓靜玄贈書/經 18　經部/大戴禮記類/分篇之屬

夏小正通釋一卷　(清)梁章鉅撰　清光緒十三年(1887)浙江書局刻本　一冊

330000－4715－0000008　樓靜玄贈書/經 19　經部/詩類/傳說之屬

詩經集傳八卷　(宋)朱熹撰　清永言堂刻本　四冊

330000－4715－0000009　樓靜玄贈書/經 20　類叢部/叢書類/彙編之屬

崇文書局彙刻書三十一種　(清)崇文書局編　清光緒元年至三年(1875－1877)湖北崇文書局刻本　二冊　存一種

330000－4715－0000011　樓靜玄贈書/經 24　史部/金石類/金之屬/文字

歷代鐘鼎彜器款識法帖二十卷　(宋)薛尚功撰　清光緒八年(1882)上海點石齋影印本　四冊

330000－4715－0000013　樓靜玄贈書/經 26　經部/小學類/文字之屬/說文/傳說

段氏說文解字注三十二卷增附六書音均表五卷　(清)段玉裁撰　**說文通檢十五卷**　(清)黎永椿編　**說文解字注匡謬八卷**　(清)徐承慶撰　清宣統二年(1910)石印本　八冊

330000－4715－0000018　樓靜玄贈書/經 33　經部/小學類/文字之屬/說文

說文通訓定聲十八卷分部柬韻一卷說雅一卷古今韻準一卷　(清)朱駿聲撰　**行述一卷**　朱孔彰撰　清光緒十三年(1887)上海積山書局石印本　八冊

330000－4715－0000019　樓靜玄贈書/經 32　類叢部/叢書類/彙編之屬

後知不足齋叢書四十七種　(清)鮑廷爵編　清同治至光緒常熟鮑氏刻本　四冊　存一種

330000－4715－0000026　樓靜玄贈書/子 58　子部/小說家類/異聞之屬

山海經箋疏十八卷圖讚一卷訂譌一卷敘錄一卷　(清)郝懿行撰　清光緒二十年(1894)上海書局石印本　六冊

330000－4715－0000028　樓靜玄贈書/史 14　類叢部/叢書類/彙編之屬

士禮居叢書二十種　(清)黃丕烈編　清光緒十三年(1887)上海蜚英館石印本　五冊　存一種

330000－4715－0000029　樓靜玄贈書/史 13　史部/紀事本末類/通代之屬

繹史一百六十卷世系圖一卷年表一卷　(清)馬驌撰　清光緒二十三年(1897)武林尚友齋石印本　二十四冊

330000－4715－0000032　樓靜玄贈書/史 17　史部/雜史類/斷代之屬

明季北略二十四卷南略十八卷　(清)計六奇撰　清光緒十三年(1887)上海圖書集成印書局鉛印本　十冊

330000－4715－0000033　樓靜玄贈書/史 18　史部/雜史類/斷代之屬

明季稗史彙編十六種　(清)留雲居士輯　清

光緒二十二年(1896)上海圖書集成印書局鉛印本　五冊

330000－4715－0000034　樓靜玄贈書/史 8－1、樓靜玄贈書/史 8－2、樓靜玄贈書/8－3
史部/編年類/通代之屬
資治通鑑彙刻八種　清同治至光緒江蘇書局刻本　一百二十冊　存三種

330000－4715－0000036　樓靜玄贈書/史 19
史部/傳記類/總傳之屬/斷代
國朝先正事略六十卷　(清)李元度撰　清光緒十三年(1887)上海廣百宋齋鉛印本　十冊

330000－4715－0000038　樓靜玄贈書/史 24
子部/儒家類/儒學之屬/蒙學
讀史蒙求四卷　(清)趙之燡撰　清光緒二十九年(1903)浦陽同文書屋刻本　三冊

330000－4715－0000039　樓靜玄贈書/史 25
史部/編年類/通代之屬
御批歷代通鑑輯覽一百二十卷　(清)傅恒等撰　清光緒三十年(1904)通文書局石印本　三冊　存九卷(五十五至六十、六十五至六十七)

330000－4715－0000042　樓靜玄贈書/史 35
類叢部/叢書類/彙編之屬
士禮居叢書二十種　(清)黄丕烈編　清嘉慶至道光黄氏士禮居刻本　三冊　存一種

330000－4715－0000043　楼静玄赠书/史 36
史部/政書類/通制之屬
九通　(清)□□輯　清光緒八年至二十二年(1882－1896)浙江書局刻本　五冊　存一種

330000－4715－0000044　樓靜玄贈書/史 37
子部/儒家類/儒學之屬/經濟
明夷待訪錄一卷　(清)黄宗羲撰　清光緒二十三年(1897)上海鴻文局石印本　一冊

330000－4715－0000047　樓靜玄贈書/史 41
史部/雜史類/斷代之屬
蜀碧四卷附記一卷　(清)彭遵泗撰　清嘉慶二十年(1815)天祿閣刻本　二冊

330000－4715－0000052　樓靜玄贈書/史 42
類叢部/叢書類/彙編之屬
咫進齋叢書三十五種　(清)姚覲元編　清光緒九年(1883)歸安姚氏刻本　四冊　存三種

330000－4715－0000053　樓靜玄贈書/史 48
史部/地理類/總志之屬/通代
讀史方輿紀要一百三十卷方輿全圖總說四卷　(清)顧祖禹撰　清光緒二十九年(1903)上海益吾齋石印本　二十四冊

330000－4715－0000054　樓靜玄贈書/史 49
史部/地理類/總志之屬/通代
天下郡國利病書一百二十卷　(清)顧炎武撰　清光緒二十九年(1903)上海益吾齋石印本　二十四冊

330000－4715－0000061　樓靜玄贈書/子 8
子部/叢編
二十二子(二十二子彙函)　(清)浙江書局編　清光緒元年至三年(1875－1877)浙江書局刻本　二冊　存一種

330000－4715－0000064　樓靜玄贈書/子 12
子部/道家類
莊子集解八卷　王先謙撰　清宣統元年(1909)上海埽葉山房石印本　四冊

330000－4715－0000065　樓靜玄贈書/子 11
子部/法家類
韓非子集解二十卷首一卷　(清)王先慎撰　清光緒二十二年(1896)刻本　六冊

330000－4715－0000066　樓靜玄贈書/子 13
子部/叢編
子書百家　(清)崇文書局編　清光緒元年(1875)湖北崇文書局刻本　二冊　存一種

330000－4715－0000070　集 36、集 37、集 38
集部/總集類/彙編之屬
元詩四大家二十七卷　(明)毛晉輯　明崇禎海虞毛氏汲古閣刻清洪振珂因樹樓印本　六冊　存三種

330000－4715－0000074　樓靜玄贈書/子 26
子部/藝術類/書畫之屬/總論

佩文齋書畫譜一百卷 （清）孫岳頒等輯 清光緒九年（1883）上海同文書局石印本 十六冊

330000－4715－0000076 樓靜玄贈書/子 31
子部/雜著類/雜說之屬
草木子四卷 （明）葉子奇撰 清光緒元年（1875）處州府署刻本 二冊

330000－4715－0000078 樓靜玄贈書/子 34
子部/雜著類/雜考之屬
困學紀聞注二十卷 （清）翁元圻撰 清道光五年（1825）餘姚翁氏守福堂刻本 十四冊

330000－4715－0000079 樓靜玄贈書/子 37
子部/雜著類/雜考之屬
日知錄集釋三十二卷刊誤二卷續刊誤二卷 （清）黄汝成撰 清光緒十二年（1886）上海點石齋石印本 四冊

330000－4715－0000080 樓靜玄贈書/子 33
類叢部/叢書類/彙編之屬
湖海樓叢書十二種 （清）陳春編 清嘉慶蕭山陳氏湖海樓刻二十四年（1819）彙印本 四冊 存一種

330000－4715－0000082 樓靜玄贈書/子 35
史部/雜史類/斷代之屬
唐語林八卷 （宋）王讜撰 **附校勘記一卷** （清）錢熙祚撰 清光緒十九年（1893）湖北官書處刻本 四冊

330000－4715－0000083 樓靜玄贈書/子 38
子部/小說家類/異聞之屬
太平廣記五百卷目錄十卷 （宋）李昉等輯 清乾隆十八年（1753）黄晟槐蔭草堂刻本 五十九冊 缺七卷（目錄四至十）

330000－4715－0000084 樓靜玄贈書/子 40
子部/雜著類/雜考之屬
讀書雜志八十二卷餘編二卷 （清）王念孫撰 清光緒二十年（1894）上海醉六堂石印本 八冊

330000－4715－0000085 樓靜玄贈書/子 39
類叢部/叢書類/彙編之屬
嘯園叢書五十七種 （清）葛元煦編 清光緒二年至七年（1876－1881）仁和葛氏刻本 二冊 存一種

330000－4715－0000090 樓靜玄贈書/子 46
史部/叢編
西湖集覽十三種附十一種 （清）丁丙輯 清光緒九年（1883）錢塘丁氏嘉惠堂刻本 二冊 存一種

330000－4715－0000096 樓靜玄贈書/集 6
集部/總集類/選集之屬/通代
續古文苑二十卷 （清）孫星衍輯 清光緒九年（1883）江蘇書局刻本 六冊

330000－4715－0000097 樓靜玄贈書/集 2
集部/總集類/選集之屬/通代
文選六十卷 （南朝梁）蕭統輯 （唐）李善注 **文選考異十卷** （清）胡克家撰 清宣統三年（1911）上海會文堂粹記石印本 十六冊

330000－4715－0000098 樓靜玄贈書/集 5
集部/總集類/選集之屬/通代
古文苑二十一卷 （宋）章樵注 清光緒十二年（1886）江蘇書局刻本 四冊

330000－4715－0000100 楼静玄赠书/集 8
類叢部/叢書類/彙編之屬
崇文書局彙刻書三十一種 （清）崇文書局編 清光緒湖北崇文書局刻民國元年（1912）鄂官書處重印本 一冊 存一種

330000－4715－0000101 樓靜玄贈書/集 7
集部/别集類/唐五代别集
杜詩詳註二十五卷首一卷附編二卷 （唐）杜甫撰 （清）仇兆鰲輯注 清康熙刻本 二十八冊

330000－4715－0000103 樓靜玄贈書/集 10
類叢部/叢書類/彙編之屬
崇文書局彙刻書三十一種 （清）崇文書局編 清光緒湖北崇文書局刻民國元年（1912）鄂官書處重印本 一冊 存一種

330000－4715－0000104 樓靜玄贈書/集 9
類叢部/叢書類/彙編之屬

崇文書局彙刻書三十一種　（清）崇文書局編　清光緒湖北崇文書局刻民國元年（1912）鄂官書處重印本　一冊　存一種

330000－4715－0000105　樓靜玄贈書/集 14　類叢部/叢書類/彙編之屬

十萬卷樓叢書五十一種　（清）陸心源編　清光緒歸安陸氏刻本　二冊　存一種

330000－4715－0000111　樓靜玄贈書/集 22　集部/别集類/唐五代别集

李太白文集三十卷　（唐）李白撰　清光緒元年（1875）湖北崇文書局刻本　四冊

330000－4715－0000116　樓靜玄贈書/集 30　集部/總集類/彙編之屬

唐四家詩集　清光緒十年（1884）上海同文書局石印本　二冊　存一種

330000－4715－0000117　樓靜玄贈書/集 29　集部/總集類/彙編之屬

唐四家詩集　清光緒十年（1884）上海同文書局石印本　二冊　存一種

330000－4715－0000121　樓靜玄贈書/集 33－2　集部/别集類/漢魏六朝别集

曹集銓評十卷　（三國魏）曹植撰　（清）丁晏詮評　**曹集逸文一卷**　（清）丁晏輯　**魏陳思王年譜一卷附錄一卷**　（清）丁晏撰　清同治十一年（1872）金陵書局刻本　二冊

330000－4715－0000130　子 142－2、子 143－2、子 214－2　子部/叢編

二十二子（二十二子彙函）　（清）浙江書局編　清光緒元年至三年（1875－1877）浙江書局刻本　十五冊　存三種

330000－4715－0000133　樓靜玄贈書/集 52　集部/别集類/清别集

笠翁偶集六卷　（清）李漁撰　清刻本　一冊　存一卷（一）

330000－4715－0000135　樓靜玄贈書/集 60－1　集部/詞類/總集之屬

花間集十卷　（五代）趙崇祚輯　清光緒十四年（1888）邵武徐榦刻本　二冊

330000－4715－0000136　樓靜玄贈書/集 55　集部/總集類/選集之屬/斷代

才調集補註十卷　（五代）韋縠輯　（清）殷元勳箋注　（清）宋邦綏補注　清光緒二十年（1894）江蘇書局刻本　四冊

330000－4715－0000137　樓靜玄贈書/集 57　集部/總集類/彙編之屬

唐人五十家小集　（清）江標編　清光緒二十一年（1895）元和江氏靈鶼閣刻本　十六冊

330000－4715－0000138　樓靜玄贈書/集 60－2　集部/詞類/總集之屬

花間集十卷　（五代）趙崇祚輯　清京都炳文齋刻本　一冊

330000－4715－0000141　樓靜玄贈書/集 56－1　類叢部/叢書類/彙編之屬

榆園叢刻十五種附一種　（清）許增編　清同治至光緒刻本　一冊　存一種

330000－4715－0000143　樓靜玄贈書/集 59　集部/曲類/曲選之屬

樂府新編陽春白雪前集五卷後集五卷　（元）楊朝英輯　清光緒三十一年（1905）徐乃昌影元刻本　一冊

330000－4715－0000144　樓靜玄贈書/集 58　集部/别集類/唐五代别集

寒山子詩集一卷　（唐）釋寒山撰　清宣統二年（1910）雲陽程德全刻本　一冊

330000－4715－0000146　樓靜玄贈書/集 63　集部/總集類/選集之屬/通代

樂府詩集一百卷目錄二卷　（宋）郭茂倩輯　清同治十三年（1874）湖北崇文書局刻本　十六冊

330000－4715－0000147　樓靜玄贈書/集 64－1　集部/别集類/唐五代别集

玉谿生詩詳註三卷首一卷樊南文集詳註八卷首一卷　（唐）李商隱撰　（清）馮浩箋注　清乾隆四十五年（1780）德聚堂刻嘉慶元年（1796）增刻同治七年（1868）馮寶圻補刻本　四冊　存三卷（玉谿生詩詳註一至三）

330000－4715－0000152　樓靜玄贈書/集 74
集部/別集類/唐五代別集
杜工部集二十卷　(唐)杜甫撰　(清)錢謙益箋註　(清)何焯評點　**附錄一卷唱酬題詠附錄一卷諸家詩話一卷**　清宣統二年(1910)國學扶輪社、神州國光社鉛印本　八册

330000－4715－0000154　樓靜玄贈書/集 82
集部/詩文評類/文評之屬
全唐詩話六卷　(宋)尤袤撰　(明)毛晉訂　清宣統三年(1911)上海三樂堂石印本　六册

330000－4715－0000157　樓靜玄贈書/集 86－2
集部/總集類/選集之屬/通代
六朝文絜四卷　(清)許槤評選　清道光五年(1825)海昌許氏享金寶石齋刻本　二册

330000－4715－0000159　樓靜玄贈書/集 86－1
集部/總集類/選集之屬/通代
六朝文絜四卷　(清)許槤評選　清光緒五年(1879)吳門刻朱墨套印本　一册

330000－4715－0000160　樓靜玄贈書/集 89
集部/詞類/別集之屬
夢窗甲稿一卷乙稿一卷丙稿一卷丁稿一卷補遺一卷　(宋)吳文英撰　**校勘夢窗詞劄記一卷**　(清)王鵬運撰　清光緒二十五年(1899)臨桂王鵬運四印齋刻本　一册

330000－4715－0000162　樓靜玄贈書/集 90
類叢部/叢書類/彙編之屬
半厂叢書初編十種　(清)譚獻編　清同治至光緒仁和譚氏刻本　二册　存一種

330000－4715－0000164　樓靜玄贈書/集/91
集部/詞類/總集之屬
詞選二卷　(清)張惠言輯　**續詞選二卷**　(清)董毅輯　清同治十一年(1872)會稽章氏刻本　二册

330000－4715－0000167　樓靜玄贈書/集 93
類叢部/叢書類/彙編之屬
榆園叢刻十五種附一種　(清)許增編　清同治至光緒刻本　二册　存一種

330000－4715－0000171　樓靜玄贈書/集 99
集部/別集類/唐五代別集
溫飛卿詩集七卷別集一卷集外詩一卷附錄諸家詩評一卷　(唐)溫庭筠撰　(明)曾益注　(清)顧予咸補注　(清)顧嗣立續注　清宣統二年(1910)石印本　四册　缺一卷(諸家詩評)

330000－4715－0000175　樓靜玄贈書/集 108
集部/戲劇類/傳奇之屬
牡丹亭還魂記二卷五十五齣　(明)湯顯祖撰　清光緒十二年(1886)同文書局石印本　四册

330000－4715－0000176　樓靜玄贈書/集 107
集部/戲劇類/傳奇之屬
長生殿傳奇四卷五十折　(清)洪昇撰　清宣統二年(1910)上海文瑞樓鉛印本　二册

330000－4715－0000177　樓靜玄贈書/集 106
集部/曲類/彈詞之屬
賈鳧西鼓詞一卷　(清)賈應寵撰　**附老圓曲一卷**　(清)俞樾撰　清光緒三十三年(1907)西湖悅圃鉛印本　一册

330000－4715－0000181　經 2　經部/易類/傳說之屬
周易本義四卷附圖說一卷新增圖說一卷卦歌一卷　(宋)朱熹撰　清光緒十九年(1893)浙江書局刻本　二册

330000－4715－0000184　經 5　類叢部/叢書類/自著之屬
儆居遺書十一種　(清)黄式三撰　清同治至光緒刻本　二册　存一種

330000－4715－0000191　經 17　類叢部/類書類/通類之屬
玉海二百卷辭學指南四卷詩攷一卷詩地理攷六卷漢蓺文志攷證十卷通鑑地理通釋十四卷周書王會補注一卷漢制攷四卷踐阼篇集解一卷急就篇補注四卷姓氏急就篇二卷小學紺珠十卷六經天文編二卷周易鄭康成注一卷通鑑答問五卷　(宋)王應麟撰　**校補玉海瑣記二卷王深寧先生年譜一卷**　(清)張大昌撰　清光緒九年至十六年(1883－1890)浙江書局刻

本　一册　存六卷(詩地理攷一至六)

330000－4715－0000192　經 12－1、經 7－2　經部/叢編

十三經注疏　(明)□□輯　明崇禎元年至十二年(1628－1639)毛氏汲古閣刻本　二十五册　存二種

330000－4715－0000193　經 15　類叢部/叢書類/彙編之屬

知不足齋叢書一百九十六種　(清)鮑廷博編　(清)鮑志祖續編　清乾隆三十七年至道光三年(1772－1823)長塘鮑氏刻彙印本　一册　存一種

330000－4715－0000194　經 19　經部/周禮類/傳說之屬

周禮六卷　(漢)鄭玄注　(唐)陸德明音義　清乾隆五十二年(1787)福禮堂刻本　五册　存五卷(一至四、六)

330000－4715－0000195　經 20－1、經 21－1、經 22－2、經 28－1、經 37－1、經 34－1、經 45、經 51、經 58、經 59－1　經部/叢編

十三經注疏　(明)□□輯　明崇禎元年至十二年(1628－1639)毛氏汲古閣刻本　八十九册　存十種

330000－4715－0000196　經 25　類叢部/叢書類/彙編之屬

廣雅書局叢書一百五十九種　徐紹棨編　清光緒廣雅書局刻民國九年(1920)番禺徐紹棨彙編重印本　四册　存一種

330000－4715－0000197　經 24　經部/禮記類/傳說之屬

漱芳軒合纂禮記體註四卷　(清)范翔撰　清嘉慶文奎堂刻本　四册

330000－4715－0000198　經 28－2、經 37－2　經部/叢編

重刊宋本十三經注疏四百十六卷　附十三經注疏校勘記四百十六卷　(清)阮元撰　(清)盧宣旬摘錄　**校勘記識語四卷**　(清)汪文臺撰　清嘉慶二十年(1815)江西南昌府學刻本　三十册　存二種

330000－4715－0000200　經 31－1　經部/春秋左傳類/傳說之屬

春秋左傳(春秋左傳杜林合注)五十卷　(晉)杜預　(宋)林堯叟註釋　(唐)陸德明音義　(明)鍾惺　(明)孫鑛　(明)韓范評點　清光緒十一年(1885)刻本　十六册

330000－4715－0000201　經 32　經部/春秋左傳類/傳說之屬

評點春秋綱目左傳句解彙雋六卷　(清)韓菼重訂　清光緒狀元閣李光明莊刻本　六册

330000－4715－0000202　經 33　經部/春秋左傳類/傳說之屬

評點春秋綱目左傳句解彙雋六卷　(清)韓菼重訂　清宣統元年(1909)石印本　四册　存四卷(一、四至六)

330000－4715－0000206　經 41　子部/叢編

二十二子(二十二子彙函)　(清)浙江書局編　清光緒元年至三年(1875－1877)浙江書局刻本　二册　存一種

330000－4715－0000207　經 43　經部/四書類/論語之屬/傳說

論語集註十卷　(宋)朱熹撰　清刻本　二册

330000－4715－0000209　經 31－2　經部/春秋左傳類/傳說之屬

春秋左傳杜林合註五十卷　(晉)杜預　(宋)林堯叟註釋　(唐)陸德明音義　(明)鍾惺　(明)孫鑛　(明)韓范評點　清文奎堂刻本　十二册　存四十三卷(一至四十三)

330000－4715－0000210　經 54A　經部/四書類/總義之屬/傳說

四書古人典林十二卷　(清)江永輯　清乾隆六十年(1795)金閶函三堂刻本　二册

330000－4715－0000212　經 54B　經部/四書類/總義之屬/傳說

四書左國輯要四卷　(清)周龍官輯　清乾隆二十三年(1758)山陽周龍官刻本　四册

330000－4715－0000213　經56　經部/四書類/總義之屬/傳說

便蒙四書　(宋)朱熹章句　清光緒十一年(1885)王文光齋刻本　九冊　缺一卷(孟子一)

330000－4715－0000216　經59－2　經部/小學類/訓詁之屬/爾雅

爾雅註疏十一卷　(晉)郭璞註　(宋)邢昺疏　清嘉慶二年(1797)武林文業齋刻本　六冊

330000－4715－0000217　經65　經部/叢編

皇清經解一百九十卷首一卷　(清)阮元輯　清光緒上海點石齋石印本　七冊

330000－4715－0000218　經66　經部/群經總義類/文字音義之屬

經典釋文三十卷　(唐)陸德明撰　**經典釋文攷證三十卷**　(清)盧文弨撰　清同治十三年(1874)成都尊經書院刻本　十冊

330000－4715－0000219　經69　經部/小學類/文字之屬/說文

說文解字注十五卷附六書音均表五卷　(清)段玉裁撰　清乾隆至嘉慶段氏經韻樓刻同治六年至十一年(1867－1872)蘇州保息局修補本　十六冊

330000－4715－0000220　經72　經部/小學類/文字之屬/說文/傳說

說文答問疏證六卷　(清)錢大昕撰　(清)薛傳均疏證　清光緒八年(1882)紫薇山館刻本　二冊

330000－4715－0000221　經71　經部/小學類/文字之屬/說文

說文解字十五卷標目一卷　(漢)許慎撰　(宋)徐鉉等校定　清刻本　二冊　存七卷(五至十一)

330000－4715－0000222　經76　經部/小學類/文字之屬/字書/字體

名原二卷　(清)孫詒讓撰　清光緒刻本　一冊

330000－4715－0000223　經77　類叢部/叢書類/自著之屬

話山草堂遺集二種　(清)沈道寬撰　清光緒三年(1877)潤州榷署刻本　一冊　存一種

330000－4715－0000226　經80　經部/小學類/文字之屬/字書/字體

鐘鼎字源五卷附錄一卷　(清)汪立名撰　清康熙五十五年(1716)錢塘汪立名一隅草堂刻本　四冊

330000－4715－0000227　經82　經部/小學類/文字之屬/字書

字學舉隅不分卷　(清)黄本驥　(清)龍啓瑞撰　清光緒七年(1881)藻文堂刻本　一冊

330000－4715－0000230　經90－1　經部/小學類/文字之屬/字書/字典

康熙字典十二集三十六卷總目一卷檢字一卷辨似一卷等韻一卷補遺一卷備考一卷　(清)張玉書等纂修　清宣統元年(1909)上海集成圖書公司石印本　六冊

330000－4715－0000231　經90－2　經部/小學類/文字之屬/字書/字典

康熙字典十二集三十六卷總目一卷檢字一卷辨似一卷等韻一卷補遺一卷備考一卷　(清)張玉書等纂修　清光緒三十年(1904)上海錦章書局石印本　六冊

330000－4715－0000233　經90－4　經部/小學類/文字之屬/字書/字典

康熙字典十二集三十六卷總目一卷檢字一卷辨似一卷等韻一卷補遺一卷備考一卷　(清)張玉書等纂修　清光緒十三年(1887)上海積山書局石印本　六冊

330000－4715－0000234　經90－5　經部/小學類/文字之屬/字書/字典

康熙字典十二集三十六卷總目一卷檢字一卷辨似一卷等韻一卷補遺一卷備考一卷　(清)張玉書等纂修　清光緒十四年(1888)同文書局石印本　六冊

330000－4715－0000235　經90－6　經部/小學類/文字之屬/字書/字典

康熙字典十二集三十六卷總目一卷檢字一卷辨似一卷等韻一卷補遺一卷備考一卷 （清）張玉書等纂修 清末上海商務印書館石印本 六冊 缺五卷(亥集上中下、補遺、備考)

330000－4715－0000237 經92－3 經部/小學類/文字之屬/字書/字典

康熙字典十二集三十六卷總目一卷檢字一卷辨似一卷等韻一卷補遺一卷備考一卷 （清）張玉書等纂修 清道光七年(1827)刻本 三十八冊 缺四卷(總目、檢字、辨似、補遺)

330000－4715－0000238 經92－1 經部/小學類/文字之屬/字書/字典

康熙字典十二集三十六卷總目一卷檢字一卷辨似一卷等韻一卷補遺一卷備考一卷 （清）張玉書等纂修 清刻本 三十九冊 缺一卷(午集中)

330000－4715－0000239 經94 經部/小學類/音韻之屬/等韻

音學辨微一卷 （清）江永撰 清宣統元年(1909)上海國學保存會石印本 一冊

330000－4715－0000240 經93A 經部/小學類/文字之屬/字書/字典

字彙十二集首一卷末一卷 （明）梅膺祚撰 清刻本 五冊 缺二集(寅、卯)

330000－4715－0000242 經95 經部/小學類/音韻之屬/韻書

江氏音學十書七種附一種 （清）江有誥撰 清嘉慶至道光刻本 五冊 存四種

330000－4715－0000243 經96 經部/小學類/音韻之屬/古今韻說

音學五書五種 （清）顧炎武撰 清光緒十六年(1890)長沙思賢講舍刻本 十冊 存三種

330000－4715－0000244 經99 類叢部/叢書類/郡邑之屬

金華叢書六十八種 （清）胡鳳丹編 清同治七年至光緒八年(1868－1882)永康胡氏退補齋刻民國補刻本 二冊 存一種

330000－4715－0000246 史24－2、史25－4 史部/紀傳類/正史之屬

四史 清光緒二十四年(1898)上海點石齋石印本 十四冊 存二種

330000－4715－0000247 史25－1 史部/紀傳類/正史之屬

漢書一百卷 （漢）班固撰 （唐）顏師古注 清光緒十三年(1887)金陵書局刻本 二十二冊

330000－4715－0000248 經100 經部/四書類/總義之屬/傳說

四書體註合講十九卷圖說一卷 （清）翁復編 清務本堂刻本 六冊

330000－4715－0000250 子178 類叢部/叢書類/彙編之屬

藝苑捃華四十八種 （清）顧之逵編 清同治七年(1868)刻本 十八冊 存十一種

330000－4715－0000253 史24－5 史部/紀傳類/正史之屬

史記一百三十卷 （漢）司馬遷撰 （南朝宋）裴駰集解 （唐）司馬貞索隱 （唐）張守節正義 **校刊史記集解索引正義札記五卷** （清）張文虎撰 清同治五年至九年(1866－1870)金陵書局刻本 十九冊 缺十七卷(九十四至一百五、校刊史記集解索引正義札記一至五)

330000－4715－0000254 史25－2 史部/紀傳類/正史之屬

漢書一百卷 （漢）班固撰 （唐）顏師古注 清光緒十三年(1887)金陵書局刻本 十六冊

330000－4715－0000257 史26－4 史部/紀傳類/正史之屬

二十四史附考證 清光緒三十一年(1905)武林竹簡齋石印本 十冊 存一種

330000－4715－0000258 史26－3 史部/紀傳類/正史之屬

四史 清光緒二十四年(1898)上海點石齋石印本 六冊 存一種

330000－4715－0000259 史29－1 史部/紀

傳類/正史之屬

四史　清光緒十三年(1887)江南書局刻本　八册　存一種

330000－4715－0000260　史73　史部/編年類/通代之屬

尺木堂綱鑑易知錄九十二卷　(清)吳乘權　(清)周之炯　(清)周之燦輯　清兩儀堂刻本　二十四册　缺三十九卷(三十四至六十、七十九至九十)

330000－4715－0000261　史29－3　史部/紀傳類/正史之屬

三國志六十五卷　(晉)陳壽撰　(南朝宋)裴松之注　清刻本　八册

330000－4715－0000262　史53　類叢部/叢書類/彙編之屬

廣雅書局叢書一百五十九種　徐紹棨編　清光緒廣雅書局刻民國九年(1920)番禺徐紹棨彙編重印本　三十二册　存一種

330000－4715－0000263　史19、史22、史24－1、史33－1、史35－1、史37－1、史38－1、史40－1、史175　史部/紀傳類/正史之屬

二十四史　清同治至光緒五省官書局據汲古閣本等合刻光緒五年(1879)湖北書局彙印本　二百六十五册　存九種

330000－4715－0000264　史26－2、史31－1　史部/紀傳類/正史之屬

二十四史　清同治至光緒五省官書局據汲古閣本等合刻光緒五年(1879)湖北書局彙印本　四十册　存二種

330000－4715－0000265　史33－3　史部/紀傳類/正史之屬

十七史　(明)毛晉編　明崇禎元年至十七年(1628－1644)毛氏汲古閣刻清順治重修本　十八册　存一種

330000－4715－0000266　史26－1　史部/紀傳類/正史之屬

四史　清光緒十三年(1887)金陵書局刻本　十八册　存一種

330000－4715－0000267　史34－1、史41－1、史43－1、史45－1、史46－1　史部/紀傳類/正史之屬

二十四史　清同治至光緒五省官書局據汲古閣本等合刻光緒五年(1879)湖北書局彙印本　一百二十八册　存五種

330000－4715－0000268　史35－3、史36－3、史40－3　史部/紀傳類/正史之屬

十七史　(明)毛晉編　明崇禎元年至十七年(1628－1644)琴川毛氏汲古閣刻清順治五年至十三年(1648－1656)重修本　二十一册　存三種

330000－4715－0000269　史36－2　史部/紀傳類/正史之屬

二十四史附考證　清光緒二十八年(1902)竢實齋石印本　一册　存一種

330000－4715－0000271　史54　史部/史評類/考訂之屬

廿二史劄記三十六卷補遺一卷　(清)趙翼撰　清光緒二十八年(1902)文淵山房石印本　六册

330000－4715－0000272　史47－1　史部/紀傳類/正史之屬

五代史七十四卷　(宋)歐陽修撰　(宋)徐無黨注　清同治十一年(1872)湖北崇文書局刻本　八册

330000－4715－0000273　史55　子部/叢編

二十二子(二十二子彙函)　(清)浙江書局編　清光緒元年至三年(1875－1877)浙江書局刻本　四册　存一種

330000－4715－0000274　史56　史部/編年類/通代之屬

資治通鑑二百九十四卷　(宋)司馬光撰　(元)胡三省音注　清刻本　一百二十九册　缺四十九卷(九至十、三十至三十一、三十四至三十九、四十八至四十九、七十七至七十八、一百四十五至一百四十六、一百六十二、一百九十三至一百九十八、二百五至二百六、二百八十九至二百九十、二百十七至二百十

八、二百四十七至二百六十六)

330000－4715－0000275　史58　史部/編年類/通代之屬
續資治通鑑二百二十卷　(清)畢沅撰　清乾隆鎮洋畢氏刻嘉慶六年(1801)桐鄉馮氏德裕堂續刻同治六年(1867)永康應氏補刻八年(1869)江蘇書局修補印本　六十册

330000－4715－0000276　史59、史60、史61、史62　類叢部/叢書類/郡邑之屬
金華叢書六十八種　(清)胡鳳丹編　清同治七年至光緒八年(1868－1882)永康胡氏退補齋刻民國補刻本　二十二册　存二種

330000－4715－0000277　史63　史部/編年類/通代之屬
御批歷代通鑑輯覽一百二十卷　(清)傅恒等撰　清光緒三十年(1904)上海商務印書館鉛印本　二十八册　缺三十四卷(三十至三十二、三十六至三十八、四十八至六十二、六十八至七十二、七十六至七十八、八十五至八十七、一百八至一百九)

330000－4715－0000279　史65　史部/編年類/斷代之屬
明紀六十卷　(清)陳鶴輯　(清)陳克家補　清同治十年(1871)江蘇書局刻本　十八册　存五十四卷(一至十二、十六至五十七)

330000－4715－0000280　史66　子部/儒家類/儒學之屬/蒙學
英秀堂增定課兒鑑略妥註善本五卷　(明)李廷機撰　(明)張瑞圖校正　(清)鄒聖脈原訂　(清)周光霽重校　清盛德堂刻本　二册

330000－4715－0000281　史72　史部/史抄類
史鑑節要便讀六卷　(清)鮑東里撰　清光緒二十七年(1901)湖北書局刻本　二册

330000－4715－0000282　史69　史部/政書類/通制之屬
九通分類總纂二百四十卷　(清)汪鍾霖輯　清光緒二十八年(1902)上海文瀾書局石印本　六十九册　缺三十三卷(三十四至六十四、一百八十三至一百八十四)

330000－4715－0000283　史67　史部/編年類/通代之屬
新刊通鑑輯要三十九卷首一卷　(明)王世貞　(明)袁黄纂　**御撰資治通鑑綱目三編二十卷**　(清)張廷玉編　清同治五年(1866)大文堂刻本　二十七册　缺十四卷(二至六、十二至二十)

330000－4715－0000284　史77　史部/紀事本末類
歷朝紀事本末九種　(清)陳如升　(清)朱記榮輯　(清)捷記主人增輯　清光緒二十九年(1903)上海文盛書局石印本　十一册　存一種

330000－4715－0000285　史78、史80　史部/紀事本末類
歷朝紀事本末九種　(清)陳如升　(清)朱記榮輯　(清)捷記主人增輯　清光緒二十九年(1903)上海文盛書局石印本　九册　存二種

330000－4715－0000286　史79　史部/紀事本末類
歷朝紀事本末九種　(清)陳如升　(清)朱記榮輯　(清)捷記主人增輯　清光緒二十九年(1903)上海文盛書局石印本　一册　存一種

330000－4715－0000287　史85　史部/雜史類/斷代之屬
戰國策三十三卷　(漢)高誘注　**重刻剡川姚氏本戰國策札記三卷**　(清)黄丕烈撰　清光緒三年(1877)永康胡氏退補齋刻本　五册

330000－4715－0000288　史88　子部/叢編
二十二子(二十二子彙函)　(清)浙江書局編　清光緒元年至三年(1875－1877)浙江書局刻本　四册　存一種

330000－4715－0000289　史82　史部/雜史類/斷代之屬
周書斠補四卷　(清)孫詒讓撰　清光緒二十二年(1896)刻本　一册

330000－4715－0000292　史92　史部/史抄類

南北史捃華八卷　(清)周嘉猷輯　清光緒二年(1876)永康胡氏退補齋刻本　六冊　存六卷(二至三、五至八)

330000－4715－0000293　史101A　類叢部/類書類/通類之屬

古事比五十二卷　(清)方中德輯　清光緒十三年(1887)上海文盛堂石印本　六冊

330000－4715－0000294　史93、史94　史部/傳記類/總傳之屬/通代

增廣古今人物論三十六卷　(明)鄭賢輯　**續編十二卷**　(清)願學齋同人輯　清光緒二十八年(1902)富文書局石印本　十冊　存三十九卷(增廣古今人物論一至三十六、續編一至三)

330000－4715－0000295　史97　類叢部/叢書類/彙編之屬

廣雅書局叢書一百五十九種　徐紹棨編　清光緒廣雅書局刻民國九年(1920)番禺徐紹棨彙編重印本　一冊　存一種

330000－4715－0000299　史102－1　史部/傳記類/總傳之屬/斷代

國朝先正事略六十卷　(清)李元度撰　**續編四卷**　朱孔彰撰　清光緒二十八年(1902)上海點石齋石印本　十冊

330000－4715－0000300　史108－2　史部/地理類/總志之屬/通代

讀史方輿紀要一百三十卷輿圖要覽四卷　(清)顧祖禹撰　清道光三年(1823)敷文閣刻本　七十七冊　缺五卷(三十六、八十五至八十八)

330000－4715－0000301　史109　史部/地理類/輿圖之屬/全國

大清中外壹統輿圖(皇朝中外壹統輿圖)三十一卷首一卷　(清)鄒世詒　(清)晏啟鎮編　(清)李廷簫　(清)汪士鐸增訂　清同治二年(1863)湖北撫署刻本　三十二冊

330000－4715－0000302　史110　史部/地理類/輿圖之屬/全國

皇朝一統輿地全圖一卷　(清)六承如輯　(清)馮焌光增補　(清)欽乃軒主人續增　清光緒石印本　一冊

330000－4715－0000304　史112　史部/地理類/總志之屬/通代

天下郡國利病書一百二十卷　(清)顧炎武撰　清道光十一年(1831)成都龍萬育敷文閣刻本　六十冊

330000－4715－0000306　史113　史部/地理類/總志之屬

歷代輿地沿革險要圖說一卷　楊守敬　饒敦秩撰　王尚德繪　清光緒二十四年(1898)上海鑄記書局石印本　張維新題記　一冊

330000－4715－0000307　史125　史部/地理類/方志之屬/郡縣志

咸淳臨安志一百卷　(宋)潛說友纂　**校栞咸淳臨安志札記三卷**　(清)黃士珣撰　清道光十年(1830)錢塘汪氏振綺堂刻本(卷六十四、九十、九十八至一百原缺)　二十四冊

330000－4715－0000308　史132　史部/地理類/方志之屬/郡縣志

浦江縣志存真不分卷　(清)徐札等撰　清宣統三年(1911)木活字印本　一冊

330000－4715－0000309　史140　新學/地學/地志學

海道圖說十五卷附長江圖說一卷　(英國)金約翰輯　(美國)金楷理口譯　(清)王德均筆述　清光緒江南機器製造總局刻本　十冊

330000－4715－0000310　史139　史部/地理類/外紀之屬

海國圖志一百卷首一卷　(清)魏源撰　清光緒二年(1876)平慶涇固道署刻本　二十四冊

330000－4715－0000311　史133　史部/傳記類/總傳之屬

請建總坊事實簡明冊一卷　(清)戴聰輯　清光緒六年(1880)木活字印本　一冊

330000－4715－0000313　史 148、史 150、史 151、史 152、史 153、史 154、史 155、史 156、史 157、史 158、史 159　史部/政書類/通制之屬

九通　(清)□□輯　清光緒八年至二十二年(1882－1896)浙江書局刻本　九百八十八冊　缺十七卷(通志十二至十三,文獻通考附考證一至三,欽定續文獻通考一百五至一百六、一百十至一百十七,皇朝文獻通考二百九十七至二百九十八)

330000－4715－0000314　史 149　史部/政書類/通制之屬

欽定三通考證　清光緒二十年(1894)浙江書局刻本　三冊　存一種

330000－4715－0000315　史 161　史部/雜史類/斷代之屬

皇朝掌故彙編内編六十卷首一卷外編四十卷首一卷　張壽鏞等輯　清光緒二十八年(1902)求實書社鉛印本　三十三冊　缺四十五卷(内編十六、二十六至二十八,外編首、一至四十)

330000－4715－0000316　史 155、史 156、史 157、史 158、史 159　史部/政書類/通制之屬

九通　(清)□□輯　清光緒八年至二十二年(1882－1896)浙江書局刻本　四百三十九冊　存四種

330000－4715－0000317　史 162　史部/政書類/邦交之屬

各國約章纂要六卷首一卷附錄一卷　勞乃宣等輯　清末鉛印本　二冊　存四卷(二至五)

330000－4715－0000318　史 164　史部/政書類/邦交之屬

各國通商條約十六卷附辛丑各國和約一卷　(清)督辦浙江通商洋務總局編　清光緒二十八年(1902)浙江官書局刻本　五冊　存五卷(英國、法國、美國、布國,附辛丑各國和約)

330000－4715－0000319　史 163　史部/地理類/外紀之屬

萬國近政考略十六卷　(清)鄒弢撰　清光緒二十八年(1902)上海書局石印本　二冊

330000－4715－0000320　史 171　子部/儒家類/儒學之屬/蒙學

讀史蒙求四卷　(清)趙之燡撰　清光緒二十九年(1903)浦陽同文書屋刻本　三冊

330000－4715－0000321　史 165　史部/政書類/邦計之屬/貿易

通商約章類纂三十五卷首一卷　(清)張開運等編　清刻本　二冊　存二卷(五至六)

330000－4715－0000322　史 172　史部/史評類/史論之屬

史通削繁四卷　(清)紀昀撰　清光緒二十一年(1895)寶慶澹雅書局刻本　四冊

330000－4715－0000325　史 173、史 174　史部/紀傳類/正史之屬

二十四史附考證　清光緒三十一年(1905)武林竹簡齋石印本　十七冊　存二種

330000－4715－0000326　子 19、子 43　子部/醫家類/綜合之屬

景岳全書六十四卷　(明)張介賓撰　清刻本　三冊　存四卷(七至八、四十六至四十七)

330000－4715－0000328　史 176　史部/叢編

史學叢書四十三種　(清)□□輯　清光緒石印本　二十四冊　存三十九種

330000－4715－0000330　史 179　史部/地理類/總志之屬/斷代

大清一統志四百二十四卷　(清)和珅等纂修　清光緒二十七年(1901)上海寶善齋石印本　四十一冊　缺一百三十五卷(十七至二十三、三十五至四十二、六十四至六十八、八十九至一百、一百八十二至一百九十六、二百四至二百八、二百十四至二百二十五、二百三十三至二百三十六、二百六十五至二百六十八、二百七十五至二百九十、三百十一至三百三十七、三百六十至三百六十七、三百七十八至三百八十九)

330000－4715－0000331　史 181　史部/地理類/雜志之屬

揚州畫舫錄十八卷　(清)李斗撰　清乾隆六

十年(1795)自然龕刻本　六冊

330000－4715－0000333　史184　史部/政書類/通制之屬

欽定大清會典一百卷　(清)崑岡等撰　清石印本　二十三冊　缺二卷(一至二)

330000－4715－0000335　史185　史部/史評類/考訂之屬

廿二史劄記三十六卷補遺一卷　(清)趙翼撰　清末石印本　五冊　存三十一卷(七至三十六、補遺)

330000－4715－0000336　史186　史部/目録類/總録之屬/史志

隋書經籍志四卷　(唐)魏徵　(唐)長孫無忌等撰　清光緒八年(1882)成都御風樓刻本　四冊

330000－4715－0000337　子1、子9、子11－2、子12－1　子部/叢編

二十二子(二十二子彙函)　(清)浙江書局編　清光緒元年至三年(1875－1877)浙江書局刻本　二十一冊　存四種

330000－4715－0000340　子12－2　子部/叢編

二十二子(二十二子彙函)　(清)浙江書局編　清光緒元年至三年(1875－1877)浙江書局刻本　六冊　存一種

330000－4715－0000343　子10　子部/兵家類/兵法之屬

軍禮司馬瀍攷徵一卷　(清)黄以周撰　清光緒十八年(1892)黄氏試館刻本　一冊

330000－4715－0000344　子15－1　子部/醫家類/類編之屬

吴氏醫學述　(清)吴儀洛輯　清文奎堂刻本　五冊　存一種

330000－4715－0000347　子16　子部/醫家類/本草之屬/歷代綜合本草

本草綱目五十二卷首一卷附圖三卷奇經八脈攷一卷瀕湖脈學一卷脈訣攷證一卷　(明)李時珍撰　**本草萬方鍼線八卷**　(清)蔡烈先輯　清同治十一年(1872)芥子園刻本　四十五冊　缺十二卷(本草綱目首、一至二,奇經八脈攷,瀕湖脈學,脈訣攷證,萬方鍼線一至六)

330000－4715－0000348　子18　子部/醫家類/診法之屬/其他診法

傷寒舌鑑不分卷　(清)張登輯　清光緒四年(1878)刻本　一冊

330000－4715－0000349　子20　子部/醫家類/兒科之屬/通論

醫林枕秘保赤存真十卷　(清)余含棻輯　清光緒二年(1876)慎德堂刻本　四冊　存六卷(一至二、五至八)

330000－4715－0000352　子21　子部/醫家類/兒科之屬/通論

鼎鍥幼幼集成六卷　(清)陳復正輯　清愛日堂刻本　四冊　缺二卷(三至四)

330000－4715－0000353　子25　子部/醫家類/眼科之屬

銀海精微四卷　題(唐)孫思邈撰　清大文堂刻本　二冊

330000－4715－0000354　子48　子部/醫家類/兒科之屬/痘疹

活幼心法九卷　(明)聶尚恒撰　清同治五年(1866)聚文堂刻本　一冊　存四卷(一至四)

330000－4715－0000355　子26　子部/醫家類/溫病之屬/其他溫疫病證

溫熱經緯五卷　(清)王士雄撰　清江陰寶文堂書莊刻本　四冊

330000－4715－0000356　子23　子部/醫家類/外科之屬/外科方

新刊外科正宗六卷　(明)陳實功撰　清永言堂刻本(卷六配民國石印本)　五冊　缺一卷(二)

330000－4715－0000358　子28　子部/醫家類/綜合之屬

景岳全書六十四卷　(明)張介賓撰　清刻本　一冊　存四卷(四十二至四十五)

330000－4715－0000359　子32　子部/醫家類/診法之屬/脈經脈訣
瀕湖脈學一卷奇經八脈攷一卷　(明)李時珍撰　清漁古山房刻本　一册

330000－4715－0000360　子31　子部/醫家類/方書之屬/歷代方書
醫方集解□□卷　(清)汪昂撰　清刻本　一册　存一卷(三)

330000－4715－0000361　子33　子部/醫家類/診法之屬
指掌病式圖説一卷　(元)朱震亨撰　清二酉堂刻本　一册

330000－4715－0000362　子34　子部/醫家類/診法之屬/歷代脈學
診家正眼二卷　(明)李中梓撰　(清)尤乘增補　清刻本　二册

330000－4715－0000363　子31－1　子部/醫家類/方書之屬/歷代方書
醫方集解三卷　(清)汪昂撰　清刻本　二册　存二卷(二至三)

330000－4715－0000366　子39－2　子部/醫家類/綜合之屬
景岳全書六十四卷　(明)張介賓撰　清嘉慶二十四年(1819)金閶書業堂刻本　二十六册　缺七卷(四至五、三十二至三十四、五十至五十一)

330000－4715－0000367　子36　子部/醫家類/婦科之屬/產科
大生要旨六卷附録經驗良方一卷　(清)唐千頃撰　清同治十年(1871)杏園刻本　二册　缺四卷(三至四、六,經驗良方)

330000－4715－0000368　子38　子部/醫家類/婦科之屬/產科
達生編二卷　(清)亟齋居士撰　清咸豐元年(1851)刻本　一册

330000－4715－0000370　子49　子部/醫家類/方書之屬/單方驗方
驗方新編十六卷　(清)鮑相璈輯　清同治五年(1866)江西崇仁謝氏鑑軒刻本　十五册　存十四卷(一至二、五至十六)

330000－4715－0000372　子44　子部/醫家類/綜合之屬/通論
御纂醫宗金鑑九十卷首一卷　(清)吳謙等撰　清刻本　七册　缺六卷(外科心法要訣三至六、十三至十四)

330000－4715－0000373　子52　子部/醫家類/綜合之屬
景岳全書六十四卷　(明)張介賓撰　清刻本　一册　存三卷(二十三至二十五)

330000－4715－0000374　子53　子部/醫家類/溫病之屬
時病論八卷　(清)雷豐撰　清光緒三十年(1904)石印本　一册　存四卷(一至四)

330000－4715－0000376　子51　子部/醫家類/方書之屬/單方驗方
普濟良方八卷補遺一卷　清刻本　一册

330000－4715－0000377　子55　子部/醫家類/綜合之屬/通論
醫宗必讀十卷首一卷　(明)李中梓撰　清嘉慶十二年(1807)刻本　五册　存六卷(一至六)

330000－4715－0000378　子41　子部/醫家類/針灸之屬/通論
鍼灸大成十卷　(明)楊繼洲撰　清刻本　一册　存二卷(三至四)

330000－4715－0000379　子56　子部/醫家類/綜合之屬/通論
醫宗説約六卷　(清)蔣示吉撰　清刻本　一册　存三卷(四至六)

330000－4715－0000380　子58　子部/醫家類/本草之屬/本草藥性
雷公炮製藥性解六卷　(明)李中梓撰　清刻本　二册

330000－4715－0000381　子57　子部/醫家類/類編之屬

丹溪附餘三種　清二酉堂刻本　一冊　存一種

330000－4715－0000382　子54　子部/醫家類/醫案之屬

臨證指南醫案十卷　(清)葉桂撰　清光緒十年(1884)埽葉山房刻本　五冊　存五卷(一、五至八)

330000－4715－0000383　子63　子部/藝術類/書畫之屬/畫譜

十竹齋書畫譜八卷　(明)胡正言輯　清刻彩色套印本　二冊　存二卷(果譜、梅譜)

330000－4715－0000384　子61　子部/醫家類/類編之屬

陳修園醫書四十八種　(清)陳念祖等撰　清上海鴻文書局石印本　五冊　存二十四種

330000－4715－0000385　子60　子部/醫家類/類編之屬

陳修園醫書三十二種　(清)陳念祖等撰　清光緒三十一年(1905)上海醉六堂書局石印本　十五冊　存十九種

330000－4715－0000386　子59　子部/醫家類/本草之屬/本草藥性

鐫補雷公炮製藥性解六卷藥性賦一卷　(明)李中梓撰　清刻本　一冊

330000－4715－0000387　子64　子部/藝術類/書畫之屬/畫譜

芥子園畫傳初集六卷二集九卷三集六卷　(清)王槩　(清)王蓍　(清)王臬輯　清上海中原書局石印本(三集卷一配不同版石印本)　九冊　缺四卷(三集二至四、六)

330000－4715－0000390　子79－2　子部/藝術類/書畫之屬/法帖

御刻三希堂石渠寶笈法帖不分卷　(清)梁詩正等輯　清影印本　一冊

330000－4715－0000391　子64－1　子部/藝術類/書畫之屬/畫譜

芥子園畫傳初集六卷二集九卷三集六卷　(清)王槩　(清)王蓍　(清)王臬輯　清光緒十四年(1888)上海天寶書局石印本　一冊　存六卷(初集一至六)

330000－4715－0000394　子64－2　子部/藝術類/書畫之屬/畫譜

芥子園畫傳初集六卷二集九卷三集六卷　(清)王槩　(清)王蓍　(清)王臬輯　清光緒三十二年(1906)上海文新書局石印本　一冊　存六卷(二集一至六)

330000－4715－0000396　子96　子部/藝術類/書畫之屬/法帖

諸家古法帖□□卷　清石印本　一冊　存一卷(五)

330000－4715－0000397　子64－3　子部/藝術類/書畫之屬/畫譜

芥子園畫傳初集六卷二集九卷三集六卷　(清)王槩　(清)王蓍　(清)王臬輯　清光緒二十一年(1895)上海寶文書局石印本　二冊　存四卷(二集一至二、五至六)

330000－4715－0000400　子64－4　子部/藝術類/書畫之屬/畫譜

芥子園畫傳初集六卷二集九卷三集六卷　(清)王槩　(清)王蓍　(清)王臬輯　清石印本　三冊　缺六卷(初集一至二、四至六,三集六)

330000－4715－0000410　子110　子部/藝術類/書畫之屬/法帖

王右軍十七帖一卷　(晉)王羲之書　清光緒影印本　一冊

330000－4715－0000418　經101　經部/叢編

皇清經解一千四百八卷首一卷　(清)阮元輯　清道光九年(1829)廣東學海堂刻咸豐十一年(1861)補刻本　一百二十八冊　存六十七種

330000－4715－0000424　子131　類叢部/叢書類/彙編之屬

嘯園叢書五十七種　(清)葛元煦編　清光緒二年至七年(1876－1881)仁和葛氏刻本　一冊　存一種

330000－4715－0000426　子146、子147　子部/雜著類/雜纂之屬

經餘必讀八卷二編八卷　(清)雷琳　(清)錢樹棠　(清)錢樹立輯　**經餘必讀三編四卷**　(清)趙在翰輯　清嘉慶八年(1803)大中堂刻本　八册　缺四卷(三編一至四)

330000－4715－0000427　子148　子部/儒家類/儒學之屬/蒙學

蒙學三字經歷史詳説一卷　清刻本　一册

330000－4715－0000428　子149　經部/小學類/文字之屬/字書/訓蒙

千字文釋義一卷　(南朝梁)周興嗣編　(清)汪嘯尹輯　(清)孫謙益注　清刻本　一册

330000－4715－0000429　子150　子部/叢編

徐氏三種(重刻徐氏三種)　(清)徐士業編　清王立言堂刻本　一册

330000－4715－0000430　子153　子部/雜著類/雜考之屬

無邪堂答問五卷　(清)朱一新撰　清光緒二十一年(1895)廣東順德龍氏葆真堂刻本　五册

330000－4715－0000432　子157　子部/儒家類/儒學之屬/蒙學

寄傲山房塾課新增幼學故事瓊林四卷首一卷　(清)程登吉撰　(清)鄒聖脈增補　清光緒二十二年(1896)文華樓刻本　四册

330000－4715－0000433　子155　類叢部/類書類/通類之屬

玉海二百卷辭學指南四卷詩攷一卷詩地理攷六卷漢藝文志攷證十卷通鑑地理通釋十四卷周書王會補注一卷漢制攷四卷踐阼篇集解一卷急就篇補注四卷姓氏急就篇二卷小學紺珠十卷六經天文編二卷周易鄭康成注一卷通鑑答問五卷　(宋)王應麟撰　**校補玉海瑣記二卷王深寧先生年譜一卷**　(清)張大昌撰　清光緒九年至十六年(1883－1890)浙江書局刻本　四册　存十卷(小學紺珠一至十)

330000－4715－0000434　子158　子部/儒家類/儒學之屬/蒙學

育正堂重訂幼學須知句解四卷　清刻本　四册

330000－4715－0000436　子161　子部/雜家類

程式編三卷閏一卷　(清)沈應彤編　(清)沈廷颺增輯　清道光二十九年(1849)刻本　一册

330000－4715－0000437　子166　集部/别集類/明别集

宋文憲公全集八十三卷潛溪録六卷首一卷　(明)宋濂撰　孫鏘輯　清宣統二年(1910)成都刻本　六册　缺八十三卷(宋文憲公全集一至八十三)

330000－4715－0000438　子162　子部/儒家類/儒學之屬/蒙學

讀書作文譜十二卷父師善誘法二卷　(清)唐彪輯撰　清刻本　五册

330000－4715－0000441　子180　經部/小學類/文字之屬/訓蒙

啟蒙對語便讀三字錦二卷　(清)趙暄編　(清)彭寅臣訂　清嘉慶玉尺堂刻本　一册　存一卷(上)

330000－4715－0000442　子179　類叢部/叢書類/彙編之屬

祕書廿一種　(清)汪士漢編　清刻本　十一册　存十九種

330000－4715－0000443　子183　集部/總集類/尺牘之屬

歷代名人小簡二卷　吴曾祺輯　清宣統三年(1911)上海商務印書館鉛印本　一册　存一卷(下)

330000－4715－0000444　子184　集部/總集類/尺牘之屬

國朝名人小簡二卷　吴曾祺輯　清宣統二年(1910)上海商務印書館鉛印本　一册　存一卷(下)

330000－4715－0000445　子190　類叢部/類

書類/通類之屬
御定駢字類編二百四十卷 （清）吳士玉 （清）沈宗敬等輯 清光緒十三年(1887)上海同文書局石印本 四十八册

330000－4715－0000446 子189－1 類叢部/類書類/專類之屬
佩文韻府一百六卷 （清）張玉書 （清）蔡升元等輯 **韻府拾遺一百六卷** （清）汪灝 （清）何焯等輯 清光緒二十四年(1898)上海點石齋石印本 二十四册

330000－4715－0000447 子191 集部/詩文評類/詩評之屬
餘墨偶談八卷續集八卷 （清）孫樗撰 清刻本 二册 存四卷(續集一至四)

330000－4715－0000451 子211 子部/宗教類/佛教之屬/經疏
妙法蓮華經科註七卷 （明）釋一如撰 明崇禎六年(1633)刻本 七册

330000－4715－0000453 子221 子部/宗教類/道教之屬
感應篇俗語不分卷 清光緒二十五年(1899)木活字印本 一册

330000－4715－0000458 子235 類叢部/類書類/專類之屬
子史精華一百六十卷 （清）吳士玉 （清）吳襄等輯 清刻本 四十七册 缺三卷(四十一、四十九至五十)

330000－4715－0000459 子236 子部/小說家類/異聞之屬
酉陽雜俎二十卷續集十卷 （唐）段成式撰 清石印本 一册 存十卷(續集一至十)

330000－4715－0000461 集7 集部/別集類/唐五代別集
杜詩註釋二十四卷首一卷 （清）許寶善輯 清嘉慶八年(1803)自怡軒刻本 五册 存十卷(十五至二十四)

330000－4715－0000463 集13 集部/別集類/唐五代別集
重訂李義山詩集箋注三卷集外詩箋注一卷 （唐）李商隱撰 （清）朱鶴齡箋注 （清）程夢星刪補 **附年譜一卷詩話一卷** （清）程夢星輯 清刻本 二册 缺二卷(附年譜、詩話)

330000－4715－0000469 集55 集部/別集類/清別集
小倉山房詩集三十一卷補遺二卷附錄一卷 （清）袁枚撰 清經元堂刻本 五册 存二十九卷(一至二十九)

330000－4715－0000470 集59 集部/別集類/清別集
有正味齋駢文箋注十六卷補注一卷 （清）吳錫麒撰 （清）葉聯芬注 清同治七年(1868)慈谿葉氏刻本 八册

330000－4715－0000472 集77 集部/別集類/清別集
西崖文鈔八卷 （清）朱興悌撰 清刻本 一册

330000－4715－0000473 集63 集部/別集類/清別集
芝厓詩集二卷 （清）釋超凡撰 清乾隆刻本 一册

330000－4715－0000474 集78 集部/別集類/清別集
劫餘存稿二卷 （清）吳受藻 （清）王鼎詩撰 （清）吳積鑑 （清）朱世篁編 清同治七年(1868)錢塘汪氏振綺堂刻本 一册

330000－4715－0000477 集80 集部/別集類/清別集
蜕樵詩鈔一卷 （清）趙鴻書撰 清光緒九年(1883)刻本 一册

330000－4715－0000478 集86 集部/總集類/選集之屬/通代
六朝文絜箋注十二卷 （清）許槤評選 （清）黎經誥箋注 清光緒十五年(1889)枕溢書屋刻本 二册 存六卷(一至六)

330000－4715－0000479 集83B 類叢部/

叢書類/自著之屬

隨園三十種 (清)袁枚撰　清刻本　一册　存一種

330000－4715－0000480　集32、集33　類叢部/叢書類/郡邑之屬

永嘉叢書十三種 (清)孫衣言編　清同治至光緒瑞安孫氏詒善祠塾刻本　二册　存二種

330000－4715－0000481　集87　集部/總集類/選集之屬/通代

古文辭類纂十五卷 (清)姚鼐輯　**續古文辭類纂十卷**　王先謙輯　清光緒十六年(1890)上海文瑞樓鉛印本　二册　存四卷(古文辭類纂一至二、五至六)

330000－4715－0000482　集88　集部/總集類/選集之屬/斷代

皇朝經世文編一百二十卷姓名總目二卷生存姓名一卷 (清)賀長齡輯　清道光七年(1827)刻本　七十九册　缺二卷(七十二至七十三)

330000－4715－0000484　集93　集部/總集類/彙編之屬

國朝八家四六文鈔(八家四六文鈔) (清)吳鼒編　清光緒五年(1879)京都琉璃廠肆雅堂刻本　二册　存四種

330000－4715－0000487　集92－1　經部/春秋左傳類/傳説之屬

東萊博議四卷 (宋)呂祖謙撰　**增補虛字註釋一卷** (清)馮泰松點定　清光緒三十一年(1905)上海商務印書館鉛印本　一册

330000－4715－0000489　集101－3　集部/總集類/選集之屬/通代

古文觀止十二卷 (清)吳乘權　(清)吳大職輯　清浙蘭慎言堂刻本　六册

330000－4715－0000490　集108　集部/總集類/選集之屬/斷代

唐人五言長律清麗集六卷 (清)徐曰璉　(清)沈士駿輯　清乾隆四十八年(1783)刻本　一册

330000－4715－0000491　集106－2　集部/總集類/選集之屬/斷代

唐詩三百首註疏六卷 (清)孫洙編　(清)章燮注　**唐詩三百首續選一卷姓氏小傳一卷** (清)于慶元輯　清聚秀堂刻本　六册

330000－4715－0000492　集106－1　集部/總集類/選集之屬/斷代

唐詩三百首註疏六卷 (清)孫洙編　(清)章燮注　清浙蘭慎言堂刻本　六册

330000－4715－0000493　集107　集部/總集類/選集之屬/通代

古唐詩合解十二卷古詩四卷 (清)王堯衢注　清經文堂刻本(册二配另一種清刻本、册三配清文奎堂刻本)　六册

330000－4715－0000494　集105　集部/總集類/選集之屬/斷代

唐詩三百首六卷 (清)孫洙編　清蘭江瀫水籍古齋刻本　一册

330000－4715－0000495　集109　集部/總集類/選集之屬/通代

御選唐宋詩醇四十七卷目録二卷 (清)高宗弘曆輯　清刻朱墨套印本　十八册　缺九卷(目録一、詩醇一至八)

330000－4715－0000496　集114　集部/總集類/郡邑之屬

金華詩録六十卷別集四卷外集六卷書後一卷 (清)黄彬　(清)朱琰輯　清乾隆三十八年(1773)金華府學刻本　十册

330000－4715－0000497　集110　集部/總集類/選集之屬/通代

古今詩選□□卷　清刻本　四册　存十五卷(十三至十五、二十一至三十二)

330000－4715－0000498　集127　經部/小學類/音韻之屬/韻書

詩韻集成十卷 (清)余照輯　清同治九年(1870)刻本　二册

330000－4715－0000499　集136　類叢部/類書類/通類之屬

新編詩句題解續集五卷 (清)同文書局編 清光緒十四年(1888)同文書局石印本 二冊

330000-4715-0000500 集117A 集部/總集類/郡邑之屬
粵十三家集 (清)伍元薇輯 清道光二十年(1840)南海伍氏詩雪軒刻本 十八冊 存九種

330000-4715-0000501 集126 集部/總集類/選集之屬/斷代
排律初津四卷 (清)金鳳沼編並註 清光緒七年(1881)古越求是齋刻本 三冊 存三卷(一至二、四)

330000-4715-0000502 集137 集部/總集類/彙編之屬
增廣詩句題解彙編四卷 清石印本 一冊 存一卷(四)

330000-4715-0000503 集138 類叢部/類書類/專類之屬
新增詩句題解彙編二十二卷 (清)陳劍芝 (清)葉湘秋 (清)顧芷卿編 (清)朱春舫增輯 清同治六年(1867)登瀛書屋刻本 二十一冊 缺一卷(二)

330000-4715-0000507 集146-2 集部/曲類/曲選之屬
樂府新編陽春白雪前集五卷後集五卷 (元)楊朝英輯 清光緒三十一年(1905)徐乃昌影元刻本 一冊

330000-4715-0000508 集151 集部/別集類/宋別集
歐陽文忠公全集一百五十三卷附錄五卷 (宋)歐陽修撰 清末上海錦章圖書局石印本 二十一冊 存一百三十九卷(一至八十一、一百一至一百五十三,附錄一至五)

330000-4715-0000509 集154 集部/別集類/清別集
享帚集四卷 (清)楊豫成撰 清同治三年(1864)楊長達臥雲書屋刻本 一冊 存一卷(三)

330000-4715-0000510 集155 集部/總集類/選集之屬/通代
大文堂古文觀止六卷 (清)吳乘權 (清)吳大職輯 清大文堂刻本 一冊 存一卷(一)

330000-4715-0000512 集158 集部/總集類/選集之屬/通代
古唐詩合解十二卷古詩四卷 (清)王堯衢注 清刻本 二冊 存六卷(五至十)

330000-4715-0000513 集158-1 集部/總集類/選集之屬/通代
古唐詩合解十二卷古詩四卷 (清)王堯衢注 清刻本 一冊 存二卷(五至六)

330000-4715-0000515 集155-1 集部/總集類/選集之屬/通代
古文觀止十二卷 (清)吳乘權 (清)吳大職輯 清永言堂刻本 五冊 缺二卷(三至四)

330000-4715-0000516 集155-2 集部/總集類/選集之屬/通代
聚秀堂古文十二卷 (清)吳乘權 (清)吳大職輯 清刻本 二冊 存四卷(七至十)

330000-4715-0000517 雜04 史部/地理類/總志之屬/通代
讀史方輿紀要序錄一卷 (清)顧祖禹撰 清光緒三十年(1904)上海書局石印本 一冊

330000-4715-0000520 集64 集部/別集類/清別集
盤洲文集三卷詩集一卷 (清)周璠撰 清光緒二十七年(1901)木活字印本 四冊

330000-4715-0000521 集161 集部/別集類/宋別集
文章正宗復刻三十卷續十二卷 (宋)真德秀輯 清乾隆三十三年(1768)刻本 二十四冊 缺六卷(二十九至三十,續一至二、十一至十二)

330000-4715-0000522 雜05 子部/儒家類/儒學之屬/蒙學
浙紹奎照樓新增繪圖幼學故事瓊林四卷首一卷 (清)程登吉撰 (清)鄒聖脈增補 清光

緒二十三年(1897)浙紹奎照樓石印本　二冊　存二卷(首、四)

330000－4715－0000523　雜 01　新學/史志/別國史

大英國志八卷續刻一卷　(英國)托馬斯米爾納撰　(英國)慕維廉譯　清刻本　一冊　缺五卷(一至五)

330000－4715－0000524　雜 02　史部/目録類/總録之屬/官修

欽定四庫全書簡明目錄二十卷　(清)紀昀等撰　清刻本　十一冊　存十七卷(一至八、十二至二十)

330000－4715－0000525　雜 03　子部/藝術類/遊藝之屬/聯語

花間楹聯二卷　(清)袁祖志撰　清光緒二十一年(1895)古香閣鉛印本　一冊

330000－4715－0000527　集 156－1　集部/詞類/別集之屬

曝書亭詞□□卷　(清)朱彝尊撰　清石印本　一冊　存二卷(五至六)

330000－4715－0000531　雜 11　子部/儒家類/儒學之屬/蒙學

繪圖蒙學格致實在易不分卷　清光緒三十一年(1905)上海彪蒙書室石印本　一冊

330000－4715－0000532　善雜 10　史部/編年類/通代之屬

尺木堂綱鑑易知錄九十二卷　(清)吴乘權　(清)周之炯　(清)周之燦輯　清康熙五十年(1711)尺木堂刻本　四冊　存八卷(一至二、八至九、十四至十五、三十四至三十五)

330000－4715－0000534　雜 12　史部/史評類/史論之屬

東社讀史隨筆二卷　獨醒主人撰　清宣統元年(1909)上海錦章圖書局石印本　二冊

330000－4715－0000535　雜 13　子部/醫家類/本草之屬/歷代綜合本草

增訂童氏本草備要八卷　(清)汪昂撰　(清)李保常增輯　清石印本　一冊

330000－4715－0000536　雜 15　子部/儒家類/儒學之屬/俗訓

益世良歌一卷　清光緒十一年(1885)刻本　一冊

330000－4715－0000538　雜 16　子部/醫家類/方書之屬/單方驗方

驗方良妙一卷　清刻本　一冊

330000－4715－0000539　雜 17　經部/春秋左傳類/傳說之屬

東萊博議四卷　(宋)吕祖謙撰　**增補虛字註釋一卷**　(清)馮泰松點定　清石印本　一冊　缺三卷(一至三)

330000－4715－0000540　雜 18　經部/春秋左傳類/傳說之屬

續春秋左氏傳博議二卷　(清)王夫之撰　清光緒二十八年(1902)上海書局石印本　一冊

330000－4715－0000543　雜 19　史部/史評類/史論之屬

歷朝綱鑑總論不分卷　(明)楊古度撰　清光緒二十七年(1901)文奎堂刻本　一冊

330000－4715－0000544　石西民 10　經部/書類/傳說之屬

書經□□卷　清永圖堂刻本　石西民題記　一冊　存二卷(五至六)

330000－4715－0000545　雜 22　子部/醫家類/方書之屬

葉種德堂丹丸全錄一卷　(清)葉種德堂主人輯　清刻本　一冊

330000－4715－0000547　石西民 03　集部/別集類/清別集

兩當軒集二十卷補遺二卷附錄四卷　(清)黄景仁撰　**兩當軒集攷異二卷**　(清)黄志述撰　清宣統二年(1910)掃葉山房石印本　六冊

330000－4715－0000548　石西民 04　史部/紀傳類/正史之屬

元史譯文證補三十卷　(清)洪鈞撰　清末據光緒二十三年(1897)元和陸氏刻本影印本(卷七至八、十三、十六至十七、十九至二十

一、二十五、二十八原缺）　四册

330000－4715－0000549　石西民 05　史部/傳記類/總傳之屬/家乘

［浙江浦江］浦江鄭氏旌義編二卷　（明）鄭濤纂修　（明）鄭楷重修　清書種堂刻本　一册

330000－4715－0000550　石西民 06　史部/地理類/遊記之屬/紀行

凝香室鴻雪因緣圖記三集六卷　（清）完顏麟慶撰　清光緒二十二年（1896）上海點石齋石印本　六册

330000－4715－0000551　石西民 07　史部/雜史類/斷代之屬

元朝祕史十五卷　（清）李文田注　清石印本　四册

330000－4715－0000553　石西民 09　經部/禮記類/傳説之屬

禮記□□卷　（漢）鄭玄注　清刻本　三册　存三卷（二至四）

330000－4715－0000557　石西民 22　集部/總集類/選集之屬/通代

文選六十卷　（南朝梁）蕭統輯　（唐）李善注　清同治八年（1869）金陵書局刻本　十册

330000－4715－0000558　石西民 21　集部/詩文評類/詩評之屬

藝苑名言八卷　（清）蔣瀾輯　清懷谷軒刻本　四册

330000－4715－0000562　子 94　史部/金石類/金之屬

鐘鼎籀篆大觀不分卷　（清）吳大澂釋　清光緒十三年（1887）上海碧梧山莊石印本　七册　存七册（一至三、六至九）

330000－4715－0000565　子 6、经 4、经 9、经 10、经 16、经 42、经 52、经 98、史 100、史 130、集 46、集 42、集 31、集 53、集 51－2、集 52、集 44－2　類叢部/叢書類/郡邑之屬

金華叢書六十八種　（清）胡鳳丹編　清同治七年至光緒八年（1868－1882）永康胡氏退補齋刻民國補刻本　八十三册　存十七種

磐安縣圖書館古籍普查登記目録

全國古籍普查登記目録・浙江金華

國家圖書館出版社
National Library of China Publishing House

《磐安縣圖書館古籍普查登記目録》

編委會

主　編： 王朝生

副主編： 周梅玲

編　委： 王朝生　嚴樂樂　吴小丫　周梅玲

330000－4716－0000002　古002　經部/禮記類/傳說之屬

禮記體註大全合參四卷　(清)范翔原本　(清)曹士偉纂輯　清刻本　一冊　存一卷(一)

330000－4716－0000003　古001　史部/編年類/斷代之屬

續資治通鑑長編拾補六十卷　(清)秦緗業等輯注　清光緒九年(1883)浙江書局刻本　十六冊

330000－4716－0000004　古004　史部/傳記類/總傳之屬/家乘

[浙江永康]祿源馬氏宗譜八卷　(清)馬國掌監修　清光緒二十五年(1899)木活字印本　八冊

330000－4716－0000005　古005　經部/四書類/總義之屬/傳說

四書味根錄三十七卷　(清)金瀓撰　清刻本　五冊　存十二卷(中庸二;論語十七至二十;孟子首,一至二、五至六、九至十)

330000－4716－0000006　古006　集部/小說類/長篇之屬

東周列國全志二十三卷一百八回　(清)蔡奡評點　清咸豐二年(1852)善成堂刻本　四冊　存四卷(一、六、八至九)

330000－4716－0000007　古007　經部/叢編

御纂七經五種　(清)李光地等撰　清康熙至乾隆內府刻本　一百七十三冊　存一種

330000－4716－0000008　古008　經部/叢編

十三經注疏附考證　(清)□□輯　清乾隆四年(1739)武英殿刻本　八十二冊　存十種

330000－4716－0000009　古009　經部/四書類/總義之屬/傳說

學源堂四書體註合講十九卷圖說一卷　(清)翁復編　清學源堂刻本　二冊　存二卷(孟子四、六)

330000－4716－0000010　古010　集部/別集類/宋別集

蒙齋集二十卷　(宋)袁甫撰　**拾遺一卷**　(清)勞格輯目　(清)孫星華錄文　清刻本　四冊

330000－4716－0000011　古011　經部/叢編

五經體註大全　(清)嚴氏家塾主人輯　清同治六年(1867)同文館刻本　十九冊　缺八卷(書經體註一至三、詩經體註一至五)

330000－4716－0000014　古003　史部/編年類/斷代之屬

續資治通鑑長編五百二十卷目錄二卷　(宋)李燾撰　清光緒七年(1881)浙江書局刻本　一百八冊　存四百五十九卷(一至十七、十八至一百九十一、二百至二百四、二百二十一至二百二十四、二百三十至二百五十九、二百六十二至四百六十五、四百七十四至四百七十八、四百九十三至五百十二)

330000－4716－0000016　古012　類叢部/叢書類/彙編之屬

武英殿聚珍版書　清乾隆四十二年(1777)福建刻道光至同治遞修光緒二十一年(1895)增刻本　四百十五冊　存六十九種

《金華市博物馆古籍普查登記目録》
書名筆畫字頭索引

一畫

二畫

三畫

四畫

五畫

六畫

七畫

八畫

九畫

十畫

十一畫

十二畫

十三畫

十四畫

十五畫

十六畫

十七畫

十八畫

十九畫

二十畫

二十一畫

二十二畫

二十三畫

二十四畫

《金華市博物馆古籍普查登記目録》
書名筆畫索引

一畫

二畫

三畫

四畫

五畫

六畫

七畫

八畫

九畫

十畫

十一畫

十二畫

十三畫

十四畫

十五畫

十六畫

十七畫

十八畫

十九畫

二十畫

二十一畫

二十二畫

二十三畫

二十四畫

《蘭溪市博物館古籍普查登記目録》
書名筆畫字頭索引

一畫

二畫

三畫

四畫

五畫

六畫

七畫

八畫

九畫

十畫

十一畫

十二畫

十三畫

十四畫

十五畫

《蘭溪市博物館古籍普查登記目録》
書名筆畫索引

一畫

二畫

三畫

四畫

五畫

六畫

七畫

八畫

九畫

十畫

十一畫

十二畫

十三畫

十四畫

十五畫

十六畫

十七畫

十八畫

十九畫

二十一畫

二十二畫

二十三畫

《浙江省蘭溪市第一中學古籍普查登記目録》
書名筆畫字頭索引

四畫

五畫

六畫

八畫

九畫

十畫

十一畫

十二畫

十三畫

十四畫

十五畫

十九畫

二十一畫

《浙江省蘭溪市第一中學古籍普查登記目録》
書名筆畫索引

四畫

五畫

六畫

八畫

九畫

十畫

十一畫

十二畫

十三畫

十四畫

十五畫

十九畫

二十一畫

《義烏市圖書館古籍普查登記目録》
書名筆畫字頭索引

一畫

二畫

三畫

四畫

五畫

六畫

七畫

八畫

九畫

十畫

十一畫

十二畫

十三畫

十四畫

十五畫

十六畫

十七畫

十八畫

十九畫

二十畫

二十一畫

二十二畫

二十三畫

二十四畫

《義烏市圖書館古籍普查登記目録》
書名筆畫索引

一畫

二畫

三畫

四畫

五畫

六畫

七畫

八畫

九畫

十畫

十一畫

十二畫

十三畫

十四畫

十五畫

十六畫

十七畫

十八畫

十九畫

二十畫

二十一畫

二十二畫

二十三畫

二十四畫

《東陽市圖書館古籍普查登記目録》
書名筆畫字頭索引

二畫

九畫

十五畫

《東陽市圖書館古籍普查登記目録》
書名筆畫索引

二畫

九畫

十五畫

《浙江省永康市第一中學古籍普查登記目録》
書名筆畫字頭索引

二畫

五畫

九畫

十三畫

《浙江省永康市第一中學古籍普查登記目録》
書名筆畫索引

二畫

五畫

九畫

十三畫

《武義縣圖書館古籍普查登記目録》
書名筆畫字頭索引

二畫

三畫

四畫

五畫

六畫

七畫

八畫

九畫

十畫

十一畫

十二畫

十三畫

十四畫

十五畫

十六畫

十七畫

十八畫

十九畫

二十畫

二十一畫

二十二畫

《武義縣圖書館古籍普查登記目録》
書名筆畫索引

二畫

三畫

四畫

五畫

六畫

七畫

八畫

九畫

十畫

十一畫

十二畫

十三畫

十四畫

十五畫

十六畫

十七畫

十八畫

十九畫

二十畫

二十一畫

二十二畫

《浦江縣圖書館古籍普查登記目録》
書名筆畫字頭索引

二畫

三畫

四畫

五畫

六畫

七畫

八畫

九畫

十畫

十一畫

十二畫

十三畫

十四畫

十五畫

十六畫

十七畫

十八畫

十九畫

二十畫

二十一畫

二十二畫

二十三畫

《浦江縣圖書館古籍普查登記目録》
書名筆畫索引

二畫

三畫

四畫

五畫

六畫

七畫

八畫

九畫

十畫

十一畫

十二畫

十三畫

十四畫

十五畫

十六畫

十七畫

十八畫

十九畫

二十畫

二十一畫

二十二畫

二十三畫

《磐安縣圖書館古籍普查登記目録》
書名筆畫字頭索引

二畫

四畫

五畫

八畫

十畫

十二畫

十三畫

十六畫

十七畫

二十一畫

《磐安縣圖書館古籍普查登記目録》
書名筆畫索引

二畫

四畫

五畫

八畫

十畫

十二畫

十三畫

十六畫

十七畫

二十一畫